Excel 2019
Stufe 2: Aufbauwissen

Inge Baumeister

Verlag:
BILDNER Verlag GmbH
Bahnhofstraße 8
94032 Passau

http://www.bildner-verlag.de
info@bildner-verlag.de

Tel.: +49 851-6700
Fax: +49 851-6624

ISBN: 978-3-8328-0346-9

Bestellnummer: RP-368

Autorin: Inge Baumeister
Covergestaltung: Christian Dadlhuber
Herausgeber: Christian Bildner

Druck: CPI Clausen & Bosse GmbH, Birkstr. 10, 25917 Leck

Bildquellen:
Cover: ©Antonioguillem - stock.adobe.com
Kapitelbild: © natrot - Fotolia.com

Auf einen Blick

Vorwort

Dieses Buch wendet sich an Anwender, die bereits erste Erfahrungen mit Microsoft Excel gesammelt haben und über Grundlagenkenntnisse verfügen. Aufbauend auf diesen Kenntnissen liegt der Schwerpunkt auf Problemstellungen, die sich in der Praxis aus der täglichen Arbeit mit Excel ergeben. Schritt für Schritt, in verständlicher Sprache und mit zahlreichen Bildern erfahren Sie anhand leicht nachvollziehbarer Beispiele, wie Sie die zahlreichen Funktionen und Werkzeuge gezielt für Ihre Zwecke einsetzen, egal ob Sie Excel beruflich oder privat nutzen.

Formeln und Funktionen spielen erfahrungsgemäß eine große Rolle in Excel und so beginnt auch das Buch mit diesem Thema und erklärt alles, was Sie über Formeln und Funktionen wissen müssen. Vom Einsatz der unterschiedlichen Zellbezüge bis zur Eingabe verschachtelter Funktionen und der Fehlersuche und -korrektur: Sie werden sehen, Rechnen mit Excel ist einfacher als gedacht!

Die weiteren Kapitel befassen sich mit Excel-Funktionen aus allen Einsatzbereichen, der Verwaltung umfangreicher Datentabellen, Diagrammen, den verschiedenen Werkzeugen der Datenanalyse und dem Abrufen und Aufbereiten von Daten aus externen Quellen, z. B. Textdateien, Datenbanken oder aus dem Web. Selbstverständlich dürfen auch Pivot-Tabellen (PivotTable) und Pivot-Diagramme (PivotChart) nicht fehlen. Ein umfangreiches Kapitel zeigt Ihnen, wie schnell und einfach sich auch große Datenmengen mit ihnen auswerten und ansprechend darstellen lassen. Einmal kennengelernt, werden Sie auf Pivot-Tabellen nicht mehr verzichten wollen, denn sie ersetzen nebenbei auch so manche Excel-Funktion.

Jedes Kapitel beginnt mit einer Übersicht der behandelten Inhalte und Sie sehen auf den ersten Blick, welche Kenntnisse vorausgesetzt werden. Da sich Fachbegriffe trotz aller Bemühungen nicht immer vermeiden lassen, können Sie im Glossar des Anhangs unbekannte Begriffe nachschlagen. Ebenfalls im Anhang findet sich eine Zusammenstellung nützlicher Tastenkombinationen.

Schreibweise
Befehle, Bezeichnungen von Schaltflächen und Beschriftungen von Dialogfenstern sind zur besseren Unterscheidung farbig und kursiv hervorgehoben, zum Beispiel Register *Start*, Schaltfläche *Kopieren*.

Und noch ein Hinweis
Excel 2019 existiert in zwei Versionen, die sich in manchen Punkten geringfügig voneinander unterscheiden: Die Kaufversion, die Sie mit Office 2019 im Paket erwerben und Office 365, das Sie oder Ihre Firma abonniert haben. Der Unterschied: Office 356 wird von Microsoft laufend aktualisiert und manchmal auch um neue Funktionen und Werkzeuge ergänzt, die in der Kaufversion nicht enthalten sind.

Auch im Aussehen von Menüband und Symbolen unterscheidet sich Office 356 von der Kaufversion. Zum Vergleich sehen Sie im Bild unten links die Kaufversion und rechts Office 365. Dieses Buch mit sämtlichen Abbildungen basiert im Wesentlichen auf der Kaufversion.

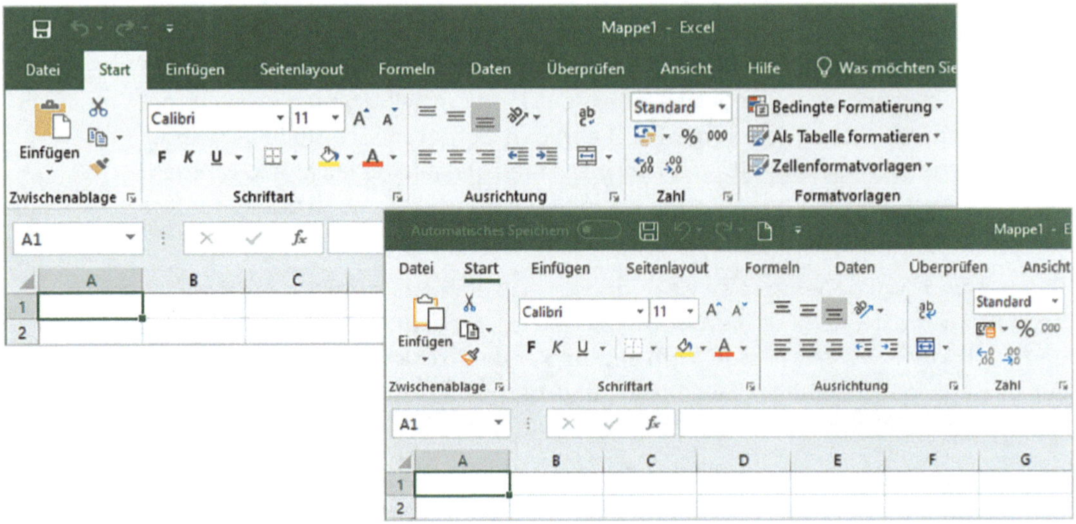

Download der Beispiele

Das Buch enthält eine Vielzahl von Beispielen, die Sie auch kostenlos herunterladen können. Geben Sie dazu folgende Adresse in Ihren Browser ein:

www.bildner-verlag.de/00368

Sie gelangen zur Webseite des BILDNER Verlags und auf die Seite des Excel Aufbaubuchs. Klicken Sie unter *Verfügbare Downloads* auf *Download Beispieldateien*. Den Dateinamen des jeweils verwendeten Beispiels finden Sie im Buch in der Marginalspalte.

Viel Spaß und Erfolg mit dem Buch wünschen Ihnen
BILDNER Verlag und die Autorin Inge Baumeister

Inhalt

1 Formeln und Funktionen - die Grundlagen

In diesem Kapitel lernen Sie...

- Funktionen eingeben
- Zellbezüge und Namen verwenden
- Formeln und Funktionen als Argumente
- Formelkontrolle und Fehlerkorrektur
- Matrixformeln eingeben

Das sollten Sie bereits wissen

- Umgang mit Excel-Arbeitsmappen und Tabellenblättern
- Daten in Tabellen eingeben und korrigieren

1.1 Mit Excel rechnen - so geht's

Allgemeine Grundlagen

Berechnungen werden in Excel-Arbeitsmappen entweder, wie im Bild unten, durch Eingabe einer Formel ❶ oder unter Verwendung einer Excel-Funktion durchgeführt. Im Tabellenblatt bzw. in der Zelle erscheint automatisch das Formelergebnis ❷, während in der Bearbeitungsleiste ❸ oberhalb des Tabellenblattes immer die Formel sichtbar ist. In der Bearbeitungsleiste finden Sie auch die beiden Symbole *Abbrechen* ✕ und *Eingeben* ✓, um die Formeleingabe abzuschließen.

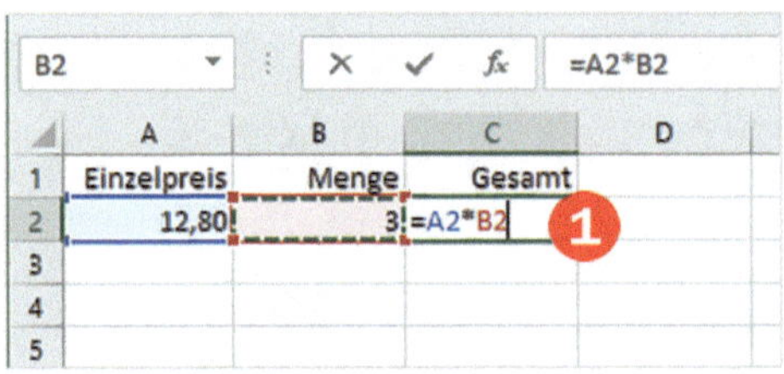

Bild 1.1 Beispiel: eine einfache Formel eingeben

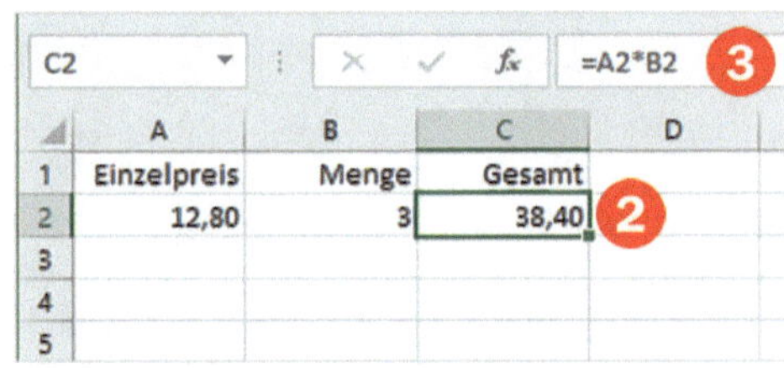

Bild 1.2 Das Ergebnis erscheint im Tabellenblatt, die Bearbeitungsleiste zeigt nach wie vor die Formel an

Für einfache Berechnungen, z. B. Multiplikation von zwei Zahlen, geben Sie eine Formel ein; Funktionen dagegen sind bereits vollständige Formeln, in die Sie nur noch die Zellbezüge einfügen brauchen. Für alle Formeln und Funktionen gelten die folgenden Grundregeln:

- Formeln und Funktionen werden in Zellen eingegeben und müssen im Gegensatz zu einfachen Zellinhalten stets mit dem Gleichheitszeichen (=) beginnen.
- In Formeln und Funktionen können Zellbezüge, Zahlen, Text oder weitere Formeln bzw. Funktionen verwendet werden. Text in Formeln muss sich in Anführungszeichen " " befinden.
- Anstelle von Zahlen wird normalerweise die Adresse derjenigen Zelle verwendet, in der sich die Zahl befindet (=Zellbezug). Dies hat den Vorteil, dass nachträgliche Änderungen der Zellinhalte automatisch im Ergebnis berücksichtigt werden. Ausnahmen sind sogenannte Konstanten, z. B. die 12 Monate eines Jahres, diese können natürlich auch als Zahl in eine Formel eingegeben werden.
- Zellbezüge lassen sich in eine Formel am einfachsten einfügen, indem Sie die betreffende Zelle mit der Maus anklicken. Als Alternative verwenden Sie die Pfeiltasten der Tastatur. Während der Eingabe werden in der Formel verwendete Zellen farbig umrandet hervorgehoben, siehe Bild oben.
- Mehrere Zellen umfassende Zellbereiche werden in Formeln und Funktionen in der Schreibweise ErsteZelle:LetzteZelle angegeben, zum Beispiel: A5:A25. Zellbereiche können ebenfalls durch Markieren mit der Maus eingegeben werden.
- Die Eingabe einer Formel wird über die Tastatur mit der Eingabetaste oder der Tab-Taste abgeschlossen. Verwenden Sie dazu nicht die Pfeiltasten, da diese in

Formeln zum Einfügen von Zellbezügen verwendet werden (siehe oben). Als zweite Möglichkeit klicken Sie mit der Maus in der Bearbeitungsleiste auf das Symbol *Eingeben* ✓.

- Die Regelung „Punkt vor Strich" gilt auch für Excel-Formeln. Zur Steuerung der Berechnungsreihenfolge können daher in manchen Formeln runde Klammern () erforderlich werden.
- Neben Gleichheitszeichen und runden Klammern können in Formeln die folgenden Operatoren verwendet werden, ihre Eingabe erfolgt über die Tastatur:

Zeichen	Bedeutung
+	Addition
-	Subtraktion
*	Multiplikation
/	Division
^	Potenz
&	Zeichenfolgen aneinanderfügen

Zeichen	Bedeutung
=	Gleich
<	Kleiner als
<=	Kleiner oder gleich
>	Größer als
>=	Größer oder gleich
<>	Ungleich, Nicht

Eine Formel eingeben

Die Vorgehensweise bei der Eingabe einer Formel ist immer gleich:

1. Markieren Sie die Zelle, in die Sie die Formel eingeben möchten und geben Sie das Gleichheitszeichen über die Tastatur ein.
2. Klicken Sie mit der Maus auf die erste Zelle, deren Zellbezug Sie in der Formel benötigen. Sofort erscheint die Adresse in der Formel und im Tabellenblatt wird diese Zelle mit einem farbigen gestrichelten Laufrahmen hervorgehoben. Dieser Laufrahmen kennzeichnet die aktuell aktive Zelle und ihr Zellbezug in der Formel kann jederzeit durch Anklicken einer anderen Zelle geändert werden.

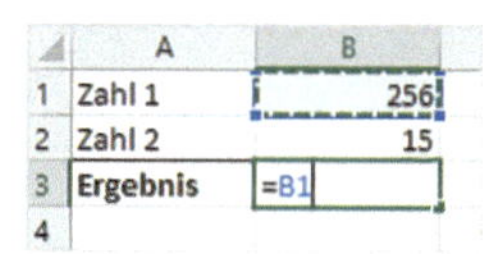

3. Geben Sie über die Tastatur einen Operator, z. B. * für Multiplikation, ein und klicken Sie anschließend auf die nächste, in der Formel benötigte Zelle, um deren Zellbezug einzufügen.

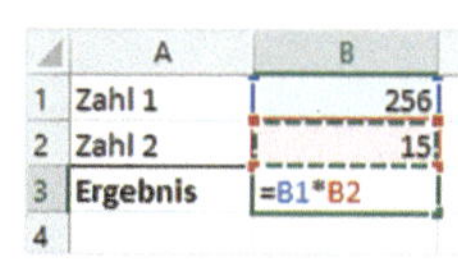

4. Schließen Sie die Formeleingabe mit der Eingabe-Taste ab oder klicken Sie in der Bearbeitungsleiste auf *Eingeben*.
5. Im Tabellenblatt erscheint anstelle der Formel das Ergebnis, allerdings zeigt ein Blick in die Bearbeitungsleiste, dass die markierte Zelle immer noch die Formel und keine Zahl enthält.

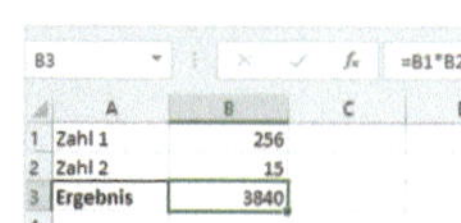

Die Funktion SUMME und andere einfache Funktionen

Summen über mehrere Zellen bzw. einen Zellbereich berechnen Sie mit der Funktion SUMME. Das Symbol Σ zum Einfügen dieser Funktion finden Sie an mehreren Stellen:

- Im Register *Start*, Gruppe *Bearbeiten*
- Im Register *Formeln*, *Funktionsbibliothek*, unter der Bezeichnung *AutoSumme*.

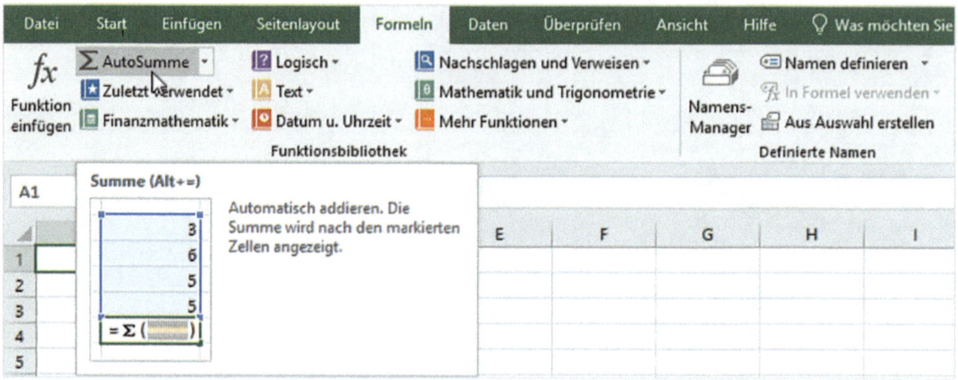

Bild 1.3 Register Formeln

Zur Berechnung der Summe sind folgende Vorgehensweisen möglich:

Möglichkeit 1: Markieren Sie den Zellbereich, den Sie addieren möchten und klicken Sie auf das Symbol *Summe* bzw. *AutoSumme*. Das Ergebnis wird sofort in die Zelle unmittelbar unterhalb des markierten Zellbereichs eingefügt. Dies funktioniert nicht nur über Spalten, wie im Bild unten, sondern auch über Zeilen. Dann wird das Ergebnis in die nächste angrenzende Zelle rechts eingefügt.

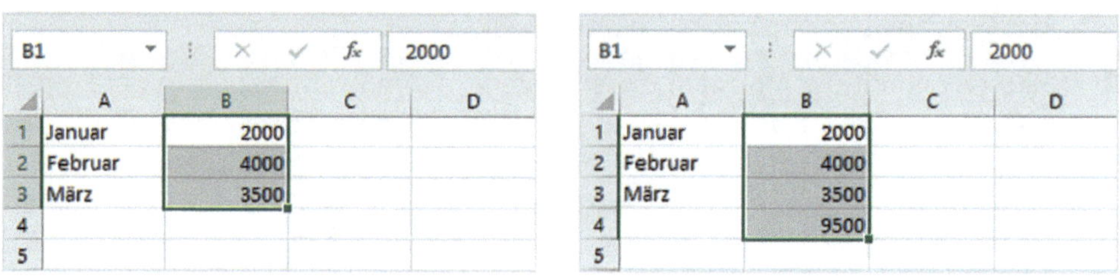

Bild 1.4 Summe über Spalte berechnen: Möglichkeit 1

Möglichkeit 2: Markieren Sie **zuerst** die Zelle, in der Sie die Summe berechnen möchten und klicken Sie dann auf die Schaltfläche *AutoSumme*. Die Funktion SUMME erscheint in der markierten Zelle, gleichzeitig schlägt Excel in den meisten Fällen einen Zellbereich zur Summenberechnung vor. Dieser Bereich ist im Tabellenblatt mit einem gestrichelten Laufrahmen versehen. Sie können nun entweder den Vorschlag übernehmen oder durch Markieren mit gedrückter Maustaste einen anderen Bereich festlegen, bevor Sie die Eingabetaste drücken oder auf *Eingeben* klicken.

> Die zweite Methode hat den Vorteil, dass sich die Summe auch in Zellen berechnen lässt, die nicht unmittelbar an den zu addierenden Bereich angrenzen.

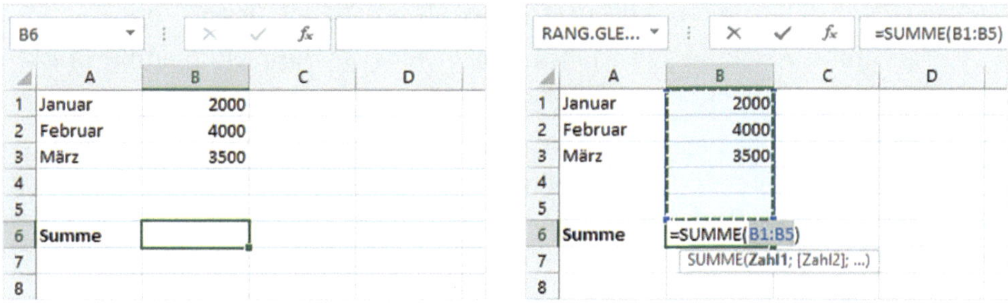

Bild 1.5 Summe berechnen: Möglichkeit 2

Funktion in mehrere Zellen gleichzeitig eingeben

Die Summe kann auch gleichzeitig für mehrere Spalten berechnet werden. Markieren Sie dazu entweder bei Möglichkeit 1 als Zellbereich gleich mehrere Spalten, wie im Bild unten, oder bei Möglichkeit 2 mehrere Ergebniszellen.

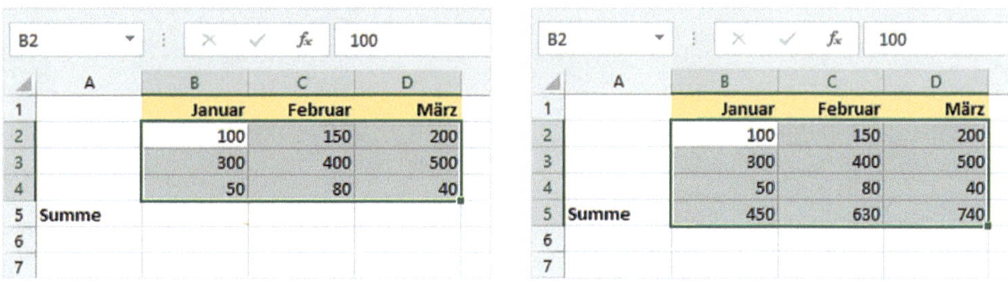

Bild 1.6 Summen für mehrere Spalten berechnen

Einfache_Funktionen.xlsx

Weitere einfache Funktionen

Ein Klick auf den Dropdown-Pfeil der Schaltfläche *AutoSumme* zeigt zusätzlich die Funktionen Mittelwert (Durchschnitt), Anzahl (ermittelt, wie viele Zahlen ein Zellbereich enthält), Max (höchster Wert) und Min (kleinster Wert) an. Deren Eingabe unterscheidet sich nicht von der Funktion Summe.

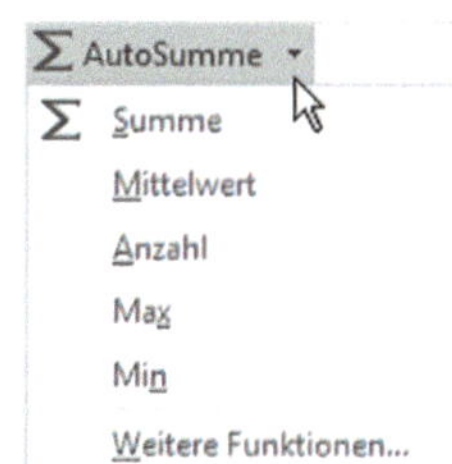

Schnelle Berechnungen mit der Schnellanalyse

Weitere schnelle Berechnungsmöglichkeiten erhalten Sie mit dem Tool *Schnellanalyse*. Sobald Sie einen Zellbereich markiert haben, erscheint im Tabellenblatt an der unteren rechten Ecke dieses Bereichs das Symbol *Schnellanalyse*. Auf der nächsten Seite finden Sie einige Beispiele, wie Sie dieses Tool nutzen.

Bild 1.7 Symbol Schnellanalyse

Beispiel 1: Durchschnittswerte für mehrere Spalten gleichzeitig berechnen

1 Markieren Sie den auszuwertenden Zellbereich, im Beispiel unten die Spalten München und Hamburg, und klicken Sie auf das Symbol *Schnellanalyse* ❶.

2 Klicken Sie im Schnellanalysetool auf das Register *Ergebnisse* ❷, hier erhalten Sie die häufig benötigten Berechnungsvorschläge Summe, Durchschnitt (Mittelwert), Anzahl, Prozentanteil und laufende Summe. Klicken Sie auf die kleinen Pfeile nach rechts ❸ bzw. links, um weitere anzuzeigen.

Hinweis: Die Funktionen sind sowohl zur Berechnung über Zeilen als auch über Spalten verfügbar und anhand des Symbols leicht zu unterscheiden.

3 Zeigen Sie auf *Durchschnitt* ❹ (in Zeile berechnen), um im Tabellenblatt eine Vorschau zu erhalten, per Mausklick übernehmen Sie die Formel.

Bild 1.8 Durchschnitt für mehrere Spalten in Zeile berechnen

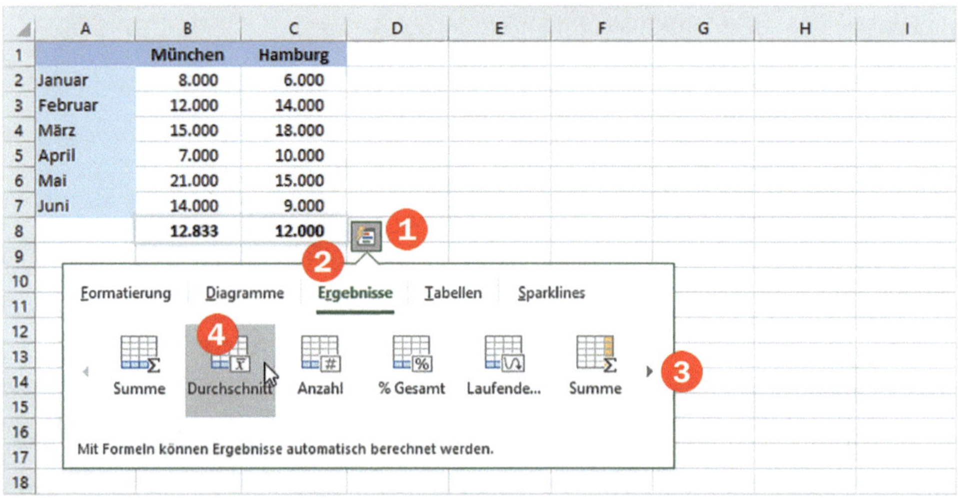

Beispiel 2: Laufende Summe berechnen

Bild 1.9 Laufende Summe in Spalte berechnen

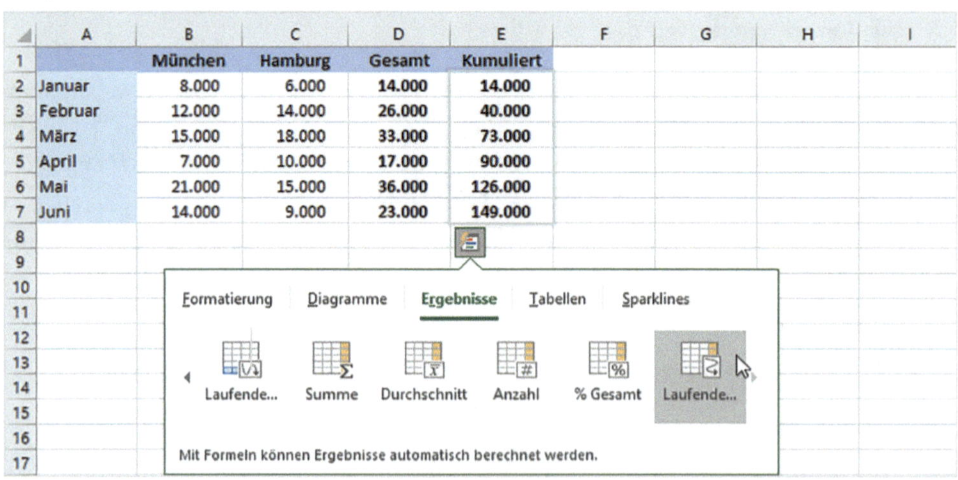

Als zweites Beispiel (Bild 1.9) wird in Spalte E die laufende Summe berechnet. Markieren Sie dazu den Zellbereich, für den die laufende (kumulierte) Summe berechnet werden soll, hier D2:D7, und wählen Sie diesmal *Laufende Summe* (in Spalte berechnen). Auch hier erhalten Sie wieder im Tabellenblatt eine Vorschau.

1.2 Zellbezüge in Formeln und Funktionen

Formel in angrenzende Zellen kopieren

Häufig wird dieselbe Formel oder Funktion gleich in mehreren Zeilen oder Spalten benötigt, in diesem Fall kann die Formel mit der Maus schnell kopiert werden.

1. Markieren Sie die Zelle mit der Formel und zeigen Sie mit der Maus auf das kleine Kästchen in der rechten unteren Ecke des Markierungsrahmens.
2. Der Mauszeiger erscheint als + und Sie können nun durch Ziehen mit gedrückter Maustaste die Formel nach rechts oder nach unten (bzw. nach links oder nach oben) in die angrenzenden Zellen kopieren.

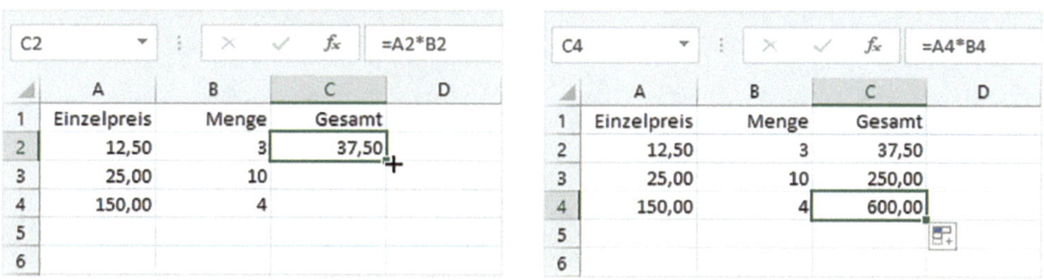

Bild 1.10 Formel mit der Maus kopieren

Die Bezeichnung Relativer Bezug kommt daher, dass die Zelladresse immer ausgehend von der aktuellen Zelle ermittelt wird.

Befindet sich z. B. eine Formel in B2 und enthält den Bezug A3, so ermittelt Excel für diesen die Zelle wie folgt: aktuelle Spalte -1 und aktuelle Zeile +1.

> **Automatisches Anpassen von Zellbezügen beim Kopieren (relative Zellbezüge)**
> Beim Kopieren werden normale Zellbezüge in der Schreibweise Spalte Zeile, z. B. A1, automatisch entsprechend der Kopierrichtung angepasst. So wird im Bild oben aus der Formel =A2*B2 in Zeile 2 nach dem Kopieren in Zeile 3 die Formel =A3*B3 und in Zeile 4 =A4*B4, die Formel wird also in jeder Zeile korrekt berechnet.
>
> Dies gilt auch für Spalten: Beim Kopieren um eine Spalte nach rechts würde in der Formel aus der ursprünglichen Adresse A2 die neue Adresse B2.

Anpassen der Zellbezüge durch absolute Zellbezüge verhindern

Nicht in jedem Fall ist beim Kopieren von Formeln ein Anpassen der Zellbezüge erwünscht. Im nächsten Beispiel wird für eine Provisionsberechnung die Provision in B1 herangezogen. Dieser Zellbezug muss in jeder Formel beibehalten werden, da Sie sonst ein falsches Ergebnis erhalten.

Bild 1.11 Formel eingeben

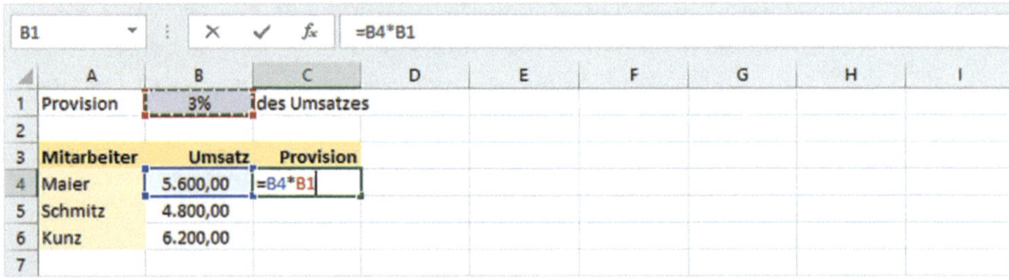

Zellbezüge.xlsx

Würden Sie die Formel =B4*B1 in dieser Schreibweise von Zeile 4 nach Zeile 5 kopieren, so würde diese hier lauten: =B5*B2. Der Bezug auf B5 ist zwar korrekt, nicht aber auf B2. Damit die Formel trotzdem kopiert werden kann, muss in der Formel für die Provision in B1 ein sogenannter absoluter (fester) Zellbezug angegeben werden, der beim Kopieren nicht angepasst wird. Dies erreichen Sie, indem Sie der Spalte und der Zeile das Dollarzeichen $ voranstellen, die Formel muss also lauten: =B4*$B$1.

Bild 1.12 Absoluter Zellbezug in der Formel

Bild 1.13 Der Zellbezug bleibt nach dem Kopieren unverändert

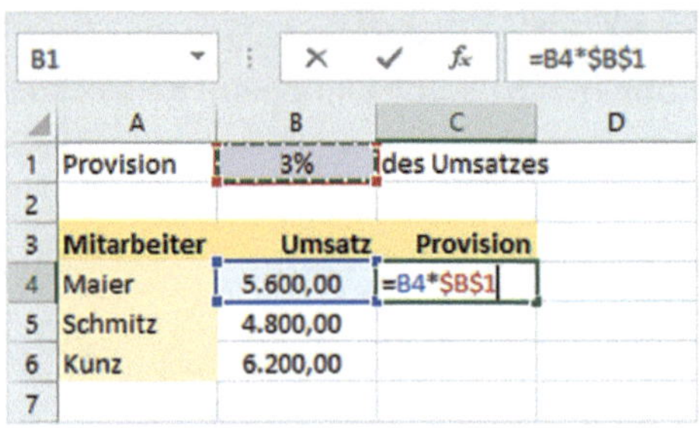

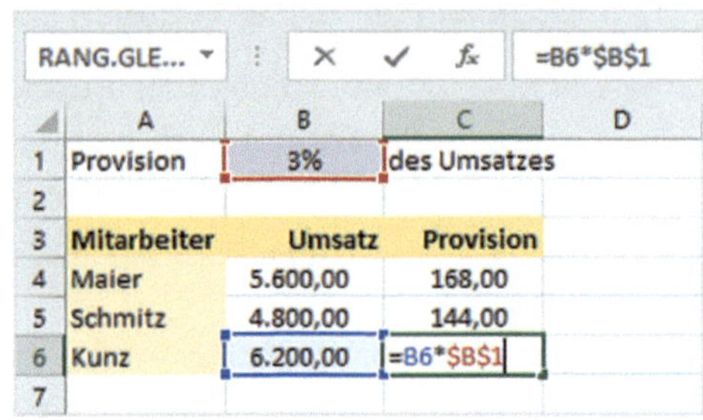

So geben Sie einen absoluten Zellbezug in eine Formel ein:

1. Fügen Sie zunächst mit einem Klick auf die benötigte Zelle einen normalen (relativen) Zellbezug in die Formel ein.
2. Damit Sie die Dollarzeichen nicht umständlich über die Tastatur eingeben müssen, drücken Sie unmittelbar nach Einfügen des Zellbezugs auf der Tastatur die Funktionstaste F4. Dadurch werden Spalte und Zeile des zuletzt eingefügten Zellbezugs mit dem Dollarzeichen versehen und Sie erhalten einen absoluten Zellbezug.

> Mit der Taste F4 wandeln Sie einen normalen (relativen) Zellbezug in einen festen Zellbezug um. Durch mehrmaliges Drücken der Taste F4 erzeugen Sie nacheinander auch noch gemischte Bezüge, bei denen jeweils nur die Spalte oder Zeile mit dem Dollarzeichen versehen ist, bis zuletzt wieder der normale Zellbezug erscheint. Um einen absoluten Zellbezug wieder in einen relativen Bezug umzuwandeln, brauchen Sie also nur mehrmals die Taste F4 drücken.

Ein relativer Zellbezug kann auch nachträglich noch umgewandelt werden: Editieren Sie die Formel mit Doppelklick und klicken Sie in der Formel auf den zu ändernden Zellbezug. Ein Markieren des Zellbezugs ist nicht erforderlich, es genügt, wenn sich der Cursor unmittelbar links oder rechts bzw. innerhalb der Adresse befindet. Drücken Sie dann die Taste F4 und übernehmen Sie die Änderung mit der Eingabetaste.

Gemischte Bezüge

Gemischte Zellbezüge verhindern ein automatisches Anpassen nur hinsichtlich der Zeile oder der Spalte. Nehmen wir als Beispiel an, Sie möchte in einer Tabelle das Einmaleins mit einer einzigen kopierbaren Formel berechnen.

1 Dazu legen Sie eine Tabelle an, wie unten abgebildet. Die Zahlen von 1 bis 10 geben Sie in die Zeile 1 und in Spalte A ein.

2 In B2 geben Sie dann die Formel ein, diese würde mit einfachen Zellbezügen lauten =B1*A2. Da sich der erste Wert der Formel immer in Zeile 1, aber in unterschiedliche Spalten befindet, muss der Zellbezug stattdessen lauten =B$1. Umgekehrt bleibt für den zweiten Wert die Spalte gleich, nicht aber die Zeile, also muss dieser Bezug lauten =$A2. Die Formel lautet also: =B$1*$A2.

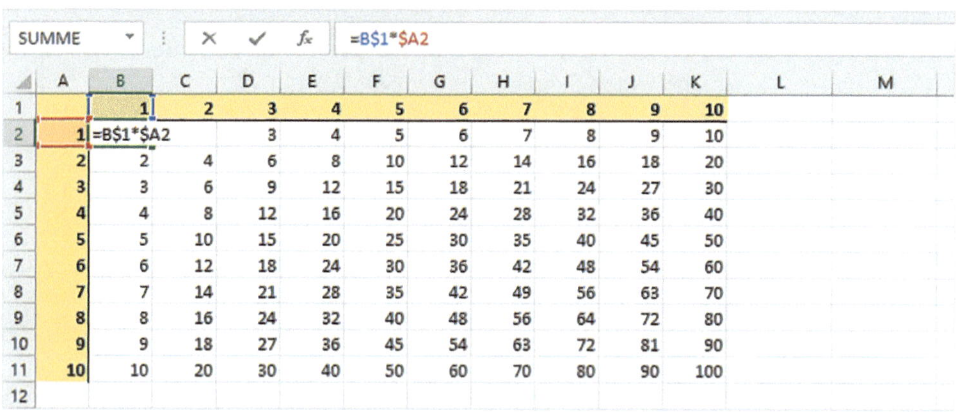

	A	B	C	D	E	F	G	H	I	J	K	L	M
1		1	2	3	4	5	6	7	8	9	10		
2	1	=B$1*$A2		3	4	5	6	7	8	9	10		
3	2	2	4	6	8	10	12	14	16	18	20		
4	3	3	6	9	12	15	18	21	24	27	30		
5	4	4	8	12	16	20	24	28	32	36	40		
6	5	5	10	15	20	25	30	35	40	45	50		
7	6	6	12	18	24	30	36	42	48	54	60		
8	7	7	14	21	28	35	42	49	56	63	70		
9	8	8	16	24	32	40	48	56	64	72	80		
10	9	9	18	27	36	45	54	63	72	81	90		
11	10	10	20	30	40	50	60	70	80	90	100		
12													

Bild 1.14 Beispiel gemischte Bezüge

Hinweis: Leider kann eine Formel nicht diagonal kopiert werden, Sie müssen sie daher zuerst nach rechts und dann nach unten oder umgekehrt kopieren.

Bezüge auf Zellen in anderen Tabellenblättern

Wenn Sie in einer Formel Bezüge auf Zellen in einem anderen Tabellenblatt derselben Arbeitsmappe benötigen, so wird der Zelladresse der Blattname gefolgt von einem Ausrufezeichen ! vorangestellt und die Schreibweise lautet:

Blattname!Zelladresse

Zum Einfügen solcher Zellbezüge klicken Sie während der Formeleingabe zuerst im Blattregister auf das benötigte Tabellenblatt und anschließend in diesem Blatt auf die Zelle oder markieren einen Zellbereich. Der Blattname wird bei dieser Vorgehensweise automatisch den Zellbezügen vorangestellt. Anschließend fahren Sie mit der Formeleingabe fort bzw. beenden die Eingabe.

Beispiel Umsatzauswertung in einem gesonderten Tabellenblatt

Im unten abgebildeten Beispiel befinden sich die Umsätze der einzelnen Filialen im Blatt *Filialen*, die Summe aller Umsätze soll dagegen im Blatt *Auswertung* derselben Mappe berechnet werden.

Bild 1.15 Tabellenblatt Umsätze Filialen

Bild 1.16 Tabellenblatt Auswertung

Auswertung_Filialen1.xlsx

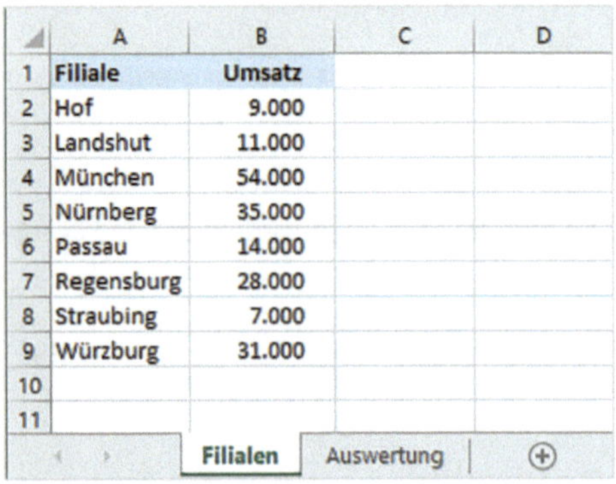

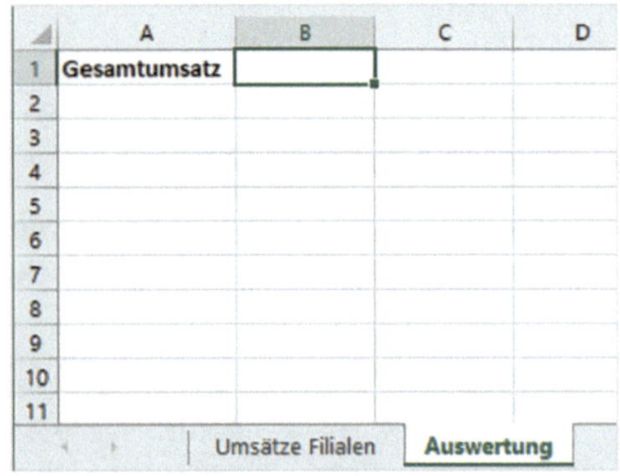

So gehen Sie vor:

1 Markieren Sie die Zelle, in der Sie die Summe berechnen möchten, hier B1 im Blatt *Auswertung* und fügen Sie die Funktion SUMME ein ❶.

Bild 1.17 Funktion SUMME einfügen

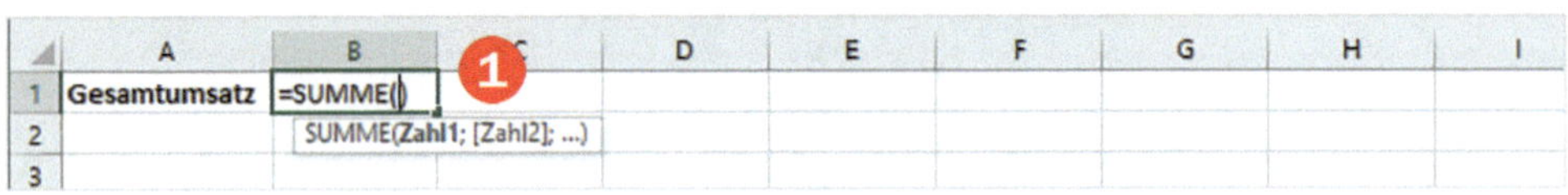

2 Klicken Sie dann im Blattregister auf das Tabellenblatt *Auswertung* ❷, in der Bearbeitungsleiste sehen Sie, dass der Name dieses Arbeitsblattes der Formel hinzugefügt wurde.

3 Markieren Sie nun den benötigten Zellbereich ❸.

4 Schließen Sie die Formeleingabe mit der Eingabetaste ab, **ohne** erneut auf das Blatt mit der Formel zu klicken. Excel wechselt automatisch wieder zur Formel bzw. zum Formelergebnis. In der Bearbeitungsleiste sehen Sie den vollständigen Zellbezug ❹.

Bild 1.18 Zellbezug auf ein anderes Arbeitsblatt in Formel einfügen

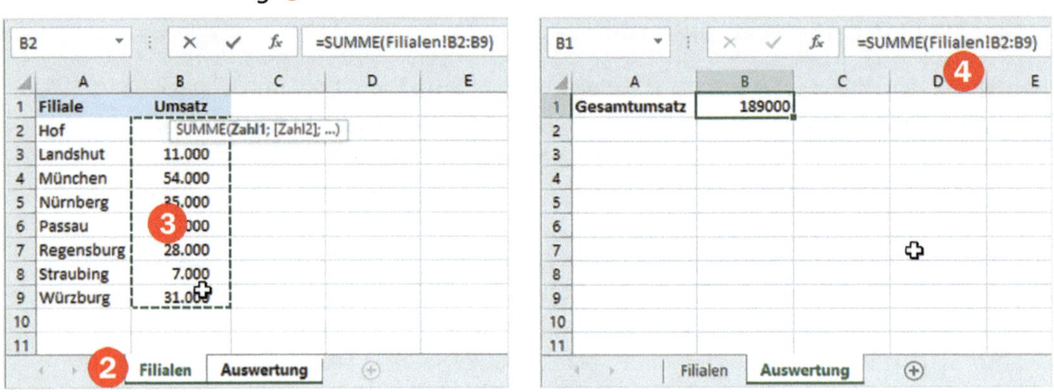

Falls Sie dagegen weitere Zellbezüge in die Formel eingeben möchten, so geben Sie zuerst das Operatorzeichen, z. B. + oder in Funktionen ein Semikolon (Trennzeichen für Argumente) ein, bevor Sie im Blattregister auf das nächste benötigte Blatt klicken. Sollte dies das Blatt mit der Formel sein, so wird auch hier der Blattname vorangestellt.

So bitte nicht!

Würden Sie dagegen in diesem Beispiel nach dem Markieren des Zellbereichs B2:B9 wieder auf das Blatt *Auswertung* klicken, wie im Bild unten, dann setzt Excel automatisch den Namen dieses Arbeitsblatts vor die angegebenen Zellbezüge und Sie erhalten nicht das gewünschte Ergebnis.

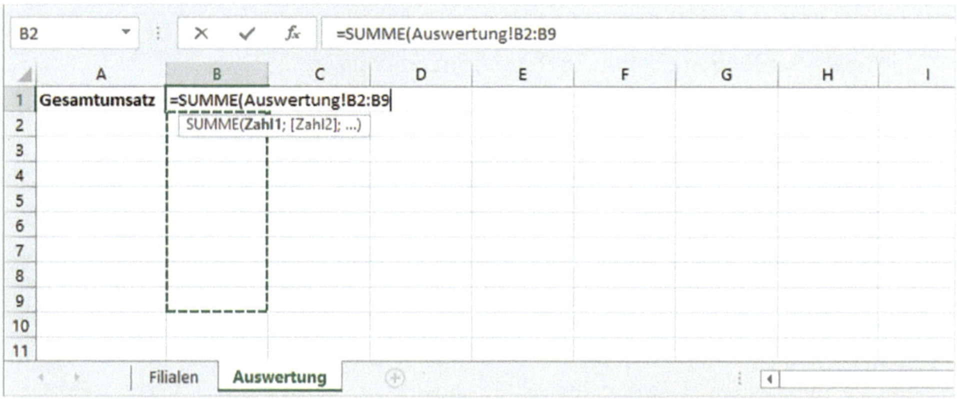

Bild 1.19 Mit Klick auf ein Tabellenblatt ersetzt Excel einen bereits vorhandenen Namen

> Während der Formeleingabe stellt Excel bei jedem Klick auf ein Tabellenblatt im Blattregister der aktuellen Zelladresse (Laufrahmen) den Namen dieses Tabellenblatts voran. Klicken Sie daher erst nach Eingabe eines Operatorzeichens bzw. Semikolons (Funktion) auf ein anderes Tabellenblatt, wenn Sie eine weitere Zelladresse benötigen. Andernfalls wird in der Formel der Blattname des aktuellen Zellbezugs geändert! Spätestens nach Beenden der Formeleingabe kehrt Excel ohnehin automatisch zum Arbeitsblatt mit der Formel zurück.

Bezüge auf Arbeitsmappen (Arbeitsmappen verknüpfen)

Eine Formel kann auch Bezüge auf Zellen oder Zellbereiche anderer Arbeitsmappen enthalten (externe Bezüge). In diesem Fall muss bei der Eingabe die betreffende Arbeitsmappe geöffnet sein. Während der Formeleingabe wählen Sie dann zum Einfügen des Zellbezugs zuerst in der Taskleiste die Arbeitsmappe aus. Anschließend klicken Sie in dieser Arbeitsmappe ggf. zuerst das benötigte Tabellenblatt und markieren dann eine Zelle oder einen Zellbereich. Auch hier gilt: Mit Beenden der Formeleingabe kehrt Excel automatisch zur ursprünglichen Arbeitsmappe bzw. dem Tabellenblatt mit der Formel zurück.

Beachten Sie, dass für einen vollständigen Dateinamen auch die Dateinamenerweiterung erforderlich ist.

Der Dateiname wird automatisch dem Tabellenblatt und der Zelladresse in eckigen Klammern vorangestellt, für die eigentliche Zelladresse verwendet Excel hier automatisch absolute Adressen, also z. B. $A$3. Die allgemeine Schreibweise lautet:

[Dateiname.xlsx]Tabellenblatt!Zelladresse

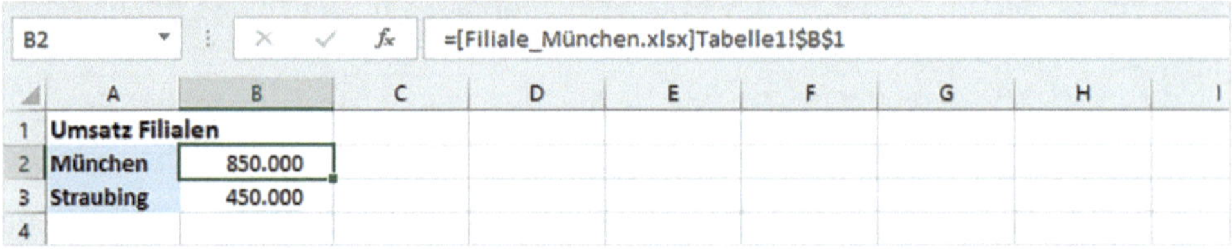

Bild 1.20 Beispiel Zellbezüge auf Arbeitsmappe

Auswertung_Filialen2.xlsx

Die Umsätze befinden sich im Ordner Umsätze-Filialen.

Hinweise zur Verwendung externer Bezüge

- Auch wenn zunächst nur der Dateiname in der Formel erscheint: Excel speichert den gesamten Dateipfad, daher sollten die verknüpften Arbeitsmappen nachträglich weder verschoben noch umbenannt werden.
- Beim ersten Öffnen einer Arbeitsmappe mit externen Bezügen erhalten Sie die unten abgebildete Sicherheitswarnung. Damit bei etwaigen Änderungen die Verknüpfungen aktualisiert werden können, müssen Sie auf *Inhalt aktivieren* klicken. Natürlich nur, wenn Sie dieser Arbeitsmappe vertrauen.

Bild 1.21 Sicherheitswarnung bei Verwendung externer Bezüge

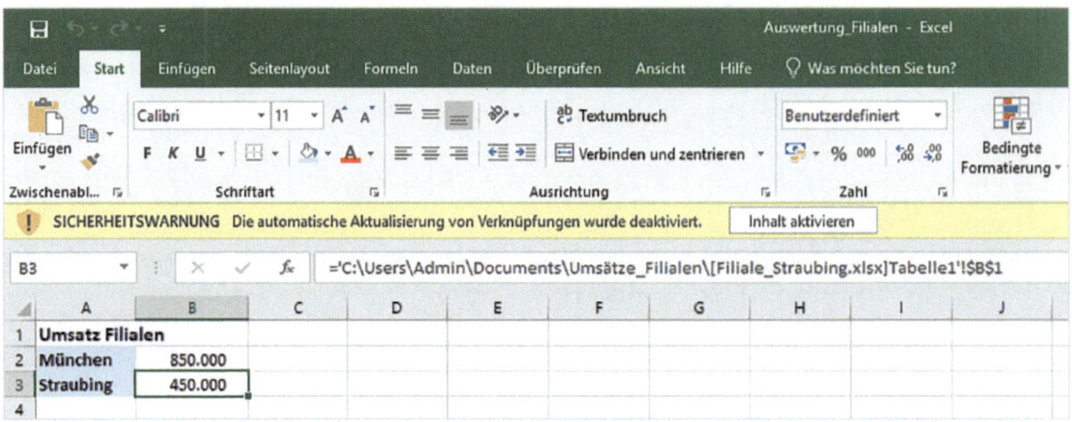

- Nachdem Sie auf *Inhalt aktivieren* geklickt haben, werden Arbeitsmappe und Datenquelle als vertrauenswürdig eingestuft und die Sicherheitswarnung erscheint künftig nicht mehr. Stattdessen erscheint dann beim Öffnen der Arbeitsmappe die unten abgebildete Aufforderung. Klicken Sie auf *Aktualisieren*, wenn Sie zwischenzeitlich geänderte Werte aktualisieren möchten.

  Nehmen Sie dagegen Änderungen in der verknüpften Arbeitsmappe bzw. Datenquelle vor, während gleichzeitig die Mappe mit den externen Bezügen geöffnet ist, so werden diese automatisch aktualisiert.

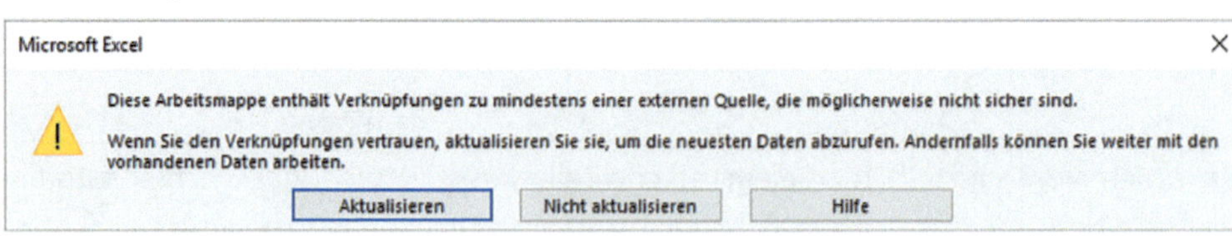

Bild 1.22 Verknüpfungen beim Öffnen aktualisieren

Formel als Verknüpfung einfügen

Eine andere Möglichkeit zum Erstellen externer Bezüge besteht darin, dass Sie zunächst in der Arbeitsmappe, aus der Sie die Werte beziehen möchten, die Formel berechnen, diese in die Zwischenablage kopieren (z. B. mit Strg+C) und anschließend in der zweiten Arbeitsmappe als Verknüpfung einfügen.

Zum Einfügen klicken Sie auf den Dropdown-Pfeil der Schaltfläche *Einfügen* (Register *Start*, Gruppe *Zwischenablage*) und wählen unter *Weitere Einfügeoptionen* die Option *Verknüpfung einfügen* (siehe Bild unten). Alternativ fügen Sie die Formel mit Strg+V ein, klicken anschließend im Tabellenblatt auf das Symbol *Einfügeoptionen* und wählen hier *Verknüpfung einfügen* aus. Die Zellbezüge der Formel erhalten damit ebenfalls die zuvor beschriebene Schreibweise.

Bild 1.23 Formel als Verknüpfung einfügen

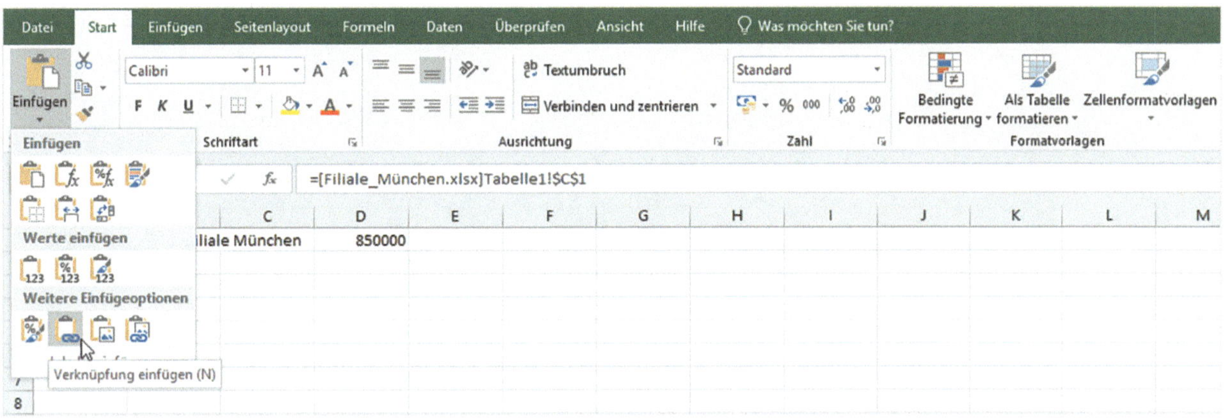

1.3 Namen anstelle von Zellbezügen verwenden

Insbesondere in umfangreichen Arbeitsmappen oder Tabellen werden Formeln durch absolute Zellbezüge oder Bezüge auf andere Tabellenblätter schnell unübersichtlich. Abhilfe können in solchen Fällen Namen für Zellen und Zellbereiche schaffen. Beachten Sie allerdings, dass sich Namen immer auf bestimmte Zellen oder Zellbereiche beziehen und daher von Excel wie feste bzw. absolute Zellbezüge behandelt werden.

Namen besitzen, wenn nichts anderes vereinbart, innerhalb der gesamten Arbeitsmappe Gültigkeit und werden in Formeln anstelle von absoluten Zellbezügen verwendet.

Regeln für Namen

Ein Name muss mit einem Buchstaben beginnen und darf weder Leerzeichen noch Bindestrich, Punkt, Semikolon oder Doppelpunkt enthalten. Unterstrich (_) ist dagegen erlaubt. Namen unterscheiden nicht zwischen Groß- und Kleinschreibung, die maximale Länge beträgt 255 Zeichen. Jeder Name muss eindeutig sein und darf in der Mappe nur einmal vorkommen.

Namen für Zellen vergeben

Für die Vergabe von Namen stehen Ihnen verschiedene Möglichkeiten offen.

Namenfeld verwenden

Am einfachsten verwenden Sie zur Vergabe eines Namens das Namenfeld in der Bearbeitungsleiste, normalerweise sehen Sie hier die Zelladresse, z. B. A1. Namen, die Sie mit dieser Methode eingeben, besitzen in der gesamten Arbeitsmappe Gültigkeit.

1 Markieren Sie die Zelle, der Sie einen Namen zuweisen möchten.

2 Klicken Sie in das Namenfeld und geben Sie den Namen über die Tastatur ein.

3 **Wichtig**: Schließen Sie mit der Eingabetaste ab.

Bild 1.24 Namen im Namenfeld festlegen

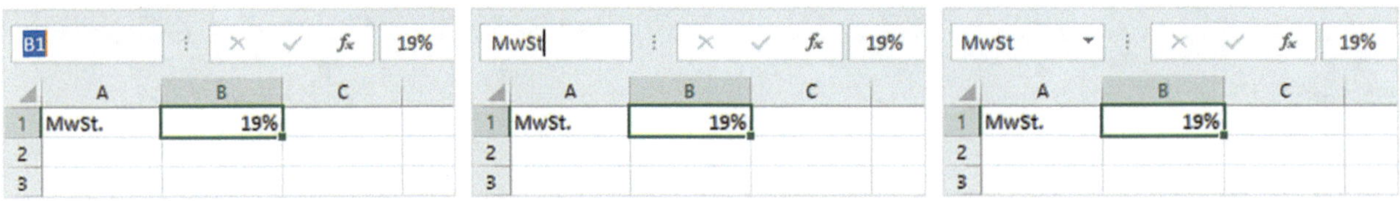

Namen können auch für Zellbereiche vergeben werden: In diesem Fall markieren Sie den entsprechenden Bereich, bevor Sie den Namen eingeben.

Tipp: Wenn Sie zur Kontrolle alle Namen der Arbeitsmappe anzeigen lassen möchten, dann klicken Sie in der Bearbeitungsleiste auf den Dropdown-Pfeil des Namenfeldes. Klicken Sie hier auf einen Namen, so wählt Excel automatisch das dazugehörige Tabellenblatt aus und markiert hier die entsprechende Zelle oder den Zellbereich.

Bild 1.25 Namen im Namenfeld anzeigen und auswählen

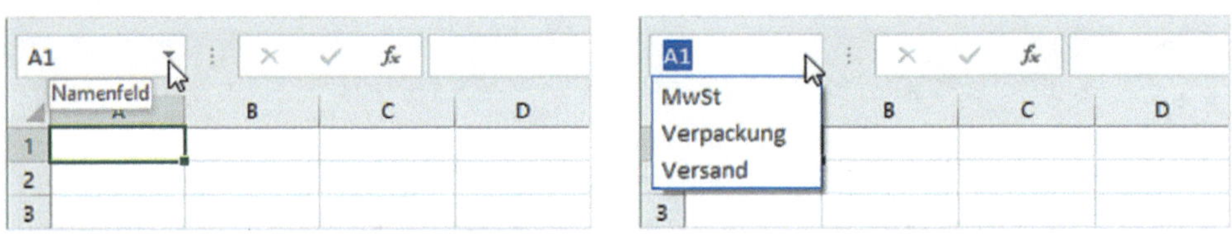

Namen definieren und Gültigkeitsbereich auswählen

Statt über das Namenfeld können Sie Namen auch über eine Schaltfläche im Menüband vergeben. Im Gegensatz zum Namenfeld lässt sich mit dieser Methode bei Bedarf auch der Gültigkeitsbereich auf ein bestimmtes Tabellenblatt einschränken.

1 Klicken Sie dazu im Menüband auf das Register *Formeln* und hier in der Gruppe *Definierte Namen* auf *Namen definieren* ❶.

2 Geben Sie dann im Fenster *Neuer Name* den gewünschten Namen in das Feld *Name* ein ❷. Mit Klick in das Feld *Bereich* können Sie statt *Arbeitsmappe* auch ein Tabellenblatt auswählen ❸ und optional im Feld *Kommentar* eine kurze Beschreibung eingeben ❹.

3 Das Feld *Bezieht sich auf* ❺ legt die dazugehörige Zelle fest, standardmäßig die aktuell markierte Zelle. Falls Sie eine andere Zelle auswählen möchten, so klicken Sie in das Feld und anschließend im Tabellenblatt auf die gewünschte Zelle oder markieren einen Zellbereich.

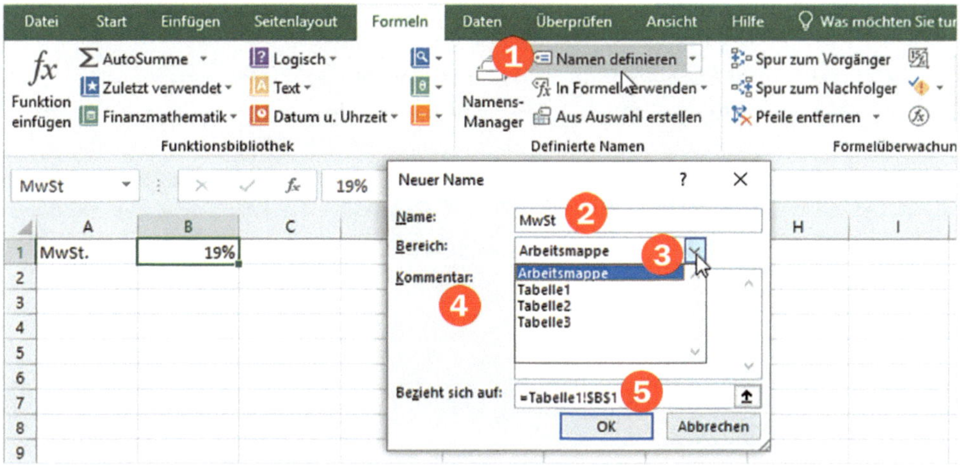

Bild 1.26 Neuen Namen definieren und Gültigkeitsbereich auswählen

Tipp: Anstelle eines Zellbezugs können Sie hier einem Namen auch einen festen Wert, z. B. 12 (Monate eines Jahres), zuordnen, diesen geben Sie einfach im Feld *Bezieht sich auf* anstelle eines Zellbezugs ein.

Namen aus Tabelle übernehmen

Häufig befindet sich im Tabellenblatt bereits eine entsprechende Beschriftung über oder neben den Zellen. In solchen Fällen können Namen auch aus der vorhandenen Beschriftung erstellt werden. Mit dieser Methode erstellte Namen gelten automatisch für die gesamte Arbeitsmappe.

Enthält die Beschriftung nicht erlaubte Zeichen, z. B. Leerzeichen, so werden diese automatisch durch Unterstrich _ ersetzt.

1 Markieren Sie dazu die Zellen zusammen mit der dazugehörigen Beschriftung ❶ und klicken Sie im Register *Formeln*, Gruppe *Definierte Namen*, auf die Schaltfläche *Aus Auswahl erstellen* ❷.

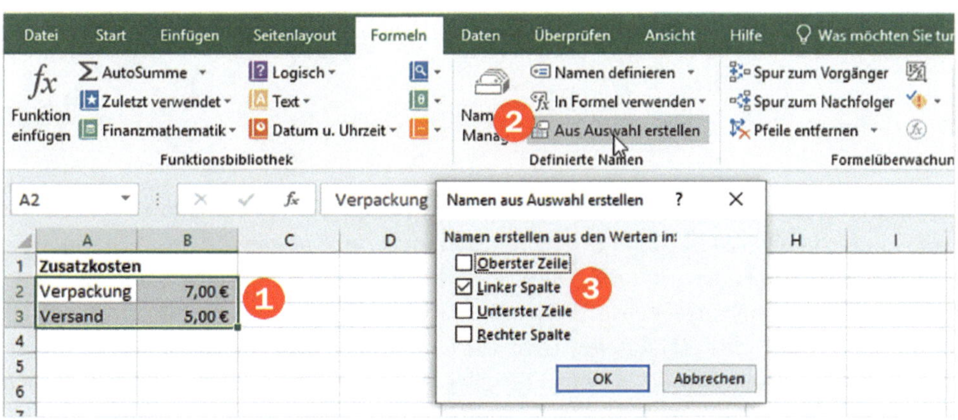

Bild 1.27 Namen aus den markierten Zellen erstellen

2 Ein Dialogfenster erscheint: Geben Sie an, wo sich die dazugehörige Beschriftung befindet, im abgebildeten Beispiel in der linken Spalte ❸, und klicken Sie zum Übernehmen auf *OK*.

Namen im Namens-Manager verwalten

Leider lässt sich über das Namenfeld ein einmal vergebener Name weder ändern noch löschen. Dazu benötigen Sie den Namens-Manager, den Sie über die gleichnamige Schaltfläche im Register *Formeln*, Gruppe *Definierte Namen*, öffnen.

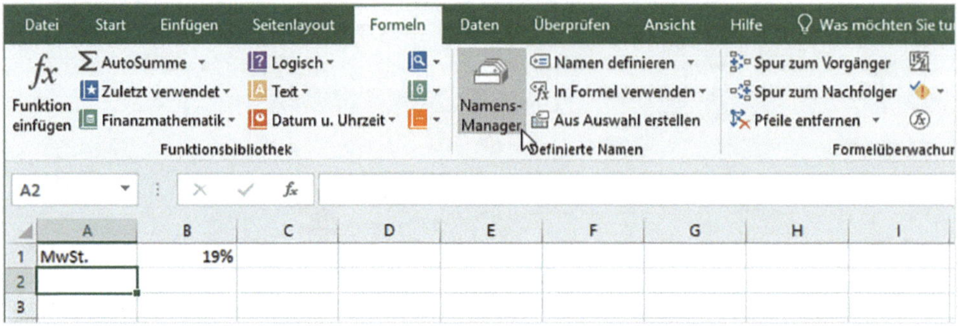

Bild 1.28 Namens-Manager öffnen

Das Fenster *Namens-Manager* listet alle Namen der aktuellen Arbeitsmappe samt aktuellem Wert, Zellbezug und Gültigkeitsbereich auf. Auch eventuell vorhandene Kommentare erscheinen hier.

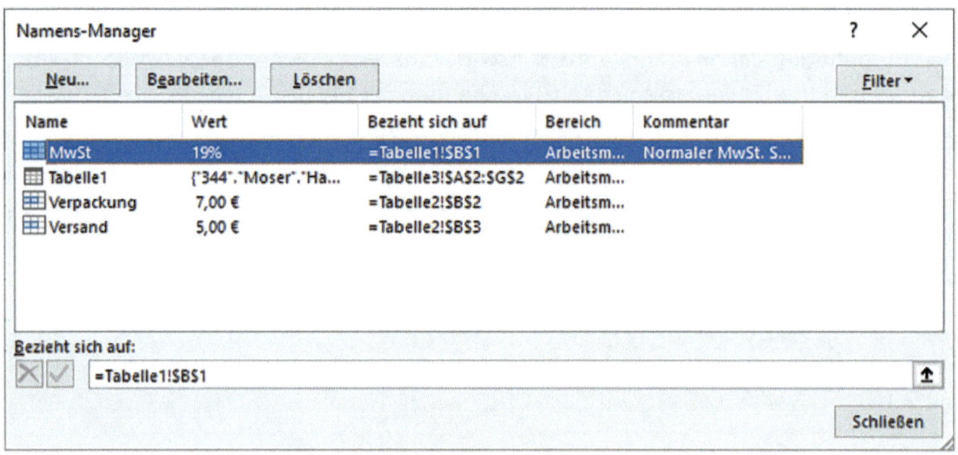

Bild 1.29 Definierte Namen und Namen von Tabellen im Namens-Manager

Achtung: Der Namens-Manager listet nicht nur die Namen von Zellen und Zellbereichen auf, sondern auch, wie im Bild oben, von dynamischen Tabellen, d. h. Zellbereichen, die als Tabelle formatiert wurden (Register *Start* ▶ *Als Tabelle formatieren*). Falls kein anderer Name vereinbart wurde, haben diese meist die internen und automatisch vergebenen Namen *Tabelle1*, *Tabelle2* usw., dürfen jedoch nicht mit den gleichnamigen Arbeitsblättern verwechselt werden! Tabellennamen unterscheiden sich auch durch ihr Symbol von den definierten Namen, um die es hier geht.

Tipp: Tabellen ausblenden
Falls Sie die Tabellen im Namens-Manager ausblenden möchten, so klicken Sie auf die Schaltfläche *Filter* und auf *Definierte Namen*. Mit *Filter löschen* stellen Sie die Anzeige aller Namen wieder her.

Namen bearbeiten, Zellbezug ändern

Wenn Sie im Namens-Manager einen Namen bearbeiten bzw. ändern möchten, so markieren Sie diesen und klicken auf die Schaltfläche *Bearbeiten...*. Das Fenster *Name bearbeiten* öffnet sich und Sie können den Namen ändern, einen Kommentar hinzufügen und, falls erforderlich, mit Klick in das Feld *Bezieht sich auf* eine andere Zelle auswählen. Nicht änderbar ist dagegen der Bereich, in dem der Name Gültigkeit besitzt.

> Änderungen des Namens und/oder Zellbezugs werden automatisch in alle Formeln übernommen, die diesen Namen verwenden.

Definierten Namen löschen

Markieren Sie im Namens-Manager den Namen in der Übersicht und klicken Sie auf die Schaltfläche *Löschen*.

> **Achtung**: Namen, die in bereits Formeln verwendet werden, sollten nicht gelöscht werden, da Excel in Formeln die ursprünglichen Zelladressen nicht wiederherstellt. Wurde ein Name trotzdem gelöscht, so erhalten Sie im Tabellenblatt anstelle des Formelergebnisses den Fehlerwert #NAME.

Neuen Namen erstellen

Falls Sie im Namens-Manager einen neuen Namen erstellen möchten, so klicken Sie auf die Schaltfläche *Neu...* und legen dann, wie auf Seite 28 beschrieben, im Fenster *Neuer Name* den Namen zusammen mit dem dazugehörigen Zellbezug fest.

Namen in Formeln verwenden

Um einen definierten Namen in eine Formel einzufügen, haben Sie folgende Möglichkeiten:

- Klicken Sie während der Formeleingabe einfach auf die Zelle. Besitzt die Zelle einen Namen, erscheint dieser automatisch anstelle des Zellbezugs in der Formel.
- Oder tippen Sie die ersten Zeichen des benötigten Namens über die Tastatur ein, siehe Bild 1.30. Es erscheint eine Liste von Namen und Funktionen. Anhand ihres Symbols lassen sich die Namen leicht von den Funktionen zu unterscheiden. Zum Übernehmen genügt ein Doppelklick auf den gewünschten Namen.

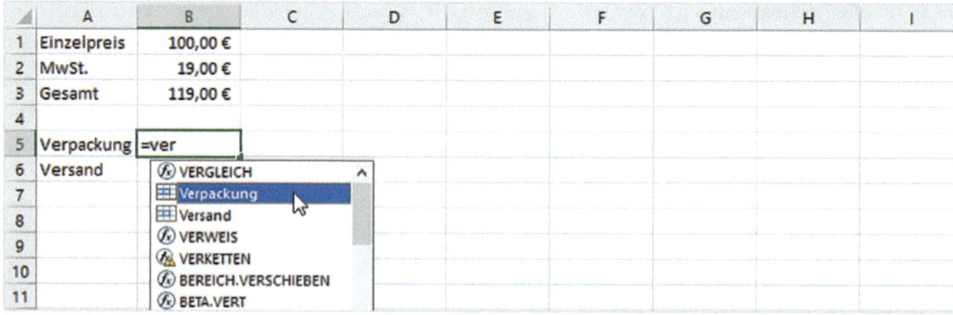

Bild 1.30 Namen in Formel einfügen

- Als dritte Möglichkeit klicken Sie während der Formeleingabe im Register *Formeln* ▶ *Definierte Namen* auf die Schaltfläche *In Formel verwenden* und anschließend in der Liste auf den gewünschten Namen.

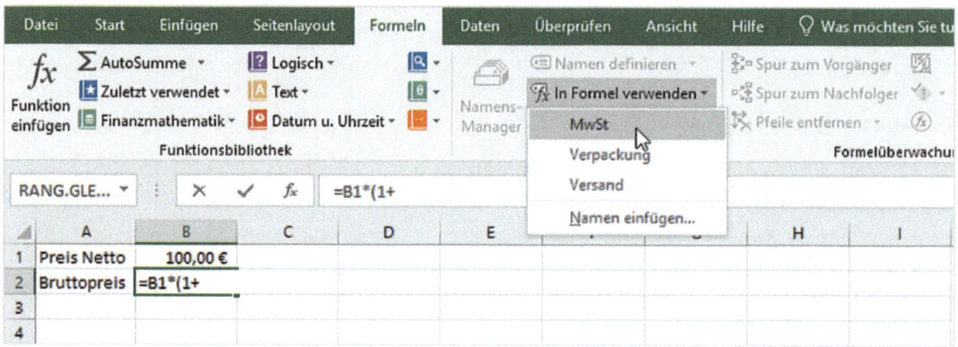

Bild 1.31 Namen in Formel verwenden

Nachträglich definierte Namen in Formeln übernehmen

Wenn Sie einen Namen definieren, hat dies zunächst keinerlei Auswirkungen auf vorhandene Formeln, die sich auf diese Zelle beziehen. Der ursprüngliche Zellbezug bleibt bestehen, die Formel liefert aber nach wie vor richtige Ergebnis. Um den Zellbezug in allen Formeln der Arbeitsmappe nachträglich durch den Namen zu ersetzen, klicken Sie im Register *Formeln* ▶ *Definierte Namen* auf den Pfeil der Schaltfläche *Namen definieren* und auf *Namen übernehmen....* Markieren Sie im nachfolgenden Fenster den oder die betreffenden Namen und klicken Sie auf *OK*.

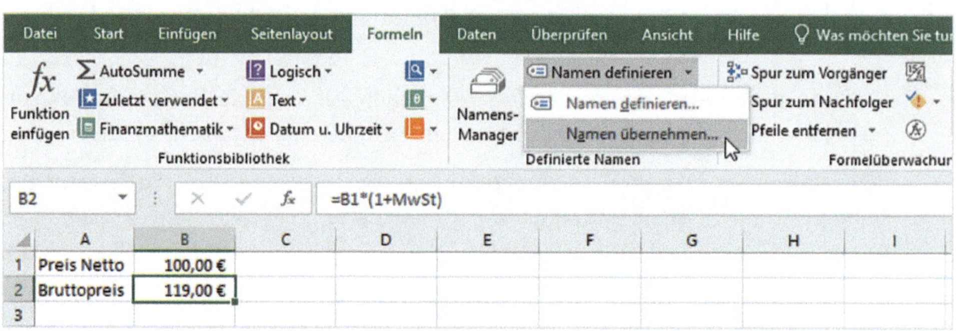

Bild 1.32 Namen statt Zellbezug in vorhandene Formeln übernehmen

1.4 Eingabe und von Aufbau von Excel-Funktionen

Neben den bereits beschriebenen einfachen Funktionen Summe, Mittelwert, Anzahl, Min und Max verfügt Excel über eine Vielzahl von Funktionen für verschiedene Zwecke. Eine Auswahl der wichtigsten wird im nächsten Kapitel detailliert zusammen mit ihren Einsatzmöglichkeiten beschrieben, eine umfassende Aufstellung aller Funktionen würde allerdings den Rahmen dieses Buches sprengen.

Um Funktionen richtig und zeitsparend einzusetzen, sollten Sie zunächst mit dem allgemeinen Aufbau und den Eingabemöglichkeiten vertraut sein. Eine Funktion kann auf folgenden Wegen eingefügt werden:

- Per Funktionsassistent
- Auswahl aus der Funktionsbibliothek
- Eingabe über die Tastatur

Aufbau und Schreibweise

Wie jede Formel beginnt auch eine Funktion immer mit dem Gleichheitszeichen (=). Danach folgt der Name der Funktion und dahinter in Klammern die, zur Berechnung erforderlichen Argumente. Als Funktionsargumente können Text, Zahlen, Zellbezüge, Zellbereiche, Formeln oder weitere Funktionen angegeben werden. Die allgemeine Schreibweise (Syntax) einer Funktion:

```
=FUNKTIONSNAME(Argument1;Argument2;Argument3;...)
```

Die wichtigsten Merkmale im Überblick

- Eine Funktion beginnt wie jede Formel mit dem Gleichheitszeichen. Dieses wird automatisch eingefügt, wenn Sie eine Funktion über die Funktionsbibliothek oder den Assistenten eingeben, bei Eingabe über die Tastatur muss dagegen das Gleichheitszeichen mit eingegeben werden.
- Funktionen benötigen, von wenigen Ausnahmen abgesehen, zur korrekten Berechnung weitere Angaben, die so genannten Funktionsargumente. Dies können Zellbezüge, Zahlen, Text oder Formeln bzw. Funktionen sein, Text muss in Anführungszeichen stehen. Einige Funktionen verfügen als Funktionsargumente auch über Parameter, mit denen sich die Berechnungsart steuern lässt.

Text in Anführungszeichen " " erledigt der Funktionsassistent meist automatisch, ansonsten müssen die Anführungszeichen per Tastatur eingegeben werden.

- Erfordert eine Funktion mehrere Argumente, so werden diese mit Semikolon (;) getrennt. Optionale, also nicht zwingend erforderliche Argumente erkennen Sie, je nach Eingabemethode, an den eckigen Klammern [ ] (Tastatureingabe) bzw. daran, dass diese nicht fett hervorgehoben sind (Funktionsassistent).
- Die Argumente werden in runde Klammern eingeschlossen. Die Klammern sind immer erforderlich, also auch dann, wenn eine Funktion keine Argumente benötigt.

Funktion mit dem Funktionsassistenten eingeben

Die vorherige Eingabe des Gleichheitszeichens ist beim Funktionsassistenten nicht erforderlich!

Der Funktionsassistent unterstützt Sie bei der Auswahl und Eingabe von Funktionen. Insbesondere, wenn Sie eine bestimmte Funktion suchen, deren genauen Namen Sie nicht kennen, kann der Funktionsassistent durchaus nützlich sein. Weitere Vorteile: Das Gleichheitszeichen und die runden Klammern zum Einschließen der Funktionsargumente sowie die Semikolons (;) zwischen den Funktionsargumenten werden automatisch eingefügt. Zudem sehen Sie bereits während der Eingabe das Ergebnis und eventuelle Zwischenergebnisse.

Als Beispiel die Eingabe der Funktion WENN mit Hilfe des Assistenten. Diese soll anhand der Note ermitteln, ob ein Teilnehmer die Prüfung bestanden hat (Note besser bzw. kleiner als 5) oder nicht und den entsprechenden Text Ja oder Nein ausgeben.

1. Schritt: Funktion auswählen/suchen

1 Markieren Sie die Zelle ❶, in der die Funktion berechnet werden soll und klicken Sie im Register *Formeln* ▶ *Funktionsbibliothek* auf die Schaltfläche *Funktion einfügen* ❷ oder auf dasselbe Symbol *fx* in der Bearbeitungsleiste ❸. Die vorherige Eingabe des Gleichheitszeichens ist in diesem Fall nicht erforderlich!

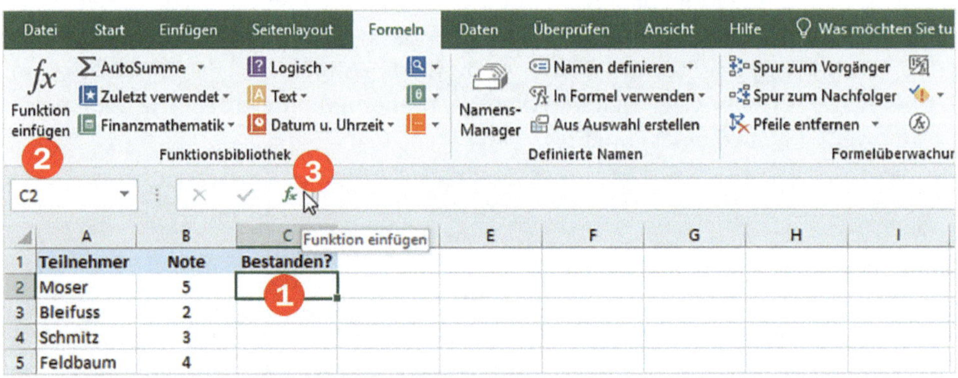

Bild 1.33 Klicken Sie auf das Symbol Funktion einfügen

Beispiel_WENN.xlsx

2 Das Fenster *Funktion einfügen* öffnet sich.

- Tippen Sie im Feld *Funktion suchen* ❹ einen Suchbegriff ein und klicken Sie daneben auf *OK*, um die Suche zu starten.
- Oder wählen Sie im Feld darunter eine Kategorie aus ❺, für dieses Beispiel *Logik*. Mit der Auswahl *Alle* werden alle Funktionen alphabetisch aufgelistet. Standardmäßig ist die Kategorie *Zuletzt verwendet* mit allen zuletzt verwendeten Funktionen aktiv.

Da es nach meinen Erfahrungen immer wieder die WENN-Funktion ist, die weniger versierten Excel-Anwendern Probleme bereitet, wurde diese Funktion als Beispiel ausgewählt.

3 Die Suchergebnisse bzw. die Funktionen der ausgewählten Kategorie erscheinen unterhalb. Klicken Sie auf die gewünschte Funktion ❻ und dann auf *OK* ❼.

Tipp: Falls Sie nicht genau wissen, welche Funktion Sie verwenden sollen: Unterhalb der Liste erhalten Sie eine Kurzbeschreibung der markierten Funktion. Oder klicken Sie auf den Link *Hilfe für diese Funktion*. Damit öffnen Sie die Excel-Hilfe mit einer genaueren Beschreibung zusammen mit Beispielen.

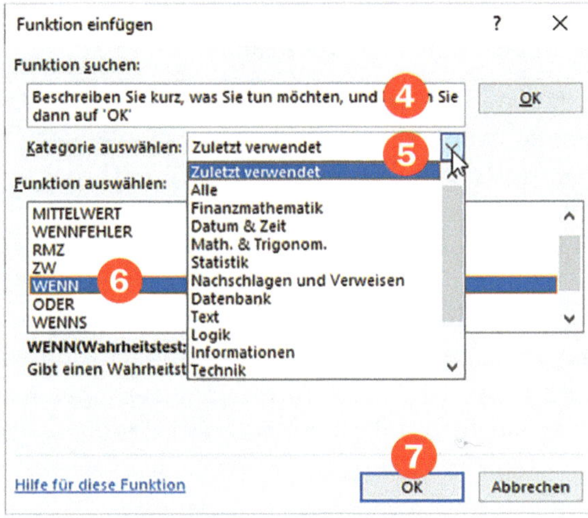

Bild 1.34 Funktion anhand eines Suchbegriffs oder einer Kategorie suchen

2. Schritt: Funktionsargumente eingeben

4 Nach Auswahl der Funktion und Klick auf die Schaltfläche *OK* öffnet sich das nächste Fenster *Funktionsargumente* (Bild 1.35). Hier fügen Sie über Eingabefelder die erforderlichen Funktionsargumente, also Zellbezüge oder Werte in die Funktion ein. Für die, als Beispiel ausgewählte, Funktion WENN ist nur das Argument *Wahrheitstest* zwingend erforderlich (fett hervorgehoben).

Felder, in denen eine Eingabe erforderlich ist, sind fett gekennzeichnet.

5 Zellbezüge als Funktionsargumente können Sie entweder über die Tastatur in die Eingabefelder eingeben oder wie bei der Formeleingabe durch Anklicken aus dem Tabellenblatt übernehmen. Dazu klicken Sie zuerst in das betreffende Eingabefeld ❶, hier *Wahrheitstest* und anschließend im Tabellenblatt auf die Zelle, in diesem Beispiel B2. Den Rest vervollständigen Sie über die Tastatur.

6 Im Feld *Wert_wenn_wahr* geben Sie den Text "Ja" in Anführungszeichen ein, im Feld *Wert_wenn_falsch* "Nein". Unterhalb können Sie das Formelergebnis kontrollieren ❷.

Bild 1.35 Eingabe der Funktionsargumente

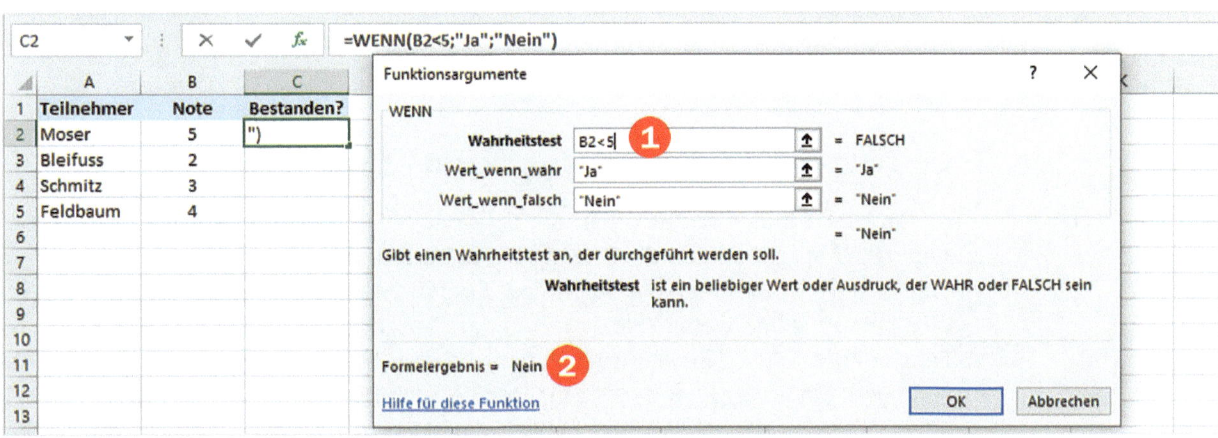

7 Klicken Sie zuletzt auf die Schaltfläche *OK* um das Fenster zu schließen und die Funktion in das Tabellenblatt zu übernehmen.

Und noch ein Hinweis: In abgebildeten Beispiel erscheint *FALSCH* neben dem Argument *Wahrheitstest*. Dies bedeutet **nicht**, dass der Ausdruck fehlerhaft ist, sondern stellt das Ergebnis des Wahrheitstests dar; die Note des ersten Teilnehmers ist nicht kleiner als 5.

Fenster vorübergehend ausblenden

Sollte für die Eingabe der Argumente im Tabellenblatt der benötigte Zellbereich durch das Fenster *Funktionsargumente* verdeckt sein, so klicken Sie in einen freien Bereich des Fensters und ziehen es mit gedrückter Maustaste einfach beiseite. Als Alternative verwenden Sie das kleine Symbol ⬆ rechts vom jeweiligen Eingabefeld: Ein Klick darauf verkleinert das Fenster auf die Größe dieses Feldes, ein weiterer Klick auf das Symbol, wie im Bild unten, stellt das gesamte Fenster wieder her.

Bild 1.36 Das Fenster Funktionsargumente kann mit Klick auf den Pfeil des Eingabefeldes aus- und wieder eingeblendet werden.

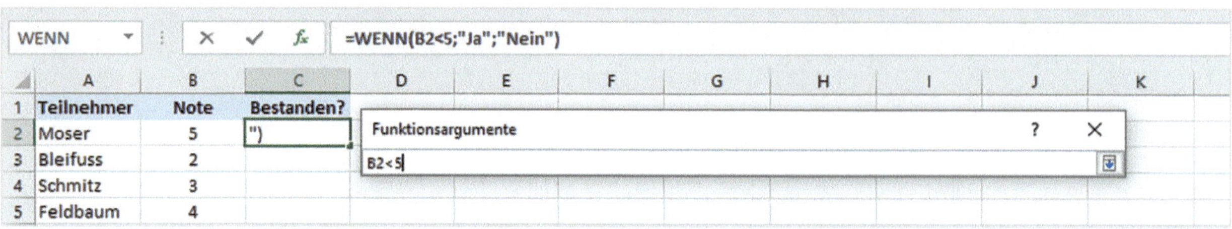

Eine Funktion im Funktionsassistenten nachträglich bearbeiten

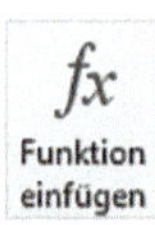

Falls Sie eine Funktion nachträglich wieder im Fenster *Funktionsargumente* zur Überprüfung oder Korrektur anzeigen möchten, so markieren Sie die Zelle mit der Funktion und klicken in der Bearbeitungsleiste oder im Register *Formeln* auf die Schaltfläche *Funktion einfügen*.

Das Fenster *Funktionsargumente* wird zusammen mit der Funktion erneut geöffnet und Sie können bei Bedarf Änderungen an den Argumenten vornehmen. Zum Übernehmen von Änderungen klicken Sie auf *OK*, mit *Abbrechen* dagegen wird die ursprüngliche Funktion beibehalten. Daneben kann eine Funktion auch, wie jede Formel, in der Bearbeitungsleiste oder nach einem Doppelklick direkt im Tabellenblatt nachträglich bearbeitet werden.

Eine Funktion über die Funktionsbibliothek auswählen

Hinweis: Da hier nicht alle Funktionskategorien Platz finden, erhalten Sie die übrigen Kategorien, z. B. Statistik mit Klick auf *Mehr Funktionen*.

Im Register *Formeln* finden Sie in der Gruppe *Funktionsbibliothek* alle Excel-Funktionen nach Kategorien geordnet. Wenn Sie wissen, zu welcher Kategorie die benötigte Funktion gehört, können Sie auch diese Eingabemöglichkeit nutzen. Klicken Sie auf eine Kategorie und wählen Sie eine Funktion. Anschließend öffnet Excel ebenfalls das Fenster *Funktionsargumente* (siehe oben), in dem Sie die erforderlichen Argumente festlegen. Mit *Zuletzt verwendet* erhalten Sie auch hier schnellen Zugriff auf kürzlich verwendete Funktionen. Leider ist aber die praktische Kategorie *Alle* nicht vorhanden.

Aber am Ende jeder Liste finden Sie den Befehl *Funktion einfügen....* Dieser öffnet das gleichnamige Fenster des Funktionsassistenten.

Bild 1.37 Funktionsbibliothek

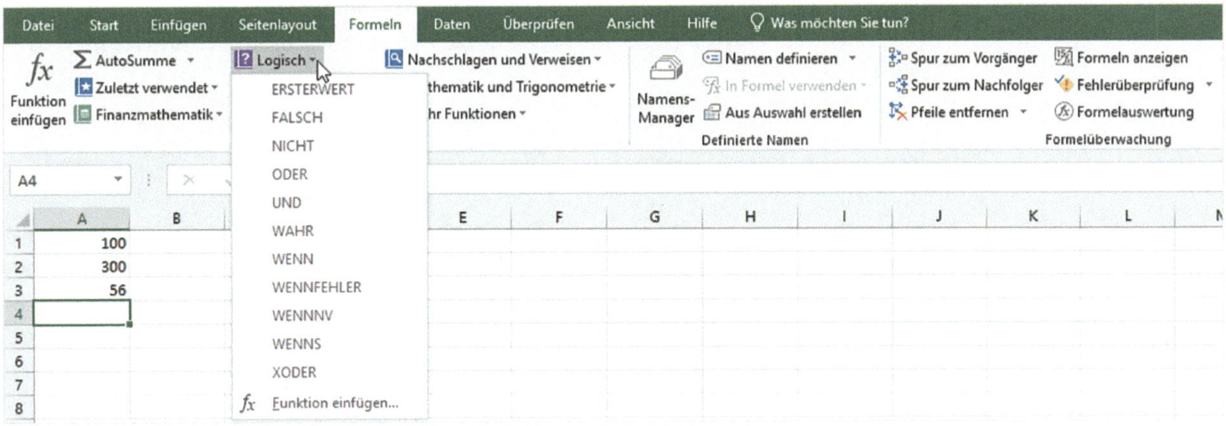

Funktion über die Hilfe suchen

Neben dem Funktionsassistenten gibt es noch die Möglichkeit, eine Funktion über die Hilfe zu suchen.

Nutzen Sie die intelligente Hilfe zur Suche

Die Suche nach einer Funktion anhand einer Kategorie ist vor allem für Anfänger nicht immer einfach, zumal die Zuordnung zu einer Kategorie nicht immer logisch erscheint. Dann benutzen Sie die intelligente Hilfe von Excel zur Suche.

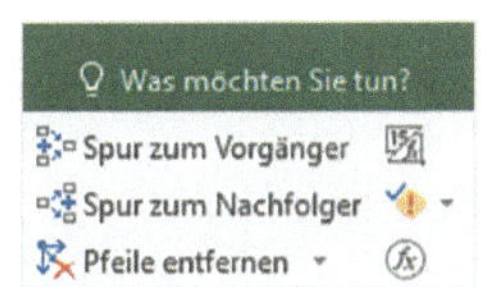

Bild 1.38 Funktion über die intelligente Hilfe suchen und einfügen

1 Dazu markieren Sie die betreffende Zelle, in der Sie die Funktion berechnen möchten, klicken im Menüband in das Feld *Was möchten Sie tun?* und tippen hier die gesuchte Funktion ein, z. B. WENN wie im Bild unten.

2 Excel listet die Kategorie auf, zu der die gesuchte Funktion gehört, hier *Logisch*. Zeigen Sie auf die Kategorie und klicken Sie in der Liste auf die gewünschte Funktion. Diese wird in das Tabellenblatt bzw. die markierte Zelle eingefügt und das Fenster *Funktionsargumente* (siehe oben) geöffnet.

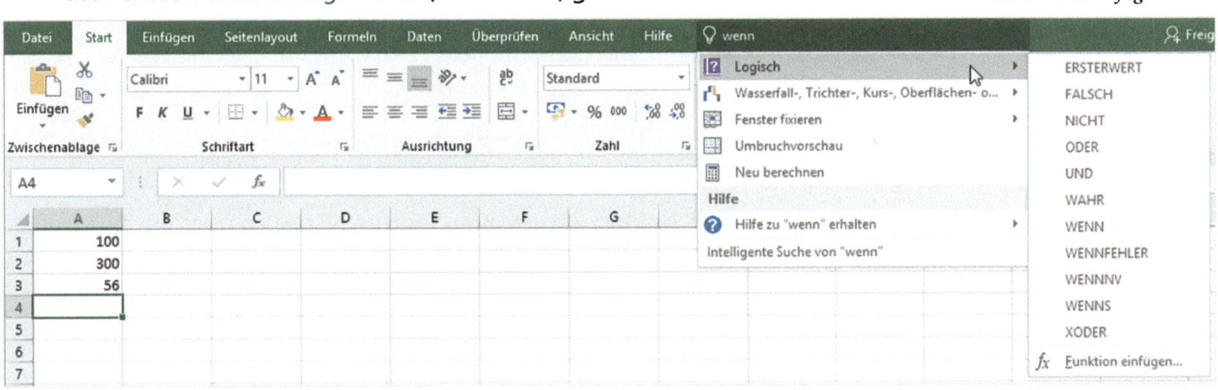

Tipp: Leider liefern die intelligente Suche und auch der Funktionsassistent nicht immer die gewünschte Funktion. Es kann durchaus passieren, dass Sie überhaupt keine oder gleich mehrere Kategorien erhalten, z. B. wenn Sie nach dem Begriff „Durchschnitt" suchen. In solchen Fällen benutzen Sie am besten die Suche im Hilfe-Register.

Suche im Hilfe-Register

Umfassende Informationen zu Funktionen erhalten Sie, wenn Sie im Menüband auf das Register *Hilfe* und hier auf *Hilfe* klicken. Geben Sie dann einen Suchbegriff ein oder klicken Sie auf einen der Vorschläge, die bereits während der Eingabe aufgelistet werden. Anschließend erhalten Sie wieder eine Liste verschiedener Hilfethemen und Funktionsbeschreibungen. Allerdings wird im Gegensatz zur intelligenten Hilfe eine Funktion nicht in das Arbeitsblatt eingefügt, sondern muss auf einem der oben beschriebenen Wege eingegeben werden.

Bild 1.39 Die Excel-Hilfe

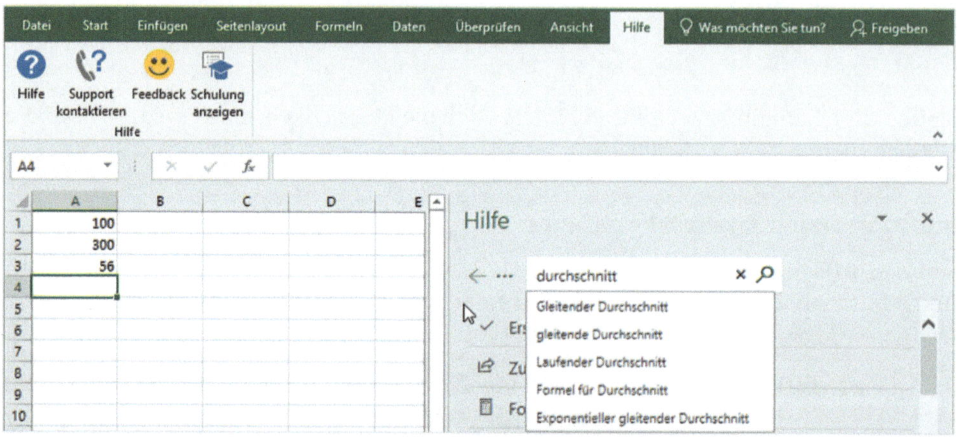

Funktion über die Tastatur eingeben

Als Alternative zum Funktionsassistenten und zum Fenster *Funktionsargumente* kann eine Funktion auch einfach in die Zelle eingetippt werden. Dies ist vor allem für fortgeschrittenere Anwender häufig der schnellere Weg, zumal Sie Excel auch hier mit verschiedenen Eingabehilfen unterstützt.

1. Beginnen Sie mit dem Gleichheitszeichen und tippen Sie die ersten Zeichen des Funktionsnamens ein, im Bild unten MITTELWERT.
2. Sofort zeigt Excel eine Liste entsprechender Funktionen an und mit Doppelklick auf den Funktionsnamen übernehmen Sie die gewünschte Funktion samt der öffnenden Klammer.

Falls Sie eine Funktion aus der Liste der Vorschläge mit der Tastatur auswählen und einfügen möchten: Markieren Sie die Funktion mit der Pfeiltaste nach unten bzw. oben und übernehmen Sie dann die markierte Funktion mit der Tab-Taste.

3 Anschließend sehen Sie im Tabellenblatt die Abfolge der erforderlichen Argumente. Das aktuell zu bearbeitende Argument ist fett hervorgehoben, optionale Argumente erkennen Sie an den eckigen Klammern. Beachten Sie, dass mehrere Argumente durch Semikolon (;) getrennt werden. Diese müssen über die Tastatur eingegeben werden.

4 Schließen Sie die Funktionseingabe mit der Eingabetaste ab. Die Eingabe der schließenden Klammer ist nicht zwingend erforderlich, sie wird in den meisten Fällen von Excel automatisch ergänzt.

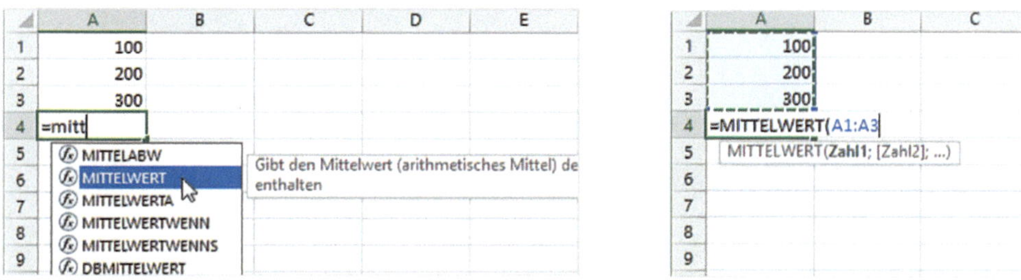

Bild 1.40 Beispiel: Eingabe der Funktion MITTELWERT über die Tastatur

> Im Gegensatz zum Fenster *Funktionsargumente* müssen zum Trennen der Argumente Semikolon (;) und eventuell weitere Klammern immer per Tastatur eingegeben werden.

Diese Methode hat noch einen weiteren Vorteil

Bei manchen Funktionen kann mit zusätzlichen Parametern die Berechnungsmethode gesteuert werden. Im Gegensatz zum Fenster *Funktionsargumente* listet Excel bei der Tastatureingabe die verfügbaren Parameter samt Kurzbeschreibung auf (Bild unten) und der gewünschte Parameter kann ausgewählt und in die Funktion übernommen werden.

Als Beispiel im Bild unten die Funktion WOCHENTAG: Diese ermittelt aus einem Datum, in diesem Fall in A1, den Wochentag als Zahl und der Parameter *Typ* legt fest, mit welchem Tag die Zählung beginnt.

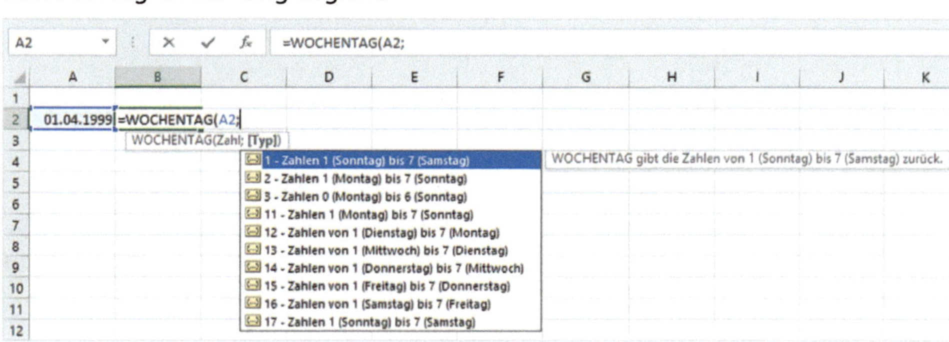

Bild 1.41 Auswahl eines Parameters am Beispiel WOCHENTAG

1.5 Mehrere Funktionen kombinieren (verschachteln)

Wie bereits erwähnt, können als Funktionsargumente auch Formeln und weitere Funktionen eingesetzt werden.

Funktionen, die ihrerseits Funktionen enthalten, werden als verschachtelte Funktionen bezeichnet. Mit der aktuellen Excel-Version können bis zu 64 Ebenen ineinander verschachtelt werden. Häufig werden beispielsweise in einer Funktion die Funktionen UND, ODER und WENN benötigt, wenn Bedingungen zu prüfen sind.

Funktionen als Argument werden entweder manuell über die Tastatur oder im Funktionsassistent ohne Gleichheitszeichen eingefügt; wenn Sie dabei systematisch vorgehen und einige Punkte beachten, dann verlieren Sie auch in verschachtelten Funktionen nicht so schnell den Überblick.

Funktion im Fenster Funktionsargumente einfügen

Wenn Sie eine Funktion mit dem Funktionsassistent bzw. im Fenster *Funktionsargumente* eingeben und in diese eine weitere Funktion als Argument einfügen möchten, dann erfolgen Auswahl und Einfügen dieser Funktion über die Bearbeitungsleiste. Hier erscheint während der Eingabe einer Formel oder Funktion anstelle der Zelladresse standardmäßig die zuletzt verwendete Funktion ❶, im Bild unten WENN. Über den Dropdown-Pfeil öffnen Sie die Liste aller zuletzt verwendeten Funktionen und ein Klick auf die gewünschte Funktion fügt diese in die aktuelle Funktion bzw. die aktuelle Eingabezeile ein. Falls sich die gesuchte Funktion nicht darunter befindet, so klicken Sie auf *Weitere Funk.* ❷ um das Fenster *Funktion einfügen* zu öffnen. Hier können Sie dann die gewünschte Funktion auswählen.

Bild 1.42 Funktion als Argument über die Bearbeitungsleiste einfügen

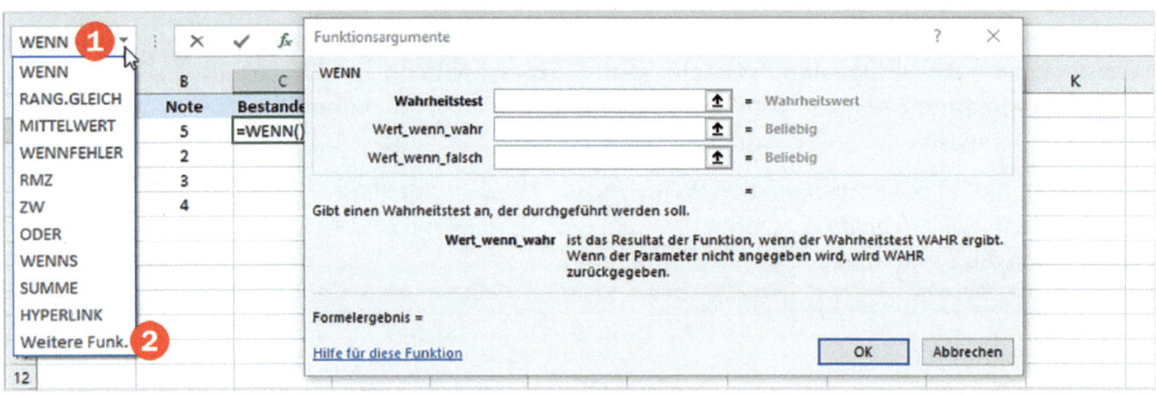

Beispiel: In der WENN-Funktion zwei Wahrheitstests mit ODER durchführen

Häufig ist es die WENN-Funktion, in der eine zweite Funktion benötigt wird. Daher als Beispiel für die Vorgehensweise beim Erstellen verschachtelter Funktionen die WENN-Funktion zusammen mit der Logikfunktion ODER.

Im Bild unten sollen für alle Modelle der Produktgruppen A oder B Sonderpreise mit einem Preisnachlass von 50% berechnet werden. Bei allen anderen Produktgruppen wird kein Sonderpreis berechnet. Der Wahrheitstest der WENN-Funktion muss also als zuerst mit ODER ermitteln, ob es sich im die Produktgruppe A oder B handelt. So gehen Sie bei Verwendung des Funktionsassistenten vor:

WENN_verschachtelt.xlsx

1 Markieren Sie die Zelle D5 und klicken Sie auf *Funktion einfügen* ❶. Wählen Sie die Funktion WENN aus und klicken Sie auf *OK*.

2 Klicken Sie im Fenster *Funktionsargumente* in das Feld *Wahrheitstest* ❷ und klicken Sie in der Bearbeitungsleiste in das Feld ganz links ❸. Hier werden Ihnen jetzt anstelle der aktuelle Zelladresse die zuletzt verwendeten Funktionen mit WENN an erster Stelle angeboten. Klicken Sie hier auf den Dropdown-Pfeil und wählen Sie die benötigte Funktion aus.

Sollte die Funktion ODER hier nicht aufgeführt sein, so klicken Sie auf *Weitere Funk.* ❹ und wählen diese im nachfolgenden Fenster *Funktion einfügen* aus.

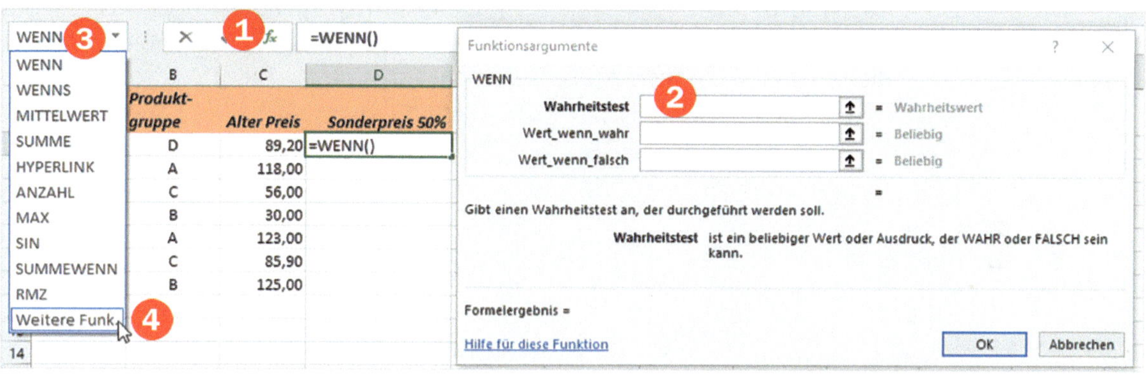

Bild 1.43 Klicken Sie in das Feld Wahrheitstest und fügen Sie die WENN-Funktion ein

3 Im Fenster *Funktionsargumente* erscheint jetzt die Funktion ODER (Bild 1.44). Klicken Sie in das Feld *Wahrheitswert1* und geben Sie die erste, zu prüfende Bedingung B5="A" ein. In das Feld *Wahrheitswert2* geben Sie die zweite Bedingung ein: B5="B" ❺. Da es sich bei den Produktgruppen um Text handelt, müssen diese in Anführungszeichen eingegeben werden.

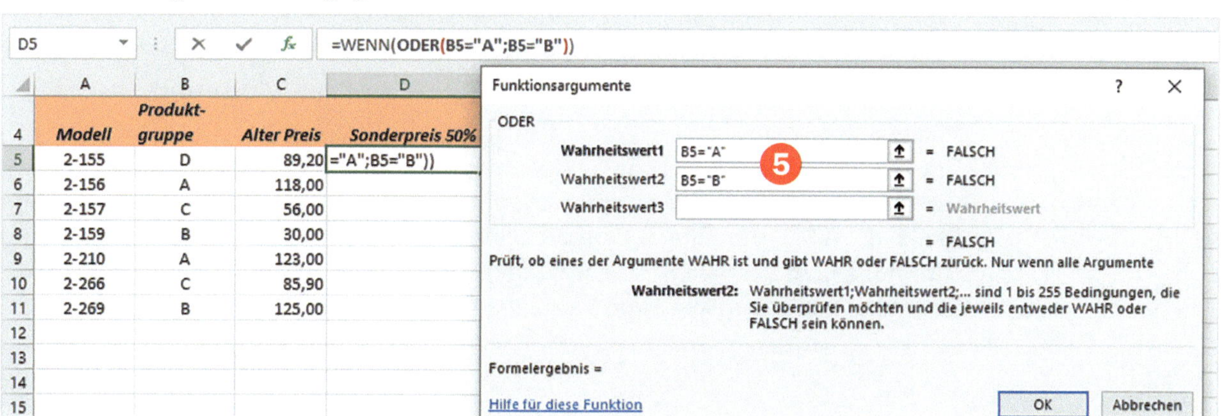

Bild 1.44 Die eingefügte Funktion ODER

4 Klicken Sie anschließend **nicht** auf *OK* sondern kontrollieren Sie die Bearbeitungsleiste (Bild 1.45): Die Funktion ODER wurde in die Funktion WENN eingefügt. Damit im Fenster *Funktionsargumente* wieder die WENN-Funktion bearbeitet werden kann, brauchen Sie nur in der Bearbeitungsleiste auf den Namen dieser Funktion klicken.

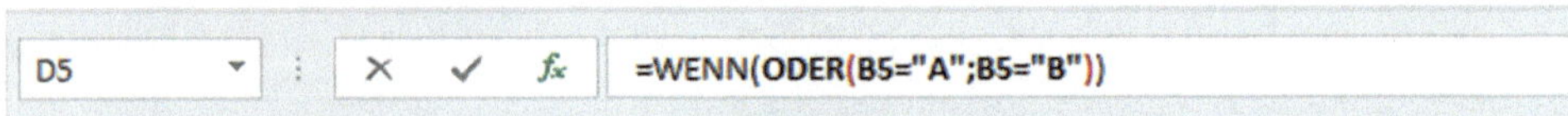

Bild 1.45 Die Funktion in der Bearbeitungsleiste

5 Das Fenster *Funktionsargumente* zeigt jetzt wieder die WENN-Funktion an und im Feld *Wahrheitstest* sehen Sie die vollständige Funktion ODER ❺.

6 Geben Sie als *Wert_wenn_wahr* die Formel zur Berechnung des Sonderpreises ein. Als *Wert_wenn_falsch* geben Sie zwei Anführungszeichen "" ein. Dadurch wird kein Preis berechnet und die Zelle bleibt leer. Anschließend können Sie mit Klick auf *OK* das Fenster schließen.

7 Kopieren Sie zuletzt die Funktion in die restlichen Zellen der Spalte. Da für das erste Modell in Zeile 5 der Wahrheitstest das Resultat FALSCH ergibt, bleibt in diesem Beispiel bei korrekter Eingabe der Funktion die Zelle D5 leer.

Bild 1.46 Ergänzen Sie die WENN-Funktion um die restlichen Argumente

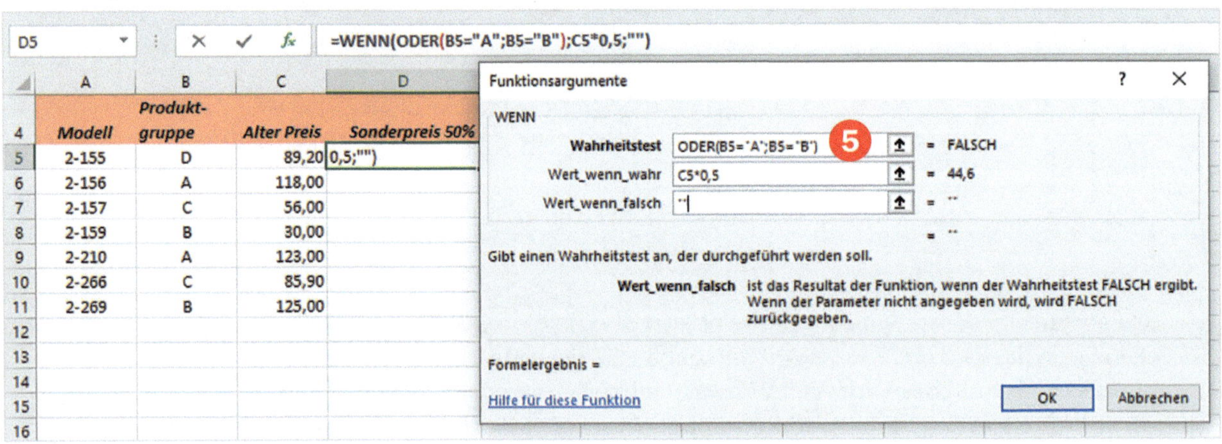

Tipps und Hinweise zur Eingabe verschachtelter Funktionen

Funktion auswählen

Im Prinzip kann jede Funktion als Argument eingefügt werden. Das Feld zur Funktionsauswahl in der Bearbeitungsleiste zeigt immer die zuletzt verwendete Funktion an, z. B. WENN. Um eine andere Funktion auszuwählen, klicken Sie auf den Dropdown-Pfeil. Die Auswahl *Weitere Funk.* öffnet das Fenster *Funktion einfügen* (Funktionsassistent) und ermöglicht Zugriff auf alle Excel-Funktionen.

Wechsel zwischen den Funktionen

Solange das Fenster *Funktionsargumente* geöffnet ist, benutzen Sie die Bearbeitungsleiste, um eine einzelne Funktion im Fenster *Funktionsargumente* anzuzeigen und zu bearbeiten. Klicken Sie dazu einfach auf den Namen der Funktion. Schließen Sie das Fenster erst, bzw. klicken Sie erst dann auf *OK*, wenn alle Funktionsargumente vollständig angegeben wurden, Sie erhalten sonst eine Fehlermeldung.

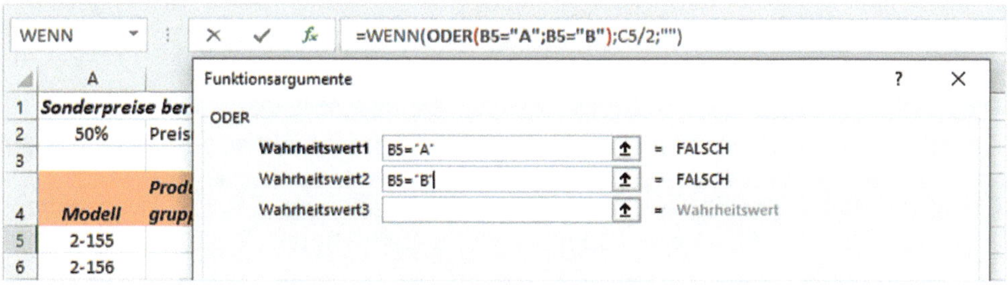

Bild 1.47 Die Bearbeitungsleiste zeigt stets die vollständige Funktion an

Verschachtelte Funktionen per Tastatur eingeben

Die Eingabe verschachtelter Funktionen über die Tastatur ist ähnlich problemlos. Der Einfachheit halber bleiben wir beim oben verwendeten Beispiel, diesmal aber mit Tastatureingabe.

1 Beginnen Sie mit der Eingabe der WENN-Funktion bzw. übernehmen Sie diese aus der Vorschlagsliste.

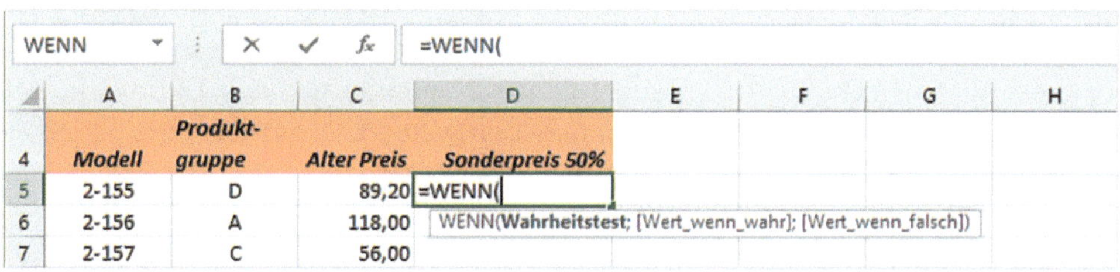

Bild 1.48 Geben Sie die WENN-Funktion ein

2 Da der Wahrheitstest mit der Funktion ODER erfolgt, fügen Sie diese unmittelbar nach der öffnenden Klammer ein. Die Funktion kann einschließlich der öffnenden Klammer nach Eingabe der ersten Zeichen ebenfalls aus einer Liste übernommen werden. Der Infotext enthält nun die, für ODER erforderlichen Argumente.

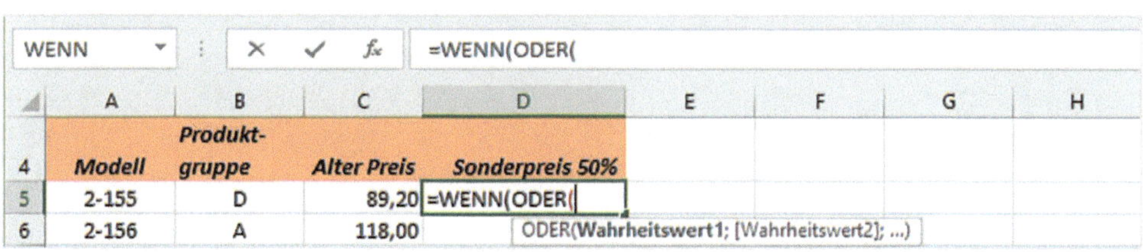

Bild 1.49 Fügen Sie als erstes Argumente die Funktion ODER ein, bzw. übernehmen Sie diese aus der Vorschlagsliste

3 Geben Sie in diese Funktion, mit Semikolon getrennt, die beiden Wahrheitswerte B5="A" und B5="B" und danach die schließende Klammer ein. Am Infotext erkennen Sie, dass Sie jetzt wieder die WENN-Funktion bearbeiten und nach Eingabe des Semikolons ; wird das nächste Argument dieser Funktion, *Wert_wenn_wahr* fett hervorgehoben.

Bild 1.50 Nach Eingabe der schließenden Klammer befinden Sie sich wieder in der WENN-Funktion

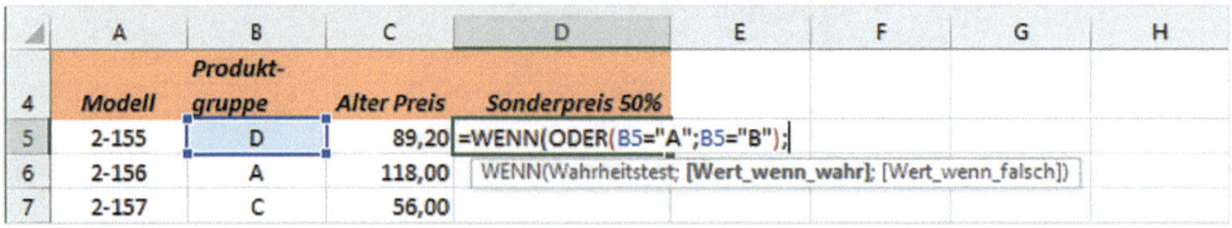

4 Vervollständigen Sie dann die WENN-Funktion, wie auf Seite 42 beschrieben, geben Sie die schließende Klammer ein und übernehmen Sie die Funktion durch Betätigen der Eingabetaste.

Bild 1.51 Die vollständige Funktion

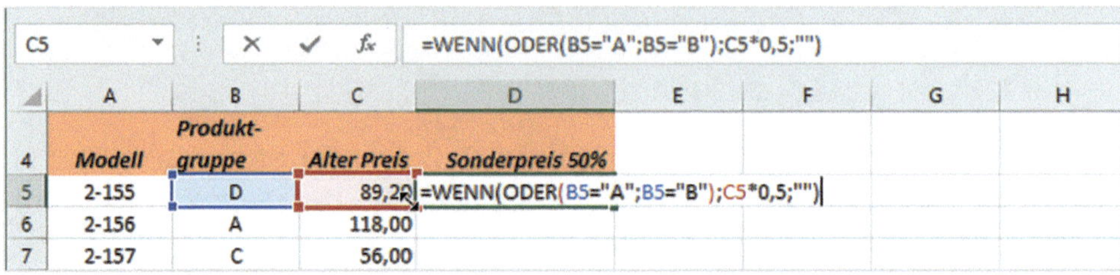

Tipps zum Umgang mit Klammern

Beim Übernehmen einer Funktion aus der Vorschlagsliste fügt Excel zwar die öffnende Klammer mit ein, nicht aber die dazugehörige schließende Klammer. Diese muss bei verschachtelten Funktionen manuell eingegeben werden. Damit Sie keine Klammer vergessen und auch in mehrfach verschachtelten Funktionen den Überblick behalten, die folgenden Tipps:

- Excel kennzeichnet während der Eingabe und auch beim nachträglichen Editieren zusammengehörende Klammerpaare farbig. Sie können also anhand der Farben kontrollieren, ob alle Klammern vollständig sind.
- In der Praxis hat es sich bewährt, wenn nach Eingabe einer öffnenden Klammer bzw. nach dem Einfügen einer Funktion sofort die dazugehörige schließende Klammer eingegeben wird und erst danach innerhalb des Klammerpaares die entsprechenden Argumente.

1.6 Formeln korrigieren und auf Fehler überprüfen

Formeln editieren und ändern

Wie alle Zellinhalte lassen sich auch Formeln in der Bearbeitungsleiste kontrollieren und nach einem Klick in die Leiste auch bearbeiten. Einfacher und übersichtlicher ist es, wenn Sie die Formel direkt im Tabellenblatt anzeigen (Editieren) und bearbeiten. Dazu verwenden Sie eine der beiden folgenden Methoden:

- Entweder mit Doppelklick auf die Zelle mit der Formel,
- oder markieren Sie die Zelle und drücken Sie die Funktionstaste F2.

Die Formel erscheint, wie bei der Eingabe, wieder in der Zelle und kann hier auch bearbeitet werden. Zum Übernehmen nachträglicher Änderungen betätigen Sie die Eingabetaste oder klicken in der Bearbeitungsleiste auf das Symbol *Eingeben*. Sollen dagegen bei versehentlichen Änderungen diese nicht übernommen werden, so drücken Sie einfach die Esc-Taste oder klicken auf das Symbol *Abbrechen*.

Zellbezüge korrigieren

Außerdem eignet sich diese Methode zur schnellen Kontrolle aller Zellbezüge, da diese beim Editieren im Blatt farbig hervorgehoben sind. Fehlerhafte Zellbezüge ändern Sie am einfachsten mit der Maus. Editieren Sie die Formel mit Doppelklick oder der Taste F2 und zeigen Sie dann im Tabellenblatt auf den farbigen Rahmen des fehlerhaften Zellbezugs: Am Mauszeiger erscheinen vier Richtungspfeile (siehe Bild unten), ziehen Sie nun einfach den Rahmen auf die korrekte Zelle. Der Zellbezug in der Formel ändert sich dadurch automatisch. Übernehmen Sie anschließend die Änderung mit der Eingabetaste oder durch Klick auf das Symbol *Eingeben*.

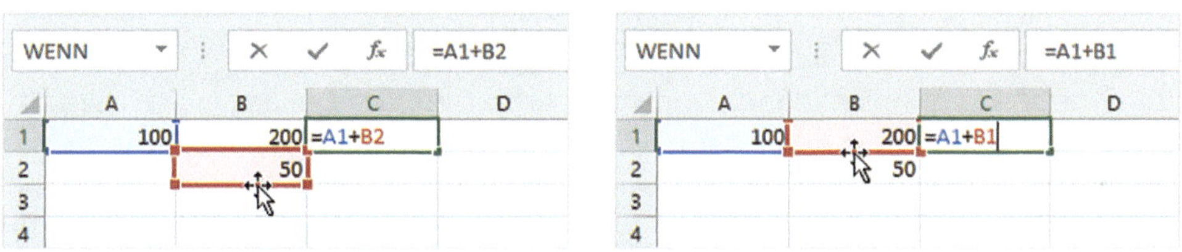

Bild 1.52 Zellbezüge mit der Maus ändern

Auch Zellbereiche in Formeln lassen sich auf diese Weise mit der Maus verschieben, außerdem vergrößern oder verkleinern. Dazu zeigen Sie mit der Maus auf eine der Ecken der farbigen Umrandung: Der Mauszeiger verwandelt sich in einen Doppelpfeil und durch Ziehen vergrößern oder verkleinern Sie den Zellbereich.

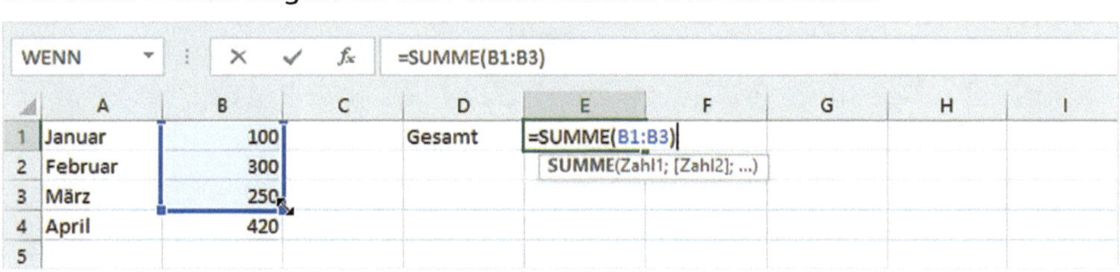

Bild 1.53 Bereichsangaben mit der Maus ändern

Formeln im gesamten Tabellenblatt anzeigen

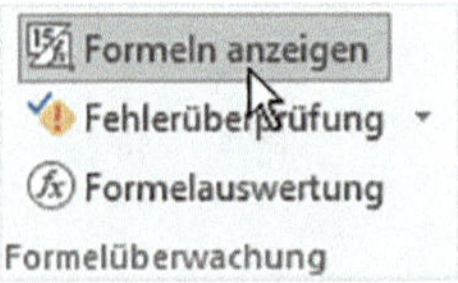

Bild 1.54 Formeln anzeigen

Um im gesamten Arbeitsblatt statt der Ergebnisse alle Formeln sichtbar zu machen, klicken Sie im Register *Formeln*, Gruppe *Formelüberwachung*, auf *Formeln anzeigen*. Mit Anzeige der Formeln werden alle Spalten automatisch verbreitert und Zahlenformate ignoriert. Mit derselben Schaltfläche blenden Sie die Formelanzeige auch wieder aus und damit erhalten die Spalten ihre ursprüngliche Breite zurück, vorausgesetzt sie wurden zwischenzeitlich nicht geändert. Auch in dieser Anzeige lassen sich Formeln und fehlerhafte Zellbezüge korrigieren.

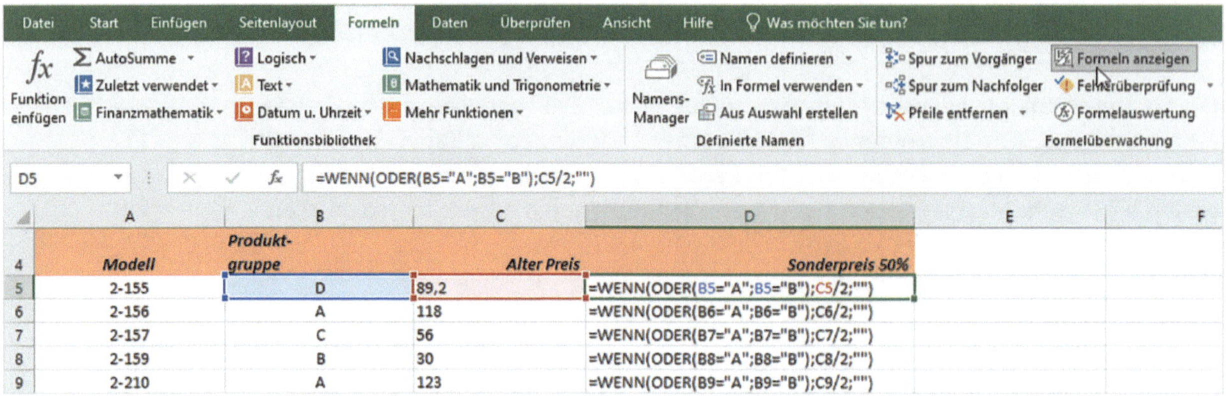

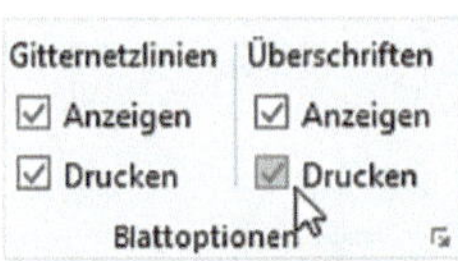

Tipp: Wenn Sie das Blatt mit den eingeblendeten Formeln drucken möchten, dann sollten Sie zur besseren Kontrolle auch die Zeilen- und Spaltennummerierung sowie die Gitternetzlinien drucken. Aktivieren Sie dazu im Register *Seitenlayout*, Gruppe *Blattoptionen*, unter *Gitternetzlinien* und *Überschriften* jeweils die Kontrollkästchen *Drucken*.

Die Excel-Fehlerkontrolle

Bei Syntaxfehlern in Funktionen und von Excel erkannten Fehlern in Formeln, beispielsweise Division durch Null, zeigt die Zelle anstelle eines Formelergebnisses einen Fehlerwert an und wird mit einem grünen Dreieck in der linken oberen Ecke gekennzeichnet. Häufige Fehlerwerte sind:

Fehlerwert	Ursache
#DIV/0!	Sie dividieren in der Formel eine Zahl durch 0 oder eine leere Zelle. Beides ist mathematisch nicht zulässig.
#NAME?	Die Formel enthält einen nicht existierenden Namen, möglicherweise wurde auch der Funktionsname nicht korrekt geschrieben.
#WERT!	Sie führen eine arithmetische Operation mit einer Zelle durch, die anstelle einer Zahl Text enthält, z. B. ist 12,-- keine gültige Zahl.
#NV	Diesen Fehlerwert erhalten Sie, wenn eine Verweisfunktion, z. B. SVERWEIS(), keinen passenden Wert findet (Nicht Verfügbar).

Beim Markieren einer solchen Zelle erscheint im Tabellenblatt eine kleine Schaltfläche und ein Mausklick auf diese Schaltfläche blendet die mögliche Ursache zusammen mit verschiedenen Optionen ein.

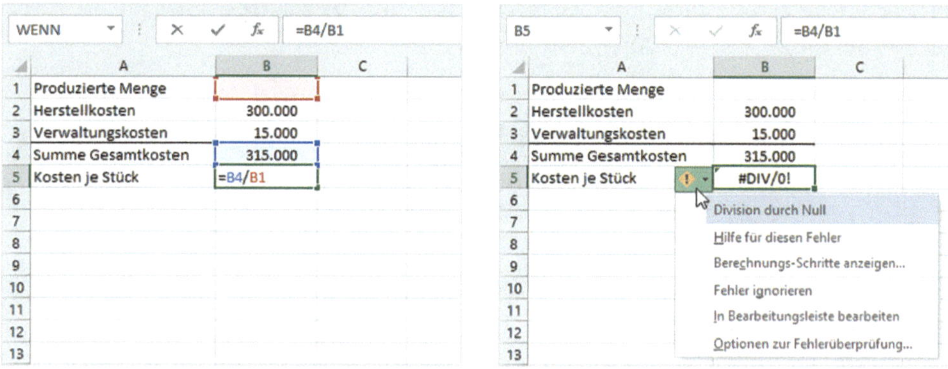

Bild 1.55 Beispiel Fehlerwert

- Wenn Sie die Formel anschließend im Tabellenblatt oder in der Bearbeitungsleiste korrigieren möchten, dann klicken Sie auf *In Bearbeitungsleiste bearbeiten*.
- Die Option *Berechnungsschritte anzeigen* öffnet das Fenster *Formel auswerten*, in dem Sie in komplexen Formeln die Berechnungsschritte kontrollieren können (siehe weiter unten, Formeln schrittweise auswerten).

Tabellenblatt auf Fehler prüfen

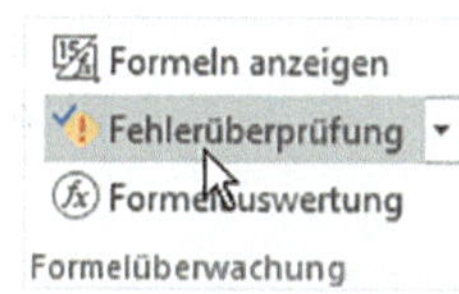

Um das gesamte Tabellenblatt auf die oben genannten Fehlerwerte zu überprüfen, klicken Sie im Register *Formeln*, Gruppe *Formelüberwachung*, auf die Schaltfläche *Fehlerüberprüfung*. Anschließend erscheint in einem Dialogfenster der erste gefundene Fehler mit denselben Korrekturmöglichkeiten. Mit einem Klick auf die Schaltfläche *Weiter* gelangen Sie zum nächsten Fehlerwert.

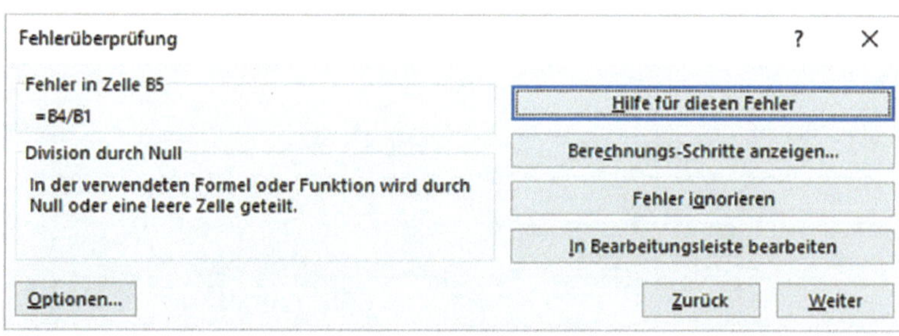

Bild 1.56 Das gesamte Tabellenblatt auf Fehler prüfen

Spuren anzeigen

Wesentlich problematischer als die oben genannten Fehlerwerte sind logische Fehler in Formeln. Diese liefern ebenfalls kein oder im schlimmsten Fall ein falsches Ergebnis, werden aber von Excel nicht erkannt. Für solche Fälle finden Sie Hilfsmittel zur Kontrolle im Register *Formeln*, Gruppe *Formelüberwachung*.

Die einfachste Möglichkeit der Formelkontrolle besteht darin, dass Sie die Zelle mit der Formel markieren und über die Schaltfläche *Spur zum Vorgänger* (Register *Formeln*) Pfeile einblenden, die auf die verwendeten Zellen verweisen. Umgekehrt können Sie mit der Schaltfläche *Spur zum Nachfolger* Pfeile zu allen Zellen bzw. Formeln legen, die Bezüge auf die aktuell markierte Zelle verwenden.

Die Schaltfläche *Pfeile entfernen* blendet wieder alle Pfeile aus dem Arbeitsblatt aus.

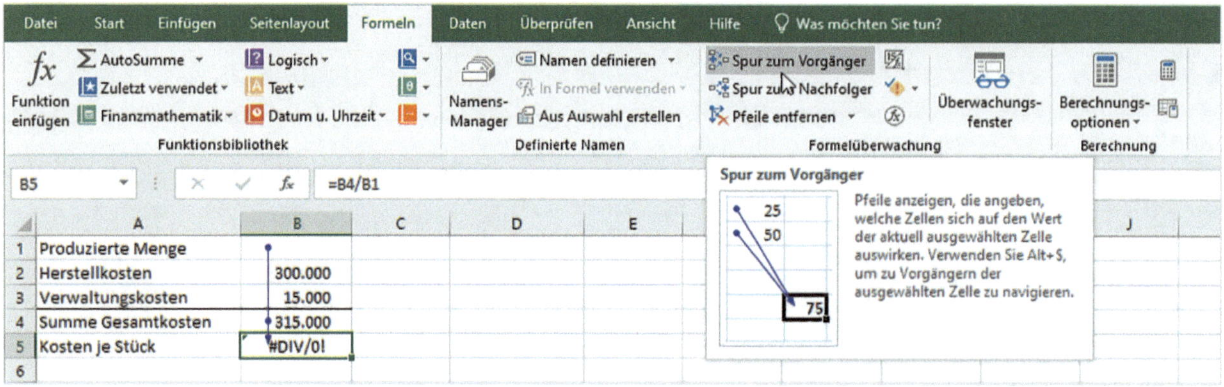

Bild 1.57 Beispiel Spur zum Vorgänger

Ausgewählte Formeln im Überwachungsfenster kontrollieren

Das Überwachungsfenster erlaubt die Anzeige ausgewählter Formeln einschließlich der Ergebnisse in einem gesonderten Fenster. Nützlich ist diese Methode insbesondere in umfangreichen Tabellen und bei Verwendung tabellenübergreifender Zellbezüge, da das Überwachungsfenster Formeln der gesamten Arbeitsmappe einbezieht. Zum Einblenden klicken Sie im Register *Formeln*, Gruppe *Formeln überwachen*, auf *Überwachungsfenster* ❶.

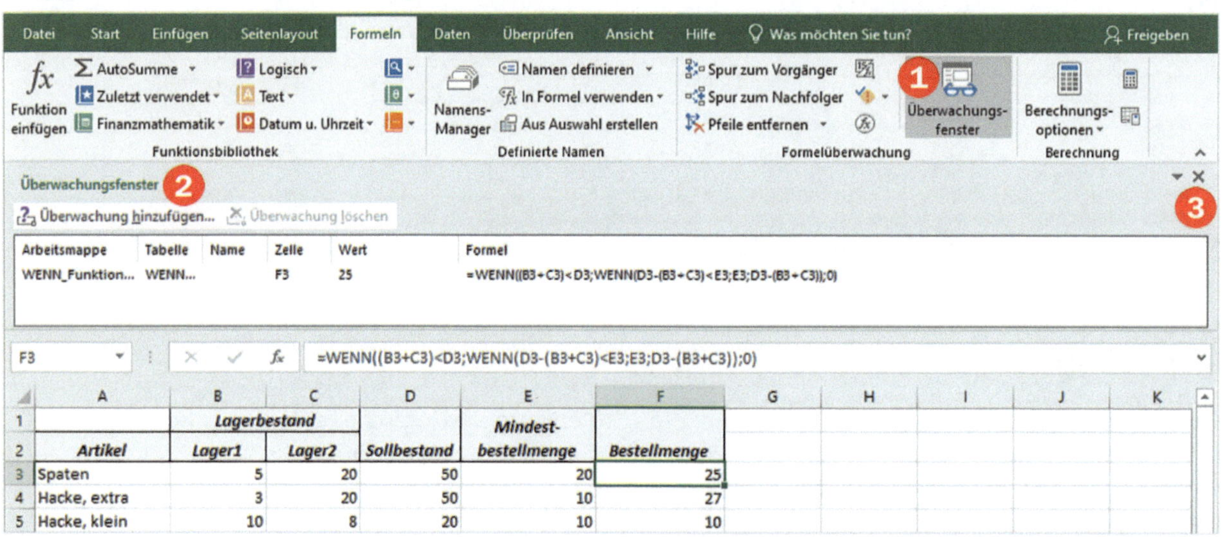

Bild 1.58 Das Überwachungsfenster

Um eine Formel in das Überwachungsfenster einzufügen, klicken Sie auf *Überwachung hinzufügen* ❷ und klicken anschließend auf die Zelle mit der Formel, diese kann sich auch in einem anderen Tabellenblatt befinden. Mit der Schaltfläche *Überwachung löschen* entfernen Sie eine Formel wieder aus dem Überwachungsfenster. Mit Klick auf Schaltfläche *Überwachungsfenster* oder das *Schließen*-Symbol ❸ dieses Fensters schließen Sie das Überwachungsfenster wieder.

Tipp: Sie können, wie im Bild oben, das Überwachungsfenster am oberen Rand des Arbeitsbereichs verankern: Ziehen Sie dazu einfach das Fenster mit gedrückter Maustaste in den Bereich der Bearbeitungsleiste oder doppelklicken Sie in den Titel des Fensters.

Formeln schrittweise ausführen

Einzelne komplexe Formeln lassen sich im Dialogfenster *Formel auswerten* schrittweise überprüfen, auch wenn sie von Excel nicht als Fehler erkannt wurden. Auf diese Weise können Sie beispielsweise die Einzelergebnisse verschachtelter WENN-Funktionen kontrollieren.

Markieren Sie im Tabellenblatt die Zelle mit der zu überwachenden Formel ❶ und klicken Sie im Register *Formeln* auf *Formelauswertung* ❷. Die Formel erscheint nun im Dialogfenster *Formel auswerten* ❸. Klicken Sie auf die Schaltfläche *Auswerten* ❹, um statt des Zellbezugs den Wert des jeweils unterstrichenen Ausdrucks in der Formel anzuzeigen ❺.

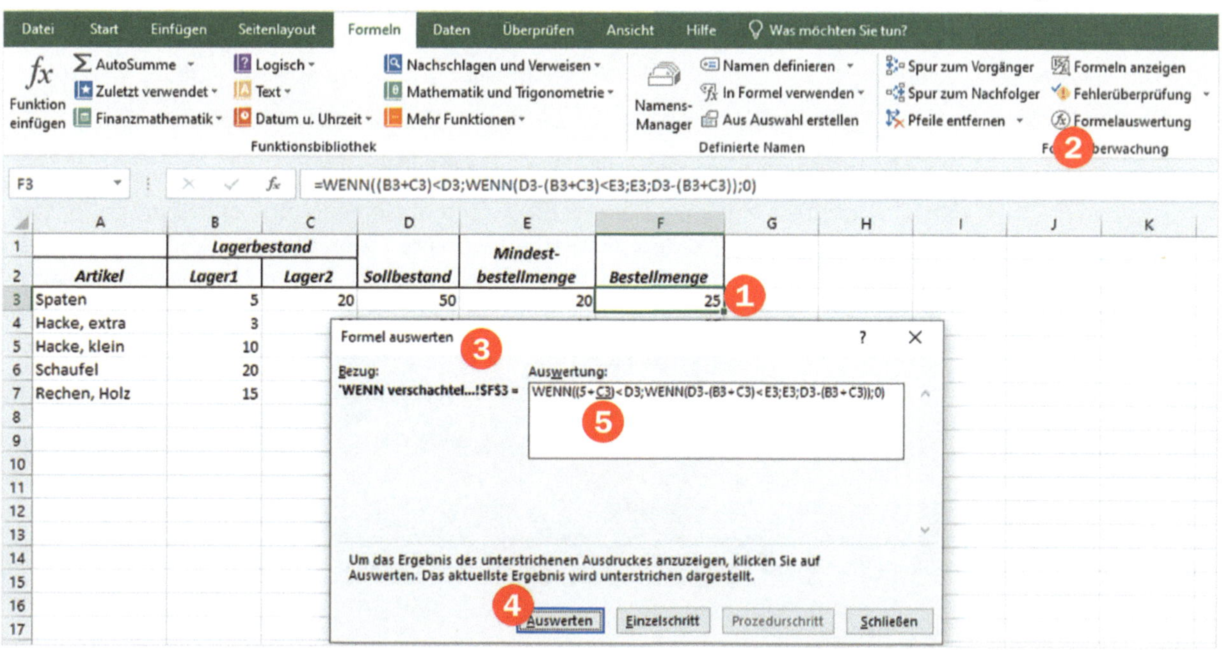

Bild 1.59 Formel schrittweise ausführen und Werte und Ergebnisse anzeigen

Mit jedem weiteren Mausklick auf die Schaltfläche *Auswerten* werten Sie den nächsten Schritt der Formel aus. Enthält die Formel oder Funktion einen Bezug auf das Ergebnis einer weiteren Formel, können Sie über die Schaltfläche *Einzelschritt* einen neuen Bereich für die Formel öffnen und diese anschließend ebenfalls überprüfen.

1.7 Matrixformeln

Achtung: Matrixformeln dürfen nicht verwechselt werden mit den Matrixfunktionen früherer Excel-Versionen.

Als Matrix bezeichnet man (nicht nur in Excel) eine Tabelle oder einen rechteckigen zusammenhängenden Zellbereich über mehrere Zeilen und/oder Spalten. Als Matrixformeln bezeichnet man in Excel Formeln, die statt in eine einzelne Zelle gleich in einen größeren, zuvor markierten zusammenhängenden Zellbereich eingegeben werden. Anschließendes Kopieren und die Berücksichtigung eventuell erforderlicher absoluter Zellbezüge erübrigen sich dadurch.

Nachteil: Eine Matrixformel über mehrere Zellen stellt eine Einheit dar und innerhalb dieses Bereichs können einzelne Formeln weder bearbeitet noch gelöscht werden. Eine Matrixformel lässt sich daher auch nicht nachträglich über weitere Zeilen und/oder Spalten kopieren, sondern muss in solchen Fällen neu berechnet werden.

Da auch einige Funktionen von Excel das Formelergebnis in einen Zellbereich ausgeben und daher unbedingt als Matrixformel eingegeben werden müssen, sollten Sie zumindest ein Eingabe von Matrixformeln kennen. Gleichzeitig lernen Sie in der Folge anhand von Beispielen auch einige Einsatzmöglichkeiten kennen.

Matrixformel eingeben

Beispiel 1: Werte zweier Spalten miteinander multiplizieren

Im Bild unten ein einfaches Beispiel für die Eingabe einer Matrixformel. In Spalte C, genauer gesagt in C4:C7 sollen die Werte der Spalten A und B miteinander multipliziert werden.

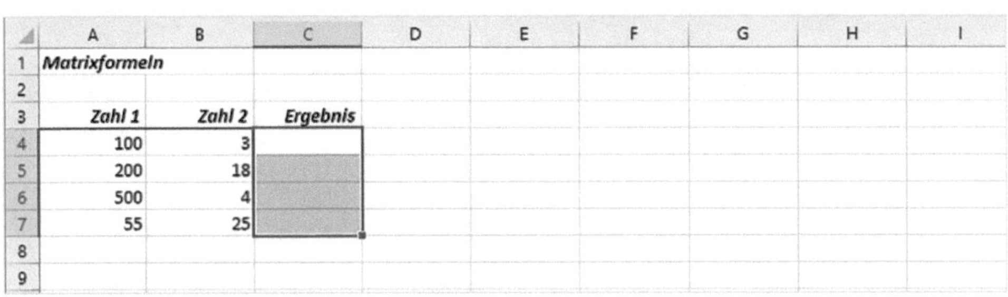

Bild 1.60 Zwei Spalten miteinander multiplizieren

Matrixformeln.xlsx

So gehen Sie vor:

1 Markieren Sie den gesamten Zellbereich, im dem die Formel berechnet werden soll (Ergebnisbereich), hier C4:C7.

2 In der Formel verwenden Sie statt des Bezugs auf eine einzelne Zelle jeweils den gesamten zu multiplizierenden Zellbereich, diesen legen Sie wie gewohnt durch Markieren mit der Maus fest. Die Formel lautet in diesem Beispiel:

```
=A4:A7*B4:B7
```

3 **Achtung**: Beenden Sie die Formeleingabe durch Drücken der Tastenkombination Strg+Umschalt+Eingabetaste (Strg+Shift+Enter).

4 In der Bearbeitungsleiste sehen Sie nun die Matrixformel. Sie ist in geschweifte Klammern { } eingeschlossen.

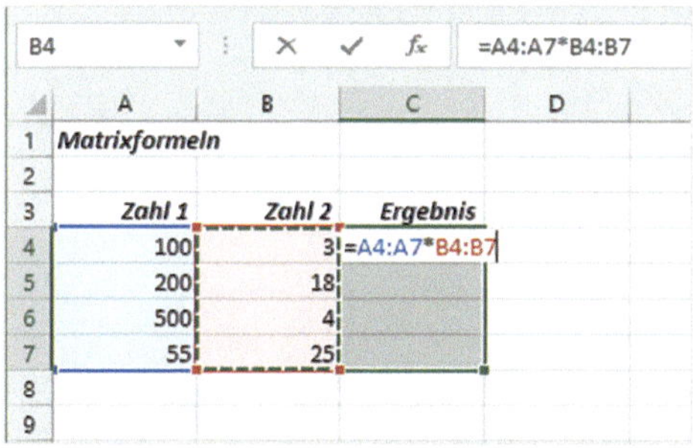

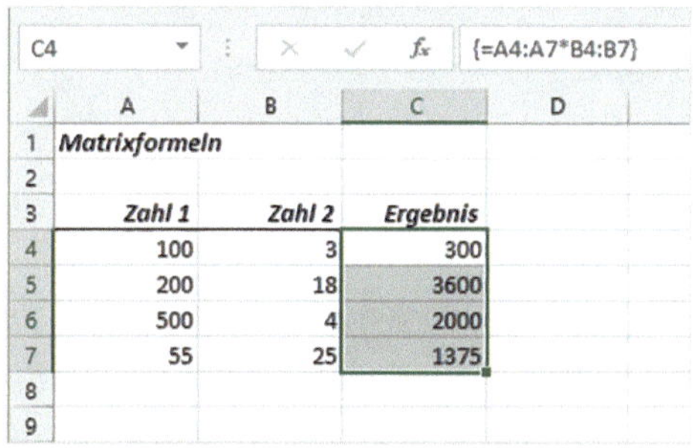

Bild 1.61 Markieren Sie den Ergebnisbereich und geben Sie die Formel ein

Bild 1.62 Die Matrixformel ist an den geschweiften Klammern zu erkennen

Beachten Sie folgende Punkte bei der Eingabe von Matrixformeln

- Markieren Sie vor Eingabe der Formel den gesamten Ergebnisbereich.
- Schließen Sie die Eingabe einer Matrixformel immer mit der Tastenkombination Strg+Umschalt+Eingabe ab.
- Matrixformeln sind in der Bearbeitungsleiste an den geschweiften Klammern zu erkennen. Dies bedeutet, einzelne Formeln innerhalb des Ergebnisbereichs können nicht bearbeitet werden.

Beispiel 2: Werte aus zwei Tabellen miteinander multiplizieren

Mit einer einzigen Matrixformel lassen sich auch Ergebnisse mit zwei verschiedenen Tabellen berechnen. Als Beispiel sollen in Bild 1.63 die Werte der linken Tabelle (Matrix 1) mit dem jeweiligen Wert aus Matrix 2 multipliziert und die Ergebnisse in der dritten Tabelle im Bereich A7 bis C9 eingefügt werden. Die Vorgehensweise ist dieselbe:

1 Markieren Sie den Zellbereich A7:C9 und geben Sie folgende Formel ein:

```
=A2:C4*E3:G4
```

2 Schließen Sie die Formeleingabe mit Strg+Umschalt+Eingabe ab.

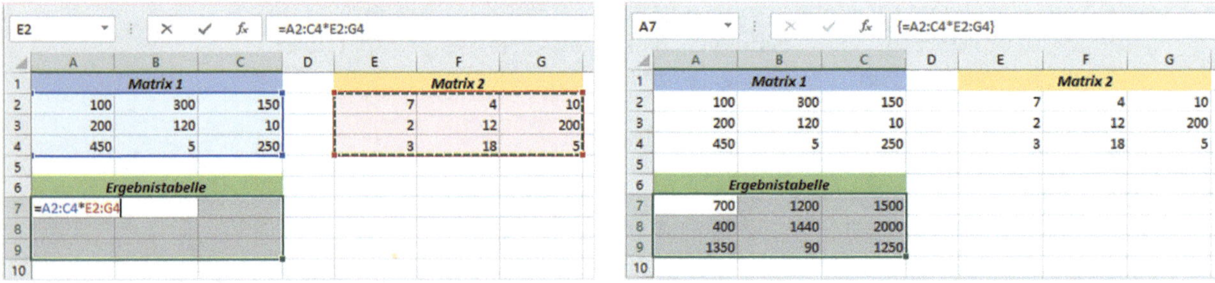

Bild 1.63 Zwei Zellbereiche miteinander multiplizieren

Zellbezüge in Matrixformeln

Die Verwendung relativer und absoluter Zellbezüge in Formeln kennen Sie bereits, Matrixformeln verhalten sich in dieser Hinsicht etwas anders:

Beispiel 3: Mehrere Werte mit demselben Wert multiplizieren

In diesem Beispiel multiplizieren Sie eine Matrix mit dem Inhalt einer einzigen Zelle, nämlich B3. Im Gegensatz zu einer normalen Formel, die anschließend kopiert werden soll, benötigen Sie hierzu in einer Matrixformel keinen absoluten Zellbezug.

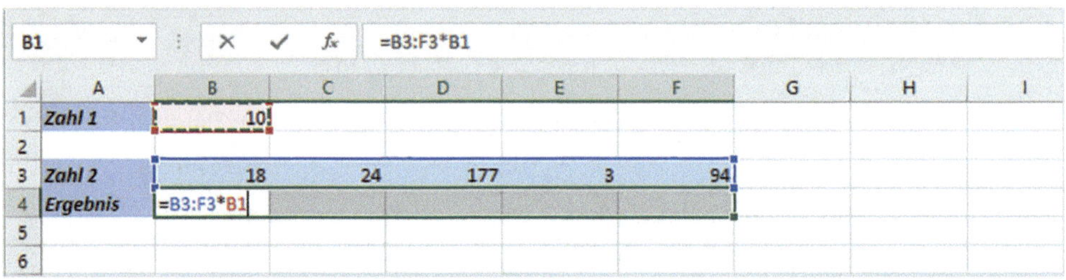

Bild 1.64 Mehrere Werte mit derselben Zelle multiplizieren

Formel nachträglich in eine Matrixformel umwandeln

Falls Sie eine bereits vorhandene Formel nachträglich in eine Matrixformel umwandeln möchten, gehen Sie so vor:

1. Markieren Sie den Zellbereich, in den Sie die Matrixformel einfügen möchten und drücken Sie dann die Taste F2, um die Formel zu editieren.
2. Anschließend korrigieren Sie die Zellbezüge und übernehmen dann die Formel als Matrixformel mit den Tasten Strg+Umschalt+Eingabe. Eventuell vorhandene absolute Zellbezüge werden ignoriert und müssen daher nicht zwingend korrigiert werden.

2 Ausgewählte Funktionen - richtig eingesetzt

In diesem Kapitel lernen Sie...

- Bedingungen und Logikfunktionen
- Zellinhalte abfragen
- Rundungsfehler vermeiden
- Auswertungs- und Statistikfunktionen
- Nachschlagen und Verweise
- Finanzmathematische Funktionen
- Berechnungen mit Datum und Uhrzeit
- Textfunktionen
- Funktionen zur Fehlervermeidung

Das sollten Sie bereits wissen

- Zahlenformate
- Eingabe und Syntax von Funktionen
- Matrixformeln

Die wichtigsten Excel-Funktionen, nämlich SUMME und MITTELWERT, dürften den meisten Anwendern geläufig sein. Excel stellt jedoch mit seiner umfangreichen Funktionsbibliothek zahlreiche weitere Funktionen auch für komplexe Berechnungen und spezielle Einsatzzwecke bereit. Eine ausführliche Beschreibung aller Funktionen würde den Rahmen dieses Buches sprengen. Stattdessen werden in diesem Kapitel aus jeder Kategorie einige wichtige und in der Praxis bewährte Funktionen vorgestellt, die sich für fast jeden Einsatz eignen. Nebenbei sollen Ihnen ausführliche Erklärungen und Beispiele bei der Auswahl der passenden Funktion helfen.

2.1 Logikfunktionen

Logikfunktionen, die eine oder mehrere Bedingungen prüfen, sind in vielen Fällen unverzichtbar. Eine Liste dieser Funktionen erhalten Sie im Register *Formeln* mit Klick auf *Logisch* oder wenn Sie im Funktionsassistent die Kategorie *Logik* auswählen.

Die Funktion WENN

Eine der wichtigsten Funktionen, die Funktion WENN, dürfte den meisten Anwendern zumindest in Grundzügen bereits bekannt sein. Diese Funktion macht die Verwendung von Werten oder Berechnungen davon abhängig, ob die angegebene Bedingung zutrifft. Aufgrund ihrer vielfältigen Einsatzmöglichkeiten befassen wir uns zunächst mit dieser Funktion genauer. Ihre Syntax lautet:

```
WENN(Wahrheitstest;Wert_wenn_wahr;Wert_wenn_falsch)
```

- **Wahrheitstest**
  Als Wahrheitstest geben Sie eine Bedingung an, die geprüft werden soll. Diese liefert als Ergebnis die Werte WAHR oder FALSCH (Ja oder Nein).
- **Wert_wenn_wahr**
  Das Argument *Wert_wenn_wahr* legt den Wert fest, der verwendet wird, wenn der Wahrheitstest das Ergebnis WAHR ergibt.
- **Wert_wenn_falsch**
  Liefert der Wahrheitstest das Ergebnis FALSCH, so wird das Argument *Wert_wenn_falsch* verwendet.
- **Beachten Sie außerdem**
  - Die Argumente *Wert_wenn_wahr* und *Wert_wenn_falsch* können eine Zahl, eine Formel, Text oder eine weitere Funktion sein.
  - Wird eines der Argumente *Wert_wenn_wahr* und *Wert_wenn_falsch* nicht angegeben, so liefert die Funktion WENN das Ergebnis des Wahrheitstests, also WAHR oder FALSCH. Wenn stattdessen die Zelle leer bleiben soll, dann verwenden Sie als Argument zwei Anführungszeichen "".

- Das Argument *Wahrheitstest* liefert als Ergebnis einen der beiden Wahrheitswerte, WAHR oder FALSCH. Die Anzeige FALSCH im Fenster *Funktionsargumente* weist also nicht auf eine fehlerhafte Eingabe hin!

Beachten Sie, dass der Wahrheitstest als Ergebnis die Wahrheitswerte, WAHR oder FALSCH, liefert. Die Anzeige FALSCH als Zwischenergebnis im Fenster *Funktionsargumente* weist also nicht auf einen Syntaxfehler in der Funktion hin.

Beispiel Provision abhängig vom Umsatz berechnen

Sie möchten in der unten abgebildeten Tabelle für die Mitarbeiter im Außendienst die Höhe der monatlichen Provision berechnen. Bei einem Umsatz von 5.000 Euro oder mehr erhält der Mitarbeiter 5% des Umsatzes als Provision, sonst 3%.

Sie könnten zwar theoretisch für jeden einzelnen Mitarbeiter anhand seines Umsatzes die Provision in die Tabelle eintragen und anschließend in einer weiteren Spalte den Provisionsbetrag berechnen. Was aber, wenn Sie diese Tabelle kopieren und auch für die nachfolgenden Monate nutzen möchten? Zudem ist diese Methode in einer umfangreichen Tabelle aufwändig und fehleranfällig. Bei der Berechnung mit der Funktion WENN genügt dagegen eine einzige Formel, die Sie nur kopieren brauchen.

1 Im ersten Schritt sollten Sie im Tabellenblatt alle, in der Funktion benötigten Werte, jeweils in eine gesonderte Zelle eintragen, wie im Bild unten.

	A	B	C	D	E	F	G	H
1	*Name*	*Umsatz*	*Provision %*	*Provisionsbetrag*			Umsatz	Provision
2	Müller	4.800,00				ab	5.000,00	5%
3	Kabelschacht	5.600,00				sonst		3%
4	Winkelmann	6.200,00						
5	Schnorrer	3.450,00						
6	Höpfli	2.900,00						
7	Bleifuss	5.100,00						
8								

Bild 2.1 Beispiel Provision abhängig vom Umsatz

WENN.xlsx, Blatt WENN-Provision

2 Markieren Sie die erste Zelle in der die Provision berechnet werden soll, hier C2, und fügen Sie die Funktion *WENN* ein, entweder mit Klick auf das Symbol *Funktion einfügen* *fx* und dem Funktionsassistenten (Kategorie *Logik*) oder per Tastatureingabe wie im Bild unten.

3 Geben Sie nun nacheinander die Funktionsargumente ein. **Achtung**: Da die Funktion anschließend kopiert werden soll, sind für die Zellen G2, H2 und H3 absolute, Zellbezüge mit $-Zeichen erforderlich!

H3 | fx | =WENN(B2>=$G$2;$H$2;$H$3

	A	B	C	D	E	F	G	H
1	*Name*	*Umsatz*	*Provision %*	*Provisionsbetrag*			Umsatz	Provision
2	Müller	4.800,00	=WENN(B2>=$G$2;$H$2;$H$3			ab	5.000,00	5%
3	Kabelschacht	5.600,00	WENN(Wahrheitstest; [Wert_wenn_wahr]; [Wert_wenn_falsch])					3%
4	Winkelmann	6.200,00						
5	Schnorrer	3.450,00						

Bild 2.2 Die Wenn-Funktion

Hier nochmals die WENN-Funktion in C2, zur besseren Übersicht ohne $-Zeichen:

```
=WENN(B2>=G2;H2;H3)
```

4 Anschließend kopieren Sie die Funktion in die restlichen Zeilen der Liste und formatieren die Ergebnisse im Prozentformat. Berechnen Sie dann in D2 den Provisionsbetrag mit der Formel =C2*B2 und kopieren Sie diese Formel ebenfalls.

Bild 2.3 Die Ergebnisse in der Tabelle

D2 =C2*B2

	A	B	C	D	E	F	G	H
1	**Name**	**Umsatz**	**Provision %**	**Provisionsbetrag**			Umsatz	Provision
2	Müller	4.800,00	3%	144,00		ab	5.000,00	5%
3	Kabelschacht	5.600,00	5%	280,00		sonst		3%
4	Winkelmann	6.200,00	5%	310,00				
5	Schnorrer	3.450,00	3%	103,50				
6	Höpfli	2.900,00	3%	87,00				
7	Bleifuss	5.100,00	5%	255,00				
8								

Hinweis: Sie könnten sich natürlich auch die Spalte Provision % sparen und den Provisionsbetrag gleich in der WENN-Funktion berechnen. Dann müsste die Funktion wie folgt lauten:

```
=WENN(B2>=$G$2;B2*$H$2;B2*$H$3)
```

Die Ergebniszelle soll unter einer bestimmten Bedingung leer bleiben

In manchen Fällen wird eines der Argumente *Wert-wenn_wahr* und *Wert_wenn_Falsch* nicht benötigt z. B. wenn, wie im Bild unten, nur für Artikel einer bestimmten Warengruppe Sonderpreise berechnet werden sollen. Wenn Sie allerdings das Argument *Wert_wenn_falsch* einfach weglassen, dann liefert Excel als Funktionsergebnis das Resultat des Wahrheitstests, also FALSCH, wie in Bild 2.4. Da dies nur selten erwünscht ist, lassen Sie ein fehlendes Argument nicht einfach leer, sondern geben entweder die Zahl 0 ein, wenn diese als Ergebnis erscheinen soll, oder zwei Anführungszeichen ohne Leerzeichen dazwischen (""), wenn die Zelle leer bleiben soll, wie in Bild 2.5.

Bild 2.4 Fehlt das Argument Wert_wenn_falsch, dann erscheint das Ergebnis des Wahrheitstests

D4 =WENN(B4=100;C4*$B$1)

	A	B	C	D	E
1	Preisnachlass:	50%	für alle Artikel der Warengruppe 100		
2					
3	**Artikel**	**Warengruppe**	**Preis Netto**	**Sonderpreis**	
4	Gartenliege	200	129,00 €	FALSCH	
5	Luftmatratze	200	19,80 €	FALSCH	
6	Gasgrill "Profi"	100	220,00 €	110,00 €	
7	Gasgrill "Extra"	100	395,00 €	197,50 €	
8					

Bild 2.5 Zelle bleibt leer

D4 =WENN(B4=100;C4*$B$1;"")

	A	B	C	D	E
1	Preisnachlass:	50%	für alle Artikel der Warengruppe 100		
2					
3	**Artikel**	**Warengruppe**	**Preis Netto**	**Sonderpreis**	
4	Gartenliege	200	129,00 €		
5	Luftmatratze	200	19,80 €		
6	Gasgrill "Profi"	100	220,00 €	110,00 €	
7	Gasgrill "Extra"	100	395,00 €	197,50 €	
8					

Dies gilt natürlich auch für das Argument *Wert_wenn_wahr*. Wenn Sie dieses Argument leer lassen, muss das dazugehörige Trennzeichen Semikolon trotzdem angegeben werden.

Mehrere Bedingungen nacheinander mit WENNS prüfen

Häufig genügt ein einziger Wahrheitstest nicht, sondern es müssen nacheinander mehrere Bedingungen geprüft werden. Im Gegensatz zu früheren Excel-Versionen, in denen eine solche Aufgabenstellung mehrfach verschachtelte WENN-Funktionen erforderte, macht es Ihnen Excel 2019 in solchen Fällen mit der neuen Funktion WENNS leicht. WENNS kann in einer einzigen Funktion bis zu 127 Wahrheitstests nacheinander durchführen, der Aufbau ist einfach:

Die Funktion WENNS ist neu in Excel 2019.

```
WENNS(Wahrheitstest1;Wert_wenn_wahr1; Wahrheitstest2;Wert_wenn_wahr2;
Wahrheitstest3;Wert_wenn_wahr3; ...)
```

Beispiel Mengenstaffel

Als Beispiel die Rabattberechnung anhand einer Mengenstaffel. Bei der Eingabe über den Funktionsassistenten bzw. im Fenster *Funktionsargumente* sieht die Funktion wie unten abgebildet aus.

Dieses Beispiel ließe sich auch mit der Funktion SVERWEIS berechnen, siehe Seite 82.

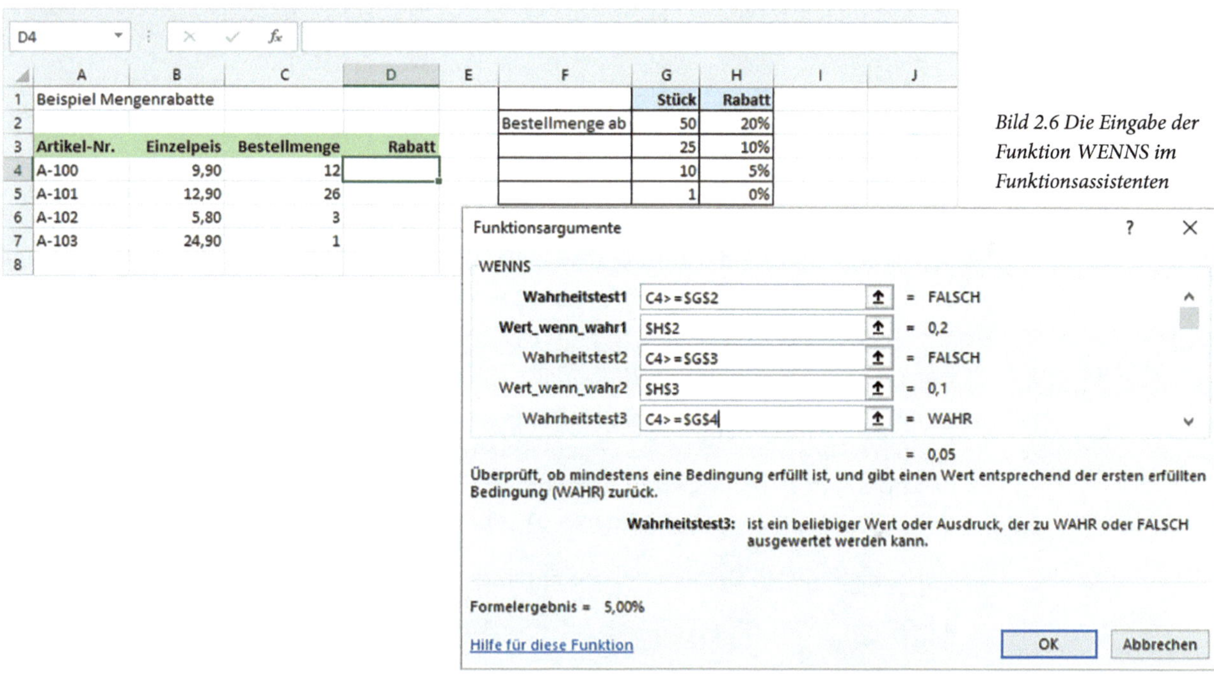

Bild 2.6 Die Eingabe der Funktion WENNS im Funktionsassistenten

Weitere Zeilen zur Eingabe der Wahrheitswerte werden während der Eingabe der Argumente automatisch hinzugefügt. Beachten Sie, dass Sie bei der Eingabe im Funktionsassistenten und einer Vielzahl von Argumenten eventuell die Bildlaufleiste des Fensters *Funktionsargumente* benutzen müssen, um alle Argumente anzuzeigen. Hier nochmals die Formel in D4, zur besseren Übersicht ohne die eigentlich erforderlichen festen Zellbezüge.

WENN.xlsx, Blatt WENNS

```
=WENNS(C4>=G2;H2;C4>=G3;H3;C4>=G4;H4;C4>=G5;H5)
```

Wo ist das Argument Wert_wenn_falsch?

Da WENNS im Gegensatz zu WENN kein Argument *Wert_wenn_falsch* anbietet, geben Sie als Ersatz anstelle eines weiteren Wahrheitstests einfach *WAHR* als dessen Ergebnis und den dazugehörigen Wert an (im Bild unten H5). Damit wird dieser Wert verwendet, wenn die vorangegangenen Bedingungen nicht erfüllt wurden. Für dieses Beispiel könnte also die Funktion auch wie folgt lauten:

```
=WENNS(C4>=G2;H2;C4>=G3;H3;C4>=G4;H4;WAHR;H5)
```

Bild 2.7 Geben Sie statt des Wahrheitstests einfach das Ergebnis WAHR und den dazugehörigen Wert an

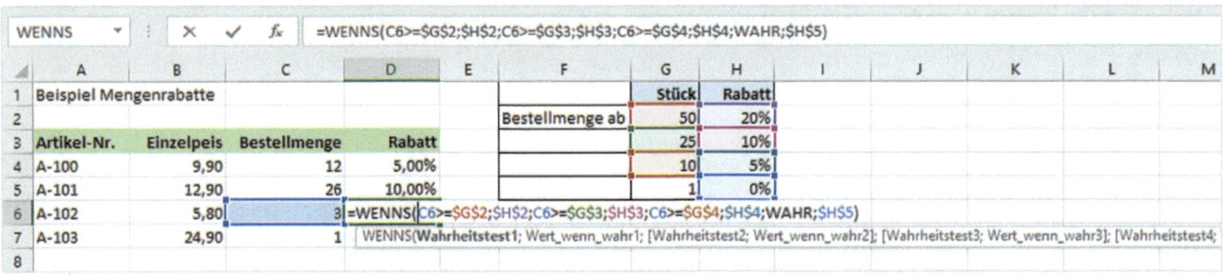

Zwei und mehr Wahrheitstests mit Logikfunktionen verknüpfen

Nicht selten müssen zwei oder mehr Bedingungen gleichzeitig anstatt nacheinander geprüft werden. Dann kommen weitere Logikfunktionen zum Einsatz. Mit ihnen können Bedingungen auch unterschiedlich kombiniert werden: Genügt es, wenn eine der Bedingungen erfüllt ist oder müssen beide bzw. alle zutreffen?

Zum Verknüpfen mehrerer Wahrheitstests verwenden Sie die Funktionen UND, ODER, XODER und NICHT aus der Kategorie *Logik*. Diese liefern als Ergebnis die Wahrheitswerte WAHR oder FALSCH. Sie werden nur selten direkt im Arbeitsblatt eingesetzt, sondern dienen hauptsächlich dazu, innerhalb einer Formel oder Funktion mehrere Bedingungen miteinander zu verknüpfen. Folgende Funktionen sind zu unterscheiden, wobei alle denselben Aufbau besitzen, als Beispiel die Funktion UND:

```
UND(Bedingung1;Bedingung2;Bedingung3;...)
```

Funktion	Beschreibung
UND(Wahrheitswert1;Wahrheitswert2)	Liefert das Ergebnis WAHR, wenn alle Bedingungen WAHR ergeben.
ODER(Wahrheitswert1;Wahrheitswert2)	Liefert das Ergebnis WAHR, wenn mindestens eine der Bedingungen WAHR ist.
XODER(Wahrheitswert1;Wahrheitswert2)	Liefert das Ergebnis WAHR, wenn maximal eine der Bedingungen WAHR ist.
NICHT(Wahrheitswert)	Liefert das Ergebnis WAHR, wenn die Bedingung FALSCH ergibt (kehrt also das Ergebnis um).

- Verknüpfen Sie zwei oder mehr Bedingungen mit UND, so erhalten Sie nur dann das Ergebnis WAHR, wenn alle Bedingungen erfüllt sind, Beispiele:

UND("Katze"="Tier";"Hund"="Tier")	WAHR
UND("Katze"="Tier";"Rose"="Tier")	FALSCH

- Bei einer ODER-Verknüpfung unterscheidet Excel zwischen zwei Möglichkeiten: Die Funktion ODER liefert das Ergebnis WAHR, wenn mindestens eine der Bedingungen erfüllt ist. Mit XODER dagegen erhalten Sie nur dann WAHR, wenn maximal eine der Bedingungen erfüllt ist (ausschließendes ODER), Beispiele:

ODER("Katze"="Tier";"Hund"="Tier")	WAHR
ODER("Katze"="Tier";"Rose"="Tier")	WAHR
XODER("Katze"="Tier";"Rose"="Tier“"	WAHR
XODER("Katze"="Tier";"Hund"="Tier")	FALSCH

- Die Funktion NICHT kehrt das Ergebnis um, liefert also das Ergebnis WAHR, wenn die Bedingung als Ergebnis FALSCH ergibt.

NICHT("Rose"="Tier")	WAHR

> Mit den Logikfunktionen UND und ODER lassen sich bis zu 30 Bedingungen abfragen. Im Fenster *Funktionsargumente* erscheint daher nach Eingabe der zweiten Bedingung (*Wahrheitswert2*) automatisch ein weiteres Feld zur Eingabe der nächsten Bedingung.

Beispiel: Versandkosten, abhängig von zwei Bedingungen

Häufig ist es die WENN-Funktion, in der zwei oder mehr Wahrheitstests benötigt werden. Daher hier als Beispiel, wie Sie in der WENN-Funktion mit ODER zwei Wahrheitstests kombinieren.

Logik.xlsx

Ausgangssituation: Ab einem Bestellwert von mindestens 300 Euro **oder** einer Entfernung unter 75 km erfolgt die Lieferung kostenlos. Für alle anderen Lieferungen werden für die Lieferung 10 Euro berechnet. Dazu muss die Funktion wie folgt lauten:

```
=WENN(ODER(Bestellwert>=300;Entfernung<75);0;10)
```

Bild 2.8 Beispiel ODER

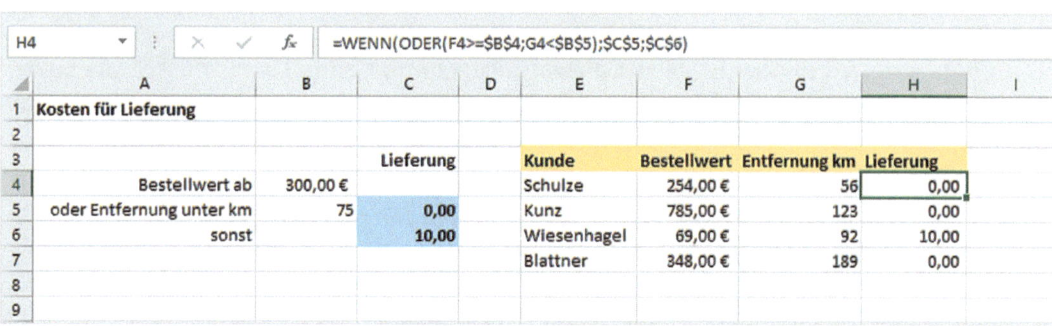

H4 =WENN(ODER(F4>=$B$4;G4<$B$5);$C$5;$C$6)

	A	B	C	D	E	F	G	H
1	Kosten für Lieferung							
2								
3			Lieferung		Kunde	Bestellwert	Entfernung km	Lieferung
4	Bestellwert ab	300,00 €			Schulze	254,00 €	56	0,00
5	oder Entfernung unter km	75	0,00		Kunz	785,00 €	123	0,00
6	sonst		10,00		Wiesenhagel	69,00 €	92	10,00
7					Blattner	348,00 €	189	0,00
8								
9								

Fehlerwerte mit Logikfunktionen vermeiden

Häufig dienen Excel-Tabellen auch als Vorlagen, in die später nur noch die Daten eingegeben werden. Solche Vorlagen enthalten auch bereits alle, zur Berechnung erforderlichen Formeln. Mit Logikfunktionen können Sie vermeiden, dass eine Vorlage auch überflüssige Formelergebnisse und durch leere Zellen verursachte Fehlerwerte anzeigt.

Nicht benötigte Formelergebnisse unterdrücken

Überflüssige Formelergebnisse können mit der Funktion WENN vermieden werden, z. B. bei einer Übersicht über Einnahmen und Ausgaben oder einem Kassenbuch.

Als Beispiel soll eine Vorlage für ein einfaches Kassenbuch (Bild unten) so angelegt werden, dass später nur noch Datum, Text und Betrag eingegeben werden müssen, der neue Saldo soll in Spalte F automatisch berechnet werden. Der Haken: Wird der Saldo mit einer einfachen Formel berechnet und über die gesamte Spalte kopiert, so erscheint dieser auch in Zeilen, in denen noch kein Betrag eingegeben wurde, wie im Bild unten in F9 und F10.

Bild 2.9 Kassenbuch - einfache Formel

Logik.xlsx, Blatt Kassenbuch

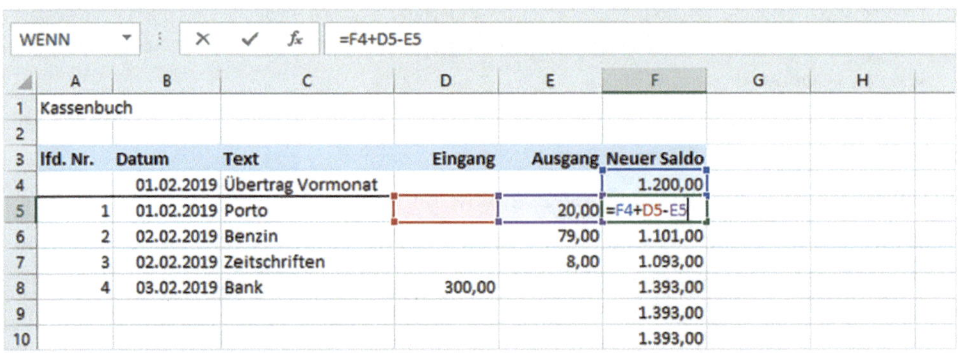

WENN | =F4+D5-E5

	A	B	C	D	E	F	G	H
1	Kassenbuch							
2								
3	lfd. Nr.	Datum	Text	Eingang	Ausgang	Neuer Saldo		
4		01.02.2019	Übertrag Vormonat			1.200,00		
5	1	01.02.2019	Porto		20,00	=F4+D5-E5		
6	2	02.02.2019	Benzin		79,00	1.101,00		
7	3	02.02.2019	Zeitschriften		8,00	1.093,00		
8	4	03.02.2019	Bank	300,00		1.393,00		
9						1.393,00		
10						1.393,00		

Als Abhilfe prüfen Sie mit der WENN-Funktion, ob ein Eingangs- oder Ausgangsbetrag vorhanden ist. Wenn ja, dann wird der Saldo mit der oben angegebenen Formel berechnet, ansonsten bleibt die Zelle leer. Dazu werden weitere Funktionen benötigt:

Wenn während der Eingabe auch noch in Spalte A eine fortlaufende Nummerierung automatisch eingefügt werden soll, dann ließe sich die gesamte Aufgabe auch mit Hilfe eines Makros lösen.

Näheres zu diesem Thema lesen Sie in Kapitel 8 dieses Buches.

- Zur Prüfung, ob die Zellen D5 und E5 leer sind, lässt sich die Funktion ISTLEER (Kategorie *Informationen*) einsetzen. Diese liefert als Ergebnis die Wahrheitswerte WAHR oder FALSCH. Da zwei Zellen zu überprüfen sind, müssen die beiden Bedingungen außerdem mit UND verknüpft werden und die Formel in F5 lautet:

```
=WENN(UND(ISTLEER(D5);ISTLEER(E5));"";F4+D5-E5)
```

- Da jedoch die Berechnung des Saldos nur mit gültigen Zahlen möglich ist, bietet sich statt ISTLEER als bessere Lösung die Funktion ISTZAHL an. Diese besitzt dieselbe Syntax und liefert ebenfalls die Wahrheitswerte WAHR oder FALSCH. In diesem Fall müsste die Formel in F5 lauten:

```
=WENN(ODER(ISTZAHL(D5);ISTZAHL(E5));F4+D5-E5;"")
```

Wird die Formel über die gesamte Spalte kopiert, so wird nur dann ein Ergebnis berechnet, wenn ein Eingangs- oder Ausgangsbetrag vorhanden ist, wie das Beispiel der Formel in F10 im Bild unten zeigt.

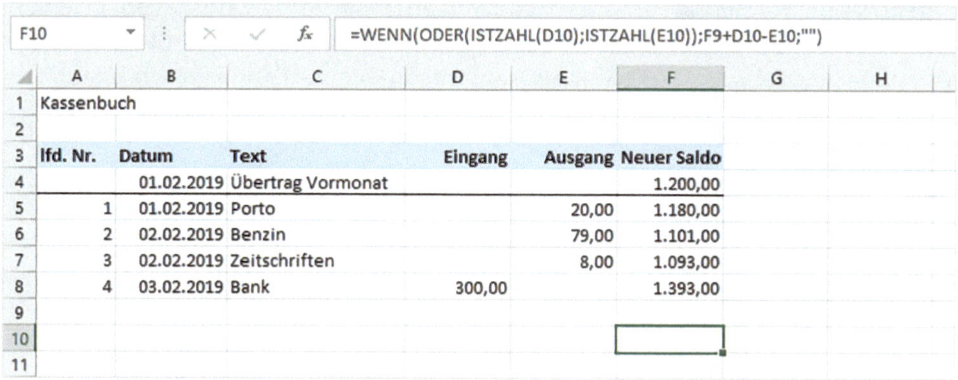
F10 =WENN(ODER(ISTZAHL(D10);ISTZAHL(E10));F9+D10-E10;"")

	A	B	C	D	E	F	G	H
1	Kassenbuch							
2								
3	lfd. Nr.	Datum	Text	Eingang	Ausgang	Neuer Saldo		
4		01.02.2019	Übertrag Vormonat			1.200,00		
5	1	01.02.2019	Porto		20,00	1.180,00		
6	2	02.02.2019	Benzin		79,00	1.101,00		
7	3	02.02.2019	Zeitschriften		8,00	1.093,00		
8	4	03.02.2019	Bank	300,00		1.393,00		
9								
10								
11								

Bild 2.10 Kassenbuch - Berechnung unterdrücken

Die Anzeige von Fehlerwerten unterdrücken

Die Anzeige von Excel-Fehlerwerten, wie z. B. #NV oder #DIV/0, lässt sich ebenfalls mit Hilfe von Funktionen unterdrücken. Dies ist z. B. sinnvoll, wenn der Fehlerwert auf leere Zellen zurückzuführen ist, in die erst später Werte eingegeben werden.

WENNFEHLER

Hierzu bietet Excel die Funktion WENNFEHLER an. Diese prüft, ob die angegebene Formel einen Fehlerwert liefert und gibt anstelle des Fehlerwertes einen beliebigen Wert oder Text als Ergebnis aus. Berücksichtigt werden alle Fehlerwerte wie #DIV/0, #NV, #WERT, #BEZUG. Die Syntax dieser Funktion:

```
WENNFEHLER(Wert bzw. Formel;Wert_falls_Fehler)
```

Im unten abgebildeten Beispiel erhalten Sie in der mittleren Tabelle für das zweite Quartal anstelle des Mittelwerts den Fehlerwert #DIV/0, da hier noch keine Zahlen vorliegen. Als Abhilfe wurde in der rechten Tabelle die Berechnung des Mittelwerts in die Funktion WENNFEHLER eingeschlossen. Wenn die Funktion MITTELWERT einen Fehlerwert liefert, dann wird als Ergebnis der, als *Wert_falls_Fehler* angegebene Wert angezeigt, im abgebildeten Beispiel "Keine Werte vorhanden".

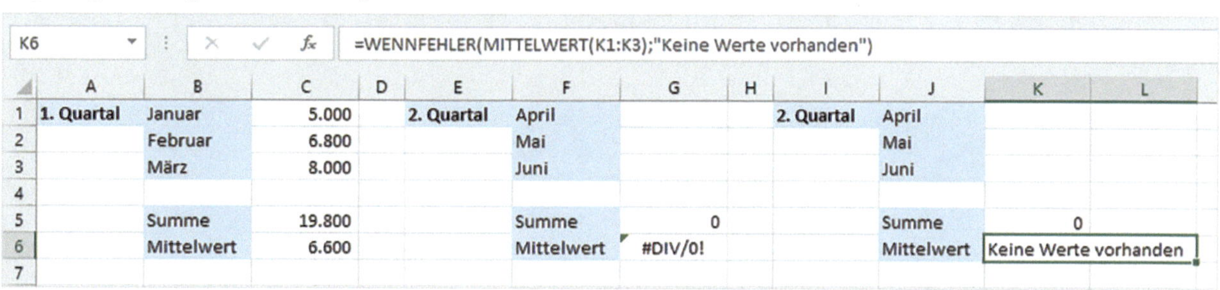
K6 =WENNFEHLER(MITTELWERT(K1:K3);"Keine Werte vorhanden")

	A	B	C	D	E	F	G	H	I	J	K	L
1	1. Quartal	Januar	5.000		2. Quartal	April			2. Quartal	April		
2		Februar	6.800			Mai				Mai		
3		März	8.000			Juni				Juni		
4												
5		Summe	19.800			Summe	0			Summe	0	
6		Mittelwert	6.600			Mittelwert	#DIV/0!			Mittelwert	Keine Werte vorhanden	
7												

Bild 2.11 Beispiel Mittelwertberechnung ohne Werte

ISTFEHLER

Als zweite Möglichkeit kann in solchen Fällen stattdessen auch die Funktion ISTFEHLER (Kategorie *Information*) eingesetzt werden. Diese Funktion prüft ebenfalls, ob das Ergebnis einer Formel ein Fehlerwert ist, liefert aber nur die Werte WAHR oder FALSCH. Daher müssen Sie diese Funktion noch mit einer WENN-Funktion verbinden, für das vorherige Beispiel wäre die Formel also wesentlich komplexer und müsste lauten:

```
=WENN(ISTFEHLER(MITTELWERT(K1:K3))=WAHR;"Keine Werte";MITTELWERT(K1:K3))
```

> In Vorlagen eingesetzt, vermeiden Sie mit den Funktionen ISTFEHLER und WENNFEHLER unnötige Verwirrung, wenn die Dateneingabe durch unerfahrene Excel-Nutzer erfolgt.

2.2 Informationen und Zellinhalte abfragen

Viele Formeln können nur mit gültigen Zahlen berechnet werden. Um in solchen Fällen Fehler als Formelergebnis zu vermeiden, können Sie in Vorlagen entweder die Eingabe mit Hilfe einer Gültigkeitsprüfung überprüfen oder Sie prüfen in der Formel, ob die angegebene Zelle eine Zahl enthält. Zur Abfrage von Informationen über Zellen und Zellinhalte stellt Excel in der Kategorie *Informationen* verschiedene Funktionen bereit, zwei wichtige davon, nämlich ISTLEER und ISTZAHL, haben Sie weiter oben im Beispiel auf Seite 60 bereits kennengelernt.

Die Kategorie *Informationen* versteckt sich im Menüband, Register *Formeln* bzw. in der Funktionsbibliothek hinter der Schaltfläche *Mehr Funktionen*.

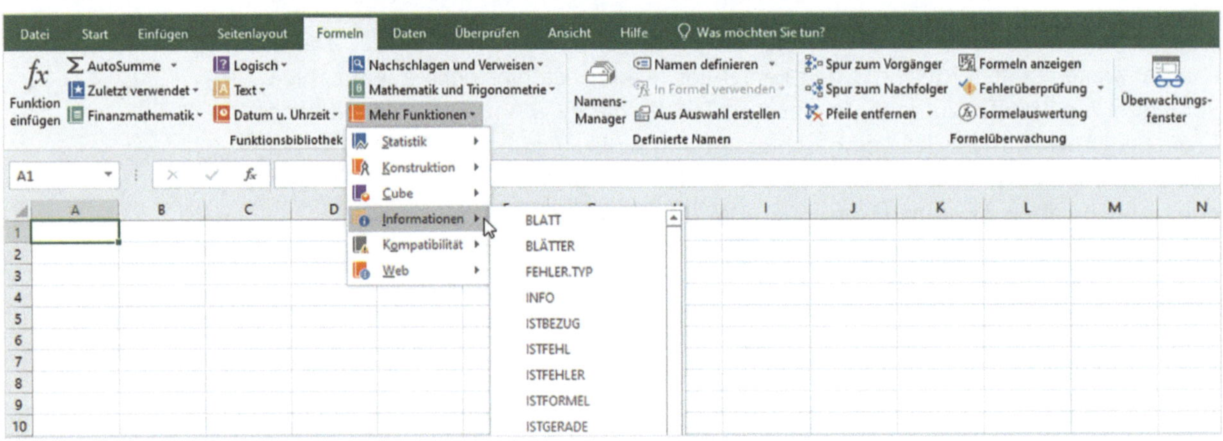

Bild 2.12 Klicken Sie in der Funktionsbibliothek auf Mehr Funktionen

Bis auf wenige Ausnahmen liefern der Funktionen der Kategorie *Informationen* die Wahrheitswerte WAHR oder FALSCH als Ergebnis und werden, wie die meisten Logikfunktionen, meist innerhalb von Formeln oder anderen Funktionen eingesetzt. Hier eine kleine Übersicht über weitere nützliche Funktionen dieser Kategorie.

Funktion	Beschreibung	Beispiel
BLATT	Liefert die relative Position des angegebenen Tabellenblattes innerhalb der Arbeitsmappe als Zahl. Sie erhalten z. B. das Ergebnis 2, wenn sich das angegebene Blatt an zweiter Stelle befindet.	BLATT("Kassenbuch") =2
ISTTEXT	Liefert WAHR, wenn es sich um Text handelt.	ISTTEXT("Otto")=WAHR
ISTKTEXT	Liefert WAHR, wenn es sich um keinen Text handelt.	ISTKTEXT(25)=WAHR
ISTZAHL	Liefert das Ergebnis WAHR, wenn es sich um eine Zahl handelt. Da Datumswerte serielle Zahlen sind, erhalten Sie auch bei einem Datum das Ergebnis WAHR.	ISTZAHL(25)=WAHR ISTZAHL(01.01.2019) = WAHR
ISTGERADE ISTUNGERADE	Liefert WAHR, wenn es sich um eine gerade bzw. ungerade Zahl handelt	ISTGERADE(25)=FALSCH ISTUNGERADE(25)=WAHR
ISTLEER	Ergibt WAHR, wenn die Zelle leer ist	ISTLEER(A1)
ISTBEZUG	Liefert WAHR, wenn es sich um einen Zellbezug handelt	ISTBEZUG(A1)=WAHR ISTBEZUG(5)=FALSCH
ISTFORMEL	Ergibt WAHR, wenn die angegebene Zelle eine Formel enthält	ISTFORMEL(A1)=WAHR
N	Wandelt WAHR in die Zahl 1 und FALSCH in 0 um. Außerdem wird damit ein Datum in eine fortlaufende Zahl umgewandelt.	N(WAHR)=1 N(01.01.2019)=43466
TYP	Gibt den Datentyp der angegebenen Zelle als Zahl zurück. Eine nützliche Funktion, wenn weitere Aktionen vom Typ des Inhalts einer Zelle abhängig sind. Enthält die angegebene Zelle eine Formel, dann liefert TYP den Typ des Formelergebnisses.	TYP(4711) = 1 TYP("Otto") = 2
ZELLE	Liefert, abhängig vom Argument Infotyp, Informationen zur angegebenen Zelle, z. B. die Zeile oder Spalte als Zahl oder den Dateinamen und Pfad der aktuellen Mappe.	ZELLE("Spalte";B5)=2

Eine Übersicht über die Rückgabewerte dieser Funktion erhalten Sie in der Excel-Hilfe.

Statt der WAHR und FALSCH die Zahlen 1 und 0 verwenden

Die Funktion N leistet gute Dienste wenn Sie beim Abfragen von Ergebnissen anstelle der Wahrheitswerte WAHR oder FALSCH die Zahlen 1 und 0 verwenden möchten, z. B. um den Text Ja oder Nein auszugeben. Als Beispiel soll im Bild unten überprüft werden, ob in B2 eine Zahl eingegeben wurde. Wenn ja, dann soll in C2 „Ja" angezeigt werden, sonst „Nein". Diese Aufgabe kann auf zwei Wegen gelöst werden, die Ergebnisse sind identisch:

- in C2 wurde der Ausdruck verwendet ISTZAHL(B2)=WAHR
- in C3 dagegen der Ausdruck N(ISTZAHL(B2))=1

Bild 2.13 WAHR/FALSCH in Zahl umwandeln

Informationen.xlsx

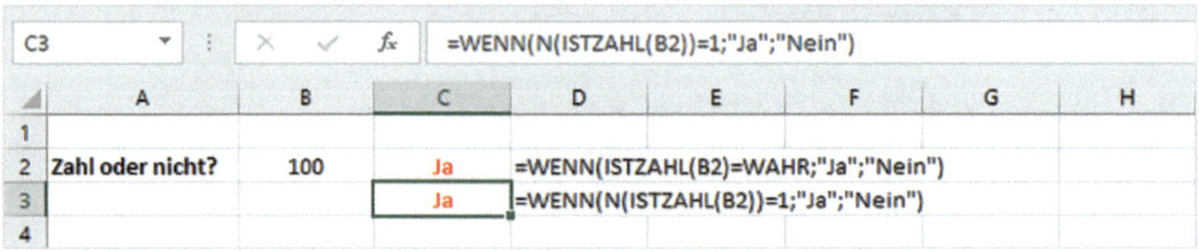

Informationen zu Arbeitsmappe und Zelle

Informationen zur aktuellen Arbeitsmappe und einzelnen Zellen erhalten Sie mit der Funktion ZELLE, der Aufbau:

```
ZELLE(Infotyp;Bezug)
```

Der Parameter *Infotyp* legt die gewünschte Information fest (Bild 2.14), z. B. Zelladresse, Zeile, Spalte, Dateiname oder Inhalt. Unter *Bezug* geben Sie die betreffende Zelle oder einen Zellbereich an, bei Angabe eines Zellbereichs beziehen sich allerdings die Parameter *Inhalt*, *Adresse*, *Zeile* und *Spalte* immer auf die erste Zelle des Bereichs. In Bild 2.15 einige Beispiele, alle Formeln beziehen sich auf A3.

Bild 2.14 Die Parameter der Funktion Zelle

Bild 2.15 Beispiele

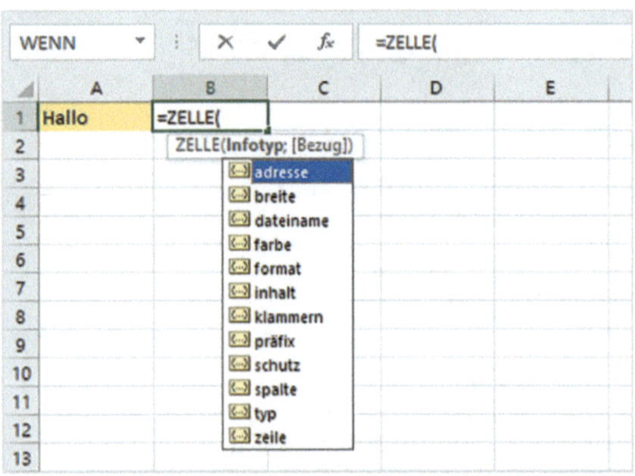

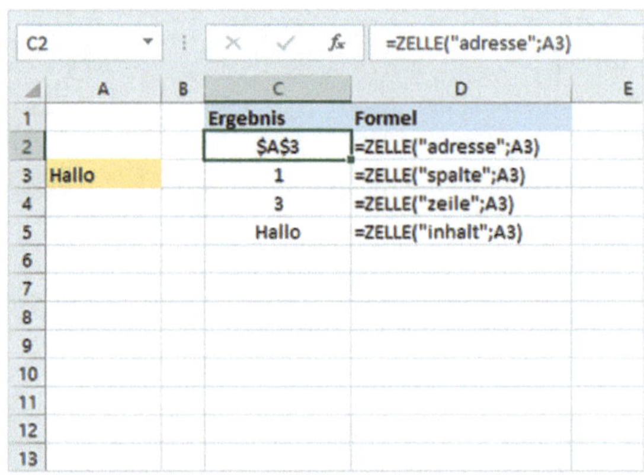

Tipp: Dateinamen anzeigen

Der Parameter *Dateiname* liefert den Dateinamen zusammen mit dem Dateipfad und erfordert keinen Bezug. Wenn die Mappe noch nicht gespeichert wurde, bleibt als Ergebnis die Zelle leer.

2.3 Werte runden und Rundungsfehler vermeiden

Standardmäßig bezieht Excel in Berechnungen alle Nachkommastellen einer Zahl ein, unabhängig davon, mit wie vielen Stellen Sie die Anzeige formatiert haben. Dies kann daher bei Nachberechnungen mit der angezeigten Anzahl von Dezimalstellen zu abweichenden Ergebnissen, den Rundungsfehlern, führen. Runden Sie dagegen Zahlen mit einer Funktion, so erfolgen alle weiteren Berechnungen mit der angegebenen Anzahl Dezimalstellen. Zu diesem Zweck finden Sie in der Kategorie *Mathematik und Trigonometrie* gleich mehrere Rundungsfunktionen.

Beispiel Preisberechnung

Runden.xlsx

Als Beispiel wurden im Bild unten in der linken Tabelle in B4 der Skontobetrag und in B8 der MwSt. Betrag berechnet und zur Verdeutlichung mit mehreren Nachkommastellen formatiert. Zur Kontrolle wurden beide Formelergebnisse mit je zwei Stellen in die mittlere Tabelle (Nachberechnung mit 2 Stellen) manuell eingegeben und der Endbetrag berechnet. Dieser weicht um 0,01 ab.

Bild 2.16 Beispiel Beträge RUNDEN

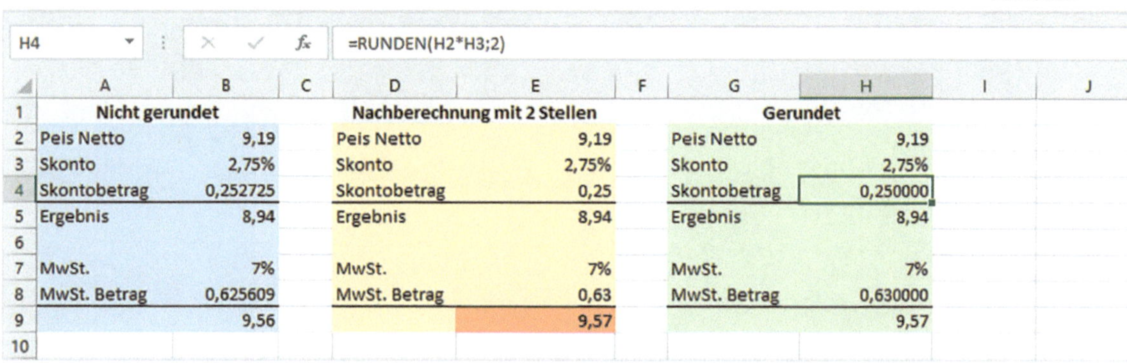

H4 =RUNDEN(H2*H3;2)

	A	B	C	D	E	F	G	H	I	J
1	Nicht gerundet			Nachberechnung mit 2 Stellen			Gerundet			
2	Peis Netto	9,19		Peis Netto	9,19		Peis Netto	9,19		
3	Skonto	2,75%		Skonto	2,75%		Skonto	2,75%		
4	Skontobetrag	0,252725		Skontobetrag	0,25		Skontobetrag	0,250000		
5	Ergebnis	8,94		Ergebnis	8,94		Ergebnis	8,94		
6										
7	MwSt.	7%		MwSt.	7%		MwSt.	7%		
8	MwSt. Betrag	0,625609		MwSt. Betrag	0,63		MwSt. Betrag	0,630000		
9		9,56			9,57			9,57		
10										

Die Differenz lässt sich aus den Nachkommastellen erklären, die Excel in der ersten Tabelle zur Berechnung aller weiteren Ergebnisse verwendet. Abhilfe schafft in diesem Fall die Funktion RUNDEN. Diese rundet Zahlen bzw. Formelergebnisse kaufmännisch auf die angegebene Zahl Stellen auf bzw. ab. Am einfachsten schließen Sie die Formel zur Berechnung des Skontobetrags und des MwSt. Betrags in die Funktion RUNDEN ein, wie im Bild oben in der rechten Tabelle. Deren Endbetrag stimmt mit der Tabelle Nachberechnung mit 2 Stellen überein.

Mit zwei Nachkommastellen formatieren nützt in solchen Fällen überhaupt nichts!

Weitere Rundungsfunktionen

Zum Runden von Werten können außerdem noch folgende Funktionen eingesetzt werden, alle sind in der Kategorie Mathematik und Trigonometrie zu finden.

- Die Funktion RUNDEN rundet eine Zahl kaufmännisch auf eine genau festgelegte Anzahl Dezimalstellen.

- Die Funktion KÜRZEN schneidet Dezimalstellen bis auf die angegebene Anzahl einfach ab. Die Zahl wird dabei nicht gerundet!
- Mit der Funktion GANZZAHL wird eine Zahl auf die nächstkleinere ganze Zahl abgerundet.
- Die Funktion AUFRUNDEN rundet eine Zahl auf die angegebene Anzahl Dezimalstellen auf. Im Gegensatz zur Funktion RUNDEN wird immer aufgerundet.
- Die Funktion ABRUNDEN rundet eine Zahl auf die angegebene Anzahl Stellen ab.

In der Tabelle unten eine Übersicht über die Ergebnisse, wenn Sie die Zahl 12,14709315 mit den verschiedenen Funktionen runden (zum besseren Vergleich sind in der rechten Spalte alle Ergebnisse mit 5 Nachkommastellen angegeben).

Syntax	Beispiel	Ergebnis
RUNDEN(Zahl;Anzahl_Stellen)	=RUNDEN(12,14709315;2)	12,15000
KÜRZEN(Zahl;Anzahl_Stellen)	=KÜRZEN(12,14709315;1)	12,10000
GANZZAHL(Zahl)	=GANZZAHL(12,14709315)	12,00000
AUFRUNDEN(Zahl;Anzahl_Stellen)	=AUFRUNDEN(12,14709315;1)	12,20000
ABRUNDEN(Zahl;Anzahl_Stellen)	=ABRUNDEN(12,14709315;2)	12,14000

2.4 Die wichtigsten Auswertungs- und Statistikfunktionen

Zur Auswertung umfangreicher Tabellen mit 1.000 und mehr Zeilen sind unter Umständen Pivot-Tabellen besser geeignet. Näheres zu diesem Thema erfahren Sie in Kapitel 6 dieses Buches.

Häufig werden in Excel neben der Summe noch weitere zusammenfassende Auswertungen über kleinere und mittlere Tabellen benötigt. Zu diesem Zweck stellt Excel zahlreiche Auswertungsfunktionen zur Verfügung, angefangen von einfachen Tabellenauswertungen bis hin zu speziellen statistischen Funktionen. Alle zu beschreiben, würde den Rahmen dieses Buches sprengen, zumal die meisten Statistikfunktionen auch gute Kenntnisse auf diesem Gebiet voraussetzen. Aus diesem Grund beschränken wir uns auf universell einsetzbare Auswertungsfunktionen und die Berechnung wichtiger Kennzahlen, z. B. Standardabweichung.

Die meisten der hier vorgestellten Funktionen finden Sie im Register *Formeln* ▶ *Funktionsbibliothek* über die Schaltfläche *Mehr Funktionen*, Auswahl *Statistik* bzw. im Funktionsassistenten in der Kategorie *Statistik*. Da allerdings die Zuordnung zu einer Kategorie nicht immer eindeutig ist, befinden sich einige davon auch in der Kategorie *Mathematik und Trigonometrie*.

Für umfangreiche Tabellen mit 1.000 und mehr Datensätzen können die, in diesem Kapitel beschriebenen Funktionen, ebenfalls eingesetzt werden. Daneben empfehlen wir Ihnen in solchen Fällen, sich auch mit den Pivot-Tabellen näher zu befassen, da diese im Vergleich zu den hier beschriebenen Funktionen aufgrund interaktiver Filtermöglichkeiten wesentlich flexibler sind. Näheres zum Thema Pivot-Tabellen lesen Sie in Kapitel 6.

Anzahl der Zellen oder Werte ermitteln

Ausgangssituation: Sie möchten ermitteln, wie viele Werte ein Zellbereich umfasst, z. B. die Anzahl der in einer Excel Tabelle gespeicherten Kunden. Dazu gibt es mehrere Möglichkeiten bzw. Funktionen.

ANZAHL und ANZAHL2

Im einfachsten Fall zählen Sie beispielsweise Kunden anhand der Kundennummer und verwenden dazu die Funktion ANZAHL. Diese Funktion lässt sich schnell über den Dropdown-Pfeil der Schaltfläche *Summe* einfügen. Allerdings berücksichtigt sie ausschließlich Zahlen, wozu in Excel auch Datumswerte zählen. Was aber, wenn Kunden- oder Artikelnummern Buchstaben oder sonstige Zeichen enthalten?

Als Beispiel im Bild unten eine Artikelübersicht. Die Artikelnummern in Spalte A setzen sich aus Buchstaben und Zahlen zusammen, werden also von Excel als Text behandelt. Würden Sie die Anzahl der Artikel anhand der Artikelnummer und mit der Funktion ANZAHL berechnen, so würden Sie trotz korrekter Syntax das Ergebnis 0 erhalten. Nicht aber mit der Funktion ANZAHL2. Diese ermittelt die Anzahl aller nichtleeren Zellen eines Zellbereichs und berücksichtigt im Gegensatz zur Funktion ANZAHL alle Inhalte, also Text und Zahlen.

Zur Berechnung der Anzahl aller lagernden und aller bestellten Artikel lässt sich dagegen die Funktion ANZAHL problemlos einsetzen da Text, in diesem Fall das Zeichen *, im angegebenen Zellbereich nicht berücksichtigt wird und Sie somit automatisch das korrekte Ergebnis erhalten.

	A	B	C	D	E	F	G
1	Artikel-Nr.	Lagernd	Bestellt		Anzahl Artikel	Ergebnis	Formel
2	AA-1001	800	2.000		Insgesamt	9	=ANZAHL2(A2:A
3	AA-1002	239	500		Lagernd	6	=ANZAHL(B2:B1
4	AA-1006	1.700	2.000		Bestellt	8	=ANZAHL(C2:C1
5	AB-1034	*	100				
6	AB-1055	450	1.500				
7	CA-3007	23	100				
8	CA-3019	*	*				
9	DX-2891	*	500				
10	DX-2510	120	1.000		* Auslaufartikel		
11							

Bild 2.17 ANZAHL und ANZAHL2 im Vergleich

Anzahl_Zählenwenn.xlsx

> **Achtung**: Die Funktion ANZAHL berücksichtigt ausschließlich Zahlen, während ANZAHL2 grundsätzlich alle nichtleeren Zellen, also alle Inhalte, mitzählt.

Leere Zellen zählen

Passend dazu lässt sich mit der Funktion ANZAHLLEEREZELLEN auch ermitteln, wie viele leere Zellen ein Zellbereich, im Bild unten B2:B8, enthält.

Tipp: Wenn Sie ermitteln möchten, wie viele Zeilen ein Excel-Tabellenblatt umfasst, dann geben Sie die unten abgebildete Funktion in E3 ein und achten darauf, als Bereich eine garantiert leere Spalte, in diesem Beispiel G als Bereich anzugeben (G:G). Umgekehrt können Sie natürlich auch anhand einer leeren Zeile die Anzahl aller Spalten im Tabellenblatt ermitteln.

Bild 2.18 Beispiele: Anzahl der leeren Zellen

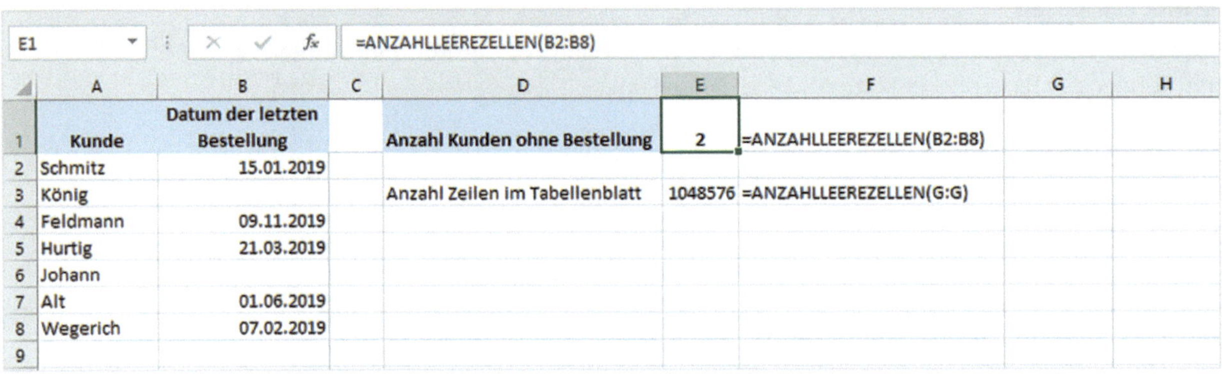

E1 =ANZAHLLEEREZELLEN(B2:B8)

	A	B	C	D	E	F	G	H
1	Kunde	Datum der letzten Bestellung		Anzahl Kunden ohne Bestellung	2	=ANZAHLLEEREZELLEN(B2:B8)		
2	Schmitz	15.01.2019						
3	König			Anzahl Zeilen im Tabellenblatt	1048576	=ANZAHLLEEREZELLEN(G:G)		
4	Feldmann	09.11.2019						
5	Hurtig	21.03.2019						
6	Johann							
7	Alt	01.06.2019						
8	Wegerich	07.02.2019						
9								

Nur bestimmte Werte/Inhalte zählen, ZÄHLENWENN

Ausgangssituation: Sie möchten wissen, wie oft ein bestimmter Wert in einer Tabelle vorkommt bzw. die Anzahl abhängig von einer Bedingung ermitteln, z. B. die Anzahl aller Kunden mit einem Umsatz über 500 €. Für solche Fälle verwenden Sie die Funktion ZÄHLENWENN.

Diese Funktion ermittelt aus einem Zellbereich die Anzahl aller nichtleeren Zellen, deren Inhalt mit einem vorgegebenen Suchkriterium übereinstimmt. Das Suchkriterium kann eine Zahl, eine Zeichenfolge oder ein Ausdruck mit einem Vergleichsoperator sein, die Syntax der Funktion lautet:

```
ZÄHLENWENN(Bereich;Suchkriterien)
```

Einfaches Suchkriterium verwenden

Mit ZÄHLENWENN und Angabe eines Suchkriteriums können Sie beispielsweise, wie im Bild unten, ermitteln, wie oft eine bestimmte Warengruppe innerhalb eines Zellbereichs vorkommt, um so die Anzahl der Artikel je Warengruppe zu erhalten.

VORZEICH... =ZÄHLENWENN(B2:B10;E2)

	A	B	C	D	E	F	G	H
1	Artikel-Nr.	Warengruppe	Lagerbest,		Warengruppe	Anzahl Artikel		
2	AA-1001	A	800		A	=ZÄHLENWENN(B2:B10;E2)		
3	AA-1002	A	239		C	ZÄHLENWENN(Bereich; **Suchkriterien**)		
4	AA-1006	A	1.700		D	2		
5	AB-1034	A	0					
6	AB-1055	A	450					
7	CA-3007	C	23					
8	CA-3019	C	0					
9	DX-2891	D	0					
10	DX-2510	D	120					
11								

Bild 2.19 Beispiel: Anzahl Artikel je Warengruppe

Anzahl_Zählen-wenn.xlsx

Vergleichsoperatoren als Suchkriterium

Als Suchkriterium können in der Funktion ZÄHLENWENN auch Vergleichsoperatoren eingesetzt werden, z. B. um Nullwerte auszuschließen. Suchkriterien mit einem Vergleichsoperator müssen als Ausdruck in Anführungszeichen eingegeben werden.

Beispiel: Im Bild unten soll die Anzahl der Teilnehmer mit mindestens 50 Punkten ermittelt werden. Dazu geben Sie als Suchkriterium den folgenden Ausdruck ein: ">=50".

E1 =ZÄHLENWENN(B2:B9;">=50")

	A	B	C	D	E	F
1	Teilnehmer	Punkte		Anzahl Teilnehmer mit mindestens 50 Punkten	5	
2	Müller	98				
3	Lehner	51				
4	König	62				
5	Baumholtz	38				
6	Kabelschacht	71				
7	Hurtig	23				
8	Kremser	49				
9	Mihail	88				
10						

Bild 2.20 Anzahl Teilnehmer mit mindestens 50 Punkten

Wenn sich der Vergleichswert in einer Zelle befindet, wie im etwas abgewandelten Beispiel unten, dann müssen Sie Vergleichsoperator und Zellbezug mit dem &-Operator verknüpfen und der Ausdruck lautet dann ">="&D2.

VORZEICH... =ZÄHLENWENN(B2:B9;">="&D2)

	A	B	C	D	E	F	G	H
1	Teilnehmer	Punkte		Anzahl Teilnehmer				
2	Müller	98		50	Punkte oder mehr	=ZÄHLENWENN(B2:B9;">="&D2)		
3	Lehner	51				ZÄHLENWENN(Bereich; **Suchkriterien**)		
4	König	62						
5	Baumholtz	38						
6	Kabelschacht	71						
7	Hurtig	23						
8	Kremser	49						
9	Mihail	88						
10								

Bild 2.21 Vergleichsoperator und Zellbezug verknüpfen

Mehrere Auswahlkriterien mit ZÄHLENWENNS verwenden

Wenn Sie zum Zählen mehrere Such- bzw. Auswahlkriterien heranziehen wollen, dann verwenden Sie die Funktion ZÄHLENWENNS. Bei dieser Funktion geben Sie nacheinander jeweils Kriterienbereich und das dazugehörige Suchkriterium an. Die Syntax lautet:

```
ZÄHLENWENNS(Kriterienbereich1;Kriterien1;Kriterienbereich2; Kriterien2;Kriterienbereich3;Kriterien3;...)
```

Achtung: Alle Kriterienbereiche müssen dieselbe Anzahl Zeilen und Spalten umfassen!

Bild 2.22 ZÄHLENWENNS mit mehreren Kriterien

Als Beispiel wird aus der Tabelle im Bild unten mit ZÄHLENWENNS ermittelt, wie viele Teilnehmer eines Lehrgangs mit zwei Prüfungen beide Prüfungen bestanden haben.

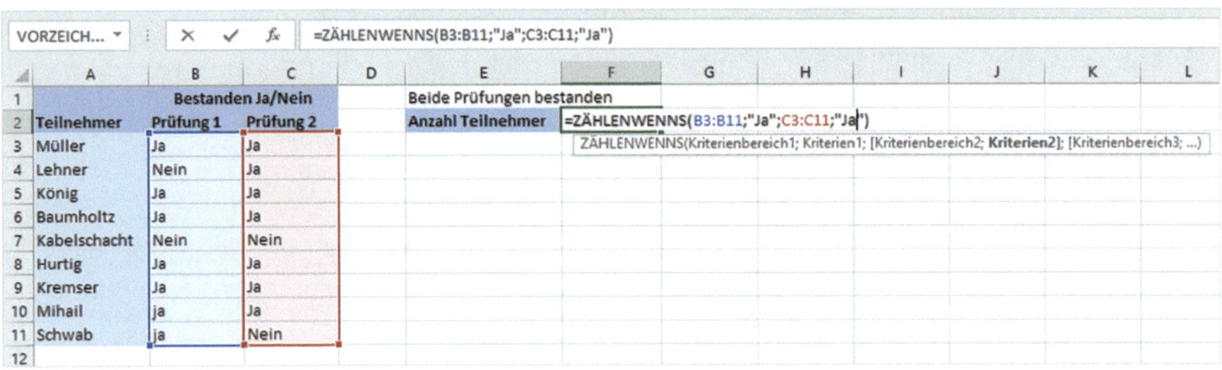

	A	B	C	D	E	F
1		Bestanden Ja/Nein			Beide Prüfungen bestanden	
2	Teilnehmer	Prüfung 1	Prüfung 2		Anzahl Teilnehmer	=ZÄHLENWENNS(B3:B11;"Ja";C3:C11;"Ja")
3	Müller	Ja	Ja			
4	Lehner	Nein	Ja			
5	König	Ja	Ja			
6	Baumholtz	Ja	Ja			
7	Kabelschacht	Nein	Nein			
8	Hurtig	Ja	Ja			
9	Kremser	Ja	Ja			
10	Mihail	ja	Ja			
11	Schwab	ja	Nein			
12						

ZÄHLENWENNS arbeitet die Kriterien zeilenweise ab, beginnt also mit der ersten Zeile der angegebenen Kriterienbereiche (im abgebildeten Beispiel Zeile 3), vergleicht diese miteinander und liefert als Ergebnis 1, wenn in dieser Zeile alle Zellen den Kriterien entsprechen. Anschließend wird die Prüfung in der nächsten Zeile fortgesetzt; wenn auch hier alle Zellen den Kriterien entsprechen, erhöht sich das Zwischenergebnis um 1 usw., bis alle Zellen ausgewertet sind.

Summenberechnung mit Bedingungen

Neben der bekannten Funktion SUMME gibt es mit SUMMEWENN auch die Möglichkeit, mit Hilfe eines Suchkriteriums die Summe nur dann zu berechnen, wenn der Inhalt einer angegebenen Spalte mit dem Suchkriterium übereinstimmt. Diese Funktion finden Sie allerdings im Gegensatz zu ZÄHLENWENN in der Kategorie Mathematik und Trigonometrie. Die Syntax lautet:

```
SUMMEWENN(Bereich;Suchkriterien;Summe_Bereich)
```

- *Bereich* gibt an, welcher Zellbereich nach den angegebenen Suchkriterien durchsucht werden soll.

- Als *Suchkriterien* können Zahlen, Text oder Ausdrücke angegeben werden.
- Als *Summe_Bereich* geben Sie den Zellbereich an, dessen Werte addiert werden sollen.

Beispiel 1: Umsatzsumme je Warengruppe berechnen

Bild 2.23 Beispiel 1

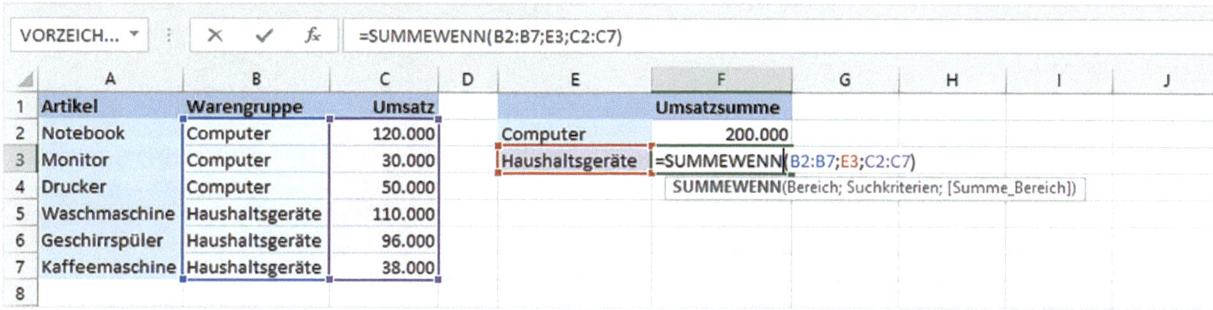
VORZEICH... =SUMMEWENN(B2:B7;E3;C2:C7)

	A	B	C	D	E	F	G	H	I	J
1	Artikel	Warengruppe	Umsatz			Umsatzsumme				
2	Notebook	Computer	120.000		Computer	200.000				
3	Monitor	Computer	30.000		Haushaltsgeräte	=SUMMEWENN(B2:B7;E3;C2:C7)				
4	Drucker	Computer	50.000			SUMMEWENN(Bereich; Suchkriterien; [Summe_Bereich])				
5	Waschmaschine	Haushaltsgeräte	110.000							
6	Geschirrspüler	Haushaltsgeräte	96.000							
7	Kaffeemaschine	Haushaltsgeräte	38.000							
8										

Summewenn.xlsx

Beispiel 2: SUMMEWENN mit Vergleichsoperator

Ausdrücke mit Vergleichsoperatoren als Suchkriterium müssen in Anführungszeichen (" ") angegeben werden. Benötigen Sie Vergleichsoperatoren zusammen mit einem Zellbezug, dann verketten Sie die beiden Ausdrücke mit dem &-Zeichen und das Kriterium lautet: ">"&E2.

Bild 2.24 Beispiel 2

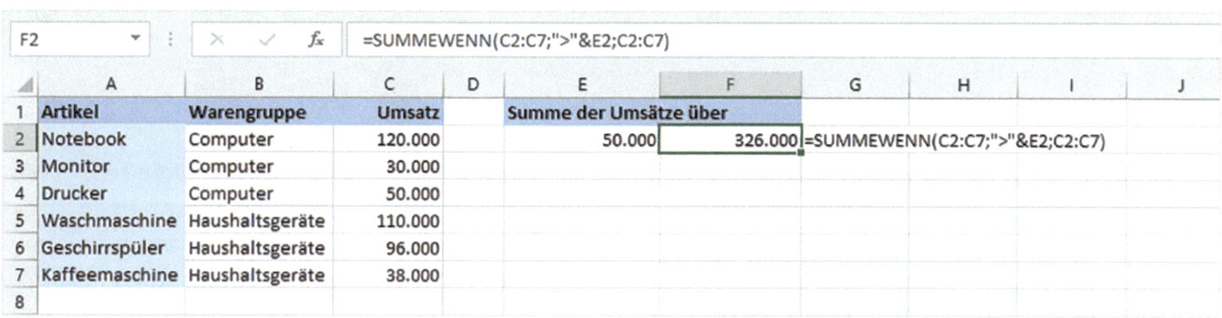
F2 =SUMMEWENN(C2:C7;">"&E2;C2:C7)

	A	B	C	D	E	F	G	H	I	J
1	Artikel	Warengruppe	Umsatz		Summe der Umsätze über					
2	Notebook	Computer	120.000		50.000	326.000	=SUMMEWENN(C2:C7;">"&E2;C2:C7)			
3	Monitor	Computer	30.000							
4	Drucker	Computer	50.000							
5	Waschmaschine	Haushaltsgeräte	110.000							
6	Geschirrspüler	Haushaltsgeräte	96.000							
7	Kaffeemaschine	Haushaltsgeräte	38.000							
8										

Mehrere Kriterien mit SUMMEWENNS berücksichtigen

Die Funktion SUMMEWENNS erlaubt die Verwendung mehrerer Suchkriterien aus verschiedenen Spalten. Wie bei ZÄHLENWENNS müssen Summenbereich und alle Kriterienbereiche denselben Umfang haben bzw. dieselbe Anzahl Zellen umfassen und es werden nur Werte addiert, für die in allen angegebenen Kriterienbereichen die jeweilige Bedingung erfüllt ist. Auf diese Weise lassen sich maximal 127 Kriterienbereiche miteinander vergleichen.

```
SUMMEWENNS(SummeBereich; Kriterien_Bereich1;Kriterien1;Kriterien_Bereich2;
Kriterien2;...)
```

Passend dazu gibt es auch noch die Funktionen MAXWENNS und MINWENNS zur Ermittlung des größten und kleinsten Werts unter Vorgabe von Bedingungen. Der Aufbau ist identisch mit SUMMEWENNS.

Beispiel

Als Beispiel wird im Bild unten aus einer Verkaufsstatistik für einen bestimmten Artikel (Artikelnummer 4812) die Summe aller verkauften Mengen des angegebenen Monats (1 = Januar) berechnet. Summenbereich ist die Menge in Spalte D, Kriterienbereich1 ist die Spalte A mit der Artikelnummer und das dazugehörige Suchkriterium1 befindet sich in F4. Kriterienbereich2 sind die Monate in Spalte C und Suchkriterium2 ist G4.

Bild 2.25 Summe unter Verwendung mehrerer Kriterien berechnen

H4 =SUMMEWENNS(D4:D17;A4:A17;F4;C4:C17;G4)

	A	B	C	D	E	F	G	H	I
1	Verkaufsstatistik								
2						Anzahl verkaufte Artikel pro Monat			
3	Artikel-Nr.	Warengruppe	Monat	Menge		Artikel-Nr.	Monat	Menge	
4	4812	A	1	15		4812	1	20	
5	5012	B	1	3					
6	4811	A	1	26					
7	4811	A	1	18					
8	4812	A	1	4					
9	4812	A	1	1					
10	5110	B	2	7					
11	5012	B	2	25					
12	4811	A	2	13					
13	3001	D	2	75					
14	5012	B	2	21					
15	4812	A	3	17					
16	5110	B	3	11					
17	4811	A	3	8					

Die Funktion SUMMENPRODUKT

Nützliche Dienste bei komplexen Formeln leistet manchmal die Funktion SUMMENPRODUKT (Kategorie *Mathematik und Trigonometrie*). Grob vereinfacht, multipliziert diese Funktion zwei oder mehr Zellbereiche, diese werden als Matrizen bzw. Arrays bezeichnet, miteinander und berechnet anschließend die Summe der Ergebnisse (Produkte). Der Aufbau der Funktion:

```
SUMMENPRODUKT(Array1;Array2;Array3;...)
```

Beachten Sie: Alle angegebenen Arrays müssen hinsichtlich der Anzahl Zeilen und Spalten identisch sein!

Ein einfaches Beispiel für die Multiplikation zweier Arrays

SUMMENPRODUKT.xlsx

Um die Funktionsweise von SUMMENPRODUKT zu verdeutlichen, wurden in Bild 2.26 die Werte aus Spalte A (Matrix 1) und Spalte B (Matrix 2) in Spalte D miteinander multipliziert und anschließend darunter in D8 die Summe berechnet. Die Funktion SUMMENPRODUKT in Bild 2.27 rechnet genauso, aber in einer einzigen Formel.

	A	B	C	D	E	F
1	Matrix 1	Matrix 2		Produkte	Formel	
2	10	5		50	=A2*B2	
3	50	2		100	=A3*B3	
4	5	24		120	=A4*B4	
5	2	18		36	=A5*B5	
6	15	3		45	=A6*B6	
7						
8			Summe	351	=SUMME(D2:D6)	
9						

Bild 2.26 Matrizen miteinander multiplizieren und Summe berechnen

	A	B	C	D	E
1	Matrix 1	Matrix 2			
2	10	5			
3	50	2			
4	5	24			
5	2	18			
6	15	3			
7					
8	Summe	351	=SUMMENPRODUKT(A2:A6;B2:B6)		
9					

Bild 2.27 Das Ergebnis mit der Funktion SUMMENPRODUKT

SUMMENPRODUKT mit einer Bedingung

SUMMENPRODUKT kann auch zusammen mit einer Bedingung verwendet werden, als Beispiel in Bild 2.28 die Umsätze eines bestimmten Verkaufsbezirks. In C12 wurde mit SUMMENPRODUKT wieder die Gesamtsumme berechnet. Die Formel in C13 soll dagegen nur Werte berechnen, wenn die Inhalte von B2:B11 mit B13 übereinstimmen.

- Die Bedingung lautet daher: (B2:B11=B13). Allerdings liefert diese die Wahrheitswerte WAHR bzw. FALSCH; da Sie aber stattdessen 0 und 1 als Ergebnis benötigen, muss das Ergebnis des Ausdrucks mit der Funktion N umgewandelt werden oder Sie multiplizieren das Ergebnis des Ausdrucks mit 1.
- Die Bedingung wird als erstes Argument der Funktion SUMMENPRODUKT eingegeben, anschließend folgen die beiden miteinander zu multiplizierenden Arrays Einzelpreis und Menge bzw. C2:C11 und D2:D11.

Die Funktion N wandelt die Wahrheitswerte WAHR und FALSCH um in 0 und 1, siehe Seite 63.

Die Funktion in C13 lautet daher:

```
=SUMMENPRODUKT((N(B2:B11=B13));C2:C11;D2:D11)
```

	A	B	C	D	E	F	G
1	Verkäufer	VK-Bezirk	Einzelpreis	Menge			
2	Huber	Nord	78,90	10			
3	Berger	Süd	123,00	3			
4	Müller	Mitte	56,00	5			
5	Kohlschratt	Nord	396,00	4			
6	Marger	Nord	213,00	1			
7	Schmidt	Mitte	65,00	5			
8	Fünfziger	Nord	25,00	15			
9	Ammer	Süd	369,00	6			
10	Vogel	Süd	78,90	18			
11	Franz	Mitte	427,00	7			
12	Gesamtsumme		10.558,20	=SUMMENPRODUKT(C2:C11;D2:D11)			
13	Summe	Mitte	3.594,00	=SUMMENPRODUKT((N(B2:B11=B13));C2:C11;D2:D11)			
14							

Bild 2.28 SUMMENPRODUKT mit Bedingung

Hinweis: Alternativ erzielen Sie das dasselbe Ergebnis mit folgender, etwas abgewandelter Funktion:

```
=SUMMENPRODUKT((B2:B11=B13)*C2:C11*D2:D11)
```

SUMMENPRODUKT mit einer Konstanten

Das unten abgebildete Beispiel berechnet in C8 und C9 die Summe der Umsatzsteuer getrennt nach 19% (hier USt. 1) und 7% (USt. 2). Wenn die Bedingung zutrifft, dann soll der Einzelpreis mit B8 bzw. B9 multipliziert werden. Da die Argumente in der Schreibweise A2:A5;B6 den Fehlerwert #WERT liefern, müssen Sie die Formel im Argument angeben: A2:A6*B8. Die vollständige Funktion in C8 lautet:

```
=SUMMENPRODUKT((N(B2:B6=2));A2:A6*B8)
```

Bild 2.29 SUMMENPRODUKT mit einer Konstanten

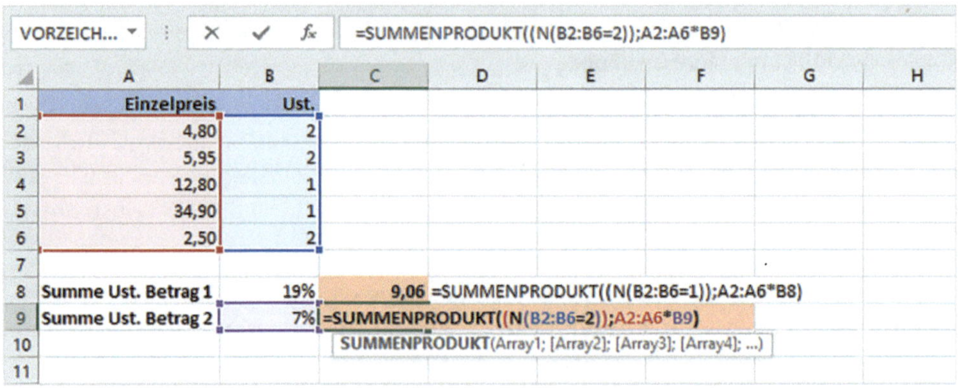

VORZEICH... =SUMMENPRODUKT((N(B2:B6=2));A2:A6*B9)

	A	B	C	D	E	F	G	H
1	Einzelpreis	Ust.						
2	4,80	2						
3	5,95	2						
4	12,80	1						
5	34,90	1						
6	2,50	2						
7								
8	Summe Ust. Betrag 1	19%	9,06	=SUMMENPRODUKT((N(B2:B6=1));A2:A6*B8)				
9	Summe Ust. Betrag 2	7%	=SUMMENPRODUKT((N(B2:B6=2));A2:A6*B9)					
10			SUMMENPRODUKT(Array1; [Array2]; [Array3]; [Array4]; ...)					
11								

Durchschnittswerte berechnen

Die Funktion MITTELWERT dürfte den meisten Excel-Anwendern geläufig sein. Sie berechnet den Durchschnitt, genauer gesagt, das arithmetische Mittel aus einer Reihe von Werten und ist schnell über die Schaltfläche *Summe* eingefügt.

Median

Neben dem arithmetischen Mittel kennt die Statistik noch weitere Möglichkeiten, Mittelwerte zu berechnen, zum Beispiel den Median. Dieser halbiert die Verteilung aller Werte, unterhalb und oberhalb des Median befinden sich also exakt gleich viele Werte.

Bild 2.30 Beispiel Mittelwert und Median

Mittelwerte.xlsx

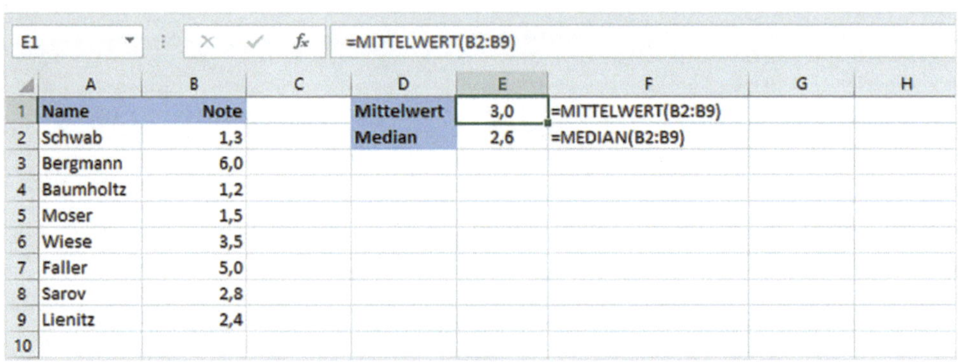

E1 =MITTELWERT(B2:B9)

	A	B	C	D	E	F	G	H
1	Name	Note		Mittelwert	3,0	=MITTELWERT(B2:B9)		
2	Schwab	1,3		Median	2,6	=MEDIAN(B2:B9)		
3	Bergmann	6,0						
4	Baumholtz	1,2						
5	Moser	1,5						
6	Wiese	3,5						
7	Faller	5,0						
8	Sarov	2,8						
9	Lienitz	2,4						
10								

In der Statistik wird der Median beispielsweise zur Darstellung der Einkommensverteilung herangezogen. Die dazugehörige Excel-Funktion MEDIAN besitzt die gleiche Syntax wie die Funktion MITTELWERT, liefert aber ein etwas anderes Ergebnis, wie das einfache Beispiel Schulnoten im Bild oben zeigt.

Standardabweichung, STABW.N

Die Standardabweichung berechnet zwar keinen Durchschnitt, wird aber in der Statistik häufig zur Beurteilung der Aussagefähigkeit des Mittelwerts herangezogen. Die Standardabweichung ermittelt die Streuung der Einzelwerte d. h., wie stark die einzelnen Werte vom Mittelwert abweichen.

Beim Beispiel Schulnoten, wie im Bild unten, kann ein Mittelwert von 3,0 im Extremfall bedeuten, dass alle Prüfungsteilnehmer ähnliche Noten, in diesem Fall 3, erreicht haben, dann beträgt die Standardabweichung 0. Denselben Mittelwert 3,0 erhalten Sie aber auch, wenn sich die Einzelnoten aus einerseits sehr guten und andererseits sehr schlechten Noten zusammensetzen, nur die Standardabweichung ist dann wesentlich höher, wie im Bild unten ein Vergleich der Noten in den Spalten B und C zeigt. Die Standardabweichung wurde mit der Funktion STABW.N berechnet, diese besitzt die dieselbe Syntax wie die Funktion MITTELWERT.

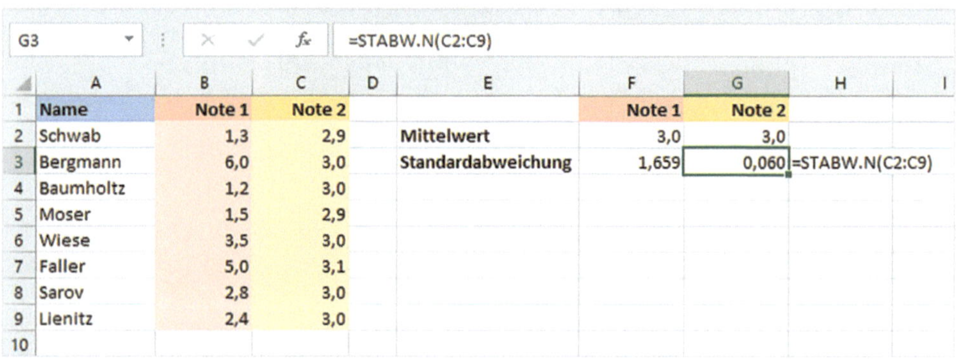

G3 | =STABW.N(C2:C9)

	A	B	C	D	E	F	G	H	I
1	Name	Note 1	Note 2			Note 1	Note 2		
2	Schwab	1,3	2,9		Mittelwert	3,0	3,0		
3	Bergmann	6,0	3,0		Standardabweichung	1,659	0,060	=STABW.N(C2:C9)	
4	Baumholtz	1,2	3,0						
5	Moser	1,5	2,9						
6	Wiese	3,5	3,0						
7	Faller	5,0	3,1						
8	Sarov	2,8	3,0						
9	Lienitz	2,4	3,0						
10									

Bild 2.31 Note 1 und Note 2 liefern den gleichen Mittelwert. Der Unterschied zeigt sich erst bei Betrachtung der Standardabweichung. Diese ist bei Note 1 wesentlich höher als bei den weitgehend ähnlichen Noten in Spalte C.

Hinweis: Excel verfügt über zwei Methoden zur Berechnung der Standardabweichung. STABW.S wird eingesetzt, wenn die Standardabweichung anhand einer Stichprobe berechnet wird, STABW.N sollte dagegen verwendet werden, wenn die Werte gleichzeitig die Grundgesamtheit bilden. In sehr umfangreichen Tabellen liefern beide Funktionen etwa gleiche Ergebnisse. Daneben existieren mit STABW und STABWN noch zwei weitere Funktion zur Berechnung der Standardabweichung. Diese wurden aus Kompatibilitätsgründen mit älteren Excel-Versionen beibehalten, sollten aber nicht mehr verwendet werden. Alle Funktionen haben dieselbe Syntax.

Mittelwert mit einer Bedingung verknüpfen, MITTELWERTWENN

Auch die Berechnung des Mittelwerts lässt sich mit einem Suchkriterium bzw. einer Bedingung verknüpfen, dazu verwenden Sie die Funktion MITTELWERTWENN. Diese berechnet den Mittelwert von Zellen, die einem vorgegebenen Kriterium entspre-

Der Aufbau ist ähnlich der Funktion SUMMEWENN.

chen. Das Kriterium kann eine Zahl, Zeichenfolge oder ein Ausdruck mit einem Vergleichsoperator sein. Die Syntax:

```
MITTELWERTWENN(Bereich;Kriterien;Mittelwert_Bereich)
```

Wird ein Ausdruck, z. B. ">0", in der Funktion verwendet, so muss dieser in Anführungszeichen " " stehen!

- *Bereich* ist der Zellbereich, der nach den angegebenen Kriterien durchsucht werden soll.
- Als *Kriterien* können Zahlen, Text oder Ausdrücke angegeben werden. Text und Ausdrücke mit Vergleichsoperatoren, z. B. "<>0" müssen in Anführungszeichen ("") eingeschlossen werden.
- *Mittelwert_Bereich* gibt an, aus welchen Werten der Mittelwert berechnet wird.

Beispiel: Sie möchten bei der Auswertung eines Sportwettbewerbs die durchschnittliche Punktezahl für Männer (m) und Frauen (w) getrennt berechnen. Als Argument *Bereich* geben Sie die Spalte Geschlecht (B2:B8) an und als Argument *Mittelwert_Bereich* die erzielte Punktezahl, da für diese der Mittelwert berechnet werden soll.

Bild 2.32 Beispiel MITTELWERTWENN

VORZEICH... =MITTELWERTWENN(B2:B9;E3;C2:C9)

	A	B	C	D	E	F	G	H	I
1	Name	Geschlecht	Punkte		Durchschnittliche Punktzahl				
2	Schwab	m	46		m	33,8			
3	Bergmann	w	33		w	=MITTELWERTWENN(B2:B9;E3;C2:C9)			
4	Baumholtz	m	29			MITTELWERTWENN(Bereich; Kriterien; [Mittelwert_Bereich])			
5	Moser	w	38						
6	Wiese	w	21						
7	Faller	w	26						
8	Sarov	m	42						
9	Lienitz	m	18						
10									

Beispiel: 0-Werte ausschließen

MITTELWERTWENN eignet sich auch, wenn Sie bei der Berechnung des Durchschnitts 0-Werte ausschließen möchten, wie im unten abgebildeten Beispiel.

Bild 2.33 Mittelwert ohne 0-Werte

F4 =MITTELWERTWENN(C3:C7;">0";C3:C7)

	A	B	C	D	E	F	G	H
1	Geleistete Arbeitsstunden							
2	Datum	Wochentag	Stunden		Durchschnittlich geleistete Stunden pro Tag			
3	12.08.2019	Montag	9,0		mit Nullwerten	6,50		
4	13.08.2019	Dienstag	8,5		ohne Nullwerte	8,13		
5	14.08.2019	Mittwoch	7,0					
6	15.08.2019	Donnerstag	0,0	Feiertag				
7	16.08.2019	Freitag	8,0					
8								

Hinweis: Mehrere Kriterien lassen sich mit der Funktion MITTELWERTWENNS verwenden. Da sich diese Funktion nur wenig von SUMMEWENNS unterscheidet, lesen Sie bitte Näheres zu Syntax und Verwendung auf Seite 71.

Rangfolge ermitteln

Im einfachsten Fall lässt sich der Rang einer Zahl innerhalb einer Liste von Zahlen durch auf- oder absteigendes Sortieren der Tabelle ermitteln. Komfortabler und unabhängig von der Anordnung in der Tabelle, ist die Erstellung von Ranglisten mit einer einfachen Funktion. Ein weiterer Vorteil gegenüber dem Sortieren: Bei nachträglichen Änderungen wird der Rang automatisch neu berechnet.

Hinweis: Excel bietet in der Kategorie *Statistik* mehrere Funktionen zur Rangermittlung an. Wählen Sie hier RANG.GLEICH statt der älteren Funktion RANG. Diese wurde nur aus Kompatibilitätsgründen beibehalten und sollte nach Empfehlung von Microsoft nicht mehr verwendet werden.

Im Aufbau sind beide Funktionen identisch.

Aufbau und Syntax

```
RANG.GLEICH(Zahl;Bezug;Reihenfolge)
```

Als Beispiel im Bild unten die Ergebnisse eines Sportwettbewerbs. In Spalte D soll die der Rang ermittelt werden.

- Als Argument *Zahl* geben Sie an, für welche Zahl der Rang ermittelt werden soll, hier die Punktzahl des ersten Teilnehmers in C4.
- *Bezug* ist der Bereich aller Werte, auf die sich die Rangfolge bezieht, also alle Punktzahlen in C4:C15.
- *Reihenfolge* gibt an, ob der Rang aufsteigend oder absteigend ermittelt wird:
  - 0 oder leer: der höchste Wert erhält den Rang 1
  - 1: der niedrigste Wert erhält Rang 1

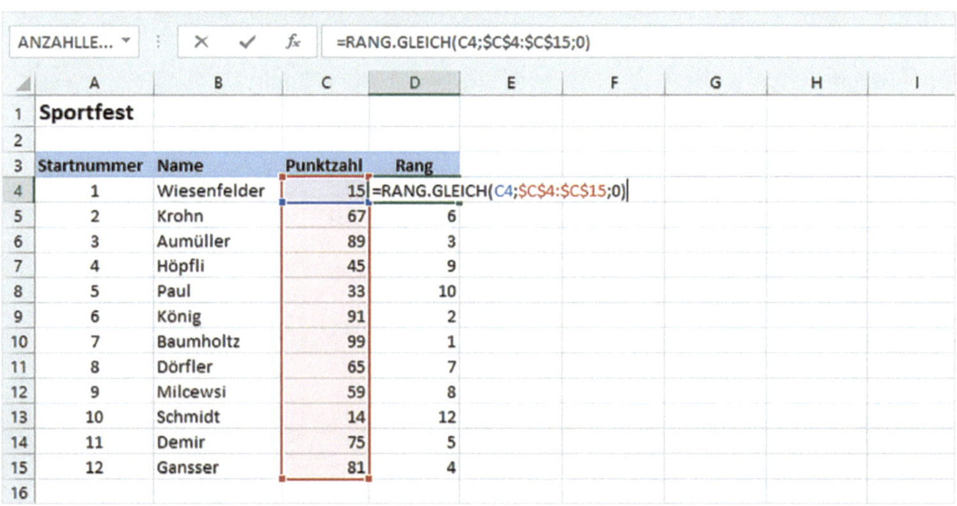

ANZAHLLE... =RANG.GLEICH(C4;$C$4:$C$15;0)

	A	B	C	D
1	Sportfest			
2				
3	Startnummer	Name	Punktzahl	Rang
4	1	Wiesenfelder	15	=RANG.GLEICH(C4;$C$4:$C$15;0)
5	2	Krohn	67	6
6	3	Aumüller	89	3
7	4	Höpfli	45	9
8	5	Paul	33	10
9	6	König	91	2
10	7	Baumholtz	99	1
11	8	Dörfler	65	7
12	9	Milcewsi	59	8
13	10	Schmidt	14	12
14	11	Demir	75	5
15	12	Gansser	81	4
16				

Bild 2.34 Beispiel Sportfest: Rangfolge bestimmen

Rangliste.xlsx

Häufigkeit ermitteln

Daten in Klassen einteilen, z. B. Altersklassen

Die Funktion HÄUFIGKEIT wertet Daten nach der Häufigkeit ihres Vorkommens aus und ordnet sie vorgegebenen Klassen zu. Sie kann beispielsweise zur Einteilung in Altersklassen verwendet werden. Die Syntax:

```
HÄUFIGKEIT(Daten;Klassen)
```

Beachten Sie bei dieser Funktion außerdem:

- Die Funktion HÄUFIGKEIT benötigt eine Ergebnistabelle, die gleichzeitig auch die Klasseneinteilung festlegt. Die Ergebnistabelle sollte außerdem eine zusätzliche Zelle für Werte umfassen, die oberhalb der höchsten angegebenen Klassengrenze liegen.

Siehe Kapitel 1.7, Matrixformeln.

- Die Funktion muss als Matrixformel eingegeben werden, Sie müssen daher vor Eingabe der Funktion den gesamten Ergebnisbereich markieren und die Eingabe mit den Tasten Strg+Umschalt+Eingabe abschließen.
- Als Argument *Daten* geben Sie den auszuwertenden Zellbereich an. Als Inhalte werden ausschließlich Zahlen berücksichtigt, Text und leere Zellen werden dagegen ignoriert.
- Das Argument *Klassen* umfasst die Klasseneinteilung in der Auswertungstabelle. Den Klassen werden alle Werte zugeordnet, die kleiner oder gleich der angegebenen Klassengrenze sind.

Beispiel Altersklassen

Sie möchten eine Umfrage auswerten und dabei die Anzahl der Teilnehmer je Altersklasse ermitteln. Dazu benötigen Sie zunächst eine Ergebnistabelle, die gleichzeitig die Altersklassen festlegt. In unserem Beispiel gehören zu Altersklasse 1 alle Personen bis einschließlich 20 Jahre, Altersklasse 2 umfasst alle zwischen 21 und einschließlich 30 usw. und zu Altersklasse 6 gehören alle, die älter sind als 60.

Bild 2.35 Beispiel Einteilung in Altersklassen

Häufigkeit.xlsx

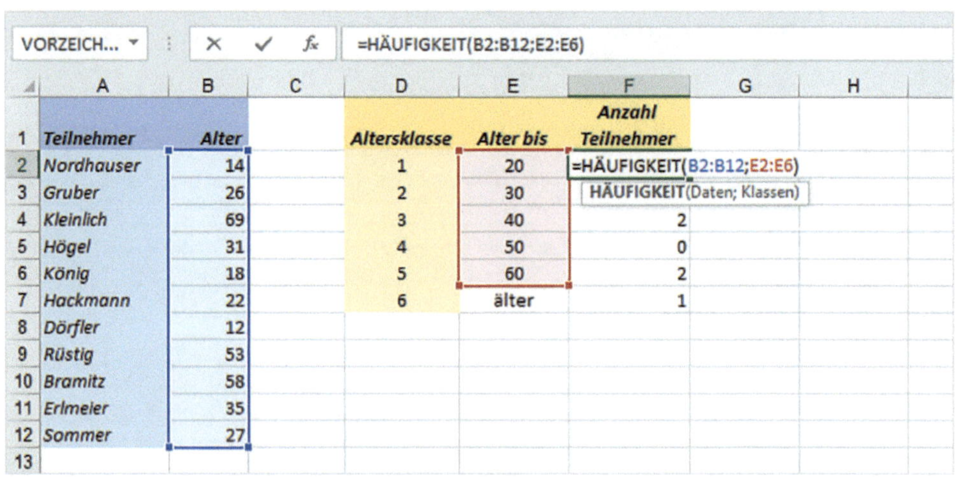

	A	B	C	D	E	F	G	H
1	Teilnehmer	Alter		Altersklasse	Alter bis	Anzahl Teilnehmer		
2	Nordhauser	14		1	20	=HÄUFIGKEIT(B2:B12;E2:E6)		
3	Gruber	26		2	30	HÄUFIGKEIT(Daten; Klassen)		
4	Kleinlich	69		3	40	2		
5	Högel	31		4	50	0		
6	König	18		5	60	2		
7	Hackmann	22		6	älter	1		
8	Dörfler	12						
9	Rüstig	53						
10	Bramitz	58						
11	Erlmeier	35						
12	Sommer	27						
13								

1 Da die Häufigkeit als Matrixformel eingegeben werden muss, markieren Sie zunächst alle Zellen, in denen die Häufigkeit berechnet werden soll, im abgebildeten Beispiel F2:F7.

2 Als Argument *Daten* geben Sie den Zellbereich mit dem jeweiligen Alter an, also B2:B12.

3 Die Einteilung in Altersklassen wird durch den Zellbereich E2:E6 der Ergebnistabelle festgelegt. E7 (älter) braucht nicht mit eingeschlossen werden, da die dazugehörige Ergebniszelle F7 automatisch die Anzahl aller Personen aufnimmt, deren Alter über der höchsten angegebenen Klassengrenze liegt, in unserem Beispiel 60.

4 Schließen Sie die Eingabe mit Strg+Umschalt+Eingabe ab.

Korrelationskoeffizient berechnen

Korrelationen werden in der Statistik eingesetzt, um den Zusammenhang zwischen zwei Variablen zu messen. Sie liefern einen Hinweis auf mögliche Zusammenhänge, aus einem starken Zusammenhang folgt jedoch nicht zwingend, dass auch eine eindeutige Ursache-Wirkungs-Beziehung vorliegt. Manchmal liegen auch so genannte Scheinkorrelationen vor. Zur Berechnung des Korrelationskoeffizienten stellt Excel die beiden folgenden Funktionen zur Verfügung, die sich hinsichtlich ihrer Ergebnisse nicht unterscheiden.

```
KORREL(Matrix1;Matrix2)
PEARSON(Matrix1;Matrix2)
```

Bei beiden Funktionen geben Sie als Matrix1 den ersten Zellbereich mit Werten und als Matrix2 den zweiten Zellbereich mit Werten an, deren Zusammenhang Sie untersuchen möchten. Beide Zellbereiche müssen gleich groß sein.

Beide liefern ein Ergebnis zwischen -1 und +1. Hinsichtlich der Stärke des vermuteten Zusammenhangs zwischen den Zellbereichen gilt als Orientierungshilfe:

- 0 = kein Zusammenhang
- -1 = perfekter negativer Zusammenhang
- +1 = perfekter positiver Zusammenhang
- Für Werte dazwischen gilt entsprechend: 0,1 - 0,4 = sehr schwach bis schwach; 0,4 - 0,6 = mittel und 0,6 - unter 1 = stark bis sehr stark.

Beispiel: Testvergleich von Kaffeesorten
Zwei Personen testen 10 Kaffeesorten und bewerten diese mit einer Note von 1 (sehr gut) bis 6 (sehr schlecht). Die Bewertungen der Tester weichen voneinander ab und Sie möchten feststellen, ob trotzdem eine weitgehende Übereinstimmung im Urteil der

beiden Personen besteht. Dazu wurde in F1 der Korrelationskoeffizient mit folgender Formel berechnet.

```
=KORREL(B3:B12;C3:C12)
```

Das Ergebnis von 0,63 ist so zu interpretieren, dass zwischen den Bewertungen der beiden Kaffeetester ein stärkerer Zusammenhang besteht, als es die abweichenden Einzelergebnisse auf den ersten Blick vermuten lassen.

Alternativ wurde in F2 die Funktion PEARSON verwendet, diese liefert dasselbe Ergebnis. Zur Verdeutlichung wurde im Bild unten außerdem ein Punktdiagramm mit Trendlinie hinzugefügt.

Bild 2.36 Korrelationskoeffizient berechnen

Korrelationskoeffizient.xlsx

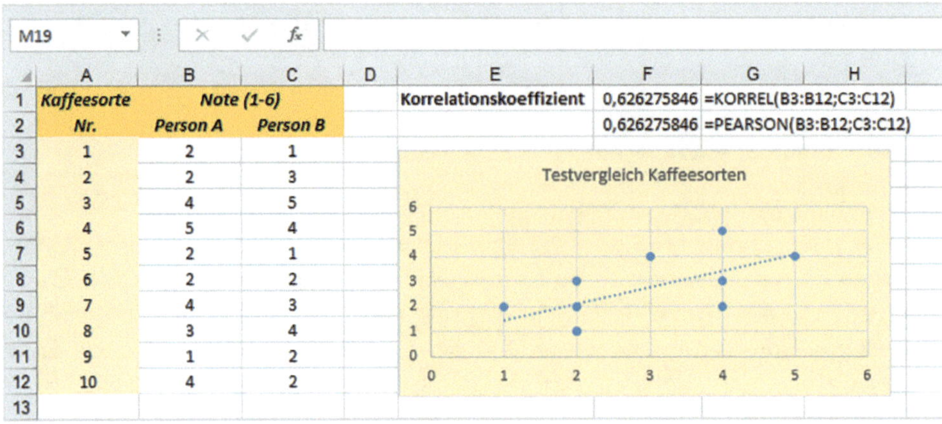
M19

	A	B	C	D	E	F	G	H
1	*Kaffeesorte*	*Note (1-6)*			Korrelationskoeffizient	0,626275846	=KORREL(B3:B12;C3:C12)	
2	*Nr.*	*Person A*	*Person B*			0,626275846	=PEARSON(B3:B12;C3:C12)	
3	1	2	1					
4	2	2	3					
5	3	4	5					
6	4	5	4					
7	5	2	1					
8	6	2	2					
9	7	4	3					
10	8	3	4					
11	9	1	2					
12	10	4	2					
13								

Wie Sie die Excel-Add-Ins installieren, lesen Sie auf Seite 118.

Hinweis: Eine umfassende Korrelationsanalyse in Form einer Korrekationsmatrix erhalten Sie außerdem mit der Analyse-Funktion *Korrelation*. Da ihre Verwendung tiefergehende statistische Kenntnisse voraussetzt, wird auf diese Möglichkeit hier nicht weiter eingegangen. Die Analyse-Funktion Korrelation gehört zum Excel-Add-In *Analyse-Funktionen*, das standardmäßig nicht installiert ist, aber nachträglich hinzugefügt werden kann. Näheres hierzu am Ende dieses Kapitels.

Regressionsanalysen mit Excel

Mit einer Regressionsanalyse lassen sich in der Statistik Beziehungen zwischen zwei oder mehr Variablen beschreiben. Voraussetzung ist ein linearer gerichteter Zusammenhang zwischen den Variablen, d.h. es muss eine unabhängige und mindestens eine abhängige Variable existieren. Regressionsanalysen werden häufig für Variablen eingesetzt, für die zuvor ein statistischer Zusammenhang ermittelt wurde, die also miteinander korrelieren, siehe oben.

Zur Regressionsanalyse stellt Excel die folgenden Funktionen zur Verfügung.

Funktion	Kurzbeschreibung
RGP	Diese Funktion liefert die Parameter eines linearen Trends, der sich mit der bekannten Gleichung y=mx+b beschreiben lässt.
RKP	Ähnlich der Funktion RGP, beschreibt aber eine exponentielle Regressionsfunktion der Form y=b*e(a*x).
TREND	TREND(Y_Werte;[X_Werte];[neue X-Werte];Konstante) Diese Funktion berechnet aus den Wertepaaren (Y,X) nach der Methode der kleinsten Quadrate eine Gerade, die auf der Punktwolke liegt. Zudem berechnet die Funktion aus den X-Werten die zugehörigen Schätzwerte ŷ=ys.
SCHÄTZER	SCHÄTZER(x;Y_Werte;X_Werte) Diese Funktion berechnet aus den Wertepaaren Y und X eine lineare Regression und gibt aus dem Ergebnis den Schätzwert ŷ an der Stelle x aus. Die Funktion liefert dieselben Werte wie die Funktion TREND(), wenn auch mit einer etwas anderen Syntax und nicht als Matrixformel

Hinweis: Eine Zusammenstellung erhalten Sie außerdem über die Analyse-Funktion *Regression*, auch diese steht erst nach Installation des Excel-Add-Ins *Analyse-Funktionen* zur Verfügung, siehe oben.

Beispiel Trendberechnung

Eine weitere Möglichkeit der Trendberechnung erhalten Sie mit dem Prognoseblatt, Kapitel 4.5

Häufig wird auf der Basis vorhandener Zahlen eine Hochrechnung auf künftige Werte benötigt, diese Aufgabe lässt sich in Excel mit der Funktion TREND erledigen. Beachten Sie aber, dass aufgrund weiterer Einflussgrößen und unvorhersehbarer Ereignisse das tatsächliche Ergebnis von der Prognose abweichen kann, da TREND lediglich auf der Basis der linearen Regression eine Schätzung vornimmt. Die Syntax lautet:

```
Trend(Y_Werte;X_Werte;Neue_X_Werte;Konstante)
```

Die Argumente im Einzelnen:

Argument	Beschreibung
Y-Werte	Der Bereich mit den bereits vorhandenen Zahlen, aus denen der Trend berechnet werden soll.
X-Werte	Optionale, zu den Y-Werten dazugehörige Werte, in Bild 2.37 sind dies die Kalenderwochen. Ohne Angabe der X-Werte werden diese einfach durchnummeriert.
Neue-X-Werte	Damit werden für die Trendberechnung weitere X-Werte vorgegeben.
Konstante	Optional, lassen Sie dieses Argument leer, so wird die Ursprungsverschiebung beibehalten.

Achtung - Matrixformel!

Achtung: Soll TREND Ergebnisse in mehreren Zellen berechnen, so muss die Funktion als Matrixformel eingegeben werden.

Beispiel Verkaufszahlen

Als Beispiel soll ein Trend für Verkaufszahlen geschätzt werden. Vor Ihnen liegen die Verkaufszahlen der letzten 8 Kalenderwochen und Sie möchten daraus einen Trend für die nächsten 4 Kalenderwochen ableiten.

- Da der Trend in C11 bis C14 berechnet werden soll und die Funktion als Matrixformel eingegeben werden muss, markieren Sie den Bereich C11:C14.
- Geben Sie folgende Funktion ein und schließen Sie die Eingabe mit den Tasten Strg+Umschalt+Eingabe ab.

```
=TREND(C3:C10;B3:B10;B11:B14)
```

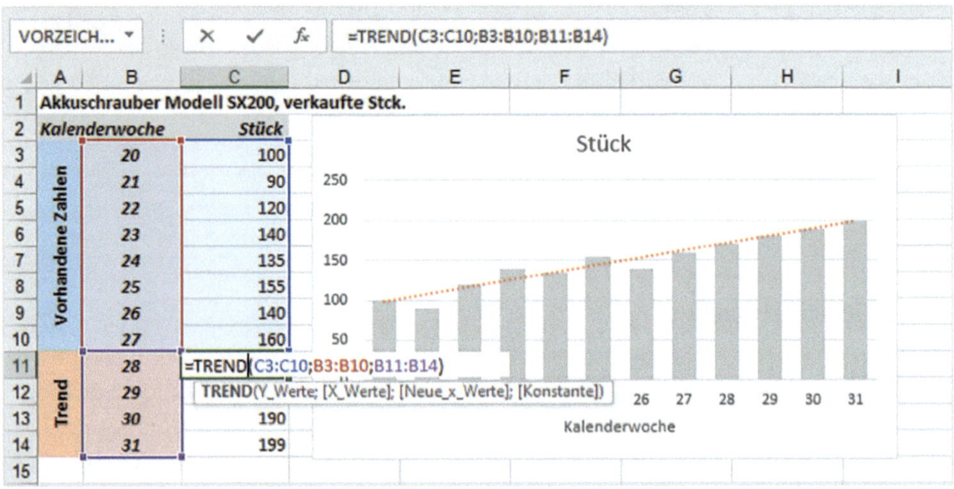

Bild 2.37 Beispiel Trendberechnung

Trend.xlsx

Beim abgebildeten Beispiel wurde zur Verdeutlichung zusätzlich ein Säulendiagramm mit einer linearen Trendlinie eingefügt.

2.5 Nachschlage- und Verweisfunktionen

Die Nachschlage- und Verweisfunktionen von Excel dienen dazu, einen Zellbereich (Matrix) zu durchsuchen und bestimmte Inhalte oder die Position eines Inhalts zu ermitteln. Sie finden diese Funktionen in der Kategorie *Nachschlagen und Verweisen.*

SVERWEIS

Aufbau und Funktionsweise von SVERWEIS

SVERWEIS = Senkrecht Verweis

Die Funktion SVERWEIS (Senkrecht-Verweis) gehört zu den am häufigsten eingesetzten Nachschlage- und Verweisfunktionen von Excel. Sie durchsucht die erste Spalte einer Tabelle (Matrix) von oben nach unten nach einem vorgegebenen Suchkriterium und liefert bei der ersten Übereinstimmung einen Wert aus dieser Zeile und der angegebenen Spalte (Spaltenindex). Wird kein Wert gefunden, der dem Suchkriterium entspricht, zeigt Excel den Fehlerwert #NV (nicht verfügbar) an. Die Funktion besitzt folgenden Aufbau:

```
SVERWEIS(Suchkriterium;Matrix;Spaltenindex;Bereich_Verweis)
```

- *Suchkriterium*: Der Wert, nach dem die Tabelle (Matrix) durchsucht wird. Dieser muss sich unbedingt in der ersten Spalte der Tabelle befinden.
- *Matrix*: Geben Sie hier den gesamten zu durchsuchenden Tabellenbereich an, hierfür kann auch ein Bereichsname verwendet werden. Die erste Spalte der Matrix muss den gesuchten Wert enthalten, dies können Zahlen, Datumswerte oder Zeichenfolgen sein. Bei Text wird nicht zwischen Groß- und Kleinbuchstaben unterschieden.
- Der *Spaltenindex* gibt an, in der wievielten Spalte der Matrix sich der gesuchte Wert befindet. Der Spaltenindex ist immer eine fortlaufende Zahl, er beginnt mit der ersten Spalte der Matrix und darf nicht verwechselt werden mit der Spaltennummerierung des Tabellenblattes! Der Spaltenindex 3 bedeutet z. B. den Wert aus der dritten Spalte des Tabellenbereichs.
- *Bereich_Verweis*: Legt fest, ob nur bei genauer Übereinstimmung mit dem Suchkriterium ein Ergebnis angezeigt werden soll oder ob auch der nächstliegende Wert als Ergebnis verwendet werden darf.
  - Wird als *Bereich_Verweis* der Wert WAHR oder 1 angegeben oder ist das Argument leer, so ist keine exakte Übereinstimmung mit dem Suchkriterium erforderlich und SVERWEIS liefert als Ergebnis den nächstgelegenen Wert aus der darüber liegenden Zeile. In diesem Fall muss die Matrix unbedingt nach der ersten Spalte sortiert sein!
  - Geben Sie dagegen als *Bereich_Verweis* FALSCH oder 0 an, so erhalten Sie nur bei exakter Übereinstimmung mit dem Suchkriterium ein Ergebnis, andernfalls den Wert #NV (nicht verfügbar). Falls die erste Spalte der Matrix zwei oder mehr übereinstimmende Werte enthält, so wird nur der erste Wert gefunden.
  - **Tipp**: Hilfe zu *Bereich_Verweis* erhalten Sie sowohl im Funktionsassistent als auch bei der Eingabe über die Tastatur. Hier bietet Excel sogar die Werte WAHR bzw. FALSCH zur Übernahme in die Funktion an.

Eine wichtige Bedingung für den Einsatz von SVERWEIS: SVERWEIS kann nur nach einem Kriterium suchen, das sich in der ersten Spalte der Matrix befindet!

Beispiel 1: Genaue Übereinstimmung mit dem Suchkriterium

Ein typischer Fall für den Einsatz der Funktion SVERWEIS: Sie benötigen für eine Auswertung zusätzliche Daten oder Informationen, diese befinden sich allerdings in einer anderen Tabelle oder in einem anderen Arbeitsblatt. Im unten abgebildeten Beispiel sind für die monatliche Auswertung der Arbeitsstunden Nachname, Kostenstelle und Standort erforderlich, diese befinden sich in der Personalliste im Blatt *Personal*. Anhand des Suchkriteriums Personalnummer können in diesem Fall mit SVERWEIS die fehlenden Daten ermittelt und eingefügt werden.

Bild 2.38 Die Arbeitsblätter Person und Auswertung

	A	B	C	D	E	F
1	Personal-Nr.	Nachname	Vorname	Kostenstelle	Eintrittsdatum	Standort
2	75	Moser	Karl	300		
3	76	Kabelschacht	Alfred	100		
4	77	Hinterleitner	Sandra	100		
5	79	Thomas	Sabine	200		
6	80	Baumholtz	Philipp	100		
7	81	Bleifuss	Tobias	300		
8	83	Nordhoff	Silke	400		
9	84	Leutz	Sven	400		
10	86	Mumpitz	Nicole	300		
11	87	Rumpenhorst	Walter	300		
12	89	Weber	Wolfgang	200		
13	90	Pförtner	Max	200		
14	91	Winzig	Peter	300		
15	93	Zauner	Irene	400		
16	94	Flegel	Katrin	200		
17						

Personal | Auswertung

	A	B	C	D	E
1	Auswertung Arbeitsstunden				
2	Monat:	Januar			
3					
4	Personal-Nr.	Geleistete Stunden	Nachname	Kostenstelle	Standort
5	77	120			
6	84	134			
7	75	89			
8	93	115			
9	80	125			
10	87	145			
11	81	91			
12	94	138			
13	90	126			
14	79	109			
15	86	152			
16	91	136			
17	76	140			
18	89	144			
19	83	76			

Personal | Auswertung

SVERWEIS-Personal.xlsx

Zur Ermittlung des Nachnamens markieren Sie im Blatt *Auswertung* die Zelle C5 und fügen hier die Funktion SVERWEIS wie folgt ein.

```
=SVERWEIS(A5;Personal!$A$2:$F$16;2;FALSCH)
```

- Suchkriterium ist die Personalnummer in A5,
- Matrix ist der Bereich A2:F16 im Blatt Personal,
- der Nachname befindet sich in der zweiten Spalte der Matrix, daher Spaltenindex 2.
- Was soll passieren, sollte das Suchkriterium die Personalnummer nicht in der Matrix enthalten sein? Da hier der nächstgelegene Wert, also der Nachname aus der darüber liegenden Zeile ein falsches Ergebnis liefern würde, muss unbedingt als *Bereich_Verweis* FALSCH oder 0 angegeben werden.

Kopieren Sie anschließend die Formel in die restlichen Zeilen der Spalte. Mit derselben Funktion ermitteln Sie auch in Spalte D die Kostenstelle und in Spalte E den Standort, der einzige Unterschied: Für die Kostenstelle geben Sie Spaltenindex 4 und für den Standort Spaltenindex 6 an.

Tipp: Sie sparen Arbeit, wenn Sie beim Suchkriterium in Spalte A einen gemischten Zellbezug, also $A5 verwenden. Dadurch können Sie die Funktion in C5 in die Spalten D und E kopieren und brauchen anschließend nur jeweils den Spaltenindex ändern.

D5 =SVERWEIS($A5;Personal!$A$2:$F$16;4;FALSCH)

	A	B	C	D	E
1	**Auswertung Arbeitsstunden**				
2	Monat:	Januar			
3					
4	**Personal-Nr.**	**Geleistete Stunden**	**Nachname**	**Kostenstelle**	**Standort**
5	77	120	Hinterleitner	100	München
6	84	134	Leutz	400	Regensburg
7	75	89	Moser	300	München
8	93	115	Zauner	400	Regensburg
9	80	125	Baumholtz	100	Ulm
10	87	145	Rumpenhorst	300	Pfarrkirchen
11	81	91	Bleifuss	300	München
12	94	138	Flegel	200	Ulm
13	90	126	Pförtner	200	Ulm
14	79	109	Thomas	200	Ulm
15	86	152	Mumpitz	300	Ulm
16	91	136	Winzig	300	München
17	76	140	Kabelschacht	100	Regensburg
18	89	144	Weber	200	Pfarrkirchen
19	83	76	Nordhoff	400	Regensburg

Bild 2.39 Die Ergebnisse im Blatt Auswertung

Beispiel 2: Einen Näherungswert finden

Anders verhält es sich, wenn Sie beispielsweise anhand des Prüfungsergebnisses in Punkten die dazugehörige Note aus einer zweiten Tabelle, der Notentabelle, ermitteln möchten wie in Bild 2.40. Da die Notentabelle nicht jede einzelne Punktzahl, sondern Spannen enthält, muss als *Bereich_Verweis* der Wert WAHR angegeben werden, alternativ können Sie in diesem Fall das Argument auch leer lassen. Wird die genaue Punktzahl in der Notentabelle nicht gefunden, so liefert SVERWEIS die nächstgelegene Note aus der Zeile darüber. Die Notentabelle muss also außerdem nach der ersten Spalte, der Anzahl der erforderlichen Punkte, sortiert sein.

Als Suchkriterium verwenden Sie die jeweils erzielte Punktzahl, die Notentabelle bildet die Matrix. Die Note befindet sich in der zweiten Spalte der Matrix, daher Spaltenindex 2.

> Da SVERWEIS in Verbindung mit einem Bereichsverweis den nächstgelegenen Wert immer aus der darüber liegenden Zeile der Matrix liefert, muss diese unbedingt auf- oder absteigend sortiert sein!

ANZAHLLE... =SVERWEIS(B2;$F$2:$G$7;2;WAHR)

	A	B	C	D	E	F	G
1	*Name*	*Punkte*	*Note*			*ab Punkte*	*Note*
2	*Baumholtz*	14	=SVERWEIS(B2;$F$2:$G$7;2;WAHR)			0	6
3	*Bockel*	36	3			10	5
4	*Hofer*	55	1			20	4
5	*Kniffel*	43	2			30	3
6	*Wiesenfeld*	32	3			40	2
7	*Winkler*	59	1			50	1
8							

Bild 2.40 Mit SVERWEIS anhand der Punktzahl die Note ermitteln

Verweise.xlsx, Blatt SVERWEIS Bereich Verweis

WVERWEIS

Die Funktion WVERWEIS (Waagrecht-Verweis) hat den gleichen Aufbau wie die Funktion SVERWEIS. Im Gegensatz zu SVERWEIS durchsucht diese Funktion waagrecht von links nach rechts die erste Zeile einer Matrix und liefert den Wert aus der angegebenen Zeile (Zeilenindex). Diese Funktion setzen Sie daher ein, wenn die erste Zeile der zu durchsuchenden Tabelle das Suchkriterium enthält.

```
WVERWEIS(Suchkriterium;Matrix;Zeilenindex;Bereich_Verweis)
```

Das hierzu verwendete Beispiel im Bild unten kennen Sie vielleicht aus Katalogen von Reiseveranstaltern, in denen Hotels je nach Saison zu verschiedenen Preisen angeboten werden. In C13 soll aus der Hotelpreisliste der Preis der jeweiligen Hotels zum angegebenen Datum ermittelt werden.

Bild 2.41 Beispiel WVERWEIS

Sowohl WVERWEIS als auch SVERWEIS funktionieren auch mit Datumswerten als Suchkriterium, wie das Beispiel zeigt.

Verweise.xlsx

C13 =WVERWEIS(C11;A3:H8;C12;WAHR)

	A	B	C	D	E	F	G	H
1	Preis pro Tag (übernachtung, Frühstück & Halbpension							
2			ab Datum					
3	Zeile	Hotel	01.01.2019	15.04.2019	15.06.2019	10.09.2019	11.11.2019	31.12.2019
4	2	Bella Vista	33	45	65	75	55	40
5	3	Club Amigo	42	48	80	69	55	50
6	4	Sole mio	50	60	75	85	60	55
7	5	Mare Club	63	75	105	110	95	85
8	6	Casa sole	79	85	119	125	110	90
9								
10	Preis ermitteln							
11	Anreisedatum		01.07.19					
12	gewünschtes Hotel Zeile		3					
13	Preis pro Übernachtung		80	=WVERWEIS(C11;A3:H8;C12;WAHR)				
14								

Als Suchkriterium dient das Anreisedatum in C11. Außerdem wird hier der Zeilenindex nicht in der Formel sondern in C12 angegeben, so dass auch nach anderen Hotels gesucht werden kann. Als Matrix geben Sie den Bereich A3:H8 an und da der Anreisetermin meist zwischen den angegebenen Datumswerten liegt, ist außerdem als *Bereich_Verweis* WAHR erforderlich.

Die Funktion VERWEIS

Eine mögliche Alternative zu SVERWEIS und WVERWEIS stellt die Funktion VERWEIS dar. VERWEIS kann als Vektor- und als Matrixversion eingesetzt werden, Microsoft empfiehlt allerdings statt der Matrixversion die Verwendung von SVERWEIS oder WVERWEIS, da diese wesentlich flexibler sind.

VERWEIS in der Vektorversion durchsucht eine zuvor festgelegte Spalte oder Zeile (Suchvektor) nach dem angegebenen Suchkriterium und liefert aus einem ebenfalls festgelegten Bereich (Ergebnisvektor) den dazugehörigen Wert in derselben Spalte oder Zeile. Wird kein Wert gefunden, der mit dem Suchkriterium exakt übereinstimmt, so verwendet VERWEIS automatisch den nächstkleineren Wert des Suchvektors und liefert dessen dazugehörigen Wert. Die Syntax:

```
VERWEIS(Suchkriterium;Suchvektor;Ergebnisvektor)
```

- *Suchkriterium* stellt den Wert dar, nach dem der Suchvektor, d. h. eine Zeile oder Spalte durchsucht wird.
- Mit *Suchvektor* wird der zu durchsuchende Zellbereich festgelegt. Dies kann eine Zeile oder Spalte sein und zwar immer nur eine einzige. **Wichtig**: Die Tabelle muss nach den Werten des Suchvektors aufsteigend sortiert sein.
- Das optionale Argument *Ergebnisvektor* gibt an fest, welcher Bereich das benötigte Ergebnis enthält und darf ebenfalls nur eine Zeile oder Spalte umfassen. *Ergebnisvektor* und *Suchvektor* müssen dieselbe Anzahl Elemente bzw. Zellen enthalten.

Der Vorteil dieser Funktion gegenüber SVERWEIS liegt darin, dass sich das Suchkriterium nicht zwingend in der ersten Spalte der Tabelle befinden muss.

Nachteil: Wenn das angegebene Suchkriterium nicht gefunden wird, dann liefert VERWEIS automatisch den nächstkleineren Wert. Dies lässt sich dagegen mit SVERWEIS ausschließen.

Beispiel: Sie möchten wissen, wie hoch der Lagerbestand eines bestimmten Artikels ist (Bild 2.42). Die Nummer des gesuchten Artikels befindet sich in B1 (850), der dazugehörige Lagerbestand wird in B2 mit VERWEIS ermittelt. Als Suchvektor dient der Bereich B5:B11, Ergebnisvektor ist der Bereich D5:D11.

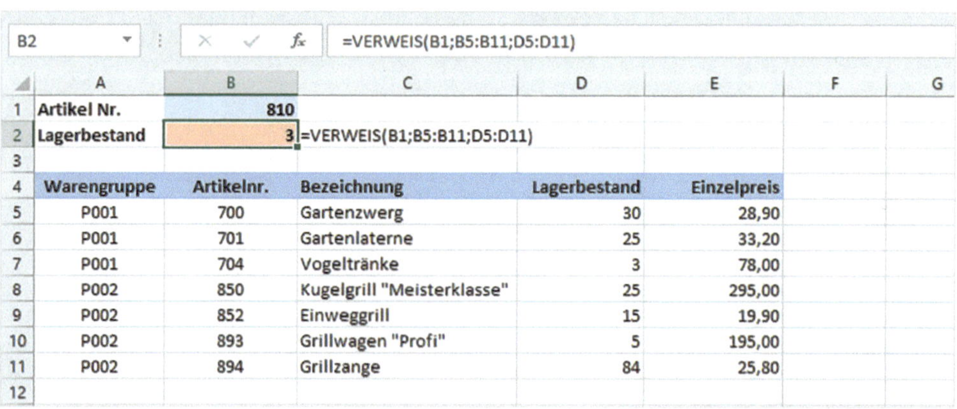

B2 | =VERWEIS(B1;B5:B11;D5:D11)

	A	B	C	D	E	F	G
1	Artikel Nr.	810					
2	Lagerbestand	3	=VERWEIS(B1;B5:B11;D5:D11)				
3							
4	Warengruppe	Artikelnr.	Bezeichnung	Lagerbestand	Einzelpreis		
5	P001	700	Gartenzwerg	30	28,90		
6	P001	701	Gartenlaterne	25	33,20		
7	P001	704	Vogeltränke	3	78,00		
8	P002	850	Kugelgrill "Meisterklasse"	25	295,00		
9	P002	852	Einweggrill	15	19,90		
10	P002	893	Grillwagen "Profi"	5	195,00		
11	P002	894	Grillzange	84	25,80		
12							

Bild 2.42 Bespiel VERWEIS

Verweise.xlsx

Tabellen mit INDEX und VERGLEICH durchsuchen

Nicht immer befindet sich das Suchkriterium in der ersten Spalte einer Tabelle und nicht immer steht eindeutig fest, in welcher Spalte sich der gesuchte Wert befindet. In solchen Fällen bieten sich die Funktionen VERGLEICH und INDEX an.

VERGLEICH

Position des gesuchten Wertes ermitteln

VERGLEICH liefert im Gegensatz zu SVERWEIS als Ergebnis keinen Inhalt, sondern die relative Position des gesuchten Wertes innerhalb eines Bereiches. Dies kann eine Spalte oder Zeile einer Matrix sein. Die Syntax:

```
VERGLEICH(Suchkriterium;Suchmatrix;Vergleichstyp)
```

Das Argument *Vergleichstyp* ist optional und steuert die Art der Suche:

- Vergleichstyp 1 (oder keine Angabe) liefert den größten Wert, der kleiner oder gleich dem Suchkriterium ist. Dazu müssen die Werte in der Suchmatrix aufsteigend sortiert sein.
- Vergleichstyp 0 liefert den ersten Wert, der dem Suchkriterium exakt entspricht, die Werte können in beliebiger Reihenfolge angeordnet sein.
- Vergleichstyp -1 gibt den kleinsten Wert zurück, der größer als das Suchkriterium ist und die Werte der Suchmatrix müssen absteigend sortiert sein.

Beispiel Preis aus einer Preistabelle ermitteln

Als Beispiel soll aus einer nach Mengen gestaffelten Preistabelle anhand von Artikelnummer und Menge der dazugehörige Preis ermittelt werden (Bild 2.43 auf der nächsten Seite). Dieser befindet sich in der Preistabelle am Schnittpunkt der gesuchten Zeile mit der gesuchten Spalte, daher wird VERGLEICH zweimal benötigt.

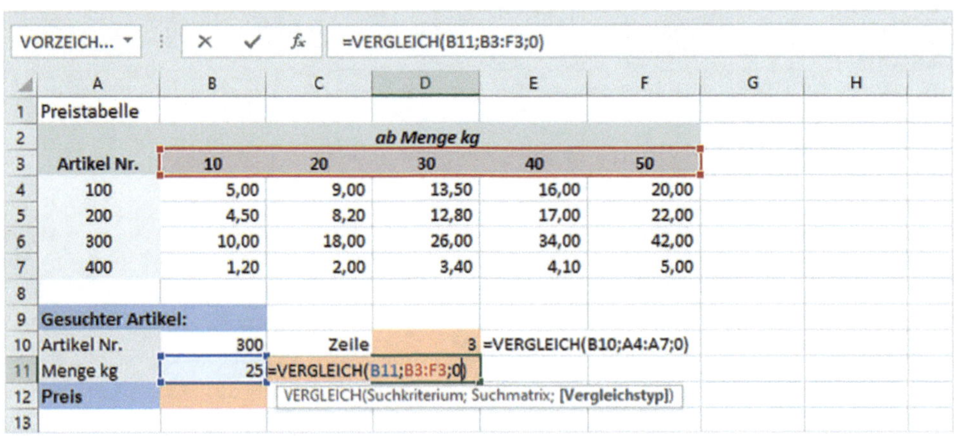
VORZEICH... | =VERGLEICH(B11;B3:F3;0)

	A	B	C	D	E	F	G	H
1	Preistabelle							
2				ab Menge kg				
3	Artikel Nr.	10	20	30	40	50		
4	100	5,00	9,00	13,50	16,00	20,00		
5	200	4,50	8,20	12,80	17,00	22,00		
6	300	10,00	18,00	26,00	34,00	42,00		
7	400	1,20	2,00	3,40	4,10	5,00		
8								
9	Gesuchter Artikel:							
10	Artikel Nr.	300	Zeile	3	=VERGLEICH(B10;A4:A7;0)			
11	Menge kg	25	=VERGLEICH(B11;B3:F3;0)					
12	Preis		VERGLEICH(Suchkriterium; Suchmatrix; [Vergleichstyp])					
13								

Bild 2.43 Beispiel VERGLEICH

Index_Vergleich.xlsx

Mit der folgenden Formel ermitteln Sie in D10, in welcher Zeile der ersten Spalte sich die gesuchte Artikelnummer befindet. Die Suchkriterien müssen exakt übereinstimmen, daher Vergleichstyp 0.

```
=VERGLEICH(B10;A4:A7;0)
```

Die zweite Formel in D11 liefert die benötigte Spalte. Für die Menge, z. B. 25 kg, wird der nächstkleinere Wert benötigt, daher Vergleichstyp 1.

```
=VERGLEICH(B11;B3:F3;1)
```

Leider erhalten Sie mit diesen Formeln noch nicht das gewünschte Ergebnis, den Preis, sondern nur dessen relative Position in der Matrix. Anhand dieser Positionsangaben ermitteln Sie nun mit der Funktion INDEX den gesuchten Wert.

Mit INDEX einen Wert anhand seiner Position ermitteln

Die Funktion INDEX benötigt zur Ermittlung eines Wertes seine genaue Position innerhalb der Matrix, d. h. in welcher Zeile (Zeilenindex) und Spalte (Spaltenindex) er sich befindet. Diese Angaben haben wir zuvor mit VERGLEICH ermittelt.

Hinweis: INDEX existiert in zwei Versionen, als Matrix- und als Bezugsfunktion, für dieses Beispiel benötigen Sie die Matrixfunktion, die Syntax:

```
INDEX(Matrix;Zeilenindex;Spaltenindex)
```

Sie brauchen also für unser Beispiel nur noch in B12 mit INDEX den Preis ermitteln, die Formel dazu lautet:

```
=INDEX(B4:F7;D10;D11)
```

Natürlich ist dies auch mit verschachtelten Funktionen in einer einzigen Formel möglich, dann sieht die Formel so aus:

```
=INDEX(B4:F7;VERGLEICH(B10;A4:A7;0); VERGLEICH(B11;B3:F3;1))
```

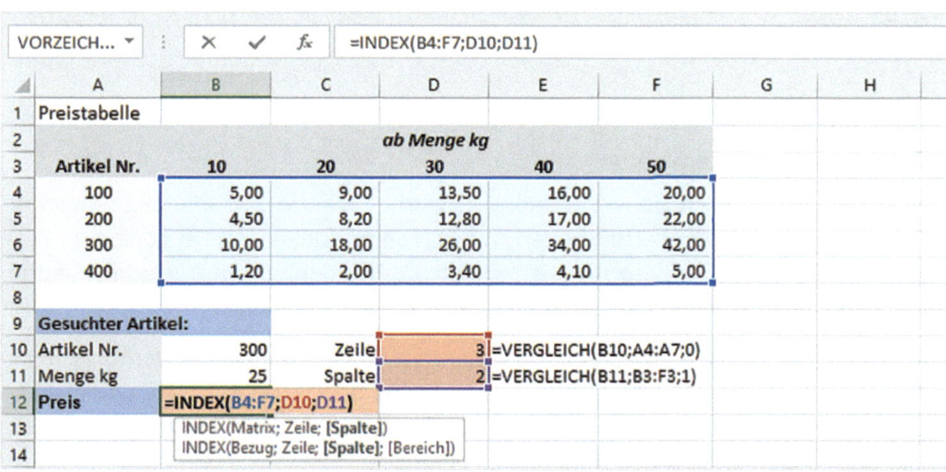

Bild 2.44 Beispiel INDEX

Etwas andere Zellbezüge mit INDIREKT

Wenn Sie in einer Formel auf den Inhalt einer bestimmten Zelle zugreifen, dann verwenden Sie vermutlich einen Zellbezug in der Schreibweise A1, also Spalte und Zeile oder $A$1. Befindet sich die Zelle in einem anderen Arbeitsblatt, dann setzen Sie noch den Blattnamen, gefolgt von einem Ausrufezeichen davor, z. B. Tabelle1!A1.

Mit der Funktion INDIREKT lassen sich Zellbezüge aus den Inhalten von Zellen und damit als variable Bezüge herstellen, die Schreibweise:

```
INDIREKT(Bezug;[A1]
```

Bezug gibt die Zelle an und der optionale Parameter A1 legt die Schreibweise fest: WAHR oder keine Angabe steht für die gewohnte Schreibweise A1 (Spalte, Zeile), während mit FALSCH auch die Schreibweise Zeile, Spalte (Z1,S1) verwendet werden kann.

Ein einfaches Beispiel für Zellbezüge

Im Bild unten soll der Lagerbestand in E4 eines bestimmten Artikels ermittelt werden. Die Spalte ist in E2 angegeben und in E3 die Zeilennummer, in diesem Beispiel 5. Mit INDIREKT setzen Sie nun in E4 den Zellbezug aus den Inhalten der Zellen E2 und E3 mit folgendem Ausdruck zusammen: E2&E3 und erhalten als Ergebnis den Inhalt der Zelle B5.

Bild 2.45 Mit INDIREKT Zellbezug aus Zellinhalten erzeugen

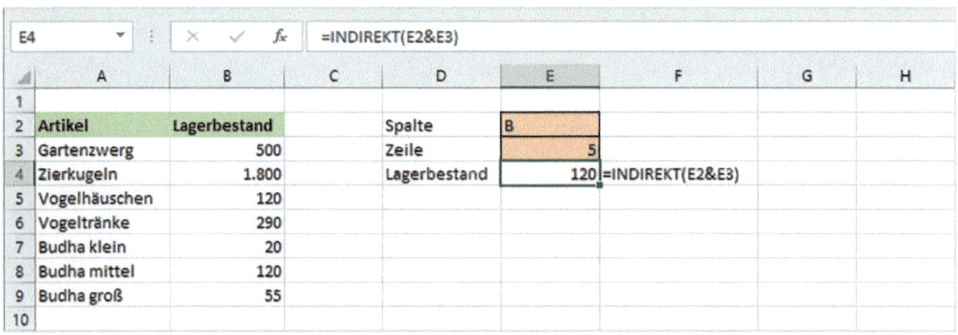
E4 | =INDIREKT(E2&E3)

	A	B	C	D	E	F	G	H
1								
2	Artikel	Lagerbestand		Spalte	B			
3	Gartenzwerg	500		Zeile	5			
4	Zierkugeln	1.800		Lagerbestand	120	=INDIREKT(E2&E3)		
5	Vogelhäuschen	120						
6	Vogeltränke	290						
7	Budha klein	20						
8	Budha mittel	120						
9	Budha groß	55						
10								

INDIREKT_1.xlsx

Variabler Zugriff auf Arbeitsblätter

Auf diese Weise erhalten Sie auch variablen Zugriff auf andere Arbeitsblätter. Voraussetzung: Die benötigten Werte müssen sich in jedem Tabellenblatt in derselben Zelle befinden. Bezüge auf andere Arbeitsmappen werden außerdem nur korrekt angezeigt, wenn diese geöffnet sind, andernfalls liefert INDIREKT den Fehlerwert #BEZUG.

INDIREKT_2.xlsx

Als Beispiel eine kleine Auswertung über mehrere Tabellenblätter. Die Verkaufszahlen der einzelnen Verkaufsbezirke befinden sich in den Blättern *Nord*, *Mitte* und *Süd*, als Beispiel im Bild unten das Blatt *Nord*. Die Tabellen sind identisch aufgebaut, d. h. die Umsätze befinden sich immer in derselben Zelle (Bild 2.46).

Mit der Funktion INDIREKT können Sie nun im Blatt *Auswertung* die Verkaufszahlen der Badewannenenten für alle Bezirke zusammenführen. Der Name des jeweiligen Tabellenblatts geht aus Spalte A hervor, diesen verketten Sie mit der Zelle B4. **Achtung**: da Excel Blattname und Zellbezug mit ! trennt, benötigen Sie auch noch ein Ausrufezeichen. Die Funktion in B4 lautet also:

```
=INDIREKT(A4&"!B4")
```

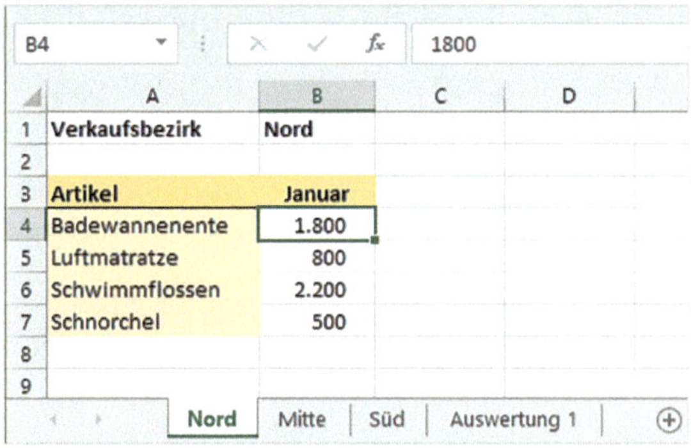

Bild 2.46 Verkaufszahlen des Bezirks Nord

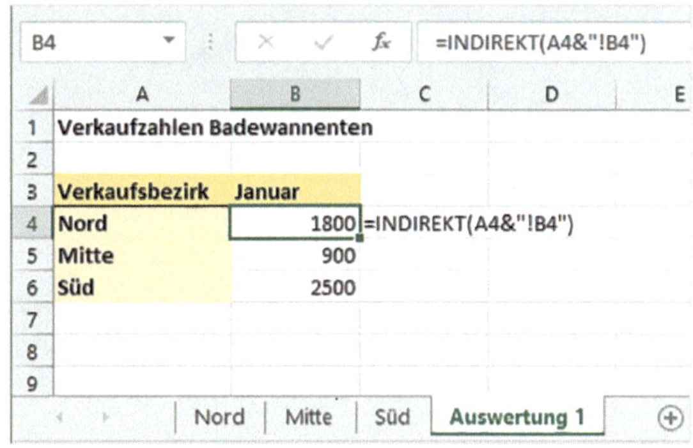

Bild 2.47 Zugriff auf die Tabellenblätter mit INDIREKT

Zellbereiche mit BEREICH.VERSCHIEBEN anpassen

Sie kennen sicher das folgende Problem: Sie möchten mit einer Funktion eine Liste auswerten, allerdings soll der Zellbereich dynamisch sein, also automatisch um nachträglich am Ende der Liste angefügte Zeilen erweitert werden. Eine einfache Lösung dieses Problems sind intelligente Tabellenbereiche, wie sie in der nächsten Lektion beschrieben werden. Wo dies nicht möglich ist, stellt die Funktion BEREICH.VERSCHIEBEN eine Alternative dar, damit Sie den Datenbereich nicht nach jeder Änderung manuell anpassen müssen.

Siehe auch dynamische Tabellen in Kapitel 3.5.

BEREICH.VERSCHIEBEN ist keine eigenständige Funktion, sie verschiebt oder vergrößert einen Zellbereich um die angegebene Anzahl Spalten und/oder Zeilen und wird ausschließlich als Argument überall dort eingesetzt, wo Sie Bezüge auf Zellbereiche benötigen, deren Größe variabel ist. Die Syntax:

```
BEREICH.VERSCHIEBEN(Bezug;Zeilen;Spalten;Höhe;Breite)
```

Argument	Beschreibung
Bezug	Bezug gibt den Ausgangspunkt des zu verschiebenden Bereichs an, hier genügt die linke obere Ecke des Zellbereichs.
Zeilen	Anzahl der Zeilen, um die der Bezug nach unten verschoben werden soll, negative Werte verschieben den Bereich nach oben.
Spalten	Anzahl der Spalten, um die der Bezug nach rechts verschoben werden soll, negative Angaben verschieben nach links.

Argument	Beschreibung
Höhe	Optional, die Anzahl der Zeilen des neuen Bereichs; wenn nichts angegeben ist, wird die ursprüngliche Höhe verwendet.
Breite	Optional, die Anzahl der Spalten des neuen Bereichs; wenn nichts angegeben ist, wird die ursprüngliche Breite verwendet.

Beispiel Börsenkurse auswerten

In einer Tabelle werden die Börsenkurse täglich aktualisiert, es kommen also jeden Tag neue Werte hinzu. Der Mittelwert in D4 soll aber immer nur für die letzten, in E3 angegebene Anzahl Tage berechnet werden. Dazu verwenden Sie in der Funktion MITTELWERT anstelle eines festen Zellbereichs die Funktion BEREICH.VERSCHIEBEN.

Bild 2.48 Mittelwert der letzten 5 Tage

Bereich.Verschieben.xlsx

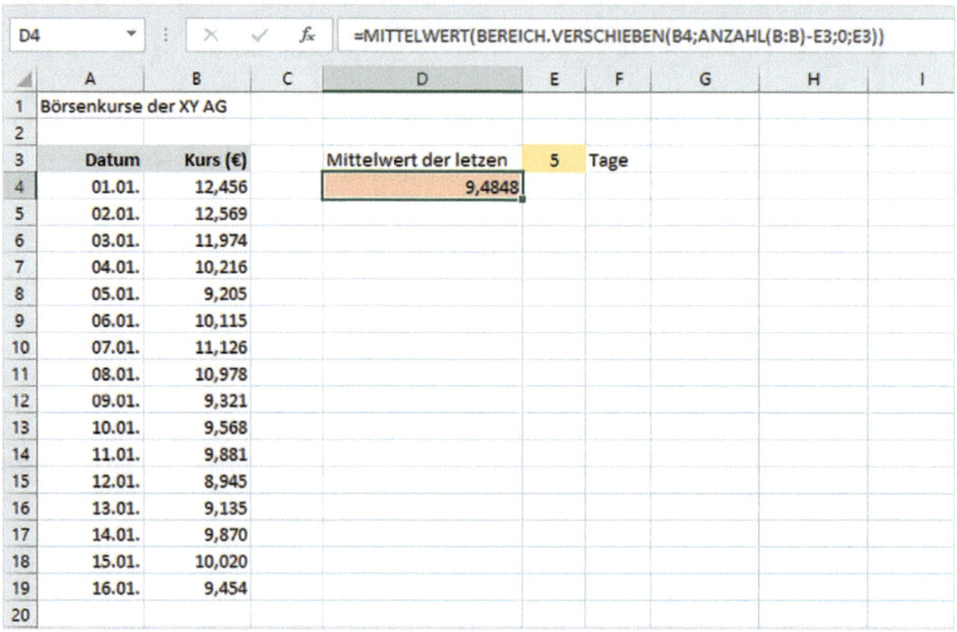

D4: =MITTELWERT(BEREICH.VERSCHIEBEN(B4;ANZAHL(B:B)-E3;0;E3))

	A	B	C	D	E	F
1	Börsenkurse der XY AG					
2						
3	Datum	Kurs (€)		Mittelwert der letzen	5	Tage
4	01.01.	12,456		9,4848		
5	02.01.	12,569				
6	03.01.	11,974				
7	04.01.	10,216				
8	05.01.	9,205				
9	06.01.	10,115				
10	07.01.	11,126				
11	08.01.	10,978				
12	09.01.	9,321				
13	10.01.	9,568				
14	11.01.	9,881				
15	12.01.	8,945				
16	13.01.	9,135				
17	14.01.	9,870				
18	15.01.	10,020				
19	16.01.	9,454				
20						

- *Bezug* ist die linke obere Ecke des zu verschiebenden Bereichs, hier B4.
- Nun benötigen Sie die Anzahl der Zeilen, um die der Bezug nach unten verschoben werden soll. Dazu ermitteln Sie mit der Funktion ANZAHL zunächst die Anzahl der nicht leeren Zellen im angegebenen Bereich. Da ANZAHL ausschließlich Zahlen berücksichtigt, kann als Bereich die gesamte Spalte B (B:B) angegeben werden. Allerdings werden nur die letzten fünf Werte des Zellbereichs benötigt, Sie müssen also vom Ergebnis noch 5 Zeilen bzw. den Inhalt von E3 subtrahieren.
- Da der Bereich ausschließlich um Zeilen verschoben wird, muss hier als Argument *Spalten* 0 angegeben werden.

- Die *Höhe* des neuen Bereichs ist in E3 angegeben und das Argument *Breite* wird nicht benötigt, da es sich nur um eine Spalte handelt.

Geben Sie die nachfolgende Formel in D4 ein und testen Sie anschließend, was passiert, wenn Sie am Ende der Tabelle weitere Zeilen mit beliebigen Kursen eingeben oder die Anzahl der Tage in E3 ändern.

```
=MITTELWERT(BEREICH.VERSCHIEBEN(B4;ANZAHL(B:B)-E3;0;E3))
```

Tipp: Mit Hilfe des Dialogfensters *Formelauswertung* können Sie die einzelnen Berechnungsschritte dieses Beispiels kontrollieren und leichter nachvollziehen.

Namen mit der Funktion BEREICH.VERSCHIEBEN definieren

Die Funktion BEREICH.VERSCHIEBEN kann auch in Zusammenhang mit Bereichsnamen verwendet werden. Dabei wird bei der Definition des Namens anstelle eines festen Zellbereichs die Funktion BEREICH.VERSCHIEBEN angegeben. Als Beispiel im Bild unten die Verkaufszahlen nach Kalenderwochen, wobei die Liste wöchentlich aktualisiert und somit vergrößert wird.

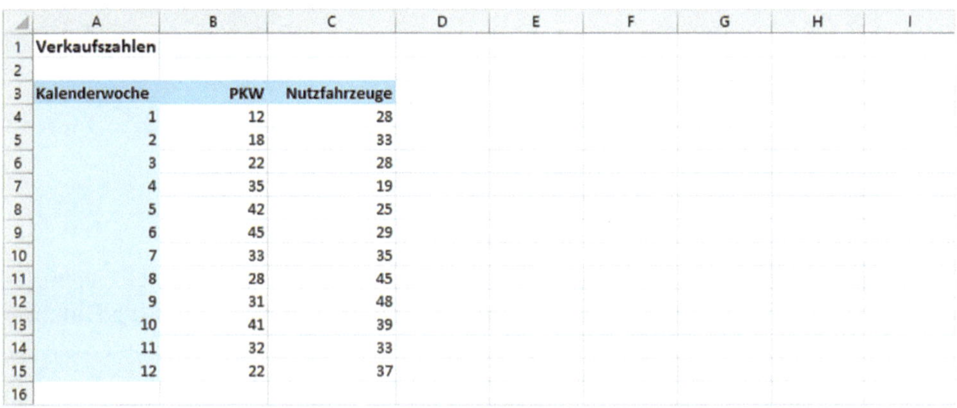

	A	B	C	D	E	F	G	H	I
1	Verkaufszahlen								
2									
3	Kalenderwoche	PKW	Nutzfahrzeuge						
4	1	12	28						
5	2	18	33						
6	3	22	28						
7	4	35	19						
8	5	42	25						
9	6	45	29						
10	7	33	35						
11	8	28	45						
12	9	31	48						
13	10	41	39						
14	11	32	33						
15	12	22	37						
16									

Bild 2.49 Die wöchentlichen Verkaufszahlen

Bereich.Verschieben.xlsx

Blatt Verkaufszahlen

Bei der Erstellung eines Namens für einen Zellbereich, der sich mit Hilfe der Funktion BEREICH.VERSCHIEBEN automatisch anpasst, gehen Sie wie folgt vor:

1. Da sich im Namensmanager zwar Formeln und Funktionen eingeben lassen, hier aber keinerlei Eingabehilfen zur Verfügung stehen, sollten Sie die Funktion zuerst im Tabellenblatt in eine beliebige leere Zelle eingeben, wie Bild 2.50 auf Seite 94. Beachten Sie außerdem die folgenden Vorgaben:
   - Als Bezug oder Ausgangspunkt kann die linke obere Ecke des Bereichs verwendet werden, in diesem Beispiel A1 bzw. $A$1, da der Zellbereich ja nicht verschoben, sondern vergrößert oder verkleinert wird. Aus diesem Grund werden hier auch die beiden Argumente *Zeilen* und *Spalten* nicht benötigt und bleiben leer.
   - Dafür müssen Sie die Höhe des neuen Bereichs ermitteln, dies geschieht mit der Funktion ANZAHL, da diese ausschließlich Zahlen berücksichtigt, aber

Text wie in A1 und in der Spaltenüberschrift ignoriert. Die Breite des neuen Bereichs ermitteln Sie dagegen mit der Funktion ANZAHL2 für die Zeile 3, da diese Text enthält.

- Damit später auf den Zellbereich von beliebiger Stelle aus zugegriffen werden kann, benötigen Sie für alle Angaben feste Bezüge.
- Beachten Sie außerdem bei der Festlegung von Namen mittels Formeln, dass den Zellbezügen der Blattname vorangestellt werden muss, wenn der Name in der gesamten Mappe Gültigkeit besitzen soll.

Bild 2.50 Geben Sie die Funktion zunächst im Arbeitsblatt ein

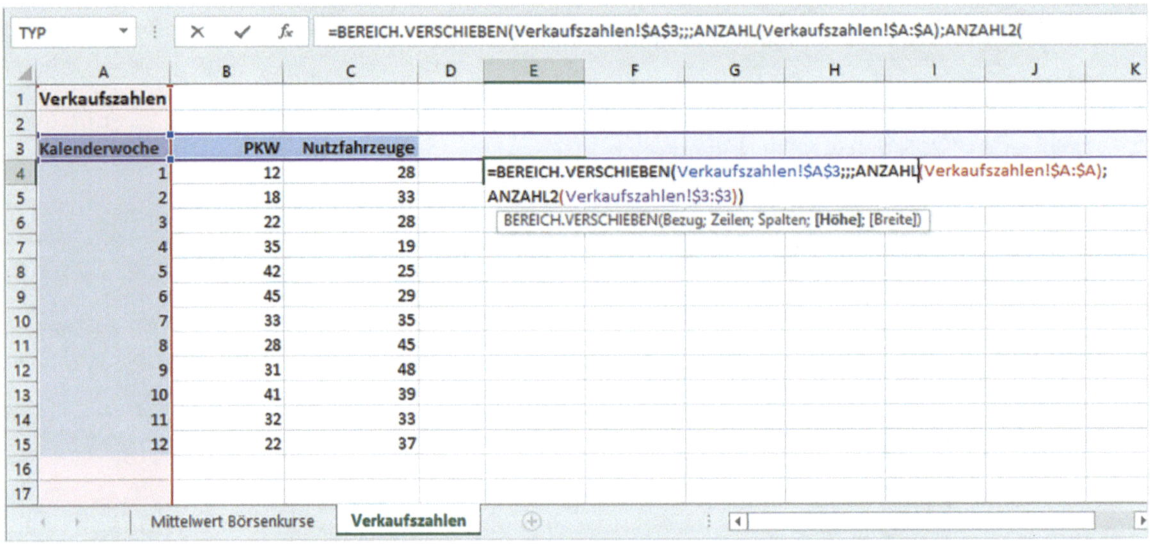

Achtung: Da diese Funktion ausschließlich Zellbereiche festlegt, zeigt Excel im Tabellenblatt als Ergebnis #WERT an, dies bedeutet aber nicht, dass die Funktion einen Fehler enthält. Wenn Sie sicher gehen möchten, dann kontrollieren Sie die Funktion wieder im Dialogfenster *Formel auswerten*.

Hier zur Kontrolle nochmals die vollständige Funktion:

```
=BEREICH.VERSCHIEBEN(Verkaufszahlen!$A$3;;;ANZAHL(Verkaufszahlen!$A:$A);
ANZAHL2(Verkaufszahlen!$3:$3))
```

2 Im nächsten Schritt markieren Sie die Zelle mit der Formel, markieren in der Bearbeitungsleiste die vollständige Formel und kopieren diese mit den Tasten Strg + C in die Zwischenablage. Brechen Sie dann die Formelbearbeitung durch Drücken der ESC-Taste ab.

Bild 2.51 Markieren Sie die Formel und kopieren Sie sie in die Zwischenablage

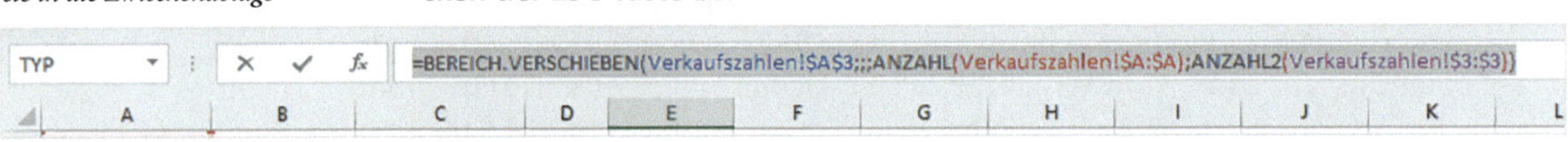

3 Klicken Sie im Register *Formeln*, Gruppe *Definierte Namen*, auf die Schaltfläche *Namen definieren....*

4 Geben Sie einen Bereichsnamen, in diesem Beispiel Verkaufszahlen_KW, eventuell zusammen mit einem Kommentar ein. Klicken Sie in das Feld *Bezieht sich auf*, löschen Sie den hier vorhandenen Inhalt und fügen Sie die kopierte Formel mit Strg+V hier ein.

Tipp: Benutzen Sie die rechte untere Ecke, um das Fenster mit der Maus so zu verbreitern, dass die vollständige Formel sichtbar ist.

5 Mit *OK* übernehmen Sie den Namen.

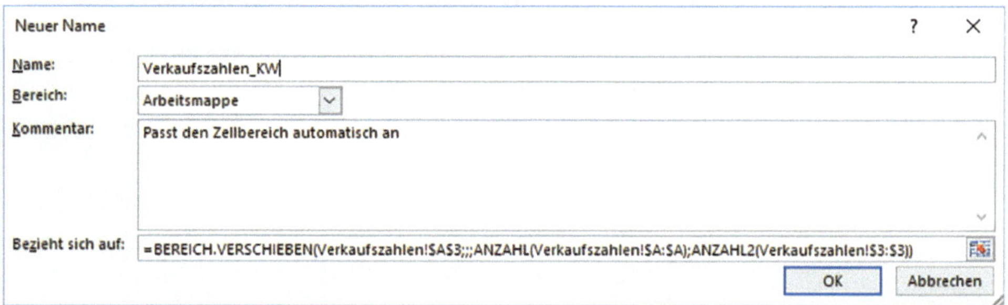

Bild 2.52 Neuen Namen mit der Formel erstellen

Bereichsnamen testen

Zum Testen, ob der Zellbereich die korrekte Anzahl Zeilen und Spalten umfasst, können Sie unter anderem die Funktionen SPALTEN und ZEILEN einsetzen. Diese liefern die Anzahl der Zeilen und Spalten eines Zellbereichs (Bild unten).

Bild 2.53 Anzahl der Zeilen und Spalten des Zellbereichs ermitteln

Wenn hier die korrekten Zahlen erscheinen, dann testen Sie auch, ob sich die Bereichsgröße automatisch ändert und fügen Sie am Ende der Tabelle weitere Kalenderwochen bzw. Zeilen hinzu. Kontrollieren Sie auch, ob die Anzahl der Spalten richtig angepasst wird.

2.6 Datums und Uhrzeitfunktionen

Wenn Sie also wissen möchten, wie viele Tage seit dem 01.01.1900 vergangen sind, dann brauchen Sie nur das aktuelle Datum in eine beliebige Zelle eingeben und als Zahl formatieren.

Alle Datumswerte sind für Excel serielle (fortlaufende) Zahlen, die als Datum formatiert sind. Ausnahme: Datumsangaben vor dem 01.01.1900 werden als Text behandelt, da dieser Tag den Beginn der „Excel-Zeitrechnung" darstellt. Daher entspricht der 01.01.1900 der Zahl 1, der 02.01.1900 der Zahl 2 usw. und aus diesem Grund werden Datumswerte von Excel auch korrekt sortiert. Uhrzeiten sind Dezimalzahlen auf der Basis eines Tages, wobei die Zahl 1 für 24 Stunden steht, 0,5 bedeutet also 12 Stunden oder 12 Uhr mittags.

Berechnungen mit Datums- und Zeitwerten sind daher problemlos möglich. Über die Schaltfläche *Datum und Uhrzeit* stehen Ihnen in der Funktionsbibliothek des Registers *Formeln* verschiedene Funktionen zur Verfügung.

Sämtliche folgenden Datumsbeispiele finden Sie in der Mappe

Datum_und_Uhrzeit.xlsx

Aktuelles Datum bzw. aktuelle Uhrzeit

Die beiden Funktionen HEUTE und JETZT benötigen keine weiteren Argumente und liefern das aktuelle Datum (Systemdatum), allerdings mit einem kleinen Unterschied:

Funktion	Beschreibung	Beispiel Ergebnis
=HEUTE	Liefert das aktuelle Datum (Systemdatum)	11.04.2019
=JETZT	Liefert Datum und Uhrzeit	11.04.2019 15:46

F9 aktualisiert eine Funktion

Beide Funktionen werden beim Öffnen der Excel-Arbeitsmappe automatisch aktualisiert. Um die Uhrzeit in einer geöffneten Mappe zu aktualisieren, klicken Sie im Register *Formeln*, Gruppe Berechnung, auf die Schaltfläche *Neu berechnen* oder verwenden die Funktionstaste F9.

> **Achtung**: Wenn Sie das aktuelle Datum für Datumsberechnungen oder Vergleiche benötigen, dann sollten Sie ausschließlich die Funktion HEUTE verwenden, da Sie sonst unter Umständen falsche Ergebnisse erhalten.

Beachten Sie den Unterschied: Ein Datum, das mit einer Funktion eingefügt wird, ist veränderbar, d. h. es erscheint stets das aktuelle Datum. Benötigen Sie dagegen im Arbeitsblatt z. B. das Datum der Eingabe als gleichbleibendes Datum, dann müssen Sie dieses Datum manuell über die Tastatur oder mit den Tasten Strg+. (Punkt) eingeben.

Teilwerte eines Datums

Tag, Monat und Jahr als Zahl

Die folgenden Datumsfunktionen geben einen Teil eines Datums als Zahl zurück und werden immer dann benötigt, wenn es etwa darum geht, eine Tabelle, unabhängig vom Jahr, nach Monaten zu sortieren oder zu filtern. Beispielsweise lässt sich mit Hilfe der Funktion MONAT und dem Geburtsdatum ein, nach Monaten sortierter, Geburtstagskalender zusammenstellen, der das Jahr ignoriert.

Funktion	Beschreibung	Beispiel	Ergebnis
TAG(Datum)	Liefert aus einem Datum den Tag als Zahl	=TAG(23.01.2019)	23
MONAT(Datum)	Liefert aus einem Datum den Monat als Zahl	=MONAT(23.01.2019)	1
JAHR(Datum)	Liefert aus einem Datum das Jahr als Zahl	=JAHR(23.01.2019)	2019

Datumswerte zusammensetzen

Die Funktion DATUM erlaubt es umgekehrt, ein Datum aus Zahlen zusammenzusetzen, wie im Bild unten. Die Syntax:

```
DATUM(Jahr;Monat;Tag)
```

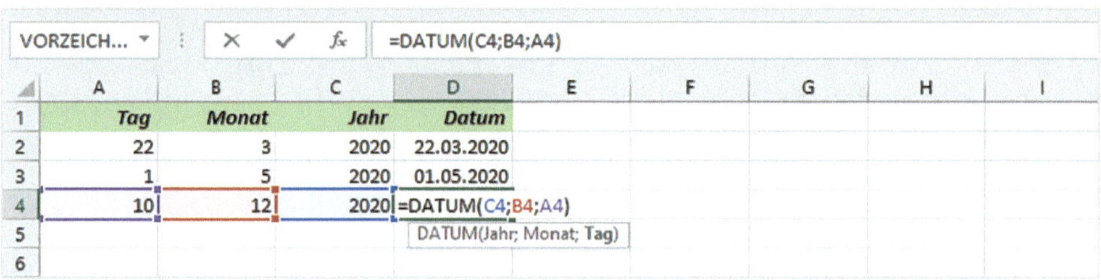

Bild 2.54 Beispiel: Die Zahlen der Spalten A, B und C zu einem Datum zusammenfügen

Wochentag ermitteln

Die Funktion WOCHENTAG liefert aus einem Datum den Wochentag als Zahl von 1 bis 7. **Achtung**: Das Argument *Typ* legt fest, mit welchem Wochentag die Woche beginnt. Sie müssen hier 2 angeben, da Excel die Zählung sonst mit dem Sonntag (=1) beginnt.

Mit welchem Tag beginnt die Zählung?

```
WOCHENTAG(Datum;Typ)
```

Bild 2.55 Wochentag als Zahl ermitteln

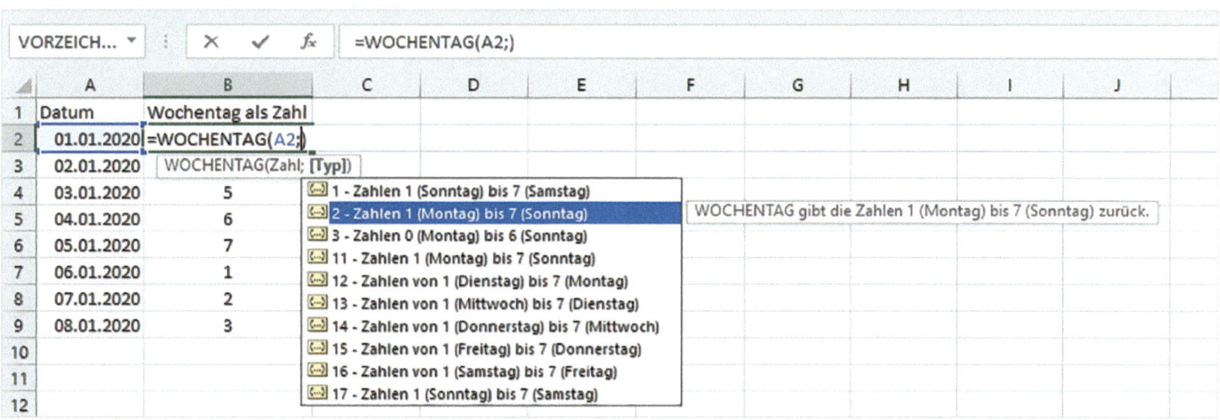

Kalenderwoche

In vielen Fällen benötigen Sie auch die Information, zu welcher Kalenderwoche ein bestimmtes Datum gehört. Dazu sind in Excel zwei Funktionen mit unterschiedlichen Berechnungsmethoden verfügbar.

- ISOKALENDERWOCHE ermittelt die Kalenderwoche nach dem europäischen Wochennummerierungssystem. Demnach beginnt eine Woche mit dem Montag und die Woche mit dem ersten Donnerstag des Jahres ist die Kalenderwoche 1.
- KALENDERWOCHE erlaubt die Auswahl zwischen mehreren Systemen.
  - Bei der Berechnung nach System 1 ist die Woche mit dem 1. Januar die erste Kalenderwoche. **Achtung**: Dies ist auch die Standardeinstellung, wenn das Argument *Zahl_Typ* nicht angegeben wird.
  - System 2 bzw. Typ 21 entspricht ebenfalls der europäischen Norm.

```
ISOKALENDERWOCHE(Datum)
KALENDERWOCHE(Datum;Zahl_Typ)
```

Im Bild unten sehen Sie die unterschiedlichen Ergebnisse beider Funktionen. Bei der Funktion KALENDERWOCHE wurde in B3 das Argument *Zahl_Typ* nicht angegeben bzw. die Standardeinstellung Typ 1 verwendet. Zur korrekten Berechnung müssen Sie dagegen Typ 21 auswählen.

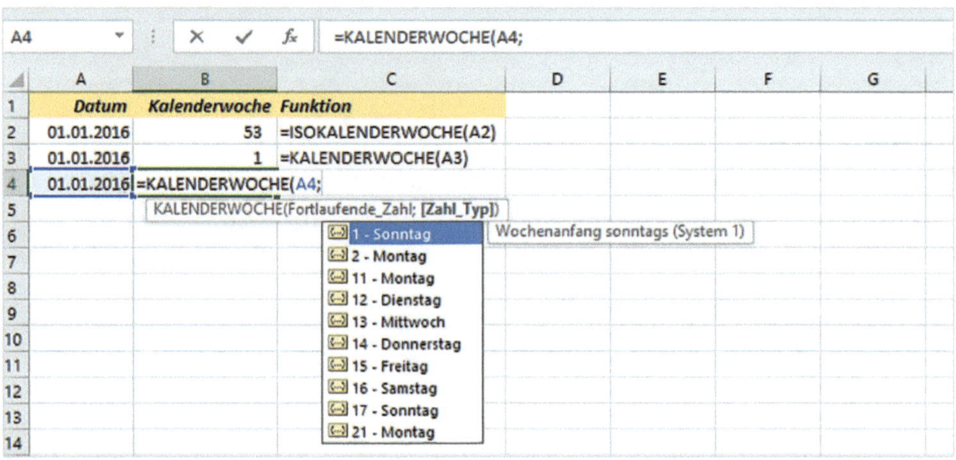

Bild 2.56 Berechnung der Kalenderwoche im Vergleich

Monat oder Wochentag als Text

Neben der Möglichkeit, ein Datum mit einem geeigneten Datumsformat so zu formatieren, dass Wochentag oder Monat als Text angezeigt werden, kann auch eine Funktion eingesetzt werden. Dazu steht in Excel die Funktion TEXT zur Verfügung. Diese wandelt eine Zahl entsprechend dem angegebenen Textformat in Text um, die Syntax lautet:

TEXT(Wert;Textformat)

Das Textformat muss in Anführungszeichen " " angegeben werden und entspricht den Regeln für benutzerdefinierte Zahlenformate. Eine Übersicht über die Datumsformate finden Sie in der Tabelle unten. Beachten Sie, dass Monatsformate stets mit Großbuchstaben (M) angegeben werden müssen, um Verwechslungen mit dem Uhrzeitformat Minuten zu vermeiden, diese werden in Kleinbuchstaben (m) angegeben.

Textformat	Ergebnis	Beispiel
"M"	Monat als ein- oder zweistellige Zahl	1; 12
"MM"	Monat als zweistellige Zahl	01; 02
"MMM"	Monat als Text, auf drei Zeichen abgekürzt	Jan; Feb
"MMMM"	Vollständiger Monatsname	Januar; Februar
"MMMMM"	Monat als einzelner Buchstabe (J - D)	J
"T"	Wochentag als Zahl von 1 bis 7	1; 2
"TT"	Wochentag als zweistellige Zahl mit führender 0	01; 02
"TTT"	Wochentag als Text , auf zwei Zeichen abgekürzt	Mo; Di; Mi
"TTTT"	Vollständiger Wochentag als Text	Montag; Dienstag

Im Bild unten zwei Beispiele: In Spalte B wurde der Monat mit dem Textformat "MMMM" in Text umgewandelt, in Spalte C der Wochentag mit dem Textformat "TTT".

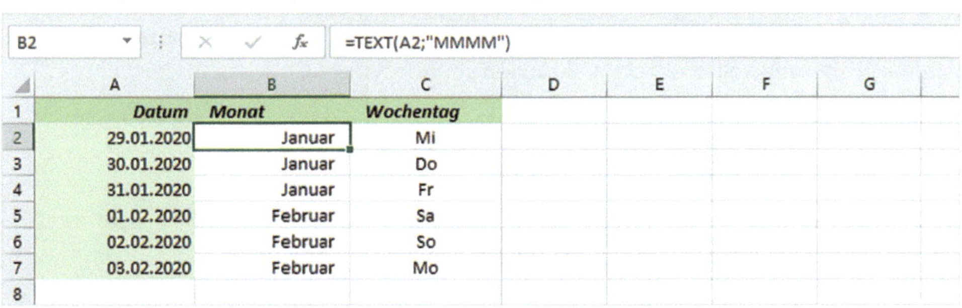
B2 =TEXT(A2;"MMMM")

	A	B	C
1	Datum	Monat	Wochentag
2	29.01.2020	Januar	Mi
3	30.01.2020	Januar	Do
4	31.01.2020	Januar	Fr
5	01.02.2020	Februar	Sa
6	02.02.2020	Februar	So
7	03.02.2020	Februar	Mo

Bild 2.57 Wochentag und Monat als Text.

Mit TEXT und Angabe eines Zahlenformats lassen sich auch Zahlen in Text umwandeln und formatieren. Für Zahlenformate gelten dieselben Regeln wie für benutzerdefinierte Zahlenformate.

Differenz zwischen Datumswerten berechnen

Differenz in Tagen berechnen

Um die Differenz zwischen zwei Datumswerten in Tagen zu ermitteln, genügt eine einfache Formel. Als Beispiel soll berechnet werden, wie viele Tage bis Weihnachten sind: Mit der folgenden Formel erhalten Sie allerdings ein Ergebnis, das ausschließlich für das angegebene Jahr gilt, da das Datum entweder in die Formel oder in eine Zelle eingegeben wird.

```
=24.12.2019 – HEUTE()
```

Tipp: Wenn die Formel nicht nur im angegebenen Jahr, sondern immer für das jeweils aktuelle Jahr Gültigkeit besitzen soll, dann müssen Sie den 24.12. des aktuellen Jahres angeben. Dazu setzen Sie mit der Funktion DATUM das Weihnachtsdatum aus den Zahlen 12 und 24 und dem aktuellen Jahr zusammen. Die Formel lautet dann:

```
=DATUM(JAHR(HEUTE());12;24) – HEUTE()
```

Vorsicht bei negativen Datumswerten: Excel kann zwar bei Datumsberechnungen negative Zahlen, z. B. Tage, berechnen und anzeigen, nicht aber, wenn diese als Datum formatiert sind. Dann erscheint stattdessen das #-Zeichen.

Differenz in Jahren, Alter berechnen

Eine häufige Aufgabe ist die Berechnung des Alters mit Excel. Diese lässt sich auf verschiedenen Wegen lösen, welche Lösung Sie wählen, ist abhängig von der geforderten Genauigkeit.

Möglichkeit 1: Aus den Jahren berechnen

Wenn das Alter nicht tagesgenau benötigt wird, dann können Sie ganz einfach das Alter als Differenz zwischen dem aktuellen Jahr und dem Geburtsjahr berechnen. Die Formel dazu lautet:

```
=JAHR(HEUTE())-JAHR(Geburtsdatum)
```

Das Ergebnis müssen Sie in der Regel anschließend noch als Standard oder als Zahl ohne Dezimalstellen formatieren, da es meist als Datum erscheint.

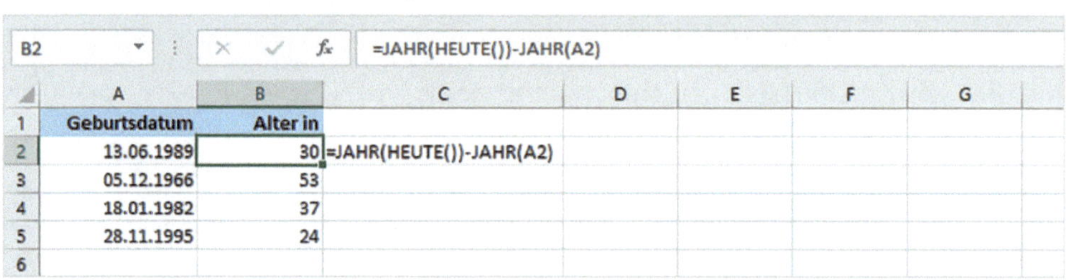

	A	B	C	D	E	F	G
1	Geburtsdatum	Alter in					
2	13.06.1989	30	=JAHR(HEUTE())-JAHR(A2)				
3	05.12.1966	53					
4	18.01.1982	37					
5	28.11.1995	24					
6							

Bild 2.58 Das Alter einfach als Differenz von Jahren berechnen

Möglichkeit 2: Mit der Funktion BRTEILJAHRE

Die Funktion BRTEILJAHRE berechnet die Differenz zwischen zwei Datumswerten in Bruchteilen von Jahren und ermittelt somit das Alter wesentlich genauer. Die Syntax:

```
BRTEILJAHRE(Anfangsdatum; Enddatum; Basis)
```

Das Argument *Basis* ist optional und eigentlich nur zur Berechnung von Zinstagen erforderlich: Damit können Sie festlegen, auf welcher Basis die Tage gezählt werden.

Mit BRTEILJAHRE erhalten Sie ein Ergebnis mit Dezimalstellen, also Bruchteilen von Jahren. Um das Alter als ganze Zahl zu erhalten, dürfen Sie das Ergebnis nicht einfach kaufmännisch runden, da Sie sonst unter Umständen ein falsches Alter erhalten. Sie dürfen die Zahl also nicht ohne Dezimalstellen formatieren, sondern müssen die nicht benötigten Dezimalstellen mit der Funktion KÜRZEN abschneiden.

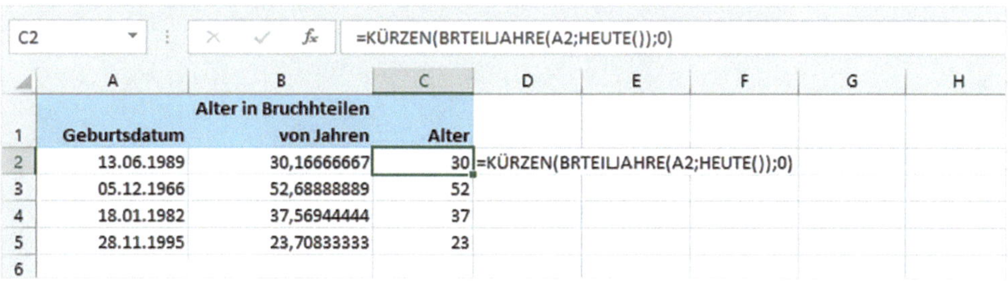

Bild 2.59 Alter mit BRTEILJAHRE berechnen

Möglichkeit 3: Mit der Funktion DATEDIF

Als dritte Möglichkeit können Sie die Funktion DATEDIF zur Altersberechnung einsetzen. Leider ist diese Funktion nicht dokumentiert, kann also weder über den Funktionsassistenten noch aus der Formelbibliothek ausgewählt werden, sondern muss vollständig über die Tastatur eingegeben werden. Die Syntax:

Tipp: In der Excel-Hilfe wird DATEDIF mit einer Beschreibung aufgeführt.

```
DATEDIF(Ausgangsdatum;Enddatum;Einheit)
```

Die Argumente im Detail:

Argument	Beschreibung
Ausgangsdatum	Startdatum, z. B. das Geburtsdatum
Enddatum	Das Enddatum, z. B. das aktuelle Datum
Einheit	Wie soll die Differenz berechnet werden: "y" in vollständigen Jahren "m" in Monaten "d" in Tagen "ym" in Monaten, ohne Berücksichtigung des Jahres "md" in Tagen, ohne Berücksichtigung des Monats

Die weiteren Möglichkeiten der Funktion DATEDIF

Die Funktion DATEDIF unterstützt mit dem Argument *Einheit* verschiedene Zeiteinheiten. Daher erweist sich diese Funktion auch in anderen Situationen als sehr praktisch.

Als Beispiel nehmen wir an, Sie möchten die Dauer der Betriebszugehörigkeit in Jahren, Monaten und Tagen berechnen. Die entsprechenden Formeln in Zeile 4 lauten, wobei sich hier das aktuelle Datum in B1 befindet:

=DATEDIF(B4;$B$1;"y")	Jahre
=DATEDIF(B4;$B$1;"ym")	Monate
=DATEDIF(B4;$B$1;"md")	Tage

Bild 2.60 Betriebszugehörigkeit mit DATEDIF berechnen

Zur besseren Nachvollziehbarkeit wurde hier das Datum in B1 fest eingetragen. Ersetzen Sie in der Formel den Bezug B1 durch HEUTE(), so erhalten Sie jeweils aktuelle Ergebnisse!

D4 =DATEDIF(B4;$B$1;"ym")

	A	B	C	D	E	F	G	H
1	Aktuelles Datum:	01.10.2019						
2			Mitarbeiter ist im Unternehmen:					
3	Mitarbeiter	Eintritt Firma	Jahre	Monate	Tage			
4	Moser Franz	01.02.2014	5	8	0			
5	Baumholtz Ulf	15.04.2010	9	5	16			
6	Tauwetter Irene	08.03.2012	7	6	23			
7								

Mit NETTOARBEITSTAGE die Differenz in Arbeitstagen berechnen

Häufig sollen bei der Berechnung der Datumsdifferenz in Tagen ausschließlich Arbeitstage berücksichtigt werden, nicht aber Wochenenden und Feiertage, z. B. zur Berechnung von Urlaubstagen oder Soll-Arbeitszeiten. Dazu verwenden Sie die Funktion NETTOARBEITSTAGE.INTL.

Seit der Version 2013 verfügt Excel über zwei Funktionen zur Berechnung der Nettoarbeitstage. Die neuere Funktion NETTOARBEITSTAGE.INTL berechnet die Anzahl der vollen Arbeitstage zwischen zwei Datumsangaben, wobei im Gegensatz zur älteren Funktion NETTOARBEITSTAGE angegeben werden kann, welche und wie viele Tage auf Wochenenden fallen. Die Syntax:

```
NETTOARBEITSTAGE.INTL(Ausgangsdatum;Enddatum;Wochenende; Freie_Tage)
```

Beachten Sie außerdem:

- Ausgangs- und Enddatum werden bei der Berechnung mitgezählt.
- Während der Eingabe des Parameters *Wochenende* erscheint eine Liste zulässiger Angaben, *1* bedeutet *Samstag und Sonntag*.
- Mit *Freie_Tage* geben Sie an, welche Tage z. B. als Feiertage berücksichtigt werden sollen. Diese müssen in eine gesonderte Tabelle, meist in einem anderen Tabellenblatt, eingetragen werden. Im abgebildeten Beispiel erhielt die Liste den Namen *Feiertage*. Aufgrund unterschiedlicher Feiertagsregelungen in den einzelnen Bundesländern können Ihre Angaben von der Abbildung abweichen.

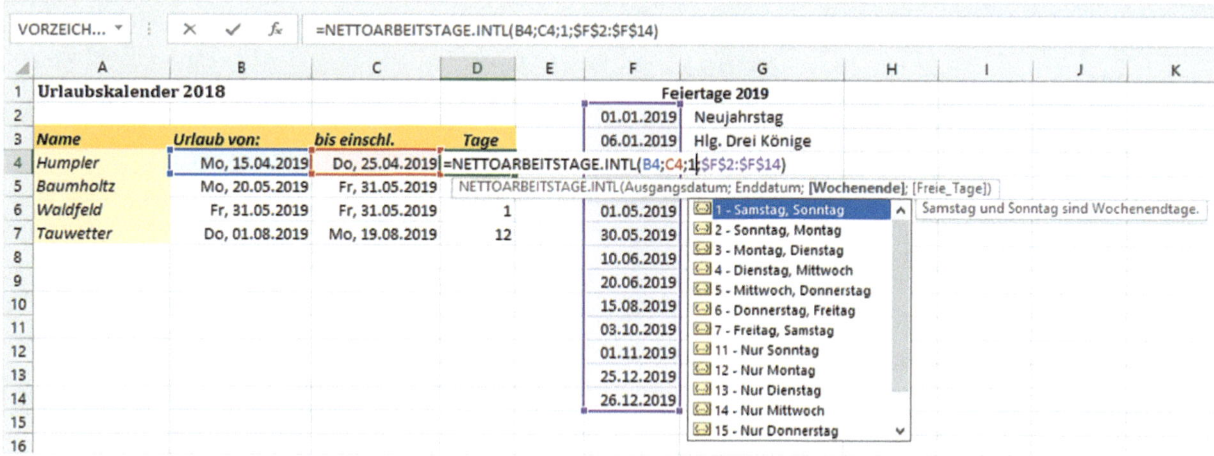

Bild 2.61 Beispiel Urlaubstage berechnen

Berechnungen mit Zeitwerten

Genauso können auch Zeitangaben für Berechnungen verwendet werden. Beachten Sie aber, dass das Standard-Uhrzeitformat von Excel nicht mehr als 24 Stunden anzeigt. Daher können einige Ergebnisse, wie die Summe der Arbeitszeiten in G9, auf den ersten Blick nicht stimmen. Liefert ein Formelergebnis, wie im nachfolgenden Beispiel die Summe der Arbeitszeiten, mehr als 24 Stunden, so müssen Sie das Uhrzeitformat [h] verwenden.

Bild 2.62 Das Ergebnis in G9 kann auf den ersten Blick nicht stimmen!

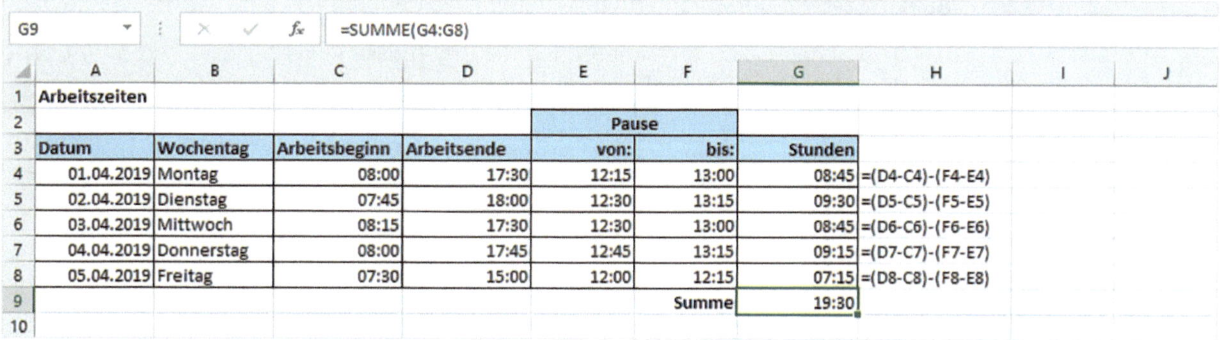
G9 =SUMME(G4:G8)

Arbeitszeiten

Datum	Wochentag	Arbeitsbeginn	Arbeitsende	Pause von:	Pause bis:	Stunden	
01.04.2019	Montag	08:00	17:30	12:15	13:00	08:45	=(D4-C4)-(F4-E4)
02.04.2019	Dienstag	07:45	18:00	12:30	13:15	09:30	=(D5-C5)-(F5-E5)
03.04.2019	Mittwoch	08:15	17:30	12:30	13:00	08:45	=(D6-C6)-(F6-E6)
04.04.2019	Donnerstag	08:00	17:45	12:45	13:15	09:15	=(D7-C7)-(F7-E7)
05.04.2019	Freitag	07:30	15:00	12:00	12:15	07:15	=(D8-C8)-(F8-E8)
					Summe	19:30	

Sie finden dieses Format im Dialogfenster *Zellen formatieren*, das Sie entweder über den Befehl aus dem Kontextmenü der rechten Maustaste öffnen oder über einen Klick auf den kleinen Pfeil in der rechten unteren Ecke der Gruppe *Zahl* (Register *Start*). Klicken Sie hier auf das Register *Zahlen* und wählen Sie die Kategorie *Benutzerdefiniert*. Weisen Sie dann den Zellen das Format [h]:mm zu (Bild 2.63).

> Das Standard-Uhrzeitformat von Excel umfasst maximal 24 Stunden. Wenn mehr angezeigt werden sollen, müssen Sie den Stunden ein benutzerdefiniertes Format zuweisen, bei dem die Stunden in eckigen Klammern stehen [h].

Bild 2.63 Uhrzeitformat mit mehr als 24 Stunden

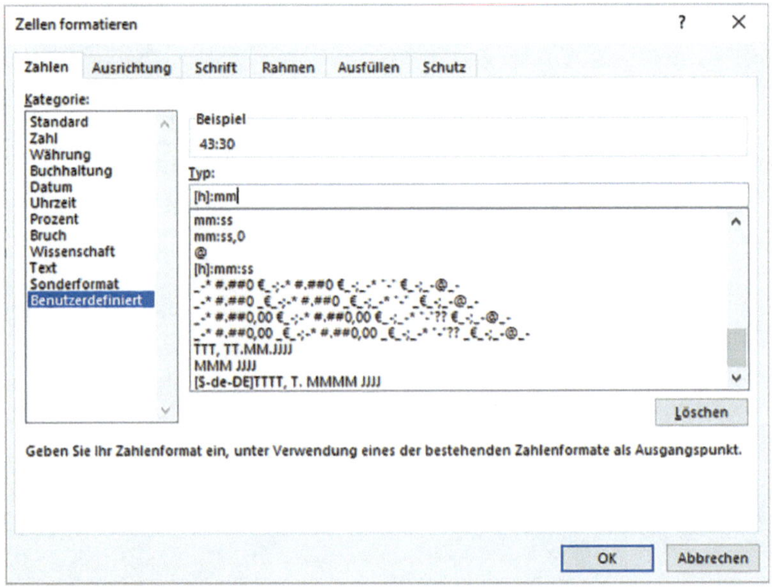

Die Sekunden (ss) dieses Formats können Sie einfach löschen

Uhrzeit in Dezimalzahl umwandeln

Standardmäßig wird bei Berechnungen mit der Uhrzeit auch das Formelergebnis im Uhrzeitformat ausgegeben. Häufig benötigen Sie aber für weitere Berechnungen eine Dezimalzahl, z. B. wenn Sie das Ergebnis der Arbeitszeitberechnung aus dem Beispiel oben mit dem Stundenlohn multiplizieren möchten.

- In solchen Fällen formatieren Sie die Ergebnisse in G4 bis G8 als Zahl mit zwei Nachkommastellen.
- Da das Datums- und Uhrzeitformat auf Tagen basiert, erhalten Sie allerdings zunächst Bruchteile von Tagen anstelle von Stunden. Um Stunden zu erhalten, müssen Sie daher noch die Formeln ändern und das Formelergebnis mit 24 multiplizieren (1 Tag = 24 Stunden).

Bild 2.64 Beispiel Arbeitszeiten

G9 =SUMME(G4:G8)

	A	B	C	D	E	F	G	H	I	J
1	Arbeitszeiten									
2					Pause					
3	Datum	Wochentag	Arbeitsbeginn	Arbeitsende	von:	bis:	Stunden			
4	01.04.2019	Montag	08:00	17:30	12:15	13:00	8,75	=((D4-C4)-(F4-E4))*24		
5	02.04.2019	Dienstag	07:45	18:00	12:30	13:15	9,50	=((D5-C5)-(F5-E5))*24		
6	03.04.2019	Mittwoch	08:15	17:30	12:30	13:00	8,75	=((D6-C6)-(F6-E6))*24		
7	04.04.2019	Donnerstag	08:00	17:45	12:45	13:15	9,25	=((D7-C7)-(F7-E7))*24		
8	05.04.2019	Freitag	07:30	15:00	12:00	12:15	7,25	=((D8-C8)-(F8-E8))*24		
9						Summe	43,50			
10										
11										

2.7 Finanzmathematische Funktionen

Für finanzmathematische Berechnungen finden Sie in der Kategorie *Finanzmathematik* eine Vielzahl von Funktionen. Da die meisten dieser Funktionen einschlägige Kenntnisse voraussetzen, soll hier nur die Zinsberechnung näher betrachtet werden. Beachten Sie, dass diese Funktionen ausschließlich die Verzinsung berechnen, Gebühren, Provisionen usw. werden von Excel nicht berücksichtigt.

Zinsberechnungen

Zum Rechnen mit Krediten und Zinsen verwendet Excel die folgenden Ausdrücke. Diese sind als Funktionen verfügbar, bezeichnen aber gleichzeitig auch die jeweils erforderlichen Argumente.

Beispiel Zinsberechnungen

Argument	Beschreibung
ZINS	Zins = fester Zinssatz. Da dieser normalerweise jährlich angegeben ist, müssen Sie den Zins bei monatlichen Zahlungen ebenfalls in Monaten angeben, also Zins / 12.
ZZR	Zzr = Zahlungszeitraum. Über welchen Zeitraum sollen die Zahlungen erfolgen? Beachten Sie, dass auch hier einheitliche Angaben erforderlich sind. Bei monatlichen Zahlungen und einer Laufzeit von beispielsweise 5 Jahren müssen Sie auch die Laufzeit in Monate umrechnen, also Jahre * 12.
RMZ	Rmz = regelmäßige Zahlung. Dies ist ein konstanter, meist monatlicher Betrag, den Sie entweder zur Rückzahlung oder als Sparbetrag aufwenden.
BW	Bw = Barwert, der aktuelle Gesamtwert zu Beginn der Zahlungen.
ZW	Zw = Zinswert, dies ist der Endwert (verzinste Wert) einer Investition.
F	Der Parameter Fälligkeit gibt an, ob die regelmäßige Zahlung am Beginn (1) der Periode, z. B. eines Monats, erfolgt oder am Ende der Periode (0).

Beachten Sie

- Alle Argumente müssen sich auf denselben Zeitraum beziehen: Um z. B. monatliche Zahlungen zu berechnen, müssen auch Zins und Zahlungszeitraum in Monaten angegeben werden!
- Von Ihnen aufzuwendende Beträge, z. B. Rückzahlungsbeträge sollten mit negativem Vorzeichen eingegeben werden, da sonst das Ergebnis mit einem Minus angezeigt wird.

Beispiel Kreditrückzahlung

RMZ: Regelmäßige Zahlung

Sie möchten wissen, wie hoch die monatliche Belastung bei der Rückzahlung eines Kredits in Höhe von 10.000 Euro, einer Laufzeit von 3 Jahren und einem jährlichen Zins von 5,3% ist? Zur Berechnung der konstanten regelmäßigen Zahlung setzen Sie die Funktion RMZ (Regelmäßige Zahlung) ein, sie besitzt folgende Syntax:

```
RMZ(Zins;Zzr;Bw;Zw;F)
```

Bild 2.65 Beispiel Kreditrückzahlung

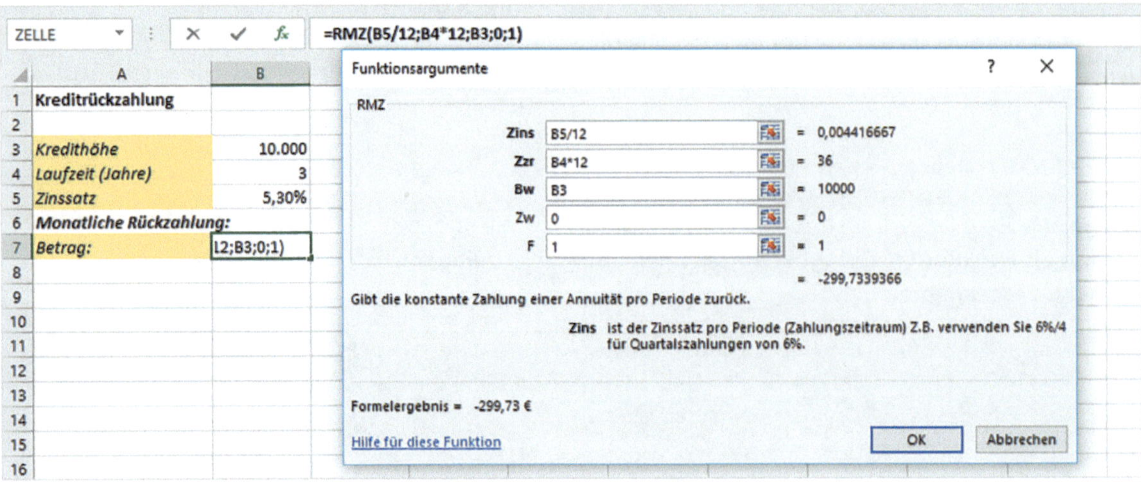

Zinsberechnungen.xlsx

Von Ihnen aufzuwendende Beträge erscheinen im Ergebnis mit negativem Vorzeichen.

Als Barwert (*Bw*) geben Sie den Kreditauszahlungsbetrag, also 10.000, an. *Zw* dagegen ist der Zinswert, also der Wert, der am Ende der Rückzahlung erreicht werden soll. Tragen Sie hier 0 ein, wenn am Ende der Kredit abbezahlt sein soll. Als Fälligkeit (*F*) wurde 1 angegeben, d. h. die Zahlung erfolgt am Monatsbeginn. Da die monatlichen Rückzahlungsbeträge von Ihnen aufzuwenden sind, erscheint das Formelergebnis mit negativem Vorzeichen.

Tilgung und Zinszahlung berechnen

Im Beispiel oben wird nur die gesamte Höhe der monatlichen Rückzahlung berechnet. Diese besteht jeweils aus einem Zinsanteil und einem Tilgungsanteil. Diese Werte lassen sich mit den Funktionen ZINSZ (Zins) und KAPZ (Tilgung) berechnen.

Beide erfordern, neben den bereits erläuterten, noch ein weiteres Argument, nämlich mit *Zr* die einzelne Zahlungsperiode im Gesamtzeitraum. Die Syntax der beiden Funktionen ist fast identisch:

```
ZINSZ(Zins;Zr;Zzr;BW;ZW;F)
KAPZ(Zins;Zr;Zzr;BW;ZW;F)
```

Im folgenden Beispiel sind die einzelnen Zahlungsperioden, nämlich das jeweilige Jahr in Zeile 3, angegeben. Beachten Sie außerdem, dass dieses Beispiel jährliche Beträge berechnet. Von Ihnen zu leistende Beträge als Funktionsergebnis sind automatisch negative Beträge und werden, je nach Zahlenformat entsprechend dargestellt.

ZELLE | =KAPZ(B5;B3;B6;B4;0)

	A	B	C	D	E	F	G	H	I	J
1	**Zins und Tilgung berechnen**									
2										
3	*Jahr*	1	2	3	4	5	6	7	8	
4	*Kredithöhe*	20.000	20.000	20.000	20.000	20.000	20.000	20.000	20.000	
5	*Zinssatz*	6,50%	6,50%	6,50%	6,50%	6,50%	6,50%	6,50%	6,50%	
6	*Laufzeit (Jahre)*	8	8	8	8	8	8	8	8	
7										Verwendete Funktion
8	*Jährl. Rückzahlung*	-3.284,75	-3.284,75	-3.284,75	-3.284,75	-3.284,75	-3.284,75	-3.284,75	-3.284,75	*RMZ*
9	*Zinsanteil*	-1.300,00	-1.170,99	-1.033,60	-887,27	-731,44	-565,47	-388,72	-200,48	*ZINSZ*
10	*Tilgung*	=KAPZ(B5;B3;B6;B4;0)		-2.251,15	-2.397,47	-2.553,31	-2.719,27	-2.896,03	-3.084,27	*KAPZ*
11		KAPZ(Zins; Zr; Zzr; Bw; [Zw]; [F])								
12										
13										

Bild 2.66 Beispiel Zinsanteil und Tilgung

Hinweis: Als weiteres Beispiel zur Zinsberechnung finden Sie in Kapitel 4.3 die Berechnung einer Datentabelle (Mehrfachoperation).

2.8 Funktionen im Umgang mit Text

Text oder Zeichenfolgen aneinanderfügen

Die Inhalte aus zwei oder mehr Spalten mit einer Formel zusammenfügen, wird in der Praxis manchmal benötigt, um z. B. Adressen platzsparend auszudrucken. Excel kennt gleich mehrere Möglichkeiten zum Aneinanderfügen von Zeichenfolgen. Auch Zahlen lassen sich auf diese Weise miteinander verketten, allerdings behandelt dann Excel das Ergebnis als Text.

Die nachfolgenden Beispiele finden Sie in der Mappe **Textfunktionen_Textverketten.xlsx**

Beachten Sie aber, dass in vielen Fällen noch ein zusätzliches Trennzeichen dazwischen eingefügt werden muss, zum Beispiel im Bild unten jeweils ein Leerzeichen zwischen Anrede, Vorname und Nachname. Dieses geben Sie einfach in Anführungszeichen ein.

Verketten mit dem kaufmännischen &-Zeichen

Im einfachsten Fall fügen Sie in einer Formel die einzelnen Zeichenfolgen mit dem kaufmännischen &-Zeichen aneinander. Für das unten abgebildete Beispiel muss die Formel in D2 lauten =C2&" "&B2&" "&A2

D2 | =C2&" "&B2&" "&A2

	A	B	C	D	E	F	G
1	Nachname	Vorname	Anrede	Gesamter Name			
2	Nordhoff	Silke	Frau	Frau Silke Nordhoff			
3	Baumholtz	Thomas	Herr	Herr Thomas Baumholtz			
4	Bergmann	Susanne	Frau	Frau Susanne Bergmann			
5							

Bild 2.67 Verketten mit dem &-Operator

Die Funktionen VERKETTEN und TEXTKETTE

Genau das gleiche Ergebnis erzielen Sie auch mit den beiden Funktionen VERKETTEN und TEXTKETTE. Diese finden Sie in der Kategorie *Text* (Register *Formeln*), die Syntax ist identisch:

```
VERKETTEN(Text1;Text2;Text3;...)

TEXTKETTE(Text1;Text2;Text3;...)
```

Im Bild unten die beiden Funktionen zum Vergleich:

Bild 2.68 In der Abbildung wurde die obere Tabelle mit VERKETTEN und die untere Tabelle mit TEXTKETTE berechnet.

	A	B	C	D	E	F
1	Nachname	Vorname	Anrede	Gesamter Name		
2	Nordhoff	Silke	Frau	Frau Silke Nordhoff	=VERKETTEN(C2;" ";B2;" ";A2)	
3	Baumholtz	Jens	Herr	Herr Jens Baumholtz	=VERKETTEN(C3;" ";B3;" ";A3)	
4	Bergmann	Susanne	Frau	Frau Susanne Bergmann	=VERKETTEN(C4;" ";B4;" ";A4)	
5						
6	Nachname	Vorname	Anrede	Gesamter Name		
7	Nordhoff	Silke	Frau	Frau Silke Nordhoff	=TEXTKETTE(C7;" ";B7;" ";A7)	
8	Baumholtz	Jens	Herr	Herr Jens Baumholtz	=TEXTKETTE(C8;" ";B8;" ";A8)	
9	Bergmann	Susanne	Frau	Frau Susanne Bergmann	=TEXTKETTE(C9;" ";B9;" ";A9)	
10						

Hinweise zur Verwendung dieser Funktionen

- Wenn Sie mit VERKETTEN mehrere Zellinhalte ohne zusätzliches Zeichen dazwischen verketten möchten, dann können Sie auch die Zellen nacheinander mit gleichzeitig gedrückter Strg-Taste anklicken (Mehrfachmarkierung). Excel fügt die Semikolons zur Trennung der Argumente automatisch ein.
- Werden bei der Funktion TEXTKETTE keine weiteren Zeichen dazwischen benötigt, dann können Sie bei dieser Funktion im Gegensatz zu VERKETTEN auch einen Zellbereich, z. B. A2:D2 wie im Bild, angeben und so Tipparbeit sparen.

Bild 2.69 Die Funktion TEXTKETTE mit Bereichsangabe

G1 | fx =TEXTKETTE(A2:D2)

	A	B	C	D	E	F	G	H
1	Produktgruppe	Material-Nr.	Größe	Farbe		Artikelnummer	AAA300010CV	
2	AAA	3000	10	CV		die Funktion	=TEXTKETTE(A2:D2)	
3								

Die Funktion TEXTVERKETTEN

Die Funktion TEXTVERKETTEN bietet sich an, wenn mehrere Zeichenfolgen immer mit demselben Zeichen dazwischen verkettet werden sollen. Sie ist neu in Excel 2019 und bietet gegenüber VERKETTEN einige Vorteile.

- Sie brauchen das Trennzeichen nur einmal eingeben
- Aus leeren Zellen resultierende überflüssige Trennzeichen lassen sich mit dem Parameter *Leer_ignorieren* vermeiden (WAHR = leere Zellen ignorieren).

```
TEXTVERKETTEN(Trennzeichen;Leer_ignorieren;Text1;Text2;...)
```

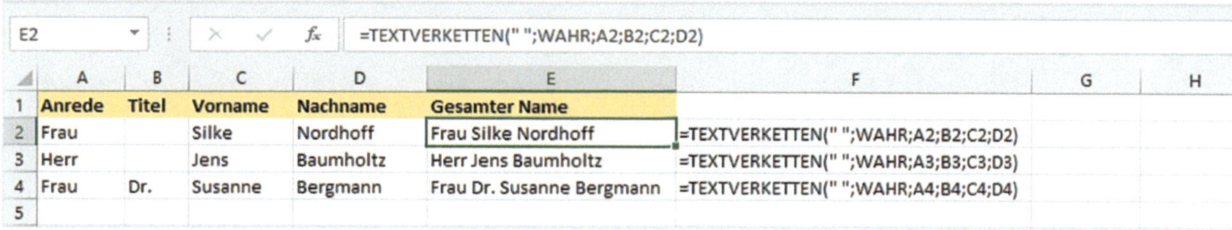

E2 =TEXTVERKETTEN(" ";WAHR;A2;B2;C2;D2)

	A	B	C	D	E	F	G	H
1	Anrede	Titel	Vorname	Nachname	Gesamter Name			
2	Frau		Silke	Nordhoff	Frau Silke Nordhoff	=TEXTVERKETTEN(" ";WAHR;A2;B2;C2;D2)		
3	Herr		Jens	Baumholtz	Herr Jens Baumholtz	=TEXTVERKETTEN(" ";WAHR;A3;B3;C3;D3)		
4	Frau	Dr.	Susanne	Bergmann	Frau Dr. Susanne Bergmann	=TEXTVERKETTEN(" ";WAHR;A4;B4;C4;D4)		
5								

Bild 2.70 Beispiel: Mit TEXTVERKETTEN überflüssige Trennzeichen vermeiden

Tipp: Liegen die zu verkettenden Zellen in der richtigen Reihenfolge nebeneinander vor wie im Bild oben, dann ist statt einzelner Zellangaben auch eine Bereichsangabe zulässig, hier A2:C2 statt A2;B2;C2.

Zeichenfolgen aus Text extrahieren

Häufig muss in einer Tabelle der Inhalt einer Spalte in zwei oder mehr Spalten aufgeteilt werden. Wenn die Aufteilung anhand eines bestimmten Zeichens, z. B. Komma oder Leerzeichen, vorgenommen werden kann, dann stellt Excel dazu das Tool *Text in Spalten* bereit. Daneben lassen sich für solche Aufgaben auch Funktionen einsetzen.

Text in Spalten, siehe Kapitel 3.7.

Zeichenfolgen anhand ihrer Position ermitteln

Manchmal enthalten Zellinhalte gleich mehrere Informationen in einer einzigen Zeichenkette. So können beispielsweise Artikelnummern aus Modell, Warengruppe und Farbe zusammengesetzt sein. Damit nach einem dieser Merkmale sortiert oder gefiltert werden kann, müssen Sie die benötigten Informationen zunächst herausziehen.

Im einfachsten Fall beginnt die gesuchte Zeichenfolge an einer bestimmten Position und besitzt eine feste Länge. Für solche Fälle lassen sich die Textfunktionen LINKS, RECHTS und TEIL einsetzen, in Bild 2.71 auf Seite 110 einige Beispiele.

Funktion	Beschreibung und Syntax
LINKS	=LINKS(Text;Anzahl_Zeichen) Liefert die angegebene Anzahl Zeichen, beginnend mit dem ersten **linken** Zeichen
RECHTS	=RECHTS(Text;Anzahl_Zeichen) Liefert die angegebene Anzahl Zeichen, beginnend mit dem ersten **rechten** Zeichen
TEIL	=TEIL(Text;Erstes_Zeichen;Anzahl_Zeichen) Liefert die angegebene Anzahl Zeichen, beginnend ab der unter Erstes_Zeichen festgelegten Position. Damit erhalten Sie Zeichenfolgen, die sich innerhalb einer anderen Zeichenfolge befinden.

Nachteil: Alle drei Funktionen erfordern als Argument die Anzahl der benötigten Zeichen und können daher nur eingesetzt werden, wenn die gesuchte Zeichenfolge eine feste Länge besitzt und an einer genau definierten Position beginnt.

Bild 2.71 Beispiele Zeichenfolgen ermitteln

Textfunktionen_Bereinigen.xlsx

ZAHLENW... | =RECHTS(A2;2)

	A	B	C	D	E	F	G
1	*Artikel-Nr.*	*Warengruppe*	*Modell*	*Farbe*			
2	AA-12345-10	AA	12345	=RECHTS(A2;2)			
3	AB-19900-10	AB	19900	RECHTS(Text; [Anzahl_Zeichen])			
4	AB-19900-20	AB	19900	20			
5	BB-26700-20	BB	26700	20			
6	BB-26700-30	BB	26700	30			
7	CA-26700-35	=LINKS(A7;2)	=TEIL(A7;4;5)	=RECHTS(A7;2)			
8							

Position einer Zeichenfolge ermitteln

Ist die Position der gesuchten Zeichenfolge nicht bekannt, dann setzen Sie entweder die Funktion FINDEN oder SUCHEN ein. Der Aufbau beider Funktionen ist identisch, der einzige Unterschied: FINDEN unterscheidet zwischen Groß- und Kleinschreibung, SUCHEN dagegen nicht.

FINDEN unterscheidet zwischen Groß- und Kleinschreibung.

SUCHEN ignoriert Groß- und Kleinschreibung.

```
FINDEN(Suchtext;Text;Erstes_Zeichen)

SUCHEN(Suchtext;Text;Erstes_Zeichen)
```

- Als *Suchtext* geben Sie die gesuchte Zeichenfolge in Anführungszeichen " " ein.
- *Text* legt die zu durchsuchende Zeichenfolge fest.
- Unter *Erstes_Zeichen* geben Sie die Position an, ab der die Suche im Text beginnen soll.

Beispiel Telefonnummern trennen

Sie möchten Telefonnummern in Ortsvorwahl und Rufnummer trennen, als Trennzeichen wird der Schrägstrich verwendet. Da FINDEN nur die Position des gesuchten Zeichens liefert, benötigen Sie zusätzlich noch die Funktion LINKS. Um das Beispiel besser nachvollziehbar zu machen, wurde im Bild unten zuerst in Spalte C die Position des Trennzeichens ermittelt und in Spalte E dann die eigentliche Vorwahlnummer.

Dieses Beispiel funktioniert nur, wenn ein einheitliches Trennzeichen verwendet wird.

Bild 2.72 Vorwahl ermitteln

VORZEICH... | =LINKS(B2;C2-1)

	A	B	C	D	E	F
1	*Name*	*Telefon*	Position des ges. Zeichens		*Vorwahl*	
2	Silke Nordfhoff	089/123456789	4	=FINDEN("/";B2;1)	=LINKS(B2;C2-1)	
3	Jens Tauwetter	0851/7788991	5	=FINDEN("/";B3;1)	0 LINKS(Text; [Anzahl_Zeichen])	
4	Alfred Kabelschacht	0723/120144	5	=FINDEN("/";B4;1)	0723	=LINKS(B4;C4-1)
5						

Natürlich lassen sich beide in einer einzigen Funktion zusammenfassen, dann lautet der Ausdruck in E2:

```
=LINKS(B2;FINDEN("/";B2;1)-1)
```

Nun muss noch die Rufnummer ermittelt werden, dies geschieht am besten mit Hilfe der Funktion RECHTS. Da allerdings nicht bekannt ist, ab welcher Position von Rechts sich der Schrägstrich befindet, benötigen Sie außerdem die Anzahl der Zeichen der gesamten Telefonnummer. Dazu verwenden Sie die Funktion LÄNGE(Text).

Anstatt RECHTS lässt sich auch die Funktion TEIL einsetzen.

D2 =RECHTS(B2;LÄNGE(B2)-FINDEN("/";B2;1))

	A	B	C	D	E
1	*Name*	*Telefon*	*Vorwahl*	*Rufnummer*	
2	Silke Nordfhoff	089/123456789	089	123456789	=RECHTS(B2;LÄNGE(B2)-FINDEN("/";B2;1))
3	Jens Tauwetter	0851/7788991	0851	7788991	=RECHTS(B3;LÄNGE(B3)-FINDEN("/";B3;1))
4	Alfred Kabelschacht	0723/120144	0723	120144	=RECHTS(B4;LÄNGE(B4)-FINDEN("/";B4;1))
5					

Bild 2.73 Rufnummer ermitteln

Zeichenfolgen ersetzen

Falls Sie innerhalb einer Zeichenfolge bestimmte Zeichen durch ein oder mehrere andere Zeichen ersetzen möchten, dann verwenden Sie die Funktion ERSETZEN.

=ERSETZEN(Alter_Text;Erstes_Zeichen;Anzahl_Zeichen;Neuer_Text)

- *Alter_Text* legt den Text fest, in dem Sie Zeichen ersetzen möchten.
- Mit *Erstes_Zeichen* geben Sie die Position an, ab der Sie Zeichen ersetzen möchten.
- *Anzahl_Zeichen* gibt an, wie viele Zeichen innerhalb von *Alter_Text* ersetzt werden sollen.
- Den neuen Text geben Sie unter *Neuer_Text* ein. Die Anzahl der neuen Zeichen muss nicht mit der unter *Anzahl_Zeichen* angegebenen Zahl übereinstimmen.

Beispiel: Sie möchten Telefonnummern so ändern, dass anstelle der beiden führenden Nullen das + Zeichen angezeigt wird, also z. B. +49 statt 0049.

ERSETZEN =ERSETZEN(B2;1;2;"+")

	A	B	C	D	E	F	G
1	*Name*	*Telefon*	*Telefon*				
2	Silke Nordfhoff	0049 89 123456789	=ERSETZEN(B2;1;2;"+")				
3	Jens Tauwetter	0049 0851 7788991	+ ERSETZEN(Alter_Text; Erstes_Zeichen; Anzahl_Zeichen; **Neuer_Text**)				
4	Georg Krattler	0043 455 4571122	+43 455 4571122				
5	Jean Baguette	0033 1459 4567888	+33 1459 4567888				
6							

Bild 2.74 Beispiel ERSETZEN

In Groß- oder Kleinbuchstaben umwandeln

Mit den beiden Funktionen GROSS und KLEIN können Sie angegebenen Text in Groß oder Kleinbuchstaben umwandeln, die Syntax ist einfach:

GROSS (Text)

KLEIN(Text)

Tipp: Eine weitere Funktion, GROSS2 wandelt den ersten Buchstaben jedes Wortes innerhalb einer Zeichenfolge in einen Großbuchstaben um.

Funktion	Beschreibung und Syntax
GLÄTTEN	=GLÄTTEN(Text) Entfernt alle Leerzeichen vor und hinter einem Text. Wortzwischenräume werden nicht gelöscht. Beim Import aus anderen Programmen enthält Text manchmal unerwünschte Leerzeichen, die sich mit Hilfe dieser Funktion entfernen lassen.
SÄUBERN	=SÄUBERN(Text) Entfernt alle nicht druckbaren Zeichen, z. B. Absatzende, aus dem Text, auch diese Funktion leistet bei importierten Daten manchmal gute Dienste.

Leerzeichen, Zeilenumbrüche und andere Steuerzeichen aus Text entfernen

Textfunktionen_ Bereinigen.xlsx

Der Text importierter Tabellen enthält manchmal Zeilenumbrüche oder andere, unsichtbare Steuerzeichen. Mit der Funktion SÄUBERN bereinigen Sie Text von derartigen Zeichen. Überflüssige Leerzeichen vor oder nach dem eigentlichen Text dagegen lassen sich schnell mit der Funktion GLÄTTEN entfernen.

GLÄTTEN(Text)

SÄUBERN(Text)

Hier zwei Beispiele:

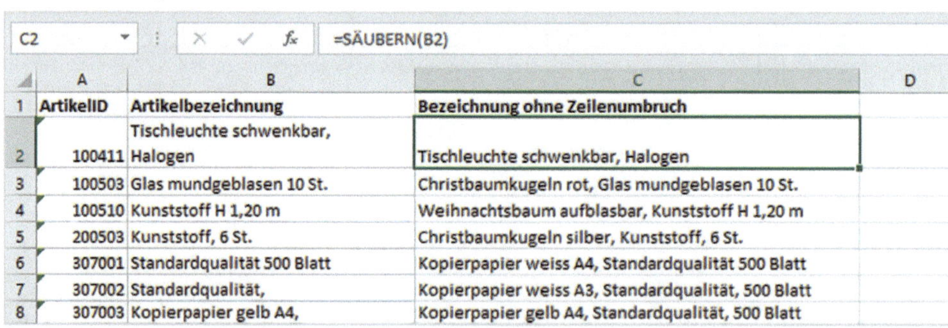

Bild 2.75 Zeilenumbrüche mit SÄUBERN entfernen. Der Text in Spalte B ist aufgrund des Zeilenumbruchs abgeschnitten.

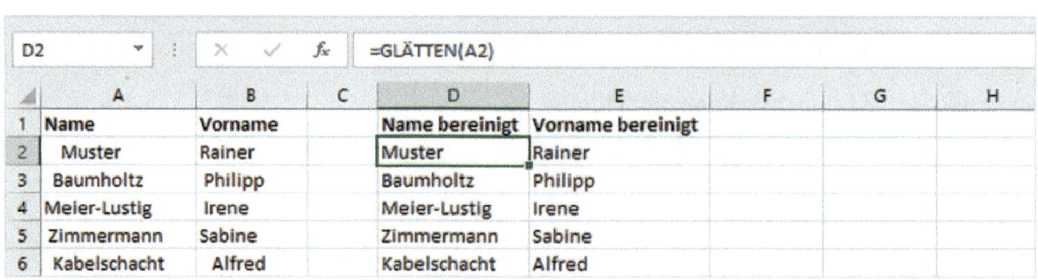

Bild 2.76 Leerzeichen mit GLÄTTEN entfernen. Vor den Namen in Spalte A und B befindet sich teilweise ein Leerzeichen.

Text in Zahl umwandeln

Beim Import aus anderen Anwendungen kommt es häufig vor, dass Zahlen, die Sie in Excel für Berechnungen benötigen, als Text gespeichert sind. Dann müssen Sie die Inhalte in Zahlen umwandeln. Dazu gibt es folgende Möglichkeiten:

Automatische Fehlererkennung von Excel

Im einfachsten Fall sind Zellen, die als Text gespeicherte Zahlen enthalten, mit einem grünen Dreieck gekennzeichnet. Sobald Sie eine dieser Zellen markieren, erscheint außerdem eine, mit einem Ausrufezeichen versehene Schaltfläche, die Sie auf einen Fehler hinweist und per Klick verschiedene Lösungen und Hilfen anbietet.

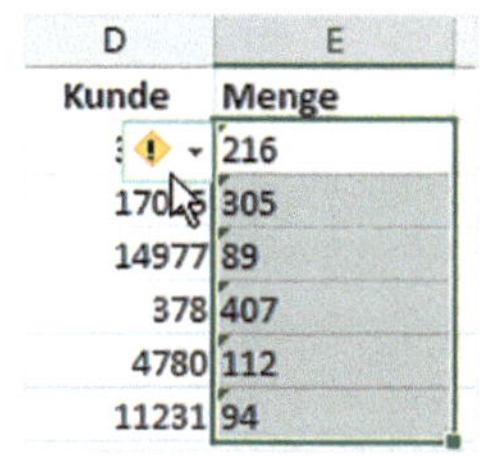

1. Markieren Sie alle Zellen der betreffenden Spalte und klicken Sie auf dieses Fehlersymbol. Sie erhalten den Hinweis, dass Zahlen als Text gespeichert wurden.
2. Klicken Sie dann auf *In eine Zahl umwandeln*.

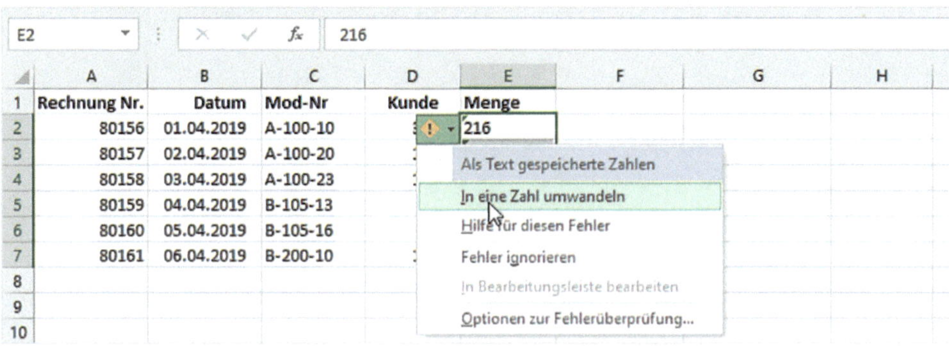

Bild 2.77 In Zahl umwandeln

Textfunktionen_Text_in_Zahl.xlsx

Mit der Funktion WERT in eine Zahl umwandeln

Sollte diese Möglichkeit nicht verfügbar sein, können Sie als Alternative die Funktion WERT verwenden. Diese wandelt ein als Text angegebenes Argument oder den Inhalt einer Zelle in eine Zahl um. Am einfachsten geschieht dies in einer zusätzlichen Hilfsspalte mit der einfachen Syntax:

```
WERT(Text)
```

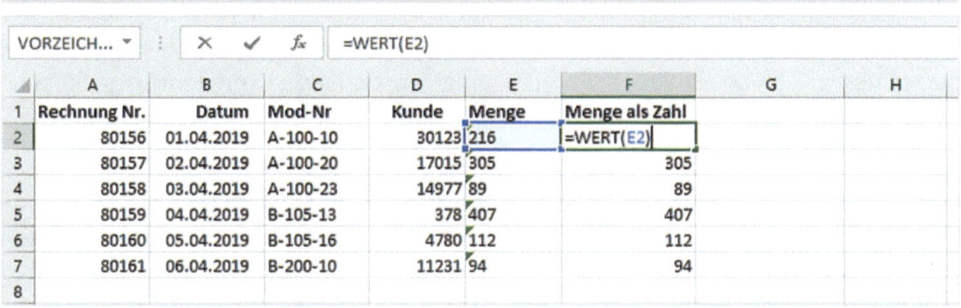

Rechnung Nr.	Datum	Mod-Nr	Kunde	Menge	Menge als Zahl
80156	01.04.2019	A-100-10	30123	216	=WERT(E2)
80157	02.04.2019	A-100-20	17015	305	305
80158	03.04.2019	A-100-23	14977	89	89
80159	04.04.2019	B-105-13	378	407	407
80160	05.04.2019	B-105-16	4780	112	112
80161	06.04.2019	B-200-10	11231	94	94

Bild 2.78 Die Funktion WERT verwenden

Mit 1 multiplizieren

Als weitere Möglichkeit können Sie auch als Text gespeicherte Zahlen mit 1 multiplizieren. Wenn Sie dann noch die zusätzliche Hilfsspalte vermeiden möchten, dann nehmen Sie die Zwischenablage zu Hilfe. So gehen Sie vor:

1 Geben Sie in eine beliebige Zelle die Zahl 1 ein, markieren Sie diese Zelle und kopieren Sie den Inhalt mit Strg+C in die Zwischenablage ❶. **Hinweis**: Diese Zahl können Sie später wieder löschen, da sie nur zum Kopieren benötigt wird.

2 Markieren Sie den Zellbereich mit den umzuwandelnden Zahlen, im Bild unten E2:E7 ❷.

3 Klicken Sie im Register *Start* ▶ *Zwischenablage* auf den Dropdown-Pfeil der Schaltfläche *Einfügen* ❸ und auf *Inhalte einfügen...* ❹.

4 Klicken Sie im gleichnamigen Fenster unter *Vorgang* auf die Option *Multiplizieren* ❺ und dann auf *OK*.

Bild 2.79 Als Text gespeicherte Zahlen über die Zwischenablage mit 1 multiplizieren

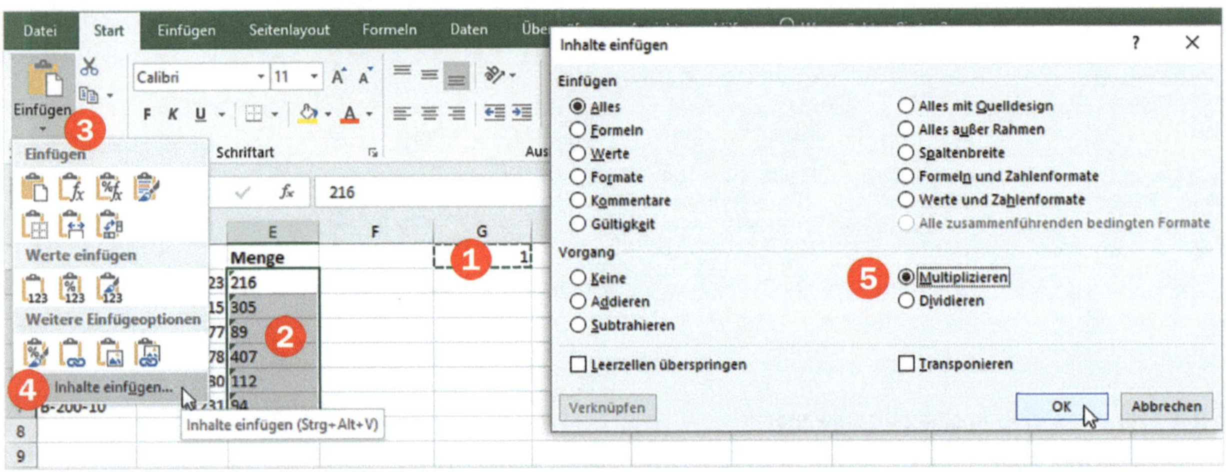

Länderabhängige Zahlen aus Text konvertieren

Häufig bereitet bei importierten Daten die unterschiedliche länderabhängige Schreibweise von Zahlen Probleme. So wird im angelsächsischen Raum als Dezimalzeichen der Punkt und als Tausenderzeichen das Komma verwendet, also z. B. 1,789.25 statt 1.789,25. Zahlen aus dem Web enthalten dagegen häufig ein Leerzeichen als Tausenderzeichen, z. B. 1 000. Beides wird von Excel als Text behandelt, mit dem keine Berechnungen möglich sind. Leider versagt hier auch die automatische Fehlererkennung von Excel, so dass Sie den Text auf andere Weise in eine Zahl konvertieren müssen.

Abhilfe schafft die Funktion ZAHLENWERT (Kategorie *Text*) mit folgender Syntax, wobei als Dezimal- und Gruppentrennzeichen das im ursprünglichen Zahlenformat verwendete Zeichen angegeben wird.

```
ZAHLENWERT (Text;Dezimaltrennzeichen;Gruppentrennzeichen)
```

Die Funktion ZAHLENWERT ignoriert zudem Leerzeichen, auch wenn sich diese innerhalb von Zahlen befinden, so dass sich mit ihrer Hilfe auch Leerstellen aus Zahlen entfernen lassen, wie in Bild 2.81

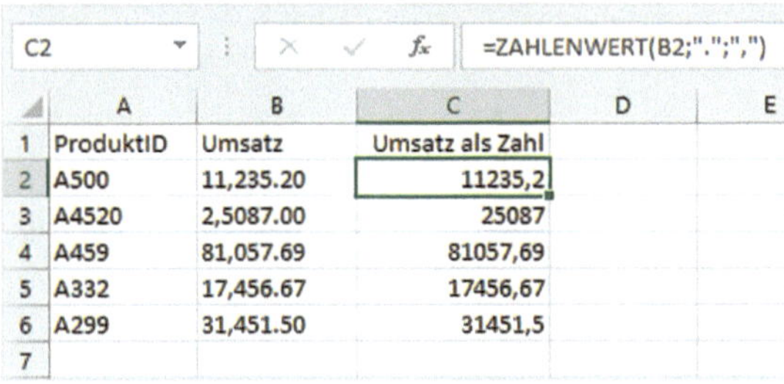

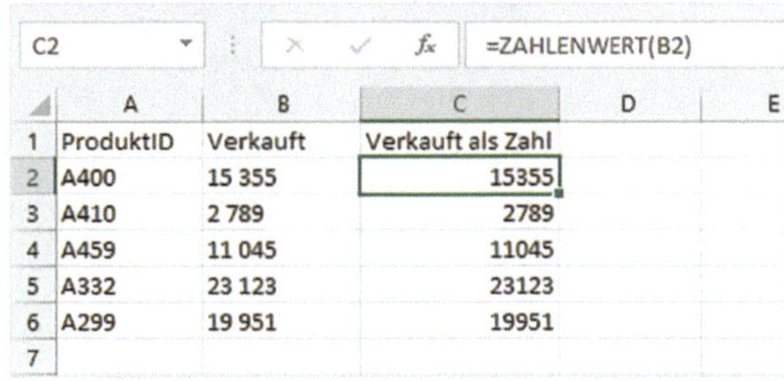

Bild 2.80 Komma und Punkt vertauschen

Bild 2.81 Leerzeichen entfernen

Formel in Zahl umwandeln

Wenn Sie statt der Funktionen WERT oder ZAHLENWERT (siehe oben) im Tabellenblatt eine Zahl benötigen, dann wandeln Sie ganz einfach die Formeln mit Hilfe der Zwischenablage in einen Wert um. So gehen Sie vor:

1. Markieren Sie alle Zellen der Hilfsspalte mit der Formel und kopieren Sie den Inhalt in die Zwischenablage, z. B. mit den Tasten Strg+C oder dem Kontextmenü der rechten Maustaste.
2. Behalten Sie die Markierung bei, klicken Sie zum Einfügen auf den Dropdown-Pfeil der *Einfügen*-Schaltfläche (Register *Start*, Gruppe *Zwischenablage*) und wählen Sie die Einfügeoption *Werte* bzw. *Werte und Zahlenformat*.
3. Die Formeln wurden durch die Formelergebnisse bzw. Werte ersetzt, wie ein Blick in die Bearbeitungsleiste zeigt. Die ursprüngliche Spalte mit den Zahlen als Text, hier in Spalte B, kann anschließend gelöscht werden.

Bild 2.82 Formel in Wert umwandeln

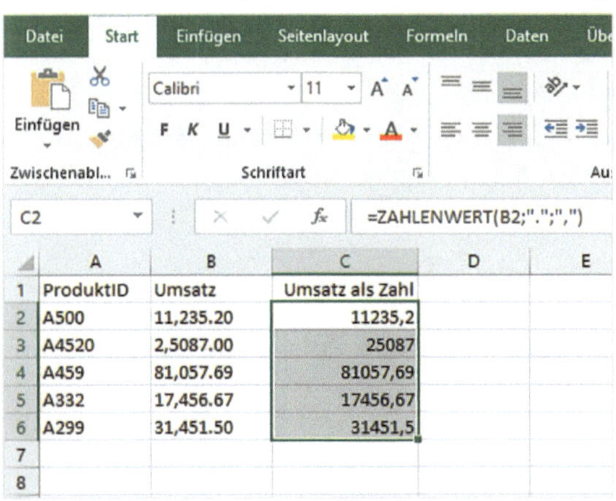

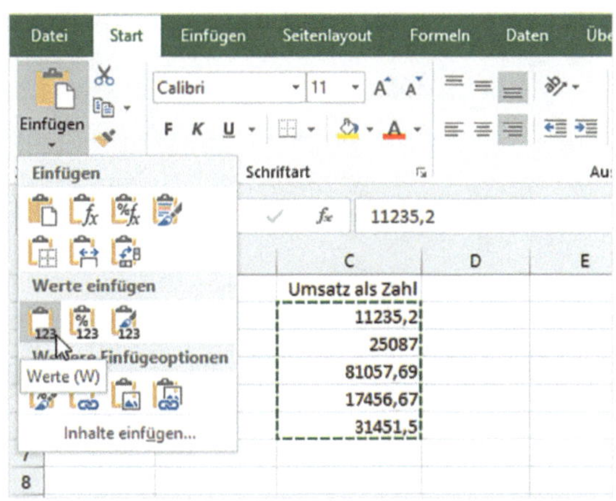

2.9 Zufallszahlen generieren

Um Situationen durchzuspielen, kann es sinnvoll sein, eine Zelle oder einen größeren Zellbereich mit zufälligen Zahlen zu füllen. Dazu lassen sich in Excel die folgenden Funktionen einsetzen.

Einfache Zufallszahl generieren

Die Funktion ZUFALLSZAHL benötigt keine weiteren Argumente und liefert als Ergebnis eine Zahl zwischen 0 und 1, also in den meisten Fällen eine Zahl mit mehreren Nachkommastellen.

```
ZUFALLSZAHL()
```

Möchten Sie eine größere Zahl erhalten, z. B. zwischen 0 und 100, so müssen Sie das Ergebnis mit 100 multiplizieren und die Formel lautet:

```
=ZUFALLSZAHL()*100
```

Allerdings wird meist eine ganze Zahl benötigt, dann verwenden Sie diese Formel in Verbindung mit der Funktion GANZZAHL(). Je nach Einsatzzweck können Sie alternativ auch die Funktionen KÜRZEN() oder RUNDEN() verwenden. Die Formel lautet dann beispielsweise:

```
=GANZZAHL(ZUFALLSZAHL()*100)
```

> Meist wird jedoch eine Zufallszahl als ganze Zahl aus einem bestimmten Wertebereich benötigt, dazu verwenden Sie besser die Funktion ZUFALLSBEREICH.

Zufallszahl aus einem Wertebereich generieren

Möchten Sie eine Zufallszahl innerhalb eines vorgegebenen Wertebereichs generieren, dann verwenden Sie die Funktion ZUFALLSBEREICH, diese Funktion liefert automatisch eine ganze Zahl:

```
ZUFALLSBEREICH(Untere_Zahl;Obere_Zahl)
```

Mit folgender Funktion erzeugen Sie beispielsweise eine Zufallszahl zwischen 0 und 100:

```
=ZUFALLSBEREICH(1;100)
```

Neuberechnung von Zufallszahlen

- Zufallszahlen werden nach jeder Eingabe von Daten oder Formeln im Arbeitsblatt automatisch neu berechnet.

- Zur manuellen Neuberechnung verwenden Sie die Funktionstaste F9. Ein Markieren der Zelle ist nicht nötig, da automatisch die gesamte Arbeitsmappe neu berechnet wird.
- Alternativ finden Sie die Schaltflächen zur *Neuberechnung* im Register *Formeln*, Gruppe *Berechnung*.

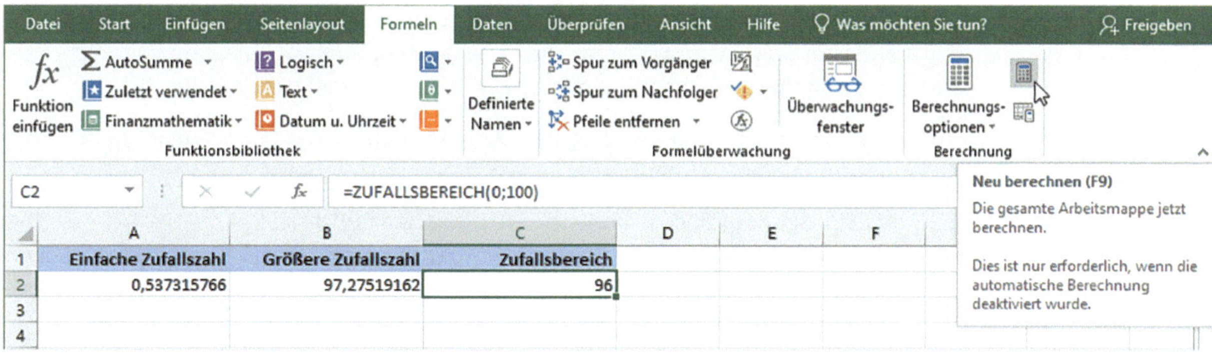

Bild 2.83 Zufallszahlen

Neuberechnung unterbinden

In vielen Fällen soll nach dem Erzeugen einer Zufallszahl keine Änderung bzw. Neuberechnung mehr erfolgen. Dann gehen Sie so vor:

1. Markieren Sie die Zelle mit der Zufallszahl.
2. Klicken Sie in die Bearbeitungsleiste und drücken Sie die Funktionstaste F9. Schließen Sie die Änderung mit der Eingabetaste ab.

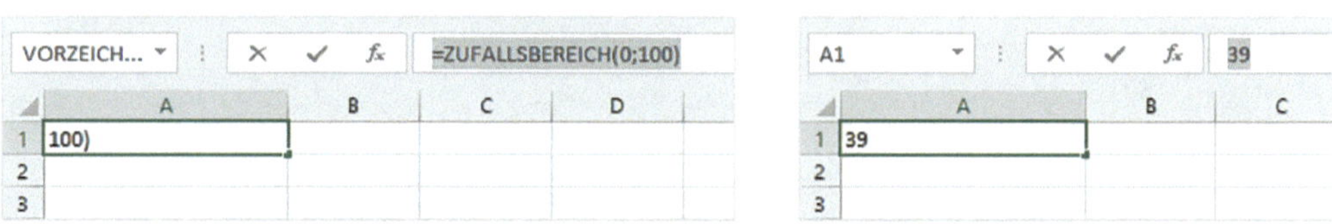

Bild 2.84 Zufallszahl umwandeln

Achtung: Diese Methode lässt sich nur auf eine einzelne Zelle anwenden. Handelt es sich um einen größeren Zellbereich, so wandeln Sie auf dem Weg über die Zwischenablage die Formel in eine Zahl um, wie auf Seite 115 beschrieben.

2.10 Tipps und Hinweise zu Funktionen

Weitere Funktionen als Add-In laden

Weitere Befehle und Funktionen, wie beispielsweise Solver oder eine Regressionsanalyse, sind als Excel-Add-Ins verfügbar. Dabei handelt es sich um Programmergänzungen, die standardmäßig zwar auf dem Gerät vorhanden, aber nicht zusammen mit Excel installiert sind. Sie müssen vor der ersten Verwendung erst geladen werden.

1 Dazu klicken Sie auf das Register *Datei* und auf *Optionen*. Wählen Sie links die Kategorie *Add-Ins*.

2 Achten Sie darauf, dass im Feld *Verwalten* ganz unten *Excel-Add-Ins* ausgewählt ist bzw. wählen Sie diesen Eintrag per Mausklick auf den Dropdown-Pfeil. Klicken Sie dann auf *Los….*

Bild 2.85 Excel-Optionen: Add-Ins

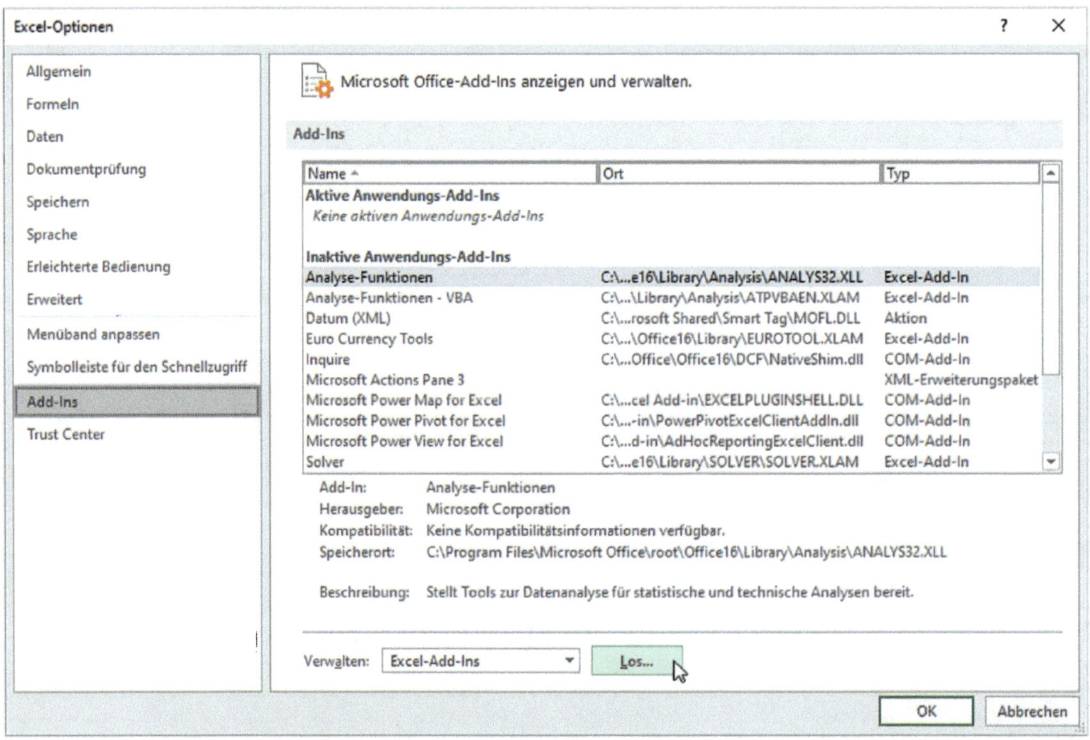

3 Excel öffnet ein Fenster mit den verfügbaren Add-Ins. Aktivieren Sie das Kontrollkästchen des gewünschten Add-In, beispielsweise *Analyse-Funktionen* und/oder *Solver* und bestätigen Sie mit *OK*. Die ausgewählten Add-Ins werden anschließend geladen, dies dauert einige Sekunden.

Auf demselben Weg können Sie Add-Ins auch wieder deinstallieren, falls sie nicht mehr benötigt werden: Deaktivieren Sie einfach die Kontrollkästchen.

4 **Achtung:** Sie finden die Add-Ins anschließend im Register *Daten* in der Gruppe *Analyse* und nicht im Register *Formeln*!

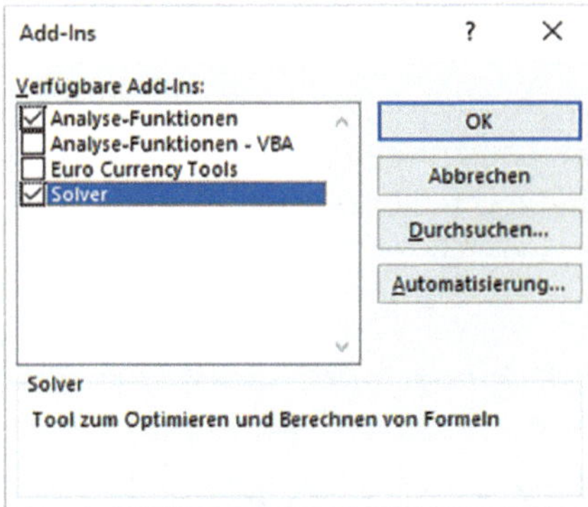

Bild 2.86 Add-Ins auswählen

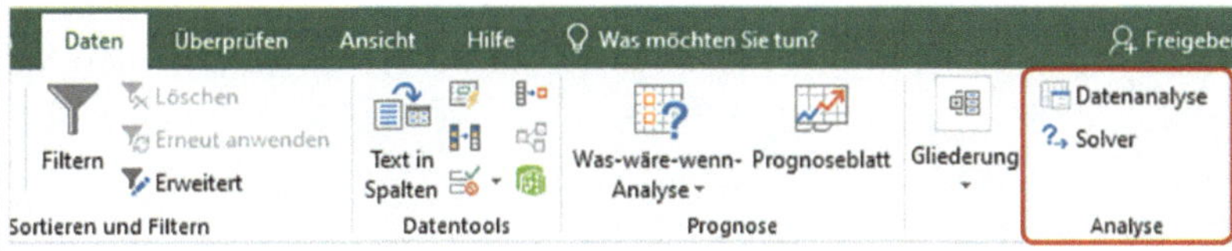

Bild 2.87 Die Add-Ins finden Sie im Register Daten

Hinweis: Excel verfügt noch über weitere Add-Ins, z. B. 3D-Karten oder Power Pivot. Diese werden im Gegensatz zu den hier gezeigten beim ersten Aufruf automatisch geladen, können aber auf dem hier gezeigten Weg ebenfalls wieder entfernt werden.

Funktionsübersicht in der Hilfe

Aus Platzgründen können in diesem Buch nicht alle Funktionen von Excel umfassend beschrieben werden. Daher haben wir uns auf universell einsetzbare Funktionen sowie die wichtigsten Vertreter jeder Kategorie beschränkt.

Für weitergehende Informationen empfehlen wir Ihnen die Excel-Hilfe. Hier finden Sie eine vollständige Übersicht über alle verfügbaren Excel-Funktionen, wahlweise in Form einer alphabetischen Liste oder nach Kategorien geordnet. Klicken Sie dazu auf das Register *Hilfe* und hier auf *Hilfe* ❶.

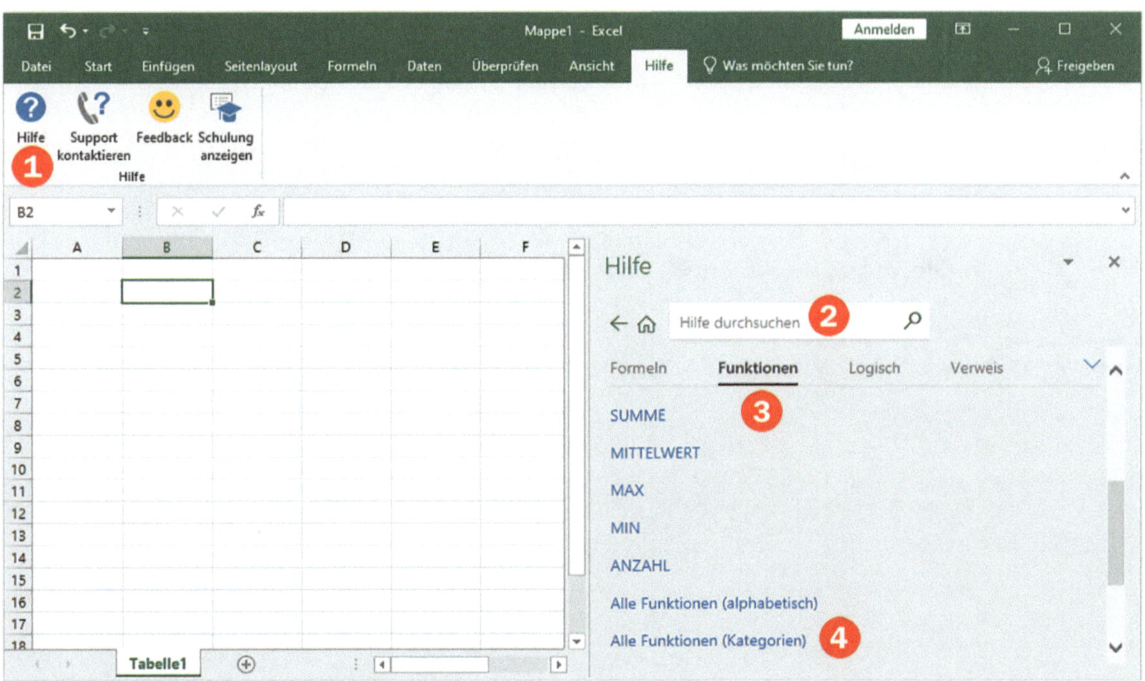

Die Hilfe öffnet sich als gesonderter Bereich am rechten Rand des Excel-Fensters. Wenn Sie den Namen der Funktion kennen, zu der Sie Hilfe benötigen, dann benutzen Sie die Suche und tippen den Namen in das Suchfeld ❷ ein.

Funktion nach Kategorie suchen

1. Suchen Sie dagegen eine Funktion für einen bestimmten Zweck, z. B. aus dem Bereich der Statistik, kennen aber den Namen nicht, dann klicken Sie auf *Funktionen* ❸ und hier auf *Alle Funktionen (Kategorien)* ❹.
2. Klicken Sie dann in der Liste der Excel-Funktionen auf die gewünschte Kategorie, z. B. *Datums- und Uhrzeitfunktionen* ❺ oder *Statistische Funktionen*, um die dazugehörigen Funktionen samt einer Kurzbeschreibung anzuzeigen ❻.
3. Für eine genaue Funktionsbeschreibung einschließlich verschiedener Beispiele klicken Sie auf den Namen der Funktion.

Bild 2.88 Klicken Sie auf eine Kategorie, um die dazugehörigen Funktionen anzuzeigen

Zurück

Mit Klick auf den Pfeil ❶ gelangen Sie wieder zurück zum letzten Hilfethema und ein Klick auf dieses Symbol ❷ zeigt wieder die Startseite der Hilfe an.

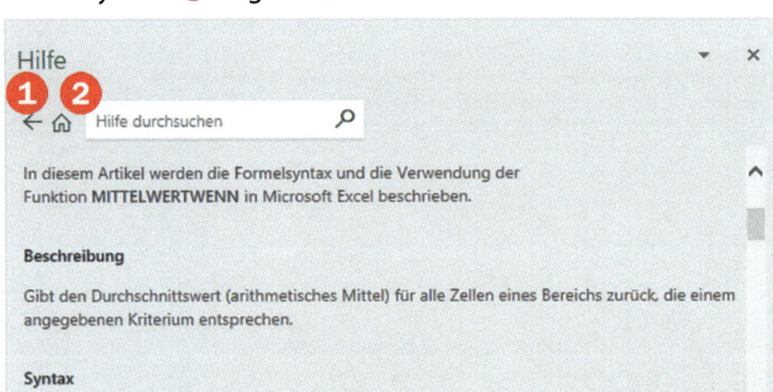

Bild 2.89 Hilfe zu einer bestimmten Funktion, hier MITTELWERTWENN

3 Umfangreiche Tabellen verwalten

In diesem Kapitel lernen Sie...

- Vorüberlegungen zum Tabellenaufbau
- Eingaben auf Gültigkeit prüfen
- Intelligente Tabellenbereiche nutzen
- Tabellen sortieren
- Autofilter und Spezialfilter
- Tabellengliederung und Teilergebnisse
- Duplikate finden und entfernen

Das sollten Sie bereits wissen

- Formeln und Funktionen einsetzen
- Zellbezüge verwenden

3.1 Vorbereitungen

Häufig werden mit Excel auch größere Datenmengen verwaltet. Eine Excel-Tabelle mit strukturiertem Aufbau, z. B. zur Verwaltung von Adressen kann auch als einfache Datenbank bezeichnet werden und Excel verfügt schon seit langem über grundlegende Datenbankfunktionen wie Filtern und Sortieren sowie zahlreiche Auswertungsmöglichkeiten.

Einschränkungen ergeben sich aus der maximalen Anzahl der Zeilen eines Excel-Tabellenblattes, in der aktuellen Version Excel 2019 sind dies 1.048.576 bzw. etwas mehr als 1 Mio Zeilen. Für größere Datenmengen sollte also in jedem Fall eine spezielle Datenbankanwendung, z. B. Microsoft Access gewählt werden. Zudem eignet sich eine Datenbank mit Excel eigentlich nur als Einzelplatzlösung, da eine gleichzeitige Eingabe und Bearbeitung von mehreren Benutzern nicht unterstützt wird.

Überlegungen zum Tabellenaufbau

Dieses Buch verwendet die gebräuchlichen Datenbankbegriffe, daher in der nachfolgenden Tabelle eine kurze Übersicht.

Begriff	Bedeutung
Datensatz	Ein Datensatz entspricht einer Tabellenzeile und bildet eine Einheit. So stellt beispielsweise in einer Tabelle mit Kundenadressen jeder Kunde einen Datensatz dar.
Datenfeld	Als Datenfelder oder Felder werden die Spalten einer Tabelle bezeichnet. Sie enthalten Eigenschaften, die jeden Datensatz näher beschreiben. In einer Tabelle mit Kundenadressen könnten dies etwa Name, Postleitzahl, Ort und Geburtsdatum sein.

Welche Datenfelder bzw. Spalten werden benötigt?

Am Beginn steht die Frage nach dem Einsatzzweck der Tabelle bzw. Datenbank und welche Informationen in späteren Auswertungen benötigt werden. Folgende Aspekte sollten Sie bei der Planung der Spalten berücksichtigen:

Straße und Hausnummer trennen ist dagegen meist nicht erforderlich.

- **Der Inhalt einer Spalte sollte nicht weiter zerlegbar sein**
  So sollten in einer Adressentabelle beispielsweise Vorname und Nachname oder Postleitzahl und Ort jeweils in eigenen Spalten erfasst werden, da sonst eine Sortierung nach Nachname oder Ort nicht möglich ist. Zudem verhindern Sie dadurch, dass Vor- und Nachname in beliebiger Reihenfolge eingegeben werden, also z. B. innerhalb der Spalte einmal Hans Moser und ein andermal Weber Karl gespeichert ist.

  Außerdem lassen sich nachträglich die Inhalte mehrerer Spalten jederzeit zusammenfügen. Ein späteres Aufteilen von Spalten ist dagegen in der Praxis wesentlich komplizierter und zudem fehleranfällig, da für die Trennung ein eindeutiges Zeichen benötigt wird. Denken Sie beispielsweise an Doppelnamen und/oder Namen mit vorangestelltem Titel.

- **Erfassen und speichern Sie keine Inhalte, die sich aus vorhandenen Feldern berechnen lassen**
  So lässt sich beispielsweise das Alter anhand des Geburtsdatums berechnen.
- **Vermeiden Sie Mehrfachspeicherung von Daten**
  Zum Beispiel ist es in einer Artikelbestandsliste überflüssig, zu jedem Artikel Name, Anschrift und Telefonnummer des jeweiligen Lieferanten zu speichern. Speichern Sie stattdessen hier nur eine eindeutige Lieferantennummer und legen Sie eine zweite Tabelle an, in der Sie der Lieferantennummer Name und Anschrift zuordnen. Dies erleichtert auch nachträgliche Änderungen an einer Adresse, da diese dann nur ein einziges Mal geändert werden muss. Zugriff auf die Inhalte der zweiten Tabelle erhalten Sie über Verweise (SVERWEIS/WVERWEIS), Power Query (Kapitel 5.2) oder beim Erstellen einer Pivot-Tabelle (Kapitel 6.8).

Mehrfachspeicherung wird auch als Datenredundanz bezeichnet.

Wie Sie Daten aus mehreren Tabellen anhand eines Schlüsselfeldes zusammenführen, lesen Sie in Kapitel 5.2 oder 6.8 dieses Buches.

- **Benötigen Sie ein Schlüsselfeld?**
  In den meisten Fällen ist es sinnvoll, in der Tabelle zusätzlich ein so genanntes Schlüsselfeld zu verwenden. Schlüsselfelder dienen dazu, einen Datensatz eindeutig zu identifizieren, dies kann z. B. die Artikelnummer oder die Kundennummer sein, da Nachname und Vorname auch mehrfach vorkommen können.

Regeln für Datenbanktabellen

Die Datenbank sollte sich in einem eigenen Arbeitsblatt der Excel-Arbeitsmappe befinden. Dagegen spielt es keine Rolle, ob die Auswertung in derselben oder einer gesonderten Arbeitsmappe erfolgt. Idealerweise beginnen Sie mit der Datentabelle in der ersten Zeile und Spalte des Tabellenblatts. Beachten Sie außerdem die folgenden Regeln:

Keine leeren Zeilen und Spalten!
Die Datenbanktabelle sollte auf keinen Fall leere Zeilen und Spalten innerhalb des Datenbereichs aufweisen. Excel interpretiert leere Zeilen/Spalten als Ende der Datenbank und berücksichtigt dann bei Auswertungen unter Umständen nur einen Teil der Daten. Zusammenhängende Zellbereiche werden dagegen von Excel in der Regel automatisch erkannt und brauchen nicht extra markiert werden, es genügt, wenn eine beliebige einzelne Zelle innerhalb des Zellbereichs markiert ist.

- Die erste Zeile der Tabelle oder Datenbank muss eindeutige Spaltenüberschriften, die Feldnamen, enthalten.
- Ein Datensatz darf sich nicht über mehrere Zeilen erstrecken.
- Die Inhalte innerhalb einer Spalte bzw. eines Datenfeldes sollten vom selben Typ sein, da sonst Probleme beim Sortieren und Filtern auftauchen. Wurde z. B. die Postleitzahl einmal als Zahl und einmal als Zeichenfolge eingegeben, dann ord-

net Excel beim Sortieren Zahlen vor Zeichenfolgen ein. Mit Hilfe von Gültigkeitsregeln lässt sich die Dateneingabe entsprechend überprüfen und steuern.

Im Bild unten sehen Sie eine Adressenliste als Beispiel. Einzelne leere Zellen, z. B. fehlende Telefonnummern stellen kein Problem dar, die Kundennummer dagegen ist erforderlich, da sie gleichzeitig als Schlüsselfeld vorgesehen ist.

Bild 3.1 Beispiel Adressenliste

	A	B	C	D	E	F	G	H	I	J	K	L
1	Kunden-Nr.	Nachname	Vorname	Anrede	Land	PLZ	Ort	Strasse	Telefon	Geburtsdatum	Rabatt	Kategorie
2	202	Kabelschacht	Alfred	Herr	DE	12345	Musterstadt	Holzweg 3	0171-555555	15.08.1978	10%	A
3	203	Müller	Frieda	Frau	DE	82024	Taufkirchen	Goethestr. 17		01.03.1984	0%	B
4	204	Nordhoff	Silke	Frau	DE	78464	Konstanz	Tuplenstr. 21	0150-7777777	23.04.1981	7%	A
5	208	Waldleitner	Georg	Herr	AT	4600	Wels	Dachsteinweg 5		03.11.1963	0%	A

3.2 Intelligente Tabellenbereiche nutzen

Ein häufiges Problem bei der Auswertung von Tabellen ist die Anpassung des Tabellenbereichs beim Hinzufügen neuer Datensätze. Dies lässt sich am einfachsten erledigen, indem Sie einen Zellbereich als Tabelle formatieren. Darunter versteht man in Excel nicht nur eine Formatierung des Zellbereichs, sondern Sie erzeugen eine dynamische Tabelle, deren Zellbereich beim Anfügen neuer Zeilen und/oder Spalten automatisch erweitert wird. Auch Formate und Formeln werden beim Anfügen neuer Daten übernommen. Dies ist äußerst nützlich, insbesondere wenn die Tabelle als Datengrundlage für Diagramme, Auswertungen oder Pivot-Tabellen dienen werden soll.

Was unterscheidet eine Tabelle von einem normalen Zellbereich?

Der Begriff Tabelle wird sogar von Excel nicht immer eindeutig verwendet, daher an dieser Stelle zunächst eine kurze Klarstellung:

Zellbereich

Eine Tabelle ist in Excel nicht immer gleich Tabelle. Wenn Sie in einem Excel-Arbeitsblatt Spaltenüberschriften und Datensätze eingeben und die Tabelle mit Rahmenlinien, Füllfarben, Zahlenformaten usw. gestalten, dann betrachtet Excel diese Tabelle trotzdem als normalen Zellbereich.

Tabellenbereich

In älteren Excel-Versionen wurden dynamische Tabellenbereiche auch als Listen bezeichnet.

Wenn Sie dagegen einen Zellbereich in eine Tabelle umwandeln, bzw. diesen als Tabelle formatieren so erhalten Sie einen dynamischen oder intelligenten Tabellenbereich. Darunter versteht Excel einen Bereich, der beim Anfügen weiterer Zeilen und/oder Spalten automatisch erweitert wird und eine ganze Reihe weiterer Vorteile bietet:

- Sobald Sie unterhalb der Tabelle in eine leere Zeile klicken und hier einen weiteren Datensatz eingeben, wird der Tabellenbereich automatisch angepasst. Dies gilt auch beim Anfügen weiterer Spalten.

- Die Inhalte der neuen Datensätze erhalten automatisch das Format der jeweiligen Spalte und auch Formeln werden automatisch übernommen.
- Verwenden Sie in Formeln Bezüge auf einen Tabellenbereich, so beziehen diese immer den gesamten Datenbereich ein, berücksichtigen also auch nachträglich hinzugefügte Datensätze und Spalten. Dies gilt auch für Auswertungen mit Pivot-Tabellen.
- Beim Sortieren und Filtern bezieht Excel grundsätzlich den gesamten Tabellenbereich mit ein.

> Um Verwechslungen mit normalen Zellbereichen zu vermeiden, verwendet dieses Buch für dynamische Tabellen den Begriff **Tabellenbereich**.

Tabellenbereich erstellen

Einen Tabellenbereich können Sie bereits mit dem Anlegen einer neuen Tabelle erzeugen, aber auch das nachträgliche Umwandeln ist jederzeit möglich.

Zellbereich umwandeln

Wenn Sie eine Tabelle als normalen Zellbereich erstellt haben, dann können Sie diesen jederzeit in einen Tabellenbereich umwandeln. Die Tabelle sollte mindestens die benötigten Spaltenüberschriften und einen ersten Datensatz umfassen. Idealerweise ist dieser auch bereits mit allen erforderlichen Zahlen- Datumsformaten formatiert. Schrift- und sonstige Zellenformate sollten dagegen nicht verwendet werden, da diese dem Tabellenbereich automatisch zugewiesen werden.

1 Um aus der Tabelle in einen Tabellenbereich zu erstellen, markieren Sie eine beliebige Zelle innerhalb der Tabelle, im Bild unten A2, und klicken im Register *Einfügen* ▶ *Tabellen* auf *Tabelle* ❶.

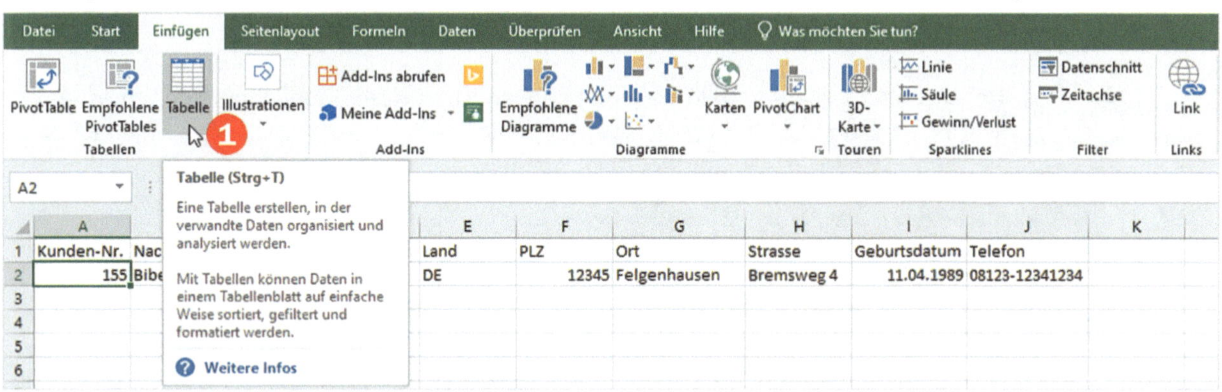

Bild 3.2 Klicken Sie auf Tabelle oder drücken Sie die Tastenkombination Strg+T

2 Das Fenster *Tabelle erstellen* öffnet sich; kontrollieren Sie anhand des gestrichelten Markierungsrahmens im Tabellenblatt ❷, ob der Zellbereich korrekt erkannt

wurde. Falls nicht, so klicken Sie in das Feld *Wo sind die Daten für die Tabelle?* und markieren im Tabellenblatt den Zellbereich einschließlich der Überschriften.

Achtung: Besitzt die Tabelle Überschriften in der ersten Zeile, dann muss unbedingt das Kontrollkästchen *Tabelle hat Überschriften* ❸ aktiviert sein, da sonst Excel eine zusätzliche Überschriftzeile hinzufügt. Klicken Sie dann auf *OK*.

Bild 3.3 Legen Sie den Tabellenbereich fest

3 Der Zellbereich wird in einen Tabellenbereich umgewandelt und erhält gleichzeitig automatisch eine Formatierung. Die Farben richten sich nach dem aktuellen Design (Register *Seitenlayout* ▶ *Designs*), das Tabellenformat können Sie jederzeit ändern, siehe Seite 127. Außerdem haben die Spaltenüberschriften Schaltflächen mit einem Dropdown-Pfeil zum Filtern und Sortieren erhalten.

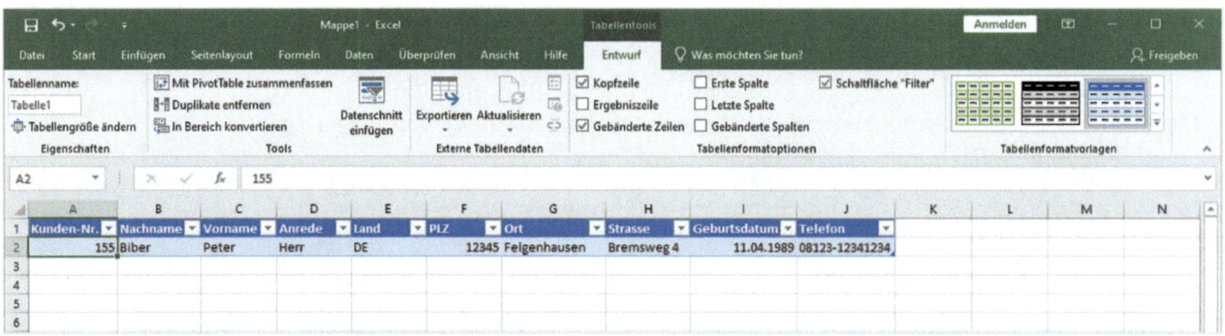

Bild 3.4 Der Zellbereich wurde in einem Tabellenbereich umgewandelt

Als Alternative wandeln Sie einen Zellbereich in einen Tabellenbereich um, indem Sie im Register *Start* ▶ *Formatvorlagen* auf *Als Tabelle formatieren* klicken. Hier können Sie gleich beim Erstellen unter verschiedenen Formatvorlagen wählen.

Bild 3.5 Register Start: Als Tabelle formatieren und Formatvorlage wählen

Tabelle vor der ersten Eingabe erstellen

Sie können mit den beiden oben genannten Methoden auch einen leeren Zellbereich vor der ersten Eingabe in einen Tabellenbereich umwandeln. In diesem Fall markieren Sie die Zelle in der linken oberen Ecke Ihrer künftigen Tabelle, z. B. A1 und klicken auf *Einfügen* ▶ *Tabelle* bzw. *Start* ▶ *Als Tabelle formatieren*. In diesem Fall fügt Excel automatisch eine Überschriftenzeile hinzu, das Kontrollkästchen *Tabelle hat Überschriften* muss nicht zwingend aktiviert werden.

Anschließend überschreiben Sie die erste Spaltenüberschrift und geben rechts davon die weiteren Spaltenüberschriften ein. Der Tabellenbereich wird automatisch erweitert, sobald Sie die Eingabe mit der Eingabetaste, der Tab-Taste oder einer Pfeiltaste abschließen.

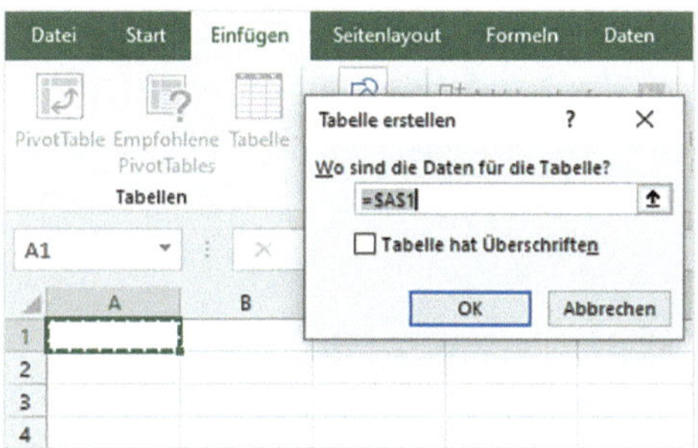

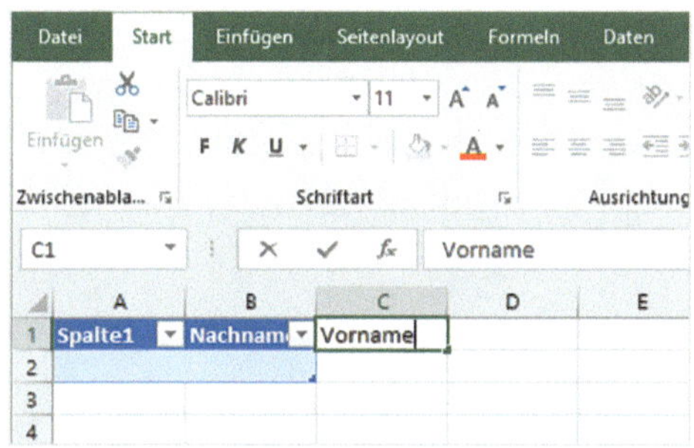

Bild 3.6 Markieren Sie die erste Zelle der Tabelle

Bild 3.7 Geben Sie die weiteren Spaltenüberschriften ein

Tabellenformat ändern

Zusammen mit der Tabelle steht Ihnen im Menüband das Register *Tabellentools - Entwurf* zur Verfügung, allerdings nur, wenn eine Zelle innerhalb der Tabelle markiert ist.

Wenn Sie ein anderes Tabellenformat wählen möchten, dann markieren Sie eine beliebige Zelle der Tabelle und öffnen im Register *Tabellentools - Entwurf* ▶ *Tabellenformatvorlagen* mit Klick auf den Pfeil *Weitere* den Vorlagenkatalog. Abwechselnde Zeilenfarben werden beim Anfügen neuer Datensätze automatisch fortgeführt.

Bild 3.8 Tabellenformat auswählen

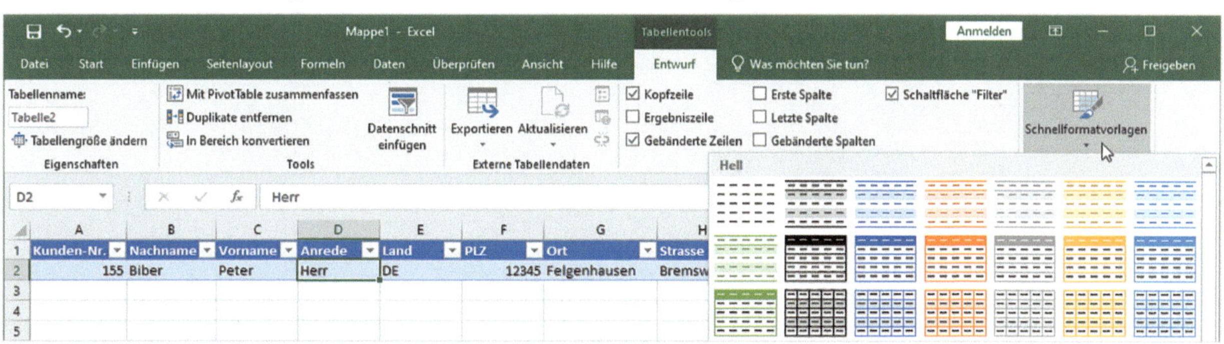

Tipp: Falls Sie eine Tabelle ohne Linien und sonstige Farbeffekte wünschen, dann wählen Sie aus dem Katalog die erste Vorlage links oben.

Optionen für Tabellenformate

Über die Kontrollkästchen der Gruppe *Optionen für Tabellenformat* können Sie steuern, ob Sie besondere Formate, beispielsweise für die erste oder letzte Spalte oder Überschriftzeile übernehmen möchten. Empfinden Sie die Filterschaltflächen als störend, dann deaktivieren Sie diese über das Kontrollkästchen *Schaltfläche „Filter"* oder über die Schaltfläche *Filter* im Register *Daten*.

Bild 3.9 Sonderformate übernehmen

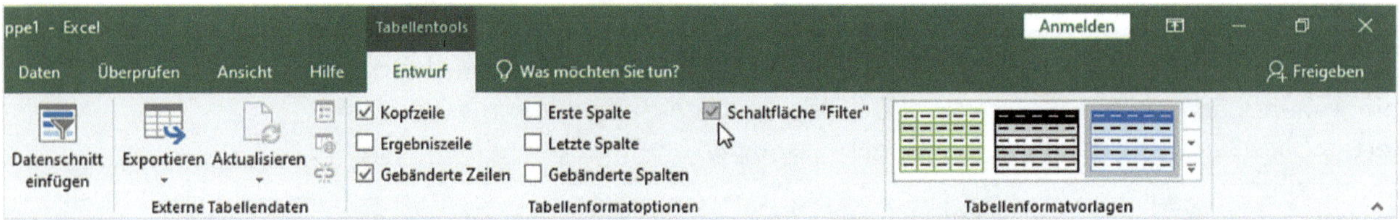

Datums- und Zahlenformate, die horizontale Ausrichtung in der Zelle und weitere Formate weisen Sie, wie gewohnt, über die Symbole im Register *Start* oder das Kontextmenü der rechten Maustaste und den Befehl *Zellen formatieren* zu.

Tabellenbereich manuell erweitern/verkleinern

Die Begrenzung des Tabellenbereichs ist in der rechten unteren Ecke des Bereichs in Form einer kleinen blauen Markierung sichtbar (Bild 3.10). Beim Hinzufügen neuer Daten am Ende der Tabelle erweitert sich der Bereich automatisch und alle Formate und Formeln werden in die neue Zeile übernommen. Dies gilt auch, wenn Sie nachträglich neue Spalten anfügen.

Sollte der Tabellenbereich trotzdem einmal nicht automatisch erweitert werden, so zeigen Sie mit der Maus in der rechten unteren Ecke auf die Markierung und erweitern den Bereich durch Ziehen mit gedrückter Maustaste in die gewünschte Richtung. Auf dieselbe Weise können Sie auch, falls nötig, den Tabellenbereich verkleinern.

Bild 3.10 Tabellenbereich erweitern

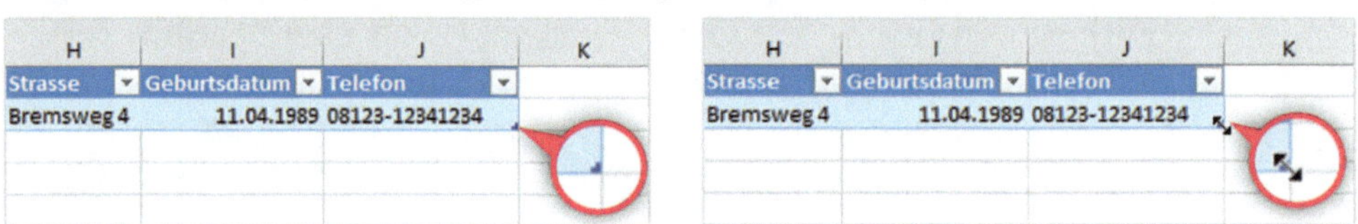

Ergebniszeilen anzeigen

Mit dem Kontrollkästchen *Ergebniszeile* ❶ (*Tabellentools-Entwurf* ▶ *Optionen für Tabellenformat*) können Sie unterhalb der Tabelle eine zusätzliche Zeile für zusammenfassende Ergebnisse ein- und wieder ausblenden.

Meist ist diese Zeile zunächst leer. Um beispielsweise die Summe über eine Spalte anzuzeigen, klicken Sie in der Ergebniszeile unterhalb der betreffenden Spalte auf die Zelle und anschließend auf den Dropdown-Pfeil ❷. Wählen Sie dann die gewünschte

Funktion aus (siehe Bild unten). Leider erscheint im Tabellenblatt keinerlei Information über die verwendete Funktion, da Excel als Beschriftung immer nur *Ergebnis* anzeigt.

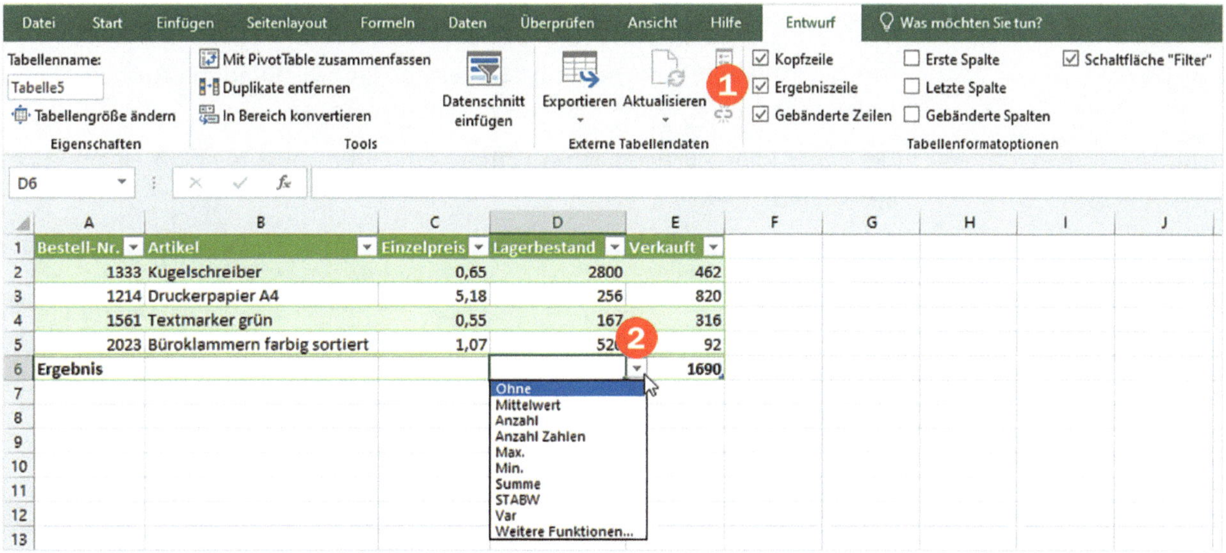

Bild 3.11 Wählen Sie in der Ergebniszeile eine Funktion

Hinweis: Die Ergebniszeile braucht vor der Eingabe weiterer Datensätze nicht ausgeblendet werden. Neue Zeilen werden oberhalb der Ergebniszeile eingefügt, wenn Sie die letzte Zelle der Tabelle markieren und die Tab-Taste betätigen. Die neu hinzugefügten Werte werden in der Ergebniszeile automatisch berücksichtigt.

Tabelle umbenennen

Jeder Tabellenbereich erhält automatisch einen Namen, die erste Tabelle der Arbeitsmappe *Tabelle1*, die nächste *Tabelle2* usw.. Diesen Namen können Sie statt Zelladressen für Bezüge auf den Tabellenbereich verwenden, z. B. beim Erstellen einer Pivot-Tabelle. Sie sollten daher für die weitere Verwendung solchen Tabellen einen aussagefähigen Namen geben.

Dazu klicken Sie auf eine beliebige Zelle des Tabellenbereichs ❶ und im Register *Tabellentools-Entwurf* ▶ *Eigenschaften* in das Feld *Tabellenname* ❷. Überschreiben Sie den vorhandenen Namen und schließen Sie mit der Eingabetaste ab.

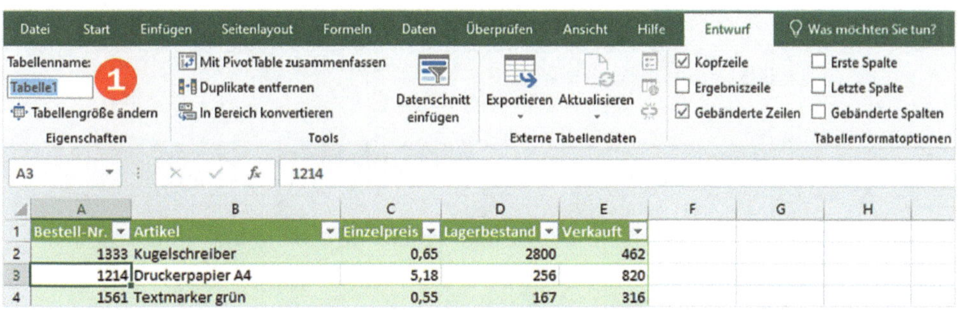

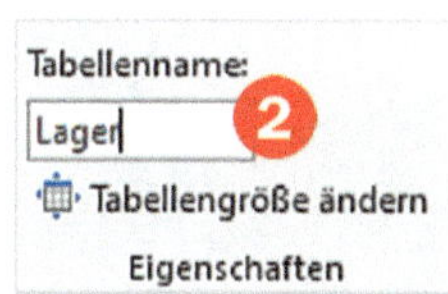

Bild 3.12 Tabellennamen ändern

Für Namen von Tabellen gelten dieselben Regeln, wie für Namen von Zellen und Zellbereichen.

Tabellennamen besitzen, genau wie Namen für Zellbereiche, innerhalb der gesamten Arbeitsmappe Gültigkeit.

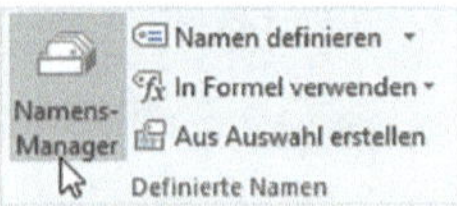

Beachten Sie folgende Regeln für Tabellennamen:

- Ein Tabellenname muss eindeutig sein, darf also in der Mappe nicht doppelt vorkommen. Excel unterscheidet dabei nicht zwischen Groß- und Kleinschreibung.
- Der Tabellenname darf maximal 255 Zeichen lang sein und mit Ausnahme des Unterstrichs keine Sonder- oder Leerzeichen enthalten.
- Der Name kann Buchstaben und Ziffern enthalten, muss aber mit einem Buchstaben beginnen.

Tipp: Einen Überblick über alle vorhandenen Tabellen- und Bereichsnamen erhalten Sie im Namens-Manager von Excel. Klicken Sie dazu im Register *Formeln* ▶ *Definierte Namen* auf die Schaltfläche *Namens-Manager*. Hier können Sie alle Namen kontrollieren und nach einem Klick auf die Schaltfläche *Bearbeiten* ändern. Im Gegensatz zu normalen Zellen- und Bereichsnamen kann allerdings der Name eines Tabellenbereichs weder gelöscht noch der Bezug auf den Zellbereich geändert werden.

Bild 3.13 Tabellennamen im Namens-Manager bearbeiten

Tabelle zurück in normalen Bereich konvertieren

Falls Sie einen Tabellenbereich in einen normalen Zellbereich konvertieren möchten, dann klicken Sie auf eine beliebige Stelle innerhalb des Tabellenbereichs und im Register *Tabellentools - Entwurf* ▶ *Tools* auf *In Bereich konvertieren*, oder verwenden aus dem Kontextmenü der rechten Maustaste den Befehl *Tabelle - In Bereich konvertieren*.

Achtung: Alle Daten, Formate und Formeln bleiben erhalten, strukturierte Verweise in Formeln werden in normale Zellbezüge umgewandelt. Wenn Sie auch die Tabellenformate, z. B. Linien und abwechselnde Zeilenfarben entfernen möchten, dann wählen Sie zunächst die Formatvorlage *Keine* (siehe oben) und konvertieren erst dann die Tabelle in einen normalen Zellbereich.

Bild 3.14 In normalen Bereich konvertieren

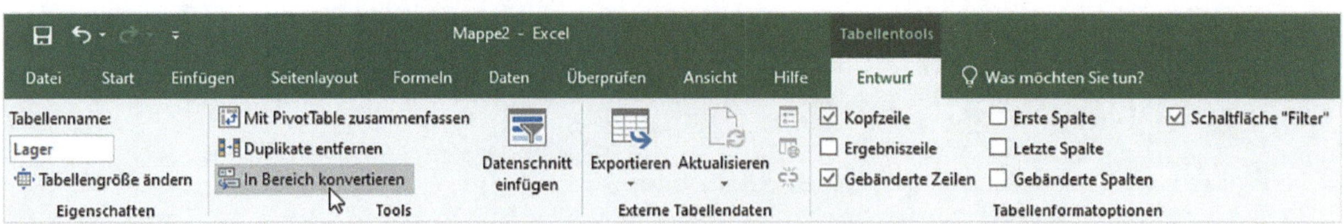

Strukturierte Verweise auf Tabellenbereiche verwenden

Neben der Verwendung des Tabellennamens für Verweise auf den gesamten Tabellenbereich können in Formeln auch Verweise auf bestimmte Elemente eines Tabellenbereichs eingesetzt werden. Diese unterscheiden sich etwas von normalen Zellbezügen und werden als strukturierte Verweise bezeichnet.

Strukturierte Verweise in Formeln

Wenn Sie in einem Tabellenbereich nachträglich eine Spalte mit einer Formel berechnen, dann verwendet Excel automatisch strukturierte Verweise. Als Beispiel im Bild unten die Berechnung des Lagerwerts aus Einzelpreis und Lagerbestand.

1. Markieren Sie die erste Zelle der zu berechnenden Spalte, geben Sie das Gleichheitszeichen = ein und klicken Sie auf die erste benötigte Zelle, im Bild unten den Einzelpreis in C2.

   Excel fügt statt eines Zellbezugs den Feldnamen bzw. die Spaltenüberschrift in eckigen Klammern in der Schreibweise [@Einzelpreis] in die Formel ein.

2. Geben Sie dann den Operand * ein und klicken Sie auf die zweite Zelle, den Lagerbestand. Auch hier erhalten Sie einen Verweis in der Form [@Lagerbestand].

3. Schließen Sie die Formeleingabe ab, entweder durch Drücken der Eingabetaste oder Klick auf das Symbol *Eingeben* in der Bearbeitungsleiste. Die Formel wird automatisch in die gesamte Spalte übernommen.

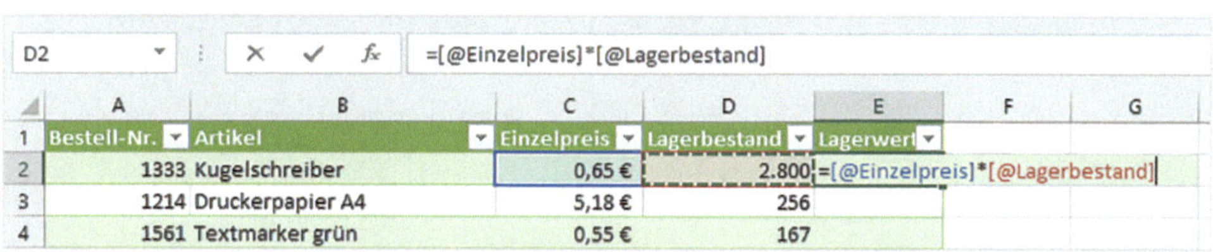

Bild 3.15 Formeleingabe in einem Tabellenbereich

Hinweis: Wenn dagegen ein Zellbereich mit Formeln nachträglich in einen Tabellenbereich umgewandelt wurde, so behalten die Formeln ihre ursprüngliche Schreibweise und werden so auch in neu angefügte Datensätze übernommen.

Verweise per Tastatur eingeben

In der vereinfachten Schreibweise können Sie strukturierte Verweise in Formeln auch per Tastatureingabe nur unter Verwendung der Feldnamen eingeben. Beachten Sie aber, dass die Feldnamen unbedingt in eckigen Klammern eingegeben werden müssen, hier ein Beispiel:

```
=[Einzelpreis]*[Lagerbestand]
```

Excel öffnet nach Eingabe der öffnenden eckigen Klammer [eine Liste von Feldnamen, aus der Sie mit Doppelklick den benötigten übernehmen können, die schließende eckige Klammer muss dagegen wieder über die Tastatur eingegeben werden.

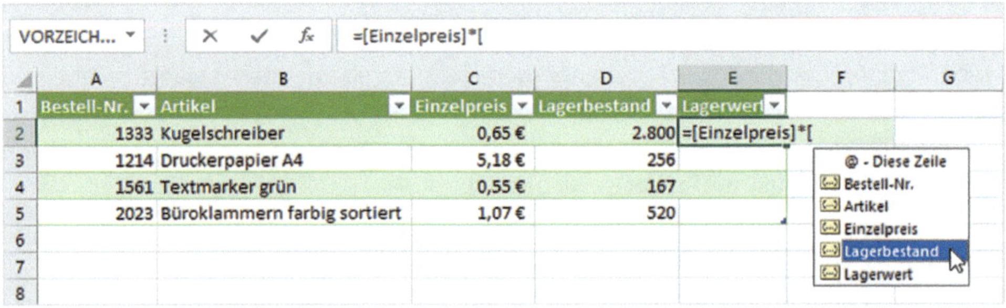

Bild 3.16 Strukturierte Verweise in Formel eingeben

Verweise auf Tabellenelemente

Strukturierte Verweise können auch in Formeln außerhalb des Tabellenbereichs verwendet werden, wenn Sie sich auf Tabellendaten beziehen möchten. In diesem Fall muss der Tabellenname vorangestellt werden; z. B. berechnet folgende Formel in einer beliebigen Zelle des Arbeitsblatts *Tabelle1* die Summe der Spalte *Lagerbestand*:

```
=SUMME(Tabelle1[Lagerbestand])
```

Für Verweise auf bestimmte Elemente können zusätzlich zu Tabellenname und Feldname die folgenden Bezeichner verwendet werden, auch diese müssen in eckige Klammern gesetzt werden. Diese Verweise können in Formeln innerhalb und außerhalb des Tabellenbereichs verwendet werden, im Bild unten ein Beispiel.

Bezeichner	Verweist auf...	Beispiel
#Alle	die gesamte Tabelle, einschließlich Spaltenüberschriften und Daten	=ANZAHL2(Tabelle1[[#Alle];[Bestell-Nr.]]) liefert die Anzahl der Zellen der Spalte Bestell-Nr. einschließlich Überschriften
#Daten	nur die Datenzellen der Tabelle Wenn nur der Tabellenname angegeben wird, erhalten Sie dasselbe Ergebnis.	=ANZAHL2(Tabelle1[#Daten]) liefert die Anzahl der Zellen des Datenbereichs (ohne Überschriften)
#Kopfzeilen	die Kopfzeile mit den Spaltenüberschriften	
#Ergebnisse	die Ergebniszeile, falls vorhanden	
#@ oder #Diese Zeile	die Daten der aktuellen Zeile	=SUMME(UmsatzQuartal[@[Januar]:[März]]) Berechnet die Zeilensumme über die Spalten Januar bis März wobei die Monate die Spaltenüberschriften bilden, siehe Bild unten.

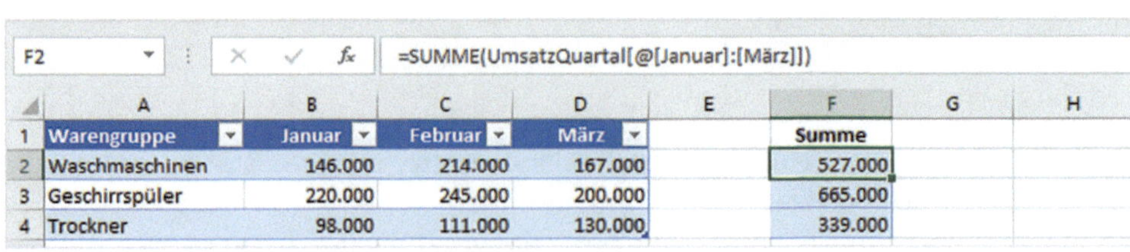

Bild 3.17 Beispiel: Zeilensumme außerhalb des Tabellenbereichs berechnen

UmsatzQuartal = Tabellenname

3.3 Daten bei der Eingabe überprüfen

Bei der Speicherung großer Datenmengen ist es wichtig, dass die Daten bei der Eingabe korrekt erfasst werden, da sich fehlerhafte Datensätze nachträglich nur schwer finden bzw. korrigieren lassen. Excel stellt zur Kontrolle und Steuerung der Eingabe die Datenüberprüfung zur Verfügung. Mit ihrer Hilfe können Sie für Zellen Regeln zur Eingabe festlegen. Es spielt keine Rolle, ob es sich um einen normalen Zellbereich handelt oder einen Tabellenbereich (siehe oben). Folgende Möglichkeiten sind verfügbar:

- Beschränkung auf einen zulässigen Wertebereich, wobei dieser auch mittels Formel berechnet werden kann.
- Vorgabe eines Datentyps, z. B. Zahl oder Datum.
- Auswahl aus einer Liste (Dropdown-Liste).
- Zusätzlich können Sie eine Meldung definieren, die bei falschen bzw. nicht zulässigen Eingaben erscheint.

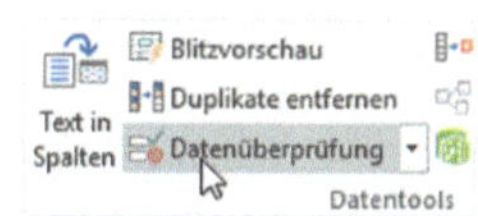

Bild 3.18 Datenüberprüfung

Die Werkzeuge dazu finden Sie im Register *Daten* ▶ *Datentools*. Klicken Sie hier auf das Symbol *Datenüberprüfung* oder auf den Dropdown-Pfeil des Symbols und auf *Datenüberprüfung...*.

> **Wichtig zu wissen!**
>
> Die Regeln zur Datenüberprüfung werden für einzelne Zellen festgelegt und wie Formeln behandelt. Sie haben zwei Möglichkeiten, die Gültigkeitsprüfung für die gesamte Tabellenspalte festzulegen:
>
> ▶ Entweder markieren Sie zuerst die betreffenden Zellen bzw. die gesamte Spalte und legen dann die Regel zur Dateneingabe fest.
>
> ▶ Oder markieren Sie zunächst die erste Zelle der Spalte, weisen dieser eine Regel zu und kopieren diese anschließend wie eine Formel mit Hilfe von AutoAusfüllen bzw. durch Ziehen mit gedrückter Maustaste auf die angrenzenden Zellen der Spalte
>
> Wenn es sich um einen Tabellenbereich handelt, werden Gültigkeitsregeln automatisch auf neu hinzugefügte Zeilen dieser Spalte angewendet.

Wertebereich und Datentyp vorgeben

Die Datenüberprüfung erlaubt beispielsweise, die Eingabe auf einen bestimmten Datentyp, z. B. nur ganze Zahlen, ein Datum und einen vorgegebenen Wertebereich, zu beschränken. Hierzu ein kleines Beispiel: Die Bestellnummer muss eine vierstellige ganze Zahl sein:

Datenüberprüfung.xlsx

1 Markieren Sie die Zelle ❶ oder Spalte, im Bild unten A2, und klicken Sie im Register *Daten* ▶ *Datentools* auf *Datenüberprüfung*.

2 Klicken Sie im Dialogfenster *Datenüberprüfung* auf das Register *Einstellungen* und wählen Sie im Feld *Zulassen* den zulässigen Datentyp ❷, hier *Ganze Zahl*.

Tipp: Das Kontrollkästchen *Leere Zellen ignorieren* ❸ steuert, ob eine Zelle auch leer bleiben darf. Ist in dieser Spalte eine Eingabe zwingend erforderlich, z. B. wenn es sich um das Schlüsselfeld handelt, wie in unserem Beispiel bei der Bestellnummer, dann sollten Sie es deaktivieren.

3 Um den Wertebereich einzuschränken, wählen Sie im Feld *Daten* den Operator *zwischen* ❹ und geben dann darunter im Feld *Minimum* als kleinsten Wert die Zahl 1000 und im Feld *Maximum* den größten zulässigen Wert, 9999 ein ❺.

Das Kontrollkästchen *Änderungen auf alle Zellen mit den gleichen Einstellungen anwenden* ❻ sorgt bei nachträglichen Änderungen dieser Regel dafür, dass die Änderung in alle Zellen mit dieser Regel übernommen wird. Bei Neuerstellung einer Regel, wie im Bild unten, ist es deaktiviert.

Bild 3.19 Datentyp und Wertebereich festlegen

Datum einschränken

Ist die Eingabe eines Datums erforderlich, dann können Sie als Vergleichswert auch Datumsfunktionen einsetzen. Im Bild unten darf beispielsweise das eingegebene Datum nicht größer als das aktuelle Datum plus 3 Tage sein.

Textlänge begrenzen

Mit der Auswahl *Textlänge* können Sie die Eingabe auf eine feste Anzahl Zeichen beschränken, im Bild 3.21 zwischen 1 und maximal 10 Zeichen.

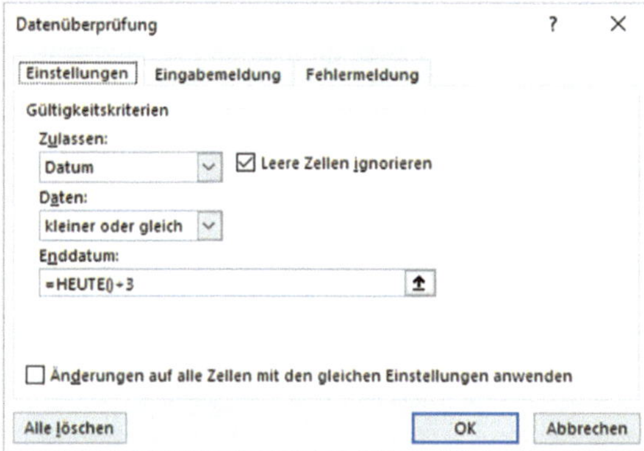

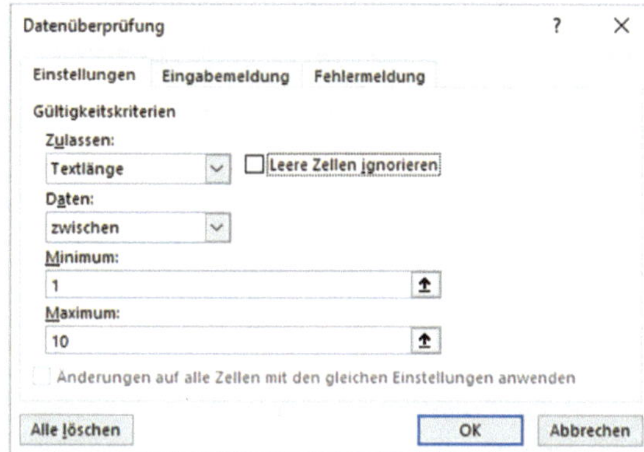

Bild 3.20 Datumseingabe

Bild 3.21 Textlänge

Zellbezüge als Vergleichswerte

Als Vergleichswerte können auch Zellbezüge angegeben werden, diese können sich auch in einem anderen Arbeitsblatt der Mappe befinden. Beachten Sie aber, dass in jedem Fall feste Zellbezüge erforderlich sind, wie im Bild unten.

Bild 3.22 Vergleichswerte als Zellbezug

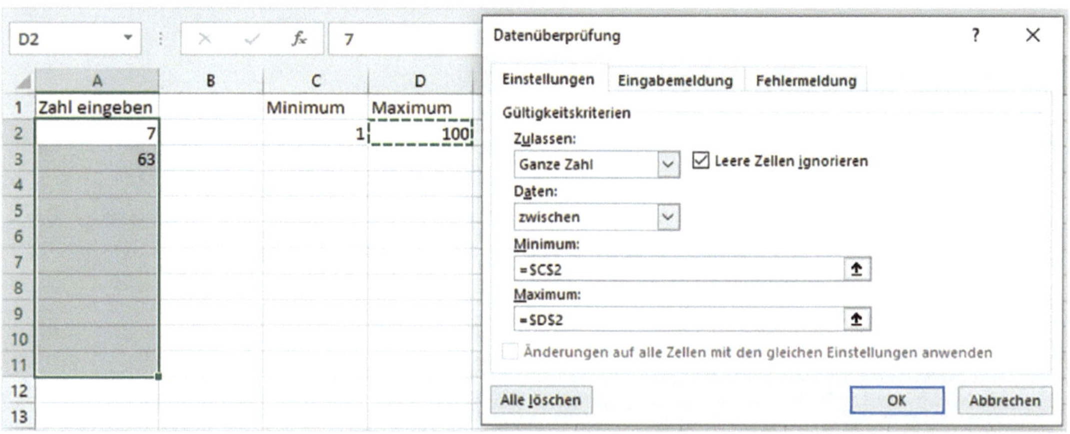

Eingabehinweise und Fehlermeldung ausgeben

- Im Register *Eingabemeldung* des Fensters *Datenüberprüfung* können Sie optional einen kurzen Info-Text für spätere Benutzer der Tabelle formulieren. Diese Meldung erscheint im Tabellenblatt, sobald auf die Zelle geklickt wird bzw. wenn die Zelle markiert ist.

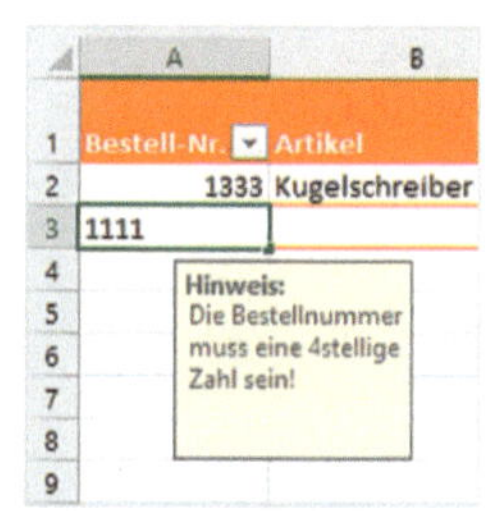

- Bei Eingaben, die nicht den festgelegten Einschränkungen entsprechen, erscheint eine Standardfehlermeldung. Da diese wenig aussagefähig ist, insbesondere für ungeübte Nutzer, sollten Sie auch eine Meldung für Falscheingaben formulieren. Diese geben Sie im Register *Fehlermeldung* ein. Über das Auswahlfeld *Typ* können Sie auch das Symbol wählen, das zusammen mit der Fehlermeldung erscheint.

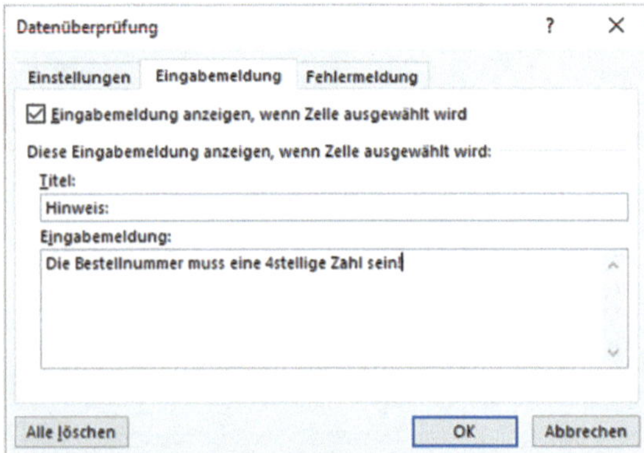

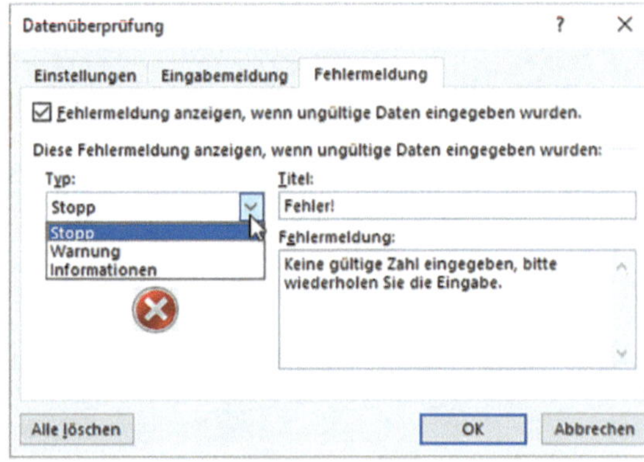

Bild 3.23 Eingabemeldung

Bild 3.24 Fehlermeldung

Regeln und Meldungen entfernen

Falls Sie bestehende Regeln und Meldungen zur Datenüberprüfung löschen möchten, so markieren Sie die betreffenden Zellen, öffnen mit Klick auf das Symbol *Datenüberprüfung* das gleichnamige Fenster und klicken auf die Schaltfläche *Alle löschen*.

Die Eingabe auf die Auswahl aus einer Liste beschränken

Dropdown – Auswahl aus einer Liste von Werten

Sie können die Eingabe auch auf bestimmte Werte einschränken, indem Sie eine Dropdown-Liste vorgeben. Die Werte einer solchen Liste können sich theoretisch im selben Blatt befinden, besser ist es jedoch, wenn Sie die Liste in einem gesonderten Arbeitsblatt erstellen. Sie können dann später dieses Tabellenblatt ausblenden und so unbeabsichtigte Änderungen anderer Benutzer verhindern.

Tipp: Wenn Sie die Liste später um weitere Elemente ergänzen möchten, dann sollten Sie diese als Tabellenbereich formatieren. Auf diese Weise werden nachträglich hinzugefügte Tabellenzeilen automatisch auch in der Dropdown-Liste berücksichtigt.

Beispiel: Bei der Eingabe von Artikeln soll die Auswahl des Herstellers aus einer Liste erfolgen

1 Die Liste aller Hersteller befindet sich in einem gesonderten Tabellenblatt. Um im ersten Schritt diesen Bereich als Tabelle zu formatieren, klicken Sie in die Liste und im Register *Einfügen* auf *Tabelle*. Aktivieren Sie das Kontrollkästchen *Tabelle hat Überschriften* ❶ und klicken Sie auf *OK*.

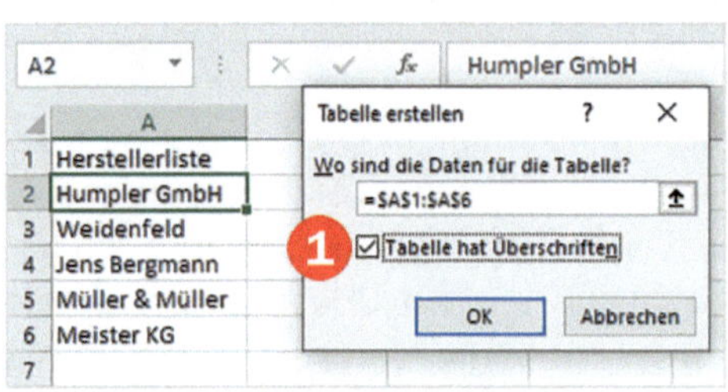

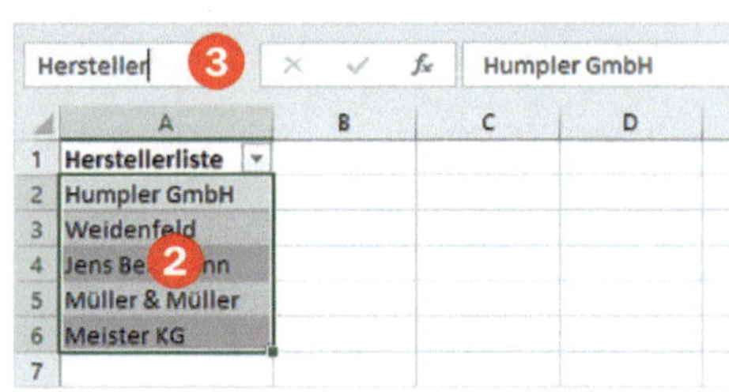

Bild 3.25 Tabellenbereich erstellen

Bild 3.26 Tabelle umbenennen

2 Geben Sie dem Datenbereich einen aussagefähigen Namen: Markieren Sie die Hersteller (ohne Überschrift) ❷, klicken Sie in der Bearbeitungsleiste in das Namenfeld und geben Sie einen aussagekräftigen Namen ein ❸, z. B. Hersteller.

3 Markieren Sie in der Artikeltabelle die Spalte *Hersteller*, klicken Sie auf *Datenüberprüfung* und wählen Sie im Register *Einstellungen*, Feld *Zulassen* den Eintrag *Liste* ❹ aus.

Hinweis: Achten Sie darauf, dass das Kontrollkästchen *Zellendropdown* ❺ aktiviert sein muss, da sonst im Tabellenblatt der Dropdown-Pfeil nicht erscheint!

4 Klicken Sie in das Feld *Quelle* und geben Sie hier den Bereichsnamen ein ❻. **Achtung**: Zellbezüge oder Bereichsnamen müssen mit einem Gleichheitszeichen (=) beginnen.

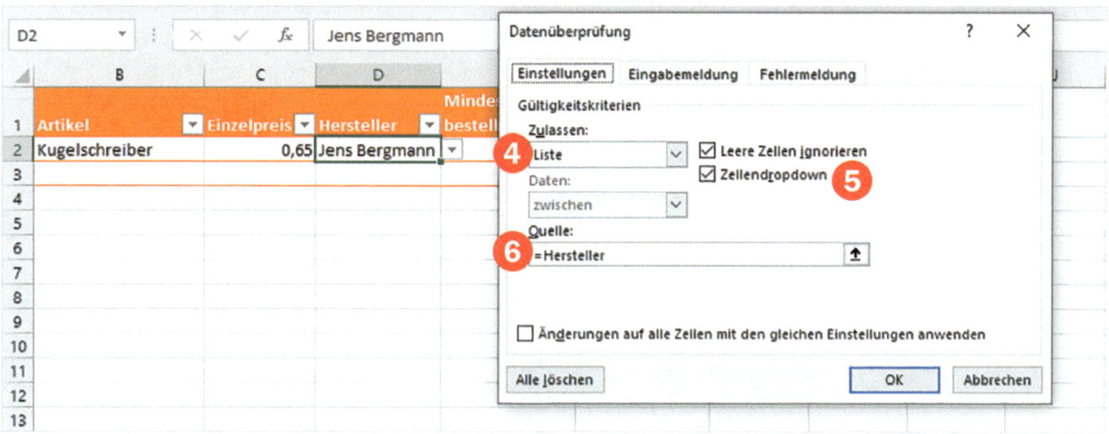

Bild 3.27 Wählen Sie Liste und geben Sie die Quelle an

5 Legen Sie abschließend wieder, wie oben beschrieben, eine Eingabe- und eine Fehlermeldung fest.

Im Tabellenblatt erscheint nun neben der Zelle ein Dropdown-Pfeil, sobald die Zelle markiert wird. **Tipp**: Um unnötiges Klicken während der Eingabe zu vermeiden, können Sie die Liste auch mit den Tasten Alt+Pfeil nach unten öffnen. Die Auswahl erfolgt dann per Pfeiltaste und mit der Eingabetaste übernehmen Sie den markierten Wert.

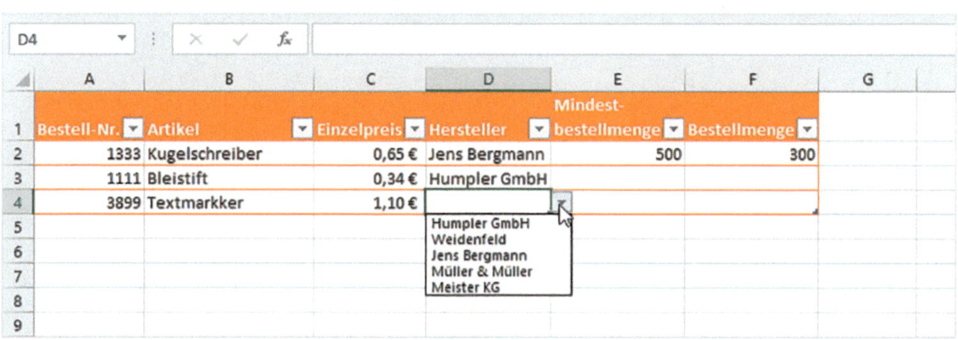

Bild 3.28 Auswahl aus Liste

Hinweise

- Leider darf die Liste nur eine einzige Spalte umfassen. Handelt es sich um eine Tabelle mit mehreren Spalten, dann dürfen Sie nur die benötigte Spalte angeben.
- Falls Sie die zulässigen Einträge im Feld *Quelle* eingeben möchten, so müssen Sie die Werte mit Semikolon (;) trennen, z. B. Januar;Februar;März;....

Zulässige Eingaben mit einer Formel berechnen

1 Wenn die zulässige Eingabe mit Hilfe einer Formel ermittelt werden soll, dann wählen Sie im Fenster *Datenüberprüfung* unter *Zulassen* den Eintrag *Benutzerdefiniert*.

2 Geben Sie dann ein Gleichheitszeichen gefolgt von der Formel ein.

> **Achtung**: Die Datenüberprüfung akzeptiert ausschließlich Formeln, die als Ergebnis einen Wahrheitswert, also WAHR oder FALSCH liefern.

Im Bild unten ein Beispiel: Bei der manuellen Eingabe von Bestellungen soll die jeweilige Mindestbestellmenge berücksichtigt werden: Die Bestellmenge in Spalte F muss größer oder gleich der Mindestbestellmenge sein.

Bild 3.29 Zulässige Eingaben berechnen

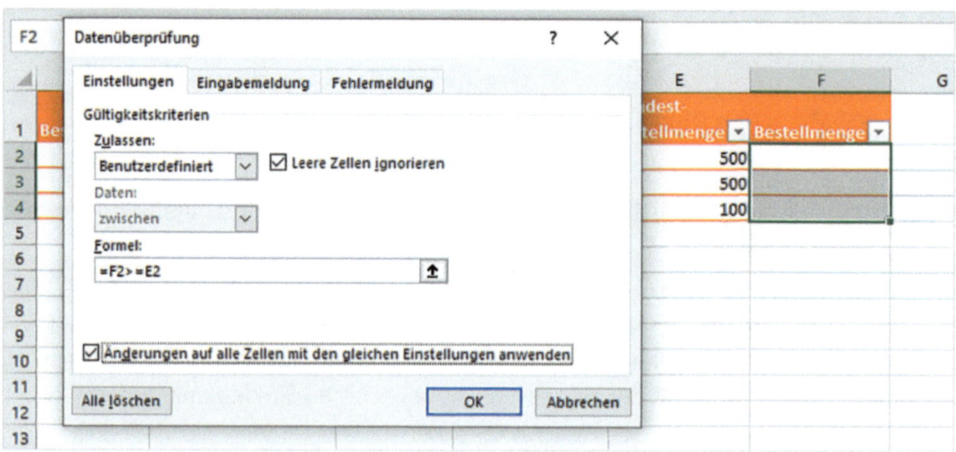

Tipps zur Datenüberprüfung

Änderungen der Datenüberprüfung übernehmen

Wenn Sie nachträglich die Überprüfungseinstellungen ändern möchten, dann genügt es, wenn Sie diese für eine einzelne Zelle vornehmen. Aktivieren Sie dann das Kontrollkästchen *Änderungen auf alle Zellen mit den gleichen Einstellungen anwenden*, siehe Bild 3.29 oben.

Zellen mit Regeln zur Datenüberprüfung markieren

Klicken Sie im Register *Start* ▶ *Bearbeiten* auf *Suchen und Auswählen* und hier auf *Datenüberprüfung*. Excel markiert daraufhin alle Zellen, für die eine Datenüberprüfung festgelegt wurde und Sie können nun beispielsweise für diese Zellen den Schreibschutz aufheben, wenn Sie anschließend das Tabellenblatt schützen möchten.

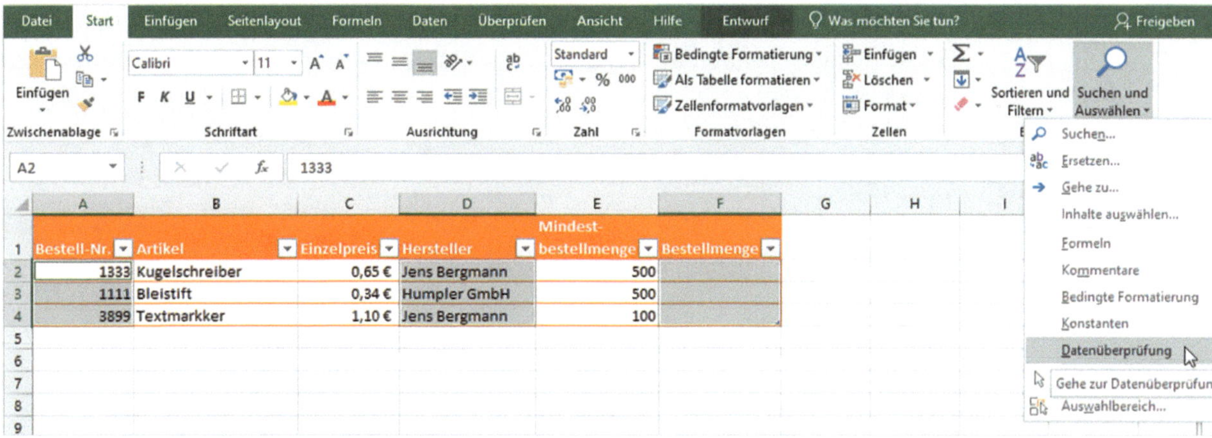

Bild 3.30 Zellen mit Datenüberprüfung markieren

Datenüberprüfung auf weitere Zellen ausweiten

1 Markieren Sie den Zellbereich, den Sie in die Datenüberprüfung einschließen möchten, mindestens eine der markierten Zellen muss bereits eine Datenüberprüfung enthalten.

2 Klicken Sie auf *Datenüberprüfung* und bestätigen Sie die Rückfrage, ob die Datenüberprüfung auf die markierten Zellen erweitert werden soll mit *Ja*.

3 Das Fenster *Datenüberprüfung* öffnet sich mit der Regel, klicken Sie zum Übernehmen auf *OK*.

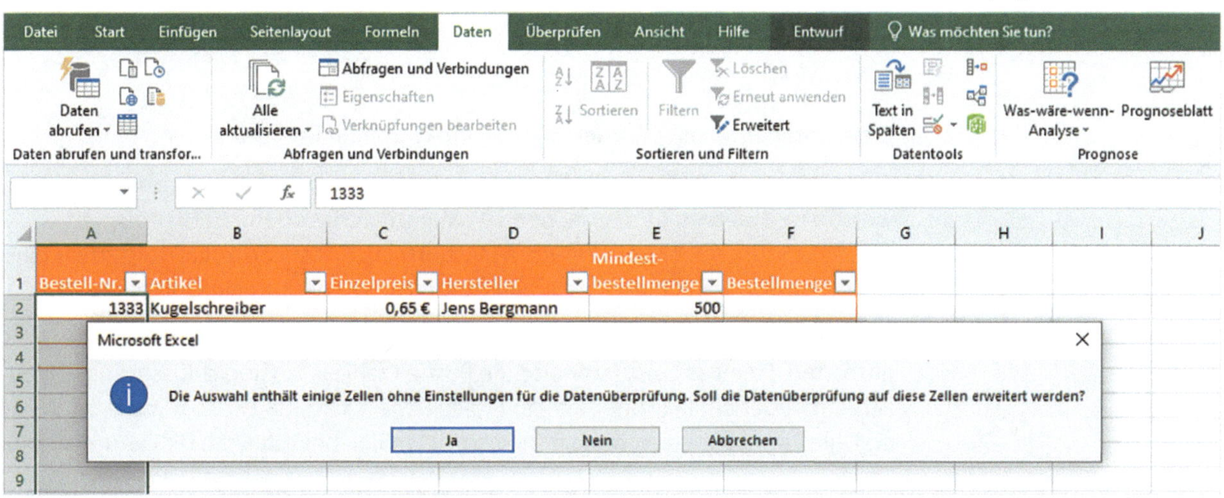

Bild 3.31 Datenüberprüfung übernehmen

Nachträglich ungültige Daten kennzeichnen

Sinnvollerweise sollten Regeln zur Datenüberprüfung bereits vor der Eingabe in die Tabelle festgelegt werden, da die Datenüberprüfung während der Eingabe erfolgt und bereits gespeicherte Werte ignoriert.

Falls Sie trotzdem erst nachträglich eine Datenüberprüfung festlegen, so werden alle vorhandenen Werte, die gegen diese Regeln verstoßen, mit einem grünen Dreieck als Fehler gekennzeichnet. In umfangreichen Tabellen lassen sich diese Zellen optisch wesentlich besser hervorheben, wenn Sie auf den Dropdown-Pfeil des Symbols *Datenüberprüfung* und hier auf *Ungültige Daten einkreisen* klicken. Mit *Gültigkeitskreise löschen* entfernen Sie die Kennzeichnung wieder.

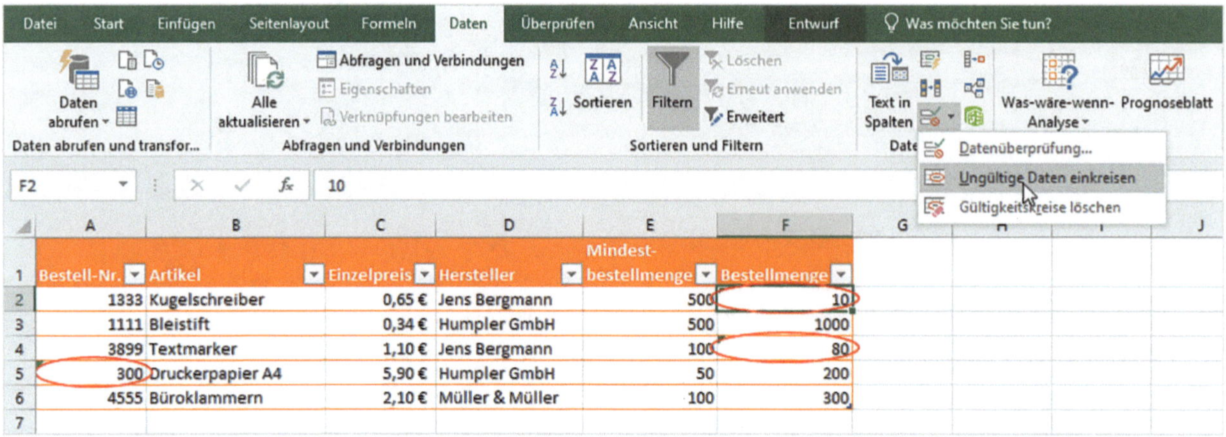

Bild 3.32 Ungültige Daten einkreisen

3.4 Tabellen sortieren

Was Sie beim Sortieren berücksichtigen sollten

- Excel unterstützt eine Sortierung nach Text, Zahlen und Datumswerten.
- Ein späteres Wiederherstellen der ursprünglichen Reihenfolge ist nur möglich, wenn eine Spalte mit entsprechenden Merkmalen vorhanden ist, beispielsweise Eingabedatum oder Kundennummer. Ist dies nicht der Fall, sollten Sie zuvor eine zusätzliche Spalte mit einer fortlaufenden Nummerierung einfügen.
- Spalten, die Sie als Sortierschlüssel verwenden, müssen Werte des gleichen Typs enthalten. So muss beispielsweise die Postleitzahl als Sortierschlüssel ausschließlich entweder als Text oder als Zahl gespeichert sein, da Excel grundsätzlich zuerst alle Zahlen und erst danach Text sortiert. Gleiches gilt auch für Datumswerte.
- Vorsicht bei Formeln! Wenn die Tabelle Formeln mit Bezügen auf andere Zeilen enthält, ist unter Umständen keine Sortierung möglich.

- Excel erkennt eine Überschriftzeile normalerweise automatisch. Enthält allerdings die Tabelle mehrere Überschriftzeilen oder bestehen die Spaltenüberschriften aus Zahlen bzw. werden Spaltenüberschriften aus anderen Gründen nicht korrekt erkannt, dann müssen Sie vor dem Sortieren den Tabellenbereich markieren und dürfen dabei nur eine einzige Überschriftzeile einbeziehen. Am besten verwenden Sie in solchen Fällen die benutzerdefinierte Sortierung, siehe weiter unten.
- Dasselbe gilt auch für zusammenfassende Ergebnisse in Zeilen, die sich unmittelbar unterhalb der letzten Tabellenzeile befinden und nicht in die Sortierung einbezogen werden dürfen.

Einfaches Sortieren nach einer einzigen Spalte

Tabellenbereich sortieren

Wurde ein Zellbereich als Tabellenbereich formatiert, dann gestaltet sich die Sortierung einfach und der gesamte Tabellenbereich wird automatisch einbezogen. Klicken Sie in der Spaltenüberschrift der Spalte, nach der Sie sortieren möchten, auf den Dropdown-Pfeil (Filterschaltfläche), im Bild unten Bestellnummer, und wählen Sie zwischen aufsteigender (*Von A bis Z sortieren*) und absteigender Sortierung.

Tabellenbereich, siehe Seite 124.

Bild 3.33 Sortieren über Filterschaltfläche

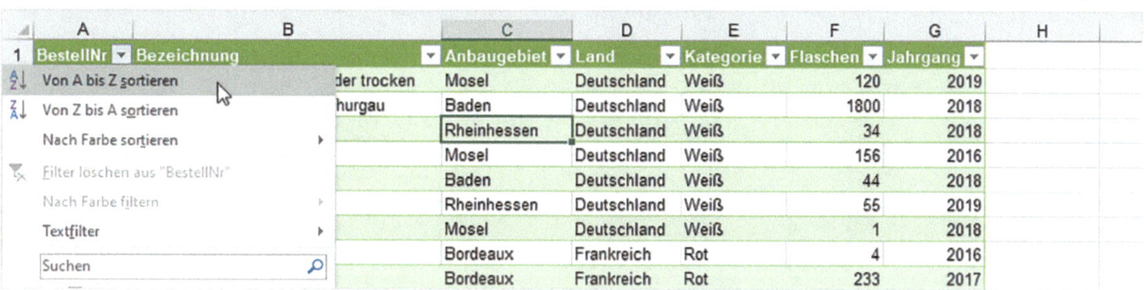

Weinlager.xlsx

Alternativ klicken Sie in der Tabelle auf eine beliebige Zelle der betreffenden Spalte.

- Klicken Sie dann im Register *Start* ▶ *Bearbeiten* auf *Sortieren und Filtern*.
- Oder klicken Sie im Register *Daten*, *Sortieren und Filtern*, auf Aufsteigend oder Absteigend sortieren.

Bild 3.34 Sortierungen

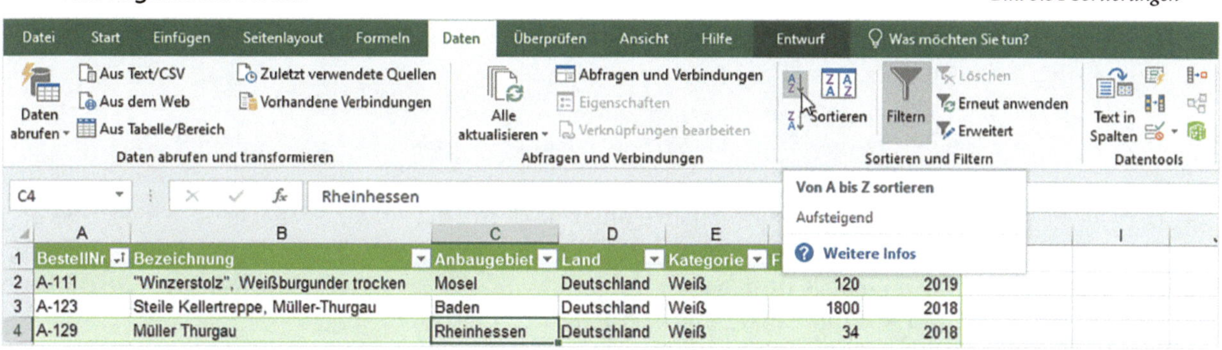

Vorhandene Sortierungen sind am zusätzlichen Pfeil auf der Filterschaltfläche schnell zu erkennen.

Normalen Zellbereich sortieren

Enthält die Tabelle Leerzeilen, dann verwenden Sie besser Benutzerdefiniertes Sortieren.

Wenn Sie einen normalen Zellbereich sortieren möchten, dann verwenden Sie zum Sortieren dieselben Befehle im Register *Start* oder Register *Daten*. Für einfaches Sortieren nach einer einzigen Spalte genügt es, wenn eine Zelle in der betreffenden Spalte markiert ist.

Achtung: Die Tabelle darf bei dieser Methode keine Leerzeilen enthalten, da sonst hier die Sortierung endet. Berücksichtigen Sie außerdem folgende Grundregel, um fehlerhaftes Sortieren zu vermeiden:

> Markieren Sie niemals die Zellen einer einzigen Spalte. In diesem Fall werden nur die Werte der markierten Spalte sortiert, nicht aber die vollständigen Zeilen bzw. Datensätze. Zuvor erscheint die unten abgebildete Sortierwarnung. Wenn Sie hier die Option *Markierung erweitern* wählen, dann können Sie anschließend mit Klick auf die Schaltfläche *Sortieren* mit der Sortierung fortfahren. Mit der Option *Mit bestehender Markierung fortfahren* erfolgt dagegen die Sortierung ausschließlich innerhalb der markierten Spalte!

Bild 3.35 So bitte nicht!

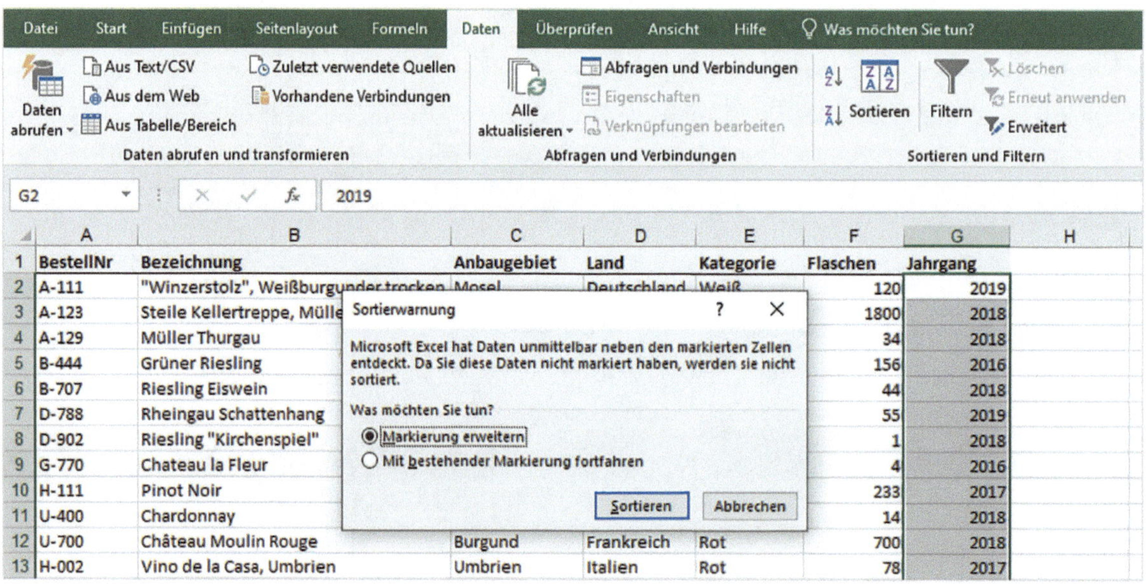

Falls eine Tabelle trotzdem einmal falsch sortiert wurde, so machen Sie die Sortierung unmittelbar danach wieder rückgängig. Ein späteres Wiederherstellen der ursprünglichen Tabelle ist dagegen nicht mehr möglich, wenn die Arbeitsmappe geschlossen und Änderungen gespeichert wurden.

Tipp: Wenn Sie sichergehen möchten, dass Ihre Tabelle korrekt sortiert wird, dann klicken Sie auf eine beliebige Zelle innerhalb der zu sortierenden Tabelle und klicken im Register *Daten* auf *Filtern*. Die Tabelle wird nicht gefiltert, sondern bei jeder Spaltenüberschrift erscheint ein Dropdown-Pfeil. Über diese Filterschaltflächen lässt sich auch die Sortierfolge auswählen (siehe Tabellenbereich sortieren).

Bild 3.36 Filterschaltflächen einblenden

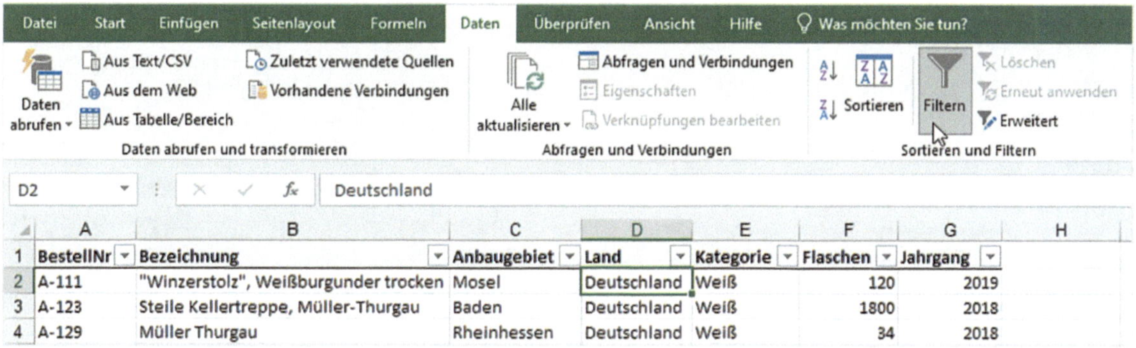

Falls die Dropdown-Pfeile stören: Ein weiterer Klick auf Filtern blendet diese wieder aus.

Erweiterte Sortiermöglichkeiten

Mehrere Sortierkriterien verwenden

Wenn mehrere Sortierkriterien zum Einsatz kommen sollen, dann wählen Sie das benutzerdefinierte Sortieren, maximal 64 Sortierkriterien werden unterstützt.

1 Klicken Sie dazu auf eine beliebige Zelle innerhalb der zu sortierenden Tabelle und anschließend im Register *Daten* ▶ *Sortieren und Filtern*, auf die Schaltfläche *Sortieren*.

Bild 3.37 Erweiterte Sortierung

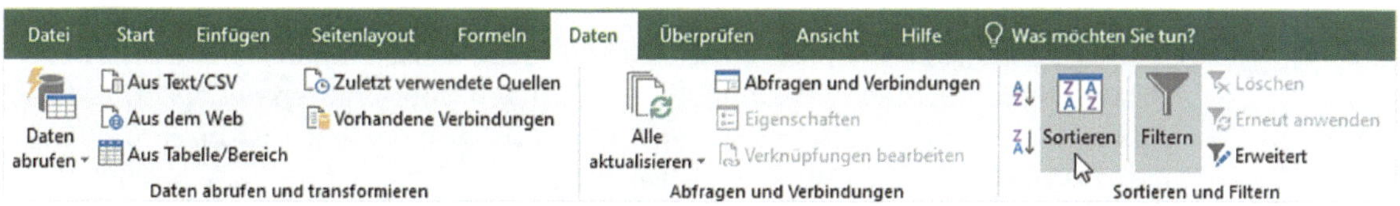

2 Excel markiert im Hintergrund automatisch den gesamten zusammenhängenden Tabellenbereich und öffnet das Fenster *Sortieren* (Bild 3.38 auf der nächsten Seite).

3 Überprüfen Sie, ob eine vorhandene Überschriftzeile erkannt wurde, dann muss das Kontrollkästchen *Daten haben Überschriften* aktiviert sein ❶.

4 Wählen Sie im Feld *Sortieren nach* das erste Sortierkriterium, im abgebildeten Beispiel die Spalte Land ❷. Die Einstellung *Werte* unter *Sortieren nach* kann beibehalten werden, unter *Reihenfolge* sehen Sie als standardmäßige Reihenfolge *A bis Z*, diese kann mit Klick auf den Pfeil geändert werden.

5 Klicken Sie dann auf *Ebene hinzufügen* ❸ und wählen Sie als zweites Sortierkriterium das Anbaugebiet ❹.

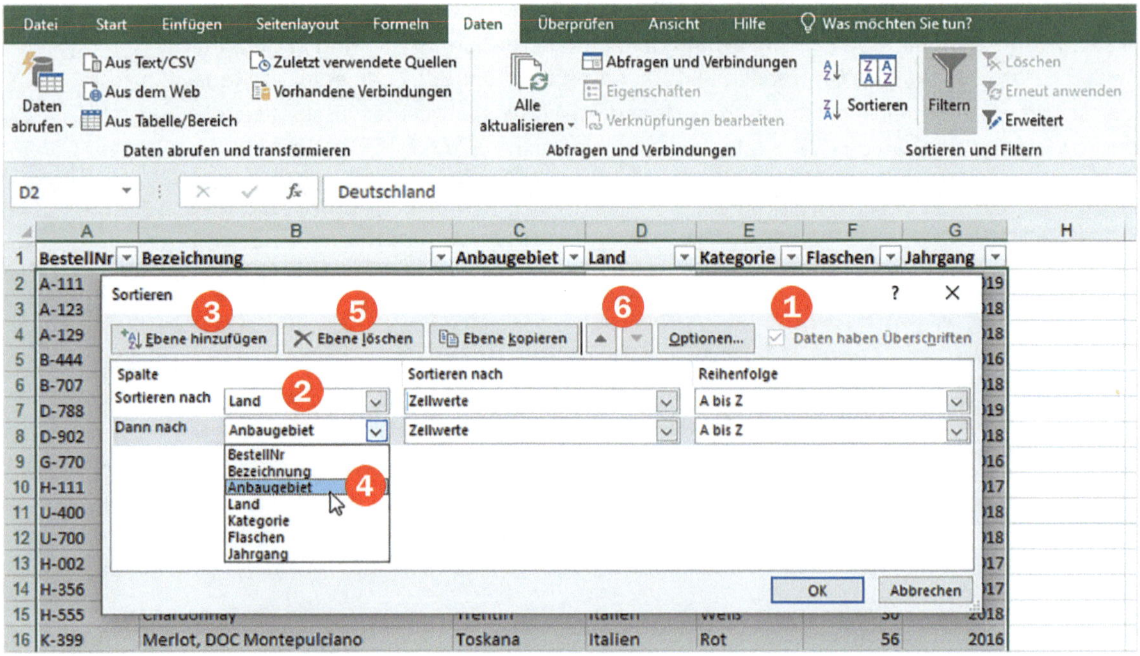

Bild 3.38 Sortierung nach mehreren Ebenen

- Wenn Sie eine Sortierung entfernen möchten, dann markieren Sie die betreffende Ebene und klicken auf die Schaltfläche *Ebene löschen* ❺.
- Mit den Schaltflächen *Nach oben*/*Nach unten* ❻ können Sie die markierte Sortierung jeweils eine Ebene höher oder tiefer verschieben.

Spalten sortieren

Standardmäßig sortiert Excel die Zeilen einer Tabelle. Falls Sie abweichend die Spalten sortieren möchten, also alphabetisch nach den Überschriften der ersten Zeile, so nehmen Sie dies ebenfalls im Fenster *Sortieren* vor. Markieren Sie die gesamte Tabelle einschließlich der Überschriften, klicken Sie auf *Daten* ▶ *Sortieren* und anschließend auf die Schaltfläche *Optionen…*.

Aktivieren Sie die Option *Spalten sortieren* (Bild unten). Anschließend wählen Sie die Zeile, z. B. *Zeile 1* wenn Sie nach Überschriften sortieren möchten. Falls erforderlich, ist auch eine Unterscheidung zwischen Groß- und Kleinschreibung möglich.

Bild 3.39 Spalten sortieren

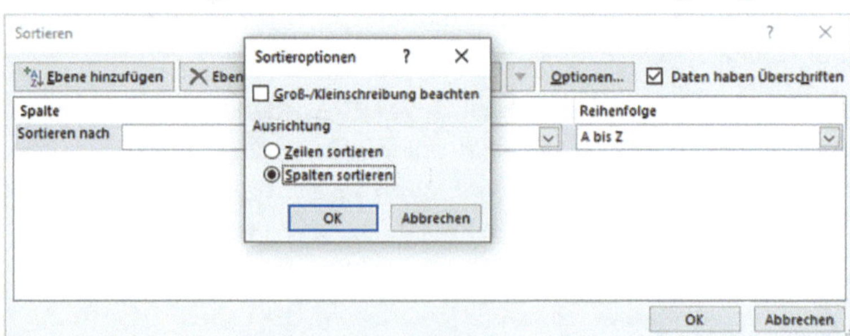

Tabellen mit mehreren Überschriftzeilen sortieren

Enthält Ihre Tabelle zwei oder mehr Überschriftzeilen oder unmittelbar unterhalb Summen oder andere Ergebnisse, dann markieren Sie den zu sortierenden Tabellenbereich entweder zusammen mit nur einer einzigen Überschriftzeile oder ohne Überschriften und öffnen ebenfalls das Fenster *Sortieren*. Achten Sie besonders auf das Kontrollkästchen *Daten haben Überschriften* und aktivieren bzw. deaktivieren Sie es entsprechend!

> Bestehen die Überschriften Ihrer Tabelle ausschließlich aus Zahlen, dann werden diese von Excel meist nicht erkannt. Auch in diesem Fall müssen Sie die Sortierung im Fenster *Sortieren* vornehmen.

Nach Farbe sortieren

Haben Sie in einer Tabelle Zellen in unterschiedlichen Farben formatiert, entweder manuell oder mit der bedingten Formatierung, dann können Sie auch nach Zellen- und/oder Schriftfarben sortieren.

1. Öffnen Sie dazu das Dialogfenster *Sortieren*, siehe oben, und wählen Sie zuerst die entsprechende Spalte aus. Klicken Sie dann unter *Sortieren nach* auf den Dropdown-Pfeil und wählen Sie *Zellenfarbe* ❶, *Schriftfarbe* oder *Zellensymbol* (siehe Bild unten).

Zellensymbole werden von der bedingten Formatierung verwendet.

2. Mit Klick auf den Dropdown-Pfeil *Reihenfolge* öffnet sich ein Auswahlfeld mit allen Farben der ausgewählten Spalte ❷ und Sie können die gewünschte Farbe auswählen.

Sortieren_Farben.xlsx

3. Für jede weitere Farbe klicken Sie auf *Ebene hinzufügen* ❸, wählen in diesem Fall immer dieselbe Spalte und dazu die nächste Farbe.

Diese Sortiermöglichkeit lässt sich auch hervorragend in Verbindung mit der bedingten Formatierung einsetzen, siehe nächstes Kapitel.

Bild 3.40 Nach Farbe sortieren

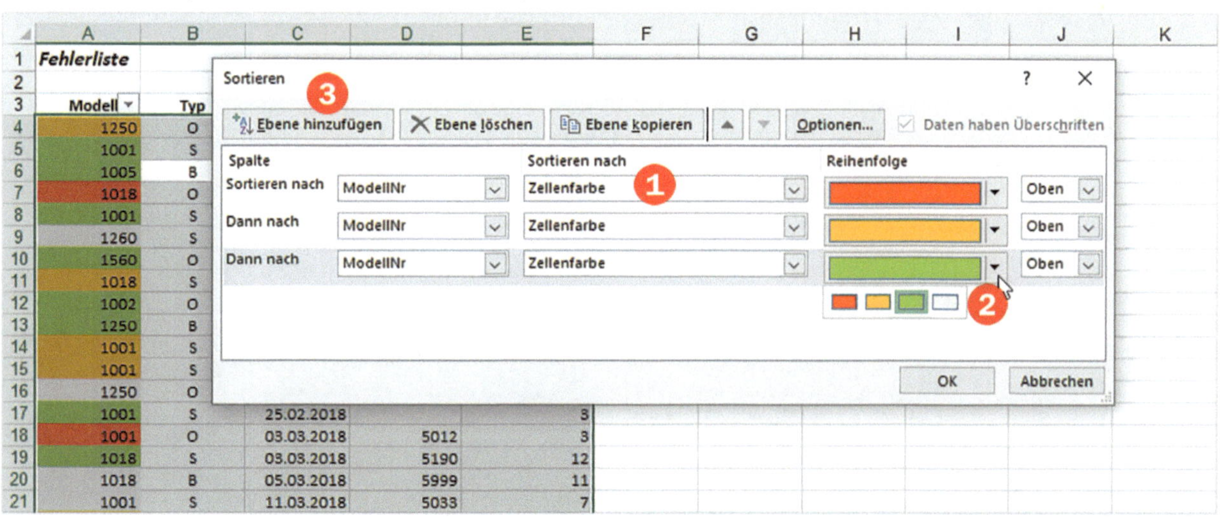

3.5 Filter einsetzen

Excel kennt verschiedene Möglichkeiten, um bestimmte Werte aus einer Tabelle herauszufiltern. Dabei ist es nützlich zu wissen, dass sich die gefilterten Werte anschließend beliebig kopieren lassen, z. B. in ein neues Tabellenblatt oder in eine neue Arbeitsmappe.

Die Filterschaltflächen benutzen (AutoFilter)

Der einfache oder AutoFilter besteht zunächst nur aus Filterschaltflächen in den Spaltenüberschriften (Bild 3.41), über die Sie schnell Filterkriterien auswählen können. Wurde ein Zellbereich als Tabellenbereich formatiert, dann sind die Filterschaltflächen automatisch sichtbar. Sie können die Schaltflächen aber auch im Register *Daten* mit der Schaltfläche *Filtern*, ein- und ausblenden oder im Register *Start* ▶ *Bearbeiten* über die Schaltfläche *Filtern und Sortieren*, Auswahl *Filtern*.

Bild 3.41 AutoFilter

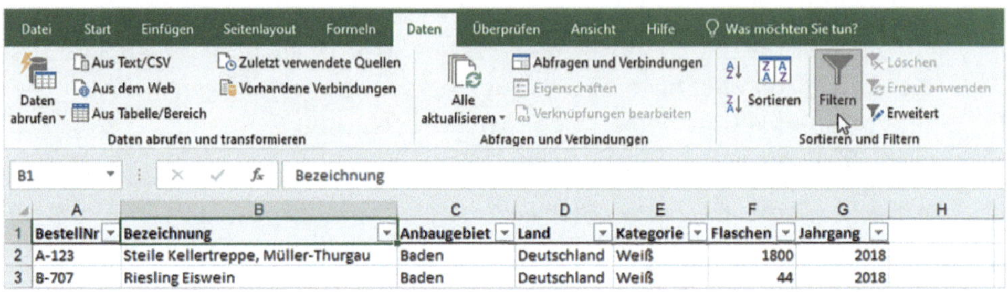

Zum Filtern klicken Sie auf die Filterschaltfläche derjenigen Spalte, nach der Sie filtern möchten, im Bild unten Land, und wählen Ihre Filterkriterien durch Aktivieren bzw. Deaktivieren der Kontrollkästchen. Am einfachsten deaktivieren Sie zunächst das Kontrollkästchen *(Alles auswählen)*, bevor Sie dann einzelne Kriterien aktivieren. Auch Mehrfachauswahl und gleichzeitiges Filtern nach mehreren Spalten sind möglich.

Bild 3.42 Beispiel: Nach Land filtern

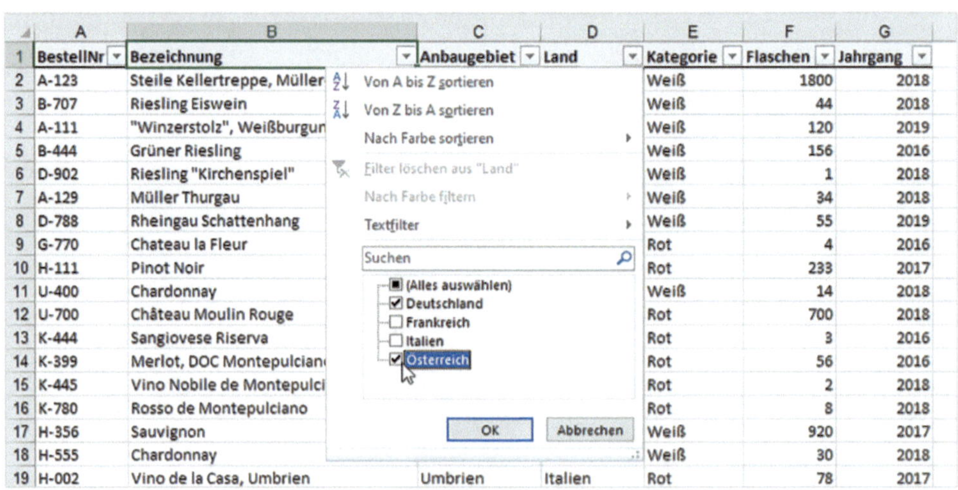

Tipp: Die Filterschaltflächen aktiver Filter sind mit dem Filtersymbol gekennzeichnet und die verwendeten Kriterien werden als Infotext sichtbar, wenn Sie mit der Maus auf die Schaltfläche zeigen.

Bild 3.43 Filterkriterien werden beim Zeigen sichtbar

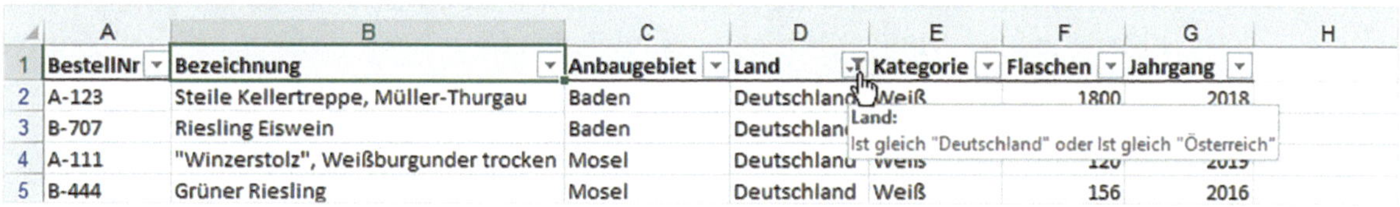

Filter entfernen

- Zum Entfernen des Filters aus einer Spalte klicken Sie auf den Dropdown-Pfeil der betreffenden Spaltenüberschrift und aktivieren entweder das Kontrollkästchen *(Alles auswählen)* oder klicken hier auf den Befehl *Filter löschen aus....*
- Sollen alle Filter aus der Tabelle entfernt werden, so klicken Sie im Register *Daten*, Gruppe *Sortieren und Filtern*, auf *Löschen*.

Weitere Filtermöglichkeiten

Über die Filterschaltflächen sind, abhängig vom Datentyp, mit *Textfilter*, *Zahlenfilter* und *Datumsfilter* noch zahlreiche weitere Möglichkeiten verfügbar, siehe Bild unten. **Tipp**: Der Datumsfilter *Alle Datumswerte im Zeitraum* erlaubt die Auswahl eines bestimmten Quartals oder Monats unabhängig vom Jahr und lässt sich beispielsweise einsetzen, um schnell zu filtern, wer im ausgewählten Monat Geburtstag hat.

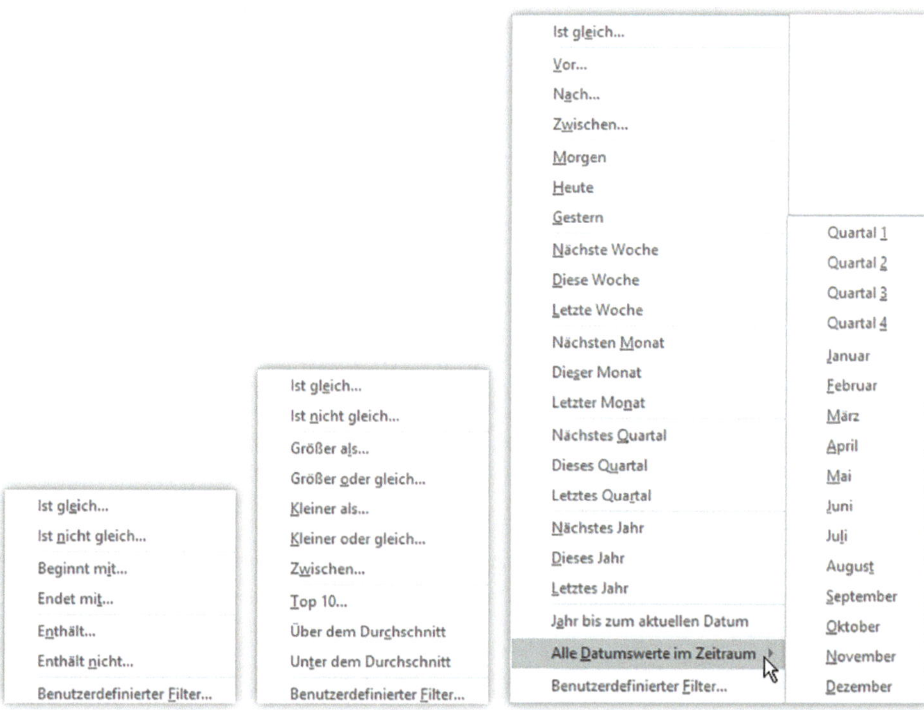

Bild 3.44 Textfilter, Zahlenfilter und Datumsfilter

Erweiterte Filtermöglichkeiten mit dem Spezialfilter

Für komplexe Filterkriterien verwenden Sie besser den erweiterten bzw. Spezialfilter. Im Gegensatz zum AutoFilter werden hier die Filterkriterien in einem gesonderten Kriterienbereich eingegeben und zusammen mit der Mappe gespeichert, sie können somit jederzeit wieder aufgerufen werden. Die folgenden Punkte sollten Sie beim Anlegen des Kriterienbereichs berücksichtigen:

- Er sollte sich oberhalb oder unterhalb, aber nicht neben der Liste befinden, da er sonst beim Filtern unter Umständen ausgeblendet wird. Bei umfangreichen Tabellen erstellen Sie den Kriterienbereich am besten in einem gesonderten Tabellenblatt.
- Der Kriterienbereich besteht aus mindestens zwei Zeilen, wobei die erste Zeile die Spaltenüberschriften enthält. Da die Spaltenüberschriften exakt mit den Überschriften der Tabelle übereinstimmen müssen, kopieren Sie diese am einfachsten. Ab der zweiten Zeile geben Sie für jede Spalte die Filterkriterien ein, wobei Sie auch mehrere Kriterien verwenden können. In nicht verwendeten Spalten lassen Sie die Zellen einfach leer.

Folgende Operatoren und Platzhalter können verwendet werden:

>	größer als	<	kleiner als
>=	größer oder gleich	<=	kleiner oder gleich
=	gleich	<>	ungleich, nicht
*	Platzhalter für beliebige Zeichen	?	Platzhalter für genau 1 Zeichen

Weinlager.xlsx

Als Beispiel sollen aus der Weintabelle alle Weißweine aus Österreich gefiltert werden, deren Bestellnummer mit dem Buchstaben B beginnt und von denen nur noch 100 Flaschen oder weniger vorhanden sind.

1 Legen Sie den Kriterienbereich an wie Bild 3.45 unten, wobei Spalten, für die keine Kriterien benötigt werden, auch ganz weggelassen werden können.

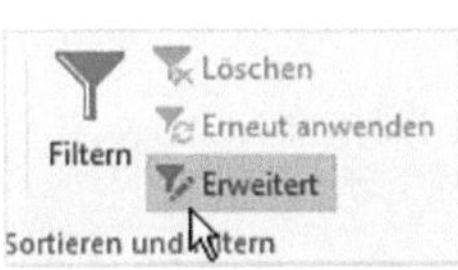

2 Klicken Sie auf eine beliebige Zelle innerhalb der Tabelle und dann im Register *Daten*, Gruppe *Sortieren und Filtern*, auf die Schaltfläche *Erweitert*, um das Fenster *Spezialfilter* anzuzeigen.

3 Kontrollieren Sie im Feld *Listenbereich*, ob der zu filternde Tabellenbereich korrekt erkannt wurde, andernfalls müssen Sie den Bereich (einschließlich der Spaltenüberschriften) nochmals festlegen.

4 Klicken Sie in das Feld *Kriterienbereich* und markieren Sie mit der Maus den gesamten Kriterienbereich einschließlich der Überschriften.

5 Achten Sie darauf, dass die Option *Liste an gleicher Stelle filtern* ausgewählt ist und klicken Sie auf *OK*, um den Filter anzuwenden.

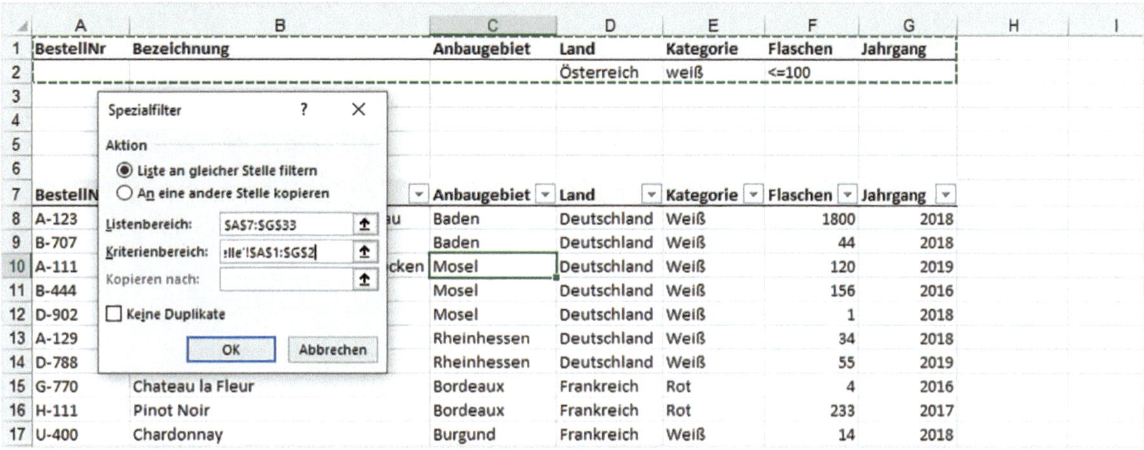

Bild 3.45 Spezialfilter

Auch diesen Filter heben Sie mit einem Klick auf die Schaltfläche *Löschen*, Register *Daten*, Gruppe *Sortieren und Filtern*, wieder auf.

Mehrere Filterkriterien verwenden

Bei der Verwendung mehrerer Kriterien ist zwischen folgenden Möglichkeiten zu unterscheiden:

- Wenn ein Datensatz alle angegebenen Kriterien erfüllen muss, damit er angezeigt wird, dann müssen im Kriterienbereich alle Kriterien in einer einzigen Zeile nebeneinander angegeben werden, siehe Beispiel oben.
- Soll eine einzige Spalte zwei oder mehr Bedingungen gleichzeitig erfüllen, dann müssen Sie diese Spaltenüberschrift entsprechend oft einfügen. Beispiel: Der Kriterienbereich im Beispiel unten filtert alle Weine der Jahrgänge 2016 bis einschließlich 2018 aus Frankreich.

	A	B	C	D	E	F
1	BestellNr	Bezeichnung	Anbaugebiet	Land	Jahrgang	Jahrgang
2				Frankreich	>=2016	<=2018
3						
4						

Bild 3.46 Die Spalte Jahrgang muss 2 Bedingungen erfüllen

- Genügt es dagegen, wenn mindestens eines von mehreren Kriterien erfüllt ist, dann geben Sie diese im Kriterienbereich in Zeilen untereinander an. Beispiel: Der Kriterienbereich im Bild unten filtert alle Weine aus Frankreich oder Italien der Jahrgänge 2017 und 2018.

	A	B	C	D	E	F
1	BestellNr	Bezeichnung	Anbaugebiet	Land	Jahrgang	Jahrgang
2				Frankreich	>=2017	<=2018
3				Italien	>=2017	<=2018
4						

Bild 3.47 Mehrere Kriterien mit Oder verknüpfen

Gefilterte Liste kopieren

Normalerweise wird eine Liste an gleicher Stelle gefiltert. Im Dialogfenster *Spezialfilter* findet sich aber auch mit der Option *An eine andere Stelle kopieren* eine Möglichkeit, die gefilterten Daten an eine andere Stelle zu kopieren. Allerdings ist das Einfügen der Kopie nur im selben Arbeitsblatt möglich, daher ist es in den meisten Fällen einfacher, wenn Sie die Liste zunächst an gleicher Stelle filtern und die gefilterte Liste anschließend in die Zwischenablage kopieren und dann an beliebiger Stelle einfügen.

Filtern mit Datenschnitten

Nur, wenn der Bereich als Tabelle formatiert wurde, siehe Seite 124.

Mit den Datenschnitten stellt Excel eine weitere Filtermöglichkeit zur Verfügung, allerdings nur, wenn der Zellbereich als Tabellenbereich formatiert wurde. Der Vorteil: Datenschnitte lassen sich im Gegensatz zu den Filterschaltflächen der Spaltenüberschriften auf einem Touchscreen leicht mit dem Finger bedienen und auch ungeübte Nutzer sehen auf einen Blick, welche Filter gerade verwendet werden.

Bild 3.48 Datenschnitt einfügen

1 Zum Erstellen von Datenschnitten klicken Sie in die Tabelle und im Register *Tabellentools - Entwurf*, Gruppe *Tools*, auf *Datenschnitt einfügen*.

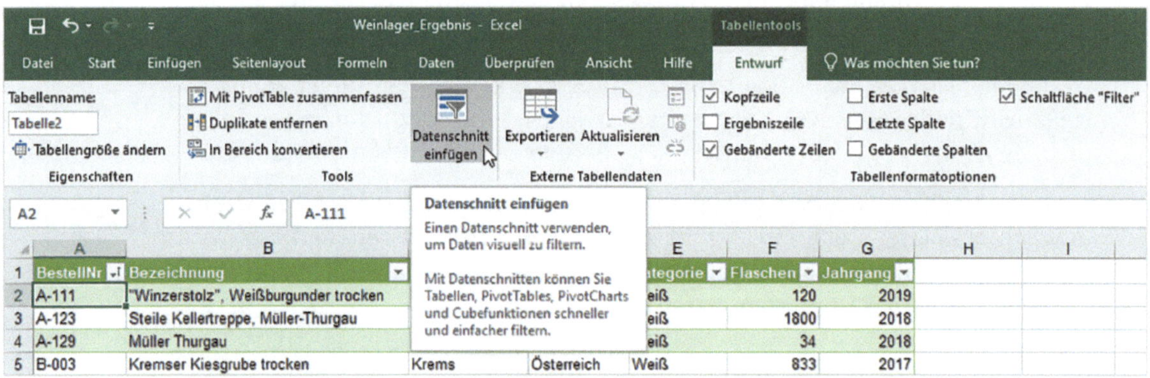

2 Wählen Sie anschließend die benötigten Datenschnitte, d. h. Spalten aus, die Sie als Filter verwenden möchten.

Bild 3.49 Datenschnitt auswählen

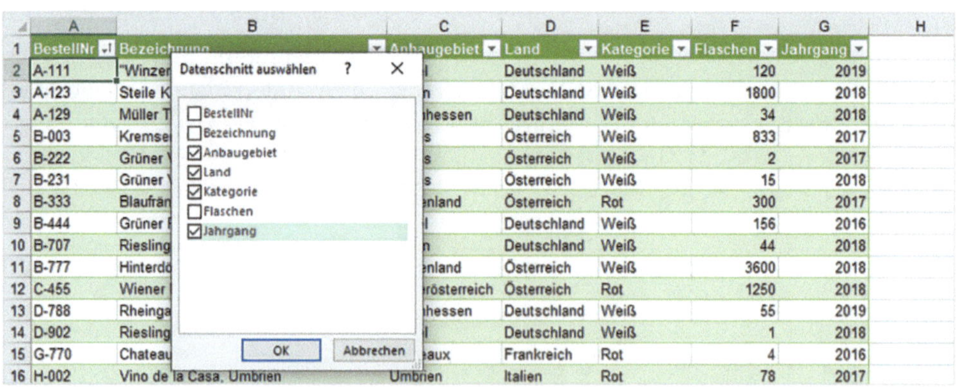

3 Für jede ausgewählte Spalte wird ein Datenschnitt eingefügt und Sie können diese nun durch Ziehen mit der Maus beliebig anordnen sowie vergrößern und verkleinern, wie beispielsweise im Bild unten.

Bild 3.50 Die Tabelle mit den ausgewählten Datenschnitten

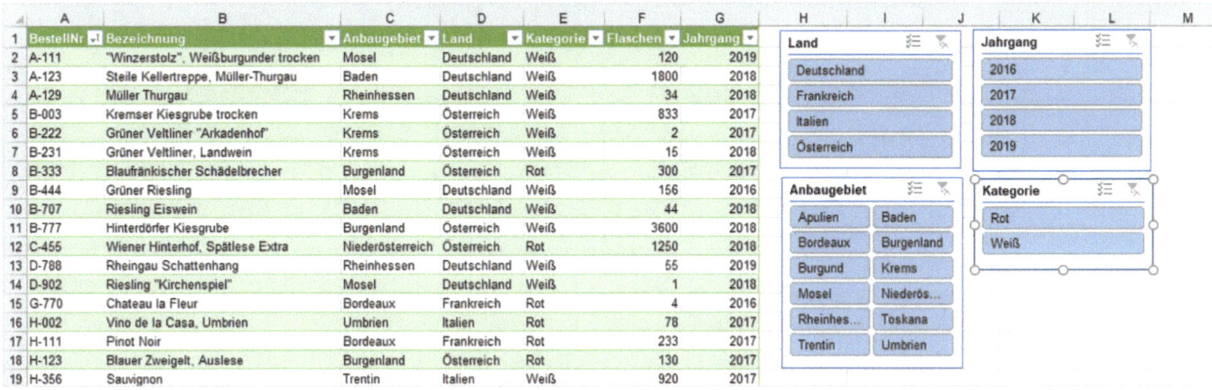

	A	B	C	D	E	F	G
1	BestellNr	Bezeichnung	Anbaugebiet	Land	Kategorie	Flaschen	Jahrgang
2	A-111	"Winzerstolz", Weißburgunder trocken	Mosel	Deutschland	Weiß	120	2019
3	A-123	Steile Kellertreppe, Müller-Thurgau	Baden	Deutschland	Weiß	1800	2018
4	A-129	Müller Thurgau	Rheinhessen	Deutschland	Weiß	34	2018
5	B-003	Kremser Kiesgrube trocken	Krems	Österreich	Weiß	833	2017
6	B-222	Grüner Veltliner "Arkadenhof"	Krems	Österreich	Weiß	2	2017
7	B-231	Grüner Veltliner, Landwein	Krems	Österreich	Weiß	15	2018
8	B-333	Blaufränkischer Schädelbrecher	Burgenland	Österreich	Rot	300	2017
9	B-444	Grüner Riesling	Mosel	Deutschland	Weiß	156	2016
10	B-707	Riesling Eiswein	Baden	Deutschland	Weiß	44	2018
11	B-777	Hinterdörfer Kiesgrube	Burgenland	Österreich	Weiß	3600	2018
12	C-455	Wiener Hinterhof, Spätlese Extra	Niederösterreich	Österreich	Rot	1250	2018
13	D-788	Rheingau Schattenhang	Rheinhessen	Deutschland	Weiß	55	2019
14	D-902	Riesling "Kirchenspiel"	Mosel	Deutschland	Weiß	1	2018
15	G-770	Chateau la Fleur	Bordeaux	Frankreich	Rot	4	2016
16	H-002	Vino de la Casa, Umbrien	Umbrien	Italien	Rot	78	2017
17	H-111	Pinot Noir	Bordeaux	Frankreich	Rot	233	2017
18	H-123	Blauer Zweigelt, Auslese	Burgenland	Österreich	Rot	130	2017
19	H-356	Sauvignon	Trentin	Italien	Weiß	920	2017

4 Zum Filtern klicken Sie einfach im Datenschnitt auf den gewünschten Inhalt

Bild 3.51 Tabelle filtern

	A	B	C	D	E	F	G
1	BestellNr	Bezeichnung	Anbaugebiet	Land	Kategorie	Flaschen	Jahrgang
20	H-555	Chardonnay	Trentin	Italien	Weiß	30	2018
23	K-445	Vino Nobile de Montepulciano, Sangiovese	Toskana	Italien	Rot	2	2018
24	K-780	Rosso de Montepulciano	Toskana	Italien	Rot	8	2018

Mehrere Kriterien auswählen

Wenn Sie aus einem Datenschnitt mehrere Filterkriterien gleichzeitig anwenden möchten, dann klicken Sie im Datenschnitt auf das Symbol *Mehrfachauswahl* und klicken oder tippen anschließend die gewünschten Kriterien der Reihe nach an. Oder klicken Sie diese nacheinander mit gedrückter Strg-Taste an (Mehrfachmarkierung).

Filter löschen/Datenschnitt entfernen

- Um einen Filter aufzuheben, klicken Sie in der rechten oberen Ecke des Datenschnitts auf das Symbol *Filter löschen*.
- Wenn Sie einen Datenschnitt aus dem Tabellenblatt entfernen möchten, dann sollten Sie zunächst eventuell noch aktive Filter dieses Datenschnitts löschen, da diese nicht automatisch mit entfernt werden. Falls Sie allerdings das Löschen des Filters vergessen haben, können Sie diesen auch über die Filterschaltfläche der betreffenden Spalte aufheben.

  Klicken Sie dann in den Titelbereich des Datenschnitts, dieser ist markiert und kann anschließend mit der Entf-Taste der Tastatur gelöscht werden. Als Alternative klicken Sie mit der rechten Maustaste in den Datenschnitt und auf den Befehl *"xxx" entfernen*, wie in Bild 3.52 auf Seite 152.

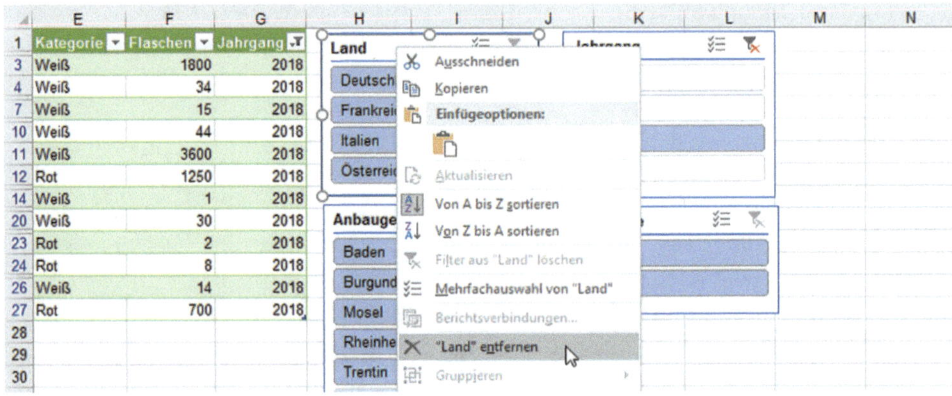

Bild 3.52 Datenschnitt entfernen

Tipps und Hinweise zum Umgang mit Datenschnitten

- Beim Drucken werden Datenschnitte zusammen mit der Tabelle gedruckt.
- Falls Sie einen Datenschnitt mit Formatierungen versehen möchten, finden Sie dazu mehrere Formatvorlagen ❶ im Register *Datenschittools - Optionen*. Dieses Register erscheint, sobald Sie in einen Datenschnitt klicken.

  So können Sie beispielsweise zur besseren Übersicht jedem Datenschnitt eine andere Farbe zuweisen.

- Wenn Sie mehrere Datenschnitte überlappend anordnen möchten, dann können Sie zum Ändern der Reihenfolge in diesem Register die Befehle *Ebene nach vorne* bzw. *Ebene nach hinten* ❷ benutzen.
- Beinhaltet ein Datenschnitt sehr viele Auswahlkriterien, kann es sinnvoll sein, diese in Spalten anzuordnen. Die Anzahl der Spalten geben Sie im Register *Datenschitttools - Optionen* im Feld *Spalten* ❸ ein. Höhe und Breite eines Datenschnitts können Sie dagegen auch schnell mit gedrückter Maustaste ändern.

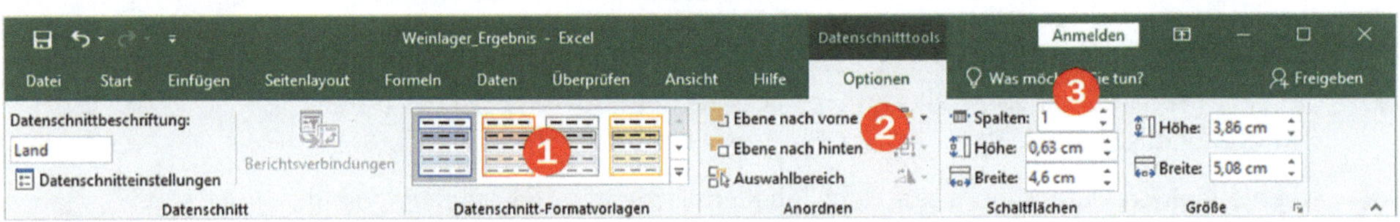

Bild 3.53 Das Register Datenschnitttools

3.6 Tabellen gliedern und Teilergebnisse anzeigen

Gliederungen erstellen

Für mehr Übersicht in umfangreichen Tabellen sorgt die Gruppierungs- bzw. Gliederungsfunktion. Mit ihrer Hilfe können Sie in Tabellen, die sowohl Einzelwerte als auch Zusammenfassungen über Gruppen enthalten, die Einzelwerte schnell aus- und wieder einblenden.

Hinweis: Statt einer Zusammenfassung in Form einer Gliederung kommt in vielen Fällen auch eine Pivot-Tabelle in Frage. Näheres hierzu lesen Sie in Kapitel 6.

Beispiel Quartalssummen berechnen und Monate ausblenden

Als Beispiel die Tabelle im Bild unten. Sie enthält sowohl Monatsumsätze als auch Summen über Quartale und Verkaufsbereiche sowie die Gesamtsummen. Mit Formatierungen wie im Bild lassen sich zwar die jeweiligen Summen hervorheben, mit der Gruppierungs- bzw. Gliederungsfunktion von Excel können Sie dagegen zusätzlich die Einzelwerte beliebig aus- und einblenden. Excel unterstützt bis zu acht Ebenen.

	A	B	C	D	E	F	G	H	I	J
1										
2		Deutschland	Österreich	Schweiz	Summe 1	USA	China	Summe 2	Summe Gesamt	
3	Januar	150	220	85	455	200	120	320	775	
4	Februar	160	210	90	460	210	150	360	820	
5	März	200	230	80	510	190	130	320	830	
6	1. Quartal	510	660	255	1.425	600	400	1.000	2.425	
7	April	140	240	70	450	200	110	310	760	
8	Mai	130	220	60	410	210	120	330	740	
9	Juni	110	230	80	420	230	140	370	790	
10	2. Quartal	380	690	210	1.280	640	370	1.010	2.290	
11	Juli	130	240	90	460	190	160	350	810	
12	August	140	250	110	500	180	120	300	800	
13	September	160	220	120	500	200	130	330	830	
14	3. Quartal	430	710	320	1.460	570	410	980	2.440	
15	Oktober	180	210	90	480	230	150	380	860	
16	November	150	200	80	430	140	140	280	710	
17	Dezember	160	190	85	435	200	140	340	775	
18	4. Quartal	490	600	255	1.345	570	430	1.000	2.345	
19	Summe	1.810	2.660	1.040	5.510	2.380	1.610	3.990	9.500	
20										
21										

Bild 3.54 Die Tabelle enthält Einzelwerte und Summen über Gruppen

Gliederung.xlsx

Automatische Gliederung

Im Idealfall, wie im Bild oben, ist Excel sogar in der Lage, eine automatische Gliederung zu erstellen, allerdings muss die Tabelle einige Voraussetzungen erfüllen.

Beachten Sie die Voraussetzungen für eine automatische Gliederung

- Die Tabelle darf nicht als Tabellenbereich formatiert sein.
- Die Tabelle muss Formeln enthalten und die Formeln müssen einheitliche Bezüge auf Zellen in derselben Zeile oder Spalte enthalten.

1 Markieren Sie die Tabelle; bei einem zusammenhängenden Bereich genügt es auch, wenn eine beliebige Zelle der Tabelle markiert ist.

2 Klicken Sie im Register *Daten* ▶ *Gliederung* auf den Dropdown-Pfeil der Schaltfläche *Gruppieren* und hier auf *AutoGliederung*.

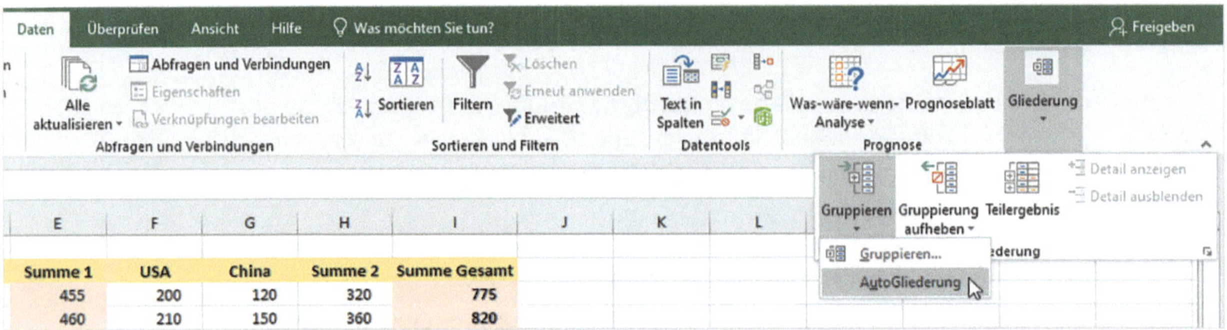

Bild 3.55 AutoGliederung

Einstellungen manuell festlegen

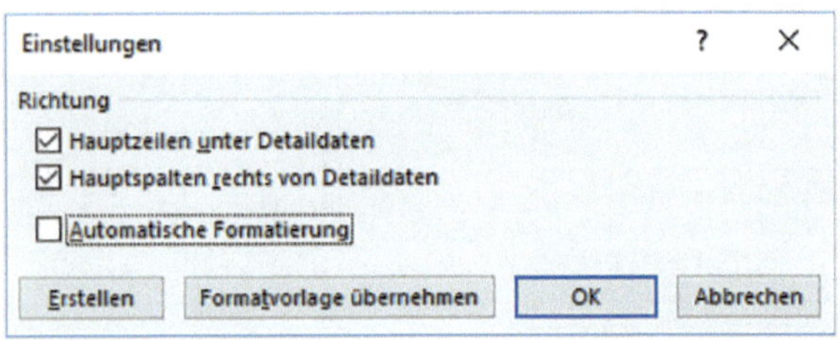

Falls Sie die Einstellungen zur automatischen Gliederung kontrollieren möchten, so klicken Sie stattdessen im Register *Daten* auf das Pfeilsymbol der Gruppe *Gliederung*. Das nachfolgende Fenster *Einstellungen* erlaubt die folgenden Vorgaben:

- *Richtung* legt fest, wo sich die zusammenfassenden Zeilen und/oder Spalten befinden. Die Standardeinstellung *Hauptzeilen unter Detaildaten* und *Hauptspalten rechts von Detaildaten* trifft auf das abgebildete Beispiel zu und kann beibehalten werden.
- Das Kontrollkästchen *Automatische Formatierung* bewirkt, dass außerdem automatisch eine Formatvorlage zugewiesen wird.
- Klicken Sie abschließend auf *Erstellen* um für die Tabelle eine automatische Gliederung zu erstellen, die Schaltfläche *OK* schließt dagegen nur das Fenster.

Sie können natürlich auch eine Gliederung nur nach Zeilen und/oder Spalten wählen. Dazu deaktivieren Sie einfach das entsprechende Kontrollkästchen.

Das Ergebnis: Im Gliederungsbereich links von der Zeilennummerierung und oberhalb der Spalten erscheinen kleine Symbole zum Ein- und Ausblenden der Details.

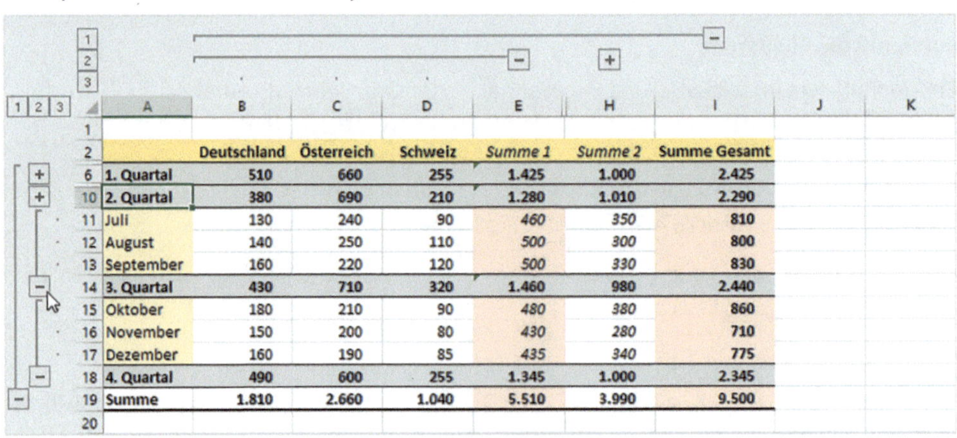

	A	B	C	D	E	H	I
2		Deutschland	Österreich	Schweiz	Summe 1	Summe 2	Summe Gesamt
6	1. Quartal	510	660	255	1.425	1.000	2.425
10	2. Quartal	380	690	210	1.280	1.010	2.290
11	Juli	130	240	90	460	350	810
12	August	140	250	110	500	300	800
13	September	160	220	120	500	330	830
14	3. Quartal	430	710	320	1.460	980	2.440
15	Oktober	180	210	90	480	380	860
16	November	150	200	80	430	280	710
17	Dezember	160	190	85	435	340	775
18	4. Quartal	490	600	255	1.345	1.000	2.345
19	Summe	1.810	2.660	1.040	5.510	3.990	9.500

Bild 3.56 Die automatisch erstellte Gliederung

Gliederungsebenen aus- und einblenden

Zum Aus- und Einblenden einzelner Gliederungsebenen benutzen Sie den Gliederungsbereich links von den Zeilen- und oberhalb der Spaltennummern. Klicken Sie einfach auf die jeweilige Gliederungsebene ❶, z. B. *1*. Mit den Symbolen + (Einblenden) und - (Ausblenden) ❷ können Sie dagegen auch bestimmte Details in der Gliederung anzeigen und ausblenden.

Als Alternative können Sie auch in eine Ergebniszeile klicken und die Schaltflächen *Detail anzeigen* und *Detail ausblenden* im Menüband (*Daten* ▶ *Gliederung*) verwenden.

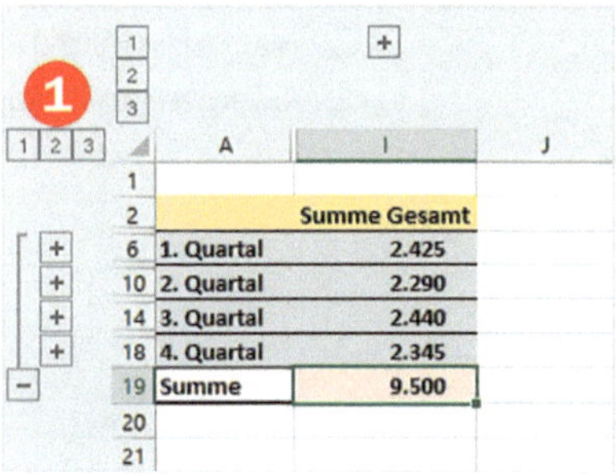

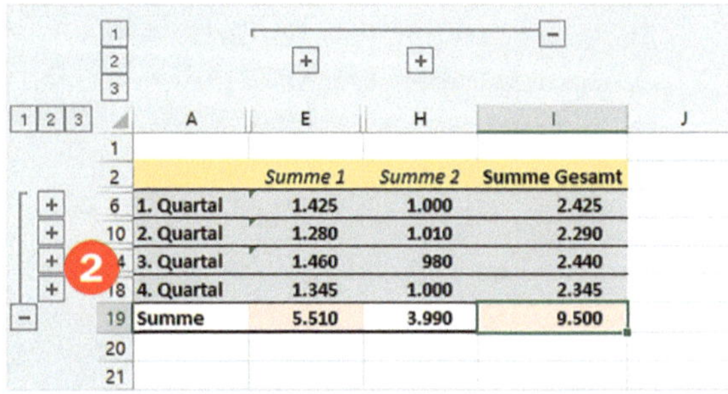

Bild 3.57 Nur die Gliederungebene 1 ist sichtbar

Bild 3.58 Ebenen 1 und 2

Tipp: Diagramm aus Zusammenfassung erstellen

Aus Gliederungsebenen lassen sich auch Diagramme erstellen. So können Sie beispielsweise aus der Zusammenfassung der Gliederungsebene 1 in Bild 3.57 oben ein Diagramm erstellen. Sorgen Sie dafür, dass nur die erste Ebene sichtbar ist, markieren Sie den Bereich mit Ausnahme der Summe und klicken Sie im Register *Einfügen* ▶ *Diagramme* auf den gewünschten Diagrammtyp, z. B. Säulendiagramm.

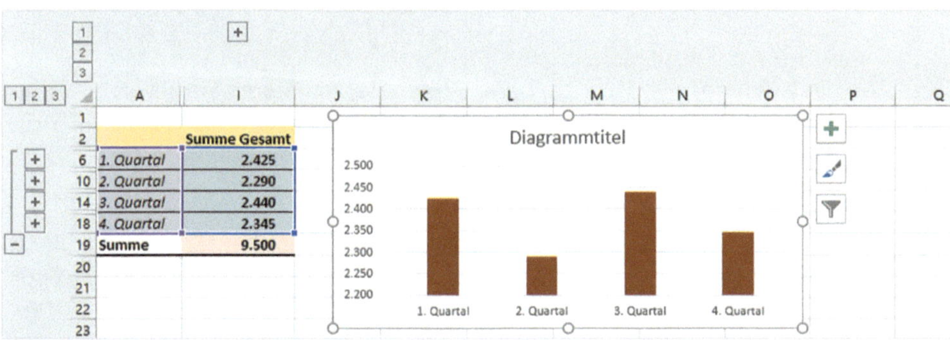

Bild 3.59 Diagramm aus Zusammenfassung erstellen

Gliederung wieder entfernen

Wenn Sie aus einer Tabelle die automatische Gliederung wieder entfernen möchten, dann klicken Sie in die Tabelle bzw. markieren die Tabelle und klicken im Register *Daten* ▶ *Gliederung* auf den Pfeil der Schaltfläche *Gruppierung aufheben* und hier auf *Gliederung entfernen*.

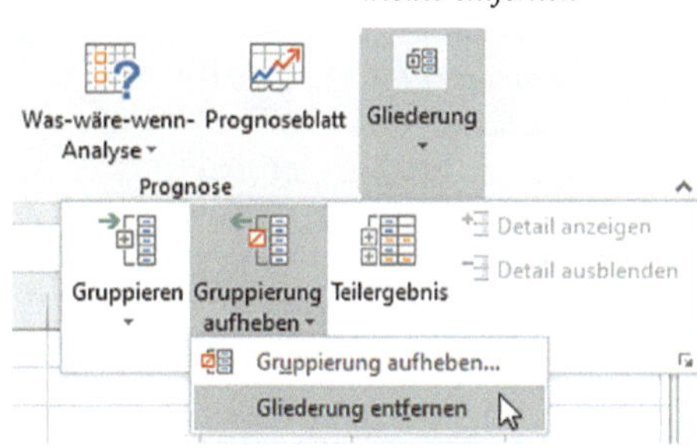

Bild 3.60 Gliederung wieder entfernen

Manuelle Gliederung erstellen

Statt der automatischen Gliederung können Sie eine Tabelle auch manuell gliedern. Als Beispiel soll aus der Tabelle in Bild 3.61 manuell eine Gliederung nach Zeilen, also nach Bezirken und Monaten erstellt werden:

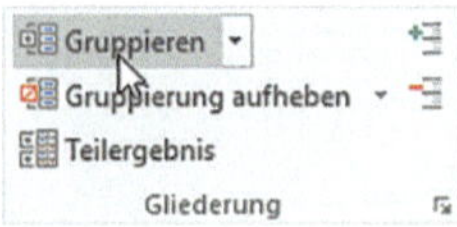

1 Zuerst erstellen die Gliederungsebene 1, also nach Bezirken. Dazu markieren Sie den Bereich A2 bis C17. **Wichtig**: Die Gesamtergebnisse, in diesem Fall in Zeile 18, dürfen nicht mit markiert werden!

2 Klicken Sie dann im Register *Daten* ▶ *Gliederung* auf *Gruppieren* und wählen Sie im nachfolgenden Fenster für dieses Beispiel *Zeilen* (Bild 3.62). Nachdem Sie auf *OK* geklickt haben, erscheint die erste Gliederungsebene in der Gliederungsspalte (Bild 3.63).

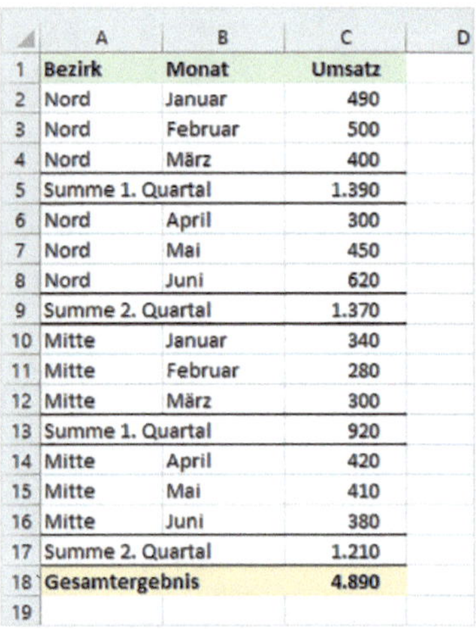

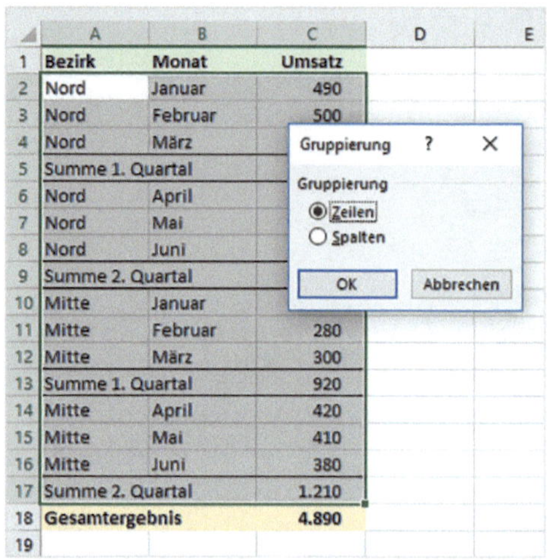

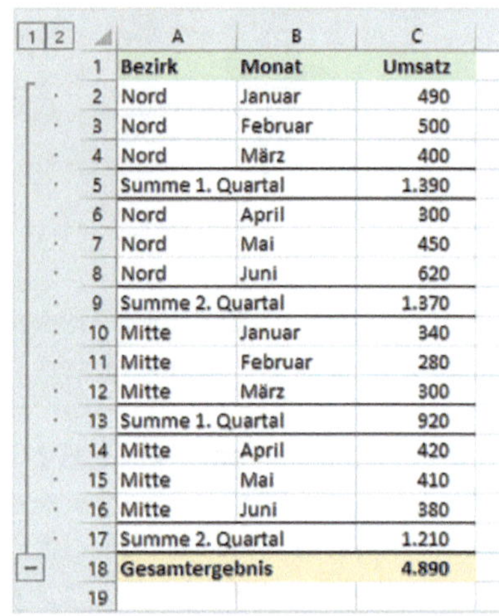

Bild 3.61 Die Ausgangstabelle

Bild 3.62 Wählen Sie Gruppierung nach Zeilen

Bild 3.63 Das Ergebnis

3 Zum Erstellen der Gliederungsebene 2 (Monate) markieren Sie als erste Gruppe die Monate Januar bis März, also die Zellen A2 bis C4 (Bild 3.64). Auch hier darf das Ergebnis nicht mit markiert werden. Klicken Sie dann erneut auf *Gruppieren* und wählen Sie wieder *Zeilen*.

4 Diesen Schritt müssen Sie anschließend für alle Gruppen der zweiten Gliederungsebene wiederholen da eine Mehrfachmarkierung beim Erstellen von Gruppierungen nicht unterstützt wird.

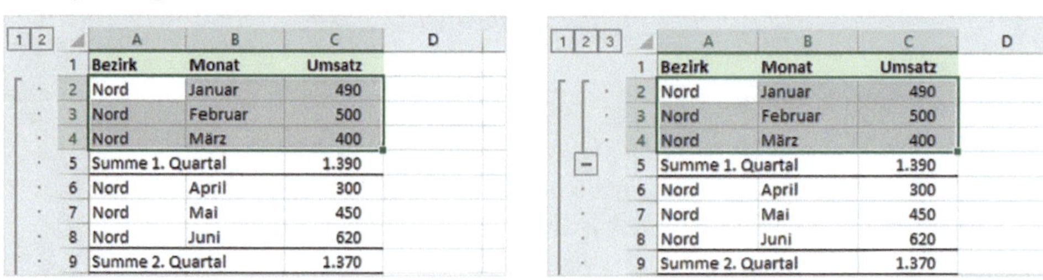

Bild 3.64 Markieren Sie die Detailzellen der ersten Gruppe der 2. Ebene

Teilergebnisse erzeugen

Satt einer manuellen Berechnung der Summen können Sie diese auch mit Hilfe von Teilergebnissen in Verbindung mit einer Gliederung berechnen lassen. Dazu benutzen Sie im Register *Daten* ▶ *Gliederung* die Schaltfläche *Teilergebnisse*. Neben der Summe können auch noch Anzahl, Mittelwert, Min, Max und die Standardabweichung berechnet werden.

Beachten Sie bei der Berechnung von Teilergebnissen

- Die Tabelle muss nach allen Spalten, aus denen Gruppen gebildet werden sollen, sortiert sein.
- Teilergebnisse sind nur für normale Zellbereiche, nicht aber Tabellenbereiche verfügbar.
- Wenn Sie die Daten der Tabelle für andere Auswertungen heranziehen möchten, z. B. mit einer Pivot-Tabelle, dann dürfen keine Teilergebnisse verwendet werden bzw. müssen diese zuvor entfernt werden!

Tabellenbereiche, siehe Seite 124.

Einfache Teilergebnisse berechnen

Als Beispiel das Lager einer Weinhandlung mit Weinen aus verschiedenen Ländern und Anbaugebieten. Sie möchten die Summe der Flaschen je Herkunftsland ermitteln.

	A	B	C	D	E	F	G	H	I
1	*BestellNr*	*Bezeichnung*	*Land*	*Anbaugebiet*	*Kategorie*	*Flaschen*			
2	A-123	Steile Kellertreppe, Müller-Thurgau	Deutschland	Baden	Weiß	1.800			
3	B-707	Riesling Eiswein	Deutschland	Baden	Weiß	44			
4	A-111	"Winzerstolz", Weißburgunder trocken	Deutschland	Mosel	Weiß	120			
5	B-444	Grüner Riesling	Deutschland	Mosel	Weiß	156			
6	D-902	Riesling "Kirchenspiel"	Deutschland	Mosel	Weiß	1			
7	A-129	Müller Thurgau	Deutschland	Rheinhessen	Weiß	34			
8	D-788	Rheingau Schattenhang	Deutschland	Rheinhessen	Weiß	55			
9	S-322	Riesling Auslese	Deutschland	Saar	Weiß	100			
10	S-325	Grauburgunder	Deutschland	Saar	Weiß	350			
11	G-770	Chateau la Fleur	Frankreich	Bordeaux	Rot	4			
12	H-111	Pinot Noir	Frankreich	Bordeaux	Rot	233			
13	U-700	Château Moulin Rouge	Frankreich	Burgund	Rot	700			
14	U-400	Chardonnay	Frankreich	Burgund	Weiß	14			
15	K-445	Syrah de Vignerons	Frankreich	Languedoc	Rose	2			
16	K-444	Château Les Pins	Frankreich	Languedoc	Rot	3			
17	K-399	Syrah	Frankreich	Languedoc	Rot	56			
18	K-780	Vin de pays	Frankreich	Rhone	Rose	8			

Bild 3.65 Die Ausgangstabelle

Gliederung.xlsx, Blatt Weinlager Ausgangsdaten

1 Sortieren Sie die Tabelle nach Ländern.

2 Markieren Sie eine beliebige Zelle innerhalb des Tabellenbereichs und klicken Sie im Register *Daten*, Gruppe *Gliederung*, auf die Schaltfläche *Teilergebnis.*

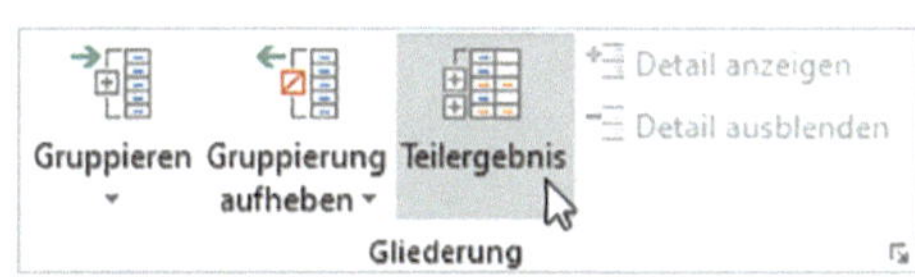

3 Im Fenster *Teilergebnisse* legen Sie nun alle Einstellungen fest (Bild 3.66):

- Wählen Sie die Spalte, nach der gruppiert werden soll, in diesem Beispiel *Land*.
- Im Feld *Unter Verwendung von* wählen Sie die gewünschte Funktion aus. Standardmäßig berechnet Excel die Summe.
- Nun müssen Sie noch in der Liste *Teilergebnis addieren zu* das Kontrollkästchen der Spalte *Flaschen* aktivieren und alle übrigen deaktivieren.

- Das Kontrollkästchen *Vorhandene Teilergebnisse ersetzen* spielt nur eine Rolle, wenn Teilergebnisse über mehrere Ebenen berechnet werden sollen. Damit in solchen Fällen die Teilergebnisse hinzugefügt werden, muss diese Einstellung deaktiviert werden. In der Standardeinstellung werden die Ergebnisse unterhalb der Daten angezeigt, dies kann über ein weiteres Kontrollkästchen gesteuert werden. *Seitenumbrüche zwischen Gruppen* werden nur zum Drucken der Liste benötigt.

Die Teilergebnisse werden unterhalb jeder Gruppe eingefügt und am Ende der Liste wird die Gesamtsumme berechnet. Gleichzeitig erscheint am linken Rand des Arbeitsblattes der Gliederungsbereich (Bild 3.67).

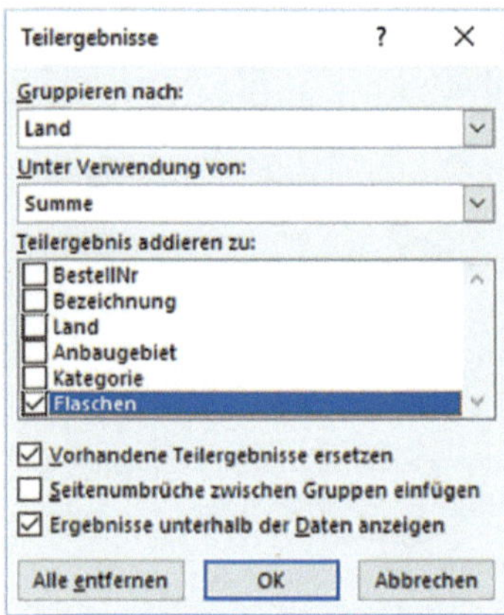

Bild 3.66 Teilergebnisse berechnen

Bild 3.67 Das Ergebnis

	A	B	C	D	E	F
1	BestellNr	Bezeichnung	Land	Anbaugebiet	Kategorie	Flaschen
2	A-123	Steile Kellertreppe, Müller-Thurgau	Deutschland	Baden	Weiß	1.800
3	B-707	Riesling Eiswein	Deutschland	Baden	Weiß	44
4	A-111	"Winzerstolz", Weißburgunder trocken	Deutschland	Mosel	Weiß	120
5	B-444	Grüner Riesling	Deutschland	Mosel	Weiß	156
6	D-902	Riesling "Kirchenspiel"	Deutschland	Mosel	Weiß	1
7	A-129	Müller Thurgau	Deutschland	Rheinhessen	Weiß	34
8	D-788	Rheingau Schattenhang	Deutschland	Rheinhessen	Weiß	55
9	S-322	Riesling Auslese	Deutschland	Saar	Weiß	100
10	S-325	Grauburgunder	Deutschland	Saar	Weiß	350
11			**Deutschland Ergebnis**			2660
12	G-770	Chateau la Fleur	Frankreich	Bordeaux	Rot	4
13	H-111	Pinot Noir	Frankreich	Bordeaux	Rot	233
14	U-700	Château Moulin Rouge	Frankreich	Burgund	Rot	700
15	U-400	Chardonnay	Frankreich	Burgund	Weiß	14
16	K-445	Syrah de Vignerons	Frankreich	Languedoc	Rose	2
17	K-444	Château Les Pins	Frankreich	Languedoc	Rot	3
18	K-399	Syrah	Frankreich	Languedoc	Rot	56
19	K-780	Vin de pays	Frankreich	Rhone	Rose	8
20	H-356	Sauvignon	Frankreich	Rhone	Weiß	920
21	H-555	Chardonnay	Frankreich	Rhone	Weiß	30
22			**Frankreich Ergebnis**			1.970
23			**Gesamtergebnis**			4.630
24						

Mehrere Teilergebnisse berechnen

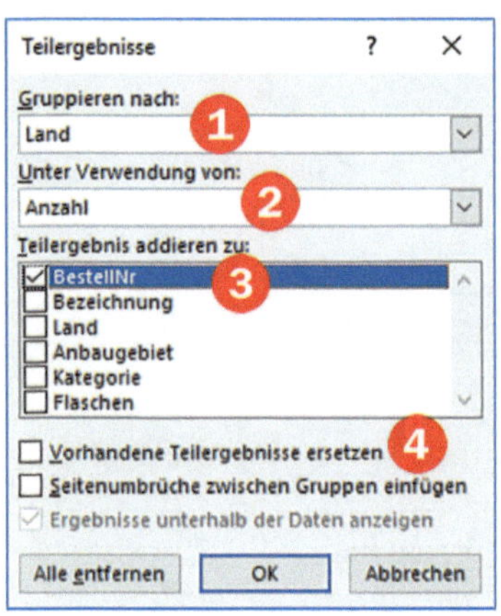

Falls Sie mehrere Teilergebnisse mit unterschiedlichen Funktionen berechnen möchten, dann muss jede Formel gesondert berechnet werden und das Kontrollkästchen *Vorhandene Teilergebnisse ersetzen* darf nicht aktiviert sein.

Beispiel: Sie möchten zusätzlich zur Summe der Flaschen auch noch die Anzahl der verschiedenen Weine je Land anzeigen. Im ersten Schritt haben Sie die Teilergebnisse in Form von Summen bereits erstellt (siehe Bild oben).

Klicken Sie erneut auf *Teilergebnisse*. Behalten Sie die Gruppierung nach Land bei ❶, aber wählen Sie diesmal die Funktion *Anzahl* ❷.

Aktivieren Sie das Kontrollkästchen der Spalte *BestellNr* ❸. Die Spalte *Flaschen* muss dagegen deaktiviert sein.

Achtung: Das Kontrollkästchen *Vorhandene Teilergebnisse ersetzen* ❹ muss unbedingt deaktiviert werden.

Teilergebnisse für Untergruppen berechnen

Wenn Sie Teilergebnisse für eine zweite Gliederungsebene hinzufügen möchten, dann muss die Tabelle zusätzlich nach dieser Spalte sortiert sein. **Beispiel**: Zusätzlich zur Summe der Flaschen je Land soll auch noch die Summe der Flaschen je Anbaugebiet angezeigt werden. Die Tabelle muss also zuerst nach Land und dann nach Anbaugebiet sortiert sein.

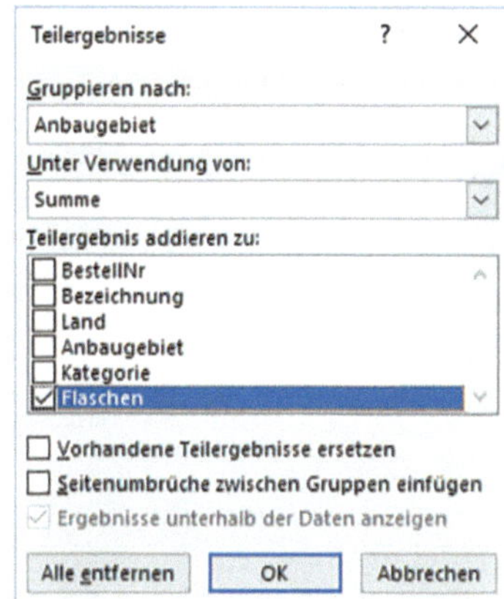

1 Klicken Sie auf *Teilergebnis* und gruppieren Sie ersten Schritt nach der Spalte Land. Für die Berechnung der Summe geben Sie wieder die Spalte *Flaschen* an und klicken auf *OK*.

2 Klicken Sie anschließend erneut auf *Teilergebnis* und legen Sie nun die Spalte *Anbaugebiet* als Gruppierung fest. Dann wählen Sie wieder die Funktion *Summe* für die Spalte *Flaschen* und deaktivieren das Kontrollkästchen *Vorhandene Teilergebnisse ersetzen*, da sonst die bestehenden Teilergebnisse je Herkunftsland gelöscht würden.

Teilergebnisse und Gliederung entfernen

Um alle Teilergebnisse zusammen mit der Gliederung wieder aus der Tabelle zu entfernen, rufen Sie den Befehl *Teilergebnisse* erneut auf. Klicken Sie hier auf die Schaltfläche *Alle entfernen*.

3.7 Häufige Probleme in Datenbanken beheben

Textinhalte in mehrere Spalten aufteilen

Manchmal setzt sich eine Spalte aus zwei oder mehr Werten zusammen und macht somit eine gezielte Sortierung unmöglich. Abhilfe schafft das Tool *Text in Spalten*, mit der sich der Inhalt einer Spalte in mehrere Spalten aufteilen lässt. Dies funktioniert allerdings nur dann einwandfrei, wenn in der gesamten Spalte ein eindeutiges und einheitliches Trennzeichen, z. B. Leerzeichen oder Bindestrich verwendet wird.

Achtung: Damit vorhandene Spalteninhalte nicht überschrieben werden, müssen Sie die neu entstandenen Spalten entweder nach der letzten Spalte einfügen oder Sie fügen zuvor die entsprechende Anzahl leerer Spalten an der gewünschten Stelle in die Tabelle ein (Register *Start* ▶ *Einfügen* ▶ *Blattspalten einfügen*).

Die Vorgehensweise:

1 Markieren Sie die aufzuteilende Spalte und klicken Sie im Register *Daten* ▶ *Datentools* auf *Text in Spalten*.

2 Excel startet einen kleinen Textkonvertierungs-Assistenten, der Sie durch die weiteren Schritte führt. Im ersten Schritt wählen Sie für das unten abgebildete Beispiel die Option *Getrennt* und klicken auf *Weiter*.

Bild 3.68 Trennzeichen angeben

Spalten_aufteilen.xlsx

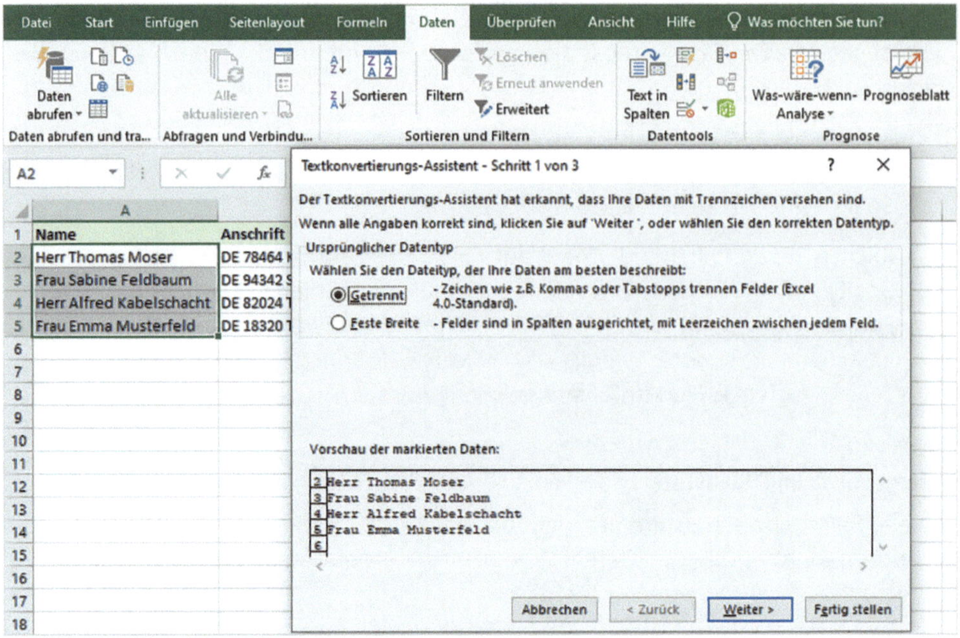

3 Im nächsten Schritt geben Sie das verwendete Trennzeichen an. Da sich in diesem Beispiel zwischen Anrede, Vorname und Nachname je ein Leerzeichen befindet, aktivieren Sie das Kontrollkästchen *Leerzeichen*. Unterhalb können Sie anhand der Datenvorschau das Ergebnis vorab kontrollieren. Klicken Sie auf *Weiter*.

Sollte das Trennzeichen nicht aufgeführt sein, so aktivieren Sie *Andere* und geben das Zeichen im Feld rechts daneben ein.

Bild 3.69 Text in Spalten

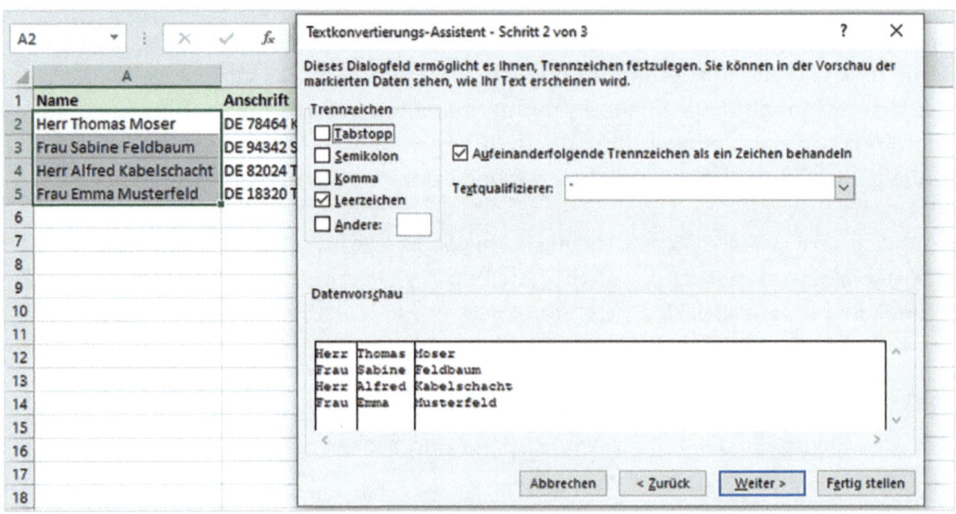

4 Im nächsten Schritt können Sie, falls erforderlich, jeder der Spalten einen Datentyp zuweisen. Gleichzeitig legen Sie auch mit dem Zielbereich fest, ab welcher Position neuen Spalten eingefügt werden sollen, hier ab D2. Klicken Sie zuletzt auf *Fertig stellen*.

Achtung: Wird kein Zielbereich angegeben, so fügt Excel die neuen Spalten an der bisherigen Stelle ein und vorhandene Inhalte werden überschrieben.

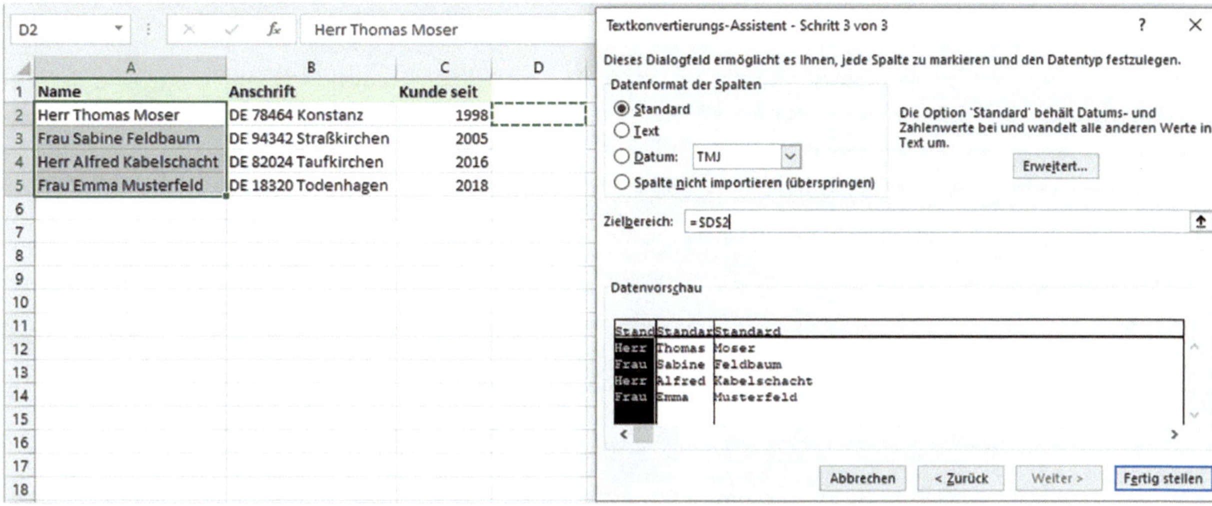

Bild 3.70 Zielbereich wählen

Hinweis: Falls die aufgeteilten Spalten unmittelbar rechts von der bisherigen Spalte eingefügt werden sollen, müssen Sie zuvor an dieser Stelle die künftige Anzahl Spalten einfügen. Im Fall der oben abgebildeten Anschrift also mindestens drei, besser noch vier Spalten, um zu verhindern, dass Inhalte der angrenzenden Spalte überschrieben werden. Überzählige leere Spalten sind nach erfolgreicher Aufteilung schnell wieder gelöscht!

Tipps für den Einsatz in der Praxis

Was sich hier so einfach liest, kann in der Praxis erhebliche Probleme bereiten. Dies beginnt damit, dass nur in seltenen Fällen ein einheitliches Trennzeichen verwendet wird, beispielsweise wenn Telefonnummern nach Vorwahl und Rufnummer aufgeteilt werden sollen. In solchen Fällen empfiehlt es sich, zunächst mit Hilfe von Suchen und Ersetzen für ein einheitliches Trennzeichen zu sorgen. Für kompliziertere Fälle können Sie stattdessen auch die Textfunktion ERSETZEN (siehe Seite 111) heranziehen.

Duplikate in Tabellen aufspüren und entfernen

Neben fehlerhaften Eingaben sind Duplikate, also Datensätze, die irrtümlich doppelt erfasst wurden, ein häufiges Problem in Datenbanken. Um sie aufzuspüren, gibt es verschiedene Möglichkeiten, jede hat ihre Vor- und Nachteile.

Schaltfläche Duplikate entfernen

Eine Möglichkeit stellt die Schaltfläche *Duplikate entfernen* (Register *Daten*, Gruppe *Datentools*) dar.

> **Achtung**: Die Duplikate werden sofort und automatisch gelöscht, erst danach erhalten Sie eine Meldung über die Anzahl der gelöschten Datensätze! Dieser Befehl sollte also nur mit Vorsicht angewendet werden, da Sie keinerlei Einfluss darauf haben, welches Duplikat entfernt wird.

Klicken Sie auf *Duplikate entfernen* und wählen Sie im nachfolgenden Dialogfenster aus, welche Spalten auf doppelte Werte überprüft werden sollen, im unten abgebildeten Beispiel alle Spalten mit Ausnahme der Kundennummer.

Bild 3.71 Duplikate entfernen

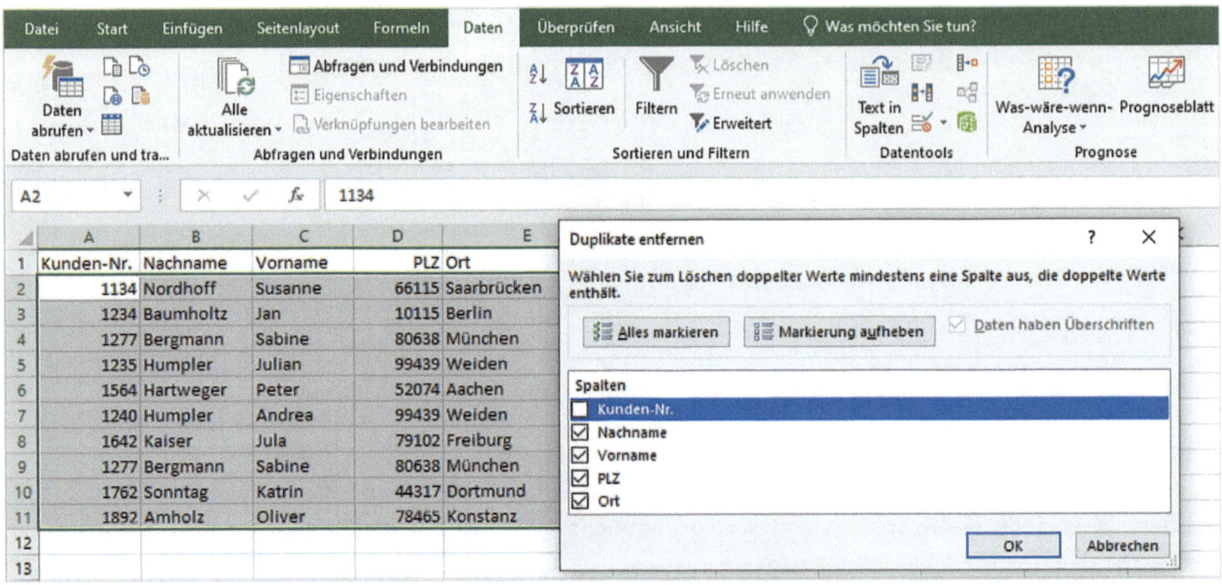

Duplikate.xlsx

Duplikate mit dem Spezialfilter kennzeichnen

Wenn Sie die Duplikate einstweilen nur kennzeichnen möchten, um sie dann manuell zu entfernen, dann bietet sich der Spezialfilter an. Dazu gehen Sie wie folgt vor:

1. Vor der Verwendung des Spezialfilters sollten Sie zuerst den gesamten Datenbereich der Tabelle markieren und mit einer auffälligen Schriftfarbe formatieren , z. B. rot. Ein Kriterienbereich wird nicht benötigt.
2. Rufen Sie dann den Spezialfilter auf (Register *Daten* ▶ *Sortieren und Filtern* ▶ *Erweitert*). Geben Sie keinen Kriterienbereich an, sondern aktivieren Sie das Kontrollkästchen *Keine Duplikate* (Bild 3.72).
3. Die Tabelle wird an gleicher Stelle gefiltert, wobei die Duplikate lediglich ausgeblendet sind. Formatieren Sie jetzt die gefilterte Tabelle wieder mit der ursprünglichen Schriftfarbe und entfernen Sie dann den Filter wieder.

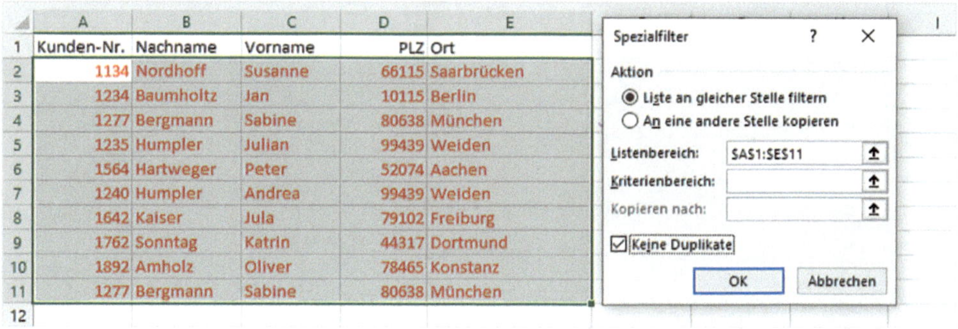

Bild 3.72 Duplikate mit Spezialfilter finden

4 Alle mit roter Schrift formatierten Zellen sind nun als Duplikate leicht zu erkennen. Wenn Sie nun im nächsten Schritt die Tabelle nach den wichtigsten Merkmalen sortieren, z. B. nach Kundennummer, Nachname und Vorname, können Sie leicht feststellen, ob es sich um echte Duplikate handelt und diese anschließend manuell löschen.

Nachteil: Diese Methode bezieht immer alle Spalten mit ein. Ein doppelt vorhandener Kunde mit zwei unterschiedlichen Kundennummern wird nicht gefunden.

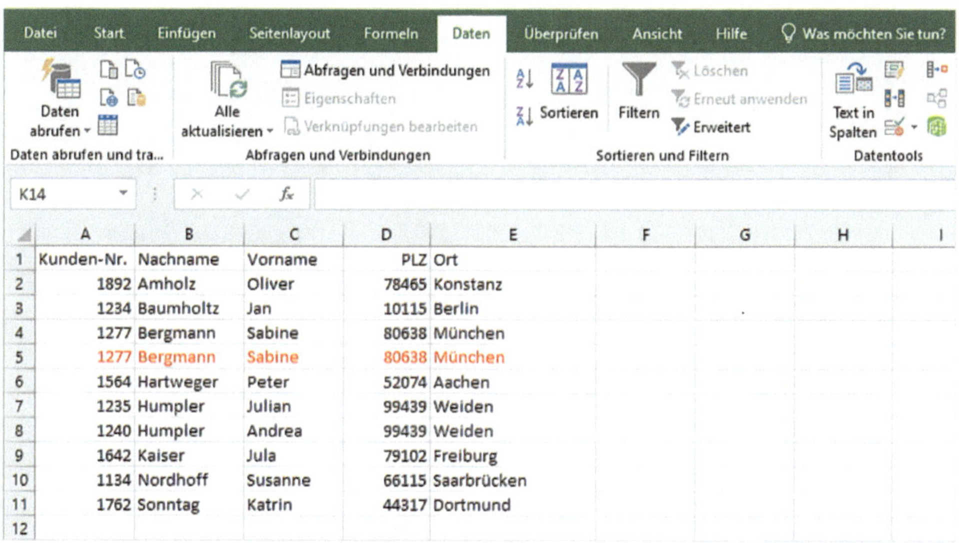

Bild 3.73 Farbig kennzeichnen

Duplikate mit der bedingten Formatierung hervorheben

Eine weitere Möglichkeit stellt die bedingte Formatierung dar, allerdings nur für jeweils eine Spalte. Dazu markieren Sie die betreffende Spalte, klicken im Register *Start* auf *Bedingte Formatierung* und zeigen auf *Regeln zum Hervorheben von Zellen*. Klicken Sie hier auf *Doppelte Werte...* (siehe Bild auf der nächsten Seite) und wählen Sie anschließend eine Formatierung.

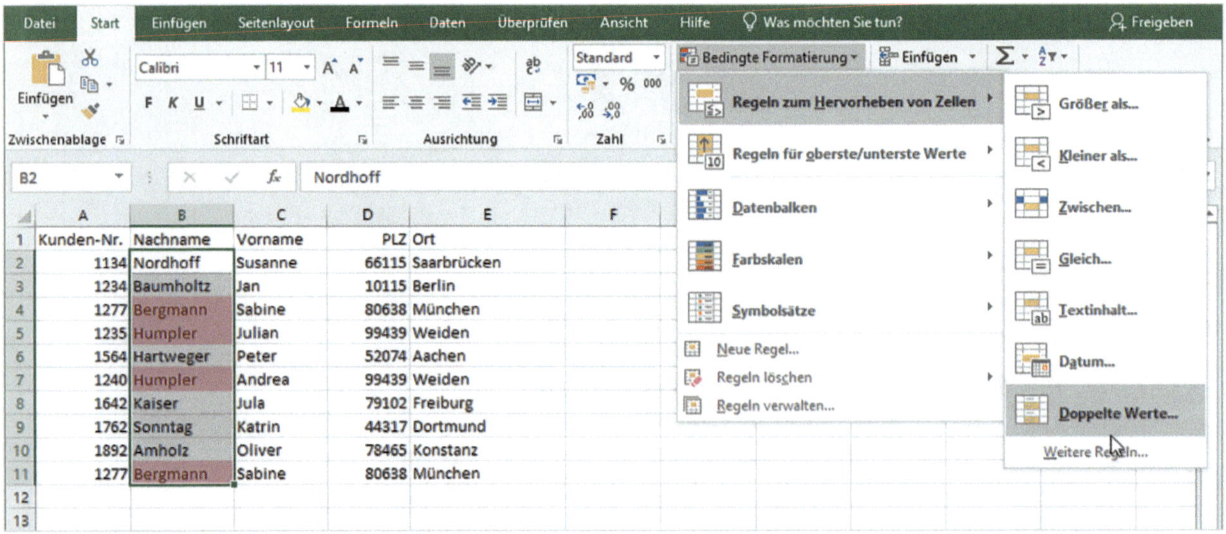

Bild 3.74 Bedingte Formatierung

4 Werkzeuge zur Datenanalyse

In diesem Kapitel lernen Sie...

- Mehrere Tabellen zusammenführen
- Optische Analyse mit der bedingten Formatierung
- Datentabellen mit einer oder zwei Variablen berechnen (Mehrfachoperation)
- Szenarien erstellen und verwalten (Was-wäre-wenn)
- Lösungen mit dem Add-In Solver optimieren
- Zielwertsuche und Prognoseblatt

Das sollten Sie bereits wissen

- Formeln und Funktionen einsetzen
- Namen für Zellen und Zellbereiche
- Umfangreiche Tabellen verwalten

4.1 Daten aus mehreren Tabellen zusammenführen (Konsolidieren)

Häufig liegen die auszuwertenden Daten in verschiedenen Arbeitsblättern oder Arbeitsmappen vor und müssen vor einer Auswertung erst einmal zusammengeführt werden. Dies wird auch als Konsolidieren bezeichnet. Statt zeitaufwändigem Kopieren bieten sich mit Excel die folgenden Möglichkeiten an:

- **Konsolidieren nach Position**
  Wenn die Einzeltabellen exakt den gleichen Aufbau und identische Datenbeschriftungen aufweisen, dann können sie nach Position zusammengefasst werden. Diese Methode lässt sich beispielsweise auf Tabellen anwenden, die alle auf derselben Vorlage basieren.
- **Konsolidieren nach Spalten- und Zeilenbeschriftungen (Kategorie)**
  In diesem Fall müssen alle Tabellen identische Spalten und Zeilenbeschriftungen besitzen. Dafür spielt das Layout der einzelnen Tabellen, genauer gesagt die Position von Werten und Beschriftungen, keine Rolle.
- **Tabellen zusammenführen mit Pivot-Tabellen und Power Query**
  Weitere Möglichkeiten zum Zusammenführen von Tabellen erhalten Sie mit Power Query und in Verbindung mit Pivot-Tabellen. Detaillierte Beschreibungen hierzu finden Sie in den Kapiteln 5 und 6.

Tabellen nach Beschriftungen konsolidieren (Kategorie)

Konsolidieren_Daten.xlsx

Das Konsolidieren nach Beschriftungen (Kategorie) ist einfachste Möglichkeit, zumal Excel dafür ein komfortables Werkzeug bereitstellt. Hierzu ein einfaches Beispiel:

Die monatlichen Umsatzberichte der Verkaufsbezirke liegen jeweils in einem eigenen Arbeitsblatt vor. Sie befinden sich alle zusammen in derselben Arbeitsmappe, könnten aber genauso gut auf mehrere Arbeitsmappen verteilt sein. Alle Umsatzberichte besitzen den gleichen Aufbau mit identischen Zeilen- und Spaltenbeschriftungen. Allerdings ist ab Februar ein weiterer Verkaufsbezirk hinzugekommen und ab März die neue Warengruppe Kleingeräte. Am Quartalsende wird nun eine Zusammenfassung aller Berichte für das gesamte Quartal, also die Monate Januar bis März benötigt.

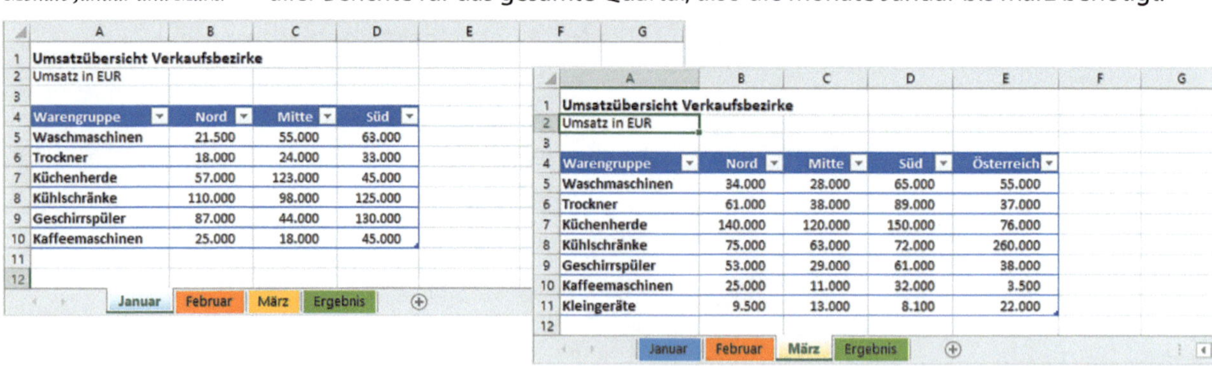

Umsatzübersicht Verkaufsbezirke
Umsatz in EUR

Warengruppe	Nord	Mitte	Süd
Waschmaschinen	21.500	55.000	63.000
Trockner	18.000	24.000	33.000
Küchenherde	57.000	123.000	45.000
Kühlschränke	110.000	98.000	125.000
Geschirrspüler	87.000	44.000	130.000
Kaffeemaschinen	25.000	18.000	45.000

Januar | Februar | März | Ergebnis

Umsatzübersicht Verkaufsbezirke
Umsatz in EUR

Warengruppe	Nord	Mitte	Süd	Österreich
Waschmaschinen	34.000	28.000	65.000	55.000
Trockner	61.000	38.000	89.000	37.000
Küchenherde	140.000	120.000	150.000	76.000
Kühlschränke	75.000	63.000	72.000	260.000
Geschirrspüler	53.000	29.000	61.000	38.000
Kaffeemaschinen	25.000	11.000	32.000	3.500
Kleingeräte	9.500	13.000	8.100	22.000

Januar | Februar | März | Ergebnis

Bild 4.1 Die monatlichen Umsatzberichte befinden sich in getrennten Arbeitsblättern. Als Beispiel die Monate Januar und März.

Alle oben abgebildeten Tabellen weisen identische Beschriftungen auf und erfüllen damit die Voraussetzung für eine Konsolidierung nach Beschriftungen. Dagegen spielt das unterschiedliche Layout, bzw. die unterschiedliche Anzahl Zeilen und/oder Spalten keine Rolle. Die Tabellen müssen sich auch nicht zwingend an derselben Position im Tabellenblatt befinden.

So gehen Sie bei der Konsolidierung vor

Fügen Sie ein weiteres Arbeitsblatt für die Zusammenfassung ein und markieren Sie in diesem Arbeitsblatt die Zelle, ab der Sie die Zusammenfassung einfügen möchten. Klicken Sie dann im Register *Daten*, Gruppe *Datentools*, auf *Konsolidieren*.

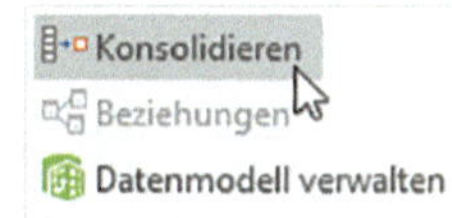

Bild 4.2 Markieren Sie in einem neuen Arbeitsblatt die Zelle, ab der die Tabelle eingefügt werden soll.

1 Das Dialogfenster *Konsolidieren* wird geöffnet (Bild unten). Wählen Sie im ersten Schritt die Funktion ❶ aus, mit der die Werte aus den Einzeltabellen zusammengefasst werden sollen. Summe ist als Standardeinstellung bereits vorgegeben und kann für dieses Beispiel beibehalten werden.

2 Aktivieren Sie die beiden Kontrollkästchen *Beschriftung aus Oberster Zeile* und *Linker Spalte* ❷, um die Zeilen- und Spaltenbeschriftungen aus den Tabellen zu übernehmen.

Bild 4.3 Tabellen konsolidieren

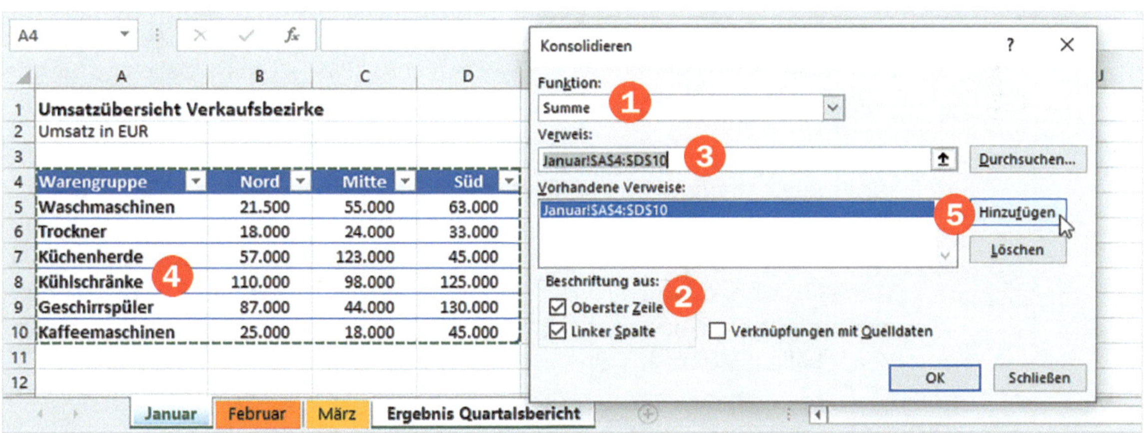

3 Klicken Sie anschließend in das Feld *Verweis* ❸ und markieren Sie im Blatt *Januar* den ersten Tabellenbereich einschließlich der Spalten- und Zeilenbeschriftungen ❹. Klicken Sie dann auf die Schaltfläche *Hinzufügen* ❺. Der Zellbereich erscheint nun in der Liste *Vorhandene Verweise*.

Befindet sich die Tabelle in einer anderen Arbeitsmappe, so klicken Sie auf *Durchsuchen…*, um die Mappe zu öffnen und den Verweis festzulegen.

4 Wiederholen Sie den letzten Schritt für die Tabellenblätter *Februar* und *März*. Excel schlägt den markierten Bereich auch für die nächste Tabelle vor; wenn diese mehr oder weniger Zeilen und Spalten umfasst oder sich an einer anderen Stelle des Arbeitsblattes befindet, dann müssen Sie diese erneut markieren. Zuletzt müssen, wie im Bild unten, alle Tabellen in der Liste *Vorhandene Verweise* mit Blattname und Zellbezügen aufgeführt sein.

Bild 4.4 Kontrollieren Sie die Liste vorhandene Verweise: Hier müssen allen benötigten Tabellen aufgeführt sein

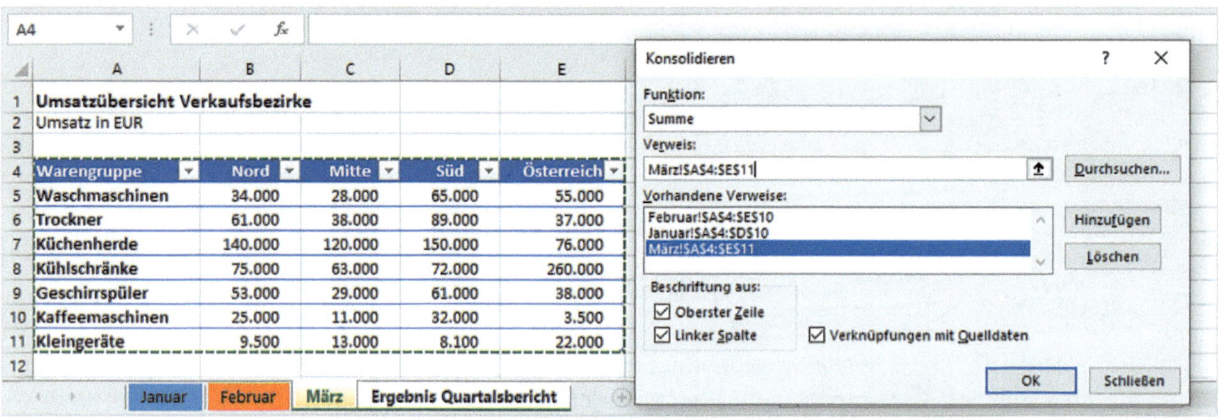

5 Wenn bei einer nachträglichen Änderung der Quelldaten die Ergebnistabelle automatisch aktualisiert werden soll, dann müssen Sie noch das Kontrollkästchen *Verknüpfungen mit Quelldaten* aktivieren.

Achtung: Eine Verknüpfung zu den Quelldaten ist nur möglich, wenn die Ergebnistabelle in einem gesonderten Tabellenblatt eingefügt wird.

6 Klicken Sie abschließend auf *OK*. Excel berechnet die Ergebnistabelle und fügt sie unformatiert ab der angegebenen Position ein.

7 Haben Sie *Verknüpfungen mit Quelldaten* ausgewählt, erscheint links der Gliederungsbereich, in dem Sie per Mausklick auf die Kästchen + und - die Einzelwerte ein- und ausblenden können. Diese erscheinen oberhalb der Zusammenfassung. Zur Beschriftung verwendet Excel die Dateinamen. Wenn, wie im Bild unten, alle Werte aus einer einzigen Arbeitsmappe stammen, so sehen Sie hier leider ebenfalls nur den Dateinamen, die Einzelwerte lassen sich also nicht auf einen Blick den Tabellenblättern zuordnen.

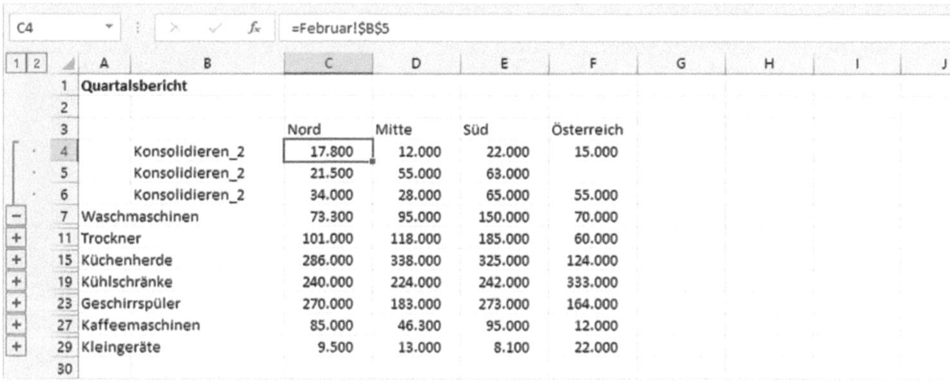
C4 =Februar!$B$5

	A	B	C	D	E	F
1	Quartalsbericht					
2						
3			Nord	Mitte	Süd	Österreich
4		Konsolidieren_2	17.800	12.000	22.000	15.000
5		Konsolidieren_2	21.500	55.000	63.000	
6		Konsolidieren_2	34.000	28.000	65.000	55.000
7	Waschmaschinen		73.300	95.000	150.000	70.000
11	Trockner		101.000	118.000	185.000	60.000
15	Küchenherde		286.000	338.000	325.000	124.000
19	Kühlschränke		240.000	224.000	242.000	333.000
23	Geschirrspüler		270.000	183.000	273.000	164.000
27	Kaffeemaschinen		85.000	46.300	95.000	12.000
29	Kleingeräte		9.500	13.000	8.100	22.000
30						

Bild 4.5 Die Ergebnistabelle wird mit dem Gliederungsbereich eingefügt.

Werte aktualisieren

Enthält die Ergebnistabelle Verknüpfungen zu den Quelldaten, so werden bei nachträglichen Änderungen der Ausgangsdaten auch die Ergebnisse automatisch neu berechnet. Beachten Sie aber, dass neu angefügte Datenzeilen oder -spalten der Ausgangstabellen nicht berücksichtigt werden. In solchen Fällen müssen Sie die betreffenden Tabellen erneut konsolidieren.

Haben Sie die Ergebnistabelle ohne Verknüpfung zu den Quelldaten eingefügt, erhalten Sie anstelle der Formeln nur statische Zahlen. In diesem Fall markieren Sie zum Aktualisieren die linke obere Zelle der Tabelle und rufen erneut das Fenster *Konsolidieren* auf. Klicken Sie dann auf *OK*, um die vorhandenen Verweise erneut zu übernehmen. Wenn sich allerdings der Umfang der Einzeltabellen geändert hat, dann müssen Sie im Fenster *Konsolidieren* die einzelnen Verweise löschen und erneut hinzufügen.

Mehrere Tabellen als Pivot-Tabelle zusammenführen

Wie Sie oben gesehen haben, hat der Befehl *Konsolidieren* einen gravierenden Nachteil: Bei einer Verknüpfung mit den Quelldaten lassen sich die Einzelwerte zwar einblenden, ihre Herkunft ist aber nicht auf den ersten Blick ersichtlich. Wenn Sie auch noch die Bezeichnungen der Tabellen einbeziehen möchten, dann fassen Sie die Tabellen als Pivot-Tabelle zusammen.

Befehl der Symbolleiste für den Schnellzugriff hinzufügen

Dazu benötigen Sie den *PivotTable- und PivotChart-Assistent*. Leider ist dieser seit der Excel-Version 2010 nicht mehr auf Anhieb verfügbar, sondern muss erst der Symbolleiste für den Schnellzugriff hinzugefügt werden.

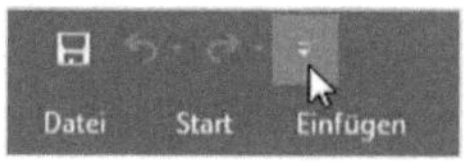

1 Klicken Sie rechts am Ende der Symbolleiste für den Schnellzugriff auf *Symbolleiste für den Schnellzugriff anpassen* und auf *Weitere Befehle....*

2 Wählen Sie im Fenster *Excel-Optionen* im Feld *Befehle auswählen* die Anzeige *Nicht im Menüband enthaltene Befehle* aus.

3 Klicken Sie in der Liste der Befehle auf *PivotTable- und PivotChart-Assistent* und auf die Schaltfläche *Hinzufügen* und übernehmen Sie die Änderung mit *OK*.

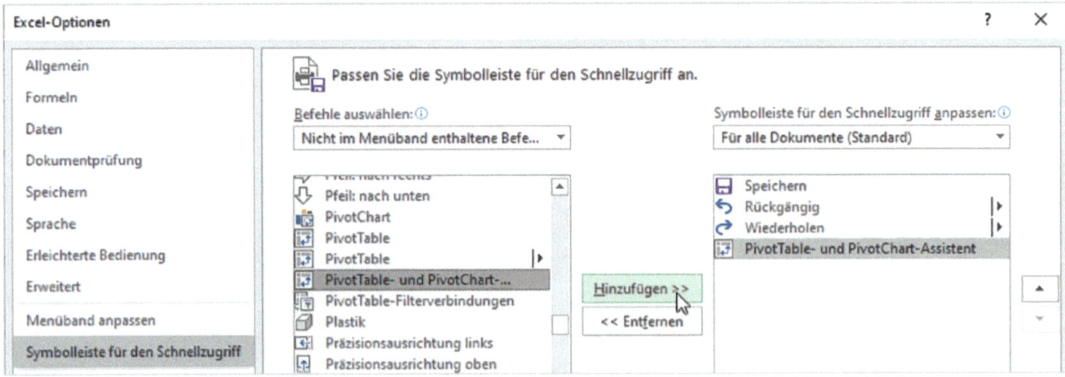

Bild 4.6 PivotTable- und PivotChart-Assinstent der Symbolleiste für den Schnellzugriff hinzufügen

Pivot-Tabelle erstellen

1 Anschließend erstellen Sie die Pivot-Tabelle. Klicken Sie in der Symbolleiste für den Schnellzugriff auf das Symbol *PivotTable- und PivotChart-Assistent*. Welche Zelle gerade markiert ist, spielt keine Rolle; wenn die Ergebnistabelle in einem neuen Arbeitsblatt erstellt werden soll, dann wird dieses durch den Assistenten automatisch hinzugefügt.

2 Im ersten Schritt des Assistenten wählen Sie die Option *Mehrere Konsolidierungsbereiche* und als Darstellung *PivotTable* (Bild unten). Klicken Sie auf *Weiter*.

3 Im nächsten Schritt wählen Sie die Option *Benutzerdefinierte Seitenfelderstellung* und klicken auf *Weiter*.

Bild 4.7 Schritt 1 und 2a des Assistenten

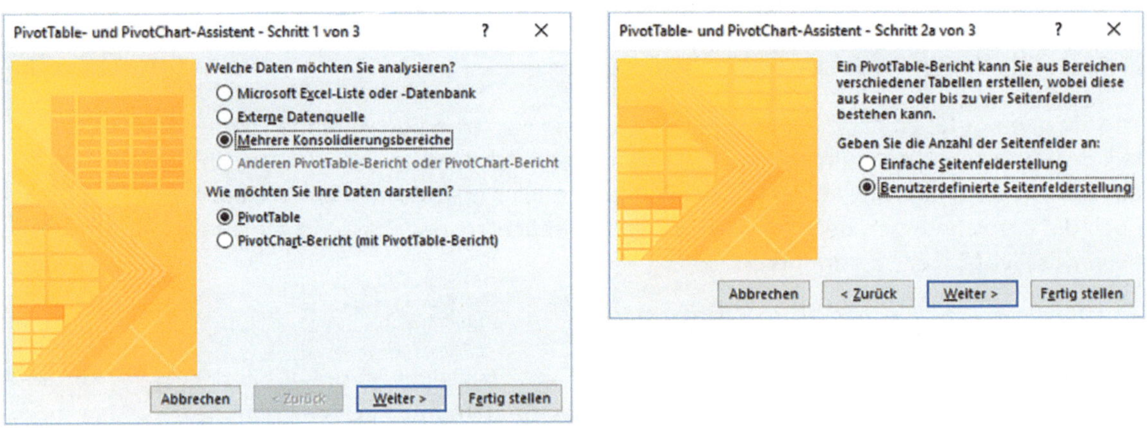

4 Anschließend legen Sie die benötigten Tabellenbereiche fest. Dazu klicken Sie im Assistenten in das Feld *Bereich* ❶, markieren in der Arbeitsmappe den ersten Tabellenbereich einschließlich der Zeilen- und Spaltenbeschriftungen und klicken anschließend auf *Hinzufügen*. Mit der Schaltfläche *Durchsuchen...* kann auch eine andere Arbeitsmappe ausgewählt und geöffnet werden.

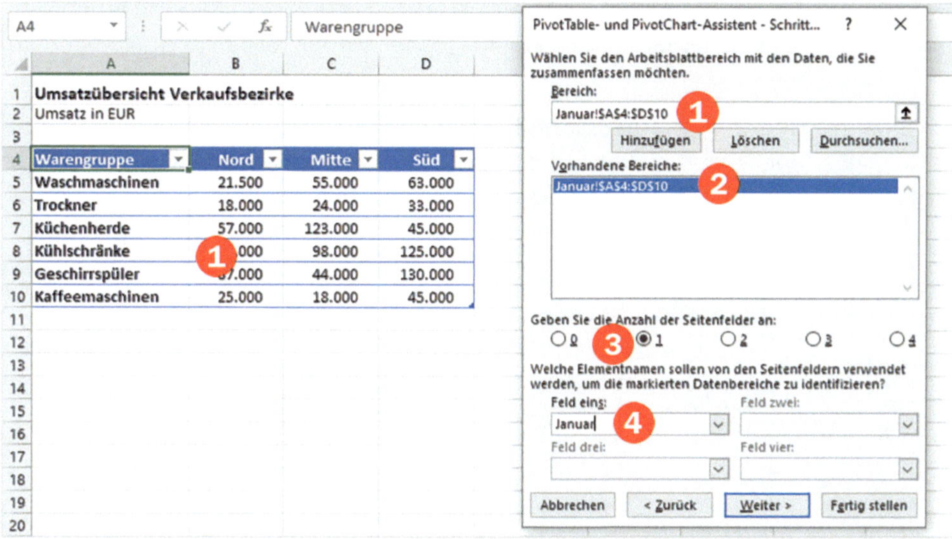

Bild 4.8 Tabellenbereich auswählen und hinzufügen

5 Markieren Sie in der Liste *Vorhandene Bereiche* den soeben hinzugefügten Tabellenbereich ❷ und wählen Sie unterhalb die Anzahl der Seitenfelder, für dieses Beispiel *1* ❸. Im *Feld eins* geben Sie die Bezeichnung *Januar* ein ❹.

6 Markieren Sie dann im Feld *Bereich* den bisherigen Inhalt und ersetzen diesen, indem Sie in der Arbeitsmappe den nächsten Tabellenbereich markieren. Klicken Sie dann erneut auf *Hinzufügen* und geben im *Feld eins* den Namen *Februar* ein.

7 Wiederholen Sie diesen Schritt für die Tabellen Februar und März. Diese müssten nun in der Liste *Vorhandene Bereiche* aufgeführt sein. Wenn Sie hier auf einen Bereich klicken, erscheint der dazugehörige Name im *Feld eins* und kann ggf. auch jetzt noch geändert werden.

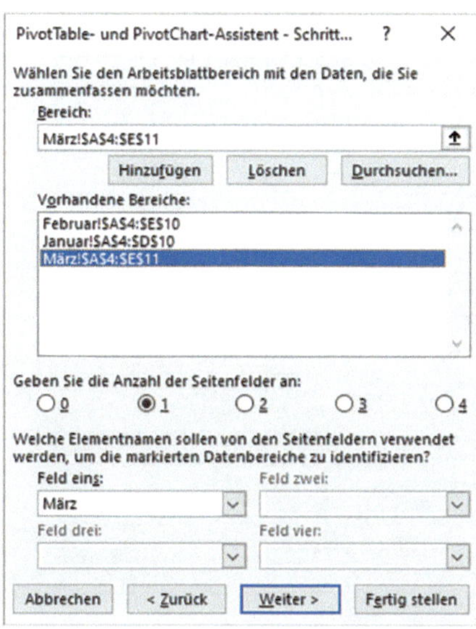

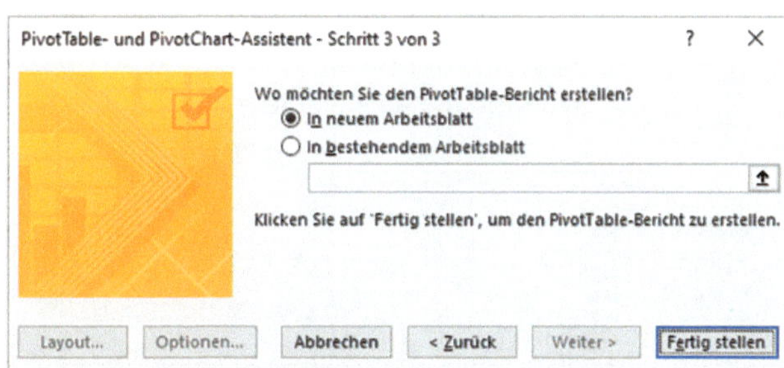

Bild 4.9 Die vorhandenen Verweise mit Namen

Bild 4.10 Ergebnistabelle in neuem Arbeitsblatt einfügen

8 Klicken Sie auf *Weiter* und legen Sie im letzten Schritt fest, dass die Ergebnistabelle in einem neuen Arbeitsblatt eingefügt werden soll. Klicken Sie dann auf *Fertig stellen*.

Als Ergebnis erhalten Sie die Zusammenfassung (Bild unten) als Pivot-Tabelle. Der ursprüngliche Tabellenaufbau wurde beibehalten und die Seitenfelder (Monate) lassen sich zum Filtern der Tabelle verwenden.

Bild 4.11 Die Zusammenfassung als Pivot-Tabelle

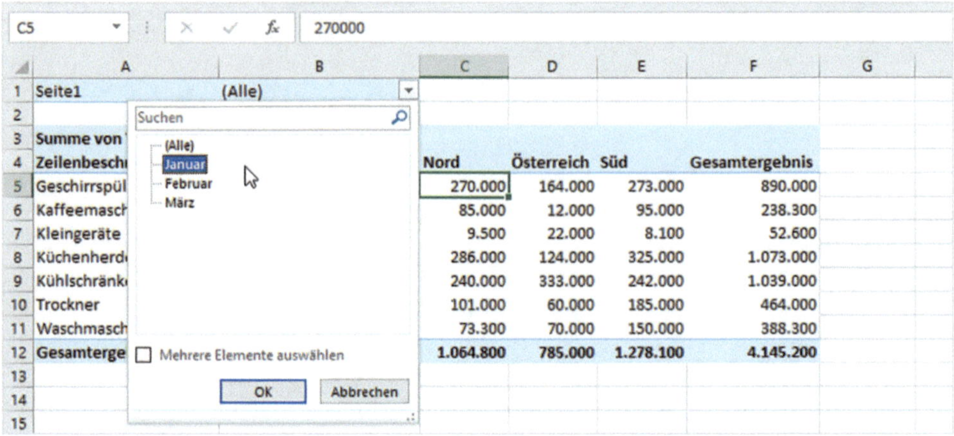

	A	B	C	D	E	F
1	Seite1	(Alle)				
2						
3	Summe von					
4	Zeilenbeschr		Nord	Österreich	Süd	Gesamtergebnis
5	Geschirrspül		270.000	164.000	273.000	890.000
6	Kaffeemasch		85.000	12.000	95.000	238.300
7	Kleingeräte		9.500	22.000	8.100	52.600
8	Küchenherd		286.000	124.000	325.000	1.073.000
9	Kühlschränk		240.000	333.000	242.000	1.039.000
10	Trockner		101.000	60.000	185.000	464.000
11	Waschmasch		73.300	70.000	150.000	388.300
12	Gesamterge		1.064.800	785.000	1.278.100	4.145.200

Details zum Umgang mit Pivot-Tabellen lesen Sie in Kapitel 6.

Daten mit 3D-Bezügen konsolidieren

3D_Bezuege_Daten.xlsx

Wenn die Daten in identischen Tabellen vorliegen, bzw. auf derselben Vorlage beruhen und somit sichergestellt ist, dass sich die benötigten Werte in jeder Tabelle an der gleichen Position befinden, dann können Sie die Einzelwerte auch mit einer Formel zusammenfassen. Auch hierzu ein einfaches Beispiel:

Die Quartalsberichte mehrerer Filialen liegen als Einzeltabellen vor und Sie benötigen nun für den Monat Januar für jeden Artikel den Gesamtumsatz aller Filialen. Im Bild unten sehen Sie als Beispiele die Quartalsberichte der Filialen Köln und München.

Bild 4.12 Die Quartalsberichte der Filialen besitzen denselben Aufbau

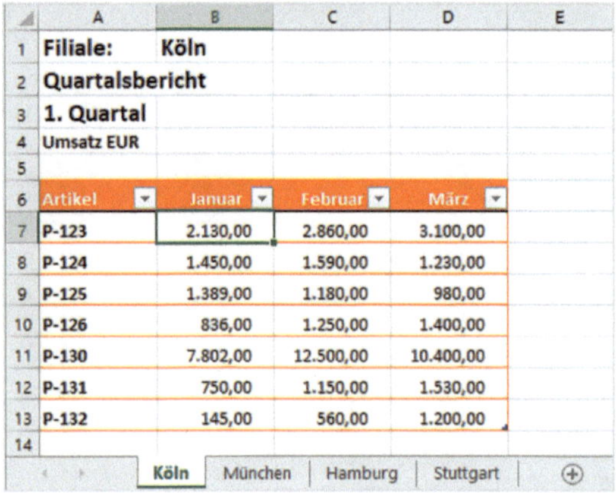

Filiale: Köln
Quartalsbericht
1. Quartal
Umsatz EUR

Artikel	Januar	Februar	März
P-123	2.130,00	2.860,00	3.100,00
P-124	1.450,00	1.590,00	1.230,00
P-125	1.389,00	1.180,00	980,00
P-126	836,00	1.250,00	1.400,00
P-130	7.802,00	12.500,00	10.400,00
P-131	750,00	1.150,00	1.530,00
P-132	145,00	560,00	1.200,00

Filiale: München
Quartalsbericht
1. Quartal
Umsatz EUR

Artikel	Januar	Februar	März
P-123	1.980,00	3.500,00	3.200,00
P-124	2.650,00	2.860,00	2.340,00
P-125	1.250,00	1.790,00	2.100,00
P-126	560,00	1.200,00	1.800,00
P-130	10.500,00	11.200,00	8.500,00
P-131	950,00	1.500,00	1.200,00
P-132	350,00	800,00	750,00

Zur Berechnung setzen Sie in der Ergebnistabelle (Blatt *Auswertung*) in der Funktion *SUMME* einen 3D-Bezug auf einen Bereich von Arbeitsblättern ein:

Fügen Sie zunächst die Funktion *SUMME* ein. Zur Eingabe des Formelbezugs klicken Sie im Blattregister auf das erste Blatt, im Beispiel unten *Köln*, dann mit gleichzeitig gedrückter Umschalt-Taste auf das letzte Blatt *Stuttgart* und anschließend im Tabellenblatt auf die benötigte Zelle, in diesem Beispiel B7. Die Summenfunktion mit dem 3D-Bezug lautet dann:

```
=SUMME(Köln:Stuttgart!B7)
```

Bild 4.13 Klicken Sie auf das erste Tabellenblatt und mit gedrückter Umschalt-Taste auf das letzte Blatt.

Bild 4.14 Das Ergebnis im Blatt Auswertung

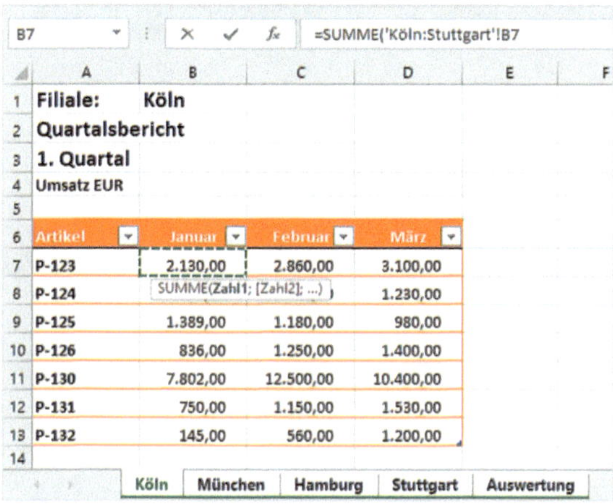

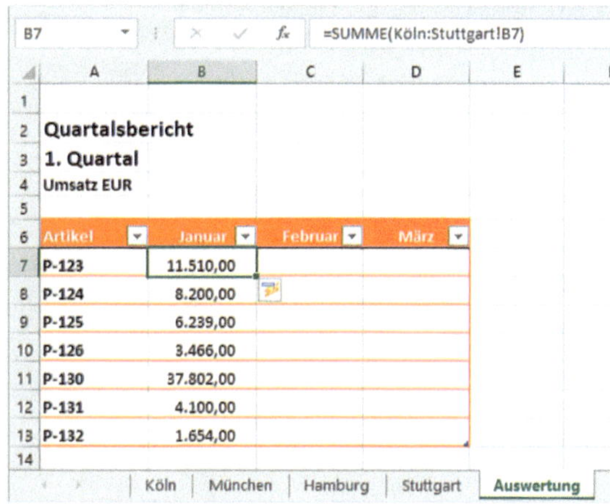

Wenn die Ergebnistabelle als Tabelle formatiert ist bzw. einen Tabellenbereich bildet, dann kopiert Excel die Funktion automatisch in die gesamte Spalte, siehe Bild oben. Sie brauchen anschließend nur noch die Formel nach rechts in die Spalten Februar und März kopieren.

Beachten Sie bei Verwendung von 3D-Bezügen auf mehrere Arbeitsblätter

Die Werte nachträglich hinzugefügter Arbeitsblätter werden nur dann automatisch berücksichtigt, wenn diese zwischen den verwendeten Bezügen eingefügt werden, in diesem Beispiel zwischen den Blättern Köln und Stuttgart. Fügen Sie dagegen ein Arbeitsblatt am Beginn oder Ende ein, so müssen Sie die Funktion korrigieren bzw. neu eingeben.

3D-Bezüge können nur auf Arbeitsblätter, nicht aber auf Bereichsnamen angewendet werden. In diesem Fall müsste die Formel wie unten lauten, wobei Koeln, Muenchen, Hamburg und Stuttgart die Namen darstellen:

```
=Koeln[@Januar]+Muenchen[@Januar]+Hamburg[@Januar]+Stuttgart[@Januar]
```

Strukturierte Verweise auf Tabellen, siehe Kapitel 3.2 auf Seite 131.

Hinweis: Falls Sie nur bestimmte Werte aus mehreren Tabellen zusammenführen möchten, können Sie auch noch die Funktion INDIREKT einsetzen, Details hierzu finden Sie in Kapitel 2.5 ab Seite 90.

4.2 Inhalte mit der bedingten Formatierung hervorheben

Mit der bedingten Formatierung lassen sich Zellen oder Zellbereiche, abhängig vom Inhalt, optisch hervorheben. Die Anwendungsmöglichkeiten sind vielfältig; so visualisieren Sie beispielsweise die höchsten oder niedrigsten Werte einer Reihe, geben negativen Zahlen ein bestimmtes Format oder heben alle Zahlen hervor, die über oder unter dem Durchschnitt liegen. Neben Füll- und Schriftfarben stehen Ihnen auch Datenbalken, Farbskalen und Symbolsätze zur Verfügung. Sie finden die Schaltfläche *Bedingte Formatierung* im Register *Start*, Gruppe *Formatvorlagen*.

Bild 4.15 Register Start, Bedingte Formatierung

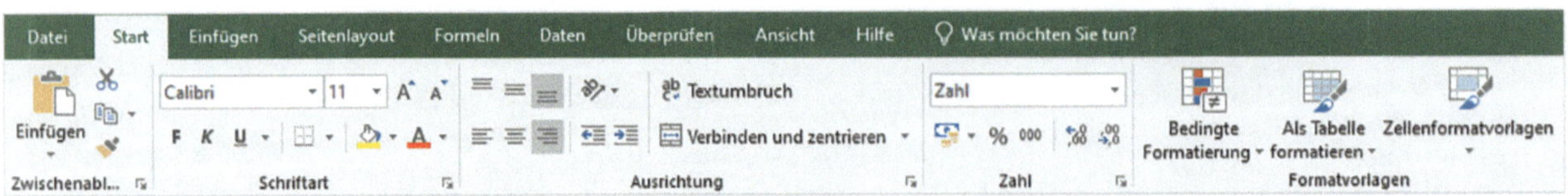

Auch die *Schnellanalyse* enthält im Register *Formatierung* eine Auswahl der am häufigsten verwendeten bedingten Formatierungsmöglichkeiten. Die Schaltfläche *Schnellanalyse* erscheint im Tabellenblatt, sobald Sie einen Zellbereich markieren.

Bild 4.16 Schnellanalyse - Bedingte Formatierung

Bedingte_Formatierung.xlsx

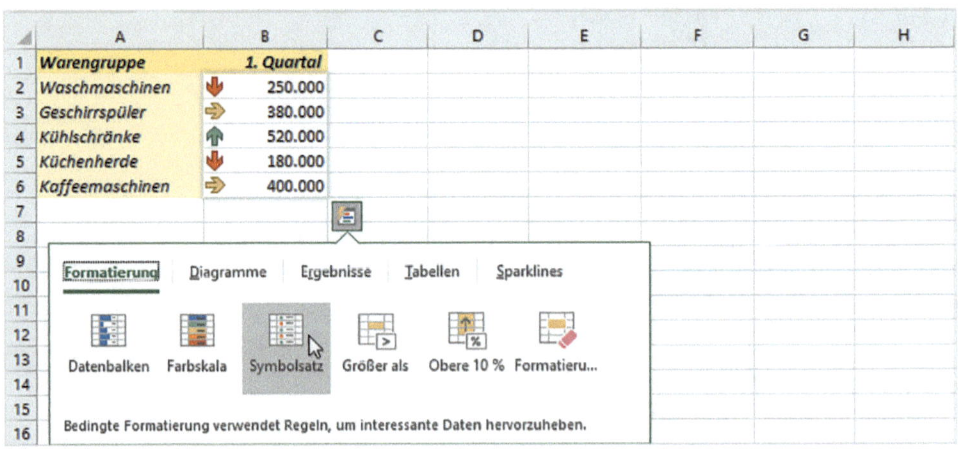

Für alle bedingten Formatierungen gilt:

- Ändert sich der Wert einer Zelle, so ändert sich auch die Formatierung entsprechend der zugrundeliegenden Regel.
- Auf einen Zellbereich können auch mehrere bedingte Formatierungen gleichzeitig angewendet werden.
- Da Excel Farbabstufungen und Balkenlänge automatisch anhand des markierten Wertebereichs festlegt, sollten Sie darauf achten, nur diejenigen Werte zu markieren, die Sie unmittelbar miteinander vergleichen möchten.

Werte mit Balken, Farbskalen und Symbolen vergleichen

Am einfachsten ist die Verwendung von grafischen Vorlagen. Markieren Sie den Zellbereich, klicken Sie auf Register *Start* ▶ Gruppe *Formatvorlagen* ▶ *Bedingte Formatierung* und zeigen Sie auf *Datenbalken*, *Farbskalen* oder *Symbolsätze*. Es erscheinen verschiedene Vorlagen und bereits beim Zeigen erhalten Sie an den markierten Zellen im Tabellenblatt eine Vorschau. Mit einem Klick übernehmen Sie die Vorlage.

- Mit der Auswahl *Datenbalken* werden die Zellen, entsprechend Ihres Wertes, mit farbigen Balken hinterlegt, vergleichbar einem Balkendiagramm.
- Die Auswahl *Farbskalen* hebt die höchsten und niedrigsten Werte hervor.
- Über *Symbolsätze* versehen Sie die Zellen mit Symbolen, z. B. Ampelsymbolen oder Pfeilen.

Bild 4.17 Beispiel Datenbalken

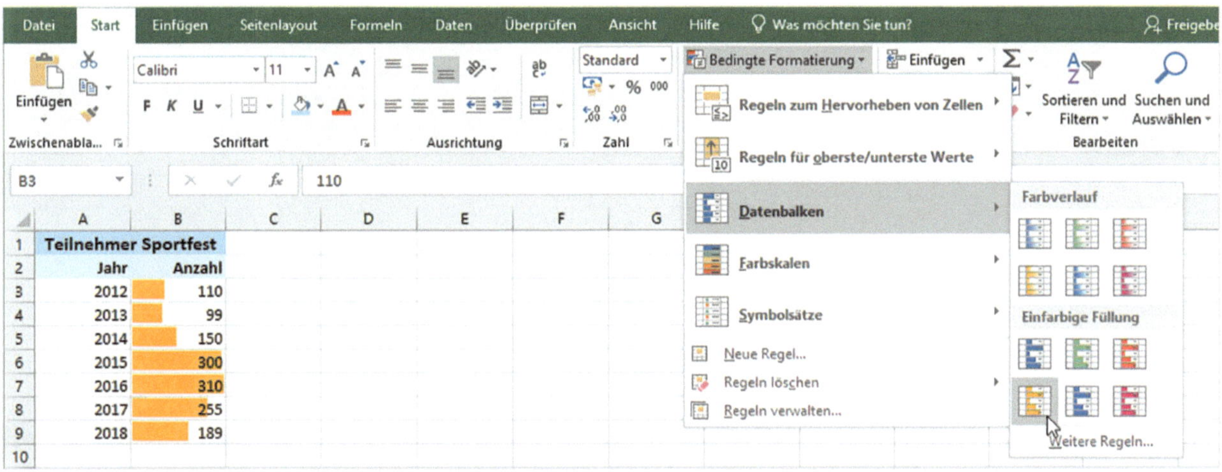

Achten Sie auf die Markierung!
Die Balkenlänge richtet sich nach dem kleinsten und größten Wert des markierten Datenbereichs. Sie erhalten also unterschiedliche Ergebnisse, wenn Sie, wie im Bild links unten, alle Werte markieren und mit Datenbalken versehen. Zum Vergleich wurden im Bild rechts daneben jeweils die Quartalsergebnisse der Warengruppen markiert. Besonders deutlich wird der Unterschied bei der Warengruppe Kaffeemaschinen.

Bild 4.18 Vergleich aller Quartale und Warengruppen

Bild 4.19 Quartalsvergleich je Warengruppe

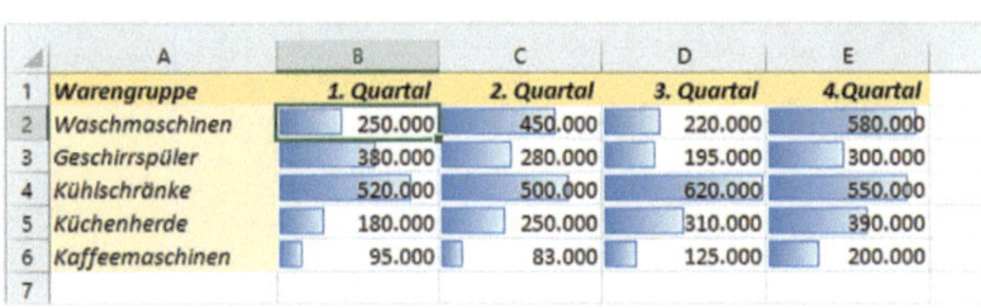

Warengruppe	1. Quartal	2. Quartal	3. Quartal	4.Quartal
Waschmaschinen	250.000	450.000	220.000	580.000
Geschirrspüler	380.000	280.000	195.000	300.000
Kühlschränke	520.000	500.000	620.000	550.000
Küchenherde	180.000	250.000	310.000	390.000
Kaffeemaschinen	95.000	83.000	125.000	200.000

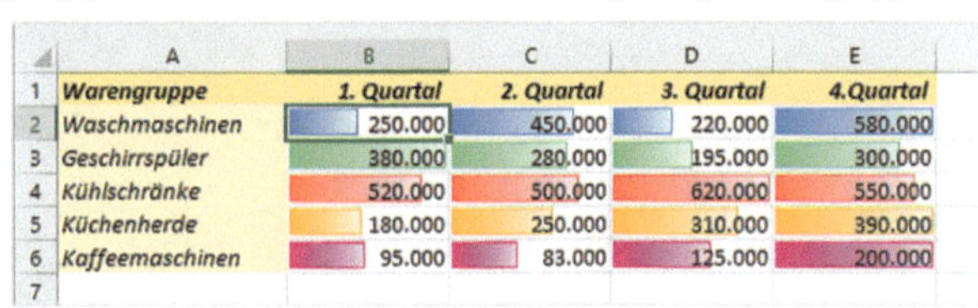

Warengruppe	1. Quartal	2. Quartal	3. Quartal	4.Quartal
Waschmaschinen	250.000	450.000	220.000	580.000
Geschirrspüler	380.000	280.000	195.000	300.000
Kühlschränke	520.000	500.000	620.000	550.000
Küchenherde	180.000	250.000	310.000	390.000
Kaffeemaschinen	95.000	83.000	125.000	200.000

Berechnungsgrundlagen

- **Datenbalken**
  Die Balkenlänge orientiert sich am höchsten Wert des markierten Zellbereichs.

Der Median teilt die Anzahl der Zahlen in zwei Hälften, wobei die eine Hälfte über und die andere Hälfte unterhalb des Medianwerts liegt.

- **Farbskalen**
  Die Aufteilung der Farben beruht auf dem Median der markierten Werte. Eine Blau-Weiß-Rot Farbskala weist z. B. den Werten oberhalb des Medians rote Füllung zu und allen Werte unterhalb blaue Füllung zu. Je näher ein Wert am Median liegt, umso mehr nähert sich die Füllung der Farbe weiß an, im Bild unten beträgt der Median 30.

- **Symbole**
  Bei Symbolsätzen mit drei unterschiedlichen Symbolen. z. B. Ampelfarben wie im Bild unten, berechnet Excel die Schwellenwerte mit 33% und 67% der höchsten markierten Zahl, diese entspricht 100%. Bei vier Symbolen bzw. Farben sind dies 25%, 50% und 75%.

Bild 4.20 Berechnungsgrundlage Farbskala

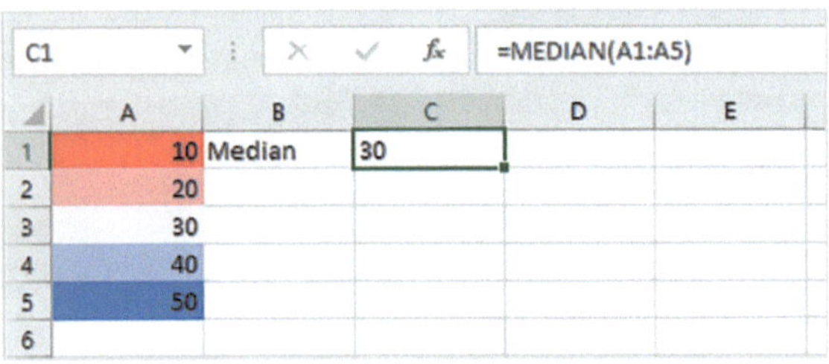

Bild 4.21 Symbolfarben

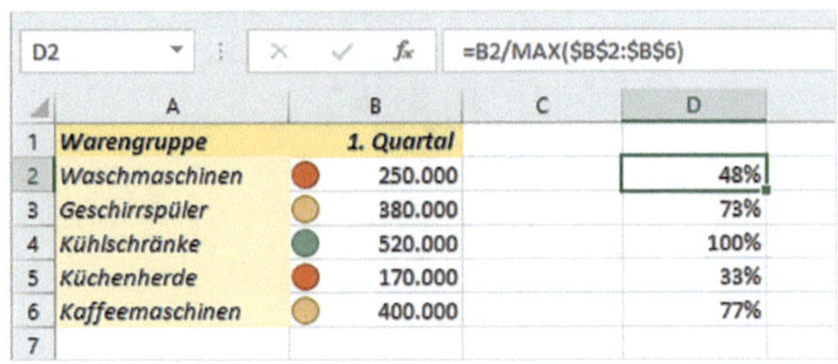

Bedingte Formate wieder entfernen

Bedingte Formatierungen ließen sich auch mit der Schaltfläche Löschen - Formate löschen entfernen, allerdings werden dann auch z. B. Zahlenformate gelöscht.

Vorsicht beim Ausprobieren von Formaten! Vorhandene bedingte Formatierungen werden durch das Hinzufügen weiterer nicht ersetzt, Sie sollten also Formatierungen, die Ihnen nicht mehr zusagen, auch wieder löschen.

Klicken Sie auf *Bedingte Formatierung* und auf *Regeln löschen*. Wählen Sie dann, ob Sie alle Regeln im markierten Zellbereich oder im gesamten Tabellenblatt löschen möchten. Den Befehl (bedingte) *Formatierungen löschen* erhalten Sie auch, wenn Sie auf die Schaltfläche *Schnellanalyse*, Register *Formatierung*, klicken.

Bild 4.22 Regeln löschen

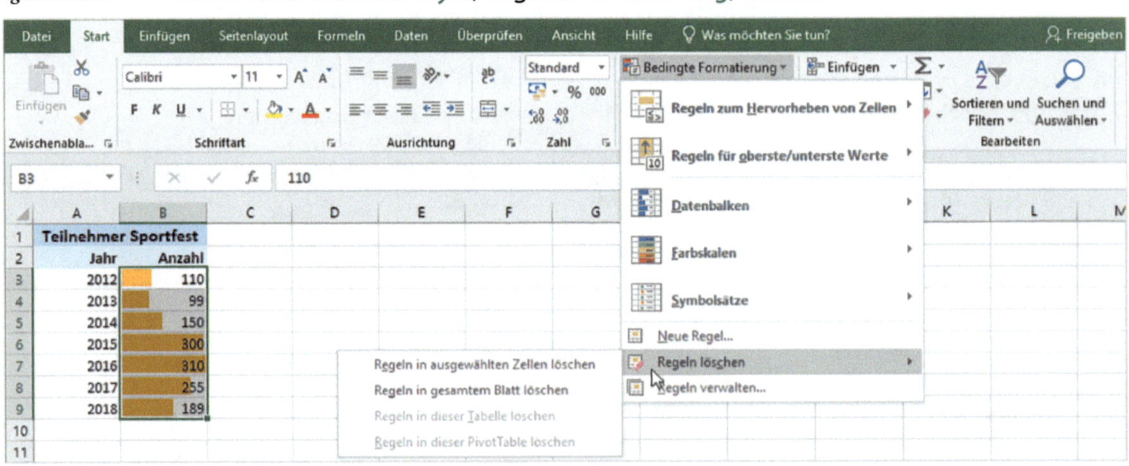

Einfache Vergleichsregeln einsetzen

Eine andere Möglichkeit besteht darin, die Zellen anhand von Vergleichswerten hervorzuheben. Auf diese Weise können beispielsweise alle Zellen farbig gekennzeichnet werden, deren Werte über oder unter einem bestimmten Wert (*Regeln zum Hervorheben von Zellen*), dem Durchschnitt oder einem bestimmten Prozentsatz (*Regeln für oberste/unterste Werte*) liegen.

Ein Beispiel für das Hervorheben von Duplikaten mit der Auswahl *Doppelte Werte...* finden Sie in Kapitel 3.7.

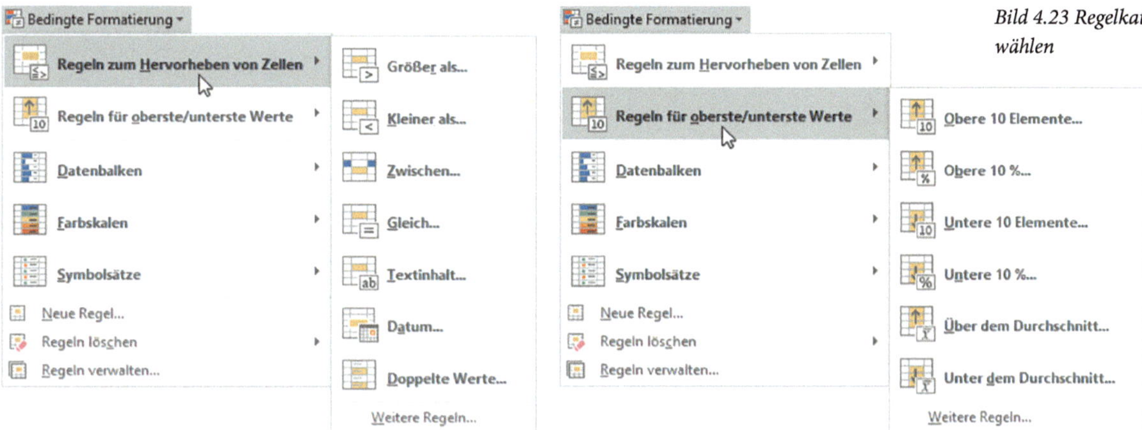

Bild 4.23 Regelkategorie wählen

1 Dazu markieren Sie wieder zuerst den Zellbereich, dem Sie die bedingte Formatierung zuweisen möchten, im Bild unten die Summe des ersten und zweiten Quartals. Klicken Sie dann auf *Bedingte Formatierung*, zeigen Sie auf eine Regelkategorie und klicken Sie auf die gewünschte Regel, z. B. *Größer als*.

2 Geben Sie den Vergleichswert ein, dies kann auch ein Zellbezug sein und wählen Sie eine Formatierung. Die Auswahl *benutzerdefiniertem Format...* öffnet das Dialogfenster *Zellen formatieren* und Sie können Ihr eigenes Format zusammenstellen.

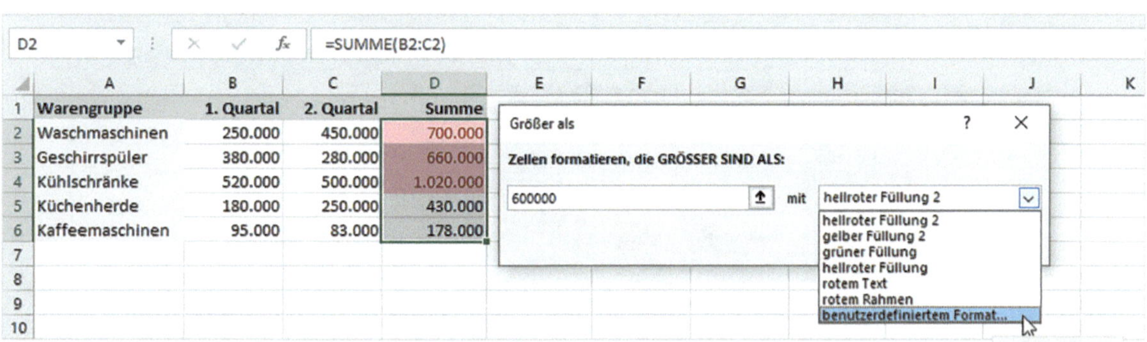

Bild 4.24 Format auswählen

Tipp: Einfache bedingte Formatierungen können, wie alle Zellenformate, mit der Schaltfläche *Format übertragen* (Pinsel) schnell auf andere Zellbereiche kopiert werden.

Bedingte Formatierung auf Datumswerte anwenden

Die bedingte Formatierung eignet sich auch hervorragend für Datumswerte. Ein Beispiel: Sie möchten in einer Tabelle mit Datumswerten alle Tage der aktuellen Woche hervorheben. Markieren Sie die Spalte mit den Datumswerten, klicken Sie auf *Bedingte Formatierung* und zeigen Sie auf *Regeln zum Hervorheben von Zellen*. Klicken Sie auf *Datum...* und wählen Sie aus der Dropdown-Liste den Eintrag *Diese Woche*. Daneben legen Sie die gewünschte Formatierung fest.

Stattdessen oder zusätzlich lassen sich auch das aktuelle Datum und/oder der gesamte Monat hervorheben.

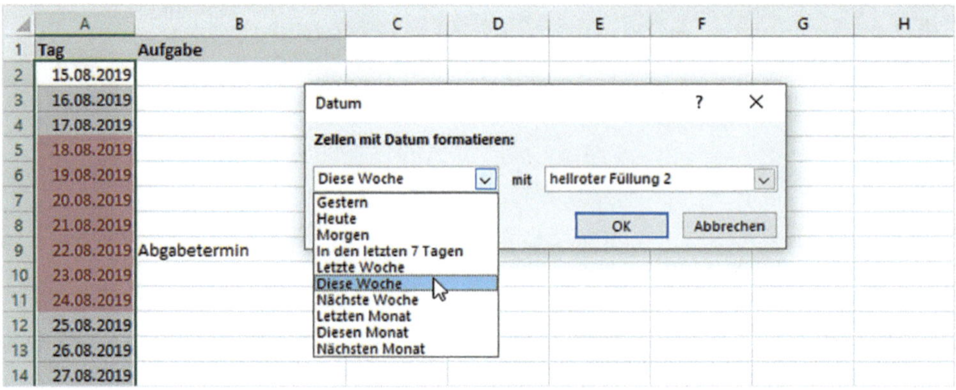

Bild 4.25 Datumswerte mit Vergleichsregeln hervorheben

Eigene Regeln festlegen

Zur Definition eigener Regeln klicken Sie auf *Bedingte Formatierung* und wählen *Neue Regel...*. Im Dialogfenster *Neue Formatierungsregel* (Bild unten) können Sie zur Regelbeschreibung auch Formeln verwenden, eigene Farbskalen definieren und nicht nur einzelne Zellen, sondern auch ganze Tabellenzeilen hervorheben.

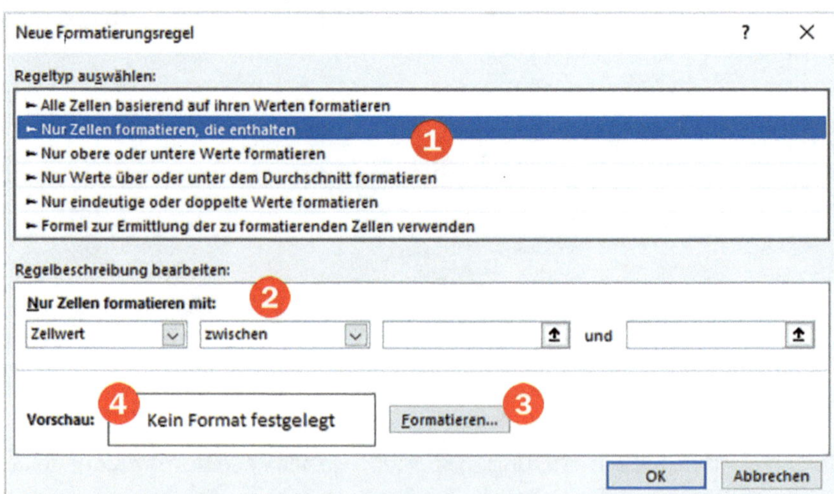

Bild 4.26 Neue Formatierungsregel

1 Zuerst wählen Sie den grundlegenden Regeltyp aus ❶. Der Typ *Nur Zellen formatieren, die enthalten* entspricht der Kategorie *Regeln zum Hervorheben von Zellen*. Wenn Sie eine Formel verwenden möchten, dann benötigen Sie den Typ *Formel zur Ermittlung der formatierenden Zellen verwenden*.

2 Abhängig vom markierten Regeltyp bearbeiten Sie darunter die Regelbeschreibung ❷. Geben Sie einen Vergleichswert, eine Formel oder eine Funktion ein.

3 Zuletzt wählen Sie über die Schaltfläche *Formatieren...* ❸ eine Formatierung. Hier sehen Sie eine Vorschau auf das Format ❹.

Regeln nachträglich ändern

Haben Sie dagegen einen Zellbereich bereits mit einer bedingten Formatierung versehen, z. B. 3-Farben-Skala, und möchten diese ändern, dann klicken Sie auf *Bedingte Formatierung* ▶ *Regeln verwalten....* In diesem Fall öffnet sich der Manager für Regeln zur bedingten Formatierung. Klicken Sie auf die betreffende Regel und dann auf die Schaltfläche *Regel bearbeiten* (Bild unten). Eine nicht mehr benötigte Regel können Sie hier über die Schaltfläche *Regel löschen* auch wieder entfernen.

Tipp: Sie brauchen in diesem Fall den Zellbereich nicht unbedingt erneut markieren. Wählen Sie einfach im Feld *Formatierungsregeln anzeigen für* statt *Aktuelle Auswahl* das aktuelle Arbeitsblatt aus (*Dieses Arbeitsblatt*).

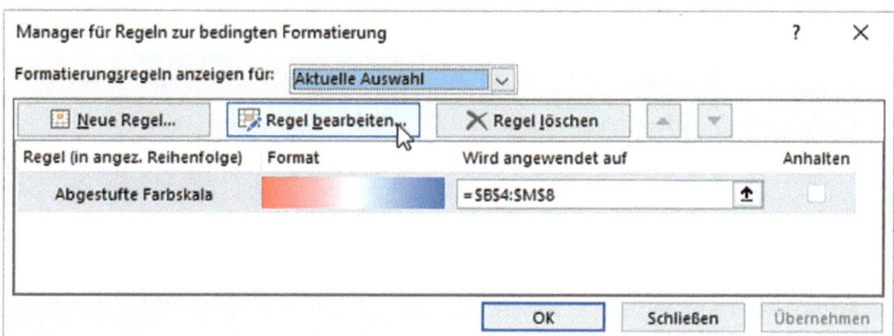

Bild 4.27 Vorhandene Regel bearbeiten

Eigene Farbskalen definieren

Beispiel: Sie möchten die mittleren monatlichen Niederschlagsmengen einiger deutscher Städte vergleichen und zwar, statt mit einer Blau-Weiß-Rot-Farbskala (3-Farben) wie im Bild unten, mit einer 2-Farben-Farbskala.

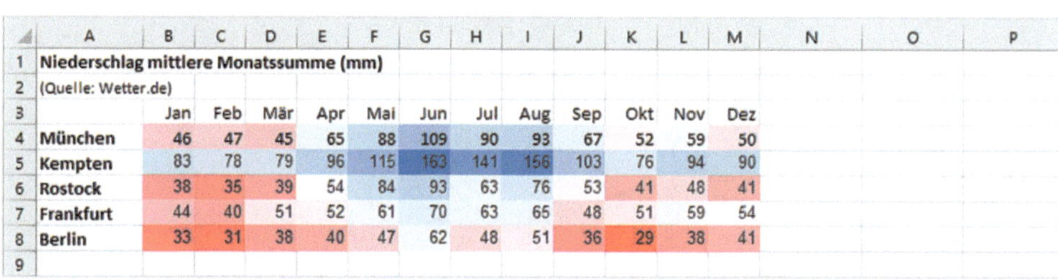

	A	B	C	D	E	F	G	H	I	J	K	L	M	N	O	P
1	Niederschlag mittlere Monatssumme (mm)															
2	(Quelle: Wetter.de)															
3		Jan	Feb	Mär	Apr	Mai	Jun	Jul	Aug	Sep	Okt	Nov	Dez			
4	München	46	47	45	65	88	109	90	93	67	52	59	50			
5	Kempten	83	78	79	96	115	163	141	156	103	76	94	90			
6	Rostock	38	35	39	54	84	93	63	76	53	41	48	41			
7	Frankfurt	44	40	51	52	61	70	63	65	48	51	59	54			
8	Berlin	33	31	38	40	47	62	48	51	36	29	38	41			
9																

Bild 4.28 Monatliche Niederschlagsmengen als 3-Farben-Farbskala

1 Markieren Sie den Zellbereich, hier B4:M8, und klicken auf *Bedingte Formatierung* ▶ *Neue Regel...* bzw. auf *Regel verwalten...*, um eine vorhandene Regel zu ändern.

2 Klicken Sie auf den Regeltyp *Alle Zellen basierend auf Ihren Werten formatieren* ❶ und wählen Sie im Feld *Formatstil* ❷ eine *2-Farben-Skala* aus.

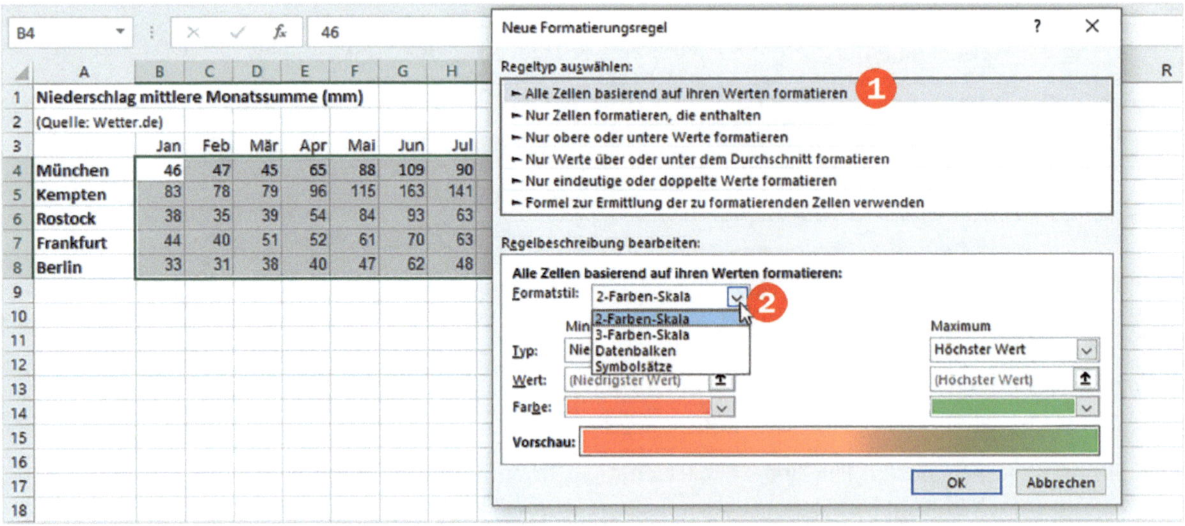

Bild 4.29 Farbskala bearbeiten

3 Anschließend legen Sie unter *Minimum* und *Maximum* fest, wie diese Werte gewählt werden sollen. Zur Auswahl stehen:

- Niedrigster bzw. höchster Wert, diese werden automatisch aus den markierten Werten ermittelt.
- Eine fest vorgegebene Zahl, die Sie im Feld *Wert* darunter eingeben.
- Prozent (ohne Prozentzeichen eingeben),
- Formel, wobei das Formelergebnis eine Zahl oder ein Datum sein muss,
- Quantil; Quantile teilen, genau wie der Median, einen Wertebereich in zwei Teile, nur dass im Gegensatz zum Median (50% Quantil) das Quantil beliebig angegeben werden kann.

4 Für dieses Beispiel wählen wir als *Minimum* und *Maximum* jeweils *Quantil* mit den Werten 10 und 90 ❸.

5 Nun brauchen Sie im Feld unterhalb nur die dazugehörigen Farben auswählen ❹, hier rot als Minimum und blau als Maximum.

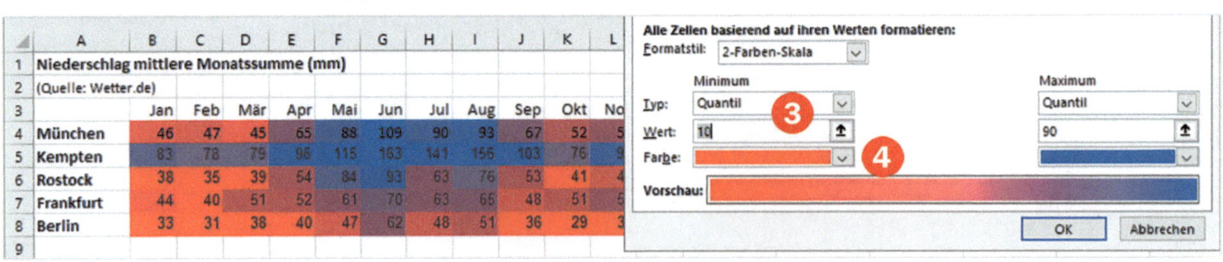

Bild 4.30 Das Ergebnis mit einer 2-Farben-Skala

Regeln anhand von Formeln definieren

Sie können zur Ermittlung der zu formatierenden Werte auch Formeln heranziehen. Diese müssen, wie alle Excel-Formeln mit dem Gleichheitszeichen beginnen.

Ganze Zeile anstatt von Zellen hervorheben

Sie möchten die unten abgebildete Tabelle mit Quartalsumsätzen so formatieren, dass nicht nur die Zelle mit dem höchsten Jahresumsatz in der Spalte *Summe*, sondern die gesamte dazugehörige Zeile hervorgehoben wird, wie im Bild unten.

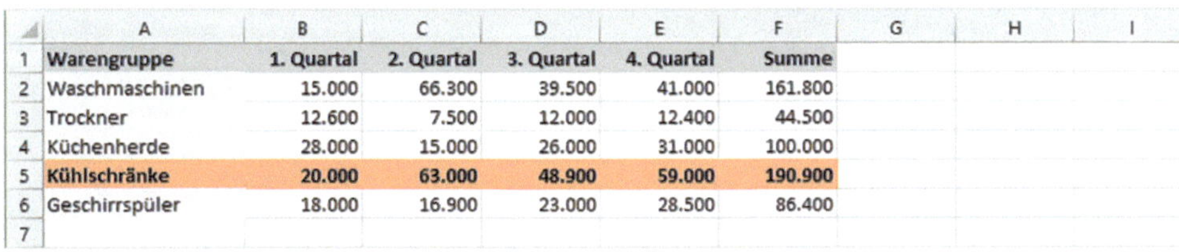

	A	B	C	D	E	F	G	H	I
1	Warengruppe	1. Quartal	2. Quartal	3. Quartal	4. Quartal	Summe			
2	Waschmaschinen	15.000	66.300	39.500	41.000	161.800			
3	Trockner	12.600	7.500	12.000	12.400	44.500			
4	Küchenherde	28.000	15.000	26.000	31.000	100.000			
5	Kühlschränke	20.000	63.000	48.900	59.000	190.900			
6	Geschirrspüler	18.000	16.900	23.000	28.500	86.400			
7									

Bild 4.31 Zeilen hervorheben

Für diese Regel benötigen Sie eine Formel. Beachten Sie, dass zur bedingten Formatierung nur Formeln und Funktionen verwendet werden können, die als Ergebnis die Werte WAHR oder FALSCH liefern.

Formelergebnis muss ein Wahrheitswert sein

1 Markieren Sie den zu formatierenden Zellbereich A2:F6, klicken Sie auf *Bedingte Formatierung* und auf *Neue Regel...*.

2 Wählen Sie auf Typ *Formel zur Ermittlung der zu formatierenden Zellen verwenden*.

3 Geben Sie unter *Regelbeschreibung bearbeiten* die Formel oder Funktion zusammen mit einem Gleichheitszeichen (=) ein.

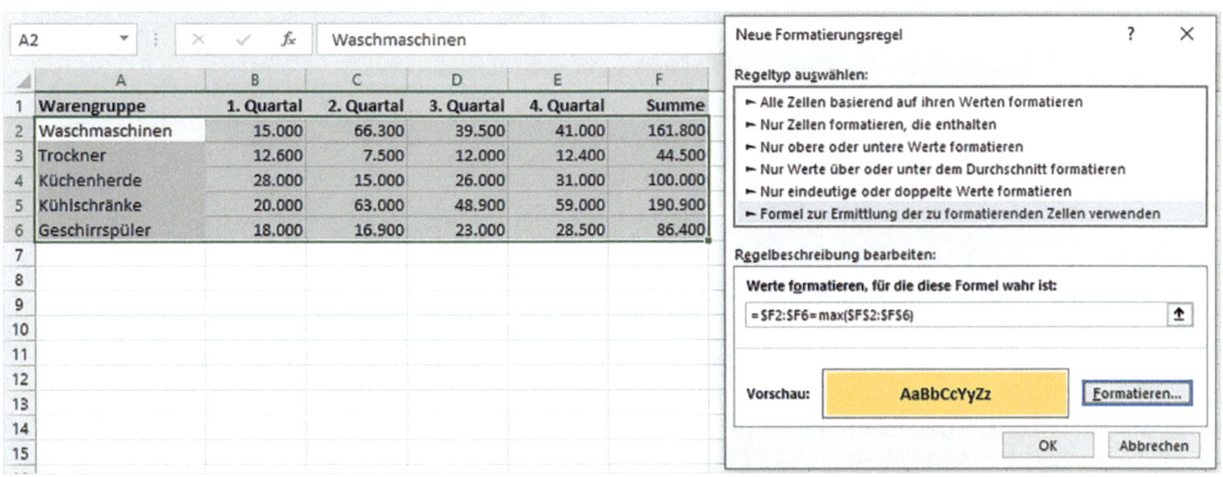

Bild 4.32 Formatierungsregel mit einer Formel erstellen

Um den höchsten Jahresumsatz zu ermitteln, müssen Sie für jede Zeile die Werte in Spalte F mit dem höchsten Wert (Funktion MAX) dieser Spalte vergleichen. Der Bezug auf Spalte F muss konstant bleiben, daher benötigen Sie gemischte Zellbezüge. Die Formel muss also lauten:

```
=$F2:$F6=MAX($F$3:$F$6)
```

4 Zuletzt legen Sie über die Schaltfläche *Formatieren...* das gewünschte Format, hier Füllfarbe und fette Schrift fest und bestätigen mit *OK*.

Spalten miteinander vergleichen

Eine Formel kommt auch zum Einsatz, wenn Sie zwei Spalten miteinander vergleichen und z. B., wie im Bild unten, negative Abweichungen zwischen Plan und Ist in Spalte C hervorheben möchten.

1 Markieren Sie die Ist-Werte (C2:C12), klicken Sie auf Bedingte *Formatierung* ▶ *Neue Regel...* und wählen Sie den Regeltyp *Formel zur Ermittlung der zu formatierenden Zellen verwenden*.

2 Geben Sie dann die folgende Formel ein: =$C2:$C12<$B2:$B12.

3 Wählen Sie wieder über die Schaltfläche *Formatieren...* ein Format, hier rote Hintergrundfarbe, und klicken Sie auf *OK*.

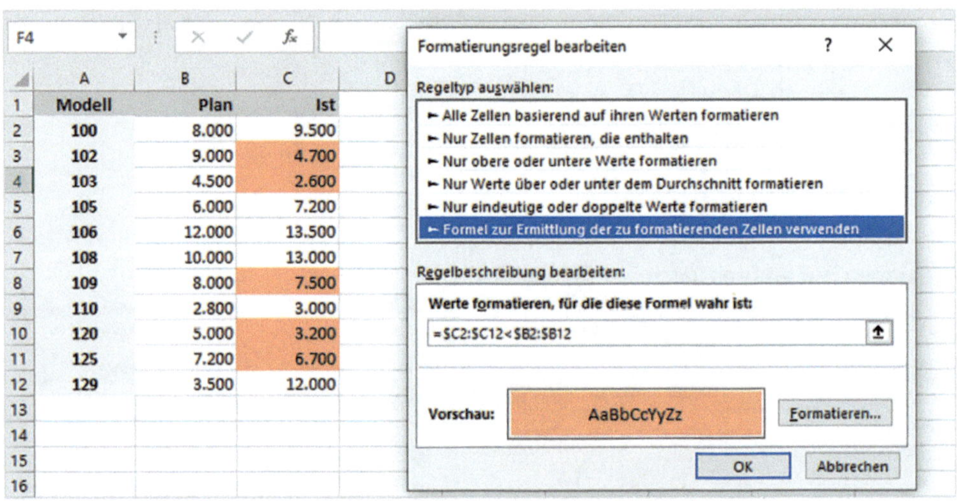

Bild 4.33 Spalte Ist mit Spalte Plan vergleichen

Wochentage im Kalender hervorheben

Eine Funktion kommt zum Einsatz, wenn Sie beispielsweise in einem Kalender, z. B. einer monatlichen Einsatzübersicht, die Wochenenden (Samstage und Sonntage) automatisch farbig hervorheben möchten. Dadurch kann das Blatt beliebig kopiert werden und Sie brauchen später nur noch die Datumswerte des entsprechenden Monats eintragen.

In diesem Fall geben Sie die folgende Regel ein (die Datumswerte befinden sich in Spalte B):

```
=WOCHENTAG($B2:$B31;2)>=6
```

4.3 Was-wäre-wenn-Analysen

In vielen Fällen leisten Vergleichsberechnungen oder Was-wäre-wenn-Analysen gute Dienste. Dazu stellt Excel gleich mehrere Werkzeuge zur Verfügung:

- Berechnung von Datentabellen mit ein oder zwei Variablen, auch als Mehrfachoperation bezeichnet.
- Szenarien zum Vergleich verschiedener Lösungen.
- Die Zielwertsuche, wenn ein bestimmtes Formelergebnis erzielt werden soll.
- Optimieren von Lösungen mit dem Add-In Solver.
- Prognosen für künftige Entwicklungen mit dem Tool Prognoseblatt.

Datentabellen mit verschiedenen Werten berechnen

Als Datentabellen bezeichnet Excel Tabellen, die eine Formel oder Funktion mit ein oder zwei variablen Werten berechnen. In älteren Excel-Versionen wurde diese Berechnungsmethode auch als Mehrfachoperation bezeichnet.

Datentabelle mit einer Variablen

Nehmen wir als Beispiel eine einfache Zinsberechnung: Angenommen, Sie legen jeden Monat einen festen Betrag an und möchten wissen, mit welchem Betrag Sie in 5 Jahren rechnen können und wie unterschiedliche Zinsen das Ergebnis beeinflussen.

1 Im ersten Schritt berechnen Sie, wie im Bild unten, in C6 mit der Funktion ZW den Endwert/Zinswert. Diese benötigt die Argumente: Zinssatz (*Zins*), Zahlungszeitraum (*Zzr*) und mit *Rmz* die regelmäßige, in diesem Fall monatliche Zahlung.

Beachten Sie, dass von Ihnen zu leistende Beträge mit einem negativen Vorzeichen eingegeben werden sollten, wenn Sie kein negatives Ergebnis erhalten möchten.

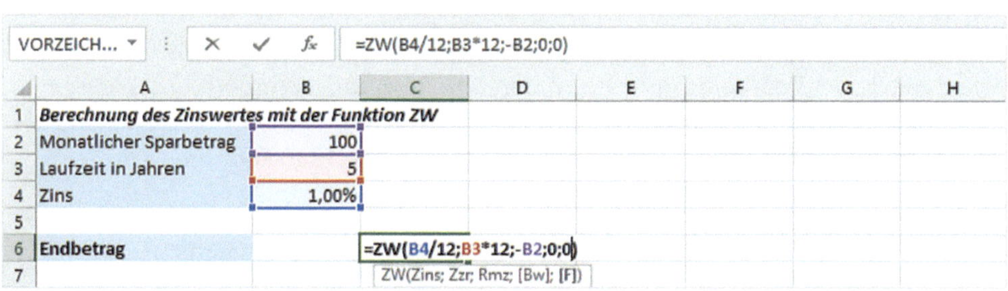

Bild 4.34 Mit ZW den Zinswert berechnen

Datentabellen.xlsx

2 Um diese Formel mit verschiedenen Zinsen zu berechnen geben Sie diese, wie in Bild 4.35, in einer Spalte untereinander ein. Da Excel die Ergebnisse automatisch unterhalb der ursprünglichen Formel berechnet, müssen in diesem Beispiel die Zinsen ab B7 eingegeben werden.

3 Im nächsten Schritt markieren Sie den gesamten Bereich der zu berechnenden Datentabelle einschließlich der Formel, also B6 bis C16, siehe Bild unten. Klicken Sie dann im Register *Daten*, Gruppe *Prognose*, auf Schaltfläche *Was-wäre-wenn-Analyse* und wählen Sie *Datentabelle...*.

4 Nun geben Sie im Fenster *Datentabelle* an, welcher Wert bzw. welches Argument der Formel durch die variablen Werte ersetzt werden soll.

Im Beispiel ist dies der Zins in B4. Da sich Zinssätze sich in einer Spalte untereinander befinden, klicken Sie in das Feld *Spalte* und dann im Tabellenblatt auf die Zelle B4 mit dem Zins. Klicken Sie dann auf *OK*.

Bild 4.35 Datentabelle berechnen

Bild 4.36 Die Ergebnisse

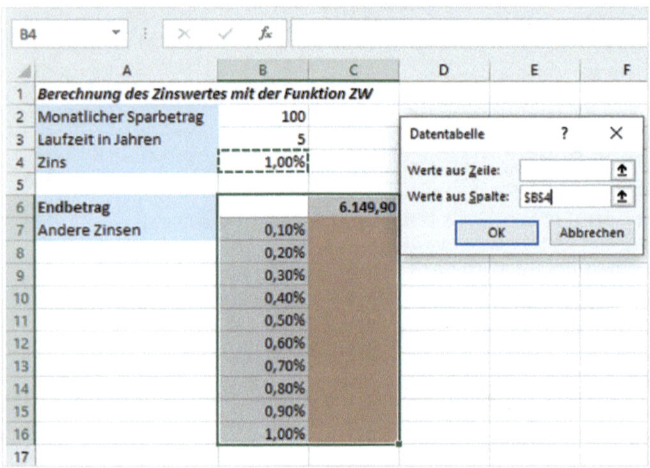

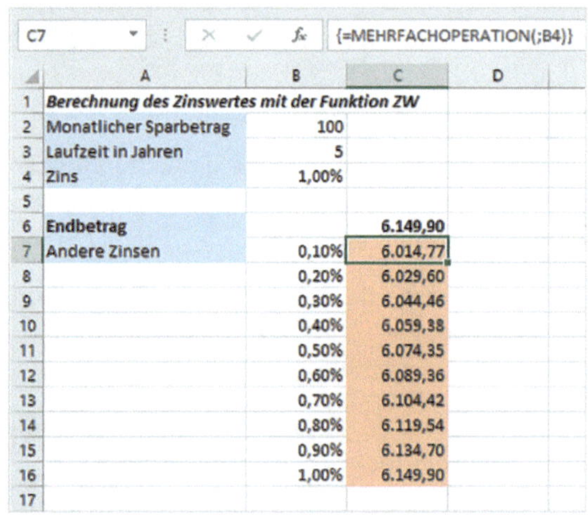

Matrixformeln, siehe Kapitel 1.7.

Die Ergebnistabelle wird mit der Funktion MEHRFACHOPERATION als Matrixformel berechnet, in der Bearbeitungsleiste an den geschweiften Klammern { } zu erkennen. Sie können nun die Tabelle beliebig formatieren, beachten Sie aber, dass einzelne Formeln einer Matrixformel nicht geändert oder gelöscht werden können.

Hinweis: Alternativ könnten Sie die Formel natürlich auch in B7 unter Verwendung von festen Zellbezügen für B2 und B3 berechnen und anschließend kopieren.

Datentabelle mit zwei Variablen

Interessanter sind Datentabellen mit zwei veränderbaren Werten. So lässt sich das vorherige Beispiel erweitern, indem Sie neben den Zinsen noch verschiedene Laufzeiten einbeziehen. Ergänzen Sie dazu die zuvor verwendete Tabelle um eine Zeile mit den verschiedenen Laufzeiten, diese müssen sich in der selben Zeile wie die Formel befinden. Die Zinsen werden unterhalb in die gleiche Spalte wie die Formel eingetragen, die Ausgangstabelle muss also aussehen, wie in Bild 4.37 unten.

Achten Sie auf die richtige Position der Formel! Diese muss sich in der linken oberen Ecke der zu berechnenden Datentabelle befinden, siehe Bild unten.

1 Markieren Sie wieder den Zellbereich, in dem die Datentabelle berechnet werden soll, einschließlich der Werte in den Spalten- und Zeilenüberschriften. Klicken Sie auf *Was-wäre-wenn-Analyse* und wählen Sie *Datentabelle...*.

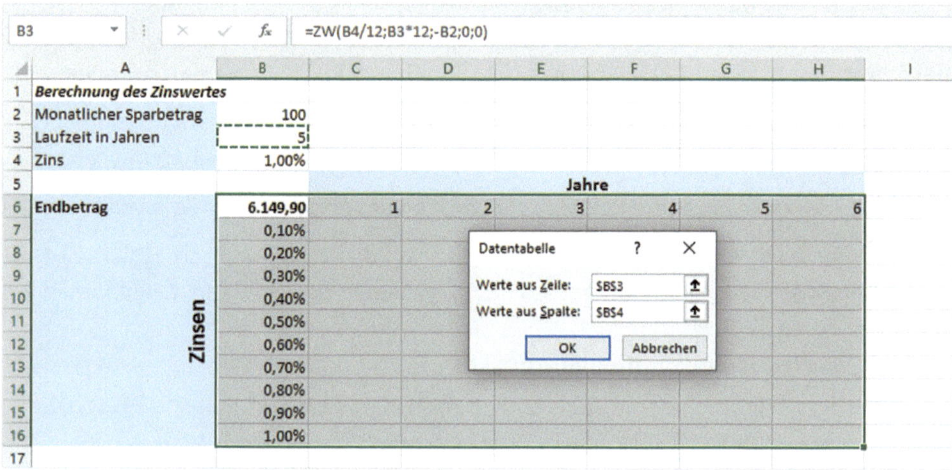

Bild 4.37 Datentabelle mit zwei variablen Werten berechnen

2 Da in der Datentabelle die ursprüngliche Laufzeit in B3 nacheinander durch die Werte der Zeile neben der Formel ersetzt werden soll, tragen Sie in das Feld *Werte aus Zeile* die Adresse $B$3 ein, im Feld *Werte aus Spalte* geben Sie wieder den Zins, also $B$4, an und bestätigen mit *OK*.

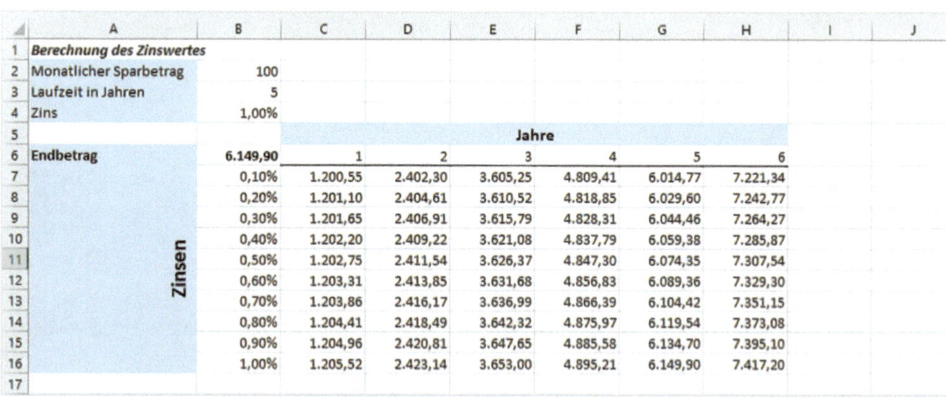

	A	B	C	D	E	F	G	H
1	*Berechnung des Zinswertes*							
2	Monatlicher Sparbetrag	100						
3	Laufzeit in Jahren	5						
4	Zins	1,00%						
5					Jahre			
6	**Endbetrag**	**6.149,90**	1	2	3	4	5	6
7	Zinsen	0,10%	1.200,55	2.402,30	3.605,25	4.809,41	6.014,77	7.221,34
8		0,20%	1.201,10	2.404,61	3.610,52	4.818,85	6.029,60	7.242,77
9		0,30%	1.201,65	2.406,91	3.615,79	4.828,31	6.044,46	7.264,27
10		0,40%	1.202,20	2.409,22	3.621,08	4.837,79	6.059,38	7.285,87
11		0,50%	1.202,75	2.411,54	3.626,37	4.847,30	6.074,35	7.307,54
12		0,60%	1.203,31	2.413,85	3.631,68	4.856,83	6.089,36	7.329,30
13		0,70%	1.203,86	2.416,17	3.636,99	4.866,39	6.104,42	7.351,15
14		0,80%	1.204,41	2.418,49	3.642,32	4.875,97	6.119,54	7.373,08
15		0,90%	1.204,96	2.420,81	3.647,65	4.885,58	6.134,70	7.395,10
16		1,00%	1.205,52	2.423,14	3.653,00	4.895,21	6.149,90	7.417,20
17								

Bild 4.38 Das Ergebnis

Tipp: Falls Sie die Formel in der linken oberen Ecke der Tabelle als störend empfinden, formatieren Sie diese Zelle am einfachsten mit weißer Schriftfarbe.

Was-wäre-wenn Szenarien

Im Gegensatz zu Datentabellen mit maximal zwei Variablen, berücksichtigen Szenarien auch mehr als zwei veränderbare Werte. Die Ergebnisse können gespeichert, miteinander verglichen und in einer Ergebnistabelle zusammengefasst werden. Ein Szenario kann also auch als Berechnungsmodell bezeichnet werden, das eine Fragestellung mit mehreren veränderlichen Werten durchspielt. Mehrere Szenarien bilden somit eine komplette „Was-Wäre-Wenn-Analyse".

Als Beispiel der Kauf eines Autos. Angenommen, Sie haben die Wahl zwischen verschiedenen Modellen, hinzu kommen unterschiedliche Rabatte und Angebote für die Inzahlungnahme Ihres alten Fahrzeugs. Zusätzlich sind noch die laufenden Kosten des neuen Autos zu berücksichtigen, also Verbrauch, Steuern und Versicherungen. Die abgeleiteten Fragestellungen lassen sich mit dem Szenario-Manager durchspielen, z. B.:

Dieses Szenario bezieht nur einige Faktoren ein, könnte aber erweitert werden, z. B. um CO_2 Ausstoß, Prämien usw..

- Wie hoch wären die Kosten beim Kauf von Modell A mit relativ niedrigem Anschaffungspreis und einem hohen Kraftstoffverbrauch, verglichen mit Modell B.
- Wie wirken sich höhere Fahrleistung pro Jahr oder geringerer Verbrauch aus?
- Zusätzlich ließe sich auch noch ermitteln, mit welchen durchschnittlichen jährlichen Kosten bei einer geplanten Nutzungsdauer von 10 Jahren zu rechnen wäre.

Schritt 1: Tabelle mit Ausgangswerten erstellen

Im ersten Schritt legen Sie eine Tabelle an, tragen alle Werte für das erste Fahrzeugmodell an und berechnen die erforderlichen Formeln wie im Bild unten.

Bild 4.39 Tabelle anlegen

Szenarien.xlsx

Anschaffu... =B2-C3-B4

	A	B	C	D	E	F	G	H
1	Fahrzeugmodell	Modell A						
2	Listenpreis	18.000						
3	Rabatt	20%	3.600					
4	Inzahlungsnahme altes Fahrzeug	2.000						
5	Anschaffungspreis	12.400						
6								
7	Verbrauch/100 km	5,7						
8	Jährliche Fahrleistung km	20.000						
9	Benzin- Dieselpreis/Liter	1,50	1.710					
10	Steuern/Jahr	125						
11	Versicherung/Jahr	720						
12	Laufende Kosten pro Jahr	2.555						
13								

Szenarien unterscheiden zwischen veränderbaren Zellen und Ergebniszellen

- Veränderbare Zellen enthalten diejenigen Werte, die in den verschiedenen Szenarien verändert werden sollen, also z. B. Rabatt, Listenpreis, Steuern, Versicherung usw..
- Ergebniszellen enthalten Formeln, deren Ergebnisse Sie vergleichen möchten. Im Beispiel sind dies der Anschaffungspreis in B5 und die Summe der laufenden jährlichen Kosten in B12.

Schritt 2: Namen vergeben

Im nächsten Schritt sollten Sie unbedingt Namen für alle Zellen vergeben, die Sie in das Szenario einbeziehen möchten, also sowohl für veränderbare Zellen als auch für Ergebniszellen. Aus den Namen der veränderbaren Zellen erstellt Excel eine Dateneingabemaske für die Werte und auch im zusammenfassenden Bericht zum Vergleich der verschiedenen Szenarien erscheinen dann die Namen anstelle der Zelladressen.

Namen für Zellen und Zellbereiche, siehe Kapitel 1.3.

Am schnellsten geht das Erstellen von Namen, wenn Sie einfach den Text aus den angrenzenden Zellen als Name übernehmen. Markieren Sie die Werte zusammen mit der Beschriftung in der linken Spalte ❶ und klicken Sie im Register *Formeln*, Gruppe *Definierte Namen*, auf *Aus Auswahl erstellen* ❷. Wählen Sie aus *Linker Spalte* ❸ und klicken Sie auf *OK*.

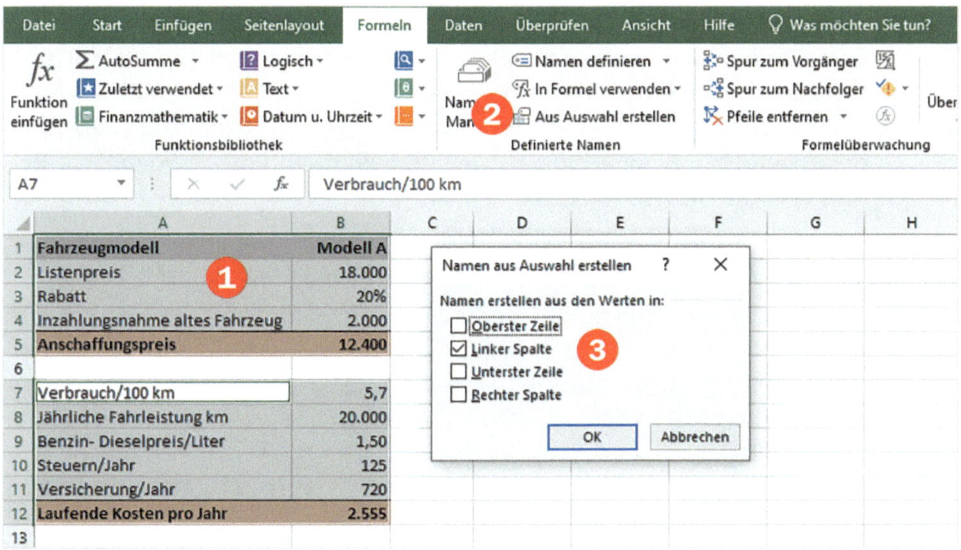

Bild 4.40 Namen erstellen

Szenario erstellen

Im nächsten Schritt erstellen Sie die Szenarien. Klicken Sie im Register *Daten*, Gruppe *Prognose*, auf *Was-Wäre-Wenn-Analyse* und wählen Sie *Szenario-Manager*.

Bild 4.41 Szenario Manager öffnen

1 Um das erste Szenario zu erstellen, klicken Sie im Szenario-Manager auf die Schaltfläche *Hinzufügen...*.

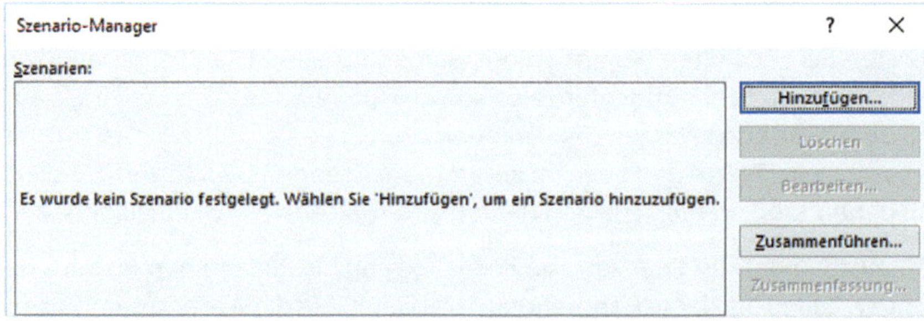

Bild 4.42 Szenario hinzufügen

2 Im nachfolgenden Fenster *Szenarien bearbeiten* legen Sie anschließend einen aussagekräftigen und eindeutigen Namen für das Szenario fest, z. B. Fahrzeug 1.

- Im Feld *Veränderbare Zellen* geben Sie die Adressen derjenigen Zellen an, deren Werte Sie später in den verschiedenen Szenarien verändern möchten. Markieren Sie im Tabellenblatt mit der Maus die entsprechenden Zellen. Nicht zusammenhängende Zellbereiche markieren Sie mit gedrückter Strg-Taste, diese werden mit Semikolon aneinandergefügt. Im unten abgebildete Beispiel sind das die Zellen B2:B4 und B7:B11.
- Unter *Kommentar* erscheint automatisch Ihr Name zusammen mit dem aktuellen Datum. Sie können den Kommentar jederzeit ergänzen oder ändern.
- Die Einstellungen der beiden Kontrollkästchen *Schutz* wirken sich nur aus, wenn Sie das Tabellenblatt geschützt haben. *Änderungen verhindern* erlaubt dann keine Änderungen am aktuellen Szenario. *Ausblenden* bewirkt, dass dieses Szenario nicht in der Liste der vorhandenen Szenarien erscheint. Bestätigen Sie mit *OK*.

Bild 4.43 Erstes Szenario erstellen

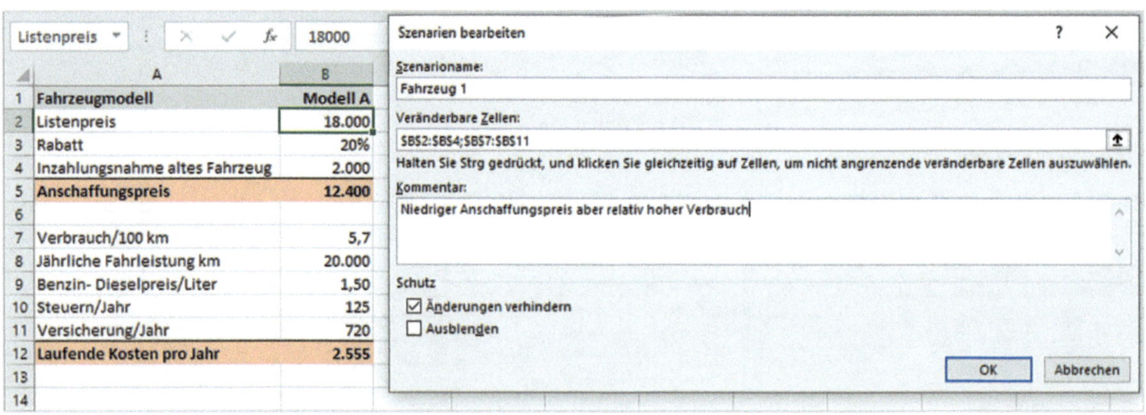

3 Im nächsten Schritt wird eine Eingabemaske zur Eingabe der veränderbaren Werte geöffnet. Enthält die Tabelle bereits Werte, so erscheinen diese hier und können in das erste Szenario einfach übernommen werden.

Tipp: Sie können hier anstelle von Werten auch Formeln eingeben, beispielsweise = 5000 / 2. Diese werden anschließend in Zahlen umgewandelt.

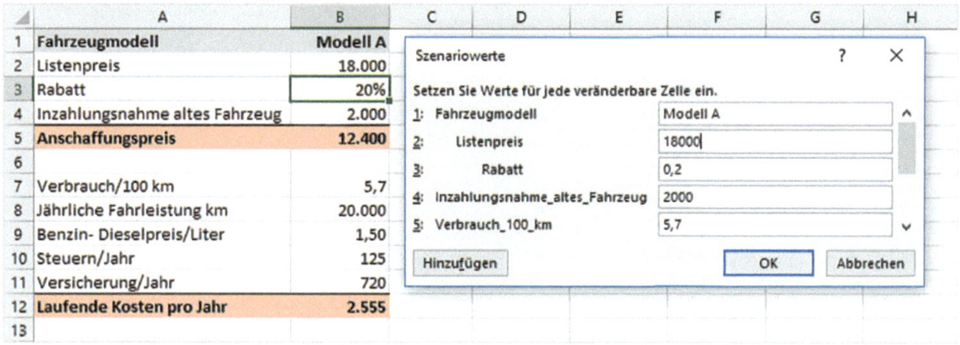

Bild 4.44 Veränderbare Werte des ersten Szenarios eingeben bzw. übernehmen

4 Klicken Sie dann auf *Hinzufügen*, wenn Sie anschließend ein weiteres Szenario erstellen möchten. Die Schaltfläche *OK* dagegen beendet die Eingabe der Werte und bringt Sie zurück zum Szenario-Manager.

5 Nun können Sie das nächste Szenario erstellen: Geben Sie wieder einen Szenarionamen und evtl. einen Kommentar ein. Die Adressen der veränderbaren Zellen werden automatisch übernommen und brauchen nicht erneut angegeben werden. Im Fenster *Szenariowerte* geben Sie anschließend die veränderbaren Werte ein. Diesen Schritt wiederholen Sie so oft, bis alle benötigten Szenarien erstellt sind. Mit der Schaltfläche *OK* gelangen Sie abschließend wieder zurück zum *Szenario-Manager*.

Szenarien verwalten

Über die Schaltflächen des Szenario-Managers verwalten Sie die erstellten Szenarien, bearbeiten vorhandene und fügen eventuell weitere hinzu. In der Tabelle unten finden Sie eine Übersicht der verfügbaren Befehle:

Schaltfläche	Beschreibung
Schließen	Szenario-Manager beenden.
Hinzufügen...	Ein weiteres Szenario erstellen.
Löschen	Entfernt das markierte Szenario.
Bearbeiten...	Die Werte des markierten Szenarios nachträglich ändern.
Zusammenführen...	Falls in der aktuellen Mappe bereits andere Szenarien existieren, können diese zusammengeführt werden.
Zusammenfassung...	Erstellt in einem gesonderten Tabellenblatt einen zusammenfassenden Bericht.

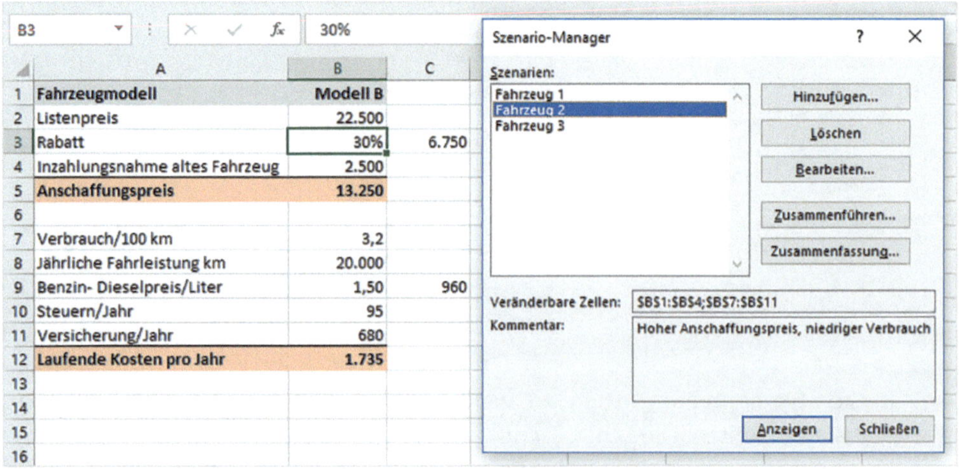

Bild 4.45 Der Szenario-Manager mit den erstellten Szenarien

Szenarien im Tabellenblatt anzeigen

Im Szenario-Manager können Sie nun nacheinander die veränderbaren Werte im Tabellenblatt anzeigen und so die Formelergebnisse vergleichen. Dazu markieren Sie ein Szenario und klicken auf die Schaltfläche *Anzeigen*.

Szenarien in einem Bericht zusammenfassen und vergleichen

Noch besser lassen sich Szenarien in Form einer Zusammenfassung vergleichen. Dazu klicken Sie im *Szenario-Manager* auf die Schaltfläche *Zusammenfassung....*

Da der Bericht nicht nur die veränderbaren Zellen, sondern auch die Formelergebnisse enthalten soll, müssen Sie diese noch zusätzlich angeben. Markieren Sie in der Tabelle durch Anklicken alle erforderlichen Zellen, mehrere Zellen klicken Sie wieder mit gleichzeitig gedrückter Strg-Taste an. Im Beispiel unten sind dies der Anschaffungspreis in B5 und die jährlichen Kosten in B12.

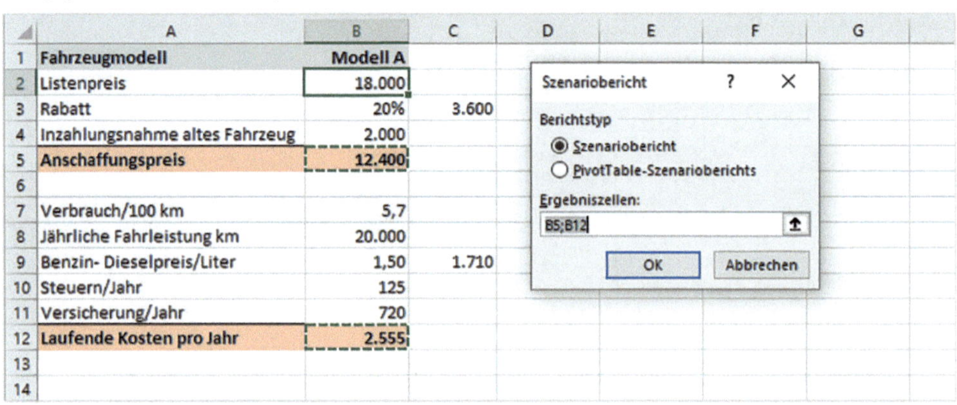

Bild 4.46 Szenariobericht: Ergebniszellen festlegen

Anschließend erstellt Excel in einem neuen Tabellenblatt mit dem Namen *Szenariobericht* eine zusammenfassende Tabelle mit allen Szenario-Werten. Haben Sie für alle verwendeten Zellen Namen vergeben, so erscheinen im Szenariobericht die Namen, andernfalls sehen Sie im Bericht die Zelladressen anstelle der Beschriftung.

Bild 4.47 Szenariobericht

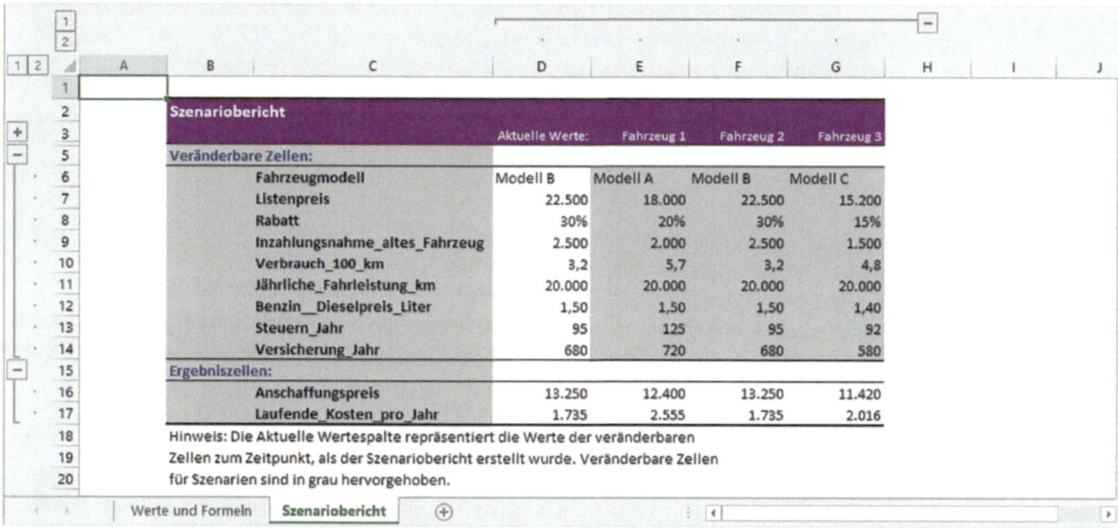

Szenariobericht	Aktuelle Werte:	Fahrzeug 1	Fahrzeug 2	Fahrzeug 3
Veränderbare Zellen:				
Fahrzeugmodell	Modell B	Modell A	Modell B	Modell C
Listenpreis	22.500	18.000	22.500	15.200
Rabatt	30%	20%	30%	15%
Inzahlungsnahme_altes_Fahrzeug	2.500	2.000	2.500	1.500
Verbrauch_100_km	3,2	5,7	3,2	4,8
Jährliche_Fahrleistung_km	20.000	20.000	20.000	20.000
Benzin__Dieselpreis_Liter	1,50	1,50	1,50	1,40
Steuern_Jahr	95	125	95	92
Versicherung_Jahr	680	720	680	580
Ergebniszellen:				
Anschaffungspreis	13.250	12.400	13.250	11.420
Laufende_Kosten_pro_Jahr	1.735	2.555	1.735	2.016

Hinweis: Die Aktuelle Wertespalte repräsentiert die Werte der veränderbaren Zellen zum Zeitpunkt, als der Szenariobericht erstellt wurde. Veränderbare Zellen für Szenarien sind in grau hervorgehoben.

Standardmäßig zeigt ein Szenariobericht für veränderbare Zellen und Ergebniszellen die Zelladressen an. Damit stattdessen eine aussagefähige Beschriftung erscheint, müssen Sie für diese Zellen Namen vergeben.

Achtung: Bei nachträglichen Änderungen an einzelnen Szenarien wird der Szenariobericht nicht automatisch aktualisiert, sondern muss neu erstellt werden.

Ausgangswerte durch die Zielwertsuche verändern

Manchmal steht das gewünschte Formelergebnis bereits fest, Sie wissen nur nicht, mit welchem Ausgangswert dieses Ergebnis erzielt wird. Beispielsweise wenn ein Produkt zu einem bestimmten Endpreis verkauft werden soll und Sie wissen möchten, mit welcher Gewinnspanne Sie kalkulieren können.

Nun könnten Sie natürlich den Endpreis zunächst mit einer beliebigen Gewinnspanne berechnen und anschließend den Gewinn solange verändern, bis das Formelergebnis den gewünschten Preis liefert.

Oder Sie setzen dazu die Zielwertsuche von Excel ein. Diese arbeitet mit derselben Methode, aber wesentlich schneller. Die Verwendung der Zielwertsuche ist relativ einfach: Sie geben an, welches Ergebnis eine Formel liefern soll und lassen Excel zurückrechnen, um den erforderlichen Ausgangswert zu ermitteln.

Der Nachteil: Die Zielwertsuche kann immer nur einen einzigen Ausgangswert berücksichtigen und verändern.

> **Beachten Sie die Voraussetzungen für die Verwendung der Zielwertsuche**
>
> - Die Zelle in der sich der gesuchte Ausgangswert befindet, wird als veränderbare Zelle bezeichnet. Diese muss zwingend einen Wert enthalten und keine Formel.
> - Die Zelle in der das gesuchte Formelergebnis erzielt werden soll, muss dagegen unbedingt eine Formel enthalten und wird als Zielzelle bezeichnet. Die Formel muss dabei entweder direkt oder auf dem Umweg über weitere Formeln die veränderbare Zelle einbeziehen.

Beispiel Break-Even-Point

Zielwertsuche.xlsx

Sie möchten im unten abgebildeten Beispiel den Break-Even-Point ermitteln: Bei welcher Stückzahl beträgt der Gewinn genau 0? Dazu legen Sie eine Tabelle an, z. B. mit verschiedenen Stückzahlen, und berechnen alle nötigen Formeln, siehe Bild.

Nun könnten Sie theoretisch diejenige Stückzahl, mit der der Gewinn dem gewünschten Ergebnis am nächsten kommt (500 Stück), solange ändern, bis in C14 das gewünschte Formelergebnis 0 als Gewinn erscheint. Schneller geht es mit der Zielwertsuche: Klicken Sie im Register *Daten* ▶ *Prognose* auf *Was-wäre-wenn-Analyse* und wählen Sie *Zielwertsuche...*.

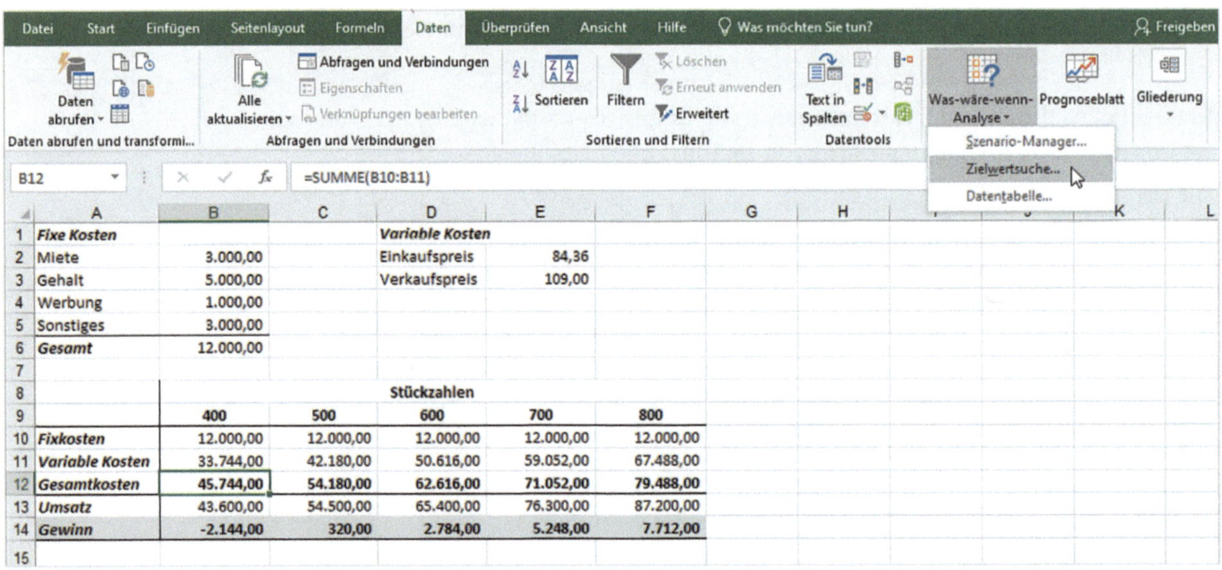

	A	B	C	D	E	F
1	*Fixe Kosten*			*Variable Kosten*		
2	Miete	3.000,00		Einkaufspreis	84,36	
3	Gehalt	5.000,00		Verkaufspreis	109,00	
4	Werbung	1.000,00				
5	Sonstiges	3.000,00				
6	*Gesamt*	12.000,00				
7						
8				Stückzahlen		
9		400	500	600	700	800
10	*Fixkosten*	12.000,00	12.000,00	12.000,00	12.000,00	12.000,00
11	*Variable Kosten*	33.744,00	42.180,00	50.616,00	59.052,00	67.488,00
12	*Gesamtkosten*	45.744,00	54.180,00	62.616,00	71.052,00	79.488,00
13	*Umsatz*	43.600,00	54.500,00	65.400,00	76.300,00	87.200,00
14	*Gewinn*	-2.144,00	320,00	2.784,00	5.248,00	7.712,00
15						

Bild 4.48 Zielwertsuche starten

Im nächsten Schritt legen Sie die Zellen und das gewünschte Formelergebnis fest. Als Zielzelle geben Sie die Zelle an, in der der Gewinn bei 500 Stück berechnet wird, hier C14. **Achtung**: diese Zelle muss eine Formel enthalten! Als Zielwert tragen Sie das gewünschte Formelergebnis, also 0 ein und als veränderbare Zelle geben Sie die Zelle mit der dazugehörigen Stückzahl an (C9). Klicken Sie dann auf *OK*.

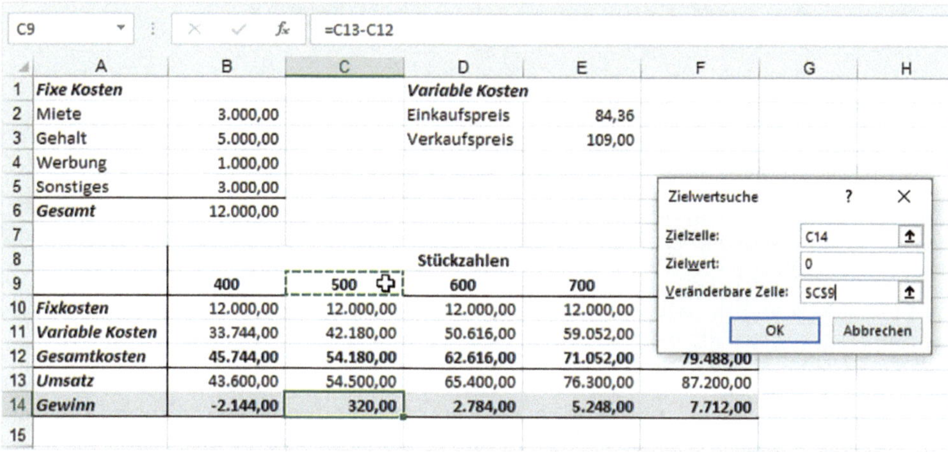
C9 =C13-C12

	A	B	C	D	E	F	G	H
1	*Fixe Kosten*			*Variable Kosten*				
2	Miete	3.000,00		Einkaufspreis	84,36			
3	Gehalt	5.000,00		Verkaufspreis	109,00			
4	Werbung	1.000,00						
5	Sonstiges	3.000,00						
6	*Gesamt*	12.000,00						
7								
8				Stückzahlen				
9		400	500	600	700			
10	*Fixkosten*	12.000,00	12.000,00	12.000,00	12.000,00			
11	*Variable Kosten*	33.744,00	42.180,00	50.616,00	59.052,00			
12	*Gesamtkosten*	45.744,00	54.180,00	62.616,00	71.052,00	79.488,00		
13	*Umsatz*	43.600,00	54.500,00	65.400,00	76.300,00	87.200,00		
14	*Gewinn*	-2.144,00	320,00	2.784,00	5.248,00	7.712,00		
15								

Bild 4.49 Zielwertsuche: Zielzelle und Veränderbare Zelle

Dieses Beispiel ließe sich auch auf den Verkaufspreis anwenden: Bei welchem Verkaufspreis ist der Gewinn bei 500 St. gleich 0?

Excel testet nun nacheinander verschiedene Werte für die veränderbare Zelle und gibt eine Meldung aus, wenn das gewünschte Formelergebnis ❶ erreicht wurde. Klicken Sie auf *OK*, um den gefundenen Wert ❷ in die Tabelle zu übernehmen. Dadurch wird der ursprüngliche Wert ersetzt, Sie können nun das Ergebnis speichern oder die Zielwertsuche wieder rückgängig machen.

Bild 4.50 Das Ergebnis der Zielwertsuche

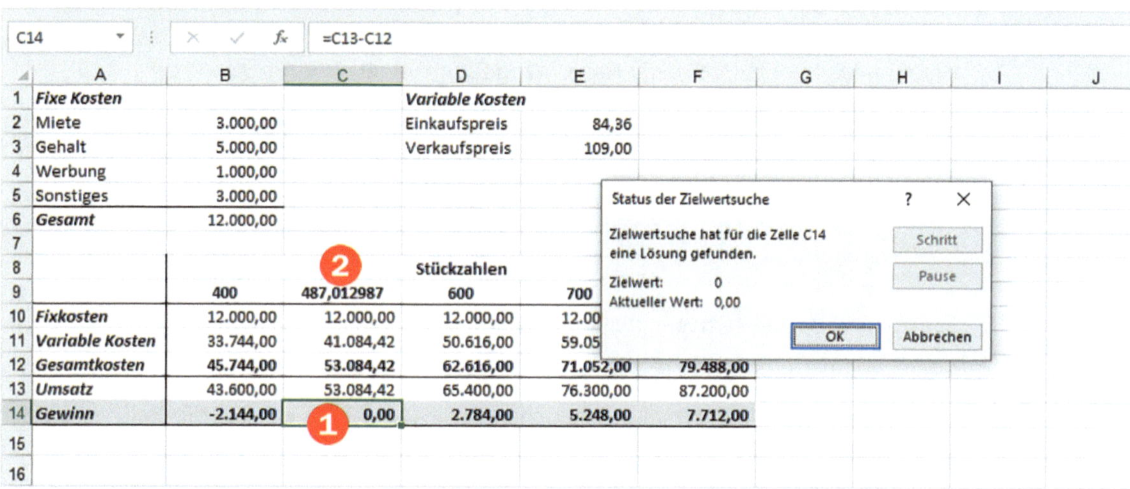
C14 =C13-C12

	A	B	C	D	E	F	G	H	I	J
1	*Fixe Kosten*			*Variable Kosten*						
2	Miete	3.000,00		Einkaufspreis	84,36					
3	Gehalt	5.000,00		Verkaufspreis	109,00					
4	Werbung	1.000,00								
5	Sonstiges	3.000,00								
6	*Gesamt*	12.000,00								
7										
8			❷	Stückzahlen						
9		400	487,012987	600	700					
10	*Fixkosten*	12.000,00	12.000,00	12.000,00	12.00					
11	*Variable Kosten*	33.744,00	41.084,42	50.616,00	59.05					
12	*Gesamtkosten*	45.744,00	53.084,42	62.616,00	71.052,00	79.488,00				
13	*Umsatz*	43.600,00	53.084,42	65.400,00	76.300,00	87.200,00				
14	*Gewinn*	-2.144,00	❶ 0,00	2.784,00	5.248,00	7.712,00				
15										
16										

Die Nachteile der Zielwertsuche:

- Es kann immer nur einer der Eingangswerte verändert werden.
- Beim Testen mit mehreren Werten können die verschiedenen Möglichkeiten nicht gespeichert werden.

4.4 Lösungen mit dem Add-In Solver optimieren

Funktionsweise

Die oben genannten Nachteile der Zielwertsuche lassen sich umgehen, wenn Sie das Excel-Add-In Solver zur Optimierung einsetzen. Solver (engl. to solve = etwas auflösen) verwendet wesentlich mehr Optionen: statt einer einzigen veränderbaren Zelle können Sie mehrere Zellen einbeziehen und anstelle eines festen Zielwerts lassen sich auch ein Maximal- oder Minimalwert vorgeben. Zusätzlich können Sie auch noch Nebenbedingungen für die Berechnung definieren. Mathematisch betrachtet, handelt es sich beim Solver also um ein Gleichungssystem mit mehreren Unbekannten, mit dem Sie beispielsweise die optimale Größe einer Verpackung für ein bestimmtes Volumen ermitteln bei gleichzeitiger Minimierung des Materialverbrauchs und damit der Kosten.

Das Add-In Solver laden

Siehe „Weitere Funktionen als Add-In laden" auf Seite 118.

Solver ist ein, standardmäßig nicht installiertes Add-In, das vor der ersten Nutzung in den Excel-Optionen geladen werden muss. Öffnen Sie dazu im Register *Datei* die *Excel-Optionen*, klicken Sie auf *Add-Ins*, wählen Sie *Excel Add-Ins* und klicken Sie auf *Los....* Aktivieren Sie dann das Kontrollkästchen *Solver*. Sie finden den Solver anschließend im Register *Daten* in der neu hinzugekommenen Gruppe *Analyse*.

Bild 4.51 Zu finden im Register Daten, Analyse

Funktionsweise und Komponenten des Solver

Solver basiert auf den folgenden drei Hauptkomponenten:

- **Zielzelle.** Wie bei der Zielwertsuche (siehe Seite 191) ist dies die Zelle mit dem zu erzielenden Ergebnis, also das Ziel der Aufgabe. Im folgenden Beispiel der Gewinnmaximierung ist dies der Gewinn.

  Beachten Sie:
  - Die Zielzelle muss zwingend eine Formel enthalten! Diese muss entweder auf direktem Weg oder über weitere Formeln die variablen Zellen einbeziehen.
  - Es kann nur ein einziges Ziel festgelegt werden! Also z. B. entweder Kostenoptimierung oder Gewinnmaximierung, nicht aber beides gleichzeitig.
- **Variable Zellen** sind Zellen, die verändert werden, damit das gewünschte Ergebnis erreicht wird. Im Beispiel sind dies die zu produzierenden Mengen.
- **Nebenbedingungen.** Hier können Einschränkungen oder Grenzen festgelegt werden, z. B. die maximalen Kapazitäten von Maschinen oder Arbeitszeiten.

Achtung: Solver stellt im Gegensatz zur Zielwertsuche ein äußerst komplexes Werkzeug dar, das nur mit exakter Aufgabenstellung und korrekten Ausgangsdaten brauchbare Ergebnisse liefert.

Beispiel Gewinnmaximierung

Die Vorgehensweise zur Lösung eines Optimierungsmodells lässt sich am besten anhand eines einfachen Beispiels darstellen.

Die Ausgangssituation: Ein Betrieb produziert Schreibtische in Handarbeit und die Aufgabenstellung lautet: Wie kann die Schreinerei ihren Gewinn bei gegebener Ausgangslage maximieren?

Der Einfachheit halber gehen wir von nur zwei Produkten aus, diese unterscheiden sich durch ihren Deckungsbeitrag (Gewinn) pro Stück:

- Deckungsbeitrag Schreibtisch A 500 €
- Deckungsbeitrag Schreibtisch B 200 €

Ohne weitere Einschränkungen wäre es naheliegend, möglichst viele Schreibtische des Modells A zu produzieren, da dieser mehr Gewinn erzielt. Allerdings sind einige Bedingungen zu berücksichtigen:

- Aus Rohstoffgründen (Materialbeschaffung und Lagerung) können täglich höchstens 3 Schreibtische von Modell A und 4 Schreibtische von Modell B gefertigt werden.
- Zudem stehen täglich nur 15 Mannstunden Schreinerkapazität zur Verfügung, von denen Schreibtisch A 2 Arbeitsstunden und Schreibtisch B 3 Arbeitsstunden erfordert.

Wie viele Schreibtische jedes Modells sollen also unter Berücksichtigung der Einschränkungen täglich produziert werden, um den Gewinn zu maximieren?

Tabelle erstellen

Solver.xlsx

Im ersten Schritt übertragen Sie die Ausgangsdaten möglichst übersichtlich in das Excel-Arbeitsblatt und berechnen die erforderlichen Formeln, wie im Bild 4.52 unten. Das Tabellenlayout kann frei gewählt werden, sofern die Aufgabenstellung aus der Tabelle ersichtlich ist. Achten Sie auch auf aussagekräftige Beschriftungen, da diese in einen später zu erstellenden Bericht übernommen werden, siehe Seite 200.

Im Beispiel im Bild unten wurden zur besseren Übersicht die veränderbaren variablen Zellen, hier B2 und B3, mit rotem Hintergrund ❶ und der Gewinn in der Zielzelle C5 ❷ mit gelber Hintergrundfarbe versehen.

Der Gewinn in C5 wurde mit folgender Formel berechnet:

```
=B2*C2+B3*C3          oder     SUMMENPRODUKT(B2:B3;C2:C3)
```

Die aufgewendeten Arbeitszeiten in D8 ❸ berechnen sich mit folgender Formel:

```
=B2*D2+B3*D3          oder          SUMMENPRODUKT(B2:B3;D2:D3)
```

Hinweis: Im Bild unten wurde unterhalb, ab Zeile 10 zusätzlich eine kleine Tabelle hinzugefügt, die in C11 und C12 ❹ mit je einer WENN-Funktion geprüft, ob die Bedingungen eingehalten werden, dies dient nur zur besseren Kontrolle, ist aber bei Verwendung des Solver nicht erforderlich.

```
=WENN(UND(B2<=E2;B3<=E3);"ja";"nein")
=WENN(D8<=C8;"ja";"nein")
```

Bild 4.52 Die Tabelle mit Ausgangs- und berechneten Werten

	A	B	C	D	E	F	G
1		Zu optimierende Anzahl	Gewinn je prod. Stück	Beanspruchte Arbeitszeit pro Stück	Maximal produzierbare Menge		
2	**Schreibtisch A**	❶ 1	500	2	3		
3	**Schreibtisch B**	1	300	3	4		
4							
5		**Gewinn**	❷ **800**				
6							
7			Maximal	Aufgewendet			
8		Arbeitszeit	15	5 ❸			
9							
10		**Bedingungen erfüllt?**					
11		Maximale Stückzahl	ja ❹				
12		Arbeitszeit eingehalten	ja				
13							

Formeln manuell testen

Sie könnten nun in B2 und B3 manuell verschiedene Lösungsvorschläge eintragen und kontrollieren, ob beide Bedingungen eingehalten werden, wie im Bild unten. Bei einem einfachen Beispiel wie diesem dürfte auch diese Methode früher oder später zum Ziel führen. In der Praxis sind jedoch häufig wesentlich mehr variable Werte zu ermitteln und Bedingungen zu beachten und genau dafür setzen Sie den Solver ein.

Bild 4.53 Tabelle und Formeln testen

C5 | fx =B2*C2+B3*C3

	A	B	C	D	E	F	G
1		Zu optimierende Anzahl	Gewinn je prod. Stück	Beanspruchte Arbeitszeit pro Stück	Maximal produzierbare Menge		
2	**Schreibtisch A**	4	500	2	3		
3	**Schreibtisch B**	1	300	3	4		
4							
5		**Gewinn**	**2.300**				
6							
7			Maximal	Aufgewendet			
8		Arbeitszeit	15	11			
9							
10		**Bedingungen erfüllt?**					
11		Maximale Stückzahl	nein				
12		Arbeitszeit eingehalten	ja				
13							

Solver aufrufen und Parameter festlegen

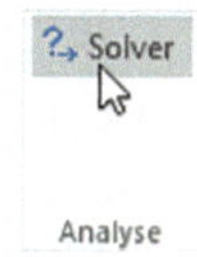

Klicken Sie im Register *Daten* ▶ *Analyse* auf *Solver*. Daraufhin öffnet sich das Dialogfenster *Solver-Parameter* (Bild 4.54) in dem Sie die erforderlichen Angaben festlegen.

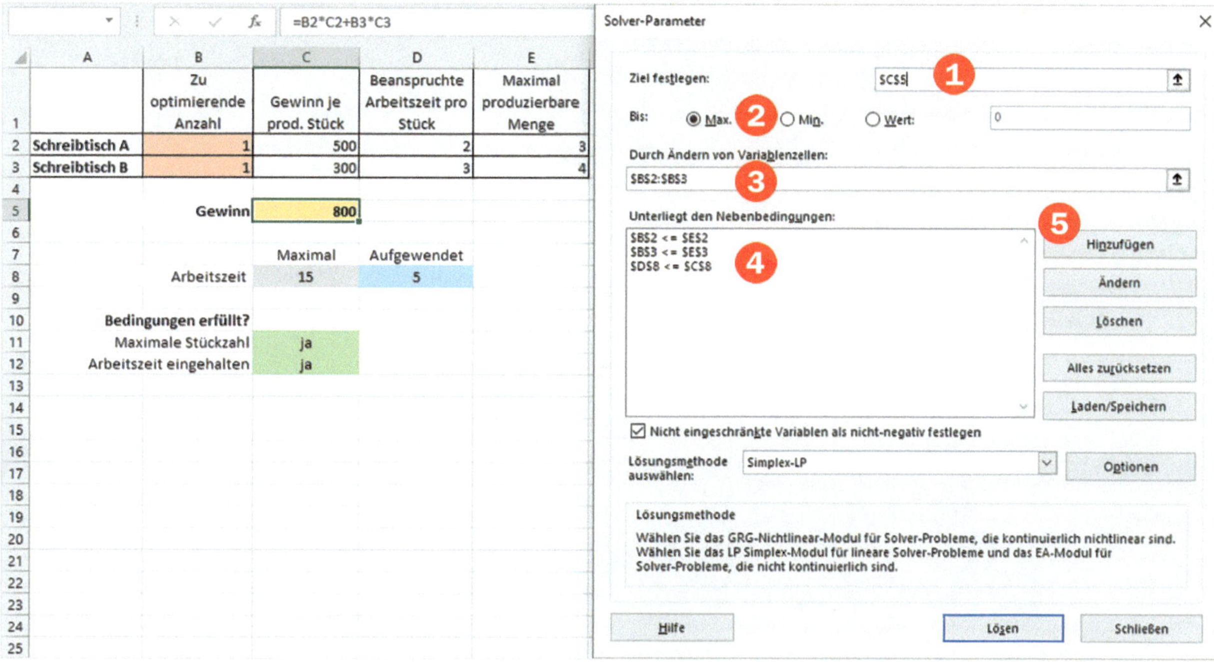

Bild 4.54 Eingabe der Solver-Parameter

- **Ziel festlegen**
  Im Feld *Ziel festlegen* geben Sie an, welche Zelle das zu erzielende Ergebnis enthält, in diesem Beispiel den zu maximierenden Gewinn in C5 ❶. Unterhalb wählen Sie *Max.* ❷. Weitere Optionen sind *Min.* oder ein fest vorzugebender *Wert*.

- **Variable Zellen angeben**
  Im Feld *Durch Ändern von Variablenzellen:* ❸ legen Sie fest, welche Zellen die zu verändernden Werte enthalten, hier B2 und B3. Zum Einfügen der Zellbezüge klicken Sie einfach im Tabellenblatt auf die betreffenden Zellen oder markieren den Zellbereich wie in diesem Beispiel.

- **Nebenbedingungen/Einschränkungen**
  Unterhalb formulieren Sie die Nebenbedingungen bzw. Einschränkungen ❹. Dabei gehen Sie so vor:

  - Klicken Sie auf die Schaltfläche *Hinzufügen...* ❺.
  - Geben als erste Nebenbedingung ein: Aufgewendete Stunden kleiner oder gleich der maximalen Arbeitszeit von 15 Stunden bzw. D8<=C8. Auch hier fügen Sie die Zellbezüge durch Anklicken ein, diese werden automatisch in festen Bezüge umgewandelt. Den Vergleichsoperator dazwischen wählen Sie mit Klick auf den Dropdown-Pfeil aus.

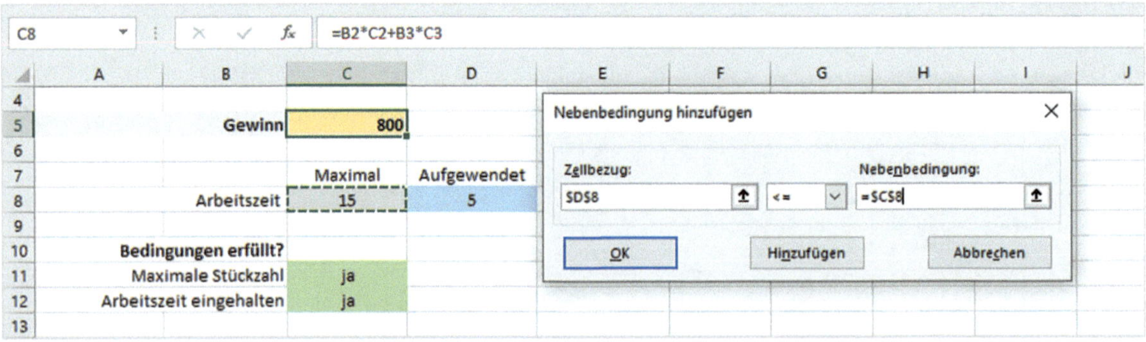

Bild 4.55 Nebenbedingung 1: Aufgewendete Arbeitszeit <=Maximale Arbeitszeit

- **Hinweis**: Klicken Sie auf *Hinzufügen*, wenn Sie anschließend die nächste Nebenbedingung eingeben möchten. Mit Klick auf *OK* kehren Sie dagegen zum Fenster *Solver-Parameter* zurück.
- Die nächste Nebenbedingung muss lauten: Produzierte Menge des Schreibtischs A in B2 kleiner oder gleich der maximal produzierbaren Menge dieses Modells in E2: =B2<=E2.

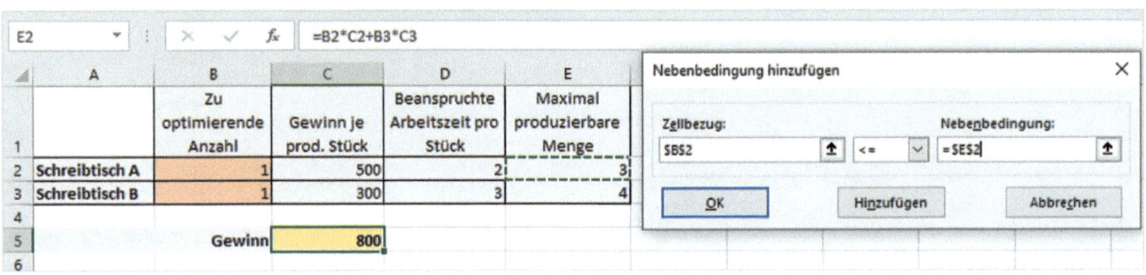

Bild 4.56 Nebenbedingung 2: Produzierte Menge Modell A <= Maximale Menge

- Klicken Sie erneut auf *Hinzufügen* und geben Sie die folgende dritte Nebenbedingung ein: B3<=E3. Klicken Sie zuletzt auf *OK*.

▶ **Negative Ergebnisse ausschließen**

Um negative Ergebnisse auszuschließen, aktivieren Sie unterhalb der Nebenbedingungen das Kontrollkästchen *Nicht eingeschränkte Variablen als nicht-negativ festlegen*.

▶ **Lösungsmethode wählen**

Zuletzt wählen Sie eine Lösungsmethode: am einfachsten *Simplex LP* (Bild 4.57 auf der nächsten Seite). Diese liefert ein globales Optimum, d. h. es gibt kein besseres Ergebnis. Sie eignet sich ausschließlich für lineare Modelle, ist aber in unserem Beispiel völlig ausreichend. Für nichtlineare Modelle sollten Sie dagegen *GRG-Nichtlinear* wählen.

Lösungsverfahren starten

Um das Lösungsverfahren zu starten, klicken Sie auf die Schaltfläche *Lösen*.

Hinweis: Sollte das Lösungsverfahren zu lange dauern oder zu keinem brauchbaren Ergebnis führen, können Sie es jederzeit mit der Esc-Taste unterbrechen.

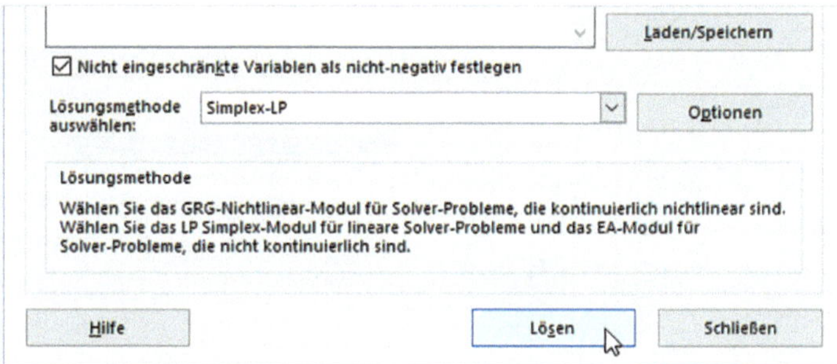

Bild 4.57 Lösungsmethode wählen und Lösungsverfahren starten

Die Ergebnisse erscheinen anschließend im Tabellenblatt (Bild 4.58), hier in B2 und B3, und die Zielzelle C5 zeigt den maximal möglichen Gewinn an. Gleichzeitig öffnet sich das Fenster *Solver-Ergebnisse* mit folgenden Optionen:

- Wenn Sie die gefundenen Lösungswerte beibehalten möchten, dann wählen Sie *Solver-Lösung akzeptieren* ❶.
- Mit *Ursprüngliche Werte wiederherstellen* erscheinen dagegen im Tabellenblatt wieder die ursprünglich verwendeten Werte.

Bild 4.58 Solver Ergebnisse

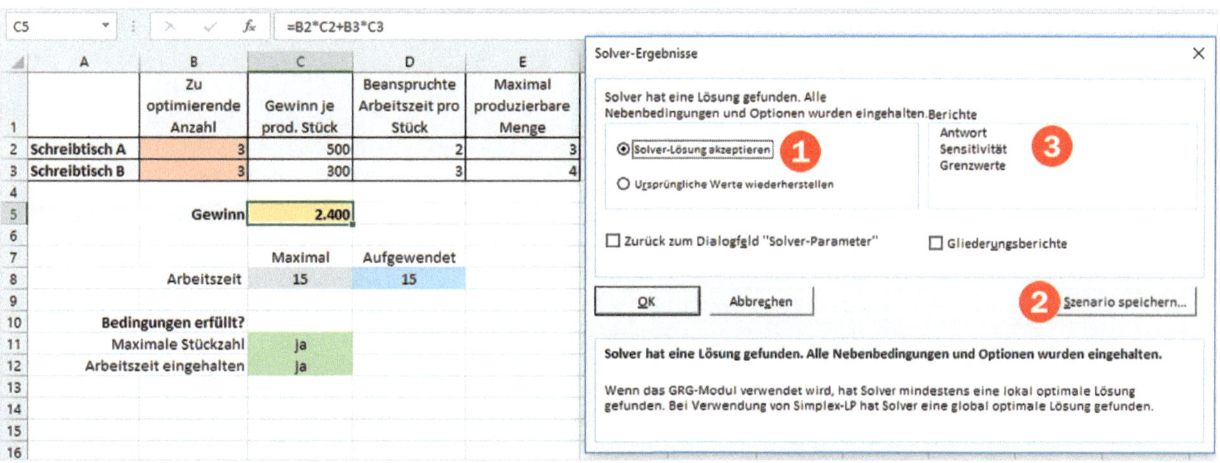

Zusätzlich haben Sie die Möglichkeit, die Lösung als Szenario zu speichern ❷ (siehe „Was-wäre-wenn Szenarien" auf Seite 186) oder einen Bericht ❸ zu erstellen. Näheres hierzu im nächsten Punkt.

Bericht erstellen

Zur eingehenderen Betrachtung des vorgeschlagenen Ergebnisses können die Berichte *Antwort*, *Sensitivität* und *Grenzwerte* erstellt werden. Dazu markieren Sie im Fenster *Solver-Ergebnisse* einfach den betreffenden Bericht, im Beispiel unten *Antwort* und klicken auf *OK*.

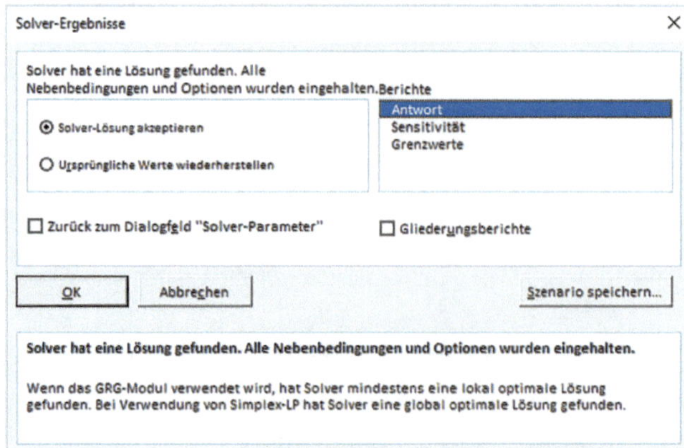

Bild 4.59 Klicken Sie auf den gewünschten Bericht

Der Bericht wird in einem neuen Arbeitsblatt der Mappe ausgegeben, als Beispiel im Bild unten der Bericht *Antwort*. In der Spalte *Name* wird automatisch der Text aus dem Tabellenblatt übernommen, die Inhalte sind weitgehend selbsterklärend.

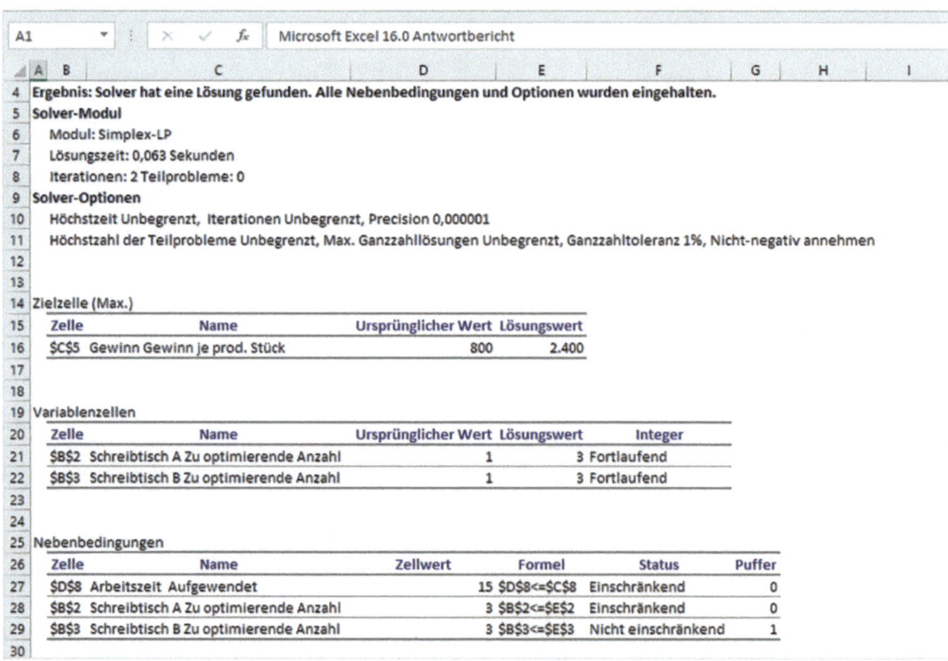

Bild 4.60 Der Bericht Antwort

Tipp: Unter *Nebenbedingungen* können Sie den Spalten *Status* und *Puffer* entnehmen, ob die genannte Nebenbedingung einschränkende Wirkung auf das Ergebnis hat.

Eine nicht einschränkende Bedingung, hier *Schreibtisch B, zu optimierende Anzahl* wurde nicht voll ausgeschöpft und weist deswegen einen Puffer von 1 aus.

Mögliche Probleme während des Lösungsvorgangs

Während des Lösungsvorgangs können folgende Fehlermeldungen erscheinen:

- **Der Inhalt der Zielzelle muss eine Formel sein**
  Das bedeutet, die Zielzelle enthält entweder keine Formel oder diese enthält keinen Bezug zu den variablen Zellen.
- **Zu viele Variablenzellen**
  Diese Fehlermeldung erscheint, wenn zu viele Variablenzellen aufgenommen wurden. Solver kann mit der Simplex LP-Methode maximal 200 Variablen berücksichtigen, bei der GRG-Methode reuziert sich diese Zahl auf 100.

Wenn keine Lösung gefunden wird

In manchen Fällen erscheint im Fenster *Solver-Ergebnisse* die Meldung *Solver konnte keine machbare Lösung finden* und unten finden Sie den Zusatz *Solver konnte keinen Punkt finden, für den alle Nebenbedingungen erfüllt sind*. Dies bedeutet grob vereinfacht, dass Solver nicht mit den Nebenbedingungen zurechtkommt, dass es für diese Bedingungen keine Lösung gibt. Überprüfen Sie in diesem Fall die Aufgabenstellung und die Nebenbedingungen. Wie eingangs erwähnt, liefert Solver nur bei exakter Aufgabenstellung und korrekten Ausgangsdaten brauchbare Ergebnisse.

Bild 4.61 Keine Lösung gefunden

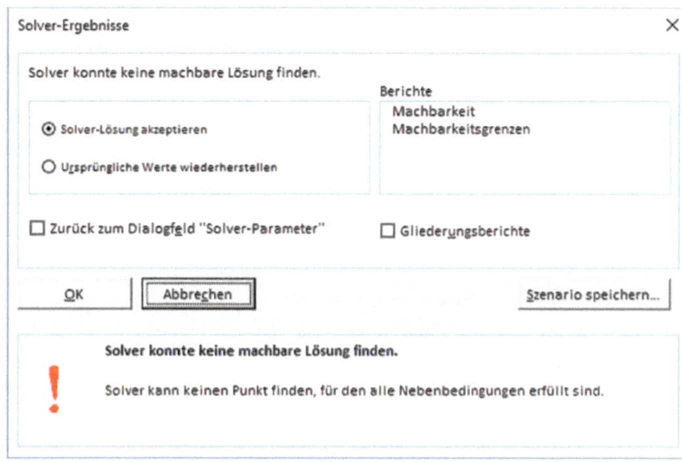

Solver erneut aufrufen, Parameter bearbeiten

Die Solver-Parameter werden zusammen mit der Arbeitsmappe gespeichert und Sie können jederzeit über das Register *Daten* ▶ *Analyse* und mit Klick auf *Solver* das dazugehörige Fenster wieder öffnen und hier Ihre Angaben überprüfen oder ändern.

- Um die Nebenbedingungen zu bearbeiten, markieren Sie eine Bedingung und benutzen die Schaltfläche *Ändern* bzw. *Löschen*, wenn Sie diese entfernen möchten.
- Die Schaltfläche *Alles zurücksetzen* entfernt sämtliche Parameter und versetzt das Fenster wieder in den Ausgangszustand, also leer mit den Voreinstellungen.

4.5 Prognosen für künftige Entwicklungen

Mit einem weiteren Tool zur Datenanalyse, dem Prognoseblatt lässt sich schnell und mit wenig Aufwand aus einer Datenreihe eine Prognose für künftige Entwicklungen erstellen und als Diagramm darstellen. Sie benötigen dazu zwei Datenreihen:

- Zeit- oder Datumswerte für die Zeitachse. Dies können Zahlen oder Datumswerte sein, Text ist dagegen nicht erlaubt! Zur korrekten Berechnung werden außerdem einheitliche Intervalle benötigt.
- Eine zweite Datenreihe mit dazugehörigen Zahlen, z. B. Umsatzzahlen. Für diese wird eine Prognose berechnet.

Als Beispiel soll für die Tabelle im Bild unten eine Prognose auf der Basis der wöchentlichen Umsätze berechnet werden. Die Kalenderwochen liegen als Zahlen vor.

1 Markieren Sie die beiden Datenreihen, einschließlich der zu berechnenden Zellen. Meist genügt es auch, wenn eine Zelle innerhalb der beiden Datenreihen markiert ist.

Bild 4.62 Prognoseblatt erstellen

2 Klicken Sie im Register *Daten*, Gruppe *Prognose*, auf *Prognoseblatt*.

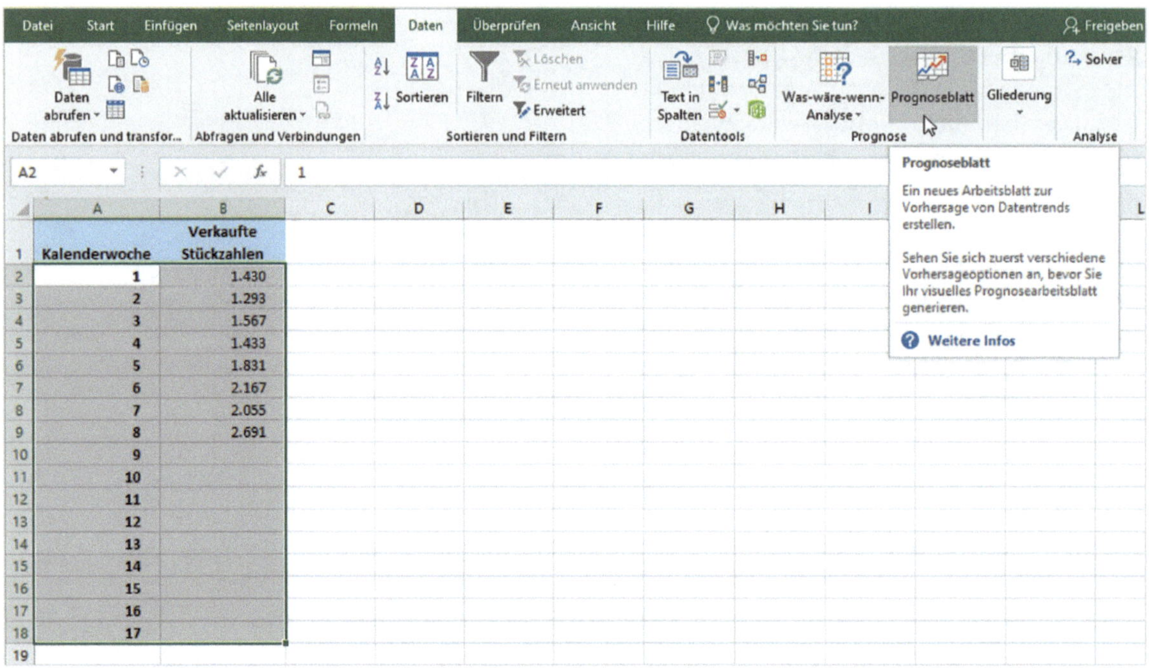

Prognoseblatt.xlsx

3 Im Fenster *Prognosearbeitsblatt erstellen* erhalten Sie anschließend eine Vorschau auf das Ergebnis.

- In der rechten oberen Ecke wählen Sie als Darstellungsart zwischen Linien- und Säulendiagramm ❶.

- Wählen Sie im Feld *Prognoseende* ❷ aus, zu welchem Zeitpunkt die Prognose enden soll, hier mit Kalenderwoche 13.
- Falls erforderlich, klicken Sie auf *Optionen* ❸ und ändern hier die erweiterten Einstellungen, z. B. Prognosestart oder die Behandlung fehlender Punkte. Zudem können Sie das Konfidenzintervall ein- oder ausblenden.
- Klicken Sie zuletzt auf *Erstellen* ❹.

Bild 4.63 Prognosearbeitsblatt erstellen

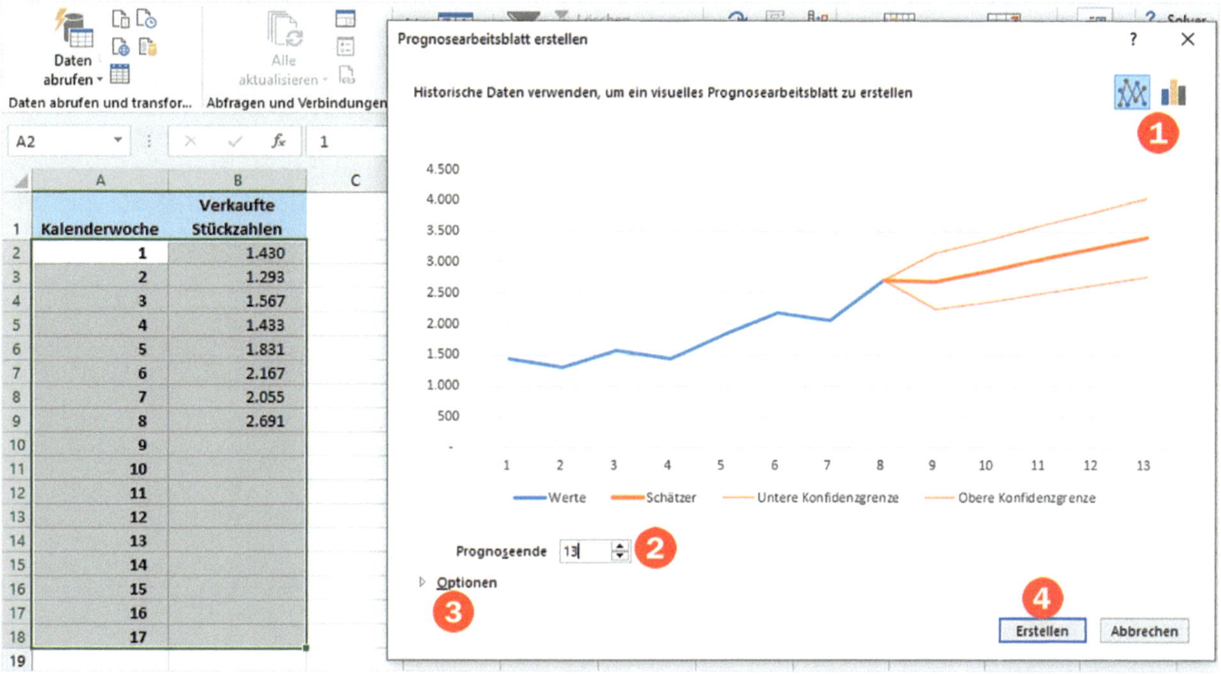

Die Prognose wird in einem neuen Tabellenblatt in die Mappe eingefügt.

Bild 4.64 Das Ergebnis

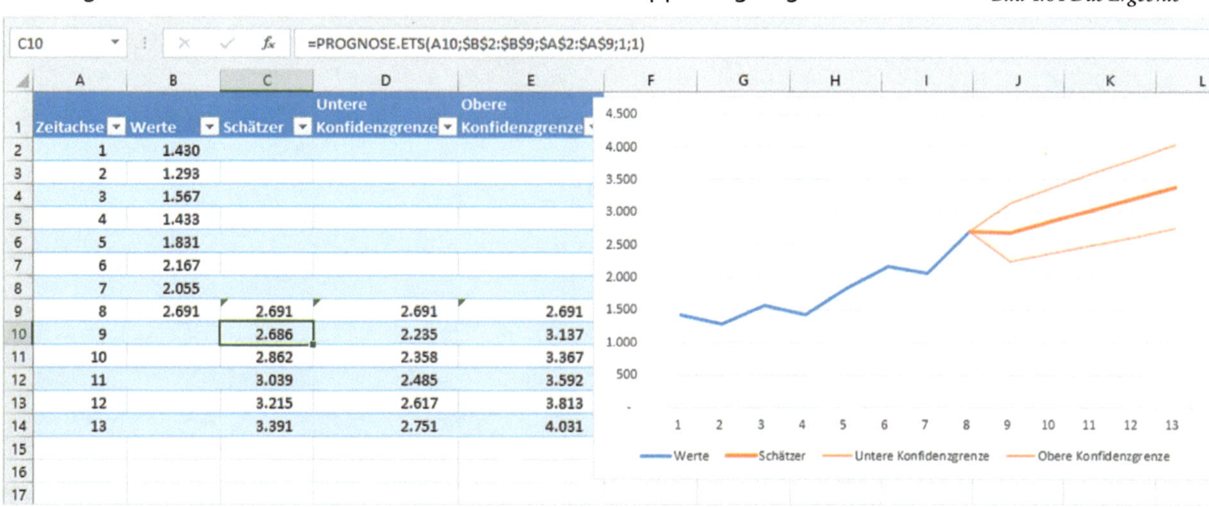

Die Spaltenüberschriften können problemlos geändert werden und auch das Diagramm können Sie zur besseren Übersicht mit Diagrammtitel und Achsentitel versehen. Außerdem wurden die Ausgangsdaten als Kopie übernommen und die Ergebnistabelle als Tabellenbereich formatiert, siehe Bild unten.

Tipp: Datumswerte als Text anzeigen
Die Zeitachse erfordert numerische Werte, also Zahlen oder Datumswerte. Wenn Sie ein Prognoseblatt für Monate erstellen möchten, aus dem später die Monatsnamen ersichtlich sind, dann geben Sie als Zeitachse jeweils den 1. des Monats ein und formatieren dieses Datum mit dem benutzerdefinierten Datumsformat MMMM.

Bild 4.65 Monatsnamen statt Datum anzeigen

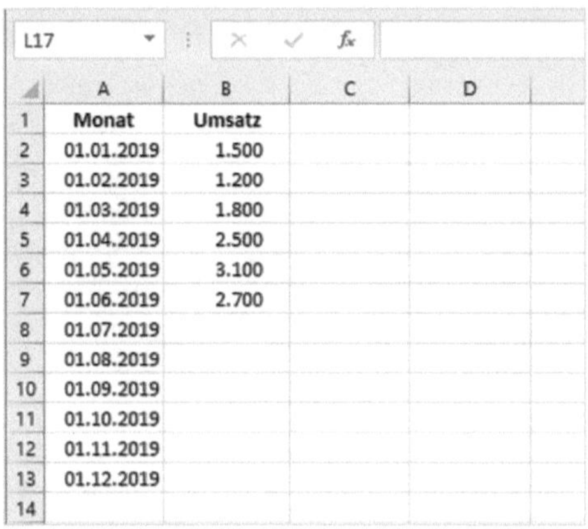

	A	B	C	D
1	Monat	Umsatz		
2	01.01.2019	1.500		
3	01.02.2019	1.200		
4	01.03.2019	1.800		
5	01.04.2019	2.500		
6	01.05.2019	3.100		
7	01.06.2019	2.700		
8	01.07.2019			
9	01.08.2019			
10	01.09.2019			
11	01.10.2019			
12	01.11.2019			
13	01.12.2019			
14				

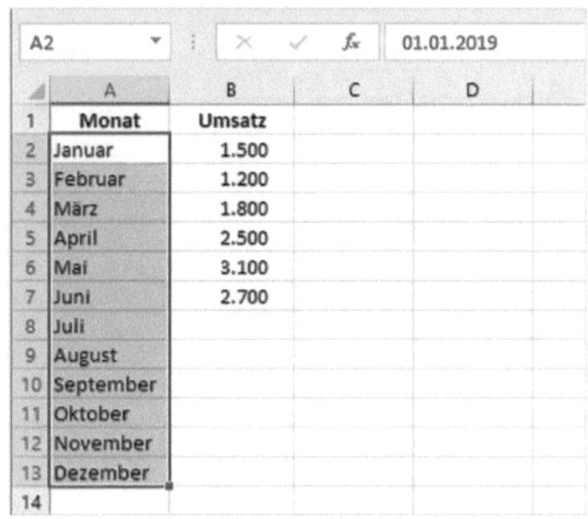

	A	B	C	D
1	Monat	Umsatz		
2	Januar	1.500		
3	Februar	1.200		
4	März	1.800		
5	April	2.500		
6	Mai	3.100		
7	Juni	2.700		
8	Juli			
9	August			
10	September			
11	Oktober			
12	November			
13	Dezember			
14				

5 Externe Daten abrufen und aufbereiten

In diesem Kapitel lernen Sie...

- Daten aus Textdateien importieren
- Daten aus externen Datenquellen abrufen und mit Power Query aufbereiten
- Zusätzliche Spalten berechnen
- Mehrere Tabellen zusammenführen
- Webfragen

Das sollten Sie bereits wissen

- Mit Excel-Tabellen arbeiten

Übersicht

In vielen Fällen werden Daten aus anderen Anwendungen mit Excel ausgewertet, beispielsweise in Form von Pivot-Tabellen. Die Übergabe kann auf zwei Wegen erfolgen:

- **Datenübergabe per Textdatei, Textdatei öffnen**
  Fast alle gängigen Anwendungen unterstützen den Datenexport in eine Textdatei mit der Dateinamenerweiterung .txt oder .csv. Solche Textdateien können anschließend mit Excel geöffnet werden. Diese Methode eignet sich allerdings weniger, wenn sich die Ausgangsdaten häufig ändern und/oder eine Nachbearbeitung der Daten erforderlich ist.

Für den Zugriff auf externe Daten und die nachfolgende Auswertung mit Pivot-Tabellen kommt auch Power Pivot in Frage. Diesem komplexen Werkzeug haben wir ein eigenes Buch gewidmet:

BILDNER Verlag: Pivot-Tabellen und -Diagramme in der Praxis

ISBN:978-8328-0270-7

- **Daten aus externen Quellen abrufen**
  Daneben erlaubt Excel auch den direkten Zugriff auf verschiedene Datenquellen, dazu zählen neben Textdateien fast alle gängigen Datenbankformate sowie Excel-Arbeitsmappen. Dies bietet sich vor allem bei großen Datenmengen an, zudem können mit Hilfe eines speziellen Editors die Daten aufbereitet und gefiltert werden, ohne die ursprünglichen Daten zu verändern. Ein weiterer Vorteil: aufgrund der schnellen und unkomplizierten Aktualisierungsmöglichkeit verfügen Sie stets über aktuelle Auswertungen.

Daneben kann natürlich auch die Zwischenablage zum Datenaustausch genutzt werden. Diese Möglichkeit dürfte aber allgemein bekannt sein, sie eignet sich nur für kleine Datenmengen und wird daher hier nicht weiter beschrieben.

5.1 Textdateien öffnen und konvertieren

Im Gegensatz zu formatierten Textdokumenten, die z. B. mit Microsoft Word erzeugt werden.

Textdateien sind ein gängiges Dateiformat zum Datenaustausch mit Excel. Hierbei handelt es sich um Dateien, die ausschließlich Text, aber keinerlei Formatierungen enthalten. Die Werte der einzelnen Spalten werden mit einem bestimmten Trennzeichen getrennt. Meist Semikolon (;) oder Tab-Zeichen, allerdings sind auch andere Zeichen möglich. Text wird häufig zur eindeutigen Kennzeichnung zusätzlich in Anführungszeichen " " gesetzt. Die am häufigsten verwendeten Textdateiformate sind:

- Textdateien, bei denen die Werte bzw. Spalten durch Tabulatorzeichen getrennt sind, diese Dateien haben die Dateinamenerweiterung .txt.
- Das CSV-Dateiformat, bei dem statt der Tabulatorzeichen ein Komma (im englischen Sprachraum) oder Semikolon (deutsch) als Trennzeichen verwendet wird.

Bild 5.1 Beispiel Textdatei

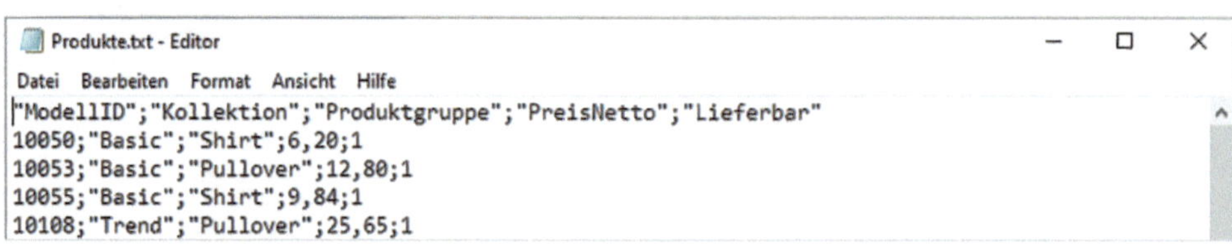

Textdatei (.txt) mit dem Textkonvertierungs-Assistent öffnen

Um mit Excel eine Textdatei mit der Dateinamenerweiterung .txt zu öffnen, starten Sie Excel und klicken im Register *Datei* auf *Öffnen*.

1 Wählen Sie den Speicherort aus. **Achtung**: In der Standardeinstellung zeigt das *Öffnen*-Dialogfenster ausschließlich Excel-Dateitypen (.xls, .xlsx), usw.) an. Damit auch Textdateien erscheinen, müssen Sie über den Dropdown-Pfeil *Dateityp* entweder *Textdateien* oder *Alle Dateien* (siehe Bild unten) auswählen. Markieren Sie dann die gewünschte Datei und klicken Sie auf *Öffnen*.

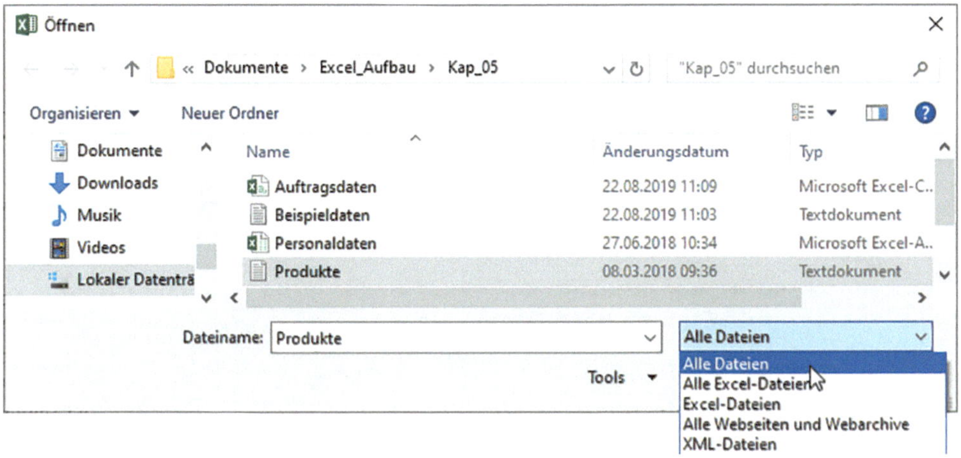

Bild 5.2 Dateityp auswählen!

2 Excel startet anschließend automatisch den *Textkonvertierungs-Assistent*, der Sie in Schritten durch den Import führt. Im ersten Schritt legen Sie den Datentyp fest und kontrollieren den verwendeten Zeichensatz.

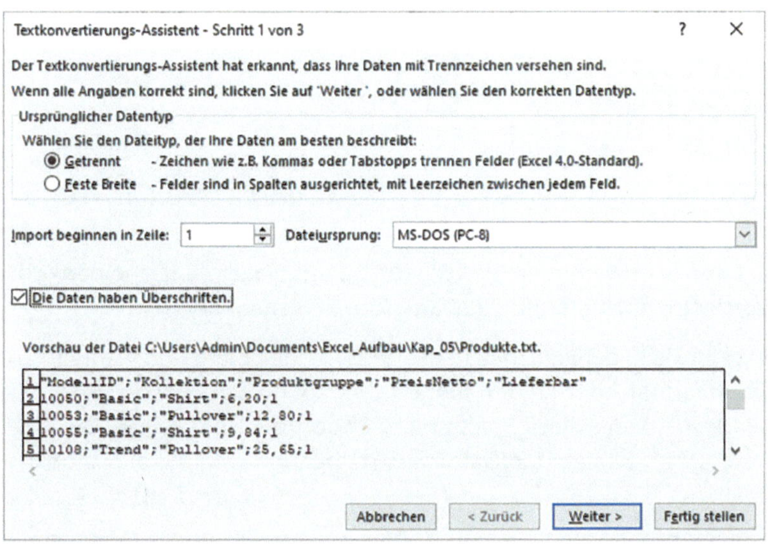

Bild 5.3 Textkonvertierung: Schritt 1

- Wählen Sie unter *Ursprünglicher Datentyp* die Option *Getrennt*, wenn die Werte durch ein Trennzeichen (Komma, Semikolon, Tab-Zeichen, usw.) getrennt sind. Dies ist auch der häufigste Typ.
- Der *Dateiursprung* legt den verwendeten Zeichensatz fest. Kontrollieren Sie unterhalb die Vorschau auf die Datei: Wenn Umlaute wie Ä, Ö usw. korrekt dargestellt werden, dann können Sie die Standardeinstellung beibehalten. Verwendet dagegen das System, aus dem die Datei exportiert wurde, einen anderen Zeichensatz, so müssen Sie hier diesen auswählen.
- Geben Sie außerdem an, ab welcher Zeile der Import beginnen soll (standardmäßig ab Zeile 1) und ob die Daten Überschriften enthalten.

3 Im zweiten Schritt des Assistenten wird das verwendete Trennzeichen festgelegt, meist Semikolon oder Tabstopp. Falls ein anderes Zeichen verwendet wird, so aktivieren Sie das Kontrollkästchen *Andere* und tragen das Zeichen im Feld daneben ein. Texte sind häufig zur besseren Unterscheidung in Anführungszeichen gesetzt, kontrollieren Sie dies im Feld *Textqualifizierer* oder geben Sie hier das verwendete Zeichen ein. Klicken Sie dann auf *Weiter*.

Bild 5.4 Trennzeichen festlegen

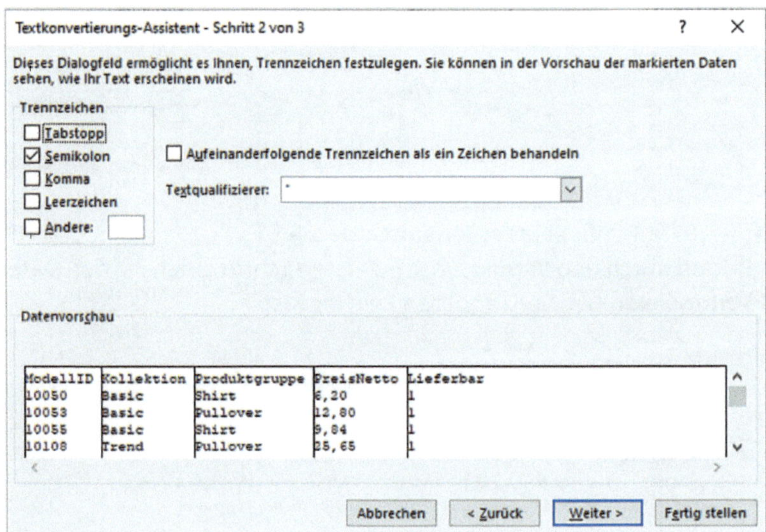

4 Im letzten Schritt können Sie für jede Spalte einzeln entscheiden, ob Sie diese importieren möchten und das Datenformat festlegen.

- Klicken Sie in der Vorschau in die betreffende Spalte und wählen Sie oben das Datenformat oder klicken Sie auf die Option *Spalte nicht importieren (überspringen)*, wenn diese Spalte nicht importiert werden soll. Die Option *Standard* behält Zahlen und Datumswerte bei und wandelt alle anderen Werte in Text um.
- Einige Anwendungen verwenden für Zahlen die angelsächsische Schreibweise. Das bedeutet, als Dezimalzeichen wird der Punkt und als Tausenderzeichen das Komma verwendet also z. B. 5,300.00 statt 5.300,00. Dies führt bei

anschließenden Auswertungen zu Problemen, da solche Zahlen von Excel als Text behandelt werden. Klicken Sie in solchen Fällen auf die Schaltfläche *Erweitert...* und ändern Sie die verwendeten Zeichen entsprechend (Bild unten).

- Beim Import von Postleitzahlen sollten Sie für die betreffende Spalte das Format *Text* wählen, damit die führende Null beibehalten wird.
- Wenn Sie alle Spalten im Standardformat übernehmen möchten, dann können Sie diesen Schritt auch übergehen und auf *Fertig stellen* klicken.

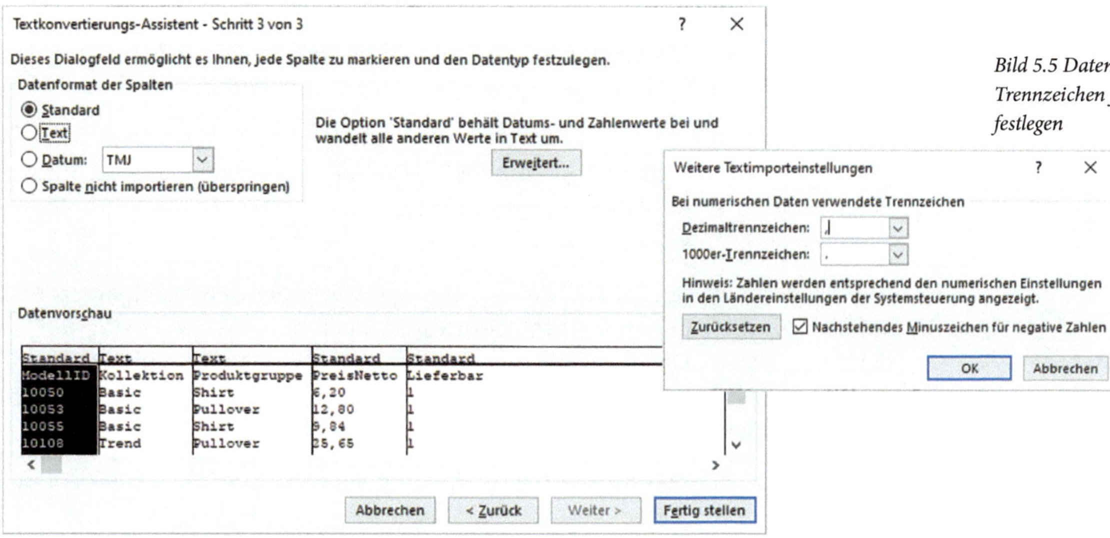

Bild 5.5 Datentyp und Trennzeichen für Zahlen festlegen

5 Klicken Sie abschließend auf *Fertig stellen*. Excel öffnet die Daten als Tabelle in einer Arbeitsmappe, diese sollten Sie anschließend über *Datei* ▶ *Speichern unter* als Excel-Arbeitsmappe speichern.

CSV-Dateien öffnen

Dateien mit der Dateinamenerweiterung .csv sind meist im Datei-Explorer von Windows mit einem Excel-Dateisymbol versehen (siehe Bild unten) und können einfach per Doppelklick auf das Dateisymbol mit Excel geöffnet werden. Bis auf wenige Ausnahmen werden dabei die Daten automatisch in Spalten angeordnet.

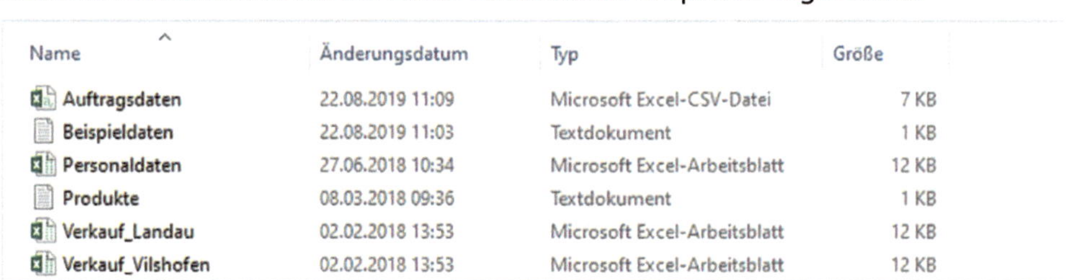

Bild 5.6 CSV-Dateien unterscheiden sich durch ihr Symbol von Textdateien (.txt)

Mögliche Probleme beim Öffnen

In Ausnahmefällen kann es vorkommen, dass beim Öffnen einer Datei im CSV-Format die Daten nicht korrekt in Spalten importiert werden, sondern sich in einer einzigen Spalte befinden. Weitere mögliche Fehlerquellen beim Öffnen: Ein Datum wird nicht als solches erkannt, Umlaute nicht korrekt dargestellt oder führende Nullen von Postleitzahlen entfernt, wenn Excel diese als Zahlen interpretiert.

Abhilfe schafft in solchen Fällen der oben beschriebene Textkonvertierungs-Assistent. Allerdings startet dieser nur beim Öffnen einer txt-Datei, nicht aber, wenn Sie eine CSV-Datei öffnen. Sie müssen daher zu einem kleinen Trick greifen und zunächst den Dateityp ändern. Dazu brauchen Sie nur die Dateinamenerweiterung von .csv auf .txt ändern:

Ausnahmsweise ist hier eine Änderung der Dateinamenerweiterung gefahrlos möglich.

1. Falls diese nicht sichtbar ist, klicken Sie im Datei-Explorer von Windows auf das Register *Ansicht* und aktivieren in der Gruppe *Ein-/Ausblenden* das Kontrollkästchen *Dateinamenerweiterungen*.
2. Anschließend klicken Sie mit der rechten Maustaste auf den Dateinamen und auf *Umbenennen*. Geben Sie nach dem Punkt *txt* statt *csv* ein und betätigen Sie die Eingabetaste. Die nachfolgende Warnung mit der Frage, ob Sie die Dateinamenerweiterung trotzdem ändern möchten, können Sie ausnahmsweise bestätigen. Klicken Sie auf *Ja*.

   Anschließend können Sie die Dateinamenerweiterung durch Deaktivieren des Kontrollkästchens wieder ausblenden.

Bild 5.7 Ändern Sie die Dateinamenerweiterung in txt.

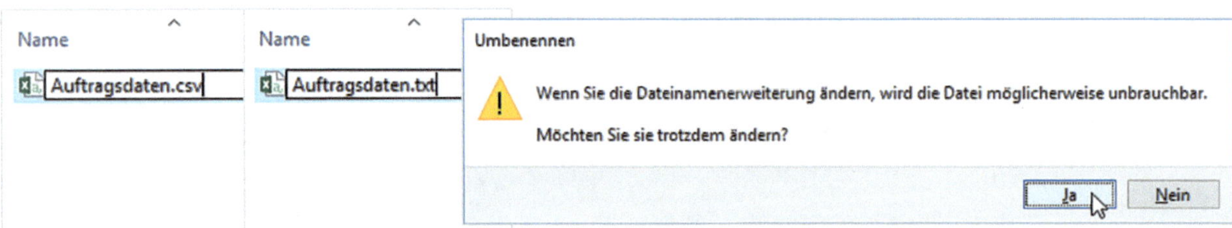

Starten Sie dann Excel und klicken Sie im Register *Datei* auf *Öffnen*. Führen Sie dann die Schritte, wie zuvor ab Seite 207 beschrieben, aus.

Der Nachteil der Importmethode

Bei jeder Änderung der Quelldaten müssen Sie den Import erneut durchführen, die Tabelle neu formatieren und alle erforderlichen Formeln, z. B. zur Berechnung zusätzlicher Spalten, neu eingeben. Diesen Weg sollten Sie daher nur wählen, wenn die Daten einmalig importiert werden sollen.

Benötigen Sie dagegen stets aktuelle Daten, dann sollten Sie stattdessen die benötigten Daten direkt aus der Datenquelle abrufen. In diesem Fall müssen Sie die Daten nur einziges Mal aufbereiten und können diese dann jederzeit und beliebig oft mit einem einzigen Mausklick aktualisieren. Wie Sie dabei vorgehen, erfahren Sie im nächsten Punkt.

5.2 Externe Daten mit Power Query abrufen und aufbereiten

Wann sollten Sie die Daten direkt abrufen?

Wenn stets aktuelle Daten benötigt werden, dann sollten Sie die Daten direkt aus der Datenquelle abrufen. Microsoft verwendet für diese Methode auch die Bezeichnung Power Query, die dazugehörigen Befehle sind im Menüband, Register *Daten*, unter *Abrufen und transformieren* zusammengefasst. Die Vorteile:

- In vielen Fällen ist vor der eigentlichen Auswertung eine Aufbereitung bzw. Bereinigung der Ausgangsdaten erforderlich. Wenn diese Arbeitsgänge nach jeder Aktualisierung erneut durchgeführt werden müssen, bedeutet dies einen erheblichen Arbeitsaufwand. Mit Power Query rufen Sie dagegen nicht nur Daten aus einer Datenquelle ab, sondern erzeugen im dazugehörigen Power Query-Editor eine Abfrage in der Sie auch gleich die benötigten Spalten und Datensätze auswählen, weitere Spalten berechnen und nicht benötigte Datensätze herausfiltern. Diese Abfrage wird gespeichert und bei einer Änderung der Ausgangsdaten bzw. beim Aktualisieren wird die Abfrage erneut ausgeführt, eine manuelle Neuberechnung ist nicht erforderlich.
- Neben Excel-Arbeitsmappen und den oben beschriebenen Textdateien unterstützt Power Query alle gängigen Datenbankformate, darunter...
  - XML
  - ODBC Datenquellen
  - zahlreiche Datenbanktypen, darunter Access-Datenbanken, Microsoft SQL Server, Oracle, MySQL, PostgreSQL, SAP HANA Datenbank
  - Webdatenbanken, sowie Microsoft Azure und SharePoint Online-Listen.
- Mit Power Query können auch Daten aus mehreren Quellen aneinandergefügt oder zusammengeführt werden. Funktionen wie z. B. SVERWEIS werden dadurch unter Umständen überflüssig.

Eine Abfrage mit Power Query erstellen

Beispiel: Daten aus einer Textdatei (csv) importieren

Als Beispiel erstellen wir eine Abfrage, die Daten, in diesem Fall Einzelaufträge, aus einer CSV-Datei abruft, aufbereitet und das Ergebnis in die aktuelle Excel-Arbeitsmappe einfügt. Im Bild unten ein Auszug der Datei im Editor.

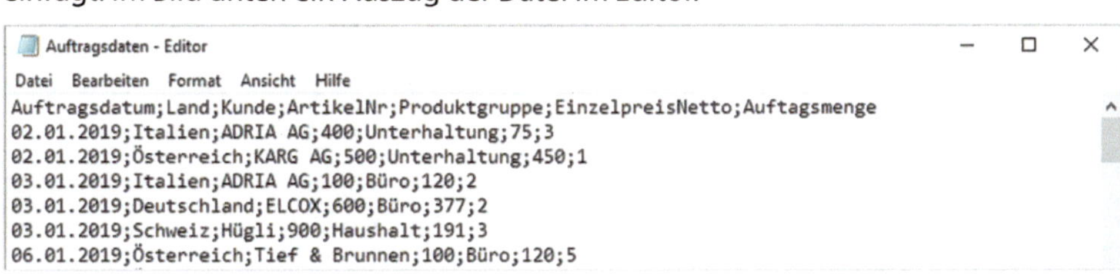
Auftragsdaten - Editor
Datei Bearbeiten Format Ansicht Hilfe

```
Auftragsdatum;Land;Kunde;ArtikelNr;Produktgruppe;EinzelpreisNetto;Auftagsmenge
02.01.2019;Italien;ADRIA AG;400;Unterhaltung;75;3
02.01.2019;Österreich;KARG AG;500;Unterhaltung;450;1
03.01.2019;Italien;ADRIA AG;100;Büro;120;2
03.01.2019;Deutschland;ELCOX;600;Büro;377;2
03.01.2019;Schweiz;Hügli;900;Haushalt;191;3
06.01.2019;Österreich;Tief & Brunnen;100;Büro;120;5
```

Bild 5.8 Die Datei Auftragsdaten.csv im Editor

Auftragsdaten_CSV.csv

Hinweis: Die Daten werden später im aktuellen Arbeitsblatt ab der markierten Zelle eingefügt. Wenn diese dagegen in einem neuen Tabellenblatt eingefügt werden sollen, dann spielt die aktuell markierte Zelle keine Rolle.

1 Zum Erstellen der Abfrage klicken Sie auf das Register *Daten* und in der Gruppe *Daten abrufen und transformieren* auf *Aus Text/CSV*. Wählen Sie im nachfolgenden *Daten importieren* Fenster die Datei aus und klicken Sie auf die Schaltfläche *Importieren*.

Bild 5.9 Neue Abfrage

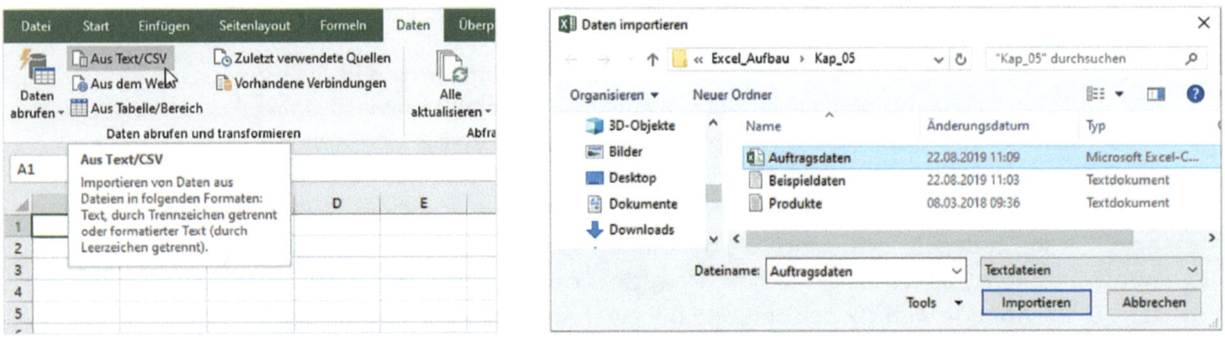

2 Excel stellt eine Verbindung zur Datei her, dies kann je nach Dateiumfang einige Sekunden dauern. Anschließend öffnet sich ein gesondertes Fenster mit einer Vorschau auf die Daten (Bild unten).

Bild 5.10 Vorschau auf die Daten

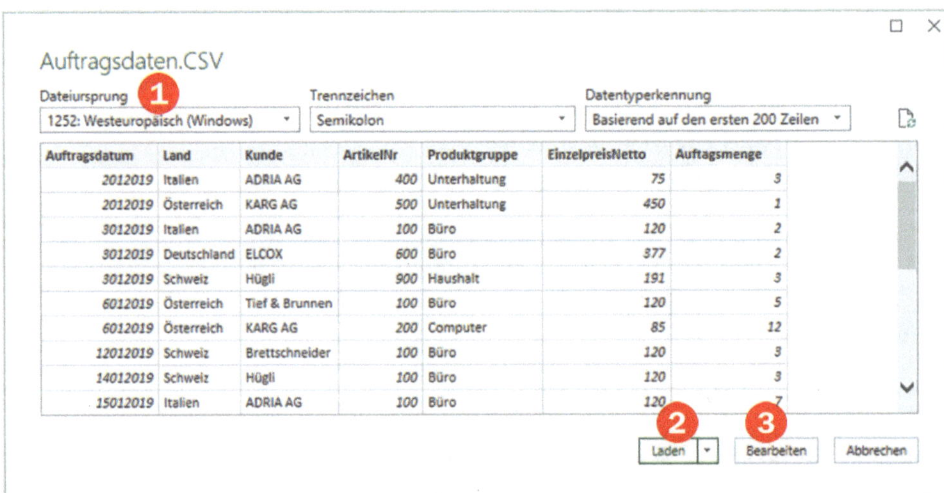

Achtung: Die nachfolgenden Bearbeitungen finden Sie in der Datei Auftragsdaten_mit_Abfrage.xlsx.

Allerdings müssen Sie die Datenquelle neu festlegen. Wie Sie dabei vorgehen, lesen Sie auf Seite 236.

- Oberhalb der Daten sehen Sie im Feld *Dateiursprung* ❶ die Codierung der Quelldatei, meist *Westeuropäisch (Windows)* und daneben das Trennzeichen Semikolon. Sollten Umlaute (ä, ö, usw.) nicht korrekt dargestellt werden, dann passen Sie die Codierung entsprechend an z. B. *Westeuropäisch (DOS)*. Das Trennzeichen kann bei Bedarf ebenfalls manuell festgelegt werden.
- Die Erkennung des Datentyps jeder Spalte, also Text, Zahl oder Datum, erfolgt automatisch, in der Standardeinstellung zieht Power Query dazu die ersten

200 Datensätze heran (*Basierend auf den ersten 200 Zeilen*). Dies lässt sich mit der Auswahl *Datentypen nicht ermitteln* bei Bedarf deaktivieren.

3 Unterhalb der Vorschau wählen Sie über Schaltflächen die weitere Vorgehensweise:

- Mit Klick auf *Laden* ❷ werden alle Daten abgerufen und in einem neuen Tabellenblatt eingefügt.
- Mit *Bearbeiten* ❸ öffnet sich dagegen der Abfrage-Editor und Sie können die Daten vor dem Einfügen aufbereiten, z. B. weitere Spalten berechnen oder den Datentyp ändern. Die Originaldaten werden dadurch nicht verändert!

Der Abfrage-Editor

Zur weiteren Bearbeitung klicken Sie auf die Schaltfläche *Bearbeiten*. Damit werden die Daten in den Abfrage-Editor geladen. Dieser öffnet sich in einem gesonderten Fenster und verfügt über ein eigenes Menüband mit den Registern *Datei*, *Start*, *Transformieren*, *Spalte hinzufügen* und *Ansicht* (Bild 5.11).

▶ Der Abfragebereich ❶ am linken Rand des Abfrage-Editors liefert eine Übersicht über alle geladenen Abfragen; die aktuelle Abfrage hat automatisch den Namen der Datenquelle erhalten. Mit dem Pfeil öffnen und schließen Sie diesen Bereich.

▶ Am rechten Rand des Fensters sollte der Aufgabenbereich *Abfrageeinstellungen* ❷ sichtbar sein. Hier sind unter *ANGEWENDETE SCHRITTE* alle bisher (automatisch) erfolgten Bearbeitungsschritte aufgelistet.

Bild 5.11 Die Daten im Abfrage-Editor

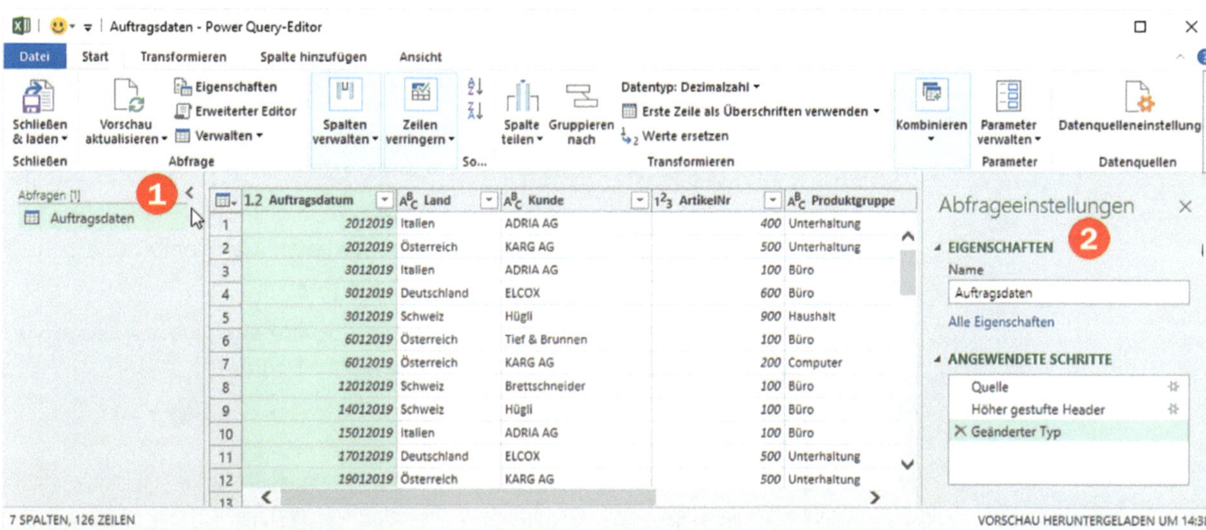

> **Achtung:** Solange der Abfrage-Editor geöffnet ist, sind die aktuelle Arbeitsmappe und alle übrigen Instanzen von Excel gesperrt. Ein Weiterarbeiten in der Arbeitsmappe ist erst möglich, nachdem der Abfrage-Editor geschlossen wurde.

Die bisher angewendeten Schritte kontrollieren

Bereits beim Laden in den Abfrage-Editor haben die Ausgangsdaten erste Veränderungen erfahren. Die Datenquelle wurde ausgewählt (*Quelle*), die erste Zeile als Überschriftzeile festgelegt (*Höher gestufte Header*) und jeder Spalte ein Datentyp zugewiesen (*Geänderter Typ*). Diese Schritte finden Sie im Aufgabenbereich *Abfrageeinstellungen* in der Liste *ANGEWENDETE SCHRITTE*.

- Falls der Aufgabenbereich nicht sichtbar sein sollte, klicken Sie zum Einblenden auf das Register *Ansicht* und hier auf die Schaltfläche *Abfrageeinstellungen*.

Mit der Liste der angewendeten Schritte verfügt der Abfrage-Editor über ein äußerst nützliches Werkzeug zur Datenaufbereitung und Kontrolle. Hier werden nicht nur alle bisher ausgeführten Bearbeitungsschritte aufgelistet, Sie können auch jeden einzelnen Schritt nachträglich kontrollieren, ändern oder löschen.

Bild 5.12 Die importierten Daten ohne Spaltenüberschriften

1 Wenn Sie auf einen der Schritte klicken, dann zeigt die Vorschau die Daten **nach** diesem Schritt an. Klicken Sie z. B. auf *Quelle*, dann sehen Sie die Daten unmittelbar nach dem Einlesen, die Spalten haben noch keine Überschriften sondern sind mit *Column1*, *Column2*, usw. beschriftet, wie im Bild unten.

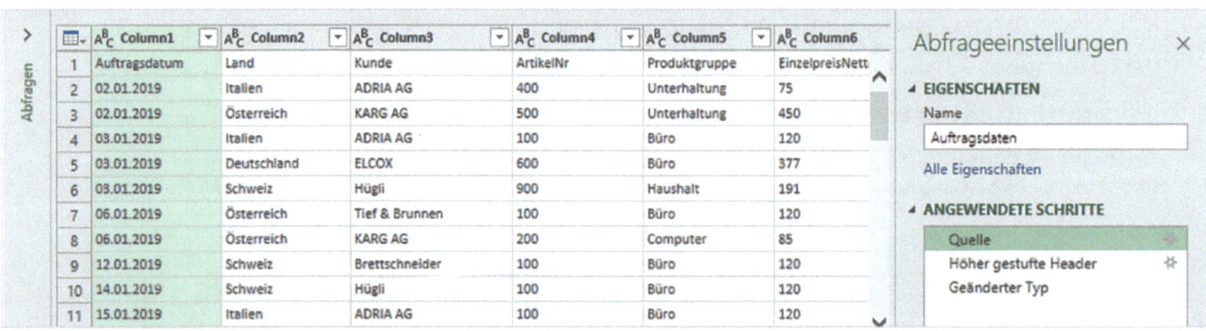

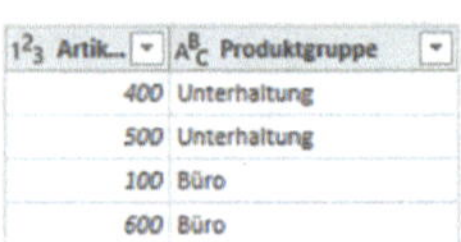

2 Wenn Sie auf den nächsten Schritt *Höher gestufte Header* klicken, dann sehen Sie, dass die Spalten korrekte Überschriften erhalten haben, allerdings sind alle Spalten vom Datentyp *Text*, am Symbol A^{B}_{C} neben der jeweiligen Spaltenüberschrift leicht zu erkennen.

3 Im nächsten Schritt, *Geänderter Typ*, wurde jeder Spalte ein Datentyp zugewiesen, das Resultat sehen Sie, wenn Sie auf diesen Schritt klicken.

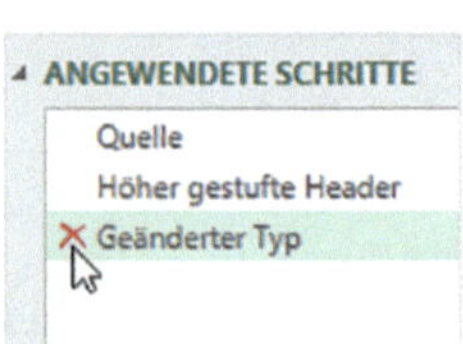

Schritte löschen

Statt Rückgängig können Sie im Abfrage-Editor einen angewendeten Schritt wieder löschen. Dies muss nicht unbedingt der letzte sein, es kann auch ein beliebiger Schritt gelöscht werden. Die nachfolgenden Schritte werden dadurch nicht entfernt, allerdings können durch das Löschen Folgefehler entstehen.

Zum Löschen zeigen Sie auf den betreffenden Schritt: Links davon erscheint das Symbol *Löschen* und ein Klick auf dieses Symbol entfernt alle, mit diesem Schritt vorgenommenen Änderungen.

Spaltenüberschriften nicht erkannt?

Manchmal wird die erste Zeile beim Import nicht als Überschriftzeile erkannt. In solchen Fällen klicken Sie einfach im Abfrage-Editor, Register *Start* ▶ *Transformieren* auf *Erste Zeile als Überschriften verwenden*. Falls dagegen bei nicht vorhandenen Überschriften fälschlicherweise die erste Datenzeile als Überschriftzeile interpretiert wurde, so klicken Sie auf *Überschriften als erste Zeile verwenden*.

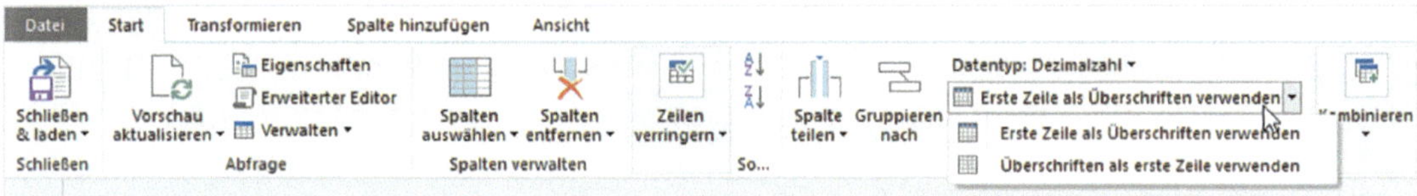

Bild 5.13 Erste Zeile als Überschriften

Nicht benötigte Spalten entfernen

Falls nicht alle Spalten der Ausgangsdaten benötigt werden, so klicken Sie zum Entfernen in die Überschrift der betreffenden Spalte, die Spalte ist nun markiert, und dann im Menüband *Start* ▶ *Spalten verwalten* auf *Spalten entfernen*.

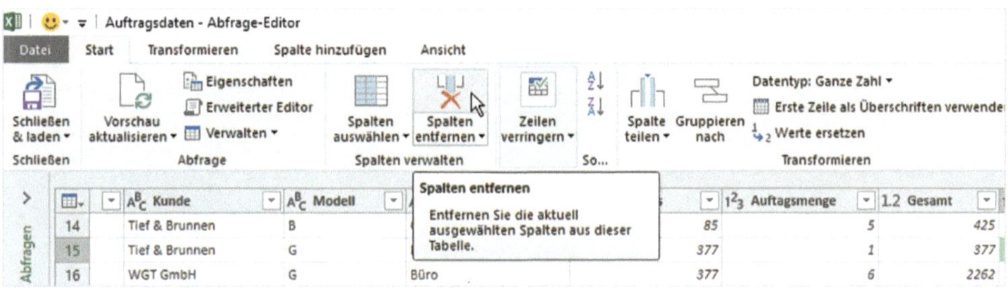

Bild 5.14 Eine nicht benötigte Spalte entfernen

Tipp: Falls Sie gleich mehrere Spalten entfernen möchten, klicken Sie stattdessen auf *Spalten auswählen*. Es öffnet sich ein gesondertes Fenster und Sie brauchen hier nur die Kontrollkästchen der zu entfernenden Spalten deaktivieren.

Datentypen ändern

Den Datentyp einer Spalte erkennen Sie am Symbol ❶ neben der Überschrift. Oder markieren Sie mit Klick auf die Überschrift die gesamte Spalte und werfen Sie im Register *Start* ▶ *Transformieren* einen Blick auf das Feld *Datentyp* ❷.

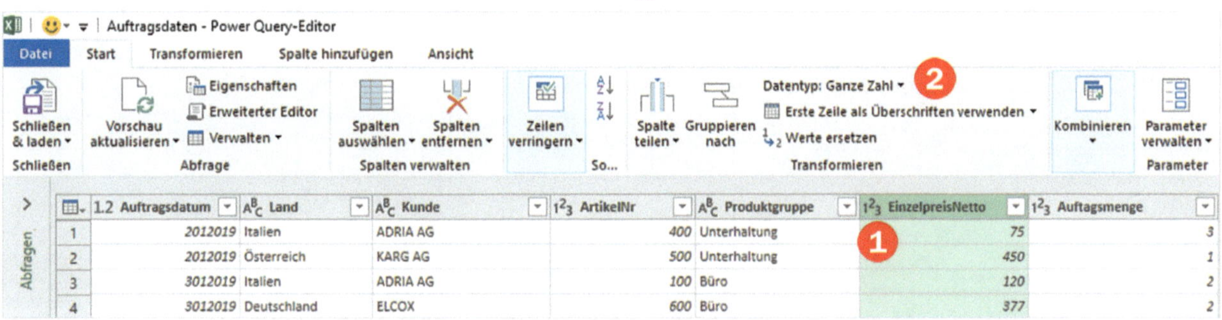

Bild 5.15 Datentypen kontrollieren

Allgemeine Hinweise:

- Nicht jede Spalte erhält beim Einlesen automatisch den richtigen Datentyp. Im Bild oben hat beispielsweise die Spalte *EinzelpreisNetto* fälschlicherweise den Typ *Ganze Zahl* erhalten und das *Auftragsdatum* den Typ *Dezimalzahl*. Kontrollieren Sie daher die Datentypen aller Spalten und ändern Sie fehlerhafte Datentypen.

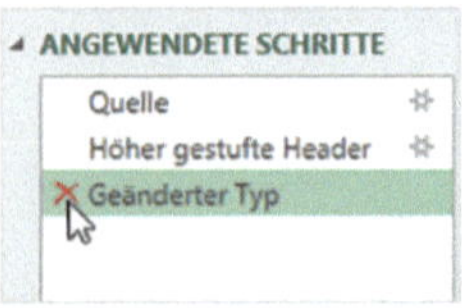

- **Tipp**: Manchmal ist es einfacher, wenn Sie die gesamte automatische Datentyperkennung entfernen und dann jeder Spalte manuell einen Datentyp zuweisen. Klicken Sie dazu nach dem Einlesen der Daten und Zuweisen der Spaltenüberschriften beim Bearbeitungsschritt *Geänderter Typ* auf das Symbol *Löschen*, siehe Seite 214.

Datentyp umwandeln

Zum Ändern des Datentyps klicken Sie in die betreffende Spalte und dann entweder im Menüband, Register *Start*, auf das Feld *Datentyp* oder auf das Datentyp-Symbol der Spaltenüberschrift. Klicken Sie auf den korrekten Datentyp, im Bild unten *Dezimalzahl*.

Bild 5.16 Datentyp ändern

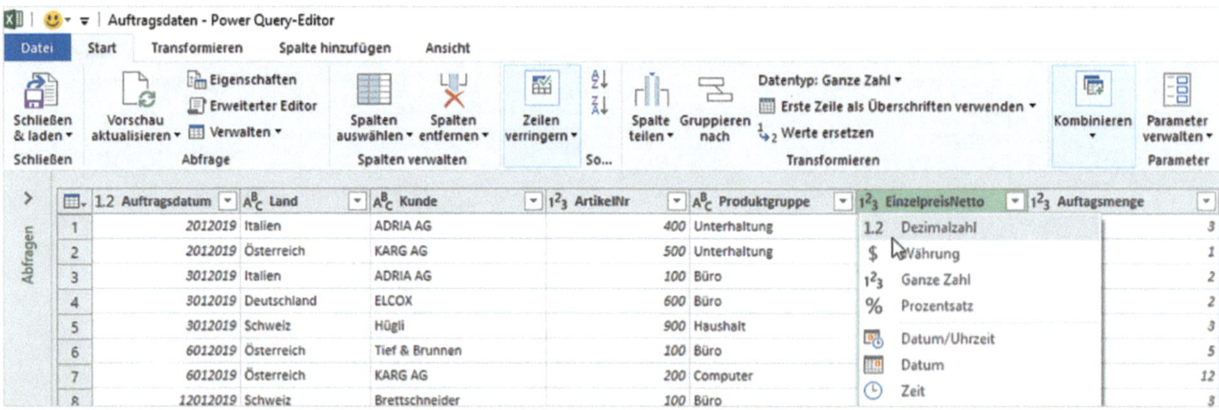

Neuer Schritt oder Typkonvertierung ersetzen?

Falls der Datentyp einer Spalte schon einmal geändert wurde, z. B. automatisch beim Laden in den Abfrage-Editor, dann erscheint die unten abgebildete Rückfrage und macht Sie darauf aufmerksam (Typenkonvertierung). Klicken Sie auf *Neuen Schritt hinzufügen*, wenn die neue Änderung als weiterer Bearbeitungsschritt in die Liste der angewendeten Schritte aufgenommen werden soll. Auf diese Weise lässt sie sich auch leichter wieder rückgängig machen. Mit Klick auf *Aktuelle ersetzen* wird dagegen eine bereits erfolgte Typänderung durch die erneute Änderung ersetzt.

Bild 5.17 Automatische Typkonvertierung ersetzen oder neuen Schritt hinzufügen?

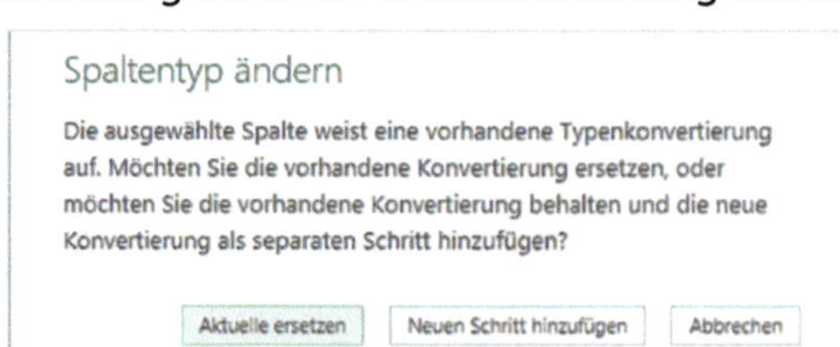

Datumswerte richtig übernehmen

Datumswerte werden beim Import aus Text- oder csv-Dateien nicht immer richtig erkannt und aufgrund der Punkte häufig als Dezimalzahl interpretiert, wie in Bild 5.18 unten. Dann bringt ein nachträgliches Umwandeln in *Datum* nichts, sondern erzeugt Fehler (*Error*).

In solchen Fällen entfernen Sie einfach die automatische Typerkennung (*Geänderter Typ*) beim Laden, damit erhält diese Spalte (und auch alle übrigen Spalten) wieder den Typ *Text* (Bild 5.19). Wenn Sie anschließend für diese Spalte auf einem der oben beschriebenen Wege den Typ *Datum* auswählen, dann sollten die Datumswerte korrekt angezeigt werden, erkennbar am Symbol Kalenderblatt, wie in Bild 5.20.

Bild 5.18 Falscher Datentyp Dezimalzahl

Bild 5.19 Die Typkonvertierung wurde rückgängig gemacht

Bild 5.20 Dann kann der Datentyp in Datum geändert werden

Datentyp mit Gebietsschema ändern

Falls Zahlen und Datumswerte in länderspezifischer Schreibweise vorliegen, wie in Bild 5.21, dann ändern Sie den Datentyp mit Gebietsschema. Dazu klicken Sie auf das Datentypsymbol der Spalte *Betrag* und auf *Mit Gebietsschema....* Wählen Sie dann den Datentyp *Dezimal* und im Feld *Gebietsschema* Englisch (USA). Genauso verfahren Sie mit der Spalte *Auftragsdatum*.

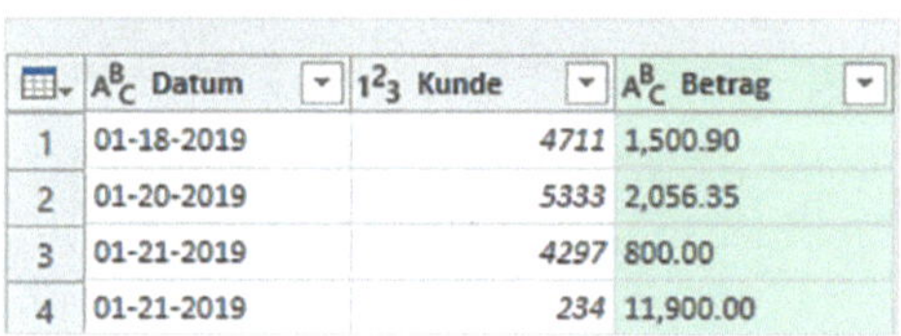

Bild 5.21 Datum und Betrag als Text

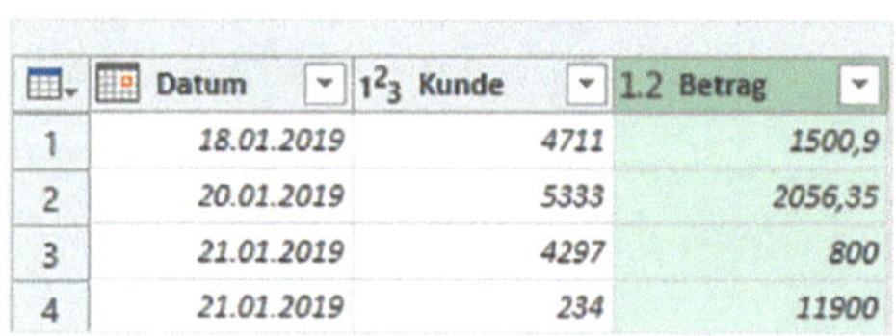

Bild 5.22 ... und nach der Konvertierung

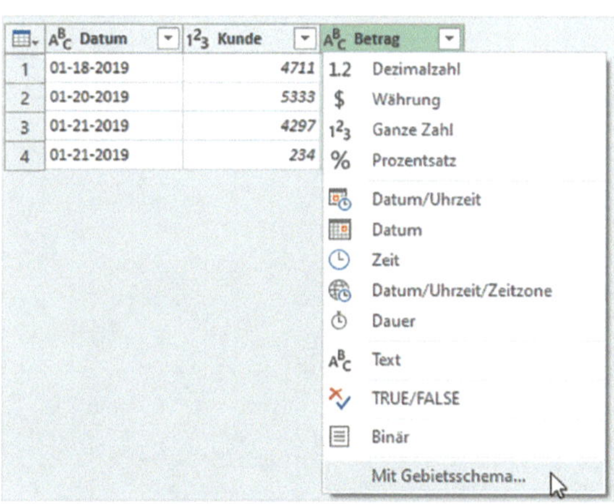

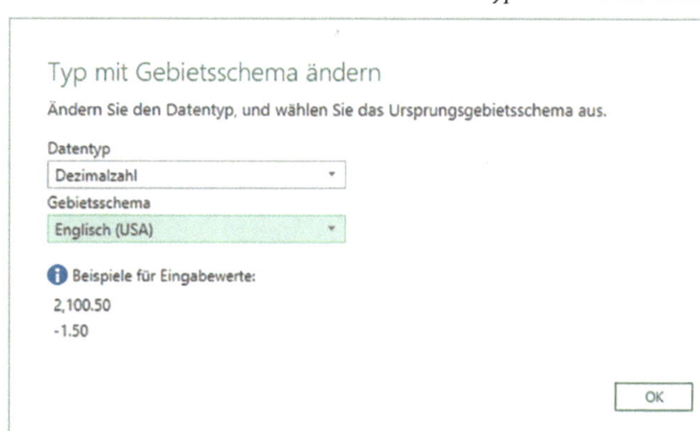

Bild 5.23 Wählen Sie Datentyp und Gebietsschema

Spaltenwerte berechnen

Der Power Query-Editor unterscheidet bei der Berechnung von Spalten zwischen dem Hinzufügen neuer und dem Ersetzen vorhandener Spalten. Achten Sie daher darauf, im Menüband des Abfrage-Editors das richtige Register zu wählen!

- **Neue Spalte hinzufügen**
  Zum Berechnen neuer Spalten klicken Sie im Menüband auf das Register *Spalte hinzufügen* und verwenden die Befehle bzw. Schaltflächen der Gruppen *Aus Text*, *Aus Zahl* und *Aus Datum & Uhrzeit*.
- **Spaltenwerte ersetzen**
  Möchten Sie dagegen die Werte einer vorhandenen Spalte durch berechnete Werte ersetzen, dann klicken Sie auf das Register *Transformieren*. Hier finden Sie dieselben Befehle in den Gruppen *Textspalte*, *Zahlenspalte*, *Datums- & Uhrzeitspalte*.

Datumsinformationen extrahieren

Häufig enthält die Datenquelle Datumswerte in Form von Tagen, in späteren Zusammenfassungen werden aber meist Monate, Quartale und Jahre benötigt. Power Query bietet zu diesem Zweck über die Schaltfläche *Datum* die wichtigsten Varianten an, vorausgesetzt die betreffende Spalte ist von Typ *Datum*. **Achtung**: Die Schaltfläche *Datum* findet sich sowohl im Register *Spalte hinzufügen* als auch im Register *Transformieren*. Welche Sie verwenden, hängt davon ab, ob Sie eine neue Spalte hinzufügen oder die bestehende Spalte umwandeln, d. h. transformieren möchten.

Beispiel: Spalten mit Monat, Quartalen und Jahren hinzufügen

1 Um aus dem Auftragsdatum eine weitere Spalte mit dem Monat zu erstellen, klicken Sie in diese Spalte und anschließend auf das Register *Spalte hinzufügen*.

2 Klicken Sie in der Gruppe *Aus Datum & Uhrzeit* auf die Schaltfläche *Datum*, zeigen Sie auf *Monat* und wählen Sie zwischen *Monat*, d. h. Monat als Zahl und *Name des Monats*, z. B. Januar (Bild unten).

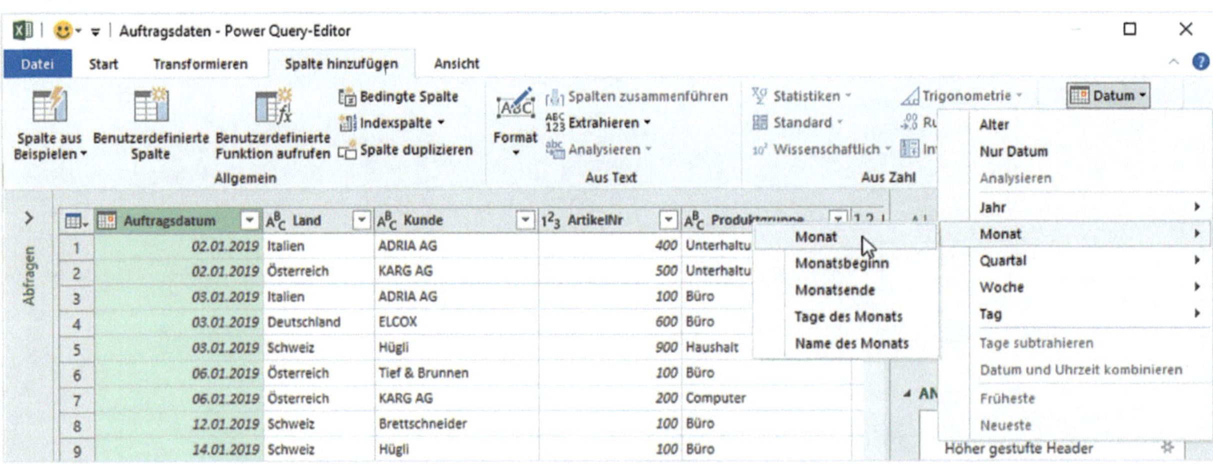

Bild 5.24 Monat aus Auftragsdatum als neue Spalte hinzufügen

Genauso gehen Sie vor, um die Quartale und Jahre als neue Spalte hinzuzufügen. Klicken Sie in die Spalte Auftragsdatum und wählen Sie im Register *Spalte hinzufügen* ▶ *Datum* ▶ *Quartal* ▶ *Quartal des Jahres* bzw. *Jahr*. Die neuen Spalten sind von Datentyp *Ganze Zahl* (Monat, Quartal und Jahr) bzw. Text (Monatsname) und haben automatisch Überschriften erhalten.

Spalten umbenennen

Neu hinzugefügte Spalten erhalten automatisch einen Namen, Sie können diesen jedoch problemlos ändern: es genügt ein Doppelklick in die Spaltenüberschrift und anschließendes Überschreiben. Schließen Sie dann die Änderung mit der Eingabetaste ab (Bild unten). Oder klicken Sie mit der rechten Maustaste in die Spaltenüberschrift und auf *Umbenennen*. **Achtung**: Die Spaltenüberschriften müssen eindeutig sein, d. h. jede Spaltenüberschrift darf nur einmal vorhanden sein!

Bild 5.25 Spaltennamen ändern

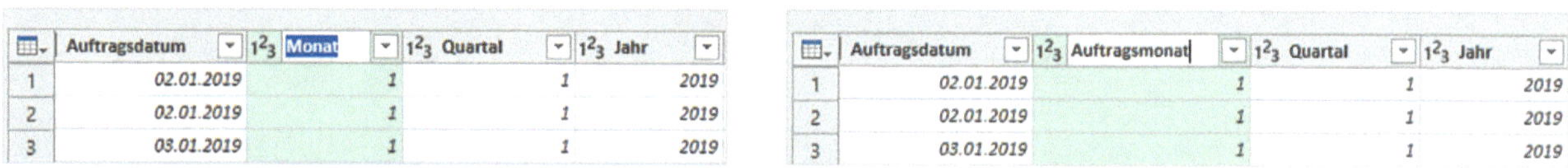

Spalten verschieben

Wenn Sie die Reihenfolge der Spalten ändern möchten, dann ziehen Sie einfach die Spaltenüberschrift mit gedrückter Maustaste an die gewünschte Stelle.

Bild 5.26 Spalte mit der Maus verschieben

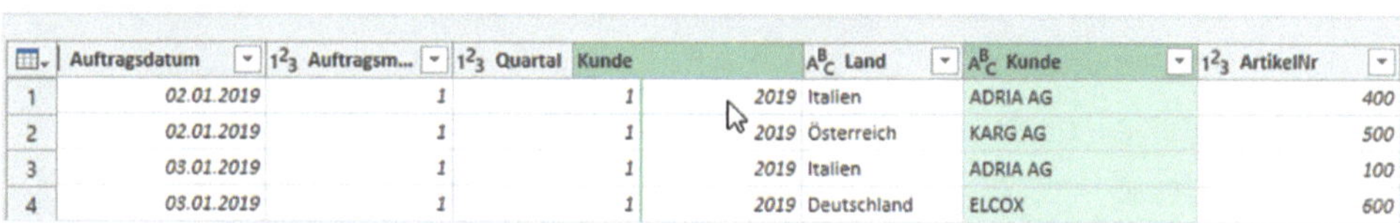

Spalte mit einer Formel berechnen

Auch die Berechnung einer Spalte mit einer Formel ist mit Power Query möglich. Wenn Sie beispielsweise in späteren Auswertungen den Umsatz benötigen, dann sparen Sie Arbeit, wenn Sie diesen gleich im Editor berechnen. Die Formel wird zusammen mit der Verbindung gespeichert und beim Aktualisieren automatisch neu berechnet. So gehen Sie vor:

1 Klicken Sie auf das Register *Spalte hinzufügen* und in der Gruppe *Allgemein* auf *Benutzerdefinierte Spalte*.

Bild 5.27 Spalte berechnen

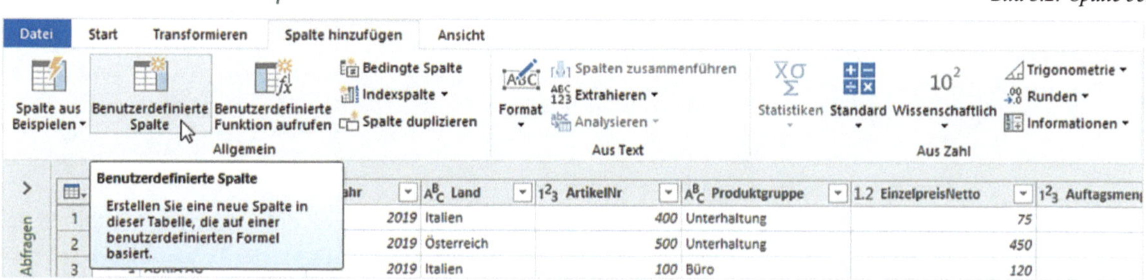

2 Geben Sie im Fenster *Benutzerdefinierte Spalte* (Bild 5.28) im Feld *Neuer Spaltenname* ❶ statt *Benutzerdefiniert* den Namen der neuen Spalte ein, hier Umsatz.

3 Klicken Sie dann in das Feld *Benutzerdefinierte Spaltenformel* und geben Sie nach dem Gleichheitszeichen die Formel ein ❷. Dabei können Sie die Spalten aus der Liste *Verfügbaren Spalte* ❸ mit Doppelklick oder der Schaltfläche *<<Einfügen* in die Formel übernehmen.

4 Die Formelsyntax wird während der Eingabe automatisch überprüft ❹, klicken Sie zum Übernehmen der Formel auf *OK*.

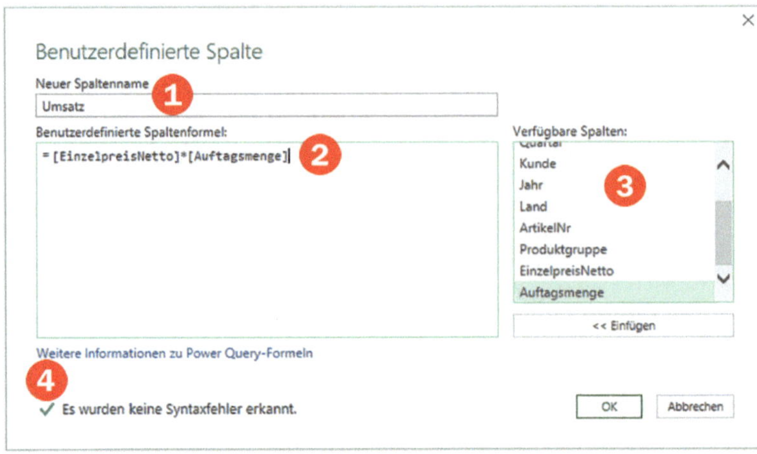

Bild 5.28 Geben Sie die Formel für die benutzerdefinierte Spalte ein

Beachten Sie bei der Eingabe von Formeln
Feldnamen in Formeln müssen in eckigen Klammern angegeben werden. Fügen Sie daher die benötigten Felder aus der Liste *Verfügbare Spalten ein*, entweder per Doppelklick oder mit der Schaltfläche *<<Einfügen*. Bei der Eingabe über die Tastatur müssen dagegen auch die Klammern eingegeben werden. Falls Sie in der Formel Dezimalzahlen verwenden, müssen diese mit dem Punkt als Dezimalzeichen eingegeben werden.

Hinweis: Power Query verwendet als Symbol für den Datentyp *Währung* zwar das $-Zeichen, dies hat aber keinen Einfluss auf die Anzeige der Zahlen.

Datentyp der berechneten Spalte festlegen

Mit einer Formel berechnete Spalten erhalten zumeist automatisch den Datentyp *Beliebig*. Zum Ändern klicken Sie in der Spaltenüberschrift auf das Symbol *Datentyp* und wählen Sie z. B. *Dezimalzahl* oder *Währung*.

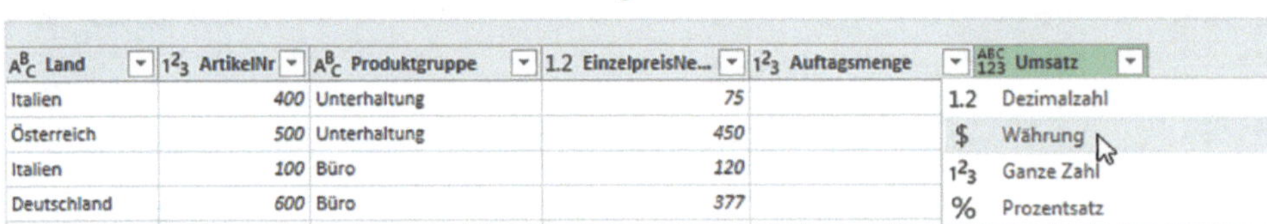

Bild 5.29 Ändern Sie den Datentyp der berechneten Spalte

Formel nachträglich anzeigen und ändern

Das Hinzufügen von Spalten und die Berechnung von Formeln werden, wie alle Bearbeitungen, im Aufgabenbereich *Abfrageeinstellungen* in der Liste *Angewendete Schritte* dokumentiert. Schritte, die mit zusätzlichen Angaben verbunden sind, erkennen Sie am Rädchen-Symbol.

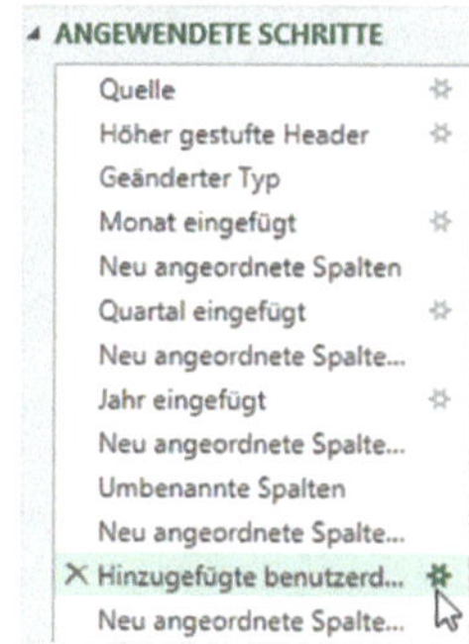

- Wenn Sie eine Formel nochmals anzeigen oder korrigieren möchten, dann klicken Sie einfach auf das Rädchen des betreffenden Schritts *Hinzugefügte benutzerdefinierte Spalte*. Das Fenster *Benutzerdefinierte Spalte* mit der Formel wird erneut geöffnet und Sie können die Formel kontrollieren und bei Bedarf ändern.
- Oder klicken Sie mit der rechten Maustaste auf den Bearbeitungsschritt und auf *Einstellungen bearbeiten*.

Spalten aufteilen/Werte aus Spalten zusammenführen

Sie können im Power Query-Editor auch Text in mehrere Spalten aufteilen oder umgekehrt aus Spalten zusammensetzen.

Spalten aufteilen

Die Aufteilung einer Spalte kann anhand eines Trennzeichens erfolgen oder nach einer festen Anzahl Zeichen. Markieren Sie die betreffende Spalte und klicken Sie im Register *Spalte hinzufügen* ▶ *Aus Text* auf *Extrahieren*. Wählen Sie die gewünschte Variante, z. B. *Text vor Trennzeichen* und geben Sie im nachfolgenden Fenster das verwendete Zeichen ein. Benötigen Sie dagegen eine bestimmte Anzahl Zeichen, dann wählen Sie zwischen *Erste Zeichen*, *Letzte Zeichen* und *Bereich* und geben die Anzahl Zeichen ein.

Bild 5.30 Klicken Sie auf Extrahieren und wählen Sie zwischen Trennzeichen und fester Länge

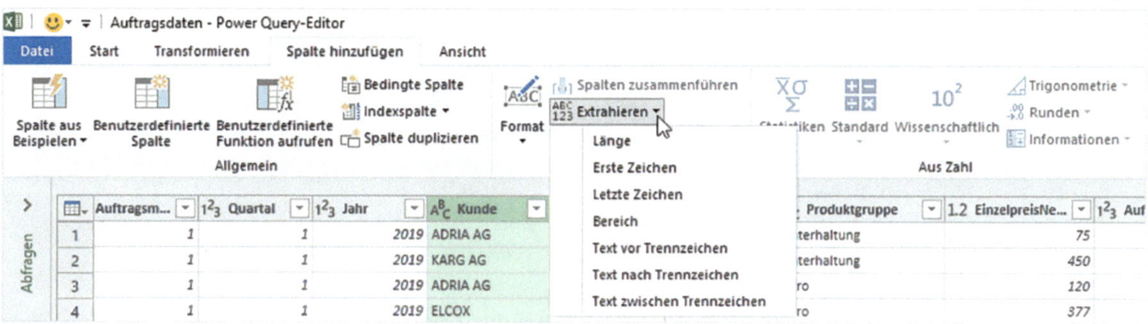

Spalten zusammenführen

Um Inhalte aus zwei und mehr Spalten zusammenzuführen, markieren Sie zunächst die Spalten indem Sie die Spaltenüberschriften mit gedrückter Strg-Taste anklicken.

Bild 5.31 Die markierten Spalten zusammenführen

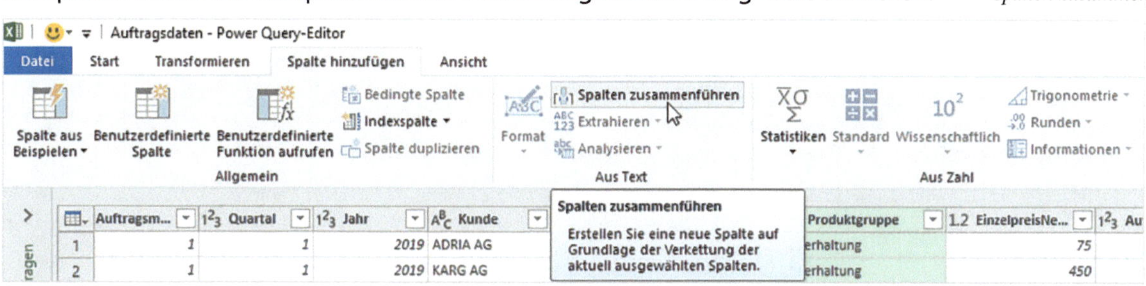

Klicken Sie dann im Register *Spalte hinzufügen* auf *Spalten zusammenführen*. Wählen Sie anschließend ein Trennzeichen, bzw. *Benutzerdefiniert* wenn Sie ein anderes Trennzeichen verwenden möchten, und geben Sie den Namen der neuen Spalte ein.

Inhalte ersetzen

Eine weitere, manchmal benötigte Funktion ist das automatische Suchen und Ersetzen, das Sie bestimmt von Excel her kennen. Dies ist äußerst nützlich, wenn beispielsweise Tabellen aus dem Web als Tausenderzeichen ein Leerzeichen statt des Punkts enthalten. Klicken die dazu in die Überschrift der betreffenden Spalte und im Register *Start* ▶ *Transformieren* auf *Werte ersetzen*. Die weitere Vorgehensweise unterscheidet sich nicht von Excel-Tabellen.

Daten filtern

In vielen Fällen umfasst die Datenquelle auch nicht benötigte Datensätze. Wenn z. B. in einer Auswertung nur ein bestimmter Zeitraum oder eine bestimmte Filiale benötigt wird, dann können Sie durch Filtern den Datenumfang erheblich verringern. Die Kombination mehrerer Filter ist natürlich ebenfalls möglich.

- Klicken Sie auf den Dropdown-Pfeil ❶ der entsprechenden Spalte, im Bild unten *Quartal*, und aktivieren bzw. deaktivieren Sie die Kontrollkästchen ❷.
- Zusätzlich zu den Kontrollkästchen stehen, abhängig vom Datentyp, mit Text- ❸, Datums- und Zahlenfilter noch weitere Filter zur Verfügung, diese unterscheiden sich nicht von den Filtermöglichkeiten in Excel-Tabellen. Wie in gefilterten Excel-Tabellen sind auch im Abfrage-Editor aktive Filter am Symbol der Dropdown-Schaltfläche zu erkennen.

Bild 5.32 Daten filtern

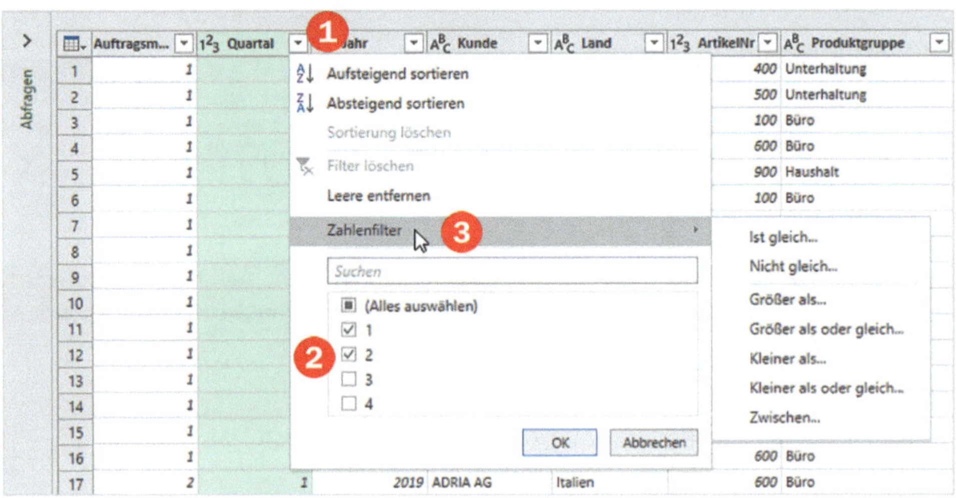

Um den Filter wieder aufzuheben, klicken Sie entweder auf *Filter löschen* oder aktivieren das Kontrollkästchen *(Alles auswählen)*.

Daten gruppieren

Power Query kann auch Einzeldaten zu Gruppen zusammenfassen und dadurch in manchen Fällen nachfolgende Auswertungen in der Excel Arbeitsmappe überflüssig machen. Nützlich ist eine Gruppierung auch bei umfangreichen Datenquellen, wenn nur eine Zusammenfassung benötigt wird. Im hier verwendeten Beispiel umfasst die Datenquelle alle Einzelaufträge eines Jahres, enthält also jeden Artikel mehrmals. Benötigt wird aber nur die Umsatzsumme pro Artikel und Monat.

1 Klicken Sie im Register *Start* ▶ *Transformieren* auf *Gruppieren nach*.

Bild 5.33 Gruppieren nach

2 Da in der Standardeinstellung nur nach einer einzigen Spalte gruppiert wird, müssen Sie auf die Option *Weitere* ❶ klicken.

3 Wählen Sie im Feld *Gruppieren nach* zuerst die Spalte *Auftragsmonat* aus ❷. Klicken Sie auf *Gruppierung hinzufügen* und wählen Sie dann die Spalte *Artikelnr* ❸.

4 Im Feld *Neuer Spaltenname* geben Sie den Text Umsatzsumme ein ❹, im Feld *Vorgang* wählen Sie *Summe* und daneben die Spalte *Umsatz* aus. Falls Sie noch einen weiteren Wert berechnen möchten, z. B. Summen der Auftragsmenge, dann klicken Sie auf *Aggregation hinzufügen* ❺.

5 Klicken Sie zuletzt auf *OK*.

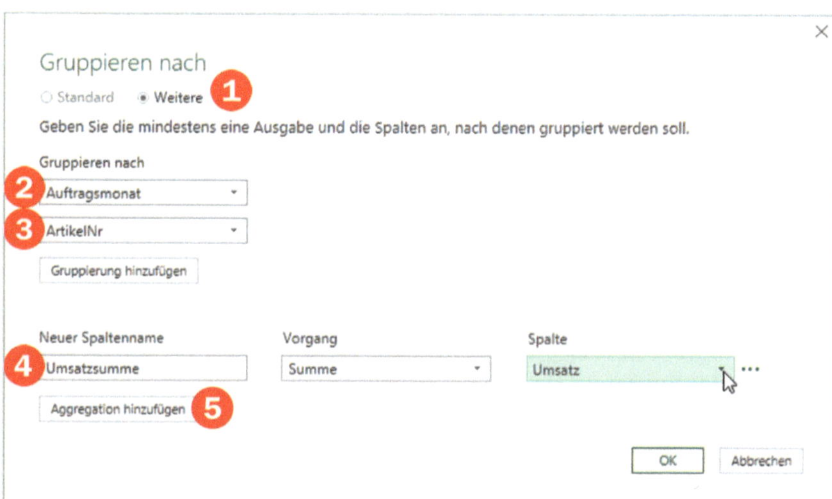

Bild 5.34 Beispiel Umsatzsumme nach Monat und Artikel berechnen

Power Query-Editor schließen und Daten an Excel übergeben

Zum Schließen des Power Query-Editors klicken Sie im Register *Start* auf den Dropdown-Pfeil der Schaltfläche *Schließen & laden* oder auf das Register *Datei*. In beiden Fällen wählen Sie beim Schließen des Editors zwischen folgenden Möglichkeiten:

- *Schließen & laden* fügt die Daten sofort in einem neuen Tabellenblatt ein.
- *Schließen & laden in...* öffnet dagegen ein Fenster mit weiteren Optionen (siehe weiter unten) und Sie können angeben, ob die Daten im aktuellen Arbeitsblatt ab der angegebenen Zelle oder in einem neuen Arbeitsblatt eingefügt werden sollen. Außerdem haben Sie hier die Möglichkeit, nur eine Verbindung zu erstellen. Das bedeutet, Sie können aus den Daten eine Pivot-Tabelle erstellen, die Daten selbst erscheinen aber nicht in der Arbeitsmappe.

Bild 5.35 Datei - Schließen und laden

Achtung: Wenn Sie das Fenster des Abfrage-Editors mit Klick auf das Symbol *Schließen* einfach schließen, erscheint eine Meldung, ob Sie die Änderungen beibehalten oder verwerfen möchten. Klicken Sie auf *Beibehalten*, so werden die Daten automatisch in ein neues Tabellenblatt geladen.

Weitere Optionen

Mit *Schließen und laden in...* erhalten Sie im nachfolgenden Fenster *Daten importieren* weitere Möglichkeiten, die in vielen Fällen die bessere Alternative darstellen.

Bild 5.36 Daten importieren

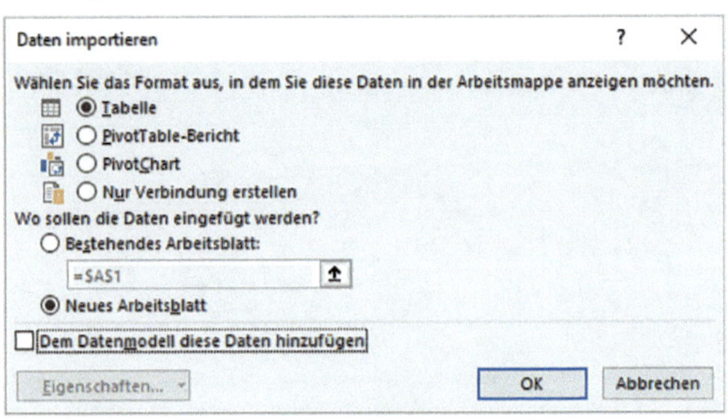

Zusammenfassen mit PivotTable-Bericht

Mit den Optionen *PivotTable-Bericht* und *PivotChart* erstellt Excel anschließend eine Tabelle bzw. ein Diagramm, in denen Sie die Daten zusammenfassen und beliebig anordnen können, Näheres hierzu lesen Sie in Kapitel 6. Die Einzeldatensätze werden dazu nicht benötigt und daher auch nicht in die Excel-Arbeitsmappe eingefügt, dies verringert den Speicherumfang der Arbeitsmappe erheblich. Alternativ können Sie stattdessen auch *Nur Verbindung erstellen* wählen, diese steht später zur Verfügung, wenn Sie beim Erstellen einer Pivot-Tabelle die Option *Externe Datenquelle verwenden* wählen und auf die Schaltfläche *Verbindung auswählen* klicken.

Dem Datenmodell der Arbeitsmappe hinzufügen

Wenn Sie später in einer Pivot-Tabelle Abfragedaten aus mehreren Datenquellen miteinander kombinieren oder mit PowerPivot weiter aufbereiten möchten, dann müssen Sie das Kontrollkästchen *Dem Datenmodell diese Daten hinzufügen* aktivieren. In diesem Fall wählen Sie bei der Erstellung der Pivot-Tabelle die Option *Das Datenmodell dieser Arbeitsmappe verwenden*.

Abfragedaten im Tabellenblatt verwenden

Mit *Schließen & laden* bzw. der Auswahl *Tabelle* werden die Daten in ein neues Tabellenblatt der Arbeitsmappe eingefügt und automatisch als Tabellenbereich formatiert. Gleichzeitig erscheint rechts der Aufgabenbereich *Abfragen und Verbindungen* und im Menüband steht das zusätzliche Register *Abfragetools - Abfrage* zur Verfügung.

Bild 5.37 Die Daten wurden in ein neues Blatt geladen

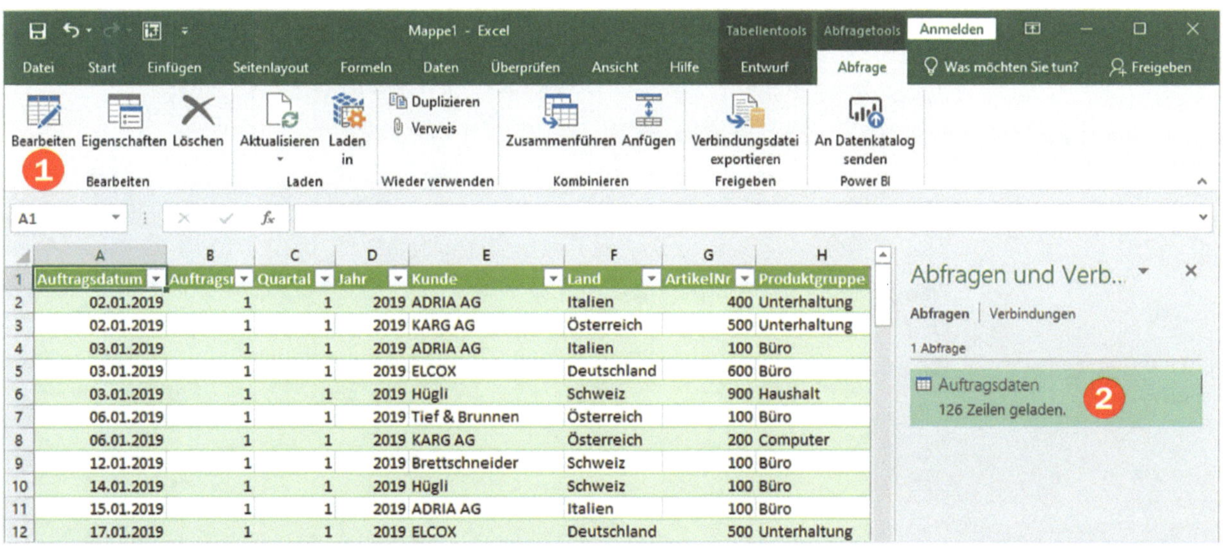

Power Query-Editor erneut öffnen und Daten bearbeiten

Wenn Sie die Abfrage erneut im Power Query-Editor bearbeiten möchten, dann klicken Sie entweder im Menüband, Register *Abfragetools - Abfrage* auf die Schaltfläche

Bearbeiten ❶ (Bild 5.37 oben) oder im Aufgabenbereich *Abfragen und Verbindungen* doppelt auf die Abfrage ❷.

Tipp: Am einfachsten klicken Sie im Register *Daten* ▶ *Abrufen und transformieren* auf *Daten abrufen* und dann auf *Power Query-Editor starten*. Diese Methode funktioniert auch, wenn keine Abfrage in der aktuellen Arbeitsmappe vorhanden ist.

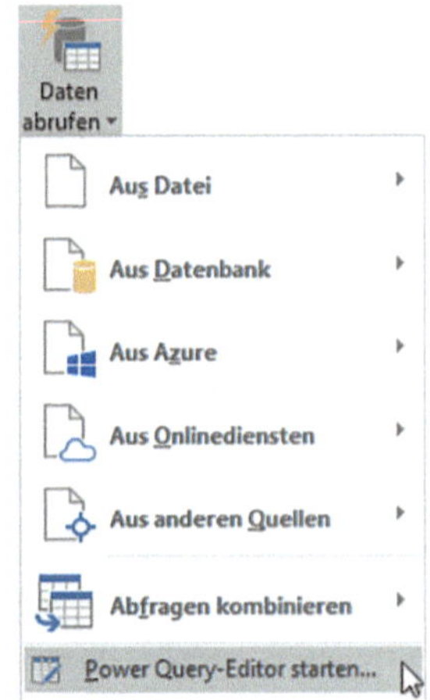

Daten löschen und erneut laden

Wenn Sie das Tabellenblatt mit den Daten der Abfrage löschen, so bleibt die Verbindung trotzdem bestehen und Sie können die Daten jederzeit erneut laden. Im Aufgabenbereich *Abfragen und Verbindungen* ist die Verbindung nach wie vor sichtbar, aber mit dem Zusatz *Nur Verbindung*.

- Falls nur eine Verbindung besteht und Sie die Daten in die Arbeitsmappe laden möchten, so klicken Sie im Arbeitsbereich *Abfragen und Verbindungen* mit der rechten Maustaste auf die Verbindung und auf *Laden in...*. Anschließend wählen Sie im Fenster *Daten importieren* (siehe Bild 5.36 auf Seite 224) *Tabelle* aus.
- Mit Rechtsklick und *Löschen* können Sie dagegen auch die Verbindung löschen.

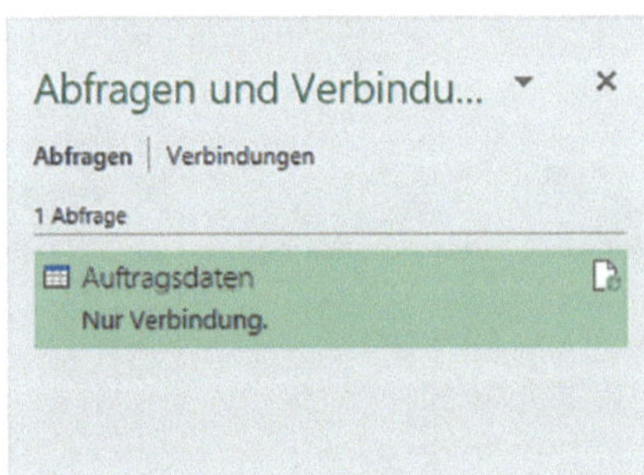

Bild 5.38 Beim Löschen des Blattes bleibt die Verbindung bestehen

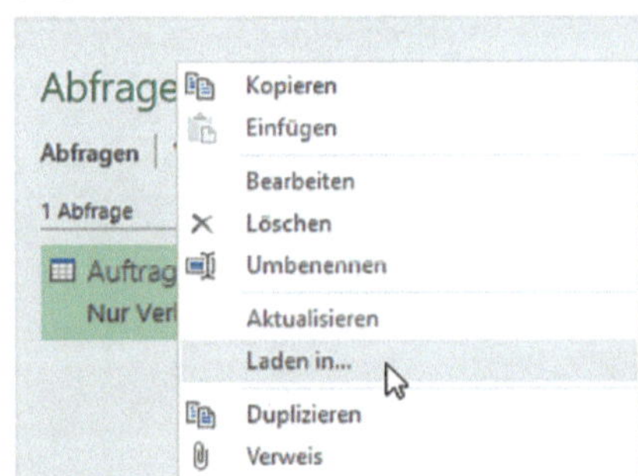

Bild 5.39 Daten in Arbeitsmappe laden

Hinweis: Sollte der Aufgabenbereich *Abfragen und Verbindungen* nicht sichtbar sein, so klicken Sie zum Anzeigen im Register *Daten* auf *Abfragen und Verbindungen*.

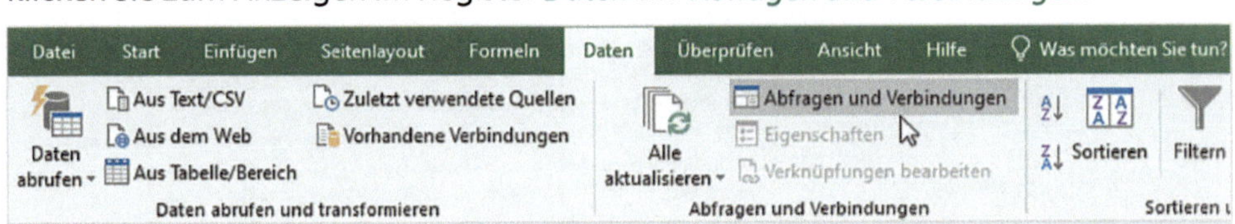

Bild 5.40 Aufgabenbereich anzeigen

Daten aktualisieren

Tabelle aktualisieren: Alt+F5

Die Daten aus einer Verbindung müssen in der Standardeinstellung manuell aktualisiert werden. Klicken Sie dazu auf eine beliebige Stelle der Tabelle und im Register *Daten* auf *Alle aktualisieren* oder drücken Sie die Tasten Alt + F5. Den Befehl *Aktualisieren* finden Sie außerdem im Kontextmenü, wenn Sie mit der rechten Maustaste an eine beliebige Stelle der Tabelle klicken.

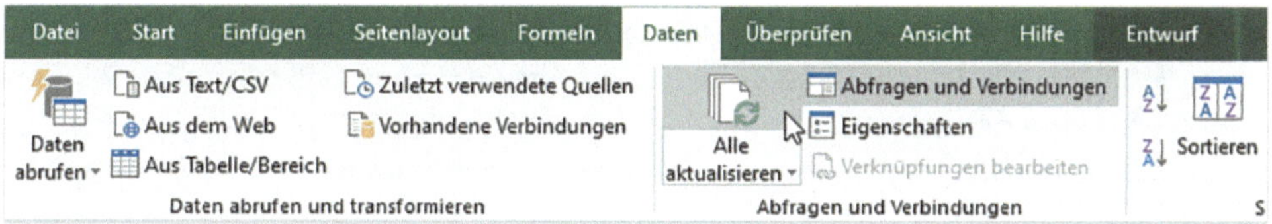

Bild 5.41 Daten aus Verbindung aktualisieren

Sicherheitseinstellungen beim Öffnen

Beim ersten Öffnen einer Arbeitsmappe, die eine Verbindung oder Abfrage zu externen Daten enthält, werden von Excel aus Sicherheitsgründen alle Verbindungen deaktiviert und es erscheint eine Sicherheitswarnung. Klicken Sie auf *Inhalt aktivieren*, damit die Verbindung wieder hergestellt wird und die Daten aktualisiert werden können.

Anschließend wird diese Arbeitsmappe als vertrauenswürdig eingestuft und beim nächsten Öffnen erscheint keine Warnung mehr.

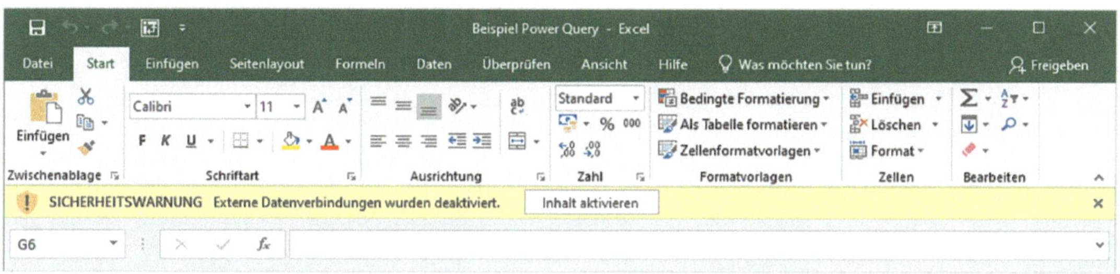

Bild 5.42 Beim ersten Öffnen erscheint eine Sicherheitswarnung. Klicken Sie auf Inhalt aktivieren

Excel-Arbeitsmappen als Datenquelle

Auftragsdaten_Excel.xlsx

Power Query lässt sich auch für den Zugriff auf Daten in Excel-Arbeitsmappen einsetzen. Nützlich kann dies beispielsweise in folgenden Fällen sein:

- Die Ausgangsdaten sollen vor Änderungen geschützt werden.
- Die Daten ändern sich häufig und für die Auswertung müssen zusätzliche Spalten berechnet werden.
- Die für die Auswertung benötigen Daten sind auf mehrere Arbeitsmappen oder Arbeitsblätter verteilt. Power Query unterstützt auch das Zusammenführen und Aneinanderfügen von Daten aus mehreren Tabellen und kann z. B. statt SVERWEIS und Konsolidieren eingesetzt werden.
- Sie benötigen aus einer umfangreichen Tabelle nur einzelne Spalten.

Power Query unterstützt den Zugriff auf Tabellenblätter, benannte Zellbereiche und Tabellenbereiche (intelligente Tabellen). Letztere sollten allerdings zwecks besserer Übersicht zuvor einen aussagefähigen Namen erhalten.

Beim Befehlsaufruf unterscheidet Excel, ob sich die Tabelle in der aktuellen oder in einer anderen Arbeitsmappe befindet.

- **Eine Abfrage in derselben Mappe wie die Datenquelle erstellen**
  Wenn sich die Datenquelle in derselben Arbeitsmappe befindet, dann klicken Sie an eine beliebige Stelle innerhalb dieser Tabelle und benutzen im Register *Daten* ▶ *Daten abrufen und Transformieren* die Schaltfläche *Aus Tabelle/Bereich* (siehe Bild unten).

  Achtung: Power Query erfordert als Datenquelle einen Tabellenbereich. Falls es sich bei der Tabelle um einen normalen Zellbereich handelt, wird dieser automatisch in einen Tabellenbereich umgewandelt und Sie müssen angeben, ob die Tabelle Überschriften enthält (siehe Kapitel 3.2).

Bild 5.43 Daten aus aktueller Tabelle abrufen und transformieren

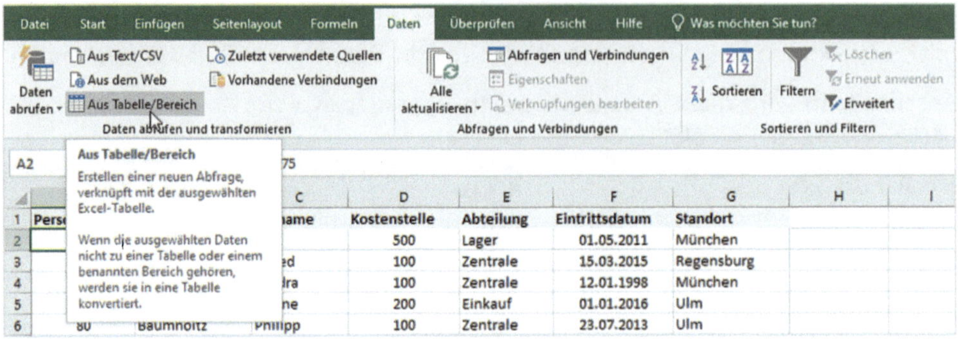

- **Die Daten befinden sich in einer externe Arbeitsmappe**
  Klicken Sie im Register *Daten* ▶ *Daten abrufen und transformieren* auf *Daten abrufen*, zeigen Sie auf *Aus Datei* und klicken Sie auf *Aus Arbeitsmappe*. Anschließend wählen Sie die Arbeitsmappe aus und klicken auf *Importieren*.

Bild 5.44 Aus Excel Arbeitsmappe abrufen

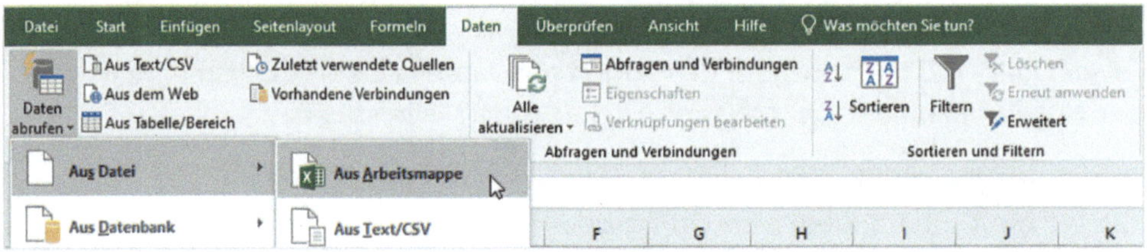

Element im Navigator auswählen

Eine Excel Arbeitsmappe kann mehrere Tabellenblätter und/oder benannte Tabellenbereiche enthalten. Daher müssen Sie beim Abrufen aus einer anderen Excel-Arbeitsmappe als ersten Schritt im Navigator die benötigte Tabelle auswählen. Dies kann, im Gegensatz zu oben, auch ein normaler Zellbereich oder ein Tabellenblatt sein.

In der linken Spalte des Navigators werden alle Datenquellen der Arbeitsmappe aufgelistet. Dazu zählen Arbeitsblätter ❶, Tabellenbereiche ❷ und andere benannte Zellbereiche ❸, diese unterscheiden sich im Navigator nur durch ihr Symbol (Bild 5.45). Klicken Sie auf eine Datenquelle, um Sie rechts eine Vorschau zu erhalten.

Klicken Sie wieder auf die Schaltfläche *Bearbeiten*, um die Abfrage im Abfrage-Editor weiter zu bearbeiten oder auf *Laden*, um die Daten sofort abzurufen und in die Arbeitsmappe einzufügen.

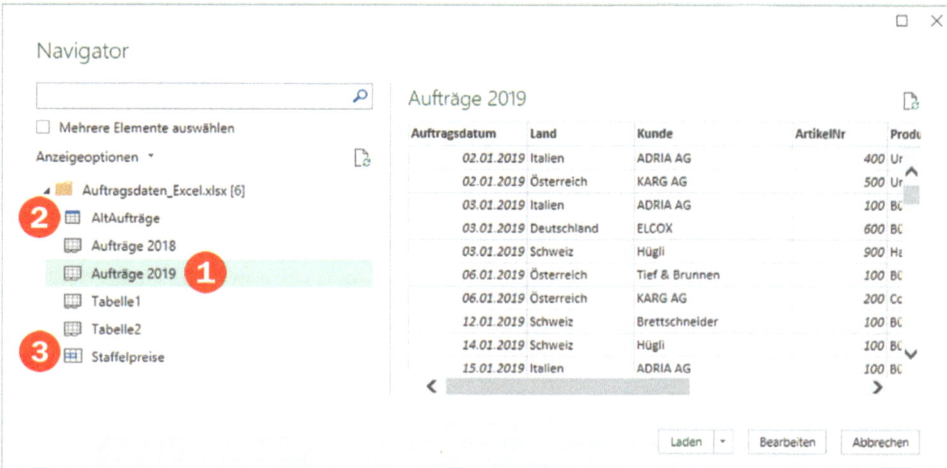

Bild 5.45 Der Navigator listet alle verfügbaren Datenquellen der Arbeitsmappe auf

Tipp: Um mehrere Elemente gleichzeitig auszuwählen, aktivieren Sie das Kontrollkästchen *Mehrere Elemente auswählen*.

Daten aus einer Datenbank abrufen

Excel unterstützt über PowerQuery auch den Zugriff auf gängige Datenbanktypen. Sie können also auch ohne Umweg über eine Textdatei die benötigten Daten direkt aus einer Datenbank abrufen, vorausgesetzt, Sie verfügen über die notwendigen Berechtigungen. Im Gegensatz zu älteren Excel-Versionen muss für die meisten Datenbanken inzwischen auch kein spezieller Treiber mehr installiert werden.

Als Beispiel im Bild unten der Zugriff auf eine Microsoft Access Datenbank. Klicken Sie dazu im Register *Daten* ▶ *Daten abrufen und transformieren* auf *Daten abrufen* und zeigen Sie auf *Aus Datenbank*. Es erscheint eine Liste unterstützter Datenbanktypen, klicken Sie auf *Aus Microsoft Access Datenbank*.

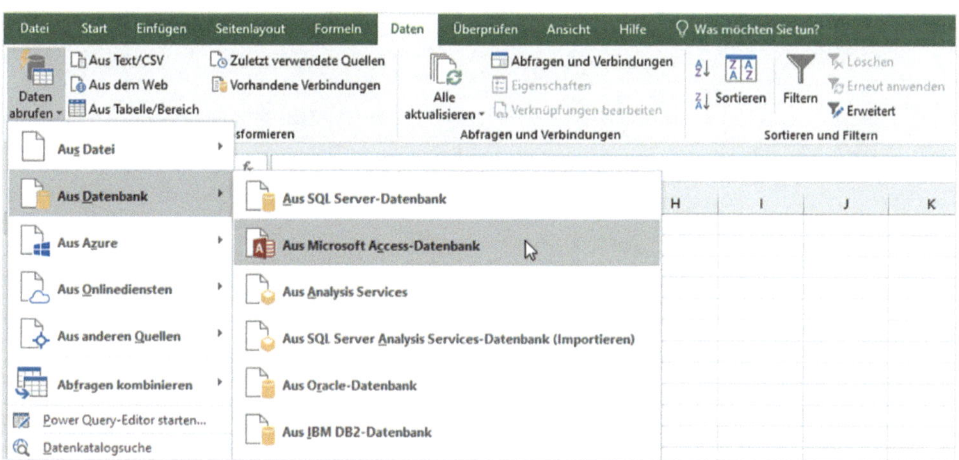

Bild 5.46 Daten aus Datenbank abrufen

Im nächsten Schritt müssen Sie im Navigator die eigentliche Datenquelle auswählen, dies kann bei Datenbanken neben Tabellen auch eine Abfrage sein. Auch in diesem Fall erhalten Sie beim Anklicken eines Elements rechts daneben eine Vorschau, dies dauert allerdings bei großen Datenmengen etwas länger.

Daten aus zwei Tabellen zusammenführen

Mit Hilfe von Power Query lassen sich auch Daten aus mehreren Tabellen kombinieren, dabei unterscheidet Excel zwischen den beiden folgenden Möglichkeiten:

- Daten aus zwei oder mehr Tabellen mit identischem Aufbau aneinanderfügen.
- Daten aus zwei Tabellen über ein gemeinsames Feld (Schlüsselfeld) zusammenführen und ergänzen (statt SVERWEIS).

Daten über ein gemeinsames Schlüsselfeld zusammenführen

Personal_Daten.xlsx

Personal_Auswertung.xlsx

Für die monatliche Personalauswertung werden neben den Arbeitszeiten auch Kostenstelle, Abteilung und Standort benötigt. Allerdings befinden sich die Daten in verschiedenen Arbeitsmappen oder Arbeitsblättern wie hier.

- Die Arbeitsmappe *Personal_Daten.xlsx* enthält im Arbeitsblatt *Personalliste* die gesamten Personaldaten mit Personalnummer und allen relevanten Angaben (Bild 5.47).
- Die Arbeitszeiten befinden sich zusammen mit der Personalnummer in der selben Arbeitsmappe im Arbeitsblatt *Zeiten Januar* (Bild 5.48).
- Die Auswertung soll in einer gesonderten Arbeitsmappe mit dem Namen *Auswertung.xlsx* erfolgen. Diese Mappe ist vorerst noch leer.

Bild 5.47 Arbeitsblatt Personalliste

	A	B	C	D	E	F	G
1	Personal-Nr.	Nachname	Vorname	Kostenstelle	Abteilung	Eintrittsdatum	Standort
2	75	Moser	Karl	500	Lager	01.05.2011	München
3	76	Kabelschacht	Alfred	100	Zentrale	15.03.2015	Regensburg
4	77	Hinterleitner	Sandra	100	Zentrale	12.01.1998	München
5	79	Thomas	Sabine	200	Einkauf	01.01.2016	Ulm
6	80	Baumholtz	Philipp	100	Zentrale	23.07.2013	Ulm
7	81	Muster	Tobias	500	Lager	18.11.2012	München
8	83	Nordhoff	Silke	400	Vertrieb	01.03.2010	Regensburg
9	84	Leutz	Sven	400	Vetrieb	19.02.2003	Regensburg
10	86	Mumpitz	Nicole	300	EDV	21.06.2015	Ulm
11	87	Rumpenhorst	Walter	300	EDV	01.09.2009	Pfarrkirchen
12	89	Weber	Wolfgang	200	Einkauf	07.04.2003	Pfarrkirchen
13	90	Pförtner	Max	200	Einkauf	15.05.2014	Ulm
14	91	Wiesenbrecht	Kurt	400	Vetrieb	04.07.2017	Pfarrkirchen
15	92	Schulz	Emma	100	Zentrale	01.03.2017	München
16	93	Dörfler	Jasmin	100	Zentrale	15.06.2017	Regensburg
17							

Personalliste | Zeiten Januar | Tabelle1

Bild 5.48 Arbeitsblatt Zeiten Januar

	A	B	C
1	Personal-Nr.	Istzeit	
2	75	160	
3	76	148	
4	77	171	
5	79	120	
6	80	68	
7	81	158	
8	83	160	
9	84	163	
10	86	159	
11	87	122	
12	89	130	
13	90	140	
14	91	60	
15	92	120	
16	93	160	
17			

Personalliste | Zeiten Januar

1 Öffnen Sie die Arbeitsmappe *Auswertung*, klicken Sie auf das Register *Daten* und auf *Daten abrufen*. Zeigen Sie auf *Aus Datei* und wählen Sie *Aus Arbeitsmappe*.

2 Wählen Sie die Arbeitsmappe *Personal_Daten.xlsx* aus und klicken Sie auf *Importieren*.

3 Aktivieren Sie im Navigator das Kontrollkästchen *Mehrere Elemente auswählen* ❶ und wählen Sie dann über die Kontrollkästchen die Arbeitsblätter *Personalliste* und *Zeiten Januar* aus ❷. Kontrollieren Sie außerdem anhand der Vorschau, ob alle Spalten korrekt erkannt wurden.

4 Da beide Tabellen in dieser Form nicht in der Auswertung benötigt werden und keine Bearbeitung im Power Query Editor erforderlich ist, klicken Sie auf den Pfeil der Schaltfläche *Laden* ❸ und auf *Laden in...* ❹.

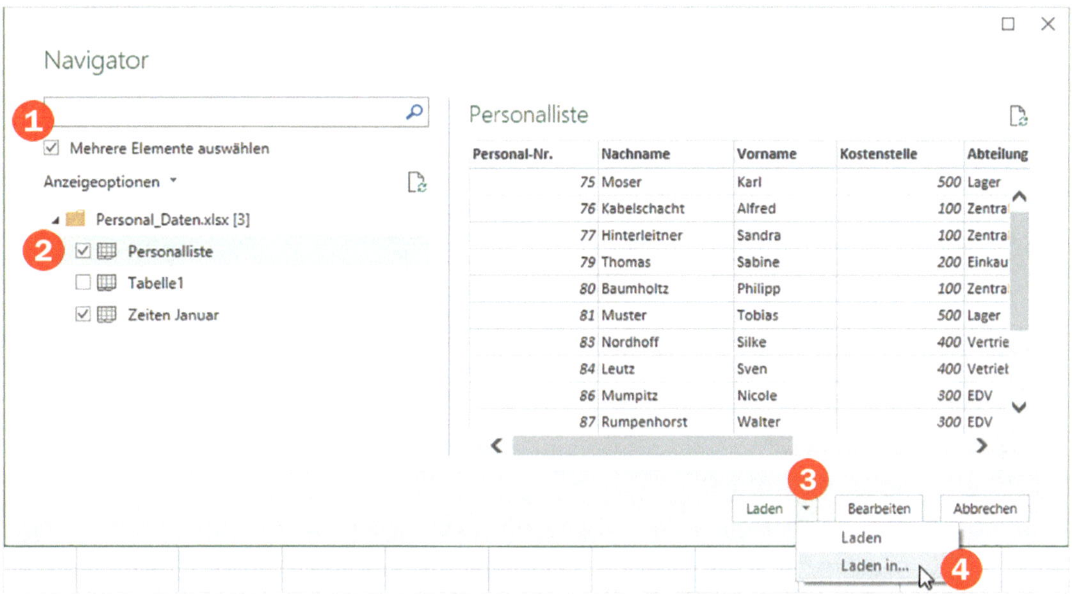

Bild 5.49 Arbeitsblätter auswählen

5 Klicken Sie dann im Fenster *Daten importieren* auf *Nur Verbindung erstellen* und anschließend auf *OK*.

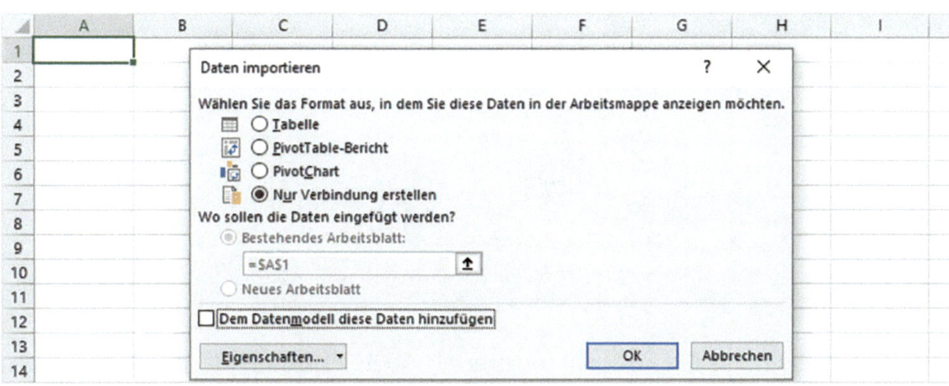

Bild 5.50 Klicken Sie auf Nur Verbindung erstellen

6 Klicken Sie anschließend erneut im Register *Daten* auf *Daten abrufen* und auf *Abfragen kombinieren*. Wählen Sie hier *Zusammenführen*.

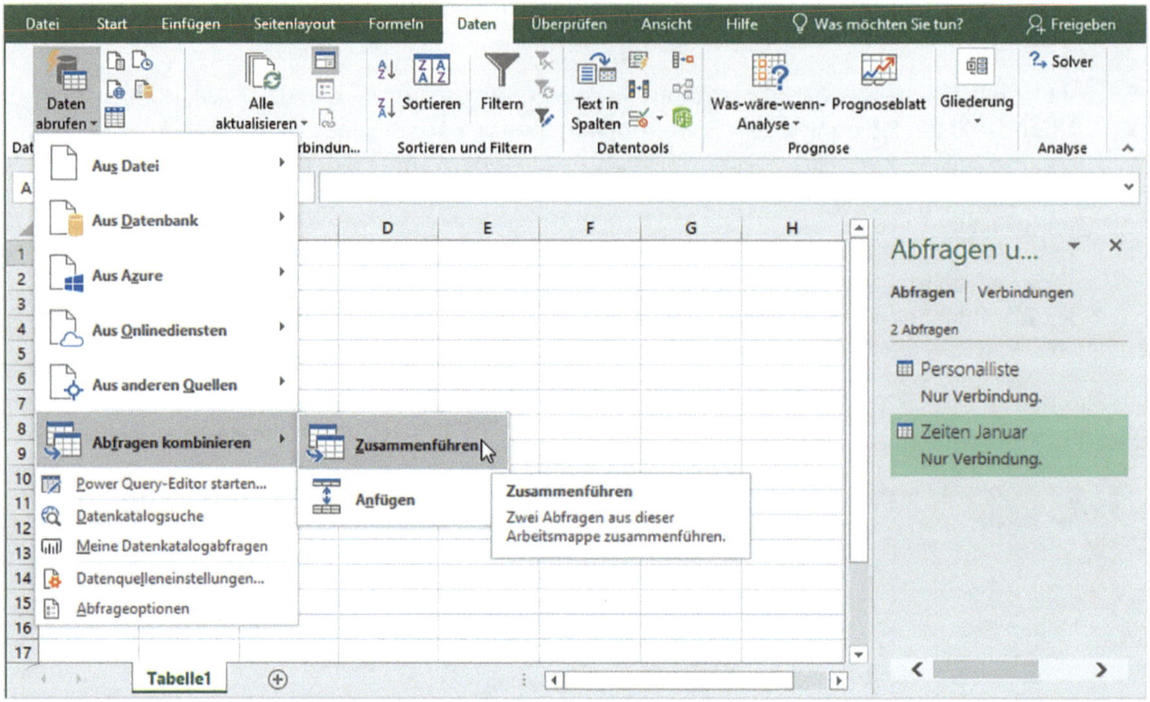

Bild 5.51 Abfragen kombinieren - Zusammenführen

Es öffnet sich ein Fenster, in welchem Sie nun die Tabellen auswählen und außerdem die übereinstimmende Spalte festlegen müssen, in diesem Beispiel die Personalnummer.

7 Klicken Sie in das erste Auswahlfeld und wählen Sie die Tabelle *Zeiten Januar* aus. Im zweiten Auswahlfeld wählen Sie die Tabelle *Personalliste*. Beide Tabellen erscheinen nun in der Vorschau.

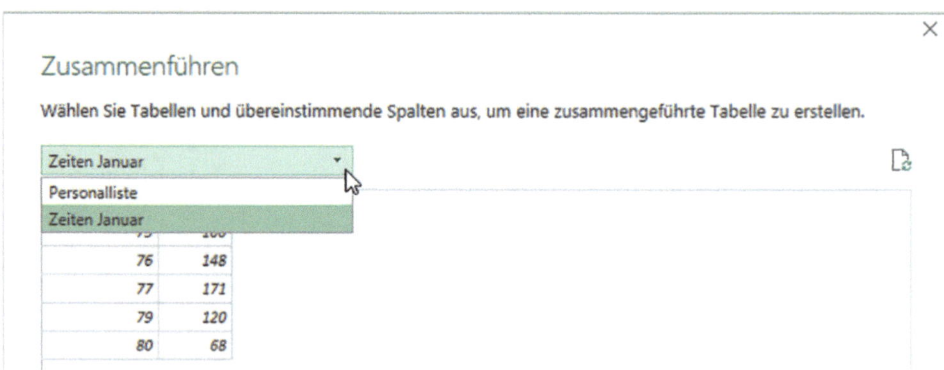

Bild 5.52 Tabellen auswählen

8 Nun muss noch die Personalnummer als übereinstimmende Spalte festgelegt werden: Klicken Sie dazu in beiden Tabellen nacheinander jeweils auf die Spalte Personal-Nr.. Diese Spalten sind werden farbig hervorgehoben. Klicken Sie zuletzt auf *OK*.

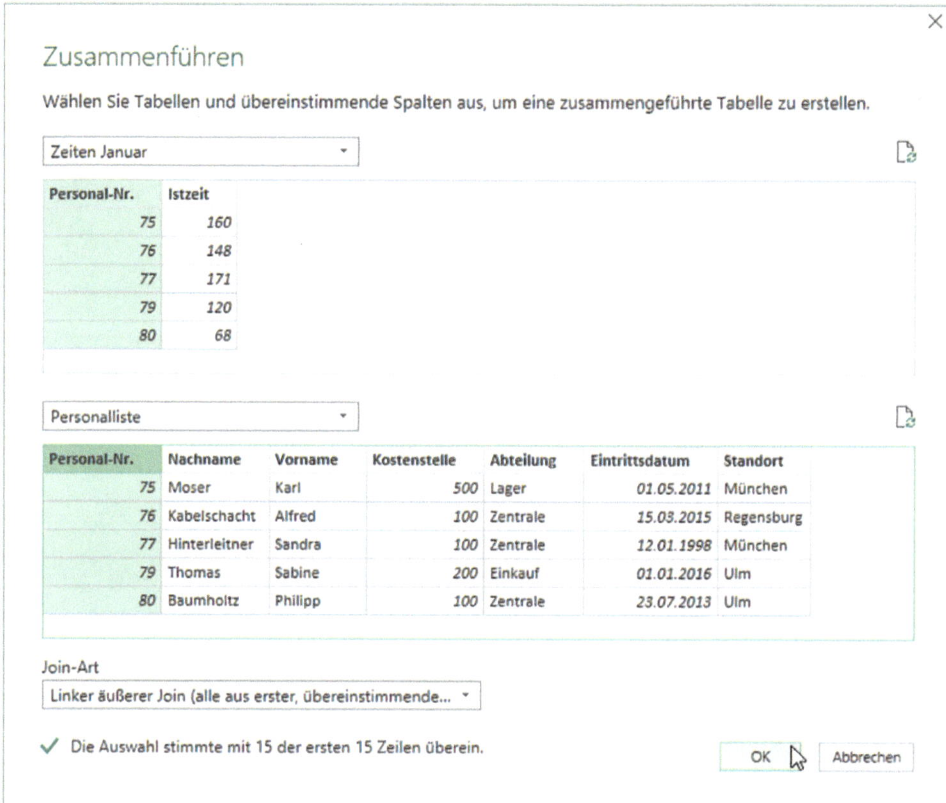

Bild 5.53 Klicken Sie jeweils auf die übereinstimmende Spalte

9 Anschließend öffnet sich der Power Query-Editor mit der ersten ausgewählten Tabelle. Nach der letzten Tabellenspalte finden Sie hier als weitere Spalte die zweite Tabelle, Personalliste. Um aus dieser Tabelle die benötigten Spalte auszuwählen, klicken Sie neben dem Tabellennamen auf das Symbol *Erweitern* ❶ und wählen dann anhand der Kontrollkästchen die benötigten Spalten aus ❷. Das Kontrollkästchen *Ursprüngliche Spaltennamen als Präfix verwenden* sollte deaktiviert werden. Klicken Sie dann zum Übernehmen auf *OK*.

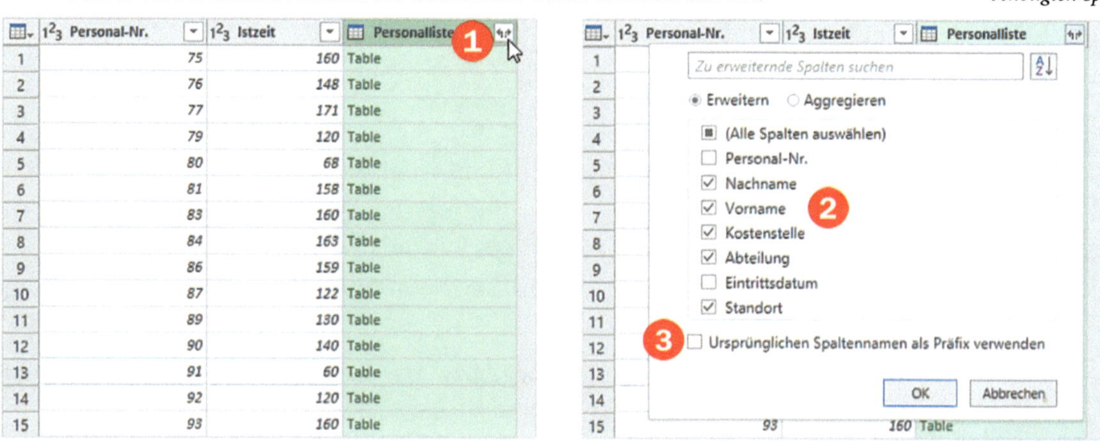

Bild 5.54 Wählen Sie aus der zweiten Tabelle die benötigten Spalten aus

Bild 5.55 Die zusammengeführte Tabelle

10 Als Ergebnis sehen Sie nun die zusammengeführte Tabelle. Klicken Sie auf *Schließen und laden*, um die Tabelle in das aktuelle Arbeitsblatt zu laden.

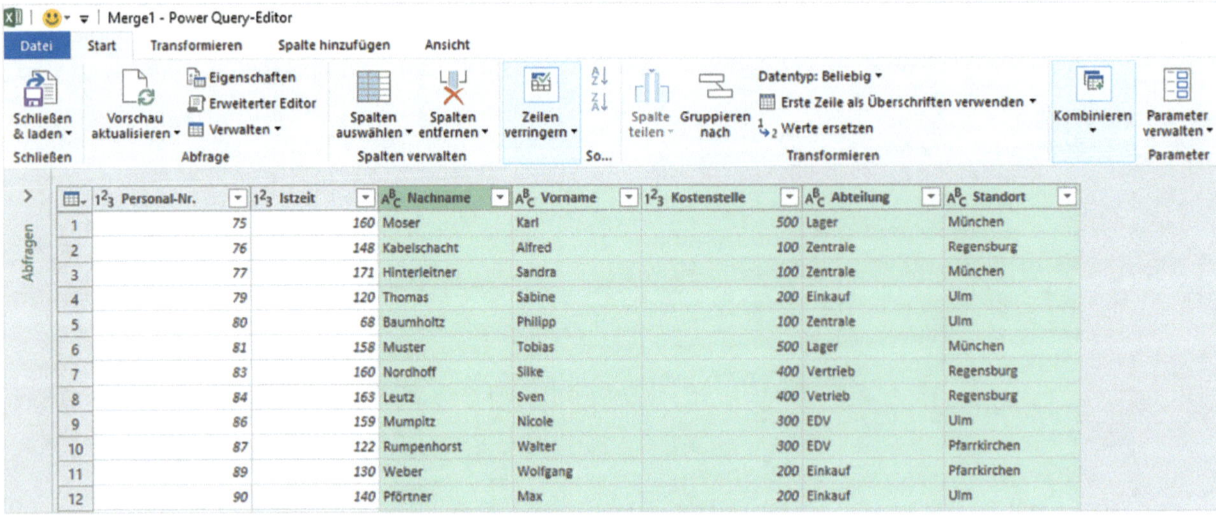

	Personal-Nr.	Istzeit	Nachname	Vorname	Kostenstelle	Abteilung	Standort
1	75	160	Moser	Karl	500	Lager	München
2	76	148	Kabelschacht	Alfred	100	Zentrale	Regensburg
3	77	171	Hinterleitner	Sandra	100	Zentrale	München
4	79	120	Thomas	Sabine	200	Einkauf	Ulm
5	80	68	Baumholtz	Philipp	100	Zentrale	Ulm
6	81	158	Muster	Tobias	500	Lager	München
7	83	160	Nordhoff	Silke	400	Vertrieb	Regensburg
8	84	163	Leutz	Sven	400	Vetrieb	Regensburg
9	86	159	Mumpitz	Nicole	300	EDV	Ulm
10	87	122	Rumpenhorst	Walter	300	EDV	Pfarrkirchen
11	89	130	Weber	Wolfgang	200	Einkauf	Pfarrkirchen
12	90	140	Pförtner	Max	200	Einkauf	Ulm

Daten aus zwei und mehr Tabellen aneinanderfügen

Mit derselben Vorgehensweise können Sie auch mehrere Tabellen aneinanderzufügen, vorausgesetzt die Reihenfolge der Spalten ist in allen Tabellen identisch.

Verkauf_Vilshofen.xlsx

Verkauf_Landau.xlsx

Ausgangssituation: Sie haben die Verkaufszahlen der beiden Filialen Landau und Vilshofen für den Monat Februar vor sich. Beide Tabellen sind gleich aufgebaut, befinden sich aber in verschiedenen Arbeitsmappen (als Beispiel im Bild unten die Mappe Verkauf_Landau.xlsx) und sollen für weitere Auswertungen in einer gesonderten Arbeitsmappe in einer gemeinsamen Tabelle aneinandergefügt werden.

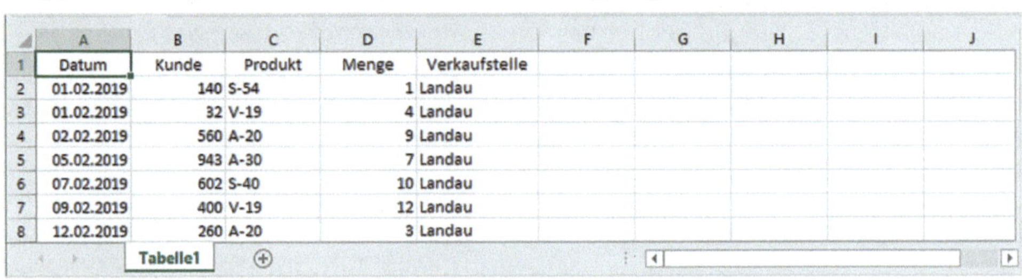

	A	B	C	D	E
1	Datum	Kunde	Produkt	Menge	Verkaufstelle
2	01.02.2019	140	S-54	1	Landau
3	01.02.2019	32	V-19	4	Landau
4	02.02.2019	560	A-20	9	Landau
5	05.02.2019	943	A-30	7	Landau
6	07.02.2019	602	S-40	10	Landau
7	09.02.2019	400	V-19	12	Landau
8	12.02.2019	260	A-20	3	Landau

Öffnen Sie eine neue leere Arbeitsmappe und erstellen Sie zuerst wieder nur eine Verbindung zu allen benötigten Tabellen, wie auf Seite 231 beschrieben:

1 Klicken Sie im Register *Daten* auf *Daten abrufen* ▶ *Aus Datei* und auf *Aus Arbeitsmappe*. Wählen Sie dann die erste benötigte Arbeitsmappe aus und klicken Sie auf *Importieren*.

2 Wählen Sie im Navigator die Tabelle bzw. das Tabellenblatt aus, klicken Sie auf den Pfeil der Schaltfläche *Laden* und auf *Laden in...*.

3 Wählen Sie im Fenster *Daten importieren* die Option *Nur Verbindung erstellen* und klicken Sie auf *OK*.

4 Falls sich die Tabellen in unterschiedlichen Arbeitsmappen befinden, wiederholen Sie diese Schritte für alle Arbeitsmappen.

5 Klicken Sie dann im Register *Daten* auf *Daten abrufen* ▶ *Abfragen kombinieren* und wählen Sie *Anfügen*. Wählen Sie dann nacheinander die Tabellen aus.

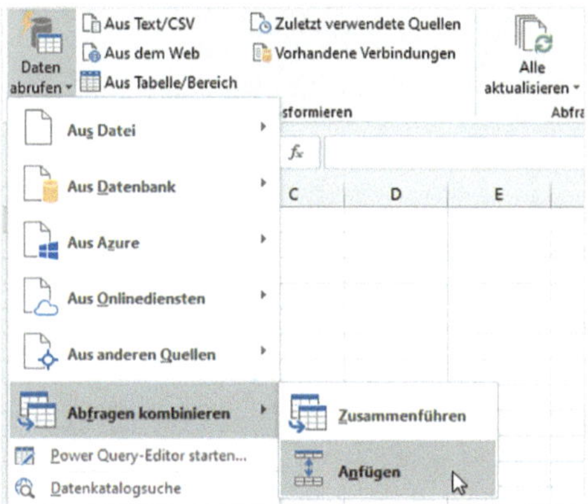

Bild 5.56 Abfragen kombinieren - Anfügen

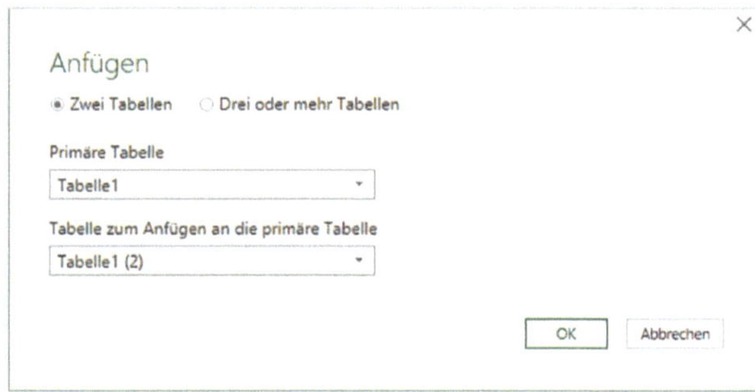

Bild 5.57 Tabellen auswählen

Tipp Abfrage umbenennen: Beide Tabellen befinden sich jeweils im Blatt *Tabelle1* der jeweiligen Arbeitsmappe und diesen Namen haben auch die Abfragen automatisch erhalten. Um Namensgleichheit wie im Bild oben zu vermeiden, können Sie die Abfragen umbenennen. Klicken Sie dazu im Excel-Tabellenblatt im Aufgabenbereich *Abfragen und Verbindungen* mit der rechten Maustaste auf die betreffende Verbindung und auf *Umbenennen*.

6 Die Tabellen werden im Power Query Editor aneinandergefügt. Kontrollieren Sie das Ergebnis und klicken Sie auf *Schließen und laden*, um die Tabelle in das aktuelle Arbeitsblatt zu laden.

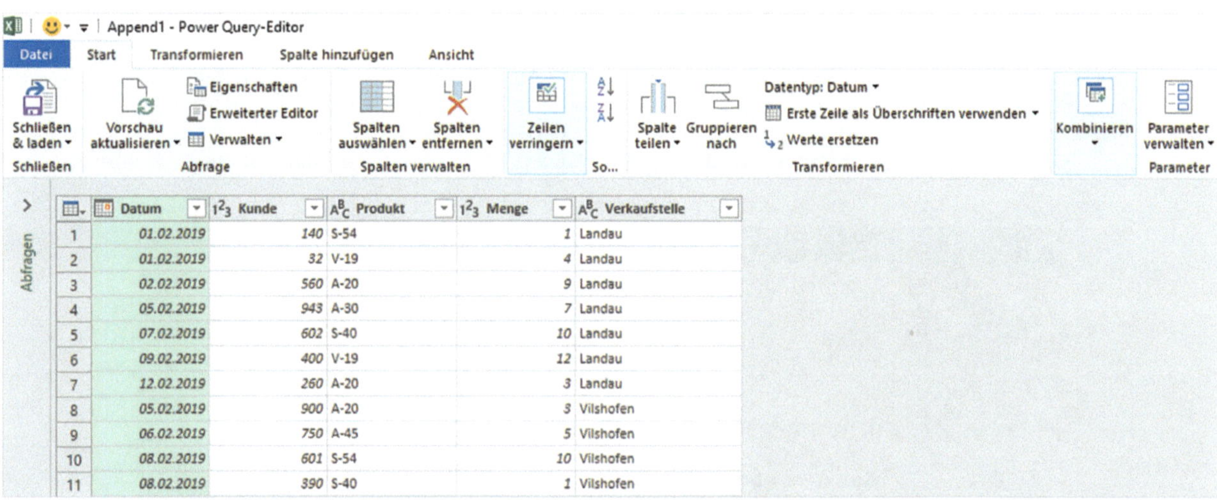

Bild 5.58 Das Ergebnis im Power Query Editor

Datenquelle nachträglich ändern

Excel speichert zusammen mit einer Datenabfrage Name und Dateipfad der Datenquelle. Wenn Sie eine andere Datenquelle auswählen möchten, z. B. weil die ursprünglich verwendete Datenquelle an einen anderen Speicherort verschoben oder umbenannt wurde, dann klicken Sie im Register *Daten* auf *Daten abrufen* ▶ *Datenquelleneinstellungen....*

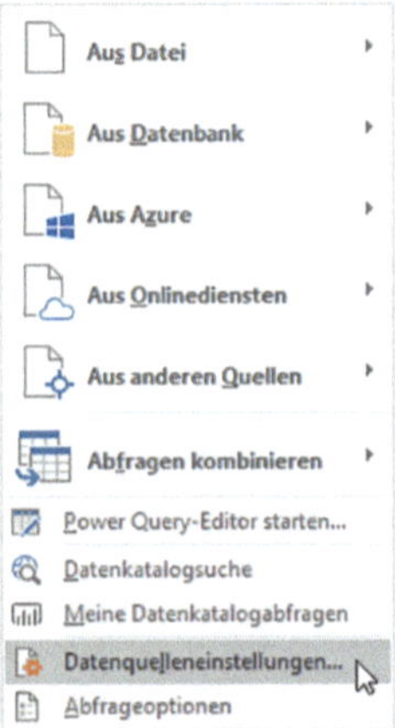

Bild 5.59 Andere Datenquelle wählen

Markieren Sie die betreffende Datei bzw. Datenquelle und klicken Sie auf *Quelle ändern*. Im nachfolgenden Fenster können Sie nun über die Schaltfläche *Durchsuchen* eine andere Datei bzw. einen anderen Ordner auswählen.

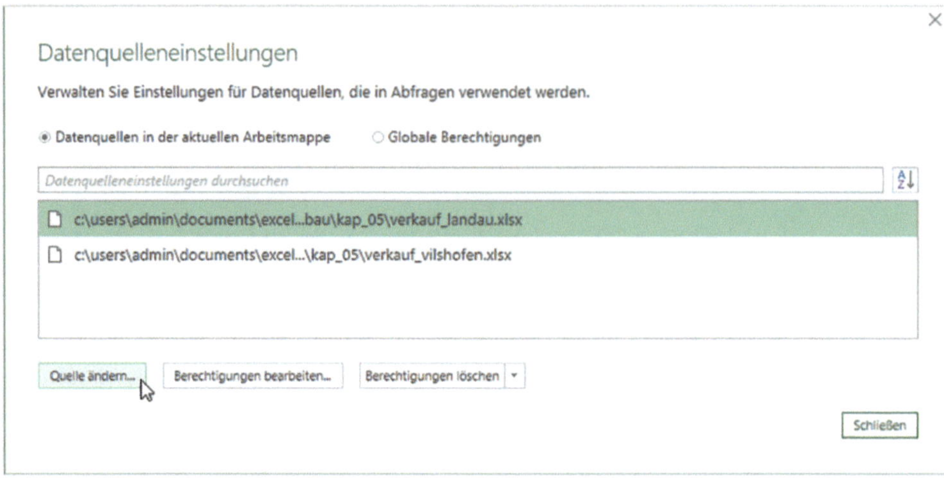

Daten aus dem Web abrufen

Power Query unterstützt auch Webabfragen, über die Sie auf Daten einer Webseite im Intranet oder Internet zugreifen können, z. B. auf aktuelle Börsenkurse der DAX-Aktien oder Daten des Statistischen Bundesamtes. Die Daten im Web können in Form einer oder mehrerer Tabellen oder als Text gespeichert sein. Erforderlich ist nur die URL (Adresse) der Webseite.

1 Klicken Sie im Register *Daten* ▶ *Daten abrufen und Transformieren* auf *Aus dem Web*.

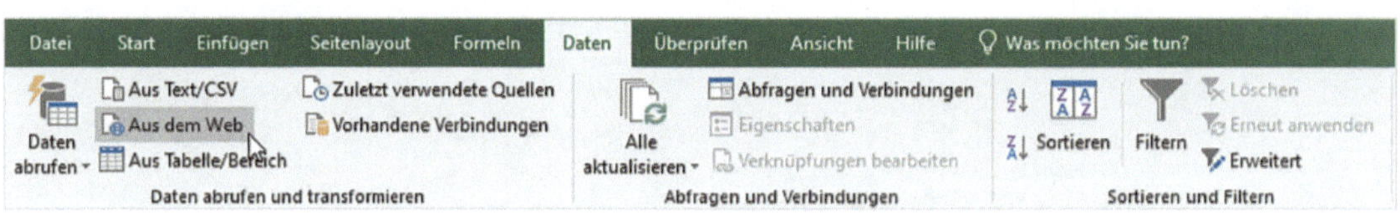

2 Im nachfolgenden Fenster geben Sie URL der Webseite ein.

Tipp: Wenn Sie die genaue URL nicht kennen, dann öffnen Sie zunächst Ihren Browser und benutzen Google oder Bing zur Suche nach der gewünschten Information. Haben Sie die Webseite mit den gewünschten Daten vor sich, dann klicken Sie in die Adresszeile des Browsers, kopieren die Adresse mit Strg+C in die Zwischenablage und fügen diese im unten abgebildeten Fenster ein. Für dieses Beispiel wurden die DAX-Werte von boerse.de verwendet.

Quelle: boerse.de

3 Im nächsten Schritt legen Sie fest, wie der Zugriff auf die Webinhalte erfolgen soll. Handelt es sich um ein allgemein zugängliches kostenloses Angebot im Web, dann wählen Sie *Anonym*. Im Intranet erfolgt die Anmeldung entweder per Windows Anmeldung oder mit einem gesonderten Kennwort, für den Zugriff auf SharePoint benötigen Sie ein Organisationskonto.

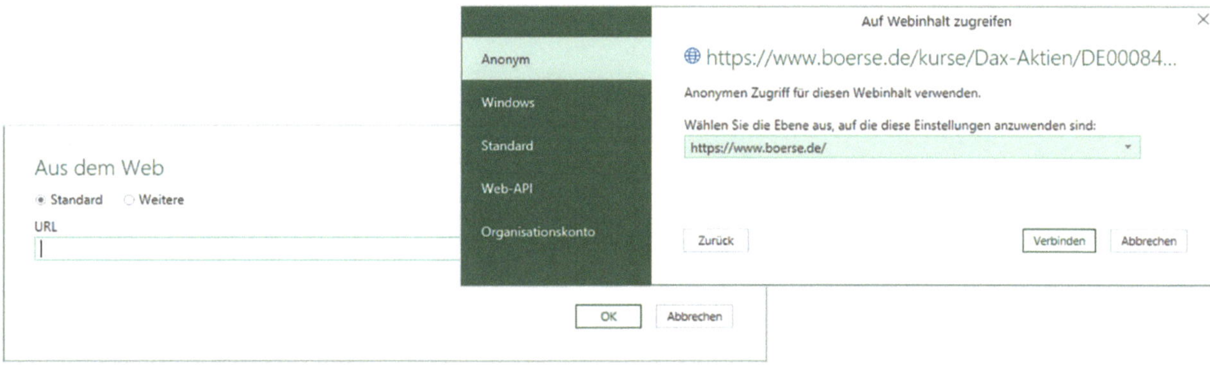

Bild 5.60 Webabfrage: URL eingeben

Bild 5.61 Zugriff auf Webinhalte und Anmeldung

4 Nach dem Klick auf *Verbinden* wird die Verbindung hergestellt, dies kann einige Sekunden dauern. Anschließend öffnet sich der Navigator und listet sämtliche Inhalte der Webseite auf. Manche Webseiten enthalten allerdings mehr als eine Tabelle, wie im Bild unten.

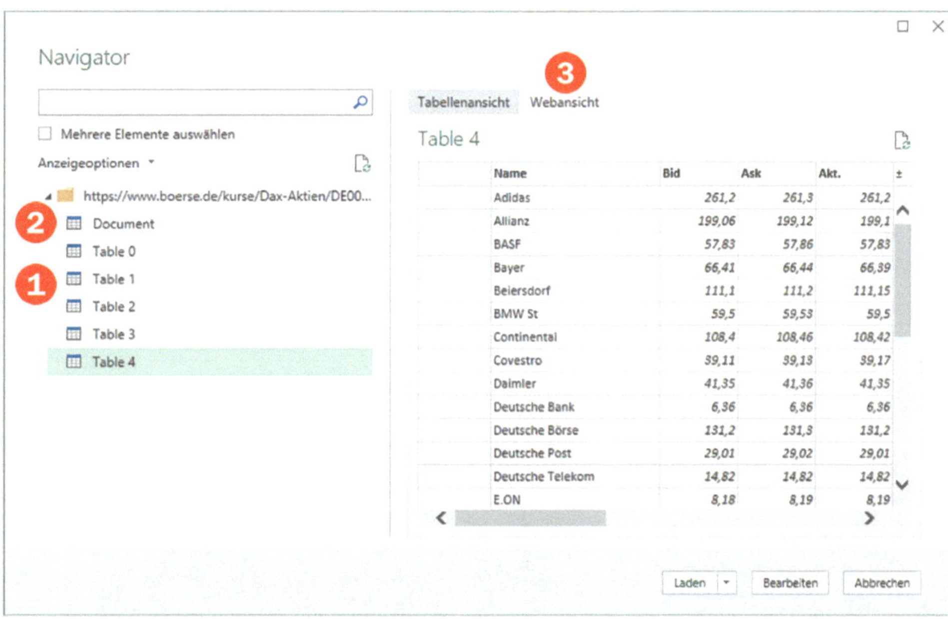

Bild 5.62 Tabelle im Navigator auswählen

5 Um die richtige Tabelle zu finden, klicken Sie links entweder nach einander auf die Tabellen ❶ und kontrollieren diese in der Vorschau. Oder klicken Sie links auf *Document* ❷ und wählen für die Vorschau das Register *Webansicht* ❷.

6 Anschließend können Sie wieder die Daten mit der Schaltfläche *Bearbeiten* im Power Query Editor weiter bearbeiten oder mit Klick auf *Laden* in das aktuelle Arbeitsblatt laden.

Bild 5.63 Die Daten im Abfrage-Editor

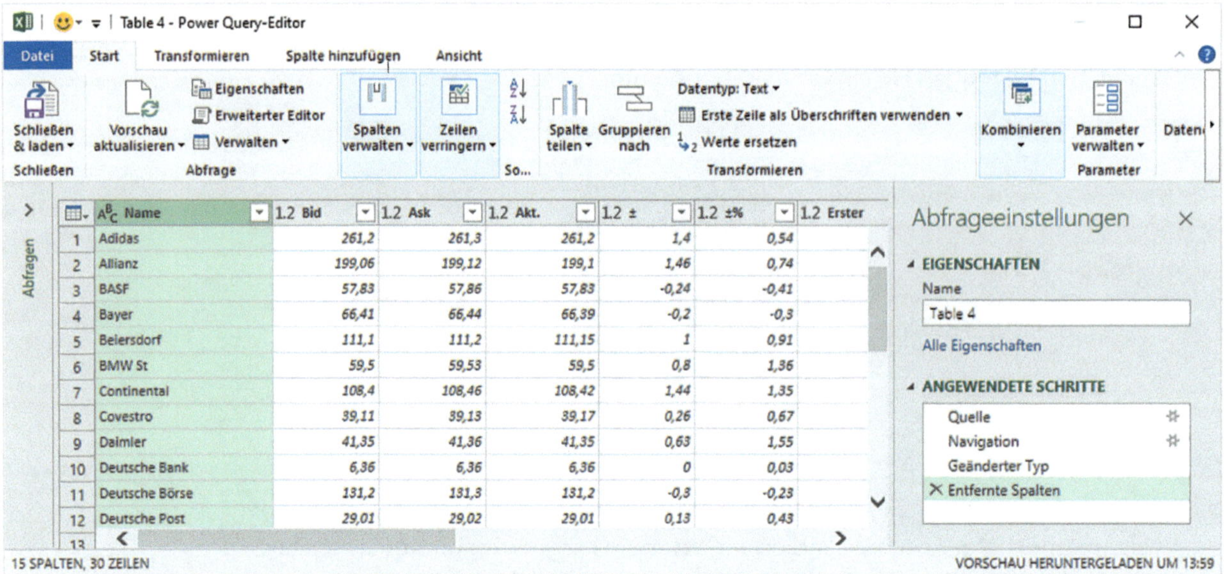

6 Daten mit Pivot-Tabellen auswerten

In diesem Kapitel lernen Sie...

- Einsatzmöglichkeiten von Pivot-Tabellen
- Pivot-Tabellen (PivotTable) erstellen
- Felder umstellen, gruppieren und filtern
- Layout und Formatierung
- Werte berechnen
- Felder aus zwei Tabellen zusammenführen
- Pivot-Diagramme (PivotChart)

Das sollten Sie bereits wissen

- Formeln und Funktionen
- Einfache Diagramme bearbeiten
- Umgang mit Tabellen

6.1 Einführung

Was sind Pivot-Tabellen?

Hinweis: Zwar verfügt Excel zur Auswertung von Datenbanken über sogenannte Datenbankfunktionen, z. B. DBSUMME. In der Praxis werden diese jedoch kaum verwendet, da Pivot-Tabellen wesentlich komfortabler und flexibler sind.

Lassen Sie sich nicht von der Bezeichnung PivotTable bzw. Pivot abschrecken. Denn dahinter verbirgt sich ein äußerst nützliches und komfortables Excel-Werkzeug zur Auswertung und Zusammenfassung großer Datenmengen. Pivot-Tabellen eignen sich hervorragend für ergänzende Datenanalysen, die Datenbanken und Anwendungen, z. B. aus den Bereichen Personal, Rechnungswesen oder Warenwirtschaft nicht liefern können. Einmal kennengelernt, werden Sie auf Pivot-Tabellen nicht mehr verzichten wollen, denn diese ersetzen nebenbei auch so manche Excel-Funktion.

Die Bezeichnung Pivot-Tabelle (PivotTable) beruht auf dem englischen Begriff „pivot" = Dreh- oder Angelpunkt und bedeutet, dass Sie mit Pivot-Tabellen Daten nach verschiedenen Gesichtspunkten zusammenfassen, anordnen und auswerten können, ohne dabei die Ausgangsdaten zu verändern. Ein weiterer Vorteil: Eine Pivot-Tabelle ist interaktiv, d. h. sie kann vom Benutzer jederzeit verändert werden, beispielsweise um nach bestimmten Kriterien zu filtern oder um Daten auszublenden.

Um die Funktionsweise zu verdeutlichen, ein einfaches Beispiel: Die unten abgebildete Tabelle enthält die Einzelverkäufe über einen bestimmten Zeitraum. Anhand dieser Daten soll nun die Frage beantwortet werden:

- Wie oft wurde jedes Modell verkauft?

Bild 6.1 Auszug aus der Ausgangstabelle

	A	B	C	D	E	F	G	H	I	J	K
1	Auftragsdatum	Land	Kunde	Modell	Produktgruppe	Einzelpreis	Auftagsmenge	Rabattgruppe	Umsatz		
2	02.01.2018	Italien	ADRIA AG	D	Unterhaltung	75,00	3	1	225,00		
3	02.01.2018	Österreich	KARG AG	F	Unterhaltung	450,00	1	2	450,00		
4	03.01.2018	Italien	ADRIA AG	A	Büro	120,00	2	1	240,00		
5	03.01.2018	Deutschland	ELCOX	G	Büro	377,00	2	1	754,00		
6	03.01.2018	Schweiz	Högli	H	Haushalt	191,00	3	1	573,00		
7	06.01.2018	Österreich	Tief & Brunnen	A	Büro	120,00	5	3	600,00		
8	06.01.2018	Österreich	KARG AG	B	Computer	85,00	12	3	1.020,00		
9	12.01.2018	Schweiz	Brettschneider	A	Büro	120,00	3	2	360,00		
10	14.01.2018	Schweiz	Högli	A	Büro	120,00	3	2	360,00		
11	15.01.2018	Italien	ADRIA AG	A	Büro	120,00	7	3	840,00		
12	17.01.2018	Deutschland	ELCOX	F	Unterhaltung	450,00	18	1	8.100,00		
13	19.01.2018	Österreich	KARG AG	F	Unterhaltung	450,00	1	1	450,00		
14	21.01.2018	Schweiz	Brettschneider	F	Unterhaltung	450,00	5	3	2.250,00		
15	25.01.2018	Österreich	Tief & Brunnen	B	Computer	85,00	5	3	425,00		
16	30.01.2018	Österreich	Tief & Brunnen	G	Büro	377,00	1	3	377,00		
17	30.01.2018	Deutschland	WGT GmbH	G	Büro	377,00	6	1	2.262,00		
18	01.02.2018	Italien	ADRIA AG	G	Büro	377,00	24	1	9.048,00		
19	01.02.2018	Deutschland	BRAIN	R	Haushalt	72,00	1	3	72,00		

Beispieldaten.xlsx

Diese Frage lässt sich auf verschiedenen Wegen beantworten:

- Sie könnten beispielsweise die Tabelle nach Modellen sortieren und in einer weiteren Spalte manuell die Summe der Auftragsmengen für jedes Modell berechnen. Diese Methode ist allerdings zeitaufwändig und fehleranfällig und daher nicht zu empfehlen.

- Sie könnten für die sortierte Tabelle auch Teilergebnisse berechnen lassen. Oder die Funktion SUMMEWENN einsetzen.
- Oder Sie erstellen aus der Tabelle eine Pivot-Tabelle. Die Vorteile: Eine Pivot-Tabelle ist mit wenigen Klicks erstellt und lässt sich je nach Aufgabenstellung beliebig umstellen. So geht's:

Eine Pivot-Tabelle ist schnell erstellt

1 Klicken Sie in die Tabelle und im Menüband, Register *Einfügen* auf *PivotTable* ❶. Kontrollieren Sie im nachfolgenden Fenster, ob der Tabellenbereich korrekt erkannt wurde ❷ und klicken Sie auf *OK* ❸.

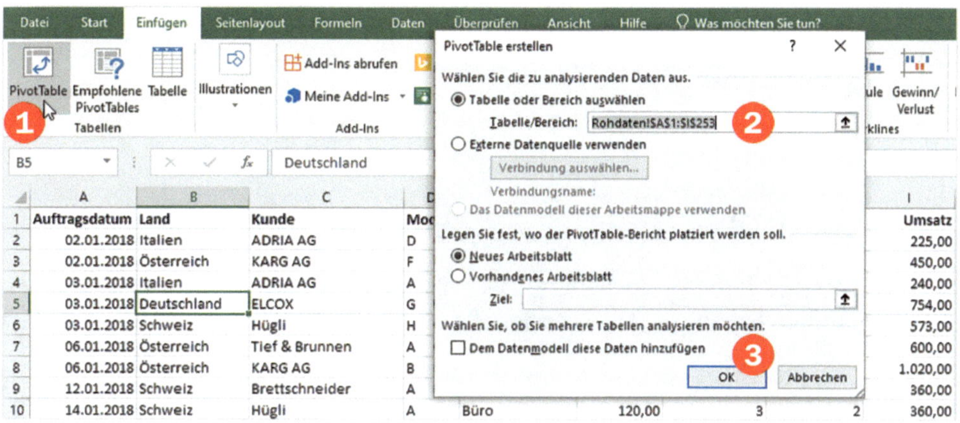

Bild 6.2 Klicken Sie auf PivotTable und anschließend auf OK.

2 Die leere Pivot-Tabelle erscheint in einem neuen Blatt und rechts sehen Sie im Aufgabenbereich *PivotTable-Felder* die Spalten bzw. Überschriften Ihrer Tabelle. Diese werden in Pivot-Tabellen als Felder bezeichnet. Die neue Tabelle soll aus jedem Modell eine Zeile bilden; ziehen Sie daher mit der Maus die Spalte bzw. das Feld *Modell* ❹ nach unten in den Bereich *Zeilen* ❺.

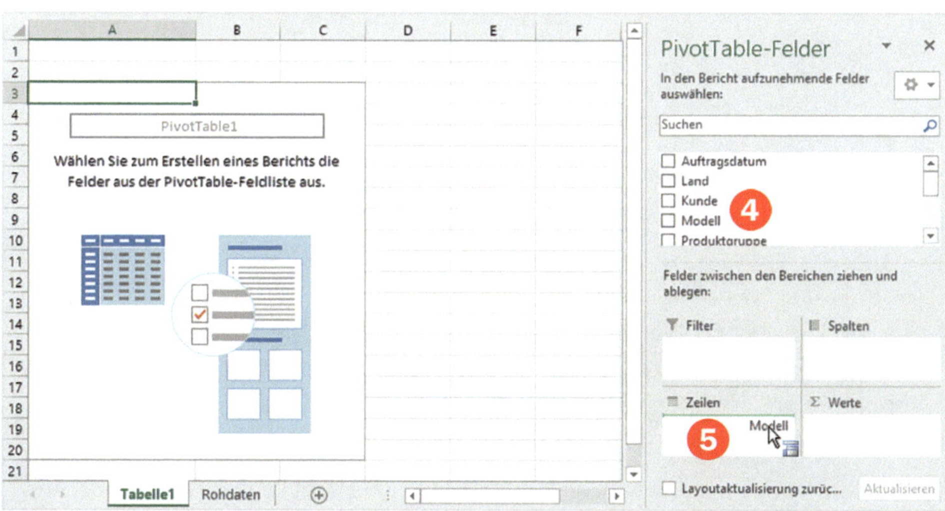

Bild 6.3 Ziehen Sie die Spalte Modell nach unten in den Bereich Zeilen

3 Die Pivot-Tabelle links bildet nun aus jedem Modell eine Zeile ❻. Da wir für jedes Modell die Summe der Auftragsmenge benötigen, ziehen Sie anschließend das Feld *Auftragsmenge* mit der Maus nach unten in den Bereich *Werte* ❼.

4 In der Tabelle erscheint nun für jedes Modell die Summe der Auftragsmengen.

Bild 6.4 Die fertige Pivot-Tabelle

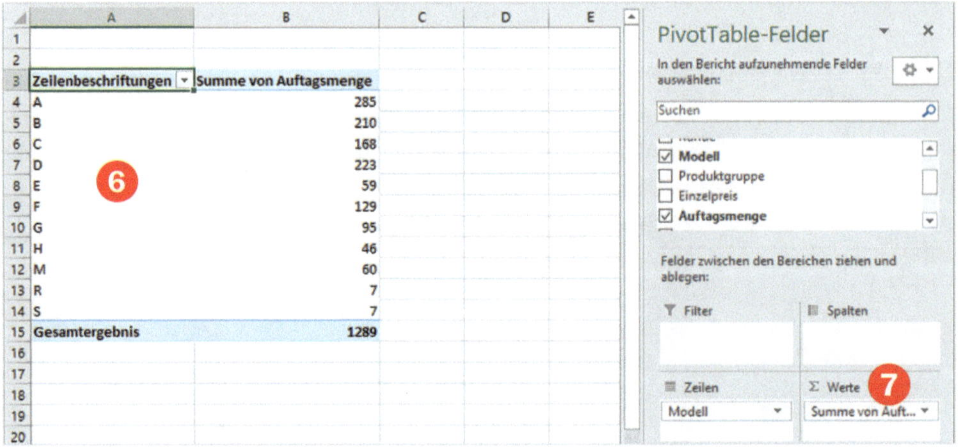

Zeilenbeschriftungen	Summe von Auftagsmenge
A	285
B	210
C	168
D	223
E	59
F	129
G	95
H	46
M	60
R	7
S	7
Gesamtergebnis	1289

Die oben abgebildete Tabelle dient nur als kleines Beispiel, selbstverständlich können Sie auch andere Felder der Ausgangstabelle auswerten und die fertige Tabelle nach Belieben gestalten.

Wenn Sie beispielsweise wissen möchten, wie hoch der Umsatz pro Kunde und Produktgruppe ist, dann können Sie die Daten auch als Kreuztabelle darstellen. Im Bild unten wurden aus den Kunden die Zeilenbeschriftungen gebildet und die Produktgruppen bilden die Spaltenüberschriften. Berechnet wird die Umsatzsumme.

Über einen zusätzlichen Filterbereich kann die Tabelle noch gefiltert werden, z. B. nach Ländern. So zeigt die Tabelle im Bild unten nur Kunden und Umsätze aus Deutschland an.

Bild 6.5 Pivot-Tabelle mit Umsatzsummen je Kunde und Produktgruppe

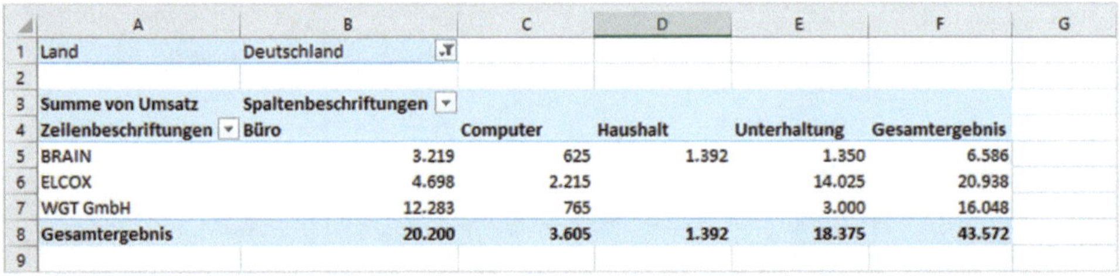

Land: Deutschland

Summe von Umsatz	Spaltenbeschriftungen				
Zeilenbeschriftungen	Büro	Computer	Haushalt	Unterhaltung	Gesamtergebnis
BRAIN	3.219	625	1.392	1.350	6.586
ELCOX	4.698	2.215		14.025	20.938
WGT GmbH	12.283	765		3.000	16.048
Gesamtergebnis	20.200	3.605	1.392	18.375	43.572

> Die Spalten der Ausgangstabelle dienen als Bausteine, auch als Felder bezeichnet, aus denen Sie eine Pivot-Tabelle zusammenstellen. Die Felder können durch Ziehen mit der Maus beliebig angeordnet, umgestellt oder wieder aus der Tabelle entfernt werden.

Besonderheiten von Pivot-Tabellen

Einige Besonderheiten sind allerdings im Umgang mit Pivot-Tabellen zu beachten:

- Dateneingabe und Änderung der Daten sind in Pivot-Tabellen nicht möglich, da diese entweder schreibgeschützt sind oder die Änderungen nicht in die Originaldaten übernommen werden.
- Die Ausgangsdaten werden beim Arbeiten mit einer Pivot-Tabelle grundsätzlich nicht verändert.
- Im Gegensatz zu Funktionen erfolgt nach einer Änderung der Daten in der Ausgangstabelle keine automatische Aktualisierung. Pivot-Tabellen müssen vom Benutzer manuell aktualisiert werden!
- Handelt es sich beim auszuwertenden Datenbereich um eine Excel-Tabelle, dann müssen zuvor alle Teilergebnisse oder Filter entfernt werden.

Welche Daten eignen sich für Pivot-Tabellen?

Ausgangspunkt bzw. Datenquelle für eine Pivot-Tabelle kann eine Excel-Tabelle oder eine externe Datenquelle bzw. Verbindung zu einer externen Tabelle sein, siehe Kapitel 5. Wenn externe Daten zuvor mit Power Query gefiltert oder aufbereitet wurden, müssen die Ausgangsdaten nicht zwingend in die Arbeitsmappe importiert werden, es genügt, wenn eine Verbindung erstellt wird.

Externe Datenquellen, siehe Kapitel 5.

Damit die Daten problemlos für eine Pivot-Tabelle verwendet werden können, muss die Tabelle folgenden Vorgaben entsprechen:

- Die Tabelle muss in mindestens einer Spalte mehrfach vorkommende Werte enthalten. Nur diese lassen sich mit Pivot-Tabellen zusammenfassen und auswerten.
- Die Daten müssen als zusammenhängender Bereich vorliegen, d. h. sie dürfen keine leeren Spalten und möglichst auch keine Leerzeilen enthalten. Einzelne Zellen dagegen können leer sein.
- Die erste Tabellenzeile muss (eindeutige) Spaltenüberschriften enthalten.
- Innerhalb der auszuwertenden Spalten müssen alle Daten vom gleichen Typ sein, beispielsweise Zahlen, Text oder Datumswerte.
- Die Datentabelle kann neben Text und Zahlen auch Formeln enthalten. Diese werden bei der Auswertung wie Werte behandelt.

Tipp: Wenn Sie eine Excel-Tabelle als Datenquelle verwenden, dann formatieren Sie diese als Tabellenbereich; bei importierten Daten aus einer Verbindung erledigt dies Excel automatisch. **Der Vorteil**: Wenn sich bei späteren Aktualisierungen der Umfang der Datentabelle ändern sollte, dann braucht der Datenbereich für die Pivot-Tabelle nicht jedes Mal neu festgelegt werden, es genügt, wenn Sie die Pivot-Tabelle aktualisieren.

So funktioniert's nicht

Für die unten abgebildete Tabelle kommt eine Auswertung mit Pivot-Tabellen gleich aus mehreren Gründen nicht in Frage: Keine mehrfach vorkommenden Werte, fehlende Spaltenüberschrift in Spalte B und E und unterschiedliche Datentypen in Spalte D (Text und Datum).

Bild 6.6 Diese Tabelle eignet sich nicht zur Auswertung mit Pivot-Tabellen

	A	B	C	D	E	F
1	Artikel-Nr.		Verkaufte Stückzahl	Datum		
2	4711	Badewannenente	12.394	15.04.2015	Unser Renner	
3	4712	Masageschwamm	1.800	12.06.2014	Nächstes Mal eine andere Farbe	
4	4713	Schwimmflossen	123.145	01.02.2014		
5	4781	Schnorchel	14.680	06.03.2015	nicht mehr nachbestellen	
6	4792	Schwimmflügel	72.645	Anfang Januar		

Beispiel für eine mögliche Datenquelle

Die Tabelle unten erfüllt alle Voraussetzungen zur Auswertung, sie wird auch für die meisten Beispiele dieses Kapitels als Datentabelle verwendet. Die Spalte *Umsatz* wurde mit einer Formel berechnet.

Bild 6.7 Auszug aus der Ausgangstabelle für die Beispiele

I2 =F2*G2

	A	B	C	D	E	F	G	H	I	J	K
1	Auftragsdatum	Land	Kunde	Modell	Produktgruppe	Einzelpreis	Auftagsmenge	Rabattgruppe	Umsatz		
2	02.01.2018	Italien	ADRIA AG	D	Unterhaltung	75,00	3	1	225,00		
3	02.01.2018	Österreich	KARG AG	F	Unterhaltung	450,00	1	2	450,00		
4	03.01.2018	Italien	ADRIA AG	A	Büro	120,00	2	1	240,00		
5	03.01.2018	Deutschland	ELCOX	G	Büro	377,00	2	1	754,00		
6	03.01.2018	Schweiz	Hügli	H	Haushalt	191,00	3	1	573,00		
7	06.01.2018	Österreich	Tief & Brunnen	A	Büro	120,00	5	3	600,00		
8	06.01.2018	Österreich	KARG AG	B	Computer	85,00	12	3	1.020,00		
9	12.01.2018	Schweiz	Brettschneider	A	Büro	120,00	3	2	360,00		
10	14.01.2018	Schweiz	Hügli	A	Büro	120,00	3	2	360,00		
11	15.01.2018	Italien	ADRIA AG	A	Büro	120,00	7	3	840,00		
12	17.01.2018	Deutschland	ELCOX	F	Unterhaltung	450,00	18	1	8.100,00		
13	19.01.2018	Österreich	KARG AG	F	Unterhaltung	450,00	1	1	450,00		
14	21.01.2018	Schweiz	Brettschneider	F	Unterhaltung	450,00	5	3	2.250,00		
15	25.01.2018	Österreich	Tief & Brunnen	B	Computer	85,00	5	3	425,00		
16	30.01.2018	Österreich	Tief & Brunnen	G	Büro	377,00	1	3	377,00		
17	30.01.2018	Deutschland	WGT GmbH	G	Büro	377,00	6	1	2.262,00		
18	01.02.2018	Italien	ADRIA AG	G	Büro	377,00	24	1	9.048,00		
19	01.02.2018	Deutschland	BRAIN	R	Haushalt	72,00	1	3	72,00		
20	02.02.2018	Deutschland	WGT GmbH	A	Büro	120,00	4	3	480,00		
21	02.02.2018	Italien	ADRIA AG	D	Unterhaltung	75,00	1	1	75,00		
22	03.02.2018	Schweiz	Hügli	G	Büro	377,00	2	1	754,00		

Tabelle1 | Rohdaten

Beispieldaten.xlsx

> **Download Beispieldaten**
>
> Die oben abgebildete Tabelle dient auch als Ausgangstabelle für die nachfolgenden Beispiele dieses Kapitels. Sie finden die Arbeitsmappe mit der Tabelle unter dem Dateinamen Beispieldaten.xlsx im Downloadbereich zu diesem Buch.

6.2 So erstellen Sie eine Pivot-Tabelle

Aus Vorlage erstellen

Beim Erstellen einer Pivot-Tabelle können Sie auf verschiedene Vorschläge von Excel zurückgreifen. Die Vorgehensweise ist einfach:

1. Klicken Sie in die auszuwertende Datentabelle. Wenn diese als Tabellenbereich formatiert wurde oder wenn es sich um einen zusammenhängenden Bereich handelt, dann wird dieser von Excel automatisch erkannt. Nur in Ausnahmefällen müssen Sie den Tabellenbereich einschließlich Überschriftzeile zuvor manuell markieren.
2. Klicken Sie dann im Register *Einfügen* ▶ *Tabellen* auf *Empfohlene PivotTables*.

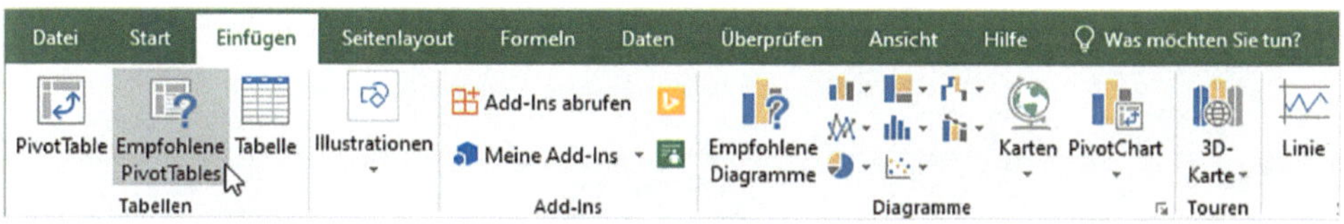

Bild 6.8 Klicken Sie auf Empfohlene PivotTables

3. Das gleichnamige Dialogfenster wird geöffnet (Bild 6.9), gleichzeitig können Sie im Tabellenblatt anhand des Laufrahmens ❶ kontrollieren, ob der Zellbereich korrekt erkannt wurde.
4. Excel schlägt auf der Basis der aktuellen Tabelle mehrere geeignete Auswertungstabellen vor. Klicken Sie in der Liste links auf einen Vorschlag ❷, so erhalten Sie rechts eine Vorschau mit Ihren Daten ❸. Mit einem Klick auf *OK* wird die ausgewählte Tabelle in einem neuen Arbeitsblatt eingefügt.

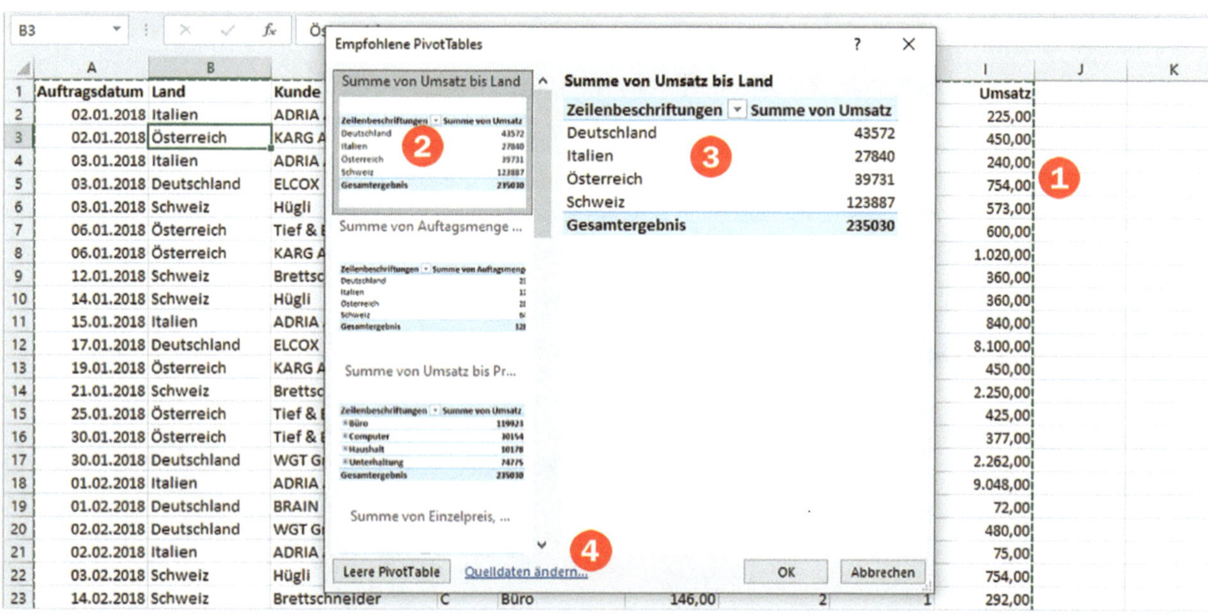

Bild 6.9 Empfohlene PivotTables auswählen

Falls die Datentabelle nicht erkannt wurde, so klicken Sie auf *Quelldaten ändern* ❹ (Bild oben) und wählen den Tabellenbereich durch Markieren aus.

Nachteil: Nicht immer findet sich in der Vorschlagsliste die benötigte Auswertung. Zudem erfordern auch die vorgeschlagenen Pivot-Tabellen meist noch eine Anpassung, Sie können also auch gleich mit einer leeren Pivot-Tabelle beginnen - das Zusammenstellen der gewünschten Auswertung erfordert nur wenige Klicks. Details lesen Sie auf den folgenden Seiten.

Hinweis: Vorschläge für Pivot-Tabellen erhalten Sie auch, wenn Sie einen Zellbereich markieren und im Tabellenblatt auf die Schaltfläche *Schnellanalyse* und das Register *Tabellen* klicken. Aufgrund des Umfangs der meisten Datentabellen sowie der Tatsache, dass der Zellbereich meist ohnehin automatisch erkannt wird, kommt diese Methode in der Praxis allerdings kaum zum Einsatz.

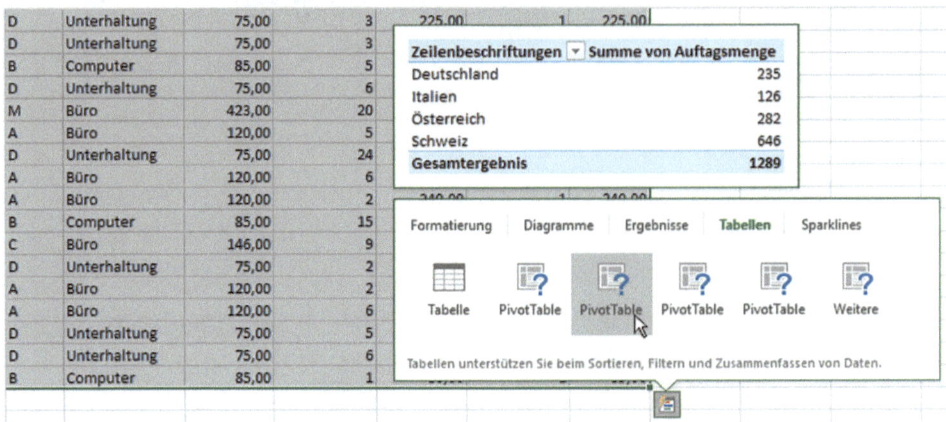

Bild 6.10 Über die Schnellanalyse erstellen

Leere Pivot-Tabelle einfügen und Felder anordnen

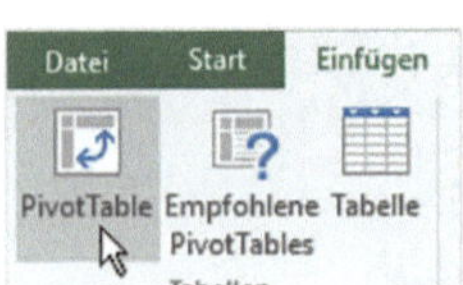

Wesentlich flexibler und nur unwesentlich langsamer sind Sie, wenn Sie zunächst eine leere Pivot-Tabelle einfügen und in dieser die Felder nach Ihren Vorstellungen anordnen. Zudem müssen sich bei dieser Vorgehensweise die Daten nicht zwingend in derselben Arbeitsmappe befinden, Sie können stattdessen auch eine externe Datenquelle bzw. Verbindung wählen.

Schritt 1: Tabelle einfügen

- **Datentabelle befindet sich in derselben Arbeitsmappe**
  - Wenn sich die Datentabelle in derselben Arbeitsmappe befindet, dann markieren Sie eine beliebige Zelle des auszuwertenden Tabellenbereichs und klicken im Register *Einfügen* ▶ *Tabellen* auf *PivotTable*. Im Fenster *PivotTable erstellen* ist die Option *Tabelle oder Bereich auswählen* bereits voreingestellt und im Feld *Tabelle/Bereich* sehen Sie den Zellbereich ❶ oder den Namen des

Tabellenbereichs. Im Tabellenblatt selbst können Sie den Zellbereich anhand des Laufrahmens kontrollieren oder durch Markieren manuell festlegen.

- Zum Platzieren der Pivot-Tabelle (PivotTable-Bericht) sollte die Standardeinstellung *Neues Arbeitsblatt* ❷ beibehalten werden.

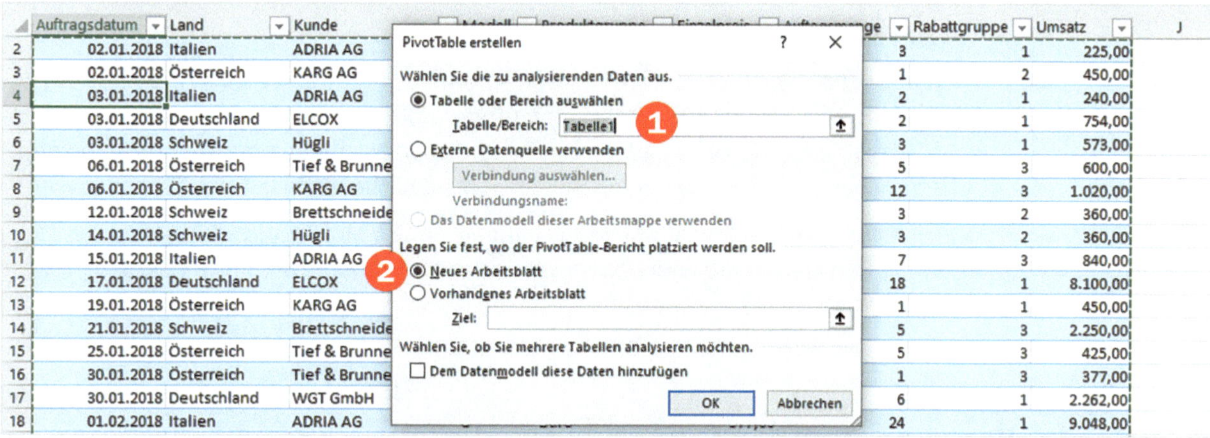

Bild 6.11 Eine leere PivotTable erstellen und Zellbereich festlegen

Externe Daten aus Verbindung auswerten

Siehe Kapitel 5.2.

- Wenn Sie externe Daten auswerten möchten und diese nicht als Tabelle eingefügt, sondern nur eine Verbindung zur Datenquelle erstellt haben, dann klicken Sie ebenfalls auf *Einfügen* ▶ *Tabellen* ▶ *PivotTable*. Wählen Sie die Option *Externe Datenquelle verwenden* und klicken Sie auf die Schaltfläche *Verbindung auswählen...* (Bild 6.12).
- Klicken Sie im nachfolgenden Fenster *Vorhandene Verbindungen* auf die gewünschte Verbindung und dann auf *Öffnen* (Bild 6.13).
- Falls das aktuelle Arbeitsblatt leer ist, können Sie die Pivot-Tabelle auch in dieses einfügen, indem Sie die Option *Vorhandenes Arbeitsblatt* wählen und darunter die Zelle angeben, ab der die Pivot-Tabelle eingefügt werden soll.

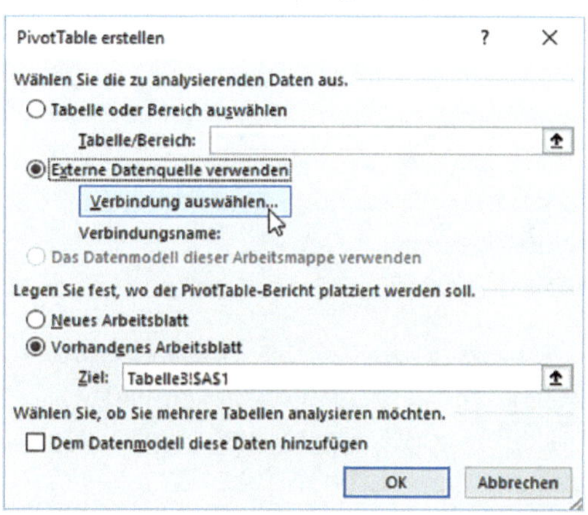

Bild 6.12 Externe Datenquelle verwenden

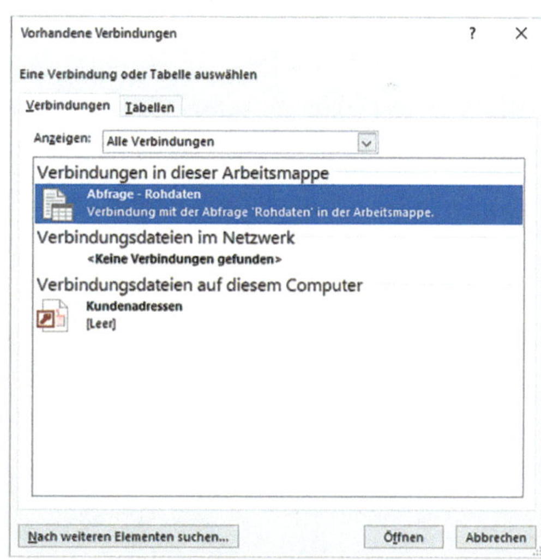

Bild 6.13 Verbindung auswählen

> Pivot-Tabellen sollten grundsätzlich nicht im selben Blatt wie die Ausgangsdaten, sondern in einem neuen Tabellenblatt erstellt werden, da es bei späteren Aktualisierungen zu Überschneidungen kommen kann.

Schritt 2: Felder anordnen

Excel fügt ab der angegebenen Position eine leere Pivot-Tabelle ❶ ein, der Sie nun die Felder durch Ziehen mit der Maus hinzufügen. Die Anordnung erfolgt ausschließlich im Aufgabenbereich *PivotTable-Felder* ❷, dieser erscheint normalerweise automatisch, sobald Sie in den Bereich der Pivot-Tabelle klicken.

Zusammen mit der Pivot-Tabelle sind außerdem im Menüband die beiden *PivotTable-Tools* Register *Analysieren* und *Entwurf* zur weiteren Bearbeitung verfügbar.

Bild 6.14 Die leere Pivot-Tabelle

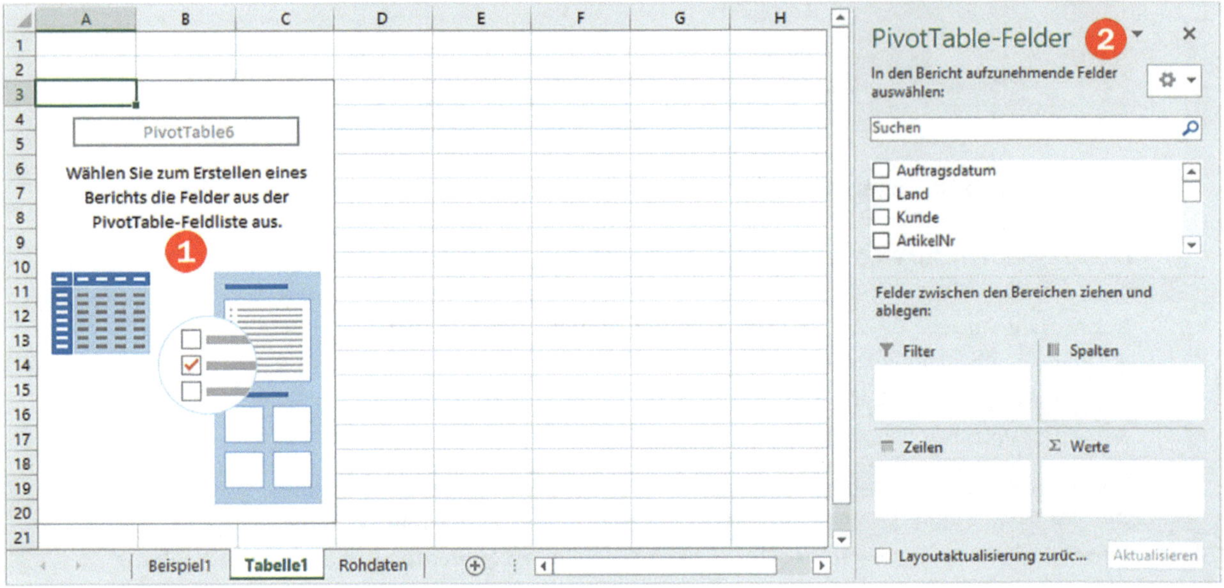

Der Aufgabenbereich PivotTable-Felder

Befassen wir uns zunächst mit dem Aufgabenbereich Pivot-Table-Felder genauer. Hier ordnen Sie die Felder den Bereichen der Pivot-Tabelle zu.

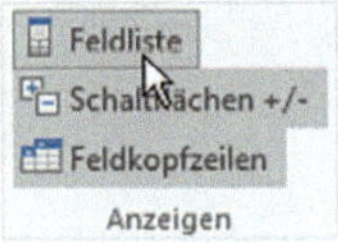

> **Aufgabenbereich anzeigen**
> Der Aufgabenbereich mit der Feldliste ist nur sichtbar, wenn eine Zelle innerhalb der PivotTabelle markiert ist und verschwindet automatisch, sobald Sie auf eine beliebige Zelle außerhalb des Tabellenbereichs klicken. Sollte er trotzdem nicht sichtbar sein, so klicken Sie mit der rechten Maustaste in die Pivot-Tabelle und auf *Feldliste anzeigen*. Im Menüband finden Sie die Schaltfläche *Feldliste* im Register *PivotTable-Tools - Analysieren* in der Gruppe *Einblenden*.

- Aus den Spaltenüberschriften der Ausgangstabelle werden Felder gebildet und in der Feldliste ❶ aufgeführt (Bild 6.15). In der Pivot-Tabelle enthaltene Felder sind fett hervorgehoben und am Häkchen des Kontrollkästchens zu erkennen.
- Unterhalb befinden sich die vier Bereiche der Pivot-Tabelle. Um der Pivot-Tabelle ein Feld hinzuzufügen, ziehen Sie es einfach mit gedrückter Maustaste aus der Feldliste nach unten in den gewünschten Bereich.
- Eine Pivot-Tabelle setzt sich zusammen aus den Bereichen *Filter*, *Spalten*, *Zeilen* und *Werte* (siehe Bild unten), wobei mit Ausnahme des Wertebereichs nicht alle Bereiche zwingend verwendet werden müssen.

Bild 6.15 Die Bereiche einer Pivot-Tabelle

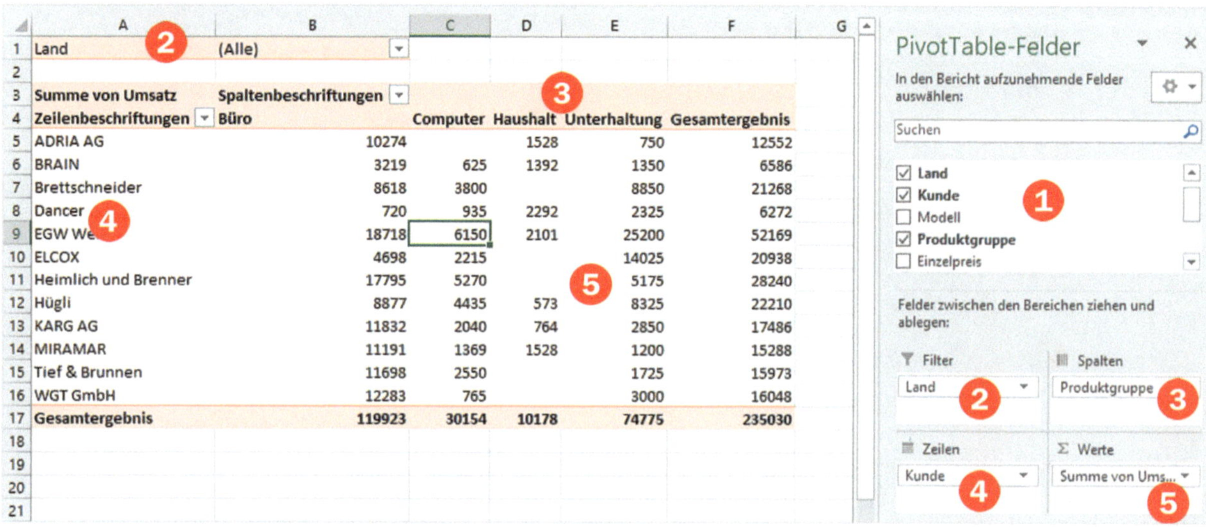

- **Filter** ❷: Dieser Bereich dient zum Filtern der gesamten Tabelle.
- **Spalten** ❸: Dieser Bereich bildet aus den Feldinhalten die Spaltenüberschriften der Tabelle.
- **Zeilen** ❹: Hier werden aus den Feldinhalten die Zeilenbeschriftungen gebildet.
- **Werte** ❺: Für Felder im Wertebereich wird eine Zusammenfassung berechnet, in der Standardeinstellung die Summe, bei Feldinhalten vom Typ Text dagegen meist die Anzahl. Sie können jedoch jederzeit eine andere Funktion wählen, siehe weiter unten.

Um die Felder einer Pivot-Tabelle anzuordnen, ziehen Sie einfach das betreffende Feld aus der Feldliste in den gewünschten Bereich. Das Aussehen der Tabelle passt sich sofort an.

Für das Beispiel im Bild oben ziehen Sie das Feld *Kunde* in den Bereich *Zeilen* (Bild 6.16), das Feld *Auftragsjahr* in den Bereich *Filter* und *Produktgruppe* in den Bereich *Spalten*. Wenn Sie das Feld *Umsatz* in den Bereich *Werte* ziehen, so wird in den meisten Fällen automatisch die Umsatzsumme berechnet.

Feld aus der Pivot-Tabelle entfernen

Zum Entfernen eines Feldes genügt es, wenn Sie in der Feldliste das Kontrollkästchen deaktivieren. Oder ziehen Sie mit der Maus das Feld aus dem Bereich heraus in Richtung Tabellenblatt, das Symbol am Mauszeiger ist eindeutig, siehe Bild 6.17.

In einen anderen Bereich verschieben

Sie können die Felder jederzeit neu anordnen. Entweder, indem Sie das Feld mit der Maus zwischen in einen anderen Bereich verschieben. Oder klicken Sie im Bereich auf das betreffende Feld, im Bild 6.18 das Feld *Produktgruppe*, und auf *Zu Zeilenbeschriftungen verschieben* bzw. *Zu Spaltenbeschriftungen verschieben....*

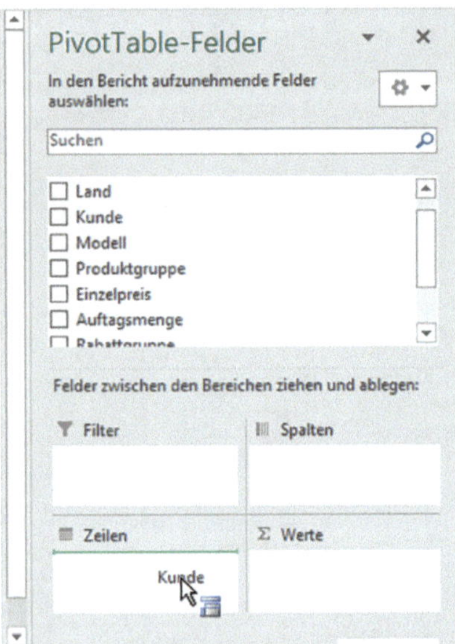

Bild 6.16 Ziehen Sie das Feld in den gewünschten Bereich

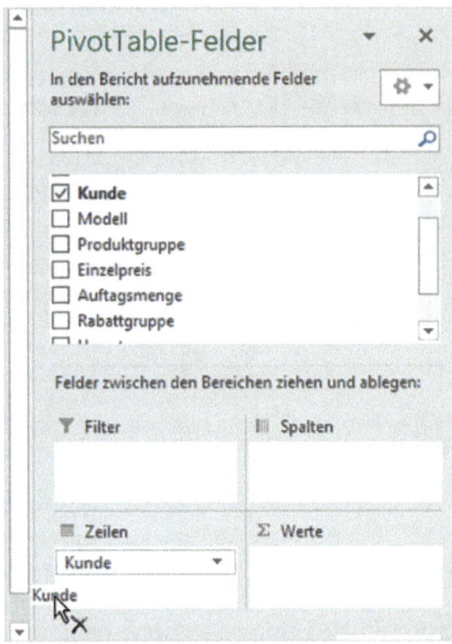

Bild 6.17 Feld aus einem Bereich entfernen

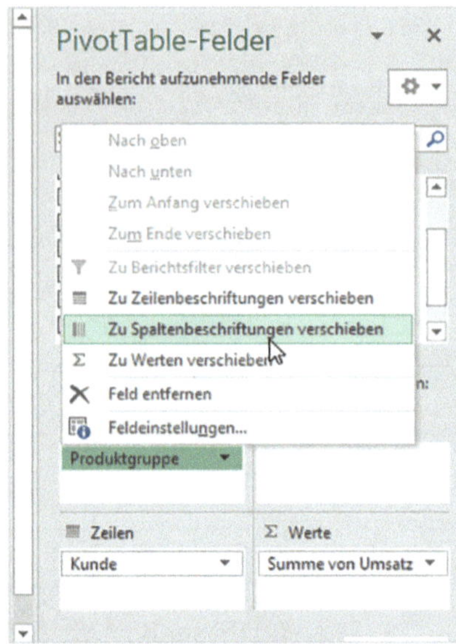

Bild 6.18 Bereich wechseln

Pivot-Tabelle nachträglich verschieben oder löschen

Beachten Sie beim Löschen oder Verschieben einer Pivot-Tabelle, dass diese einen fest zusammenhängenden Bereich bildet, aus dem einzelne Zellen weder gelöscht noch verschoben werden können.

Tabelle verschieben

Um die Pivot-Tabelle nachträglich an eine andere Stelle oder in ein anderes Tabellenblatt zu verschieben, klicken Sie in die Tabelle und im Register *PivotTable-Tools - Analysieren* ▶ *Aktionen* auf *PivotTable verschieben*. Geben Sie anschließend an, wo Sie die Tabelle einfügen möchten.

Tabelle löschen

- Zum Löschen klicken Sie am besten im *PivotTable-Tools* Register *Analysieren* ▶ *Aktionen* auf *Löschen.*

- Enthält das Arbeitsblatt keine weiteren Daten, so können Sie auch einfach das gesamte Blatt löschen.
- Wenn Sie dagegen im Register *Start* auf *Löschen* und *Alle löschen* klicken, dann muss die Pivot-Tabelle unbedingt vollständig markiert sein, andernfalls erhalten Sie eine Meldung, dass die Tabelle nicht geändert werden kann. Markieren Sie also sicherheitshalber einen etwas größeren Zellbereich.

Mehrere Zeilen- und Spaltenfelder verwenden, Tabelle gruppieren

Jeder Bereich kann auch mehrere Felder enthalten, z. B. wenn Sie neben der Produktgruppe auch noch das jeweilige Modell als Filter benötigen. Auch in den Bereichen *Spalten* und *Zeilen* können Sie mehrere Felder verwenden, z. B. *Land* und *Kunde* als Zeilenbeschriftung wie in Bild 6.19. Als Ergebnis erhalten Sie eine gruppierte Tabelle, die Reihenfolge in der Tabelle (von links nach rechts) richtet sich nach der Anordnung im Bereich (von oben nach unten).

Auch im Bereich *Werte* können Sie für mehrere Felder Ergebnisse berechnen, z. B. *Umsatz* und *Auftragsmenge*. Die Ergebnisse werden automatisch in Spalten nebeneinander angeordnet und mit Spaltenüberschriften versehen.

Sie erkennen auch am Bereich *Spalten*, dass die Spalten aus Werten gebildet werden.

> Eine Pivot-Tabelle, die mehrere Werte in Spalten berechnet und außerdem auch noch mehrere Spaltenüberschriften enthält, kann schnell sehr komplex und damit unübersichtlich werden. Je nach Aufgabenstellung erhalten Sie möglicherweise einen besseren Überblick, wenn Sie mehrere Tabellen erstellen oder eines der Felder als Filter statt als Spalte verwenden.

Bild 6.19 Mehrere Felder je Bereich

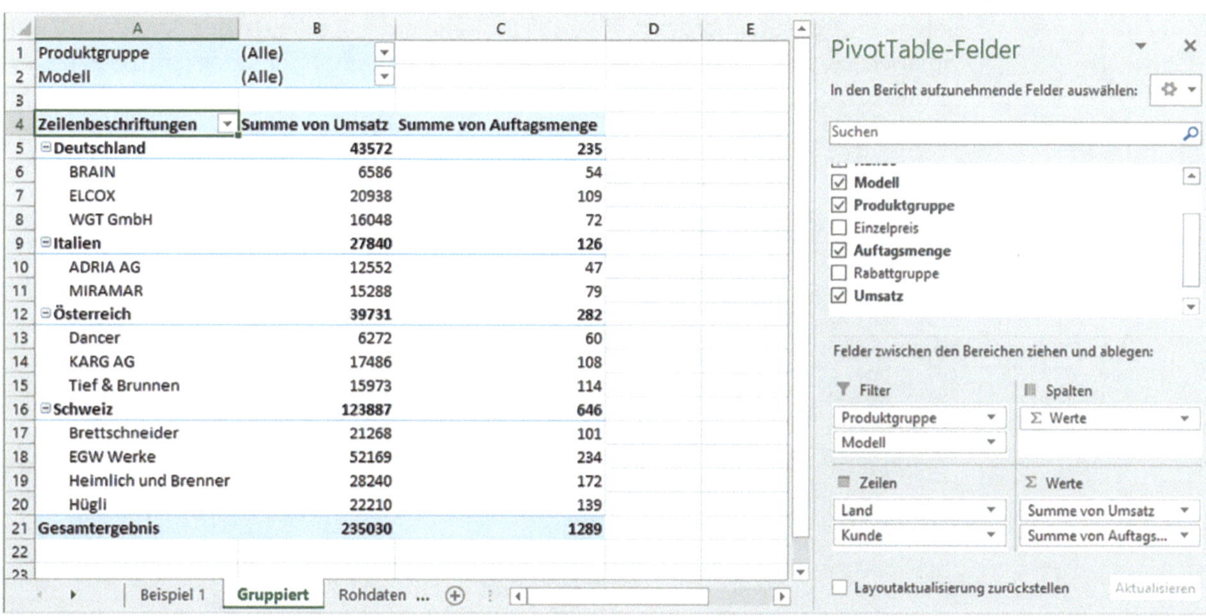

Details anzeigen und ausblenden

In gruppierten Pivot-Tabellen können Sie die Details einer Gruppe ein- und ausblenden: Dazu klicken Sie in der Tabelle auf die Schaltflächen ⊟ bzw. ⊞ der betreffenden Gruppe ❶. Zum Ein- und Ausblenden der Details in der gesamten Spalte klicken Sie in der Tabelle auf eine beliebige Zelle dieser Spalte und im Register *Analysieren* ▶ *Gruppieren* auf *Feld erweitern* bzw. *Feld reduzieren* ❷.

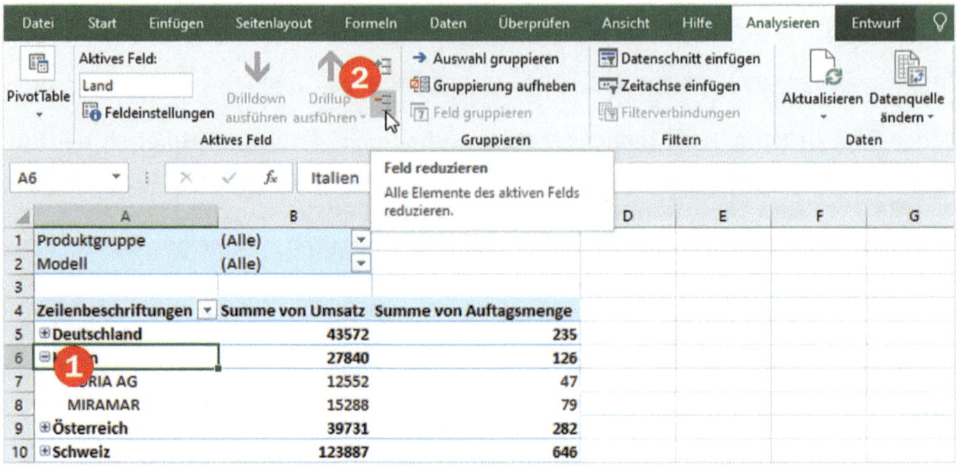

Bild 6.20 Feld erweitern/reduzieren

Funktion zur Zusammenfassung ändern

Standardmäßig berechnet Excel für Felder von Typ Zahl im Bereich *Werte* die Summe. Bei Feldern vom Typ Text erhalten Sie dagegen als Ergebnis die Anzahl der Werte. Allerdings ist die Standardeinstellung nicht in jedem Fall erwünscht oder sinnvoll. Beispielsweise, wenn Sie statt der Summe die Anzahl benötigen oder umgekehrt, auch Mittelwert oder höchster und niedrigster Wert werden manchmal gebraucht.

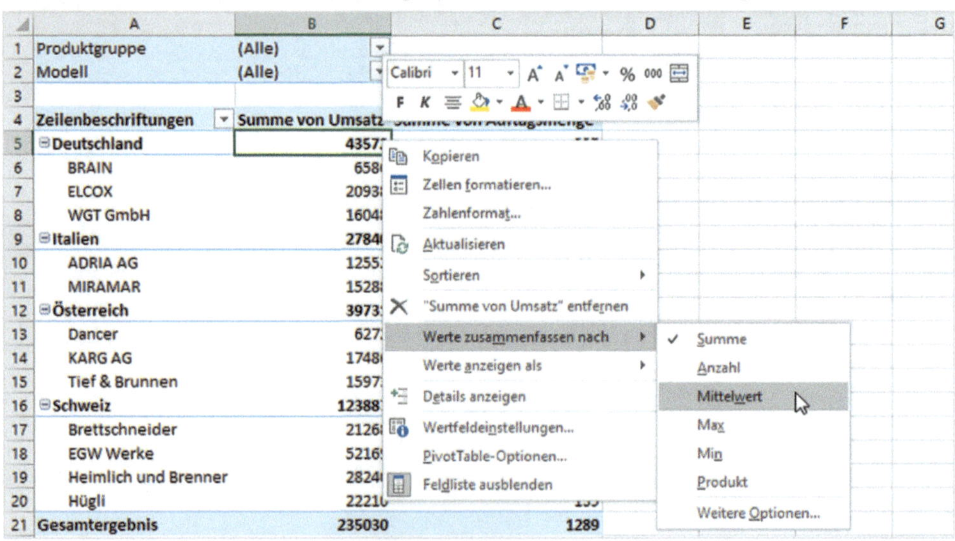

Bild 6.21 Zusammenfassung wählen

- Zum Ändern klicken Sie am einfachsten in der Pivot-Tabelle mit der rechten Maustaste auf eine beliebige Zelle der zu ändernden Wertespalte und zeigen im Kontextmenü auf *Werte zusammenfassen nach*. Klicken Sie anschließend auf die gewünschte Funktion, siehe Bild oben.
- Oder klicken Sie im Aufgabenbereich *PivotTable-Felder* im Bereich *Werte* auf das betreffende Feld und auf *Wertfeldeinstellungen...*. Im gleichnamigen Fenster können Sie im Register *Werte zusammenfassen nach* eine Berechnung wählen und außerdem der Spalte einen benutzerdefinierten Namen geben.

Auch im Kontextmenü der rechten Maustaste finden Sie den Befehl *Wertfeldeinstellungen.*

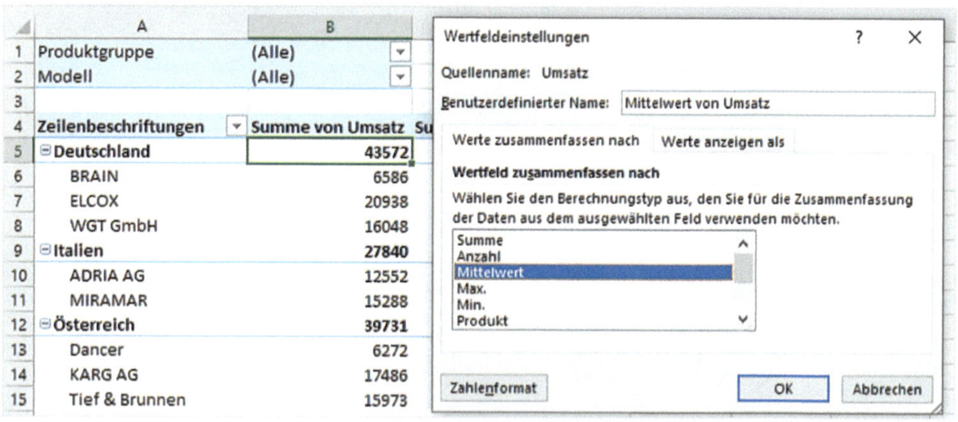

Bild 6.22 Das Fenster Wertfeldeinstellungen

6.3 Pivot-Tabellen aktualisieren

Tabelle aktualisieren

Bei Änderung der Daten in der Quelltabelle müssen Sie eine Pivot-Tabelle aktualisieren, dies passiert nicht automatisch! Klicken Sie dazu in die Pivot-Tabelle und im Register *Analysieren* ▶ *Daten* auf *Aktualisieren*. Oder klicken Sie mit der rechten Maustaste an eine beliebige Stelle der Pivot-Tabelle und auf den *Aktualisieren*-Befehl aus dem Kontextmenü oder verwenden Sie die Tastenkombination Alt+F5.

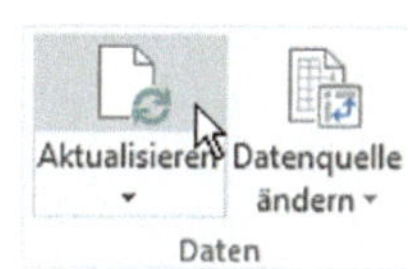

Aktualisieren: Alt+F5

Tipp: Enthält die Arbeitsmappe mehrere Pivot-Tabellen, die auf derselben Datenquelle basieren, dann klicken Sie auf den Dropdown-Pfeil dieser Schaltfläche und auf *Alle aktualisieren*.

Daten beim Öffnen der Arbeitsmappe automatisch aktualisieren

Wenn eine Pivot-Tabelle beim Öffnen der Arbeitsmappe automatisch aktualisiert werden soll, dann klicken Sie mit der rechten Maustaste in die Tabelle und im Kontextmenü auf *PivotTable-Optionen*. Oder klicken Sie im Menüband, Register *Analysieren* ▶ *PivotTable* auf *Optionen*.

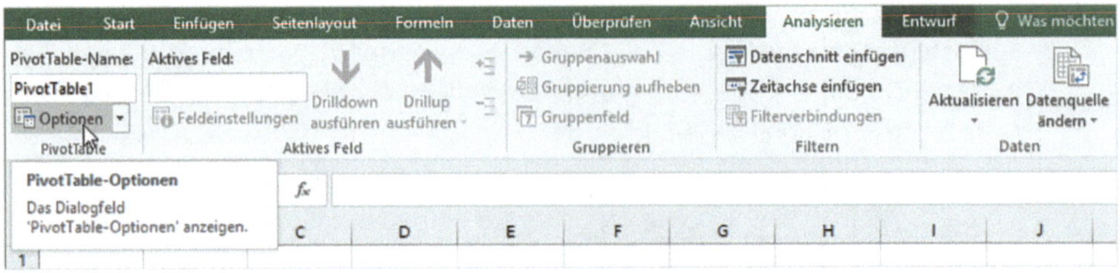

Bild 6.23 PivotTable-Optionen öffnen

Klicken Sie im gleichnamigen Fenster auf das Register *Daten* und aktivieren Sie das Kontrollkästchen *Aktualisieren beim Öffnen der Datei*.

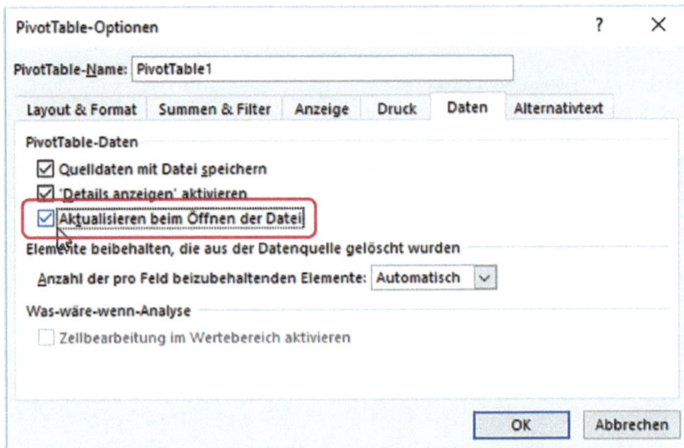

Bild 6.24 PivotTable-Optionen: Automatisch beim Öffnen aktualisieren

Nachträglich hinzugefügte Zeilen und Spalten einbeziehen

Basiert die Pivot-Tabelle auf einer Excel-Tabelle, dann sollten Sie sicherstellen, dass bei einer Änderung der Ausgangsdaten auch eventuell neu hinzugekommene Zeilen und/oder Spalten einbezogen werden. Dazu gibt es folgende Möglichkeiten:

Tabellenbereich, siehe Kapitel 3.

- **Formatieren Sie die Excel-Datentabelle als Tabellenbereich**
  Wenn Sie vor Erstellung der Pivot-Tabelle eine Excel-Tabelle als Tabellenbereich bzw. dynamische Tabelle formatiert haben, dann passt sich der Tabellenbereich automatisch an und bei der nächsten Aktualisierung werden auch nachträglich hinzugefügte Zeilen und/oder Spalten mit einbezogen.

  Ausnahme: Wenn weitere Zeilen und/oder Spalten innerhalb des ursprünglichen Datenbereichs hinzugefügt wurden, dann werden diese beim Aktualisieren berücksichtigt, auch wenn die Tabelle nicht als Tabellenbereich formatiert wurde.
- Wenn als Datenquelle eine Verbindung zu externen Daten (siehe Kapitel 5.2) verwendet wird, werden alle Änderungen des Tabellenumfangs automatisch berücksichtigt.

- **Datenquelle neu festlegen**
  Handelt es sich bei den Ausgangsdaten um einen normalen Excel-Zellbereich, dann werden neu hinzugefügte Zeilen am Ende der Tabelle oder nachträglich rechts angefügte Spalten ignoriert. In solchen Fällen müssen Sie die Datenquelle neu festlegen. Klicken Sie dazu in die Pivot-Tabelle und im Register *Analysieren* ▶ *Daten* auf *Datenquelle ändern* und nochmals auf *Datenquelle ändern...*. Anschließend können Sie den Zellbereich für die Datenquelle neu angeben.

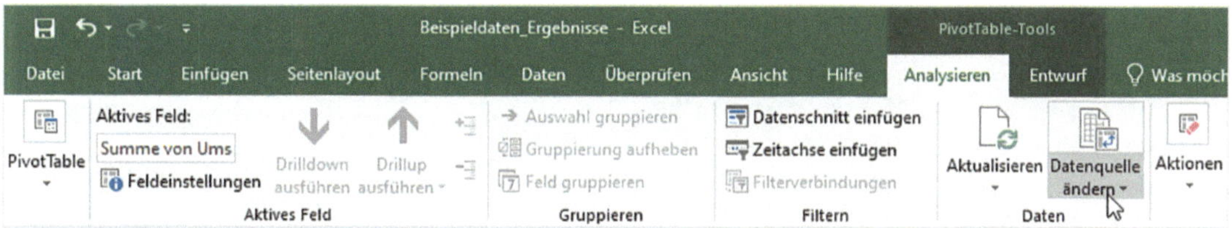

Bild 6.25 Datenquelle ändern

- **Tipp**: Mit dieser Methode können Sie auch einfach nur kontrollieren, ob die Pivot-Tabelle auch wirklich alle Zeilen und Spalten der Excel-Tabelle einbezieht. Klicken Sie auf *Abbrechen*, falls der Datenbereich korrekt ist.
- Wenn Sie nachträglich die Datentabelle als Tabellenbereich formatiert haben, müssen Sie ebenfalls anschließend die Datenquelle neu festlegen.

6.4 Tabellenlayout und Formatierung

Tabellenformate

Am einfachsten formatieren Sie eine Pivot-Tabelle mit einer der Vorlagen im Register *PivotTable-Tools - Entwurf*. Der gesamte Katalog erscheint auf einen Blick, wenn Sie auf die dazugehörige Schaltfläche *Weitere* klicken. Mit den Kontrollkästchen der Gruppe *Optionen für PivotTable-Formate* steuern Sie, ob auch Sonderformate, z. B. für Zeilen- und Spaltenüberschriften übernommen werden.

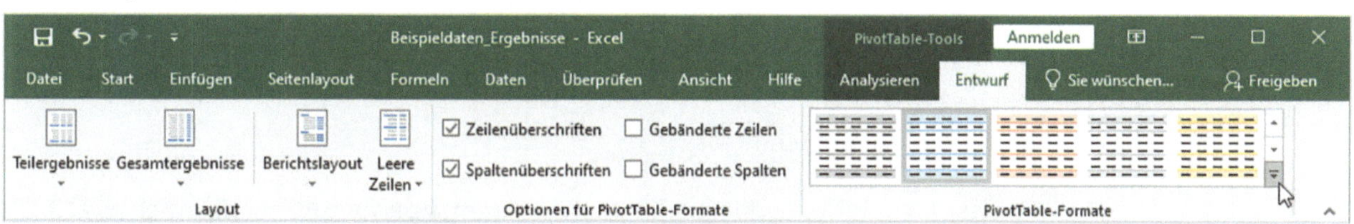

Bild 6.26 Vorlagen verwenden

Daneben können Sie auch einzelne Zellen oder Zellbereiche einer Pivot-Tabelle markieren und mit den Schaltflächen des Registers *Start* oder der Minisymbolleiste des Kontextmenüs formatieren. Die Formatierung bezieht sich ausnahmsweise auf den Inhalt und nicht auf die Zelladresse und wandert also auch mit, wenn Sie die Tabelle sortieren oder filtern oder wenn sich durch eine Aktualisierung Änderungen ergeben.

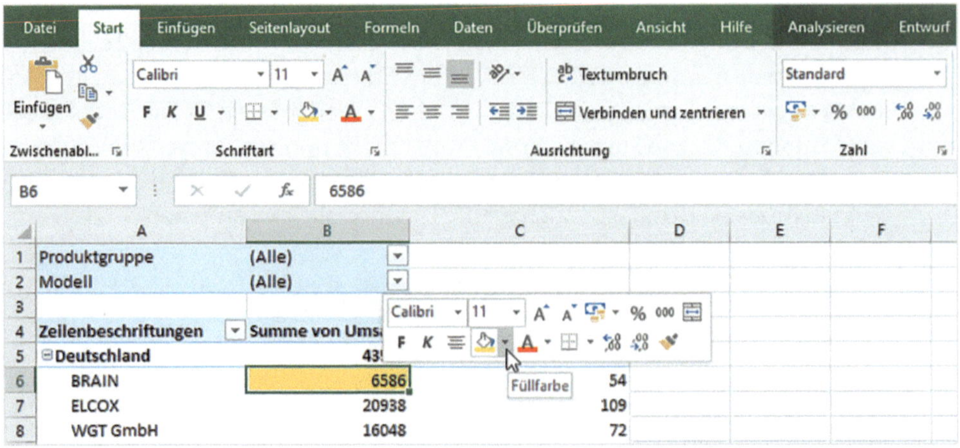

Bild 6.27 Einzelne Zellen der Pivot-Tabelle mit der Minisymbolleiste formatieren

Tabellenelemente markieren und hervorheben

Excel erkennt und markiert zusammengehörige Tabellenelemente automatisch, wenn Sie zum Markieren die kleinen Pfeile benutzen, die beim Zeigen auf ein Element sichtbar werden. Um z. B. wie im Bild unten alle Länder hervorzuheben, zeigen Sie mit der Maus auf den oberen Zellenrand eines beliebigen Landes (Bild 6.28). Statt des Mauszeigers erscheint ein senkrechter schwarzer Pfeil und ein Mausklick markiert alle Länder der gesamten Tabelle. Nun können Sie die markierten Zellen formatieren, z. B. mit abweichender Füllfarbe wie im Bild unten.

Bild 6.28 Zeigen Sie an den linken Rand einer beliebigen Ergebniszeile

Bild 6.29 Alle markierten Ergebniszeilen mit gelber Farbe versehen

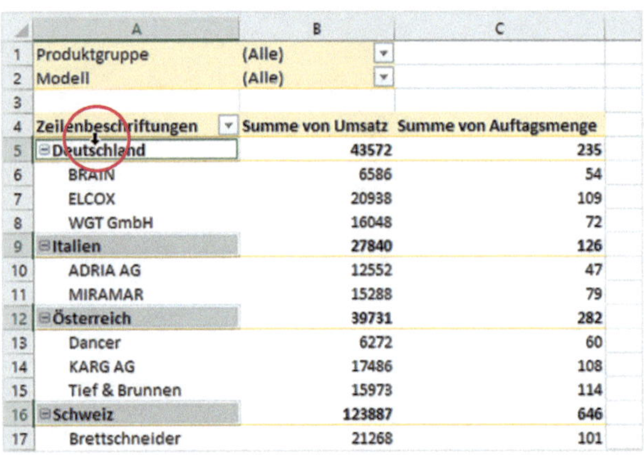

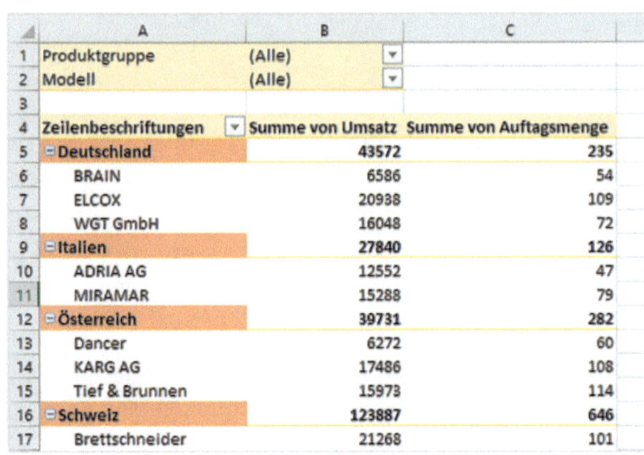

Hinweis: Sollte dieser Pfeil nicht erscheinen, dann klicken Sie im Register *Analysieren* ▶ *Aktionen* auf *Auswählen* und auf *Auswahl aktivieren.*

Mit dieser Methode markieren Sie auch zusammengehörige Zeilenelemente, z. B. die Gesamtergebnisse der Tabelle. Dazu zeigen Sie in dieser Zeile an den linken Rand der ersten Spalte: Sobald statt des Mauszeigers an dieser Stelle ein waagrechter schwarzer Pfeil sichtbar wird, können Sie mit einem Klick alle Ergebniszellen markieren und anschließend formatieren.

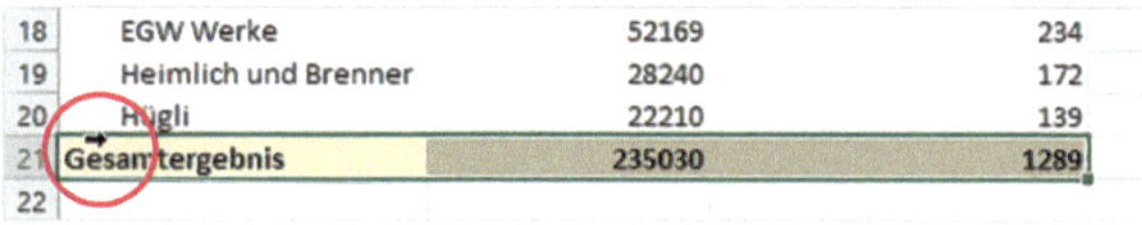

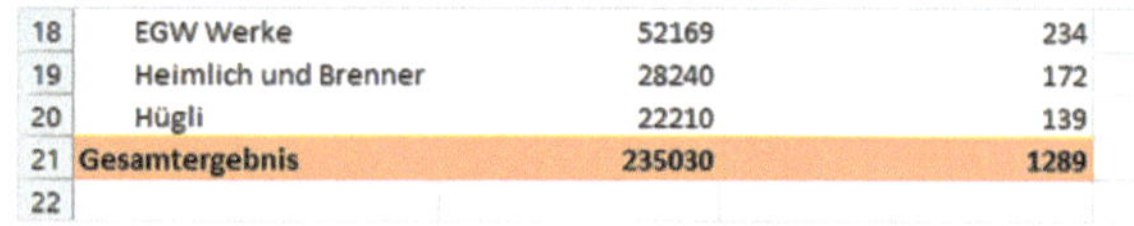

Bild 6.30 Zeilenelemente markieren

Achtung: Verwechseln Sie diesen Pfeil nicht mit dem Pfeil zum Markieren einer Zeile des Tabellenblatts! Dieser erscheint, wenn Sie in den Bereich der Zeilennummerierung zeigen und markiert beim Klicken durchgehend die gesamte Blattzeile.

Hinweis: Das genaue Verhalten beim Markieren ist auch abhängig vom Layout (siehe Seite 261). Wenn die Teilergebnisse eine gesonderte Zeile bilden, können auch diese mit einem einzigen Mausklick markiert werden.

Auf diese Weise markierte und formatierte Tabellenbereiche behalten ihre Formatierung auch nach Aktualisierungen und geänderter Sortierung bei.

Zahlen formatieren

Auf ähnlich einfache Weise formatieren Sie auch die Zahlen einer Pivot-Tabelle mit einem Zahlenformat. Klicken Sie mit der rechten Maustaste auf eine beliebige Zahl der zu formatierenden Spalte und auf *Zahlenformat...*. Es öffnet sich das bekannte Fenster *Zellen formatieren*, allerdings nur mit der Registerkarte *Zahlen*. Hier legen Sie anschließend das gewünschte Zahlenformat fest, z. B. mit Tausenderpunkt und ohne Dezimalstellen und klicken auf *OK*.

Achtung: Verwechseln Sie diesen Befehl nicht mit *Zellen formatieren...*! Dieser Befehl erscheint ebenfalls im Kontextmenü, wirkt sich aber nur auf die markierte Zelle aus.

Im Gegensatz zu den Symbolen des Registers *Start* ▶ *Zahl* formatiert diese Methode das gesamte Feld und damit automatisch alle Zahlen der Spalte. Sollte sich nach einer Aktualisierung der Umfang der Pivot-Tabelle ändern, so erhalten auch neu hinzugekommene Werte dieses Zahlenformat.

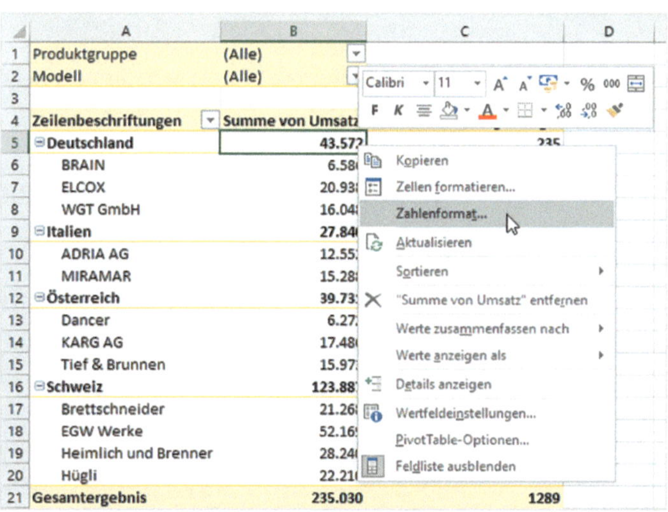

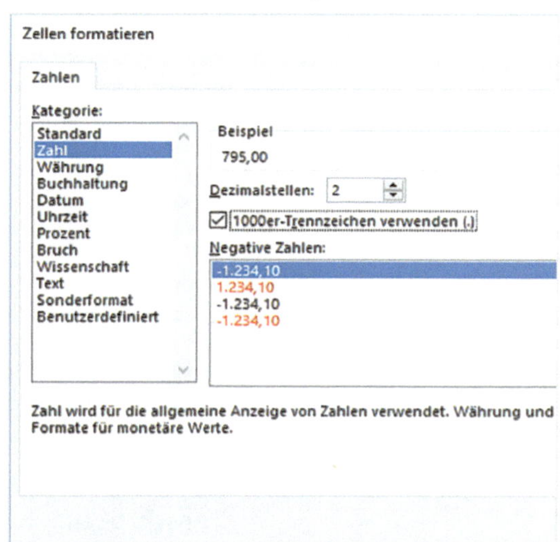

Bild 6.31 Formatieren Sie die Zahlen eines Feldes mit dem Befehl Zahlenformat...

Alternativ wählen Sie im Kontextmenü der rechten Maustaste den Befehl *Wertfeldeinstellungen...* und klicken anschließend auf die Schaltfläche *Zahlenformat*.

Bedingte Formatierung in Pivot-Tabellen

Auch die bedingte Formatierung lässt sich in Pivot-Tabellen einsetzen. Wichtig ist hierbei, dass Sie darauf achten, die bedingte Formatierung wirklich nur auf die zu vergleichenden Zellen anzuwenden. Wenn Sie beispielsweise, wie im Bild unten, die Umsätze einzelner Kunden mit Datenbalken visualisieren möchten, dann darf nicht die gesamte Spalte markiert werden, da sonst die Ländergebnisse und das Gesamtergebnis mit einbezogen würden. Auch eine Mehrfachmarkierung mit gedrückter Strg-Taste stellt in diesem Fall keine Lösung dar, da nach einer Aktualisierung auch eventuell neu hinzugekommene Werte berücksichtigt werden müssen.

Bild 6.32 Beispiel bedingte Formatierung mit Datenbalken

	A	B	C	D	E	F	G
1	Produktgruppe	(Alle)					
2	Modell	(Alle)					
3							
4	**Zeilenbeschriftungen**	**Summe von Umsatz**	**Summe von Auftagsmenge**				
5	**⊟Deutschland**	**43.572**	**235**				
6	BRAIN	6.586	54				
7	ELCOX	20.938	109				
8	WGT GmbH	16.048	72				
9	**⊟Italien**	**27.840**	**126**				
10	ADRIA AG	12.552	47				
11	MIRAMAR	15.288	79				
12	**⊟Österreich**	**39.731**	**282**				
13	Dancer	6.272	60				
14	KARG AG	17.486	108				
15	Tief & Brunnen	15.973	114				
16	**⊟Schweiz**	**123.887**	**646**				
17	Brettschneider	21.268	101				
18	EGW Werke	52.169	234				
19	Heimlich und Brenner	28.240	172				
20	Hügli	22.210	139				
21	**Gesamtergebnis**	**235.030**	**1289**				

Bedingte Formatierung, siehe Kapitel 4.2.

Gehen Sie daher so vor:

1 Markieren Sie eine einzelne Zelle der zu formatierenden Werte, hier den Umsatz eines beliebigen Kunden (Bild 6.33) ❶, klicken Sie im Register *Start* ▶ *Formatvorlagen* auf *Bedingte Formatierung* ❷ und wählen Sie *Neue Regel....*

2 **Achtung**: Im oberen Teil des Fensters *Neue Formatierungsregel* legen Sie fest, auf welche Zellen sich die Regel beziehen soll. Wählen Sie hier unbedingt statt der Voreinstellung *Markierte Zellen* die Option *Alle Zellen mit „Summe von Umsatz" Werten für „Kunde"* ❸.

3 Unterhalb wählen Sie wie gewohnt einen Regeltyp und bearbeiten die Regelbeschreibung. Wenn Sie z. B. Datenbalken wünschen, dann klicken Sie auf den Regeltyp *Alle Zellen basierend auf Ihren Werten formatieren* und wählen im Bereich *Regelbeschreibung* im Feld *Formatstil* ❹ Datenbalken statt einer Farbskala aus. Anschließend können Sie Minimum und Maximum sowie die Farbe der Datenbalken festlegen. Klicken Sie zuletzt auf *OK*.

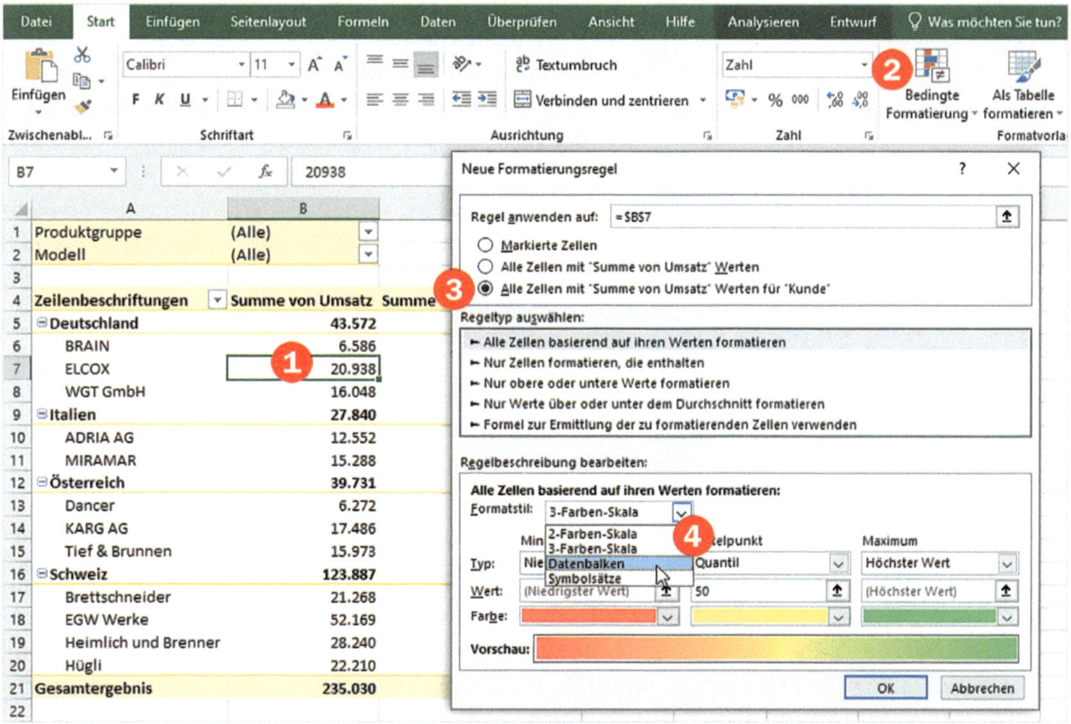

Bild 6.33 Bedingte Formatierung auf bestimmte Werte anwenden

Eine Alternative finden Sie in den Formatierungsoptionen. Mit dieser Methode sollen als zweites Beispiel im Bild unten die Ergebnisse der Länder mit Ampelsymbolen versehen werden.

1 Klicken Sie auf die Zwischensumme eines beliebigen Landes und wählen Sie im Menüband über die Schaltfläche *Bedingte Formatierung* ▶ *Symbolsätze* die gewünschten Ampelsymbole.

2 Im Tabellenblatt erscheint anschließend an dieser Stelle das Symbol *Formatierungsoptionen*. Klicken Sie auf das Symbol und wählen Sie den gewünschten Bereich, im Bild *Alle Zellen mit „Summe von Umsatz“ Werten für „Land“*.

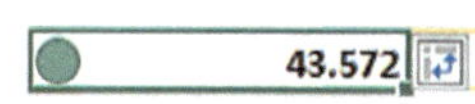

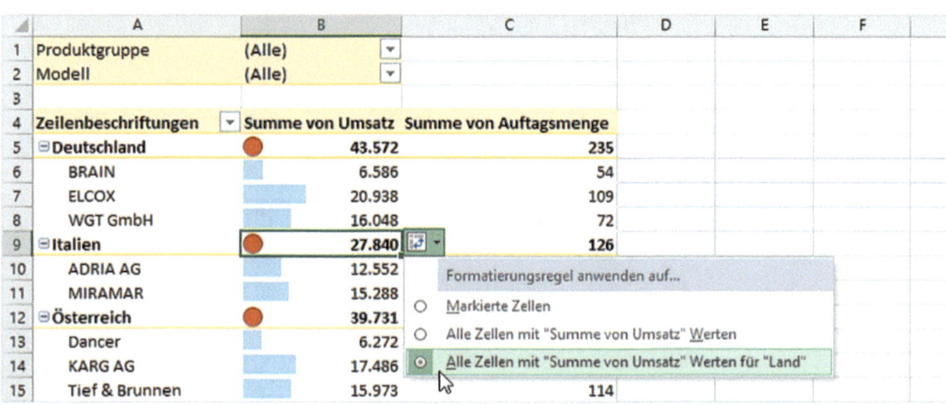

Bild 6.34 Wählen Sie die zu formatierenden Zeilen über das Symbol Formatierungsoptionen

Beschriftungen ändern

Sicher haben Sie längst bemerkt, dass Excel in der Standardeinstellung zwar die Feldinhalte als Zeilen- und Spaltenbeschriftungen in die Pivot-Tabelle übernimmt, nicht aber die dazugehörigen Feldnamen als Überschriften. Stattdessen finden Sie hier nur den wenig aussagekräftigen Text *Zeilenbeschriftungen* und *Spaltenbeschriftungen* und auch Spaltenüberschriften wie *Summe von Umsatz* sind meist zu lang und geben nicht immer den Inhalt wieder. Als Abhilfe wählen Sie ein anderes Berichtslayout, siehe weiter unten, und/oder geben einfach eine andere Beschriftung über die Tastatur ein.

Beschriftung eingeben

Alle Beschriftungen lassen sich schnell ändern, indem Sie einfach die betreffende Zelle markieren und die neue Beschriftung über die Tastatur eingeben bzw. in der Bearbeitungsleiste ändern oder den Zellinhalt mit F2 editieren (Bild 6.35). Auf die Inhalte der Ausgangstabelle hat dies keinerlei Auswirkungen! Sie können also z. B. auch einzelne Zeilenbeschriftungen, im Bild die Artikelnummer, mit Zusatztext versehen. Dieser bleibt auch nach dem Aktualisieren erhalten und wandert beim Sortieren mit.

Die Methode hat allerdings einen gravierenden Nachteil: Der Text, den Sie statt der ursprünglichen Zeilen- oder Spaltenbeschriftung eingegeben haben, bleibt auch dann erhalten, wenn Sie die Pivot-Tabelle nachträglich umstellen und z. B. statt der Artikelnummer die Produktgruppe als Zeilen verwenden.

Auch die Überschrift einer Wertespalte, z. B. *Summe von Auftragsmenge* lässt sich auf diese Weise beliebig ändern. Einzige Einschränkung: Diese Überschrift wird als Feldname behandelt und muss eindeutig sein, darf also nicht bereits in der Feldliste oder als benutzerdefinierter Name vorhanden sein.

Tipp: Doppelklick auf eine Wertebeschriftung öffnet das Fenster *Wertfeldeinstellungen*. Hier können Sie im Feld *Benutzerdefinierter Name* ebenfalls den Namen und damit die Überschrift ändern (Bild 6.36). Das Fenster *Wertfeldeinstellungen* können Sie auch über das Kontextmenü der rechten Maustaste öffnen oder indem Sie im Aufgabenbereich *PivotTable-Felder* im Bereich *Werte* auf das betreffende Feld klicken.

Bild 6.35 Beschriftung ändern

Bild 6.36 Beschriftung im Fenster Wertfeldeinstellungen ändern

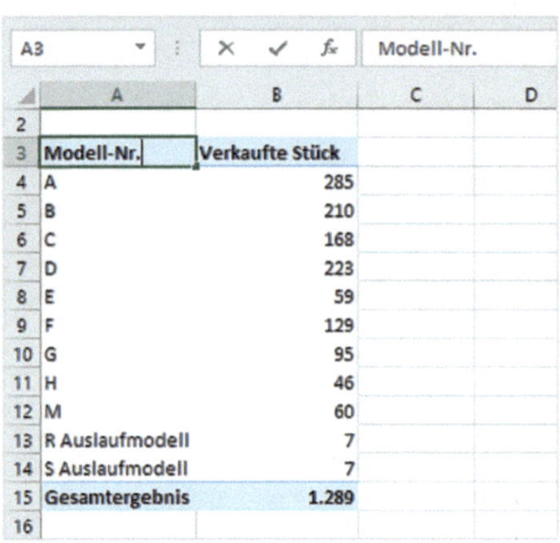

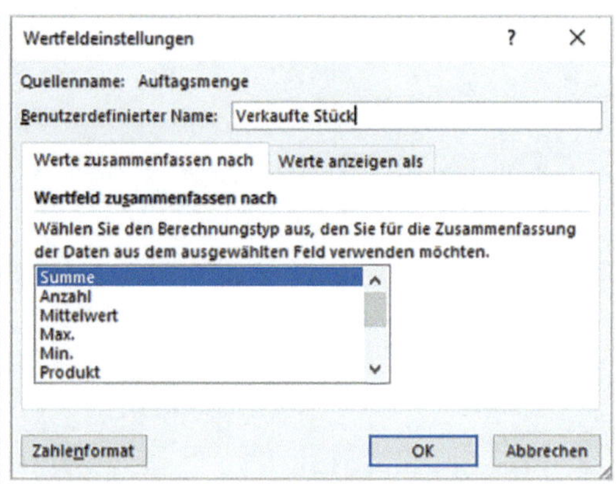

Berichtslayout ändern

Das Berichtslayout steuert die Anordnung von Zeilen- und Spaltenfeldern in gruppierten Pivot-Tabellen sowie die Anzeige von Feldnamen als Überschriften. Im Register *Entwurf* ▶ *Layout* finden Sie über die Schaltfläche *Berichtslayout* drei Optionen.

Bild 6.37 Berichtslayout wählen

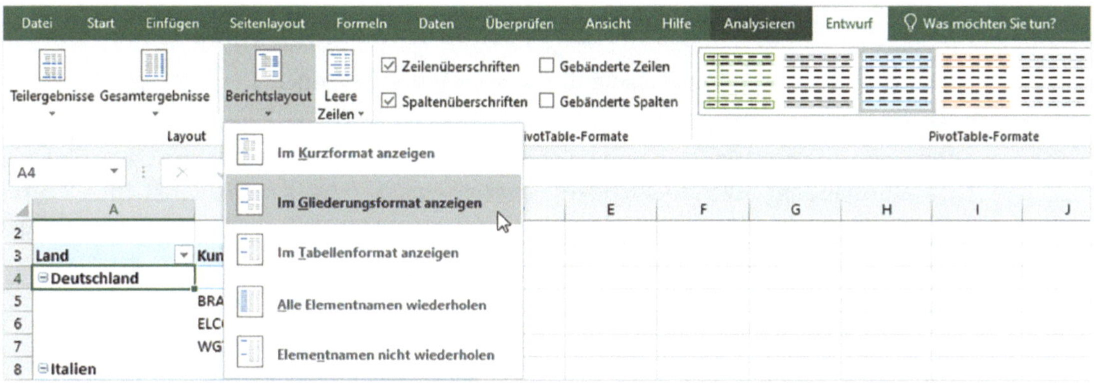

- Standardmäßig verwendet Excel das Kurzformat, das in gruppierten Tabellen alle Details in einer einzigen Spalte zusammenfasst, die Details sind lediglich etwas eingerückt (Bild 6.38).
- Im Gliederungs- und Tabellenformat erscheint jedes Feld in einer eigenen Spalte, diese erhält als Beschriftung den jeweiligen Feldnamen.
- Beim Tabellenformat sind zusätzlich die Gitternetzlinien sichtbar, außerdem befindet sich das erste untergeordnete Element in derselben Zeile statt eine Zeile tiefer, wie im Gliederungs- und Kurzformat (Bild 6.40).

Bild 6.38 Die Tabelle im Kurzformat

Bild 6.39 … im Gliederungsformat

Bild 6.40 … und im Tabellenformat

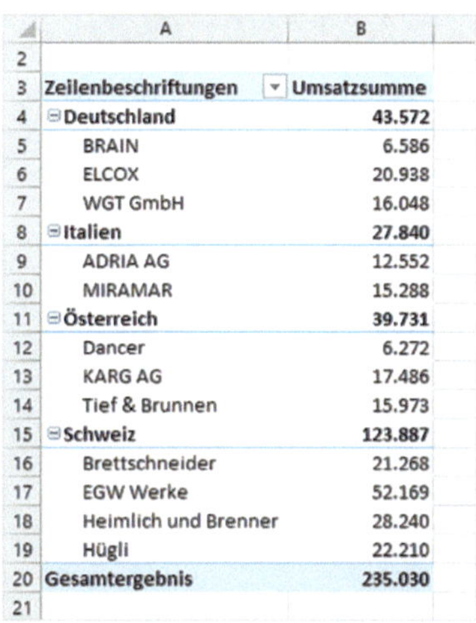

	A	B
2		
3	Zeilenbeschriftungen	Umsatzsumme
4	⊟Deutschland	43.572
5	BRAIN	6.586
6	ELCOX	20.938
7	WGT GmbH	16.048
8	⊟Italien	27.840
9	ADRIA AG	12.552
10	MIRAMAR	15.288
11	⊟Österreich	39.731
12	Dancer	6.272
13	KARG AG	17.486
14	Tief & Brunnen	15.973
15	⊟Schweiz	123.887
16	Brettschneider	21.268
17	EGW Werke	52.169
18	Heimlich und Brenner	28.240
19	Hügli	22.210
20	Gesamtergebnis	235.030
21		

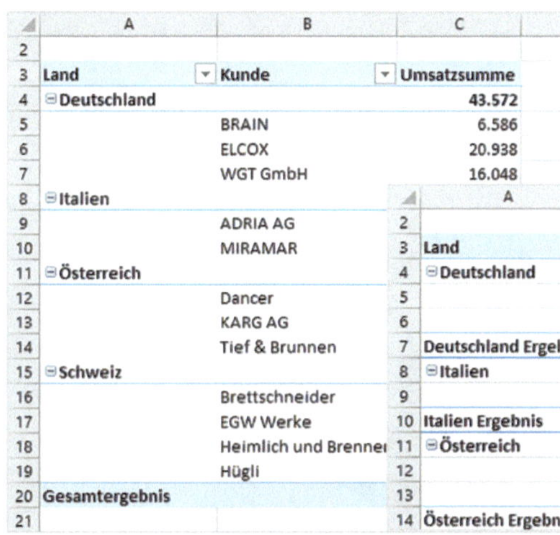

	A	B	C
2			
3	Land	Kunde	Umsatzsumme
4	⊟Deutschland		43.572
5		BRAIN	6.586
6		ELCOX	20.938
7		WGT GmbH	16.048
8	⊟Italien		
9		ADRIA AG	
10		MIRAMAR	
11	⊟Österreich		
12		Dancer	
13		KARG AG	
14		Tief & Brunnen	
15	⊟Schweiz		
16		Brettschneider	
17		EGW Werke	
18		Heimlich und Brenner	
19		Hügli	
20	Gesamtergebnis		
21			

	A	B	C
2			
3	Land	Kunde	Umsatzsumme
4	⊟Deutschland	BRAIN	6.586
5		ELCOX	20.938
6		WGT GmbH	16.048
7	Deutschland Ergebnis		43.572
8	⊟Italien	ADRIA AG	12.552
9		MIRAMAR	15.288
10	Italien Ergebnis		27.840
11	⊟Österreich	Dancer	6.272
12		KARG AG	17.486
13		Tief & Brunnen	15.973
14	Österreich Ergebnis		39.731

Tipp: Über die Schaltfläche *Berichtslayout* erhalten Sie auch die Möglichkeit, in gruppierten Tabellen jeder Zeile die Bezeichnung des übergeordneten Elements voranzustellen (Einstellung *Alle Elementnamen wiederholen*), die Auswahl *Elementnamen nicht wiederholen* blendet diese wieder aus.

Nützliche Layouteinstellungen in den PivotTable-Optionen

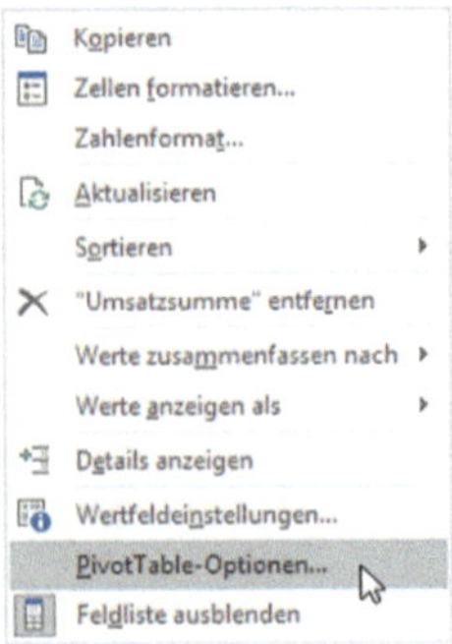

In den PivotTable-Optionen finden Sie einige nützliche Layouteinstellungen. Die Optionen öffnen Sie entweder mit Rechtsklick in die Pivot-Tabelle und den Befehl *PivotTable-Optionen* oder klicken Sie im Register *PivotTable-Tools - Analysieren* ▶ *PivotTable* auf *Optionen*. Klicken Sie im Fenster *PivotTable-Optionen* auf das Register *Layout & Format*.

So behalten Sie Formate und Spaltenbreite beim Aktualisieren bei

Excel passt beim Erstellen und nach jeder Aktualisierung einer Pivot-Tabelle die Spaltenbreite automatisch an den Inhalt an. Die Spaltenbreite lässt sich zwar jederzeit mit der Maus ändern, wird jedoch beim Aktualisieren der Tabelle nicht beibehalten. Damit Sie nicht nach jeder Aktualisierung die Spalten mühsam erneut wieder anpassen müssen, können Sie in den Optionen das automatische Anpassen der Spalten deaktivieren.

Achtung: Alle Optionen gelten immer nur für die aktuelle Pivot-Tabelle!

- Dazu deaktivieren Sie das Kontrollkästchen *Spaltenbreite bei Aktualisierung automatisch anpassen* ❶.
- Das zweite Kontrollkästchen *Zellformatierung bei Aktualisierung beibehalten* sollte dagegen aktiviert sein. Es sorgt dafür, dass sämtliche Formatierungen, z. B. Zahlenformate oder bedingte Formatierungen beim Aktualisieren der Tabelle erhalten bleiben.

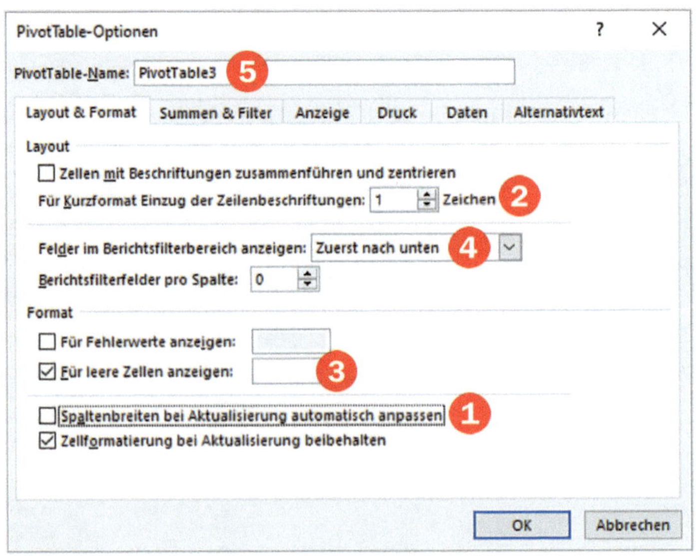

Bild 6.41 Anpassung der Spaltenbreite verhindern

Die weiteren Einstellungen

Einzüge des Kurzformats ändern

Wenn Sie aus Platzgründen das Kurzformat beibehalten möchten, aber zwecks übersichtlicherer Darstellung die untergeordneten Elemente weiter einrücken möchten, dann geben Sie in den Optionen im Register *Layout & Format* beim Feld *Für Kurzformat Einzug der Zeilenbeschriftungen* die gewünschte Anzahl Zeichen an ❷.

Behandlung fehlender Werte

Bei fehlenden Werten bleibt in der Standardeinstellung die Zelle der Wertespalte leer. Wenn hier ein anderes Zeichen, z. B. Bindestrich oder Stern, erscheinen soll, dann aktivieren Sie unter *Format* das Kontrollkästchen *Für leere Zellen anzeigen* ❸ (Bild oben) und tragen das gewünschte Zeichen im Feld daneben ein.

Berichtsfilter nebeneinander anordnen

Wenn Sie im Bereich *Filter* mehrere Felder verwenden, dann werden diese oberhalb der Pivot-Tabelle automatisch untereinander angeordnet. Sollen diese nebeneinander erscheinen, dann wählen Sie im Feld *Felder im Berichtsfilterbereich anzeigen* ❹ die Einstellung *Rechts, dann nach unten*. Unterhalb legen Sie die Anzahl der Felder pro Zeile fest; z. B. 2, wenn sich maximal zwei Berichtsfilter nebeneinander befinden sollen.

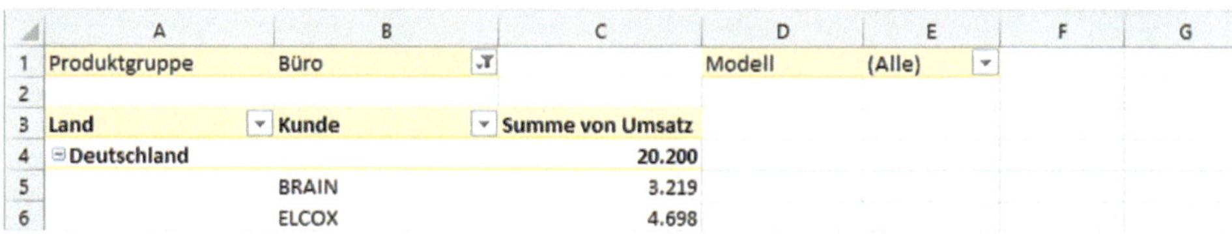

Bild 6.42 Berichtsfilter nebeneinander anordnen

Tabellennamen

Standardmäßig werden Pivot-Tabellen der Reihe nach durchnummeriert und erhalten die Namen *PivotTable1*, *PivotTable2*, usw.. Damit Sie in Arbeitsmappen mit mehreren Pivot-Tabellen den Überblick nicht verlieren, können Sie hier ❺ jeder Tabelle einen aussagekräftigeren Namen geben.

Die Anzeige von Gesamt- und Zwischenergebnissen steuern

Gesamtergebnisse anzeigen/entfernen

Meist erhält eine Pivot-Tabelle automatisch in der letzten Zeile und Spalte jeweils die Gesamtergebnisse. Wenn dies nicht der Fall sein sollte oder Sie die Gesamtergebnisse entfernen möchten, dann klicken Sie im Register *Entwurf* ▶ *Layout* auf *Gesamtergebnisse* und wählen die gewünschte Anzeige (Bild 6.43).

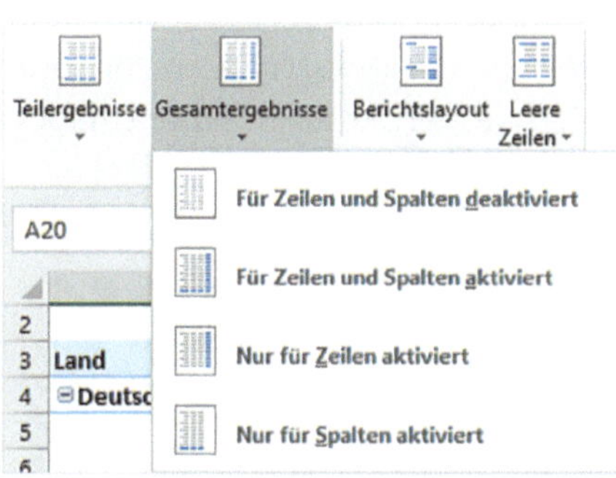

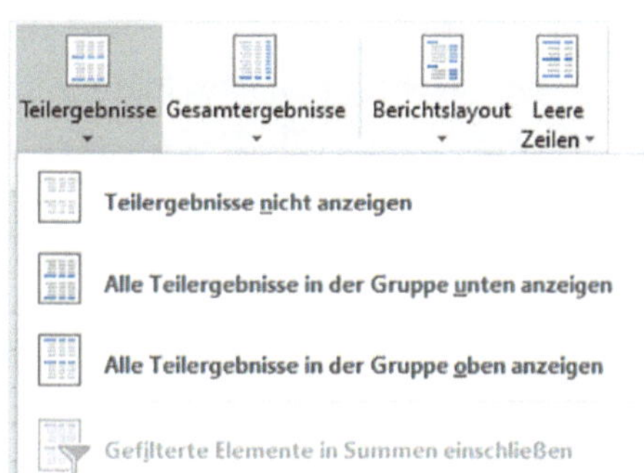

Bild 6.43 Die Anzeige von Gesamtergebnissen

Bild 6.44 Teilergebnisse anzeigen

Anzeige und Position von Teilergebnissen

Im selben Register finden Sie daneben auch die Schaltfläche *Teilergebnisse* (Bild 6.44), mit der Sie in gruppierten Tabellen mit mehreren Zeilen- oder Spaltenfeldern die Anzeige und Position von Teilergebnissen für jede Gruppe steuern.

Ob die Teilergebnisse ober- oder unterhalb der Gruppe angezeigt werden, ist auch abhängig vom Berichtslayout. So positioniert z. B. das *Tabellenformat* Teilergebnisse immer unterhalb der Gruppe. Beim *Kurzformat* und beim *Gliederungsformat* können Sie dagegen die Position der Teilergebnisse ändern. Beachten Sie außerdem, dass bei Teilergebnissen unterhalb der Gruppe eine zusätzliche Zeile eingefügt wird, was umfangreiche Tabellen nicht unbedingt übersichtlicher macht.

Leerzeilen nach jeder Gruppe

Falls Sie für optisch ansprechende Ausdrucke nach jeder Gruppe Leerzeilen einfügen möchten, klicken Sie dazu in der Gruppe *Layout* auf *Leere Zeilen*. Mit dieser Schaltfläche entfernen Sie auch die Leerzeilen wieder.

Einzeldatensätze kontrollieren (Drilldown)

Eigentlich besteht die Aufgabe jeder Pivot-Tabelle im Zusammenfassen von Daten. Trotzdem kann es manchmal sinnvoll sein, zur Kontrolle schnell Einblick in die Einzelwerte zu einem Ergebnis zu erhalten. Beispielsweise, wenn Sie wissen möchten, wie sich die Verkaufszahl einer bestimmten Produktgruppe und/oder eines Kunden zusammensetzt oder ob der Umsatz vom Dezember wirklich korrekt ist.

Dazu führen Sie einen sogenannten Drilldown aus: Doppelklicken Sie auf den betreffenden Wert einer Ergebnisspalte ❶.

Bild 6.45 Doppelklicken Sie auf das Ergebnis, das Sie näher untersuchen möchten

	A	B	C	D	E	F	G	H
2								
3	Umsatzsumme		Produktgruppe					
4	Land	Kunde	Büro	Computer	Haushalt	Unterhaltung	Gesamtergebnis	
5	⊟Deutschland		20.200	3.605	1.392	18.375	43.572	
6		BRAIN	❶ 3.219	625	1.392	1.350	6.586	
7		ELCOX	4.698	2.215		14.025	20.938	
8		WGT GmbH	12.283	765		3.000	16.048	

- Die dazugehörigen Einzeldatensätze, im Bild unten die Produktgruppe Büro und Kunde BRAIN, werden in ein neues Tabellenblatt ❷ der aktuellen Arbeitsmappe kopiert und sofort auf dem Bildschirm angezeigt.

Bild 6.46 Die Einzeldatensätze werden in ein neues Tabellenblatt kopiert

	A	B	C	D	E	F	G	H	I	J
1	Auftragsdatum	Land	Kunde	Modell	Produktgruppe	Einzelpreis	Auftagsmenge	Rabattgruppe	Umsatz	
2	07.08.2019	Deutschland	BRAIN	C	Büro	146	6	2	876	
3	13.07.2019	Deutschland	BRAIN	A	Büro	120	5	2	600	
4	05.07.2019	Deutschland	BRAIN	A	Büro	120	1	1	120	
5	02.01.2019	Deutschland	BRAIN	A	Büro	120	1	3	120	
6	17.12.2018	Deutschland	BRAIN	A	Büro	120	6	3	720	
7	13.08.2018	Deutschland	BRAIN	A	Büro	120	3	2	360	
8	05.07.2018	Deutschland	BRAIN	M	Büro	423	1	1	423	
9										

Beschriftungen | Tabelle4 ❷ | …nsatz Kunden Produktgruppen

Gut zu wissen: Ein Drilldown erzeugt lediglich eine Kopie der Quelldaten. Sie können also hier Kontrollberechnungen durchführen und dieses Blatt problemlos wieder löschen, wenn es nicht mehr benötigt wird. Weder die Ausgangsdaten noch die Pivot-Tabelle werden dadurch verändert.

Tipp: Drilldown verhindern

Falls Sie verhindern möchten, dass bei einem Doppelklick Details aus den Quelldaten erscheinen, dann deaktivieren Sie in den *PivotTable-Optionen* (Rechtsklick ▶ *PivotTable-Optionen*), Register *Daten* das Kontrollkästchen *‚Details anzeigen' aktivieren*.

Bild 6.47 Drilldown deaktivieren

Tabelle sortieren

Die üblichen Methoden der Sortierung funktionieren auch in Pivot-Tabellen. Standardmäßig sind Pivot-Tabellen nach den Elementen der Zeilenbeschriftung sortiert. Um nach Werten zu sortieren, z. B. absteigend oder aufsteigend nach Umsatzsumme, klicken Sie mit der rechten Maustaste auf eine beliebige Zelle der entsprechenden Spalte, zeigen auf *Sortieren* und wählen die gewünschte Sortierfolge. Die Sortierung wird auch nach dem Aktualisieren beibehalten. Als Alternative benutzen Sie im Register *Daten* die Symbole *Aufsteigend* und *Absteigend sortieren*.

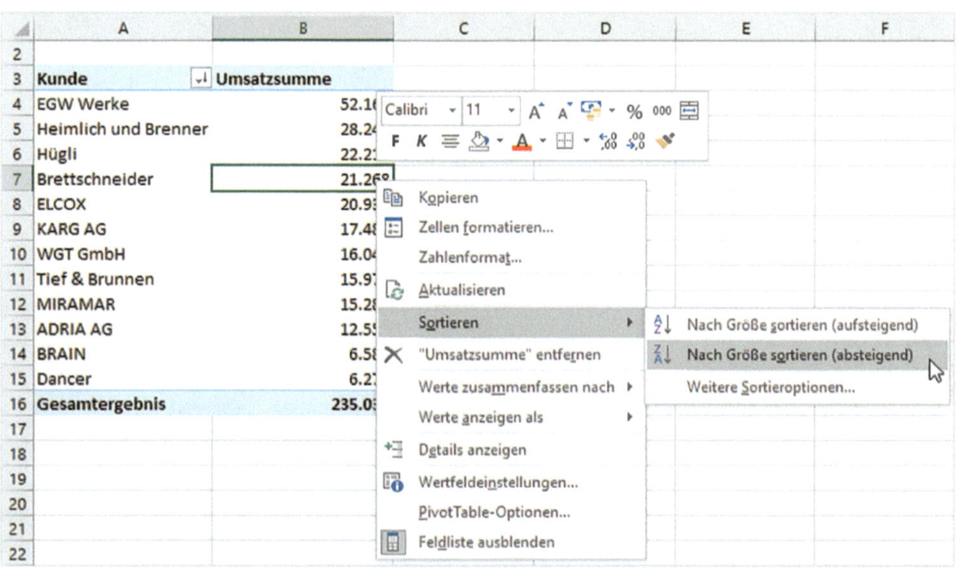

Bild 6.48 Tabelle nach Werten sortieren

6.5 Pivot-Tabelle filtern

Tabelle mit dem Berichtsfilter filtern

Felder, die Sie in den Bereich *Filter* ziehen, befinden sich oberhalb der eigentlichen Pivot-Tabelle und dienen zum Filtern der gesamten Tabelle. Dieser Bereich kann auch mehrere Felder umfassen. Als Beispiel im Bild unten Produktgruppe und Modell.

Klicken Sie beim Feld *Produktgruppe* auf den Dropdown-Pfeil ❶ (Feldschaltfläche), anschließend auf die gewünschte Produktgruppe, hier Büro ❷, und auf *OK*.

Wenn Sie zwei oder mehr Kriterien benötigen, z. B. die Produktgruppen *Büro* und *Computer*, dann aktivieren Sie das Kontrollkästchen *Mehrere Elemente auswählen* ❸. Anschließend können Sie über Kontrollkästchen jedes einzelne Element ein- oder ausblenden. Damit wieder alle angezeigt werden, brauchen Sie nur das Kontrollkästchen *(Alle)* aktivieren.

Bild 6.49 Wählen Sie einen Filter

Bild 6.50 Mehrfachauswahl

Aktive Filter erkennen Sie am Filtersymbol der Schaltfläche. Diese bleiben auch nach dem Aktualisieren wirksam!

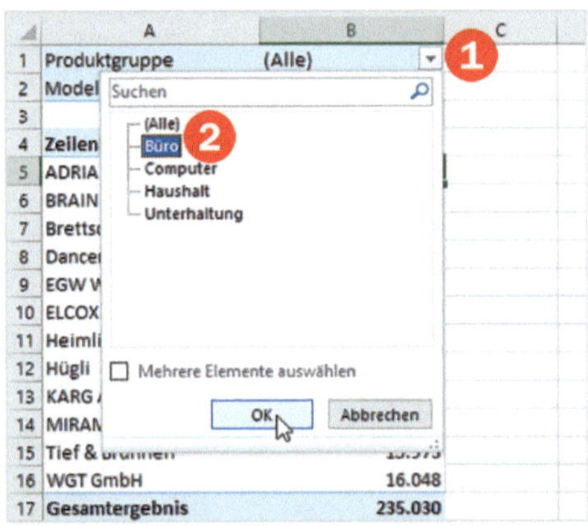

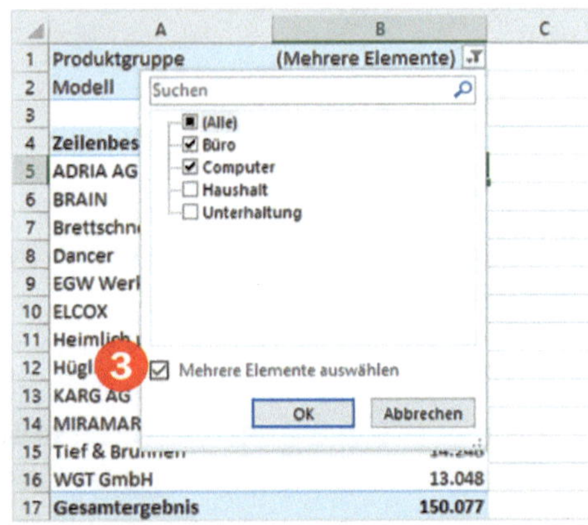

Beachten Sie: Ausgeblendete Elemente werden nicht in die Berechnung von Gesamt- und Teilergebnissen einbezogen, alle Ergebnisse beziehen sich also ausschließlich auf die angezeigten Werte.

Nicht benötigte Zeilen- und Spaltenelemente ausblenden

Einzelne Zeilen und/oder Spalten können in einer Pivot-Tabelle nicht gelöscht werden. Sie können nur, wie beim Berichtsfilter, einzelne Feldelemente ausblenden. Diese fließen dann auch nicht in die Berechnung der Gesamt- und Teilergebnisse ein. Dazu klicken Sie in der Pivot-Tabelle auf den Dropdown-Pfeil des betreffenden Feldes ❶ und deaktivieren das Kontrollkästchen des auszublendenden Elements, im Bild unten die Spalte bzw. Produktgruppe Unterhaltung ❷. Dieselbe Vorgehensweise kann auch auf Zeilen angewendet werden.

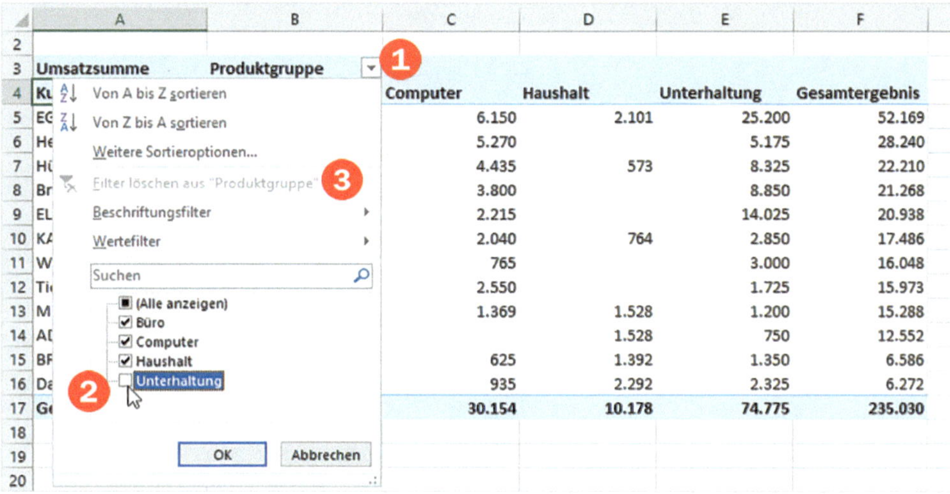

Bild 6.51 Element ausblenden

Filter entfernen

Zum Entfernen eines Filters klicken Sie erneut auf die Feldschaltfläche und auf *Filter löschen aus...* ❸. Oder aktivieren Sie das Kontrollkästchen *(Alle anzeigen)*.

Tipp: Fehlende Werte ausblenden

Enthält die Pivot-Tabelle ein Zeilen- oder Spaltenfeld, das in der Datenquelle nicht für jeden Datensatz einen Wert aufweist, so zeigt Excel bei fehlenden Werten *(Leer)* an. Wenn diese nicht in das Gesamtergebnis einfließen sollen, dann benutzen Sie die oben beschriebene Methode zum Ausblenden.

Wertefilter: Nur die umsatzstärksten Kunden (Top 10)

Pivot-Tabellen unterstützen auch das Filtern anhand bestimmter Werte. Dazu ein einfaches Beispiel: Die unten abgebildete Tabelle soll nur die fünf umsatzstärksten Kunden anzeigen.

1. Klicken Sie auf den Dropdown-Pfeil des Feldes *Kunde* ❶ und zeigen Sie auf *Wertefilter*. Das Untermenü bietet nun verschiedene Filtermöglichkeiten an, klicken Sie auf *Top 10...* ❷.
2. Im nachfolgenden Fenster geben Sie nun die Anzahl der anzuzeigenden Elemente ein ❸, in diesem Beispiel 5. Statt der obersten Elemente könnten auch die untersten Elemente, also die Kunden mit den niedrigsten Umsätzen ausgewählt werden. Oder wählen Sie statt Elementen die obersten Prozent der Umsatzsumme aus.

Als Wertefilter können auch Vergleichswerte verwendet werden (*Größer als...*, *Kleiner als...*, usw.). Beachten Sie, dass sich in einer Tabelle mit mehreren Spalten der Wertefilter stets nach der Gesamtsumme richtet.

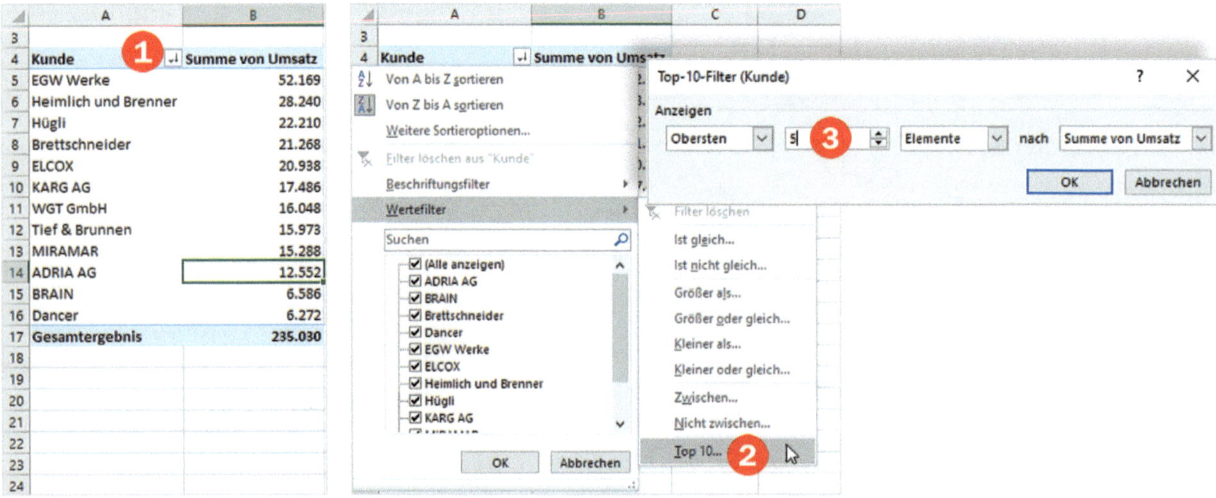

Bild 6.52 Nur die obersten drei Elemente anzeigen

Beschriftungselemente suchen

In der Praxis kann die Anzahl der Zeilen, z. B. Produkte oder Kunden erheblich umfangreicher sein als im hier verwendeten Beispiel. In solchen Fällen ist es nicht immer einfach, auf Anhieb einen bestimmten Kunden oder ein bestimmtes Produkt zu finden und auch der Weg über die Kontrollkästchen führt nicht unbedingt schnell zum Ziel. In solchen Fällen benutzen Sie das Suchfeld. Als Beispiel soll im Bild unten der Kunde „Brenner" gesucht werden.

Klicken Sie auf den Dropdown-Pfeil des Feldes *Kunde* und geben Sie den gesuchten Namen im Suchfeld ein. Bereits während der Eingabe erscheinen unterhalb passende Suchergebnisse. Deaktivieren Sie eventuell nicht benötigte und klicken Sie auf *OK*.

Bild 6.53 Einen bestimmten Kunden suchen

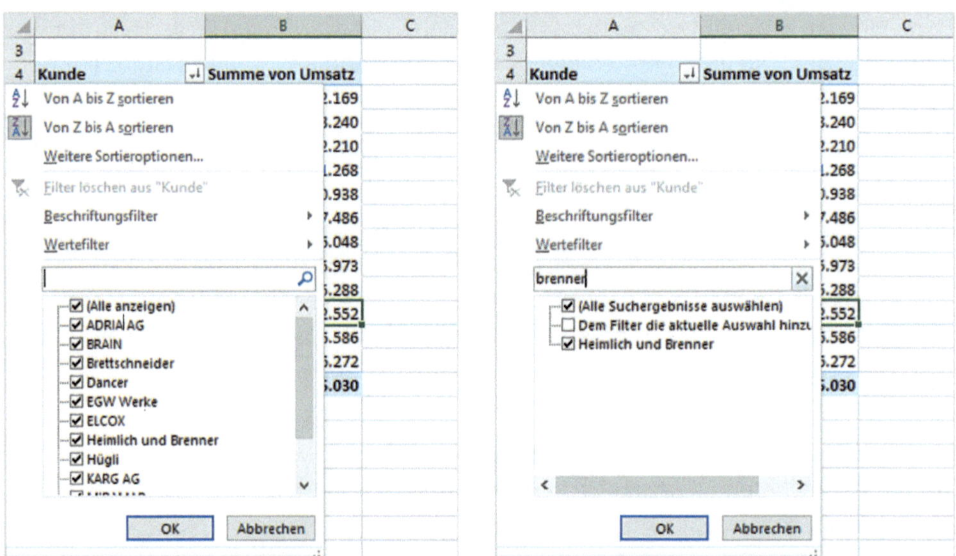

Den Suchbefehl einsetzen

Sie können natürlich stattdessen auch alle Elemente dieses Feldes markieren, mit Strg+F oder über *Start* ▶ *Bearbeiten* ▶ *Suchen und auswählen* ▶ *Suchen*, das Fenster *Suchen und Ersetzen* öffnen und hier den gesuchten Namen eingeben. Im Gegensatz zur oben beschriebenen Methode wird dadurch der gesuchte Kunde nur markiert und die übrigen nicht ausgeblendet.

Tipp: Dropdown-Schaltflächen ausblenden

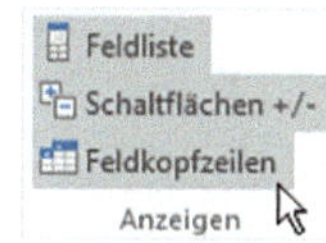

Allerdings verschwindet dadurch auch der dazugehörige Text.

Wenn Sie verhindern möchten, dass von anderen Benutzern Filter angewendet oder aufgehoben werden, dann blenden Sie die Dropdown-Schaltflächen aus. Klicken Sie dazu auf das Register *Analysieren* und deaktivieren Sie in der Gruppe *Anzeigen* die Schaltfläche *Feldkopfzeilen*. Mit derselben Schaltfläche blenden Sie die ausgeblendeten Schaltflächen auch wieder ein.

Datenschnitte zum Filtern einsetzen

Auch die, in Kapitel 3.5 beschriebenen, Datenschnitte lassen sich zum Filtern von Pivot-Tabellen einsetzen. Im Gegensatz zu den oben vorgestellten Filtermöglichkeiten über die Dropdown-Schaltfläche des jeweiligen Feldes haben Datenschnitte gleich mehrere Vorteile:

- Sie sind einfach zu bedienen, auch auf Geräten mit Fingerbedienung.
- Die verwendeten Filter und Filterkriterien werden optisch hervorgehoben und sind auch für Excel-Unkundige leicht nachvollziehbar.

Datenschnitte einfügen

Beispiel: Sie haben eine Pivot-Tabelle mit Kundenumsätzen vor sich (Bild 6.54) und möchten diese mit Datenschnitten nach Modellen und Produktgruppen filtern. Klicken Sie im Register *Analysieren* ▶ *Filtern* auf *Datenschnitt einfügen* ❶.

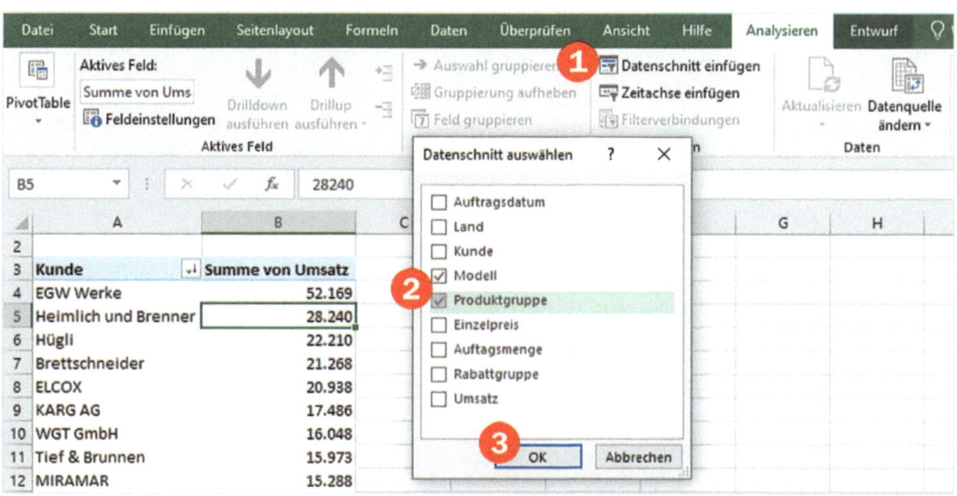

Bild 6.54 Datenschnitt einfügen, wählen Sie die benötigten Felder

Wählen Sie anhand der Kontrollkästchen die Felder, die Sie als Filter verwenden möchten ❷ und klicken Sie auf OK ❸.

Die Datenschnitte werden überlagert am Rand der Pivot-Tabelle in das Arbeitsblatt eingefügt und Sie können nun die Datenschnitte verwenden, wie bereits ab Seite 150 dieses Buches beschrieben.

Mit Zeitachsen filtern

Zum Filtern von Datumswerten stehen Zeitachsen zur Verfügung, die Zeiteinheiten können Sie frei wählen.

> **Beachten Sie eine wichtige Voraussetzung**
> Zeitachsen sind nur für Datumswerte im Format TT.MM.JJJJ verfügbar. Sie können z. B. nicht für Jahre erstellt werden, wenn es sich hierbei um Zahlen handelt.

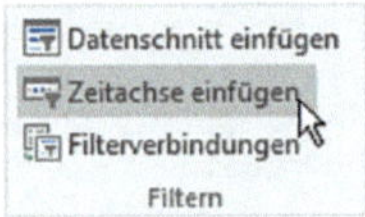

Zum Einfügen einer Zeitachse klicken Sie im Register *Analysieren* ▶ *Filtern* auf *Zeitachse einfügen* ❶. **Achtung**: Im nachfolgenden Fenster erscheinen ausschließlich geeignete Felder; für die Ausgangsdaten des Beispiels also nur das Feld *Auftragsdatum* ❷. Aktivieren Sie das gewünschte Feld bzw. das Kontrollkästchen und klicken Sie auf *OK*.

Bild 6.55 Zeitachse einfügen

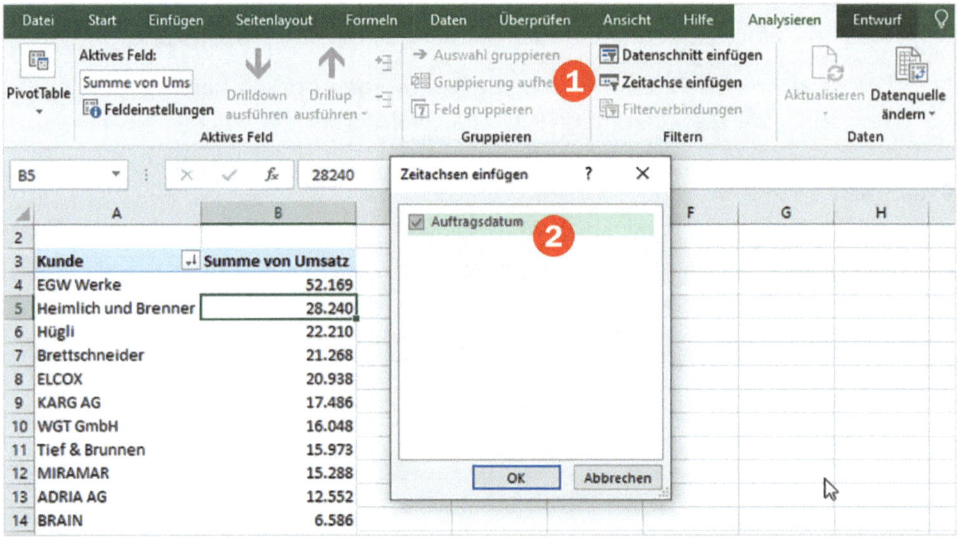

Wie jeder Datenschnitt kann die Zeitachse anschließend im Tabellenblatt beliebig positioniert, vergrößert oder verkleinert werden. Zur Formatierung der Zeitachse verwenden Sie das Register *Zeitachsentools - Optionen*. Hier können Sie beispielsweise der Zeitachse eine Formatvorlage zuweisen.

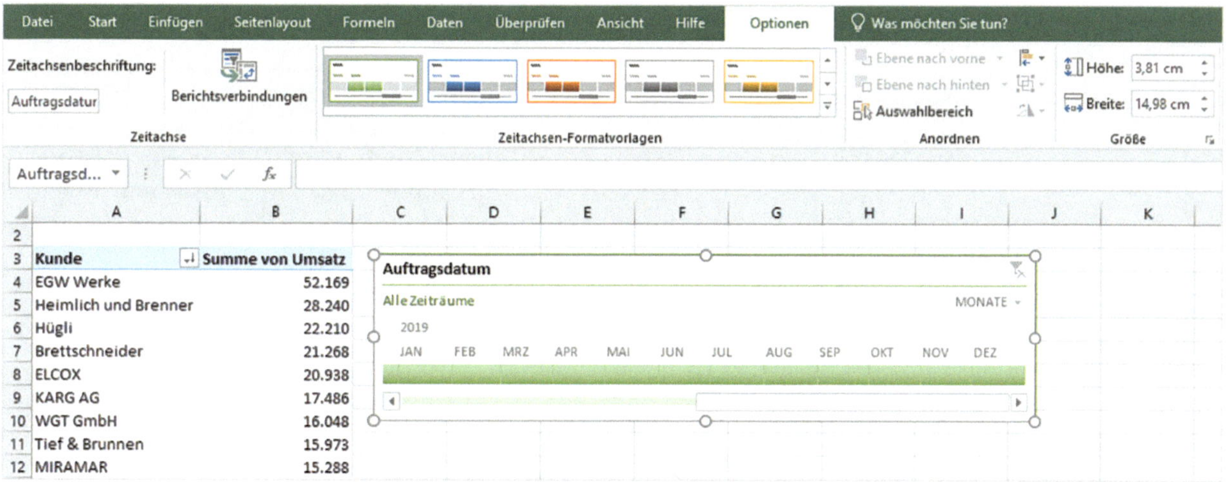

Bild 6.56 Die Pivot-Tabelle mit Zeitachse

So filtern Sie mit der Zeitachse

Zunächst umfasst die Zeitachse den gesamten Zeitraum der Datenquelle nach Monaten. Zum Filtern klicken Sie einfach in der Zeitachse auf den gewünschten Zeitraum, z. B. Februar 2018, wie im Bild unten.

Falls Sie den Zeitraum auf angrenzende Monate ausweiten möchten, so verlängern Sie einfach den Auswahlbalken durch Ziehen mit gedrückter Maustaste.

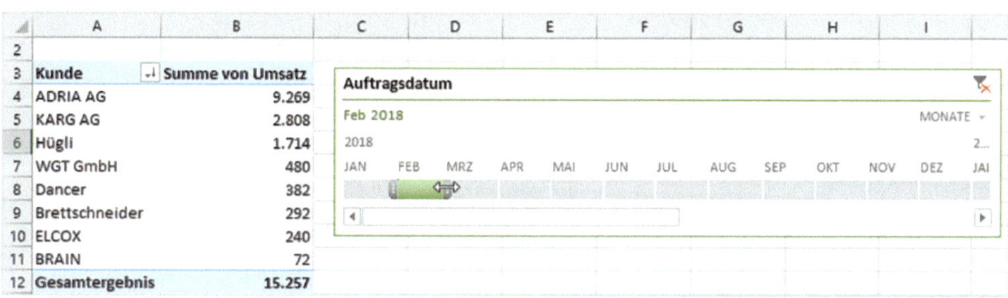

Bild 6.57 Zeitraum vergrößern

Zeiteinheit auswählen

Um statt Monaten eine andere Zeiteinheit auszuwählen, z. B. Quartale oder Jahre, klicken Sie in der Zeitachse rechts oben auf die aktuell verwendete Einheit, im Bild unten *MONATE*, und dann auf die gewünschte Zeiteinheit.

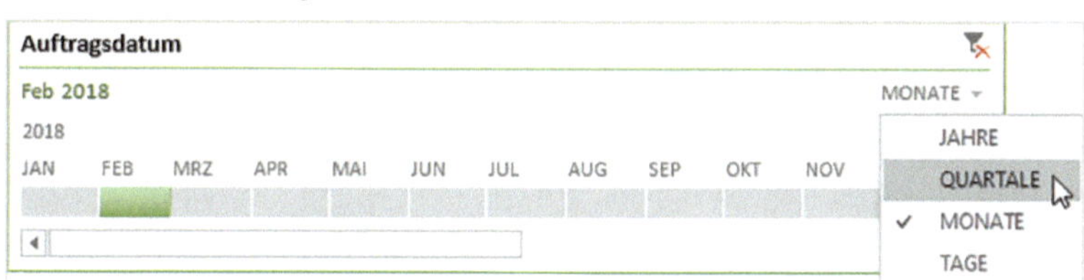

Bild 6.58 Wählen Sie eine Zeiteinheit

Zum Aufheben eines Filters klicken Sie in der Zeitachse auf das Symbol *Filter löschen*.

6.6 Elemente eines Feldes gruppieren

Beschriftungselemente in Gruppen zusammenfassen

Umfasst ein Feld in der Zeilen- oder Spaltenbeschriftung sehr viele Elemente, so können Sie jederzeit Elemente dieses Feldes zu Gruppen zusammenfassen und Ergebnisse für die Gruppen berechnen. Textelemente werden manuell zusammengefasst, Datumswerte und Zahlen können auch automatisch gruppiert werden.

Beispiel Ländergruppen bilden

Als Beispiel sollen die unten abgebildeten Länder in die beiden Gruppen EU-Land und Nicht EU eingeteilt werden.

1 Zuerst sollen die Nicht EU-Länder ausgewählt werden. Dazu markieren Sie die betreffenden Länder durch Anklicken mit gedrückter Strg-Taste, siehe Bild 6.59 (Mehrfachmarkierung).

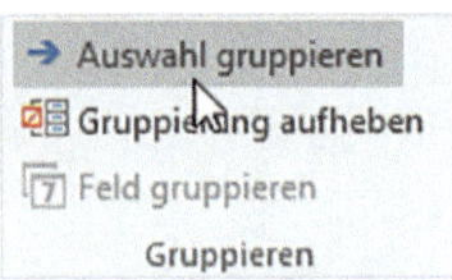

Den Befehl *Gruppieren* erhalten Sie auch über die rechte Maustaste.

2 Klicken Sie dann im Register *Analysieren* ▶ *Gruppieren* auf *Auswahl gruppieren*.

3 Excel fügt der Tabelle und der Feldliste ein neues, übergeordnetes Feld mit dem Namen *Land2* hinzu und die einzelnen (gruppierten) Länder erscheinen im untergeordneten Feld. Das erste Element des neu gebildeten Feldes erhält den Namen *Gruppe1* und setzt sich aus den zuvor markierten Ländern zusammen. Feldname und Gruppenname können jederzeit geändert werden.

4 Markieren Sie nun mit gedrückter Strg-Taste die übrigen Länder (Bild 6.60) und klicken Sie erneut auf *Auswahl gruppieren*. Diese erscheinen anschließend in der Tabelle unter *Gruppe2*.

Bild 6.59 Markieren Sie die Elemente der ersten Gruppe

	A	B	C	D
2				
3	Land	Summe von Umsatz		
4	China	785.000		
5	Deutschland	1.031.300		
6	Griechenland	887.800		
7	Italien	996.000		
8	Nigeria	395.000		
9	Norwegen	970.000		
10	Österreich	155.000		
11	Schweiz	920.000		
12	Gesamtergebnis	6.140.100		
13				
14				
15				
16				
17				
18				

Bild 6.60 Markieren Sie die Elemente der zweiten Gruppe

	A	B	C	D
2				
3	Land2	Land	Summe von Umsatz	
4	Gruppe1		3.070.000	
5		China	785.000	
6		Nigeria	395.000	
7		Norwegen	970.000	
8		Schweiz	920.000	
9	Deutschland		1.031.300	
10		Deutschland	1.031.300	
11	Griechenland		887.800	
12		Griechenland	887.800	
13	Italien		996.000	
14		Italien	996.000	
15	Österreich		155.000	
16		Österreich	155.000	
17	Gesamtergebnis		6.140.100	
18				

Die abgebildete Tabelle basiert auf dem Berichtslayout *Gliederungsformat*. Im Kurzformat befinden sich die Elemente des untergeordneten Feldes in derselben Spalte.

5 Zum Umbenennen markieren Sie in der Tabelle den Namen der ersten Gruppe und geben über die Bearbeitungsleiste den neuen Namen ein. Das Feld selbst, im Bild *Land2*, benennen Sie ebenfalls in der Tabelle um oder öffnen Sie per Rechtsklick auf ein beliebiges Element des Feldes und den Befehl *Feldeinstellungen* das gleichnamige Fenster und ändern den Namen im Feld *Benutzerdefinierter Name*.

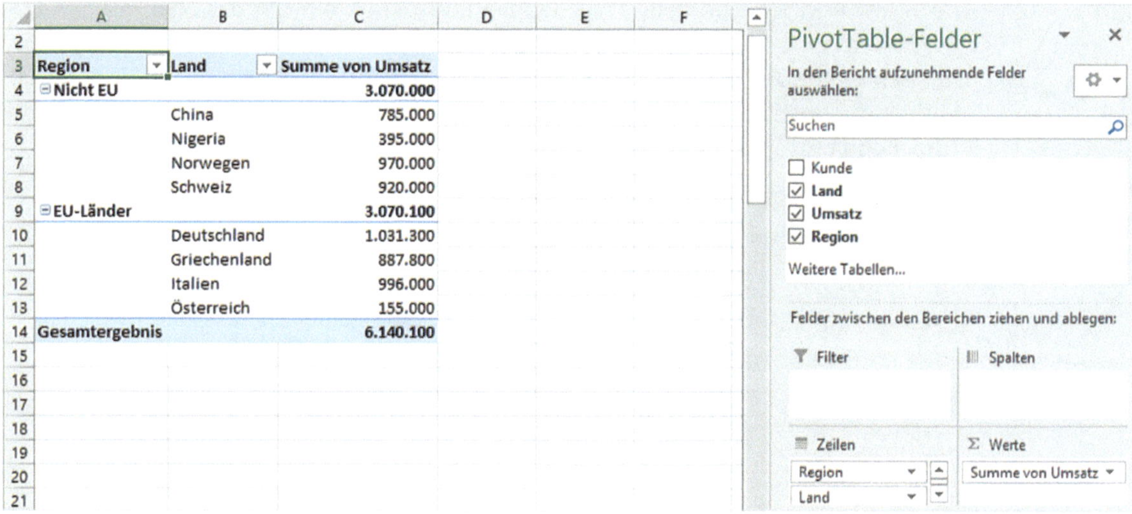

Bild 6.61 Gruppe umbenennen

> Enthält die Arbeitsmappe mehrere Pivot-Tabellen aus derselben Datenquelle, dann erscheint das neu gebildete Gruppenfeld auch in übrigen Feldlisten.

- **Gruppierung aufheben**
  Falls Sie die Gruppierung wieder aufheben möchten, dann klicken Sie in der Pivot-Tabelle mit der rechten Maustaste auf die betreffende Gruppe und auf *Gruppierung aufheben*. Denselben Befehl finden Sie auch Menüband, Register *Analysieren* ▶ *Gruppieren*.

- **Gruppiertes Feld löschen**
  Wenn Sie auch das Gruppenfeld wieder löschen möchten, dann müssen Sie alle Elemente dieses Feldes markieren, bevor Sie auf *Gruppierung aufheben* klicken.

Automatisches Gruppieren von Datumswerten

Häufig enthält eine Datenquelle auch Datumswerte, die in der Auswertung meist nur in der Zusammenfassung, z. B. nach Monaten oder Jahren, benötigt werden. Excel gruppiert Felder mit Datumswerten automatisch nach Zeitintervallen, sobald das Feld den Bereichen *Zeilen* oder *Spalten* einer Pivot-Tabelle hinzugefügt wird. **Achtung**: Im Bereich *Filter* funktioniert die automatische Gruppierung nicht!

Die Datentabelle des bisher verwendeten Beispiels enthält mit dem Feld *Auftragsdatum* das Datum jedes Auftrags. Dieses Feld können Sie heranziehen, wenn Sie beispielsweise die Umsätze nach Jahren, Quartalen und Monaten genauer betrachten möchten. Es ist also nicht erforderlich, in der Ausgangstabelle aus der Spalte *Auftragsdatum* zusätzlich die Monate und Jahre mit den Funktionen JAHR und MONAT zu berechnen.

Dazu erstellen Sie eine neue Pivot-Tabelle und ziehen einfach das Feld mit den Datumswerten, hier *Auftragsdatum* in den Bereich *Zeilen*. Excel erzeugt daraus automatisch die Felder *Jahre* und *Quartale* und das eigentliche Feld, hier *Auftragsdatum*, enthält nur noch die Monate. Am besten benennen Sie anschließend dieses Feld entsprechend um.

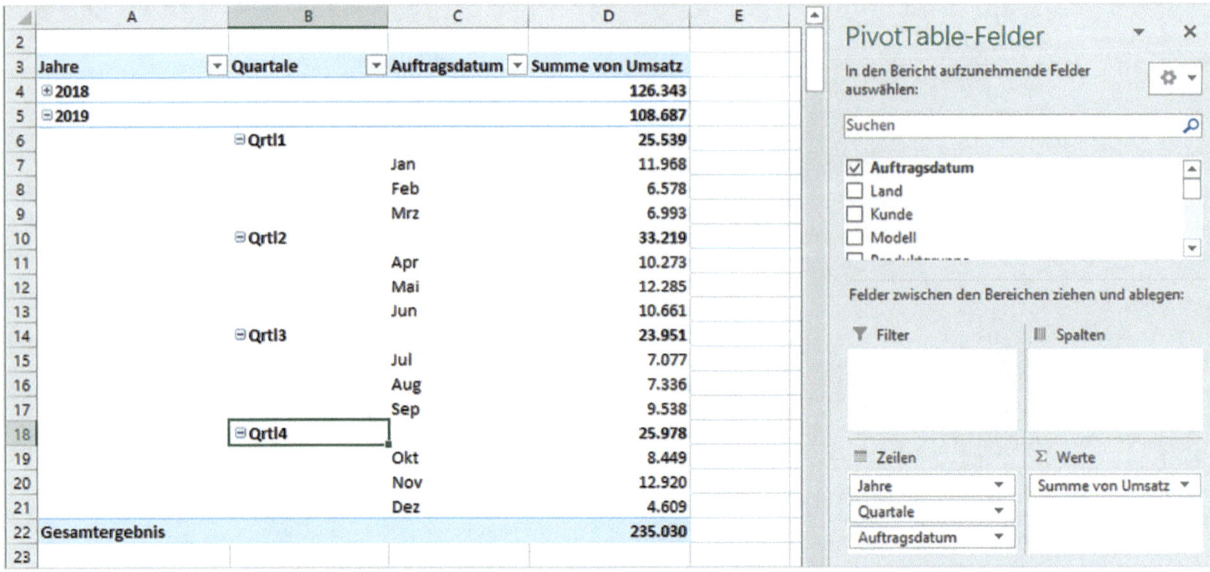

Jahre	Quartale	Auftragsdatum	Summe von Umsatz
⊞2018			126.343
⊟2019			108.687
	⊟Qrtl1		25.539
		Jan	11.968
		Feb	6.578
		Mrz	6.993
	⊟Qrtl2		33.219
		Apr	10.273
		Mai	12.285
		Jun	10.661
	⊟Qrtl3		23.951
		Jul	7.077
		Aug	7.336
		Sep	9.538
	⊟Qrtl4		25.978
		Okt	8.449
		Nov	12.920
		Dez	4.609
Gesamtergebnis			235.030

Bild 6.62 Die Gruppierung erfolgt automatisch nach Jahren, Quartalen und Monaten

Sie können die neuen Felder beliebig anordnen, also auch in den Bereich *Filter* ziehen, und nicht benötigte aus der Pivot-Tabelle entfernen. Als Beispiel wurden im Bild unten die Felder so angeordnet, dass ein direkter Vergleich der Quartalsergebnisse aus zwei Jahren möglich ist.

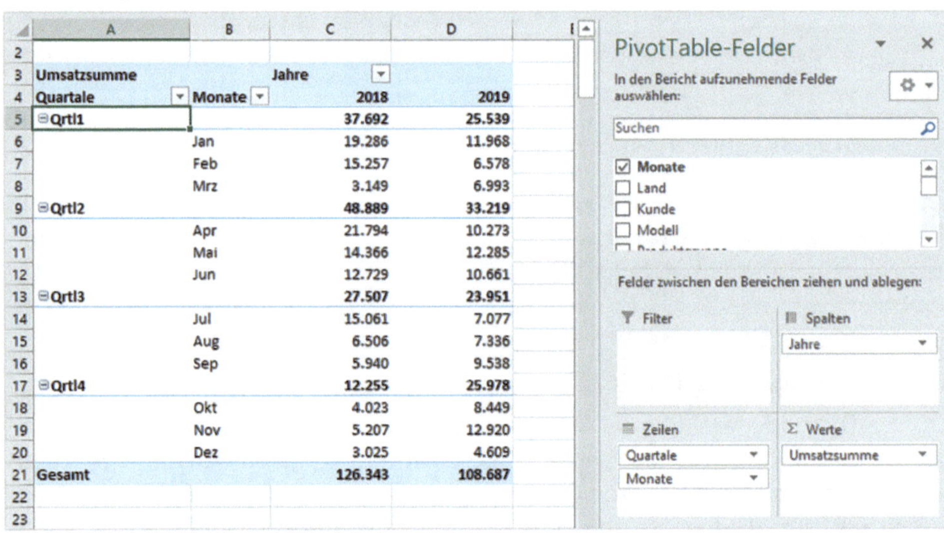

Umsatzsumme		Jahre	
Quartale	Monate	2018	2019
⊟Qrtl1		37.692	25.539
	Jan	19.286	11.968
	Feb	15.257	6.578
	Mrz	3.149	6.993
⊟Qrtl2		48.889	33.219
	Apr	21.794	10.273
	Mai	14.366	12.285
	Jun	12.729	10.661
⊟Qrtl3		27.507	23.951
	Jul	15.061	7.077
	Aug	6.506	7.336
	Sep	5.940	9.538
⊟Qrtl4		12.255	25.978
	Okt	4.023	8.449
	Nov	5.207	12.920
	Dez	3.025	4.609
Gesamt		126.343	108.687

Bild 6.63 Vergleich Quartalsergebnisse

> Durch Gruppieren entstandene Felder sind auch in allen übrigen Pivot-Tabellen verfügbar, die auf derselben Datenquelle beruhen und bleiben auch erhalten, wenn Sie ein Feld wieder aus der Pivot-Tabelle entfernen.

Manuell gruppieren

Sollte beim Ziehen in den Zeilenbereich keine automatische Gruppierung erfolgen, so markieren Sie in der Tabelle eine beliebige Zelle mit einem Datumswert und klicken im Register *Analysieren* ▶ *Gruppieren* auf *Feld gruppieren*.

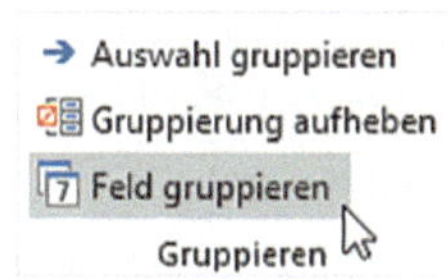

Das Dialogfenster *Gruppieren* wird geöffnet: Klicken Sie der Reihe nach auf alle benötigten Datumsintervalle. Wenn der Inhalt des Originalfeldes *Auftragsdatum*, die Tage, erhalten bleiben soll, dann müssen Sie auch die Tage einbeziehen.

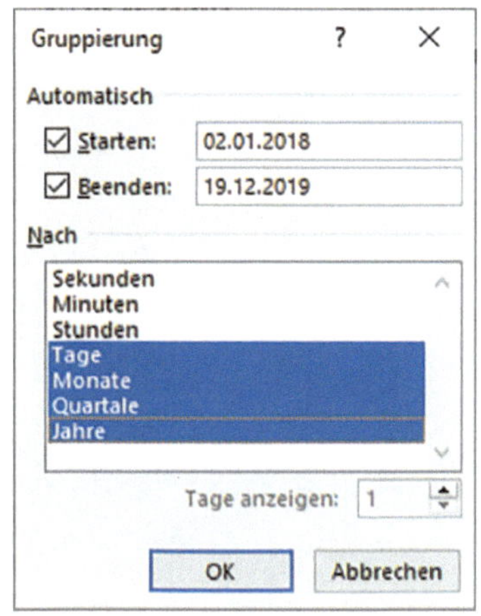

Beginn- und Enddatum werden automatisch gewählt. Wenn Sie Daten vor oder nach einem bestimmten Datum ausschließen möchten, dann geben Sie im Feld *Starten* und/oder *Beenden* das gewünschte Datum ein. Die Kontrollkästchen *Automatisch* müssen in diesem Fall deaktiviert werden.

Hinweis: Sollte bei Datumswerten keine automatische Gruppierung erfolgen, so kontrollieren Sie diese Einstellung in den Excel-Optionen: Klicken Sie im Register *Datei* auf *Optionen* und wählen Sie links die Kategorie *Daten* ❶. Hier darf das Kontrollkästchen *Automatische Gruppierung von Datum/Uhrzeit-Spalten in PivotTables deaktivieren* ❷ nicht aktiviert sein!

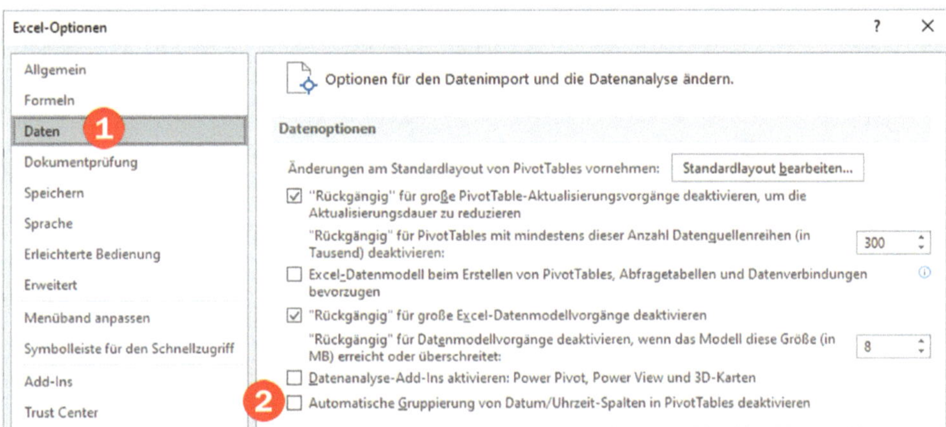

Bild 6.64 Excel-Optionen: Einstellung zum automatischen Gruppieren

Zahlenwerte gruppieren

Auch Zahlen können nach Intervallen gruppiert werden. Als Beispiel eine Auswertung von Testergebnissen nach Altersgruppen, im Bild 6.65 die Ausgangsdaten.

Ziehen Sie zunächst wieder das Feld *Alter* in einen Bereich der Pivot-Tabelle, im Bild unten *Zeilen*. Klicken Sie dann in der Tabelle mit der rechten Maustaste auf eine beliebige Zelle dieses Feldes und auf *Gruppieren....* Excel schlägt ein Intervall von 10 vor, diesen Wert können Sie zusammen mit Start- und Endwert jederzeit ändern.

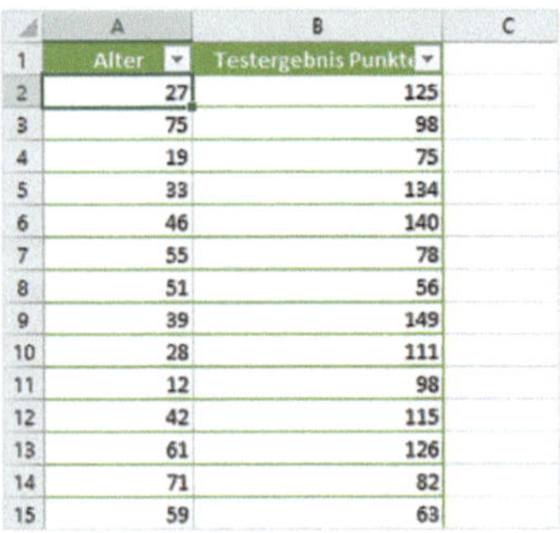

Bild 6.65 Die Ausgangsdaten

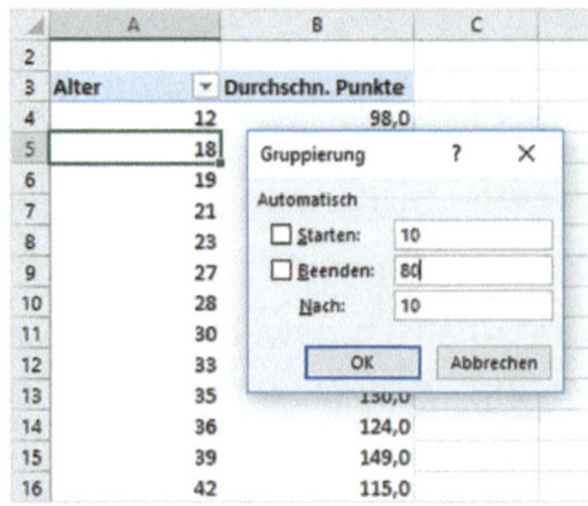

Bild 6.66 Nach Alter gruppieren, Intervall 10 Jahre

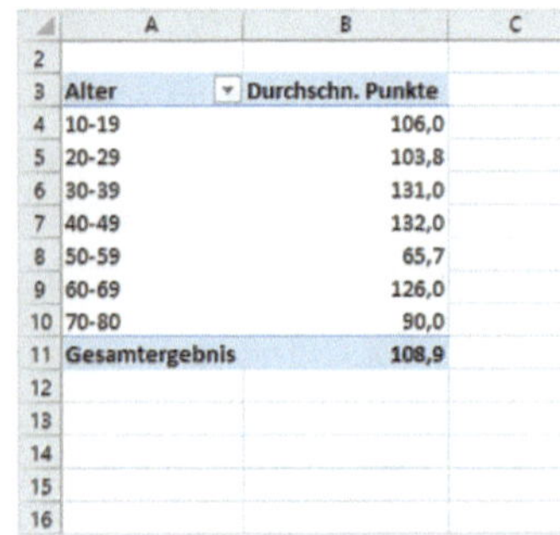

Bild 6.67 Das Ergebnis

Tipp: Die Beschriftung der Altersgruppen richtet sich nach dem höchsten und niedrigsten Wert dieses Feldes. Ist z. B. der jüngste Teilnehmer der Testgruppe 13, dann erscheint als Beschriftung dieser Altersgruppe 13-19. Dies können Sie verhindern, indem Sie auch als Start- und Endwert zum Intervall passende Zahlen angeben.

Da bei diesem Beispiel mit Testergebnissen die vorgeschlagene Summe der Punkte wenig sinnvoll ist, sollten Sie stattdessen die Funktion *Mittelwert* wählen (Rechtsklick auf einen beliebigen Wert dieser Spalte, Befehl *Werte zusammenfassen nach*).

6.7 Weitergehende Berechnungsmöglichkeiten

Einfache Prozentanteile

Statt Zahlen können Pivot-Tabellen auch Prozentanteile anzeigen, ohne dass Sie dazu eine Formel eingeben müssen. Als einfaches Beispiel die Umsätze und prozentualen Umsatzanteile der Produktgruppen, so gehen Sie vor:

1. Ziehen Sie die Produktgruppen in den Bereich *Zeilen* und das Feld *Umsatz* zweimal in den Bereich *Werte*.
2. Klicken Sie mit der rechten Maustaste auf einen beliebigen Wert derjenigen Spalte, die als Prozentanteile dargestellt werden soll, klicken Sie auf *Werte anzeigen als* und wählen Sie die gewünschte Berechnungsbasis. Im Bild unten *% des Spaltengesamtergebnisses*.

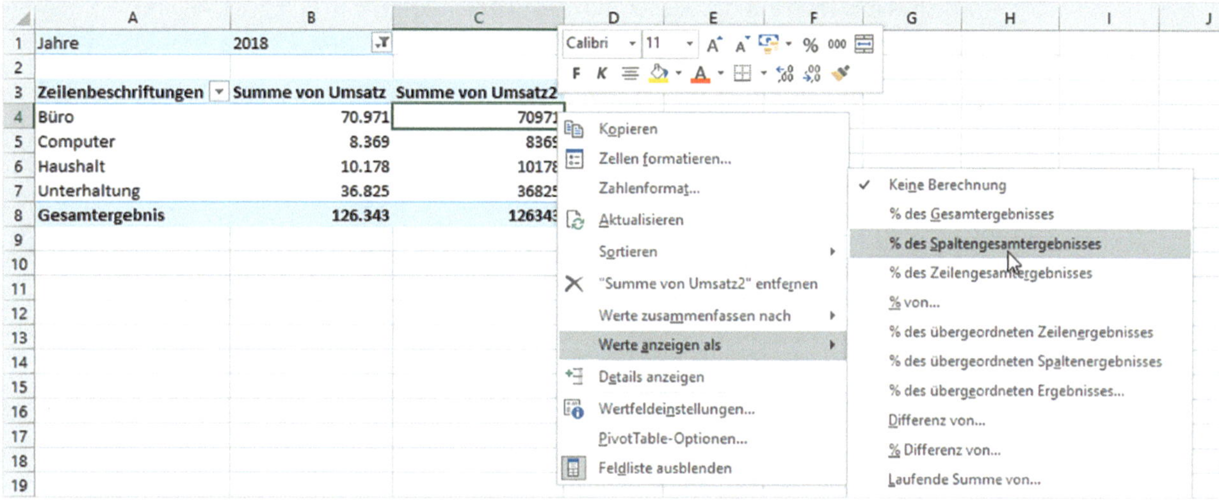

Bild 6.68 Umsätze als Prozentanteile anzeigen

3 Nun brauchen Sie nur noch die Spaltenüberschrift ändern. Mit einem Rechtsklick und dem Befehl *Zahlenformat...* können Sie außerdem die Prozentzahl mit der gewünschten Anzahl Nachkommastellen formatieren.

Als Alternative wählen Sie die Anzeige in Prozent im Fenster *Wertfeldeinstellungen*, Register *Werte anzeigen als*. Sie öffnen dieses Fenster entweder mit einem Klick im Aufgabenbereich auf das betreffende Feld oder per Rechtsklick in die betreffende Spalte der Tabelle. Hier können Sie gleichzeitig im Feld *Benutzerdefinierter Name* die Spaltenüberschrift eingeben und über die Schaltfläche *Zahlenformat* ein Zahlenformat wählen.

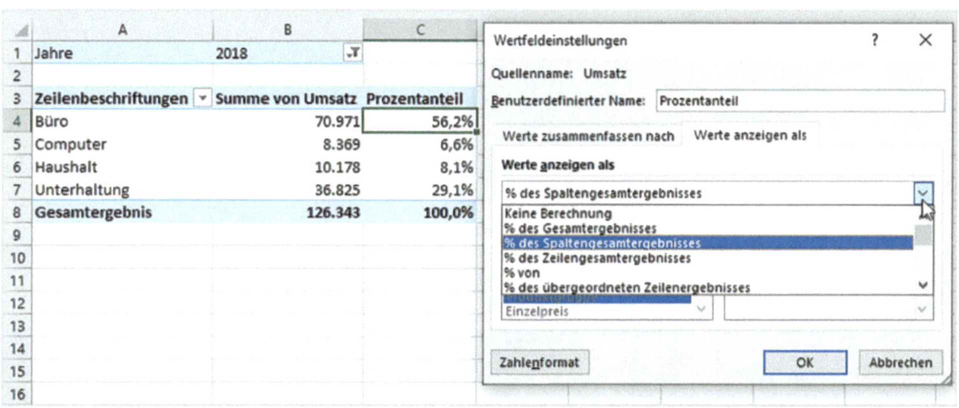

Bild 6.69 Wertfeldeinstellungen - Prozentanteile und Ergebnis

Statt *% des Spaltengesamtergebnisses* können auch *% des Zeilengesamtergebnisses* und *% des Gesamtergebnisses* gewählt werden, je nachdem, auf welcher Basis die Berechnung erfolgen soll.

In Prozent des Teilergebnisses

Enthält die Tabelle mehrere Zeilenfelder, z. B. Produktgruppe und Modell, dann werden mit der Auswahl *% des Spaltengesamtergebnisses* die Umsatzanteile der einzelnen

Artikel in Bezug auf den Gesamtumsatz berechnet, wie in Bild 6.70. Wenn Sie dagegen die Umsatzanteile der Artikel je Produktgruppe benötigen (Teilergebnis gleich 100%), dann wählen Sie *% des übergeordneten Zeilenergebnisses*.

Jahre	2018		
Produktgruppe	**Modell**	**Summe von Umsatz**	**Prozentanteil**
Büro		**70.971**	**56,2%**
	A	15.600	12,3%
	C	11.096	8,8%
	G	35.815	28,3%
	M	8.460	6,7%
Computer		**8.369**	**6,6%**
	B	5.865	4,6%
	E	2.000	1,6%
	S	504	0,4%
Haushalt		**10.178**	**8,1%**
	H	8.786	7,0%
	R	1.392	1,1%
Unterhaltung		**36.825**	**29,1%**
	D	6.225	4,9%
	F	30.600	24,2%
Gesamtergebnis		**126.343**	**100,0%**

Bild 6.70 % des Spaltengesamtergebnisses

Jahre	2018		
Produktgruppe	**Modell**	**Summe von Umsatz**	**Prozentanteil**
Büro		**70.971**	**56,2%**
	A	15.600	22,0%
	C	11.096	15,6%
	G	35.815	50,5%
	M	8.460	11,9%
Computer		**8.369**	**6,6%**
	B	5.865	70,1%
	E	2.000	23,9%
	S	504	6,0%
Haushalt		**10.178**	**8,1%**
	H	8.786	86,3%
	R	1.392	13,7%
Unterhaltung		**36.825**	**29,1%**
	D	6.225	16,9%
	F	30.600	83,1%
Gesamtergebnis		**126.343**	**100,0%**

Bild 6.71 Die Umsatzanteile bezogen auf das Teilergebnis

Kumulierte Werte anzeigen

Häufig werden auch kumulierte Werte benötigt, z. B. kumulierte monatliche Umsätze oder für eine ABC-Analyse. Hier als Beispiel eine Tabelle mit kumulierten Kundenumsätzen. Hinweis: Da die Ausgangstabelle Werte über zwei Jahre enthält, wurde zusätzlich nach Jahren gefiltert.

Jahre	2018			
Kunde	**Umsatzsumme**	**%-Anteil Umsatz**	**Umsatz Kumuliert**	**Kumulierter Umsatz in %**
EGW Werke	21.671	17,15%	21.671	17,15%
MIRAMAR	15.288	12,10%	36.959	29,25%
ELCOX	12.752	10,09%	49.711	39,35%
ADRIA AG	12.552	9,93%	62.263	49,28%
Heimlich und Brenner	11.660	9,23%	73.923	58,51%
Tief & Brunnen	11.272	8,92%	85.195	67,43%
Brettschneider	10.868	8,60%	96.063	76,03%
KARG AG	10.114	8,01%	106.177	84,04%
Hügli	9.977	7,90%	116.154	91,94%
WGT GmbH	4.197	3,32%	120.351	95,26%
Dancer	3.097	2,45%	123.448	97,71%
BRAIN	2.895	2,29%	126.343	100,00%
Gesamtergebnis	**126.343**	**100,00%**		

Bild 6.72 Die fertige Tabelle mit den kumulierten Umsätzen

1 Ziehen Sie das Feld Kunde in den Bereich *Zeilen*. Den Umsatz ziehen Sie viermal in den Wertebereich. Benennen Sie die erste Spalte um in Umsatzsumme und sortieren Sie die Tabelle nach dieser Spalte absteigend.

2 Klicken Sie dann mit der rechten Maustaste in die zweite Spalte *Summe von Umsatz2*, klicken Sie auf *Werte anzeigen als* und dann auf *% des Spaltengesamtergebnisses*. Benennen Sie die Spalte um in %-Anteil Umsatz.

3 Klicken Sie mit der rechten Maustaste in die dritte Spalte (*Summe von Umsatz3*), klicken Sie auf *Werte anzeigen als* und wählen Sie *Laufende Summe von...*. Wählen Sie im nachfolgenden Fenster als Basisfeld für die Berechnung das Feld Kunde. Benennen Sie zuletzt die Spalte um in Umsatz Kumuliert.

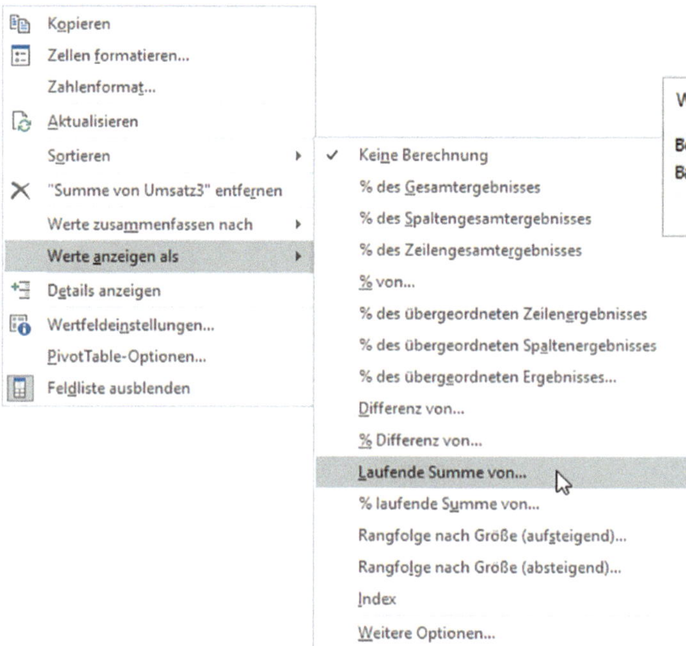

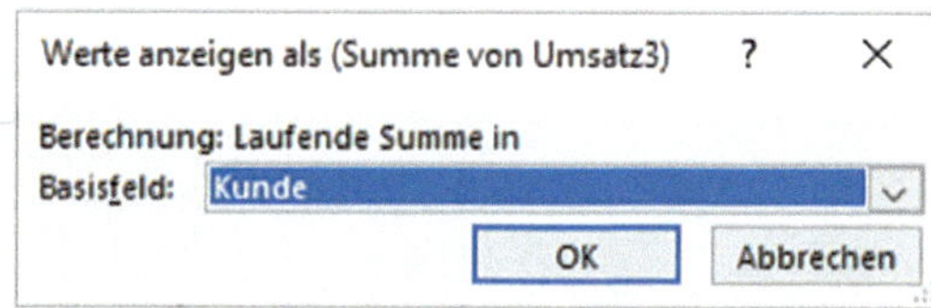

Bild 6.73 Wählen Sie Laufende Summe von...

Bild 6.74 Basisfeld Kunde

4 Klicken Sie mit der rechten Maustaste in die vierte Spalte (*Summe von Umsatz4*), klicken Sie auf *Werte anzeigen als* und wählen Sie *% laufende Summe von...*. Als Basisfeld muss wieder das Feld Kunde angegeben werden. Diese Spalte erhält die Überschrift Kumulierter Umsatz in %.

Rangfolge anzeigen

Nicht immer genügt eine Sortierung nach Werten, in größeren Tabellen sorgt die zusätzliche Anzeige der Rangfolge für einen besseren Überblick. Als Beispiel soll für die Kunden eine Rangfolge nach Umsätzen erzeugt und angezeigt werden.

1 Erstellen Sie zunächst aus den Feldern *Kunde* und *Umsatz* eine Pivot-Tabelle, wie unten abgebildet und ziehen Sie das Feld *Umsatz* zweimal in den Bereich *Werte*.

2 Klicken Sie mit der rechten Maustaste in die zweite Spalte (*Summe von Umsatz2*), zeigen Sie auf *Werte anzeigen als* und wählen Sie *Rangfolge nach Größe (absteigend)*, siehe Bild 6.75.

3 Als Basisfeld für die Rangfolge muss das Feld *Kunde* angegeben werden.

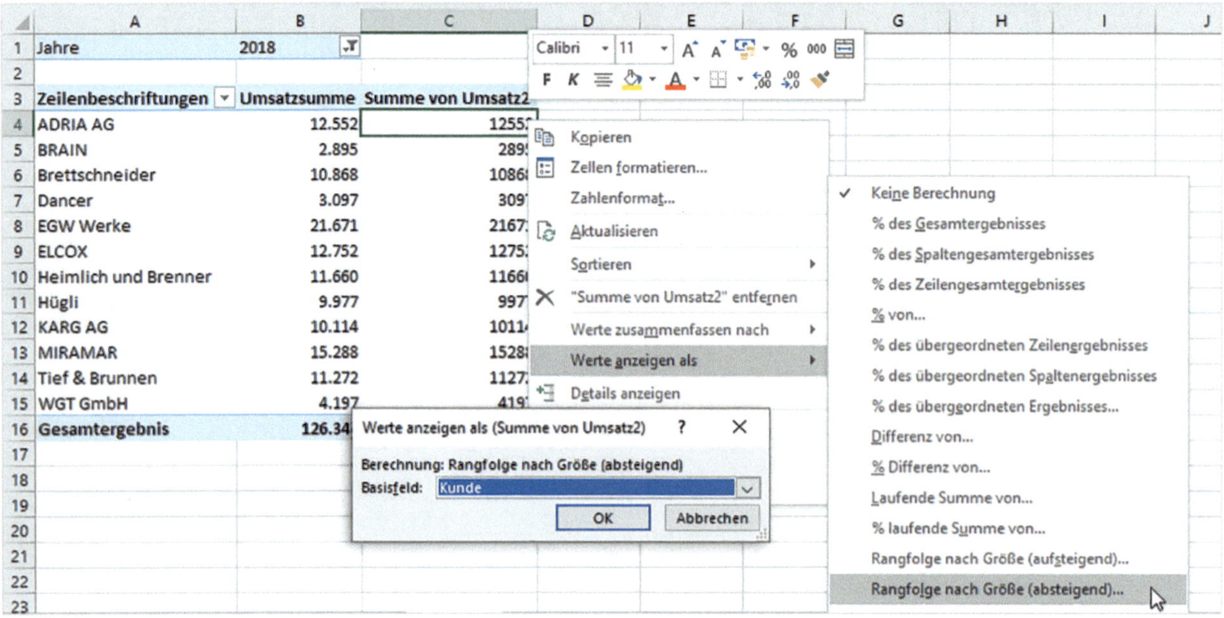

Bild 6.75 Rangfolge anzeigen

4 Zuletzt benennen Sie die beiden Spalten um und sortieren die Tabelle. Dazu klicken Sie mit der rechten Maustaste in die Spalte *Rang*, zeigen auf *Sortieren* und klicken auf *Nach Größe sortieren (absteigend)*.

Bild 6.76 Die Ergebnistabelle

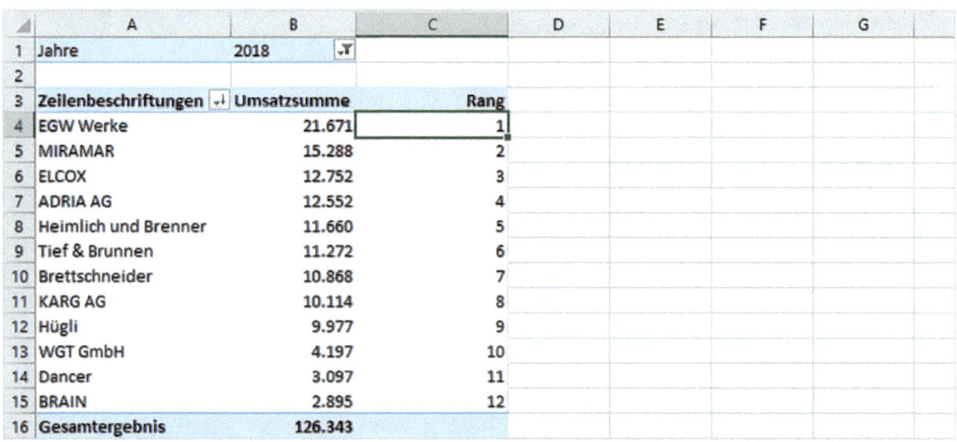

Jahre	2018	
Zeilenbeschriftungen	Umsatzsumme	Rang
EGW Werke	21.671	1
MIRAMAR	15.288	2
ELCOX	12.752	3
ADRIA AG	12.552	4
Heimlich und Brenner	11.660	5
Tief & Brunnen	11.272	6
Brettschneider	10.868	7
KARG AG	10.114	8
Hügli	9.977	9
WGT GmbH	4.197	10
Dancer	3.097	11
BRAIN	2.895	12
Gesamtergebnis	126.343	

Berechnungen mit Formeln

Wenn die oben genannten Möglichkeiten nicht ausreichen, können Sie in einer Pivot-Tabelle mit einer Formel ein weiteres Feld berechnen oder für ein Zeilen- oder Spaltenfeld weitere Elemente. Allerdings gelten hier einige Einschränkungen, außerdem lassen sich erforderliche Berechnungen mit Power Query wesentlich einfacher und nachvollziehbarer durchführen.

Power Query, siehe Kapitel 5.2.

Felder berechnen

Ein berechnetes Feld erstellen Sie mit einer Formel aus vorhandenen Feldern und/oder festen Werten. Das berechnete Feld wird zur Feldliste hinzugefügt und steht anschließend in allen Pivot-Tabellen der Arbeitsmappe zur Verfügung, sofern diese auf derselben Datenquelle basieren.

Berechnen von Feldern ist auch möglich, wenn die Pivot-Tabelle leer ist.

Beachten Sie folgende Einschränkungen für berechnete Felder
Die Berechnung erfolgt immer mit aggregierten Werten und nicht mit den Einzeldaten. Würden Sie also beispielsweise den Umsatz mit der Formel EinzelpreisNetto*Auftragsmenge berechnen, dann erhalten Sie ein falsches Ergebnis, da Excel nicht nur mit der Summe der Auftragsmenge, sondern auch mit der Summe der Einzelpreise rechnet. Berechnete Felder eignen sich daher in erster Linie für Multiplikation und Division von Feldern mit einem festen Wert. Berechnete Felder können außerdem in Pivot-Tabellen ausschließlich im Bereich *Werte* verwendet werden.

Damit Sie bei häufig erforderlichen Aktualisierungen solche Felder nicht jedes Mal in der Datenquelle neu berechnen müssen,sollten Sie solche Felder im Power Query-Editor berechnen, siehe Kapitel 5.2 auf Seite 211.

Beispiel Provisionsberechnung
Sie möchten aus dem Kundenumsatz die Provision in Höhe von 15% berechnen, so gehen Sie vor:

1. Erstellen Sie eine Pivot-Tabelle mit den benötigten Feldern. Klicken Sie im Register *Analysieren* ▶ *Berechnungen* auf die Schaltfläche *Felder, Elemente und Gruppen* und wählen Sie *Berechnetes Feld...* ❶.

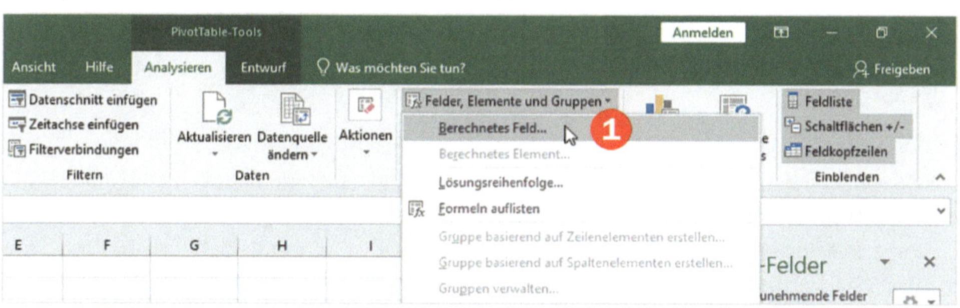

Bild 6.77 Klicken Sie auf Berechnetes Feld...

2 Das Fenster *Berechnetes Feld einfügen* öffnet sich. Geben Sie im Feld *Name* ❷ den Namen *Provision* für das berechnete Feld ein und darunter nach dem Gleichheitszeichen die Formel zur Berechnung der Provision ❸ = Umsatz * 0,15. Das Feld *Umsatz* können Sie aus der Liste der Felder in die Formel übernehmen, indem Sie es markieren und auf die Schaltfläche *Feld einfügen* ❹ klicken, oder geben Sie den Feldnamen einfach über die Tastatur ein.

3 Klicken Sie auf *Hinzufügen* ❺ und schließen Sie dann das Fenster mit *OK* ❻.

Bild 6.78 Formel für berechnetes Feld eingeben

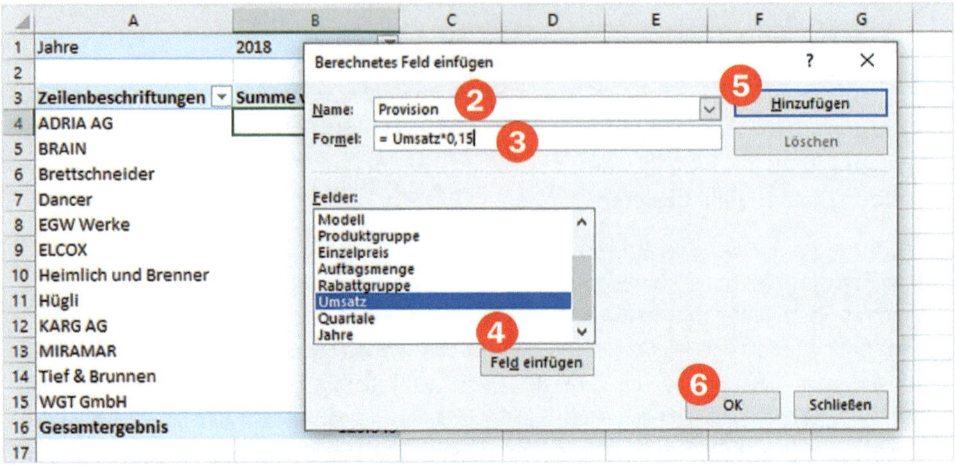

4 Das Feld *Provision* wird der Feldliste hinzugefügt und erscheint gleichzeitig im Wertebereich der Tabelle. Die Beschriftung *Summe von Provision* können Sie wieder problemlos ändern.

Bild 6.79 Das Ergebnis

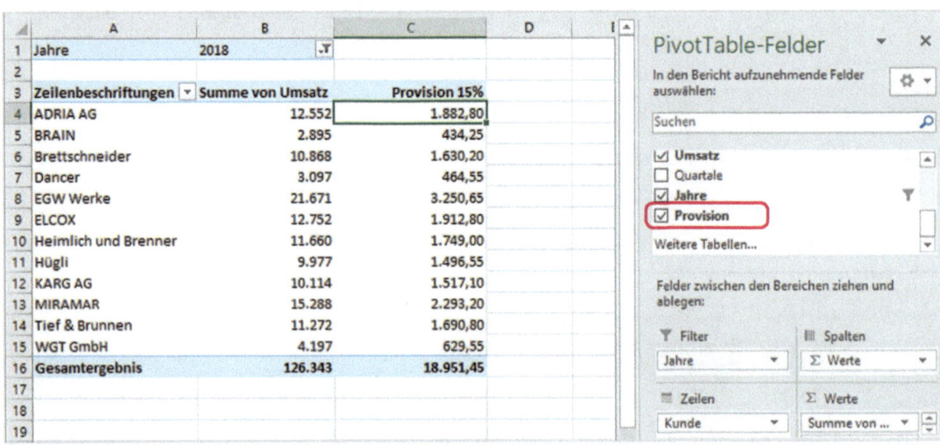

Funktionen in Formel verwenden

Sie können zur Formelberechnung auch einfache Funktionen von Excel verwenden. Wenn z. B. Kunden ab einem Jahresumsatz von 10.000 € einen Rabatt von 20% und darunter 10% Rabatt erhalten sollen, dann berechnen Sie das Feld Rabatt mit der Formel: =WENN(Umsatz>=10000;Umsatz*0,2;Umsatz*0,1).

Weitere unterstützte Funktionen sind z. B. RUNDEN, ANZAHL, MITTELWERT usw.. Beachten Sie, dass alle Funktionen vollständig manuell eingegeben werden müssen.

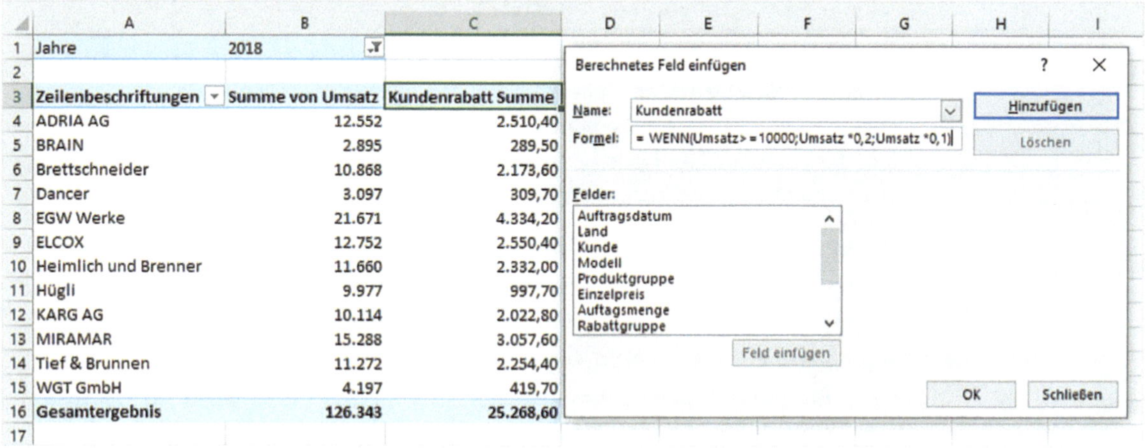

Bild 6.80 Beispiel Rabatt mit WENN berechnen

Berechnetes Feld ändern oder löschen

Wenn Sie die Formel eines berechneten Feldes nachträglich ändern oder das Feld aus der Feldliste endgültig löschen möchten, dann klicken Sie im Register *Analysieren* ▶ *Berechnungen* auf *Felder, Elemente und Gruppen berechnen* erneut auf *Berechnetes Feld....*

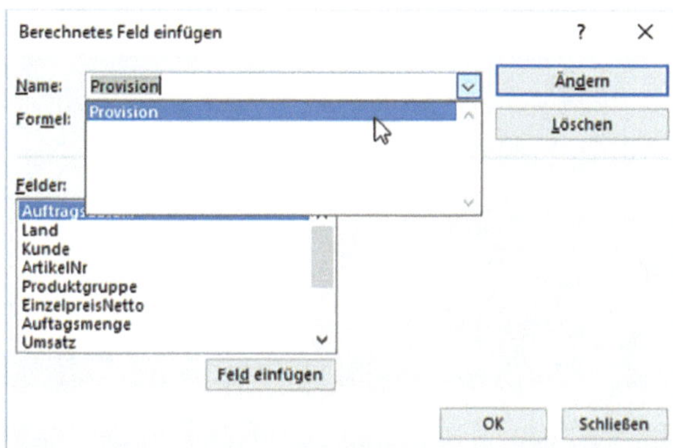

Bild 6.81 Berechnetes Feld ändern oder löschen

Klicken Sie im Fenster *Berechnetes Feld einfügen* im Feld *Name* auf den Dropdown-Pfeil und wählen Sie das zu ändernde Feld aus. Ändern Sie dann die Formel und klicken Sie zum Übernehmen auf die Schaltfläche *Ändern*. Mit Klick auf die Schaltfläche *Löschen* entfernen Sie dagegen das Feld aus der Feldliste.

Elemente eines Feldes berechnen

Eine andere Möglichkeit ist die Berechnung von weiteren Elementen eines Feldes, das als Zeilen- oder Spaltenbeschriftung dient.

> **Auch für die Berechnung von Feldelementen gelten Einschränkungen**
> Die Pivot-Tabelle und die Feldliste dürfen kein gruppiertes Feld enthalten, z. B. Monate oder Quartale, die durch Gruppieren von Datumswerten erzeugt wurden. Sie erhalten sonst eine Fehlermeldung.
>
> Berechnen Sie also auch Elemente eines Feldes, falls erforderlich, nach Möglichkeit mit Power Query.

Berechnete Elemente eignen sich z. B. für Sollvorgaben. Nehmen wir als Beispiel an, Sie möchten für das kommende Jahr für alle Artikel der Produktgruppe *Büro* ein Umsatzplus von 5 % als Sollvorgabe berechnen.

1 Erstellen Sie eine Pivot-Tabelle, wie unten abgebildet ❶. Markieren Sie eine beliebige Produktgruppe, klicken Sie im Register *Analysieren* ▶ *Berechnungen* auf *Felder, Elemente und Gruppen* und wählen Sie *Berechnetes Element...* ❷. Beachten Sie, dass dieser Befehl nur verfügbar ist, wenn Sie zuvor ein Element der Zeilen- oder Spaltenbeschriftung markiert haben.

2 Geben Sie im Fenster *Berechnetes Element in „Produktgruppe" einfügen* einen Namen für das Element ein, z. B. Büro_Soll 5% ❸. Zur Formeleingabe klicken Sie in der Liste *Elemente* auf *Büro* ❺ und dann auf die Schaltfläche *Element einfügen*.

3 Das Element wird im Feld *Formel* nach dem Gleichheitszeichen eingefügt, geben Sie dahinter noch den Rest der Formel ein: *1,05 ❹ und klicken Sie auf *Hinzufügen* ❻. Schließen Sie dann das Fenster mit *OK*.

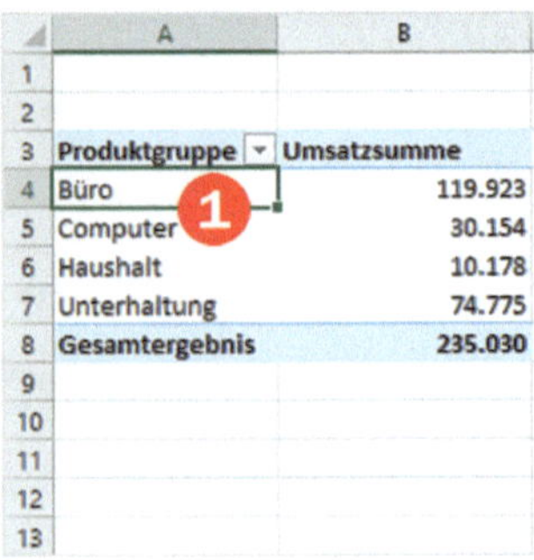

Bild 6.82 Die Ausgangstabelle

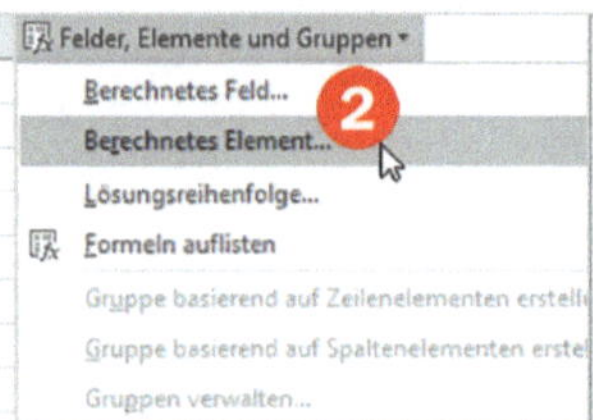

Bild 6.83 Klicken Sie auf Berechnetes Element einfügen

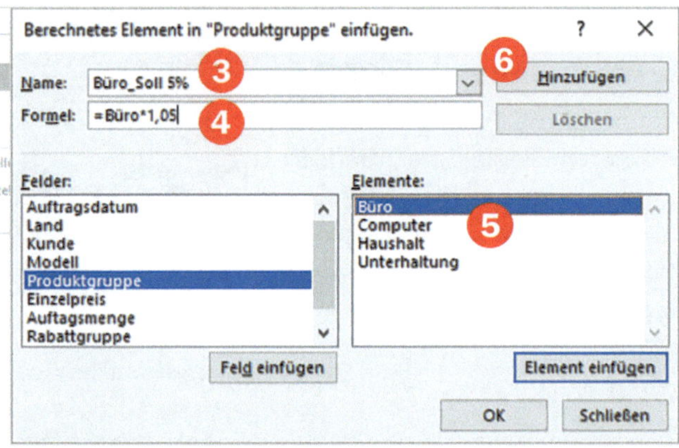

Bild 6.84 Geben Sie Name und Formel für das berechnete Element ein

4 Das Feld in der Tabelle wird um das berechnete Element erweitert, bzw. eine Zeile hinzugefügt und der dazugehörige Wert, im abgebildeten Beispiel der Umsatz, nach der angegebenen Formel berechnet. Blenden Sie anschließend über die Filterschaltfläche alle nicht benötigten Produktgruppen bis auf Büro und das neu berechnete Element aus (Bild 6.85).

Tipp: Die Formel erscheint in der Bearbeitungsleiste, wenn Sie einen beliebigen Wert des berechneten Elements markieren.

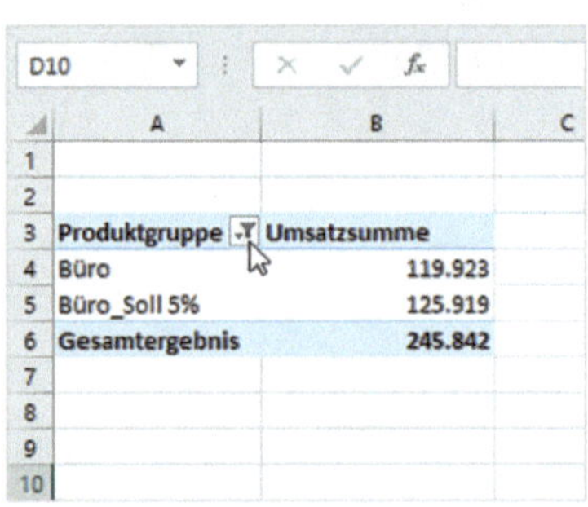

Bild 6.85 Blenden Sie alle Produktgruppen bis auf Büro und den Sollumsatz aus

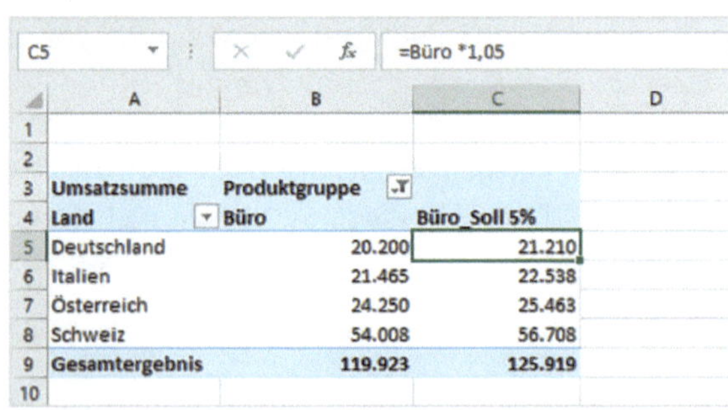

Bild 6.86 Länder mit Sollumsatz

5 Nun können Sie die Tabelle beliebig umstellen: Wenn Sie z. B. für den Außendienst das Umsatzsoll je Land erhalten möchten, dann ziehen Sie die Produktgruppen in den Bereich *Spalten* und verwenden die Länder als Zeilenbeschriftung.

Beachten Sie, dass in Verbindung mit berechneten Elementen Gesamtergebnisse nicht immer sinnvoll sind, z. B. für Zeilen und daher ausgeblendet werden sollten.

Die Funktion PIVOTDATENZUORDNEN

Benötigen Sie für weitere Auswertungen nur bestimmte Inhalte einer Pivot-Tabelle, die sich entweder in einem anderen Arbeitsblatt oder in einer anderen Arbeitsmappe befindet? Oder möchten Sie ein Diagramm erstellen, das nur bestimmte Werte einer Pivot-Tabelle einbezieht? Dazu benötigen Sie Verweise auf die entsprechenden Zellen der Pivot-Tabelle. Excel verwendet in diesem Fall anstelle eines Zellbezugs automatisch die Funktion PIVOTDATENZUORDNEN, sobald Sie nach Eingabe des Gleichheitszeichens auf die benötigte Zelle klicken (Bild 6.87).

Vorteil: Diese Funktion bezieht sich nicht auf die Zelle, z. B. B8, sondern auf einen bestimmten Wert eines Feldes. So ist sichergestellt, dass dieser auch nach dem Aktualisieren der Tabelle oder Ändern des Berichtslayouts noch korrekt ist.

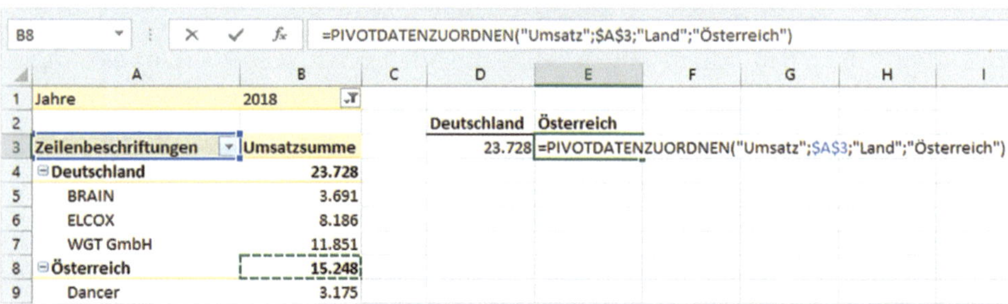

Bild 6.87 Excel verwendet automatisch die Funktion PIVOTDATENZUORDNEN

Die Funktion besitzt folgenden Aufbau:

```
PIVOTDATENZUORDNEN(Datenfeld;PivotTable;Feld1;Element1;Feld2;Element2;...)
```

Nachteile der Funktion

- Die Funktion kann zwar in angrenzende Zellen kopiert werden, allerdings wird der Zellbezug nicht angepasst. Daran ändert auch das Umwandeln in einen relativen Zellbezug in der Formel nichts. Werden mehrere Werte aus der Pivot-Tabelle benötigt, dann muss also die Funktion jedes Mal neu eingegeben werden.
- Wenn sich die Pivot-Tabelle in einer anderen Arbeitsmappe befindet, dann muss diese Mappe beim späteren Öffnen ebenfalls geöffnet sein, andernfalls erhalten Sie den Fehlerwert #BEZUG.

6.8 Felder aus zwei Tabellen zusammenführen

Siehe Kapitel 2.5, Nachschlage- und Verweisfunktionen.

Manchmal befinden sich die benötigten Informationen nicht in einer einzigen Tabelle sondern sind auf zwei oder mehr Tabellen verteilt. In Kapitel 2.5 haben Sie gesehen, wie Sie in einem solchen Fall mit Hilfe einer Nachschlagefunktion, z. B. SVERWEIS die erforderlichen Spalten ergänzen.

Wenn Sie die Daten anschließend mit einer Pivot-Tabelle auswerten möchten, dann können Sie statt SVERWEIS auch eine Beziehung zwischen zwei Tabellen erstellen. Anschließend stehen Ihnen in der Feldliste Felder aus beiden Tabellen zur Verfügung.

> Immer wenn Sie mit mehreren Tabellen arbeiten und diese zueinander in Beziehung setzen, erstellt Excel ein sogenanntes Datenmodell. Datenmodelle sind eigentlich ein Begriff aus relationalen Datenbanken, z. B. Microsoft Access, werden jedoch seit der Version 2013 auch von Excel unterstützt.

Voraussetzungen

Bild 6.88 Die Tabelle Personaldaten

Bild 6.89 Die Tabelle Zeiten_Januar

Für das nachfolgende Beispiel, eine Personalauswertung, werden zwei Excel-Tabellen benötigt; eine Personaltabelle mit Kostenstellen und Standort und eine Tabelle mit den Arbeitszeiten des Monats Januar, beide befinden sich in derselben Arbeitsmappe.

Personal-Nr.	Nachname	Vorname	Kostenstelle	Eintrittsdatum	Standort
75	Moser	Karl	300	01.05.2011	München
76	Kabelschacht	Alfred	100	15.03.2015	Regensburg
77	Hinterleitner	Sandra	100	12.01.1998	München
79	Thomas	Sabine	200	01.01.2016	Ulm
80	Baumholtz	Philipp	100	23.07.2013	Ulm
81	Muster	Tobias	300	18.11.2012	München
83	Nordhoff	Silke	400	01.03.2010	Regensburg
84	Leutz	Sven	400	19.02.2003	Regensburg
86	Mumpitz-Mummenschanz	Nicole	300	21.06.2015	Ulm
87	Rumpenhorst	Walter	300	01.09.2009	Pfarrkirchen
89	Weber	Wolfgang	200	07.04.2003	Pfarrkirchen
90	Pförtner	Max	200	15.05.2014	Ulm
91	Wiesenbrecht	Kurt	200	04.07.2017	Pfarrkirchen
92	Schulz	Emma	100	01.03.2017	München
93	Dörfler	Jasmin	100	15.06.2017	Regensburg

Personalliste | Zeiten

Arbeitszeitauswertung

Monat: Januar

Personal-N	Istz
75	160
76	148
77	171
79	120
80	68
81	158
83	160
84	163
86	159
87	122
89	130
90	140
91	60
92	120
93	160

Personalliste | Zeiten

Personal.xlsx

Damit eine Beziehung zwischen zwei Tabellen erstellt werden kann, müssen folgende Voraussetzungen erfüllt sein:

- Jede der Tabellen muss über eine Spalte mit übereinstimmendem Inhalt verfügen , diese wird auch als Schlüsselfeld bezeichnet. Das bedeutet, über diese Spalte ist ein eindeutiger Bezug auf die andere Tabelle möglich, im Beispiel ist dies die Spalte *Personal Nr*.

- Die Tabellen müssen als Tabellenbereich formatiert sein und sollten zwecks besserer Übersicht je einen aussagekräftigen Namen erhalten. Die Tabelle mit den Personaldaten hat den Namen *Personaldaten* erhalten und die Tabelle mit den Arbeitszeiten den Namen *Zeiten_Januar*. Statt Excel-Tabellen können Sie auch Daten auch aus einer Verbindung verwenden.

Verbindung zu externen Daten, siehe Kapitel 5.2 auf Seite 211.

- In der Tabelle *Personaldaten* muss die Personalnummer eindeutig sein, d. h. die Spalte *Personal Nr*. darf nicht doppelt vorkommen (Duplikate).

Pivot-Tabelle mit Spalten aus beiden Tabellen erstellen

Excel kann seit der Version 2019 anhand bestimmter Kriterien (Spaltenüberschriften und Inhalte) automatisch Beziehungen zwischen zwei Tabellen herstellen.

1 Klicken Sie in die erste Tabelle, hier *Zeiten_Januar*, und klicken Sie im Register *Einfügen* ▶ *Tabellen* auf *PivotTable*. Kontrollieren Sie den Zellbereich und aktivieren Sie das Kontrollkästchen *Dem Datenmodell diese Daten hinzufügen*. Klicken Sie dann auf *OK*.

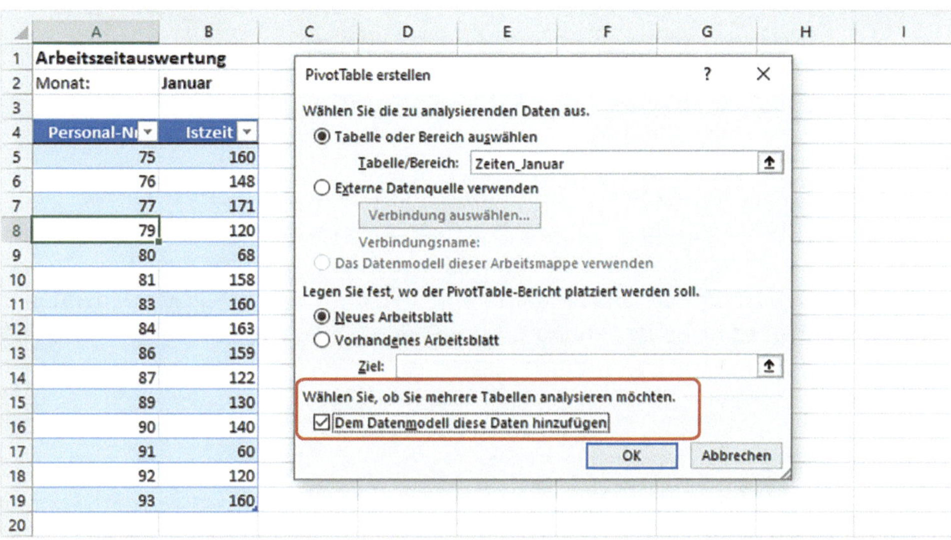

Bild 6.90 Daten dem Datenmodell hinzufügen

2 Die Felder dieser Tabelle erscheinen nun im Aufgabenbereich *PivotTable-Felder*. Klicken Sie im Aufgabenbereich auf das Register *Alle* ❶, wie in Bild 6.91 auf Seite 288 (statt *Aktiv*). Hier erhalten Sie Zugriff auf die übrigen Tabellen der Arbeitsmappe, in diesem Beispiel also auch auf die Tabelle *Personaldaten* ❷.

3 Klicken Sie auf das kleine Dreieck dieser Tabelle, um die dazugehörigen Felder anzuzeigen. Nun können Sie die benötigten Felder in die Bereiche ziehen. In diesem Beispiel wird eine Auswertung der Arbeitszeiten nach Kostenstellen benötigt: Ziehen Sie also aus der Tabelle *Personaldaten* das Feld *Kostenstelle* in den Bereich *Zeilen* und aus der Tabelle *Zeiten_Januar* das Feld *Istzeit* in den Bereich *Werte* ❸.

4 Allerdings ist das Ergebnis noch nicht zufriedenstellend, wie ein Blick in die Tabelle ❹ zeigt. Der Grund: Es muss noch eine Beziehung über das gemeinsame Feld, die Personalnummer, hergestellt werden.

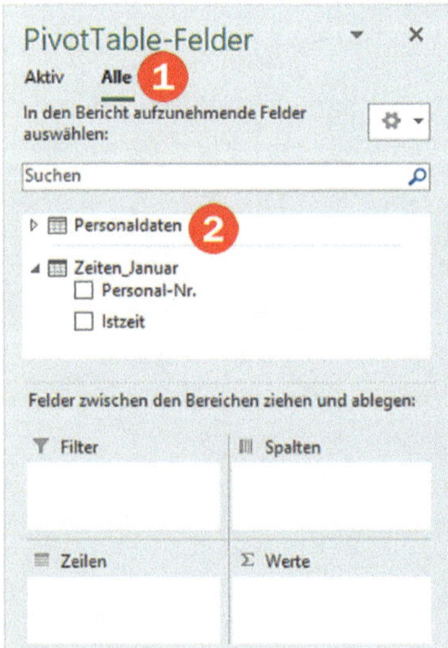

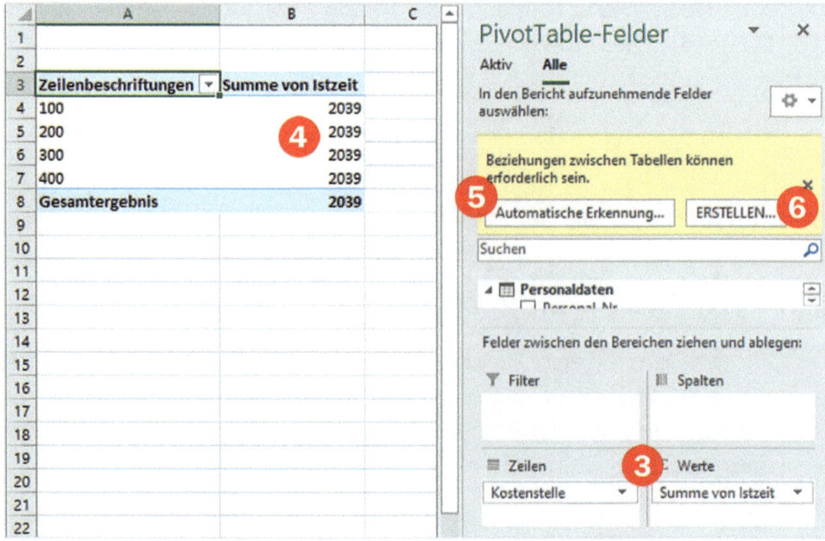

Bild 6.91 Klicken Sie auf das Register Alle

Bild 6.92 Ziehen Sie Felder aus beiden Tabellen in die Bereiche

5 Sie haben nun zwei Möglichkeiten, eine Beziehung herzustellen:

- **Beziehung automatisch erstellen**
  Bei übereinstimmenden Spaltenüberschriften wie in diesem Beispiel, kann Excel die Beziehung automatisch erstellen. Klicken Sie dazu auf die Schaltfläche *Automatische Erkennung* ❺. Excel versucht nun, eine Beziehung zu erstellen und blendet anschließend eine entsprechende Meldung ein. Im Bild unten wurde eine Beziehung erkannt und erstellt, klicken Sie in diesem Fall auf *Schließen*.

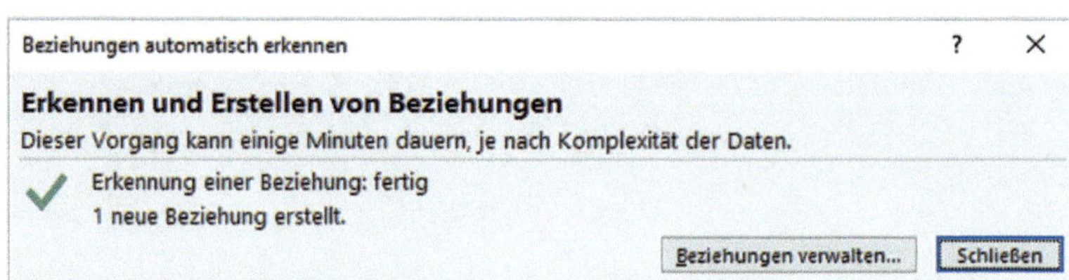

- **Beziehung manuell herstellen**
  Falls die automatische Erkennung nicht erfolgreich war, müssen Sie die Beziehung manuell erstellen, klicken Sie dazu auf die Schaltfläche *ERSTELLEN* ❻.

  Im Fenster *Beziehungen erstellen* (Bild 6.93) wählen Sie nun die Tabellen und Spalten aus. Klicken Sie in das Feld *Tabelle* ❼ und wählen Sie *Datenmodelltabelle Zeiten_Januar* aus, im Feld *Spalte (fremd)* wählen Sie das Feld *Personal-Nr.* aus ❽.

Im Feld *Verwandte Tabelle* ❾ legen Sie mit der Auswahl *Datenmodelltabelle Personaldaten* die zweite Tabelle fest und im Feld *Verwandte Spalte (Primär)* ebenfalls die Personalnummer. Klicken Sie dann auf *OK*.

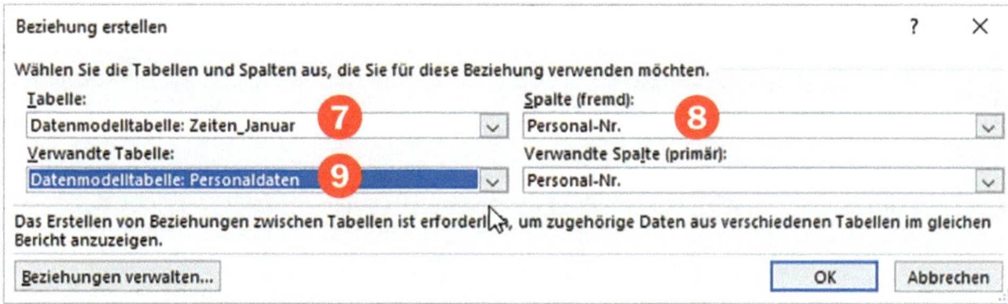

Bild 6.93 Fenster Beziehung erstellen

Mit Verwandte Tabelle und Verwandte Spalte (Primär) ist diejenige Tabelle gemeint, die den Primärschlüssel dieser Beziehung enthält. Also die Personaltabelle.

Jetzt sieht das Ergebnis in der Tabelle schon anders aus. Wenn gewünscht, können Sie die Tabelle nun auch noch um die Standorte ergänzen, wie im Bild unten.

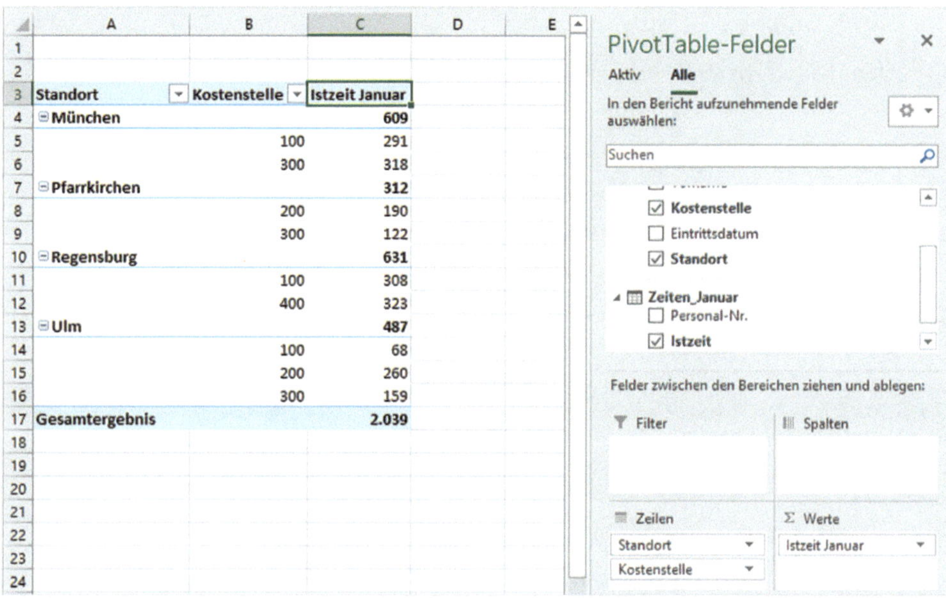

Bild 6.94 Das Ergebnis

6.9 Pivot-Diagramme (PivotChart)

Pivot-Diagramme (PivotCharts) dienen zur grafischen Darstellung von Pivot-Tabellen und besitzen auch dieselben Eigenschaften. In Bezug auf Layout und Formatierungen dagegen unterscheiden sich PivotCharts nicht von normalen Excel-Diagrammen. Sie können ein Pivot-Diagramm aus einer vorhandenen Pivot-Tabelle erstellen oder mit einem neuen Diagramm beginnen. Auch im letzteren Fall erhalten Sie zusammen mit dem Diagramm eine Pivot-Tabelle und zum Erstellen des Diagramms ziehen Sie die Felder entweder in die Diagrammbereiche oder bearbeiten die Pivot-Tabelle.

Folgende Punkte sollten Sie beim Umgang mit PivotCharts wissen

- Jedes Pivot-Diagramm basiert auf einer Pivot-Tabelle und beide bilden eine untrennbare Einheit. Jede Umstellung der Felder in der Tabelle ändert daher die Darstellung im Diagramm und umgekehrt. Auch Filter wirken sich immer auf Tabelle und Diagramm gleichzeitig aus.
- Ein Pivot-Diagramm bezieht immer alle Felder der zugrunde liegenden Pivot-Tabelle mit ein. Es ist also nicht möglich, nur aus bestimmten Feldern der Tabelle ein Diagramm zu erstellen.

Pivot-Diagramm aus Pivot-Tabelle erstellen

1 Klicken Sie an eine beliebige Stelle der Pivot-Tabelle und dann im Register *Analysieren*, Gruppe *Tools* auf *PivotChart* ❶.

2 Das Dialogfenster *Diagramm einfügen* öffnet sich: Wählen Sie aus der Liste links den gewünschten Diagrammtyp, z .B. *Säule* ❷.

- Rechts erhalten Sie verschiedene Untertypen zur Auswahl ❸, z. B. Säulengruppen, gestapelte Säulen oder 3D-Darstellung usw..
- Unterhalb sehen Sie eine Vorschau auf den markierten Untertyp zusammen mit Ihren Daten ❹, diese wird beim Zeigen in die Vorschau vergrößert.

3 Mit Klick auf *OK* fügen Sie das ausgewählte Diagramm im selben Tabellenblatt ein wie die Pivot-Tabelle.

Bild 6.95 Pivot-Diagramm aus Tabelle erstellen

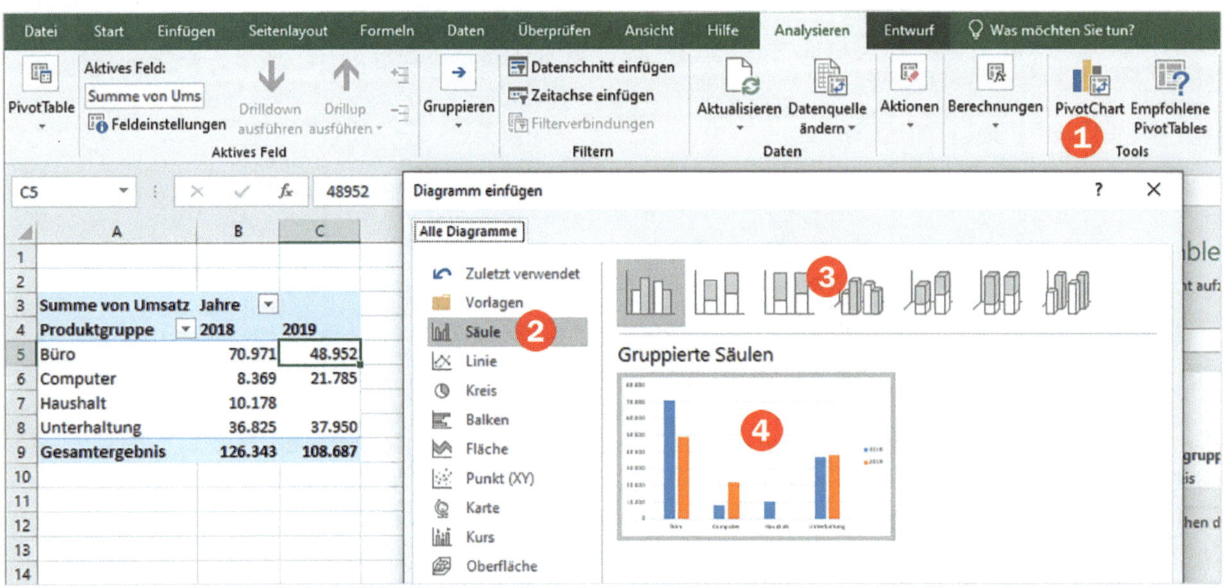

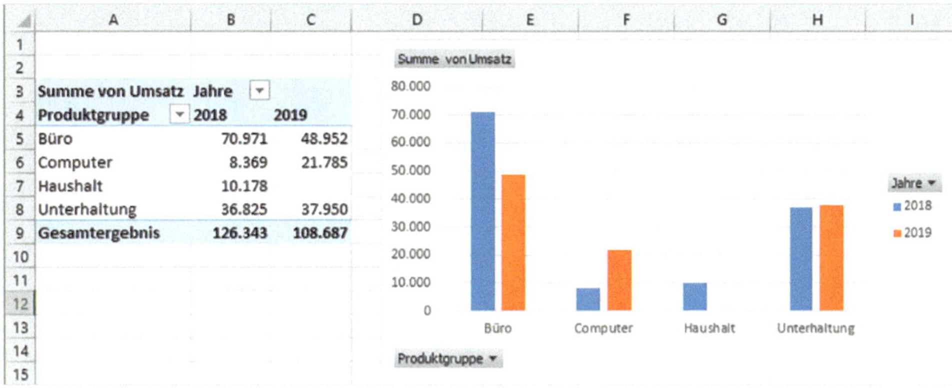

Bild 6.96 Diagramm mit Pivot-Tabelle

Pivot-Diagramm neu erstellen

Wenn noch keine entsprechende Pivot-Tabelle vorhanden ist, dann können Sie gleich mit dem Diagramm beginnen. Die dazugehörige Tabelle wird dann automatisch zusammen mit dem Diagramm in das Arbeitsblatt eingefügt. So gehen Sie vor:

- Wenn sich die Ausgangsdaten in derselben Arbeitsmappe befinden, dann klicken Sie in den Tabellenbereich mit den Quelldaten und dann im Register *Einfügen* ▶ *Diagramme* auf *PivotChart*. Wählen Sie die Option *Tabelle oder Bereich auswählen* und kontrollieren Sie, ob der Datenbereich richtig erkannt wurde.
- Soll dagegen das Diagramm mit Daten aus einer Verbindung erstellt werden, so klicken Sie in das leere Arbeitsblatt und dann auf *PivotChart*. Wie beim Erstellen einer Pivot-Tabelle wählen Sie anschließend die Option *Externe Datenquelle verwenden* und klicken auf *Verbindung auswählen...*.

Bild 6.97 PivotChart einfügen

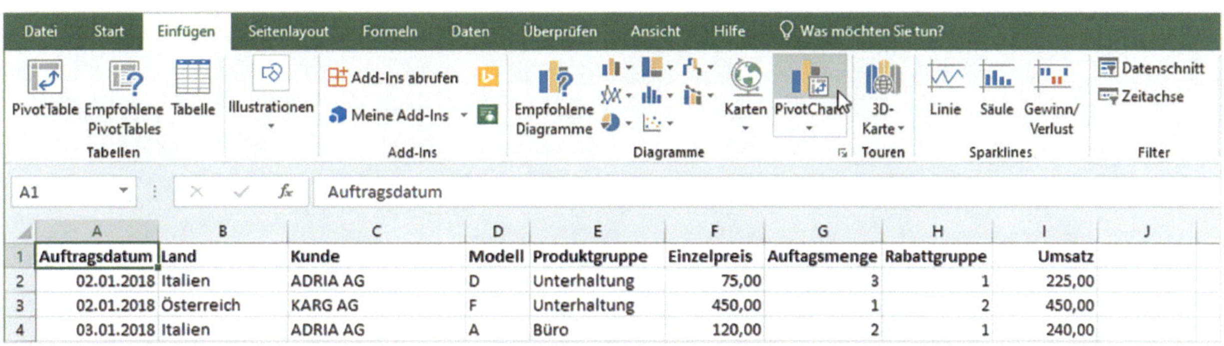

Excel erstellt in einem neuen oder dem angegebenen Arbeitsblatt den Diagrammbereich zusammen mit einem leeren verknüpften Tabellenbereich. Die weitere Vorgehensweise unterscheidet sich nicht von Pivot-Tabellen. Abhängig davon, ob die leere Pivot-Tabelle oder das leere Diagramm markiert ist, erscheint rechts entweder der Aufgabenbereich *PivotTable-Felder* oder *PivotChart-Felder*.

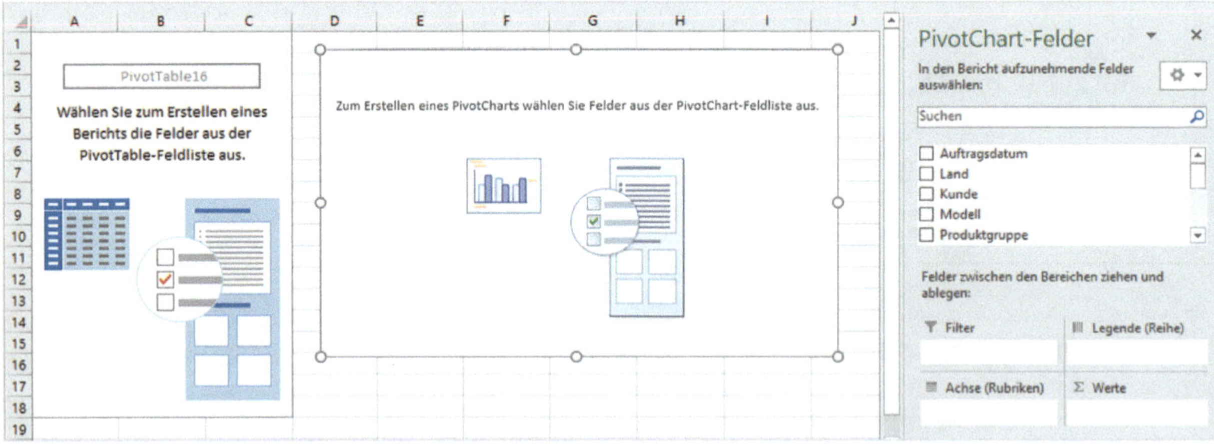

Bild 6.98 Diagrammbereich und Tabelle

Da Diagramm und Tabelle miteinander verknüpft sind, ist es eigentlich egal, mit welchem Aufgabenbereich Sie arbeiten. Ziehen Sie beispielsweise im Aufgabenbereich *PivotChart-Felder* den *Umsatz* in den Wertebereich und das Feld *Land* in den Bereich *Achse*, so bilden die Länder beim standardmäßig erstellten Säulendiagramm die X-Achse und erscheinen gleichzeitig als Zeilenbeschriftung in der Pivot-Tabelle (siehe Bild unten). Dasselbe Ergebnis erhalten Sie, wenn Sie in die Tabelle klicken und im Bereich *PivotTable-Felder* das Feld *Land* in den Bereich *Zeilen* ziehen.

Bild 6.99 Zeilenbeschriftung und X-Achse sind identisch

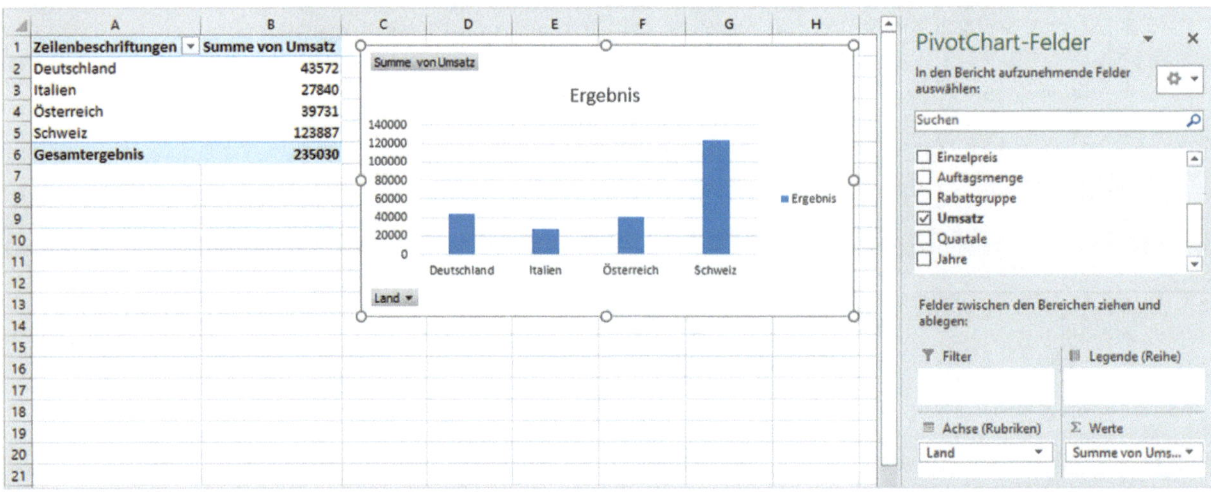

Der Bereich Legende (Reihe)

Der Bereich *Legende (Reihe)* entspricht den Spalten der PivotTabelle und erlaubt das Nebeneinanderstellen oder Übereinanderstapeln von zwei oder mehr Datenreihen. Wenn beispielsweise die Umsätze der Produktgruppen für die Jahre 2018 und 2019 miteinander verglichen werden sollen, dann ordnen Sie die Produktgruppen im Bereich *Achse* (*Zeilen*) und die Jahre im Bereich *Legende* (*Spalten*) an (Bild 6.100).

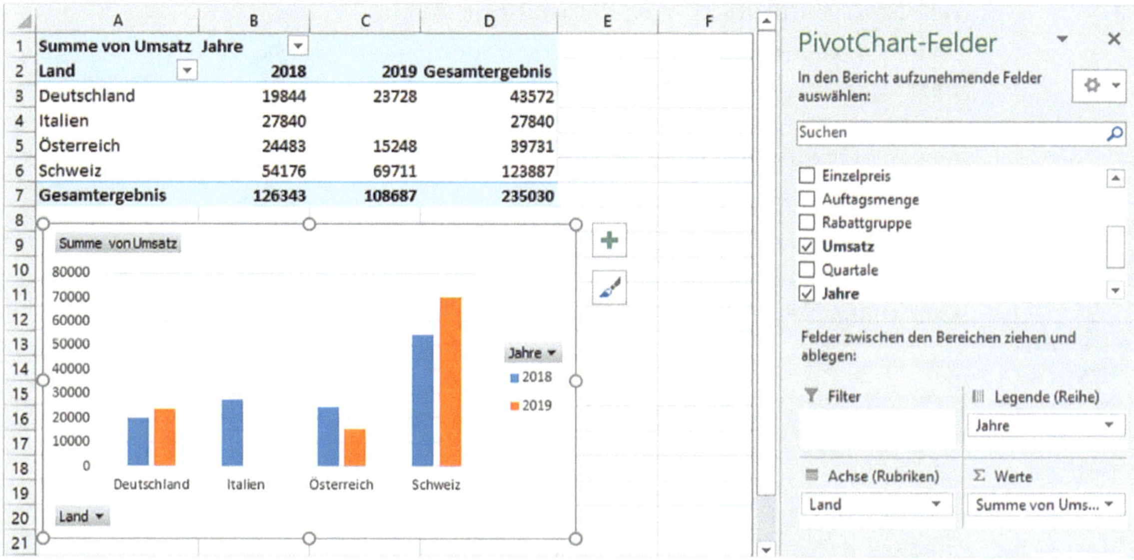

Bild 6.100 Datenreihen aus Jahren bilden

Pivot-Diagramm bearbeiten

Diagrammfilter

Das Diagramm enthält dieselben Filter- und Feldschaltflächen wie die Pivot-Tabelle und jeder Filter wirkt sich sofort auf beide aus. So können Sie z. B. im Bild oben mit Klick auf der Filterschaltfläche der Legende (*Jahre*) die Umsätze einzelner Jahre anzeigen, indem Sie jeweils die übrigen Jahre ausschließen.

Übersichtlicher ist die Verwendung von Datenschnitten wie im Bild unten, die Sie über das Register *Analysieren* ▶ *Filtern* ▶ *Datenschnitt einfügen* hinzufügen. Auch hier gilt: sämtliche Filter wirken sich auf Diagramm und verbundene Pivot-Tabelle aus.

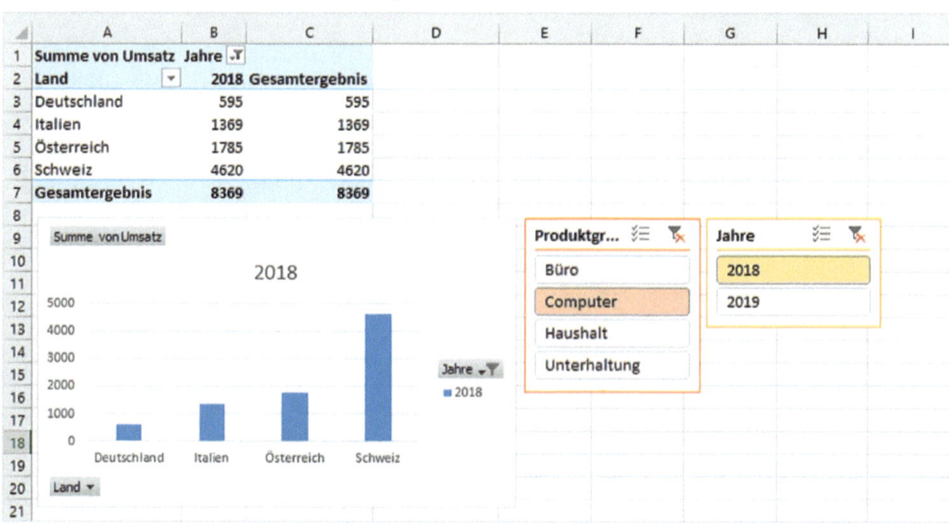

Bild 6.101 PivotTable und PivotChart mit Datenschnitten filtern

Datenschnitte, siehe Seite 269 und Seite 150.

Feld- bzw. Filterschaltflächen ausblenden/einblenden

Wenn Sie Datenschnitte zum Filtern benutzen, dann können Sie die Filterschaltflächen des Diagramms ausblenden. Dies ist auch sinnvoll, wenn das Diagramm gedruckt werden soll. Zum Ausblenden klicken Sie im Diagramm mit der rechten Maustaste auf eine Feldschaltfläche. Wählen Sie dann zwischen der Möglichkeit, nur die ausgewählte Feldschaltfläche auszublenden oder *Alle Feldschaltflächen im Diagramm ausblenden*.

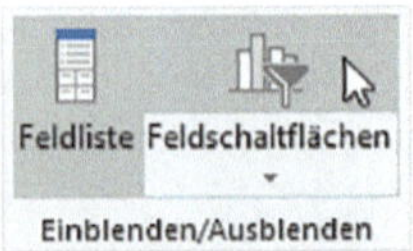

Bild 6.102 Feldschaltflächen des Diagramms ausblenden

Oder klicken Sie in das Diagramm und aktivieren und deaktivieren die Anzeige der Schaltflächen mit Klick auf *Feldschaltflächen* im Register *PivotChart-Tools* ▶ *Analysieren*, Gruppe *Einblenden/Ausblenden*.

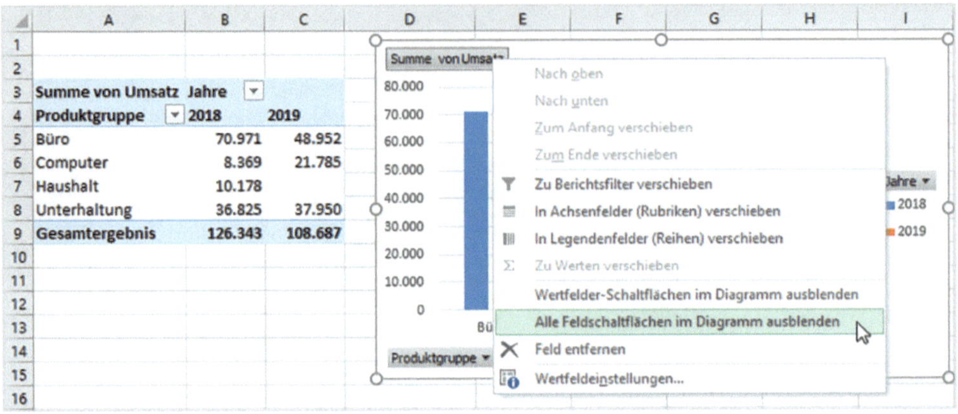

Diagrammgröße und -position

Das Diagramm kann, wie jedes Diagramm durch Ziehen bzw. Verschieben mit der Maus beliebig vergrößert, verkleinert oder verschoben werden. Zur Größenänderung benutzen Sie die Markierungspunkte in den Ecken und der Mitte jeder Seite. Zum Verschieben zeigen Sie an eine freie Stelle innerhalb des Diagramms.

Diagramm in ein gesondertes Blatt verschieben

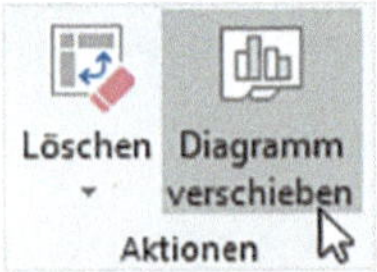

Bild 6.103 Diagramm in ein neues Blatt verschieben

Um das Diagramm in ein gesondertes Arbeitsblatt zu verschieben, klicken Sie im Register *PivotChart-Tools* - *Analysieren* ▶ *Aktionen* auf *Diagramm verschieben*. Dieselbe Schaltfläche finden Sie auch im Register *PivotChart-Tools* - *Entwurf* ▶ *Ort*. Wählen Sie anschließend die Option *Neues Blatt*, im Feld daneben können Sie auch gleich dem Blatt einen Namen geben.

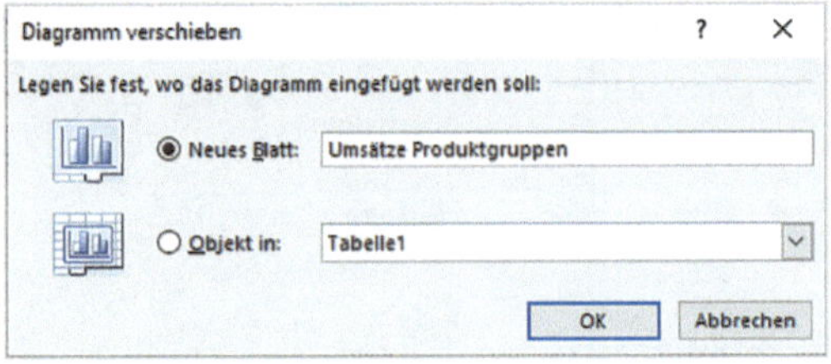

Diagrammtyp ändern

Standardmäßig erhalten Sie beim Einfügen eines Pivot-Diagramms zunächst ein Säulendiagramm. Zum Ändern des Diagrammtyps klicken Sie in das Diagramm und im Register *PivotChart-Tools* - *Entwurf* auf *Diagrammtyp ändern*.

Datenreihen sortieren

Wenn nicht gerade eine zeitliche Abfolge dargestellt wird, macht eine Sortierung nach Werten das Diagramm übersichtlicher. Standardmäßig erfolgt in Pivot-Tabellen und damit auch im dazugehörigen Diagramm die Sortierung nach Zeilenfeldern.

Um nach Werten, z. B. nach Umsätzen zu sortieren, klicken Sie mit der rechten Maustaste entweder in der Pivot-Tabelle auf die Wertespalte oder im Diagramm auf eine beliebige Säule oder Balken und auf *Sortieren*. Im Untermenü können Sie zwischen aufsteigender und absteigender Sortierung wählen.

Achtung: Wenn sich in einem Balkendiagramm der höchste Umsatz ganz oben befinden soll, dann müssen Sie aufsteigende Sortierung wählen.

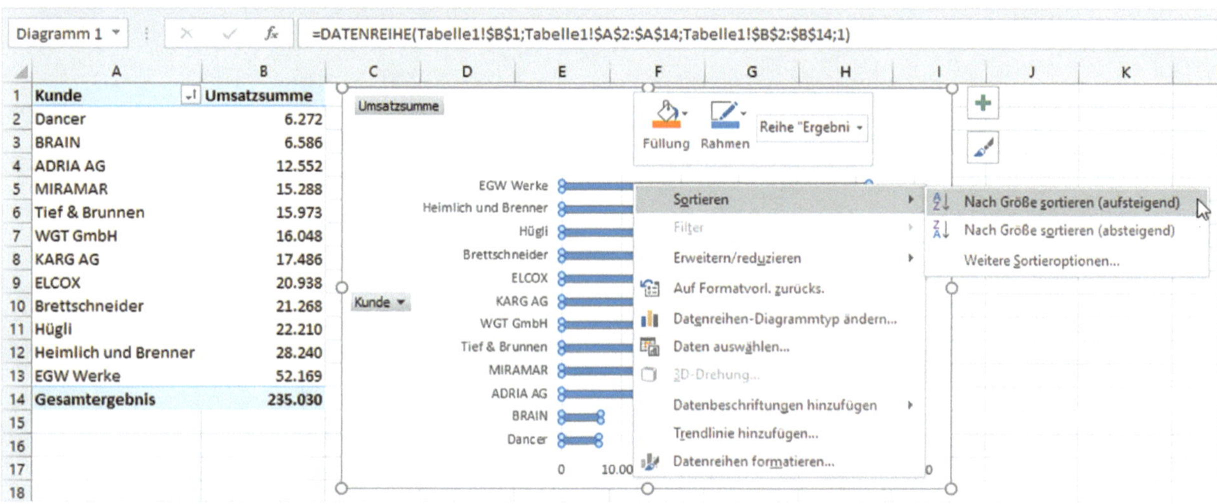

Bild 6.104 Beispiel Balkendiagramm aufsteigend sortieren

Die übrigen Bearbeitungs- und Gestaltungsmöglichkeiten eines Pivot-Diagramms unterscheiden sich nicht von den normalen Diagrammen. Weitergehende Möglichkeiten, auch zu normalen Diagrammen finden Sie im nächsten Kapitel dieses Buches.

> **Tipp: Pivot-Tabelle ausblenden**
> Pivot-Diagramm und die dazugehörige Tabelle bilden eine untrennbare Einheit. Änderungen an der Tabelle wirken sich auf das Diagramm aus und umgekehrt. Wenn Sie unbeabsichtigte Änderungen am Diagramm verhindern möchten, dann verschieben Sie beispielsweise das Diagramm so, dass es die Tabelle vollständig überlagert. Oder verschieben Sie das Diagramm in ein gesondertes Arbeitsblatt und blenden anschließend das Blatt mit der Pivot-Tabelle aus (Register *Start* ▶ *Zellen*, Schaltfläche *Format* ▶ *Ausblenden und Einblenden*.

7 Diagramme für Fortgeschrittene

In diesem Kapitel lernen Sie...

- Besondere Diagrammtypen
- Diagrammelemente hinzufügen und bearbeiten
- Darstellung der Diagrammachsen
- Zwei Diagrammtypen kombinieren
- Geografische Informationen in Karten darstellen

Das sollten Sie bereits wissen

- Einfache Diagramme erstellen und formatieren
- Standarddiagrammtypen einsetzen

Diagramme sind mit Excel im Prinzip schnell erstellt: Zellbereich samt Beschriftungen markieren und im Register *Einfügen* den gewünschten Diagrammtyp auswählen. Zuletzt noch über die beiden Diagrammtools-Register *Entwurf* und *Format* einige Formatierungen und Effekte hinzufügen und fertig ist das Diagramm.

Doch leider geht nicht immer alles ohne Probleme ab, manchmal weigert sich Excel eine Zeile oder Spalte als Beschriftung der X-Achse zu verwenden oder die Achseneinteilung entspricht nicht Ihren Vorstellungen. Zudem muss es auch nicht immer ein Linien, Säulen-, Balken- oder Tortendiagramm sein.

7.1 Besondere Diagrammtypen

Punktdiagramm (XY)

Siehe auch Korrelationsanalysen in Kapitel 2.4 ab Seite 79.

Mit einem Punktdiagramm lassen sich Datenreihen als Einzelpunkte innerhalb eines X/Y-Koordinatensystems darstellen. Dieser Diagrammtyp wird daher auch als X/Y-Diagramm bezeichnet. Auf diese Weise können beispielsweise die Werte aus zwei Messreihen miteinander verglichen werden, um einen möglichen Zusammenhang zwischen beiden festzustellen. Jeder Punkt wird durch ein Wertepaar aus den beiden Reihen gebildet. Im Gegensatz zu Liniendiagrammen verfügt ein Punktdiagramm über zwei numerische Achsen.

Bild 7.1 Beispiel Punktdiagramm

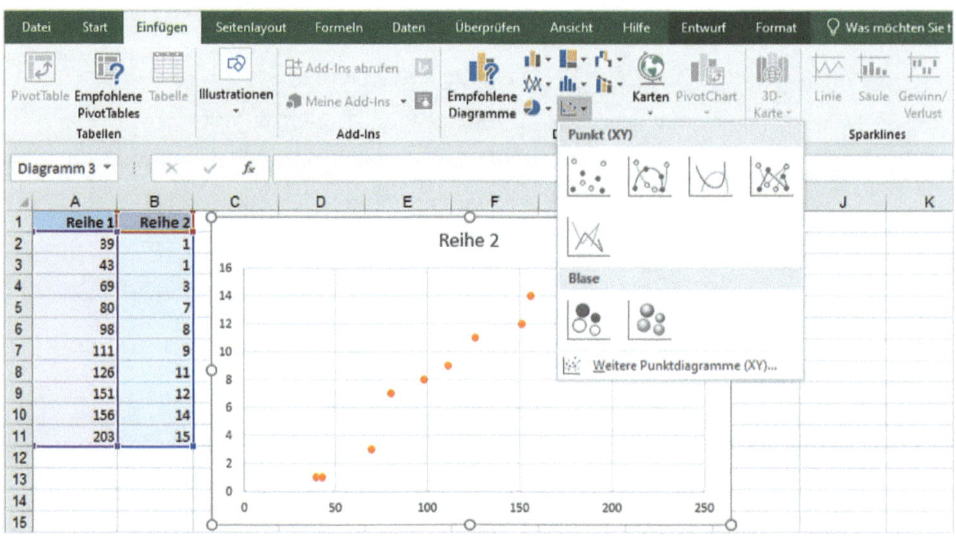

Punkt_Blasendiagramm.xlsx

Zu Erstellung eines Punktdiagramms markieren Sie beide Wertereihen (**Achtung**: beide müssen Zahlen enthalten). Den Diagrammtyp *Punkt* finden Sie sowohl in der *Schnellanalyse*, Register *Diagramme*, als auch im Menüband im Register *Einfügen* ▶ *Diagramme*. Hier sind im Gegensatz zur Schnellanalyse über das Symbol *Punkt- oder Blasendiagramm einfügen* mehrere Untertypen verfügbar, darunter auch solche, die

die Datenpunkte mit Linien verbinden. Falls Sie einen Untertyp mit Linien verwenden möchten, sollten Sie folgendes beachten:

- Interpolierte Linien werden in erster Linie für Wertepaare verwendet, die auf einer Formel basieren.
- Gerade Linien können für unterschiedliche Maßeinheiten verwendet werden, die Werte sollten allerdings sortiert sein.

Achsenzuordnung ändern

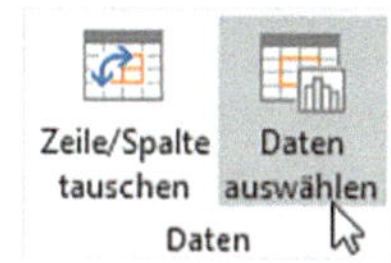

Die Achsenzuordnung erfolgt automatisch, wobei die erste markierte Reihe (im Bild Reihe 1) auf der X-Achse eingetragen wird. Zur Änderung der Achsenzuordnung klicken Sie in das Diagramm und im Register *Entwurf* auf *Daten auswählen*.

1 Das Fenster *Datenquelle auswählen* wird geöffnet, hier können Sie nun die Datenreihen bearbeiten. Markieren Sie in der Liste *Legendeneinträge (Reihen)* die zu bearbeitende Reihe und klicken Sie auf *Bearbeiten*.

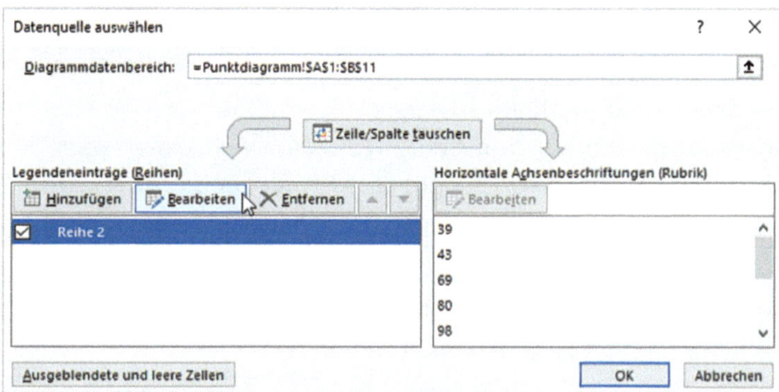

Bild 7.2 Datenquelle auswählen und bearbeiten

2 Im Fenster *Datenreihe bearbeiten* können Sie nun der Reihe nach festlegen, aus welcher Spalte der Tabelle die jeweilige Reihe gebildet werden soll. Klicken Sie in das Feld *Werte der Reihe X*, löschen Sie den Inhalt und markieren Sie dann in der Tabelle mit der Maus den gewünschten Zellbereich, in unserem Beispiel B2:B11. Genauso verfahren Sie mit den *Werten der Reihe Y*.

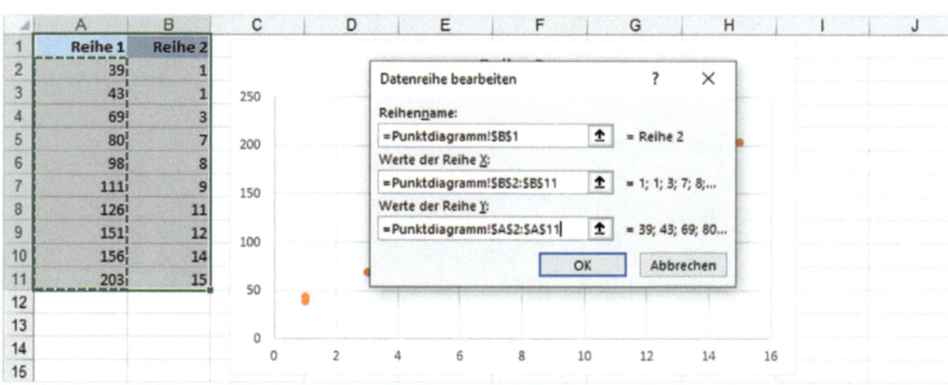

Bild 7.3 Datenreihe bearbeiten

3 Im Feld *Datenreihenname* können Sie zuletzt noch die Beschriftung angeben, entweder durch Tastatureingabe oder Anklicken der betreffenden Spaltenüberschrift. Klicken Sie dann auf *OK*.

Alternativ können Sie auch mit einem leeren Punktdiagramm beginnen, indem Sie beim Einfügen des Diagramms eine beliebige leere Zelle außerhalb der Tabelle markieren. Anschließend klicken Sie auf *Daten auswählen* und verfahren wie oben beschrieben.

Blasendiagramm

Blasendiagramme stellen eine Sonderform des Punktdiagramms dar, mit dem Unterschied, dass hier nicht nur zwei, sondern gleich drei Wertereihen dargestellt werden. Die dritte Reihe bestimmt die Größe der Blase.

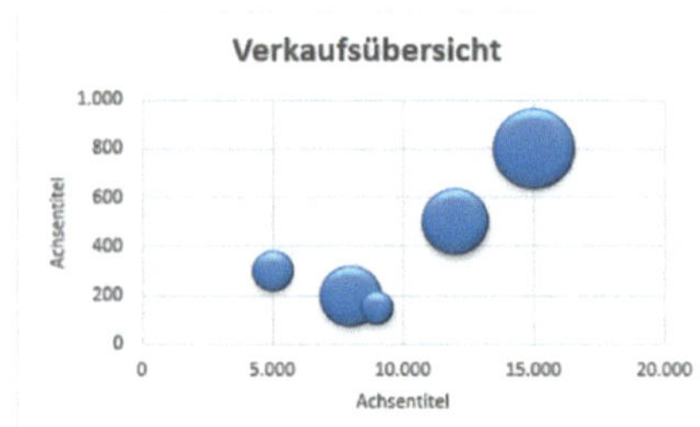

Beispiel: Sie möchten in einem Diagramm die verkauften Stückzahlen, Ausgaben für Werbung und zusätzlich den Marktanteil darstellen. Die X-Achse soll die Werbungsausgaben und die Y-Achse die verkauften Stückzahlen anzeigen, die Marktanteile sollen durch die Größe der Blasen dargestellt werden.

Achtung: Der Typ Blase ist über die Schnellanalyse nicht verfügbar!

Auch hier erfolgt die Zuordnung der Reihen zu den Achsen automatisch und zwar von links nach rechts. Wenn Sie die Zuweisung der Wertereihen zu den Achsen lieber selbst vornehmen möchten, dann markieren Sie eine beliebige Zelle außerhalb des Tabellenbereichs und beginnen mit einem leeren Diagramm:

1 Klicken Sie im Register *Einfügen* ▶ *Diagramme* auf das Symbol *Punkt oder Blasendiagramm einfügen* und wählen Sie beim Typ *Blase* zwischen 2D- und 3D-Darstellung.

Bild 7.4 Blasendiagramm einfügen

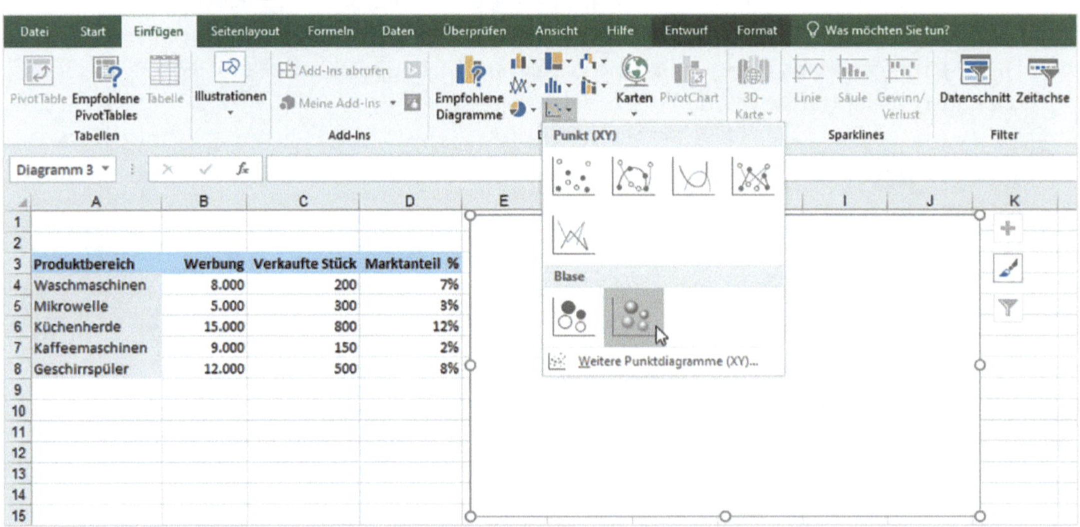

2 Im nächsten Schritt fügen Sie die Datenreihen hinzu. Klicken Sie in die leere Diagrammfläche und anschließend im Register *Entwurf* auf *Daten auswählen.*

3 Das Fenster *Datenquelle auswählen* wird geöffnet. Ignorieren Sie das Feld *Diagrammdatenbereich* und klicken Sie unter *Legendeneinträge (Reihen)* auf die Schaltfläche *Hinzufügen*.

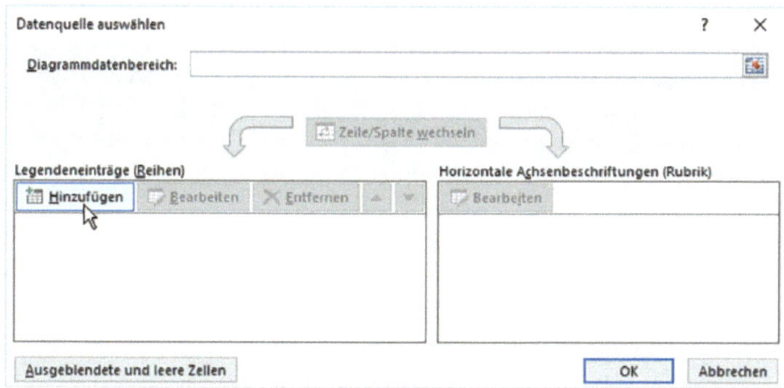

Bild 7.5 Datenquelle auswählen

4 Ordnen Sie nun im Fenster *Datenreihe bearbeiten* (Bild unten) die Werte den Achsen und der Blasengröße zu. Die Werte aus der Spalte *Werbung* sollen auf der waagrechten X-Achse angezeigt werden:

- Klicken Sie in das Feld *Werte der Reihe X*, löschen Sie eventuell vorhandenen Inhalt und markieren Sie in der Tabelle den Zellbereich B4:B8.
- Klicken Sie dann in das Feld *Werte der Reihe Y* und markieren Sie in der Tabelle die verkauften Stückzahlen in C4:C8.
- Genauso verfahren Sie mit der *Reihenblasengröße*, hierfür geben Sie die Marktanteile in Spalte D an.

5 Der Inhalt des Feldes *Reihenname* wird gleichzeitig als Diagrammtitel verwendet. Hier können Sie entweder einen Zellbezug oder eine Beschriftung, wie im Bild unten, eingeben.

Bild 7.6 Datenreihe bearbeiten

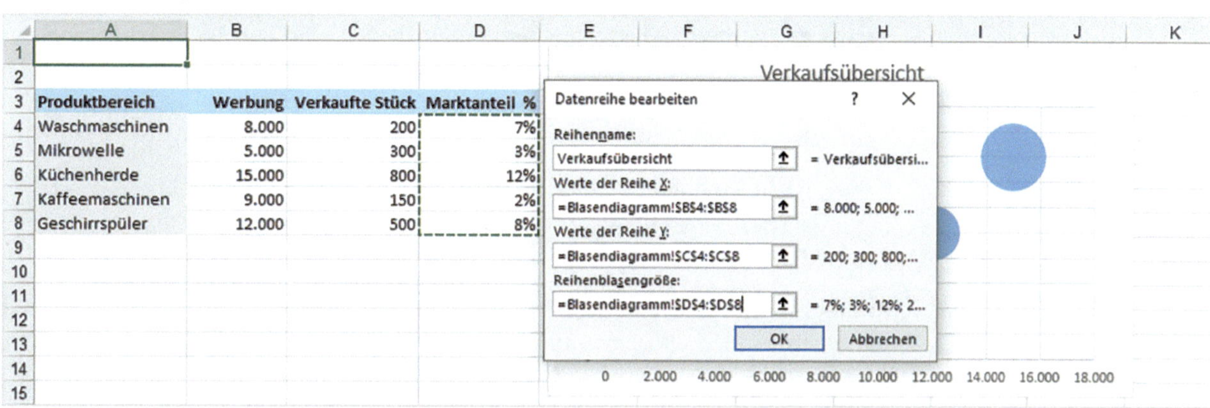

Ein Histogramm erstellen

Hinweis: Die ebenfalls beliebte Alterspyramide ist in Excel als gesonderter Diagrammtyp leider nicht verfügbar.

Lesen Sie auf Seite 303, wie Sie eine solche mit einigen Tricks trotzdem erstellen können.

Um die Häufigkeitsverteilung von Daten, z. B. Altersgruppen, zu visualisieren, kommt in der Statistik vielfach ein Histogramm zum Einsatz. Excel berechnet für diesen Diagrammtyp die Häufigkeit je Klasse automatisch, die Funktion HÄUFIGKEIT wird also nicht benötigt, und die Klasseneinteilung können Sie beliebig festlegen.

1 Ein Histogramm stellt nur eine einzige Datenreihe bzw. Spalte der Tabelle dar. Markieren Sie daher ausschließlich die betreffende Spalte der Ausgangstabelle, im Bild unten das Alter.

2 Klicken Sie im Register *Einfügen* auf *Statistikdiagramm einfügen* und wählen Sie den Typ *Histogramm*.

Histogramm.xlsx

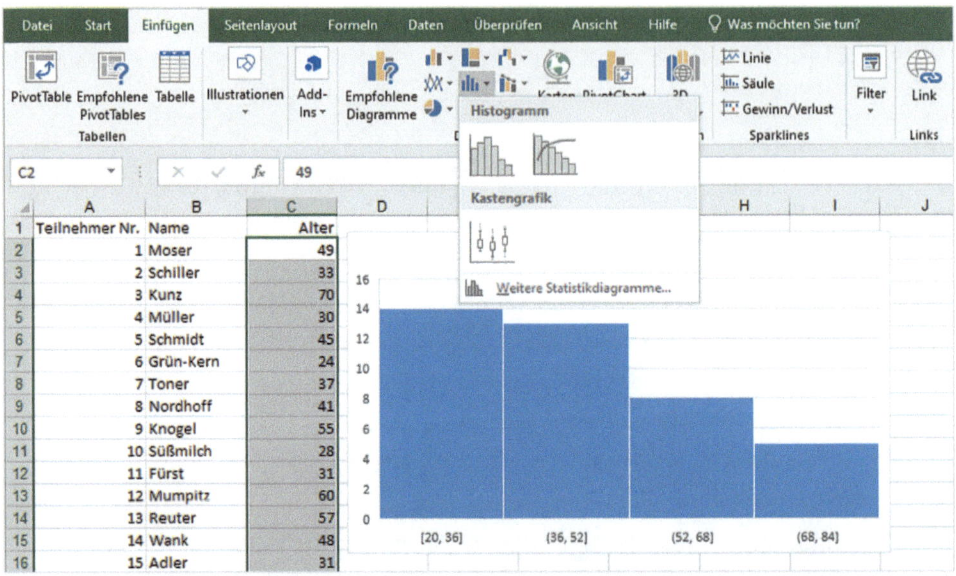

Bild 7.7 Histogramm einfügen

3 Excel wählt Anzahl und Einteilung der Klassen aus den vorgegebenen Daten zunächst automatisch. Die Unter- und Obergrenzen sind aus der Beschriftung der X-Achse ersichtlich und entsprechen vermutlich nicht Ihren Vorstellungen. Zum Ändern klicken Sie mit der rechten Maustaste auf die X-Achse und auf *Achse formatieren....*

Oder klicken Sie in das Diagramm und klicken dann im Register *Entwurf* auf *Diagrammelement hinzufügen*. Zeigen Sie auf *Achsen* und wählen Sie hier *Weitere Achsenoptionen....*

4 Am rechten Bildschirmrand öffnet sich der Aufgabenbereich *Achse formatieren* mit weiteren Einstellungen. Klicken Sie auf *Achsenoptionen* ❶ und hier auf das Symbol *Achsenoptionen* ❷.

5 Öffnen Sie dann mit Klick auf das Dreieck den Abschnitt *Achsenoptionen* und legen Sie die Einstellungen für die Intervalle fest:

6 Wenn die Intervalle nicht automatisch gebildet werden sollen, dann können Sie entweder die Anzahl oder die Intervallbreite vorgeben. Für unser Beispiel benötigen wir eine Einteilung in 10er-Schritten: Wählen Sie die Option *Intervallbreite* ❸ und geben Sie im Feld daneben die Breite 10 ein ❹.

7 Falls gewünscht, können Sie sogenannte Über- und Unterlaufintervalle festlegen. In unserem Beispiel soll aus einem Alter über 70 ein Überlaufintervall gebildet werden, aktivieren Sie daher das entsprechende Kontrollkästchen ❺ und geben Sie im Feld daneben den Wert 70 ein.

Bild 7.8 Container bearbeiten

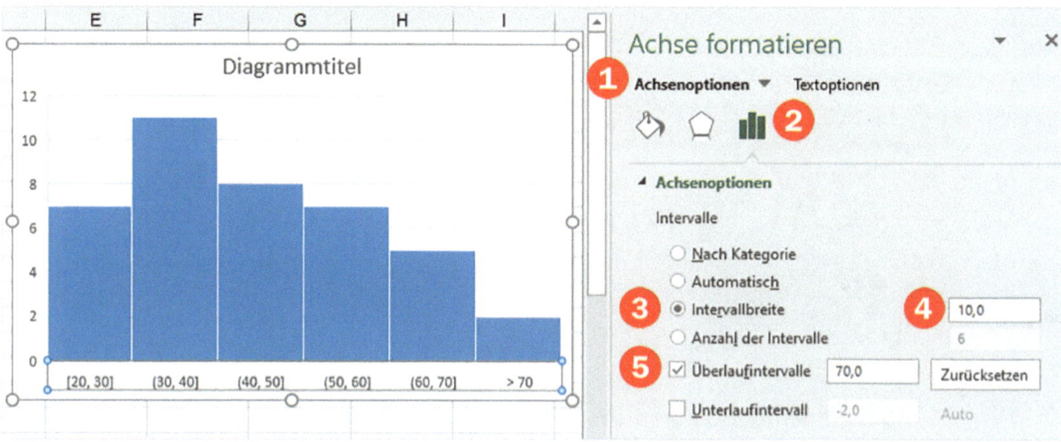

Spezialfall Alterspyramide

Wenn Altersgruppen von Männern und Frauen in Form einer Alterspyramide dargestellt werden sollen, hat Excel dazu keinen passenden Diagrammtyp parat. Sie müssen also selbst Hand anlegen und ein Balkendiagramm entsprechend umfunktionieren. Als Beispiel soll aus der unten abgebildeten Tabelle die Altersstruktur visualisiert werden. Damit die Balken für Männer und Frauen jeweils nach rechts und links weisen, werden für ein Geschlecht, hier Frauen, negative Werte benötigt. Zu diesem Zweck wurde einfach in der Spalte Frauen2 der Wert aus der Spalte Frauen mit -1 multipliziert.

D2 =C2*-1

	A	B	C	D	E	F	G	H	I
1	Altersgruppe	Männer	Frauen	Frauen2	Gesamt				
2	16-20	3	8	-8	11				
3	21-25	7	7	-7	14				
4	26-30	5	6	-6	11				
5	31-35	12	9	-9	21				
6	36-40	15	10	-10	25				
7	41-45	10	12	-12	22				
8	46-50	9	8	-8	17				
9	51-55	11	7	-7	18				
10	56-60	6	3	-3	9				
11	>60	5	7	-7	12				
12									

Bild 7.9 In der Ausgangstabelle muss ein Geschlecht mit negativem Vorzeichen dargestellt werden

Alterspyramide.xlsx

Hier die weitere Vorgehensweise:

1 Markieren Sie die Spalten Altersgruppe, Männer und Frauen2, klicken Sie im Menüband, Register *Einfügen*, auf *Säulen- oder Balkendiagramm einfügen* und wählen Sie *Gestapelte Balken (2D-Balken)*.

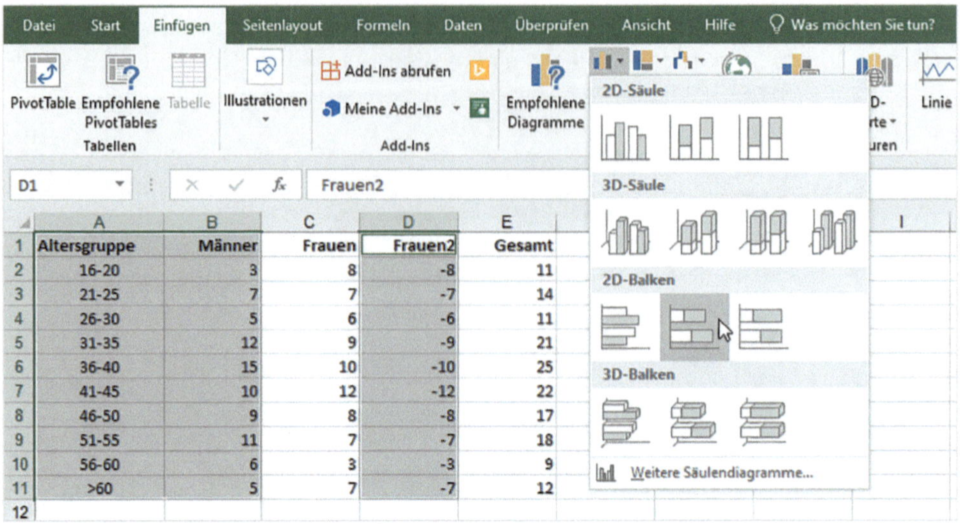

Bild 7.10 Fügen Sie ein gestapeltes Balkendiagramm ein

Das eingefügte Diagramm sieht zunächst aus, wie im Bild unten; um daraus eine Alterspyramide zu erhalten, sind noch einige Bearbeitungsschritte notwendig.

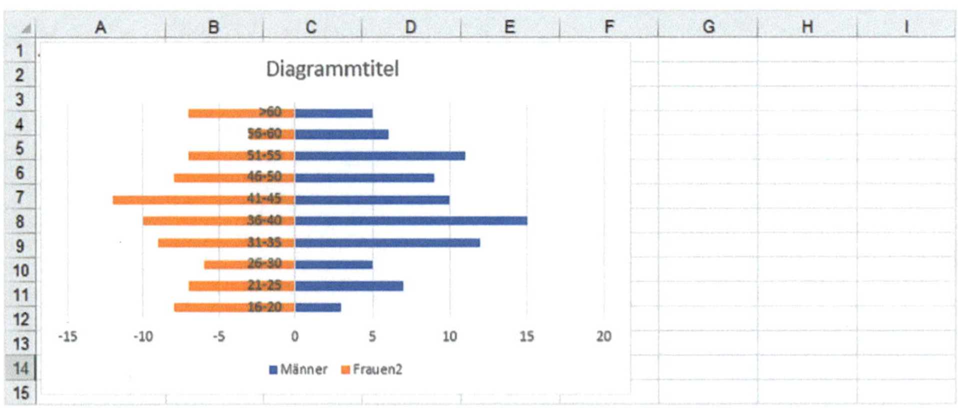

Bild 7.11 Das Balkendiagramm nach dem Einfügen

2 Zunächst soll die Beschriftung der vertikalen Achse aus der Mitte heraus an den linken Rand gerückt werden. Klicken Sie dazu mit der rechten Maustaste auf die waagrechte X-Achse ❶ und auf *Achse formatieren*.

3 Der Aufgabenbereich *Achse formatieren* öffnet sich am rechten Rand des Excel-Fensters. Im Abschnitt *Achsenoptionen* können Sie nun unter *Vertikale Achse schneidet* die Position dieser Achse festlegen. Wählen Sie die Option *Automatisch* ❷ und geben Sie im Feld daneben einen Wert ein, hier -20 ❸. **Hinweis**: Dieser Wert hat keinen Einfluss auf die Achseneinteilung und kann daher beliebig gewählt werden, also z. B. auch -1000.

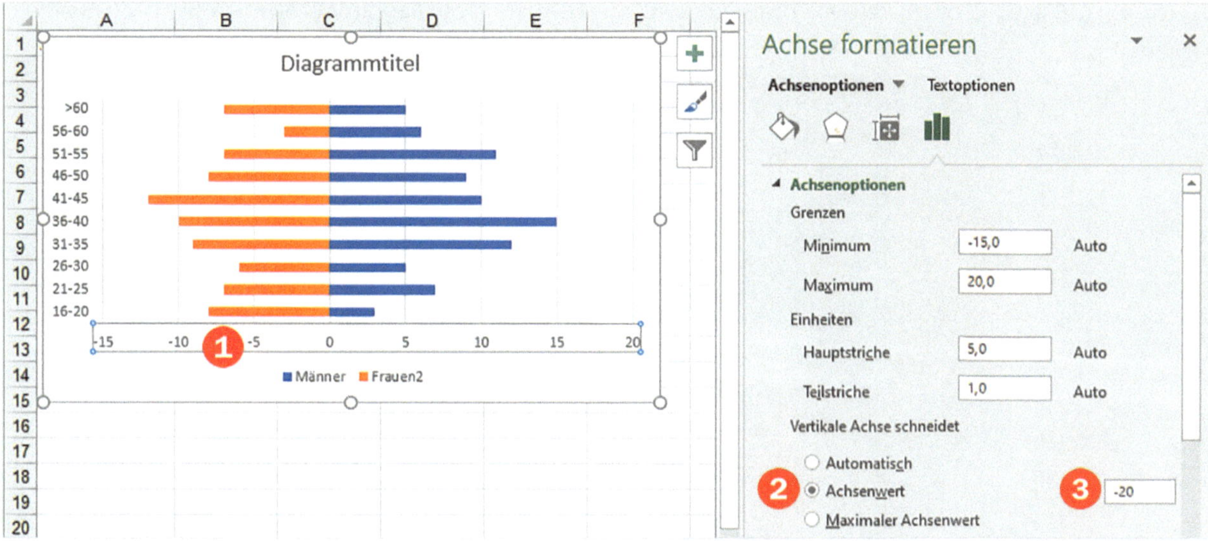

Bild 7.12 Vertikale Achse nach links rücken

4 Nun stören noch die negativen Werte auf der X-Achse. Die Anzeige des Vorzeichens lässt sich in Aufgabenbereich unter *Achsenoptionen* mit einem entsprechenden Zahlenformat unterdrücken. Klicken Sie auf *Zahl* ❹, geben Sie im Feld *Formatcode* ❺ das folgende Zahlenformat ein: 0;0 und klicken Sie auf *Hinzufügen* ❻. **Hinweis**: Das Zahlenformat nach dem Semikolon legt das Aussehen negativer Zahlen fest.

Bild 7.13 Zahlenformat X-Achse

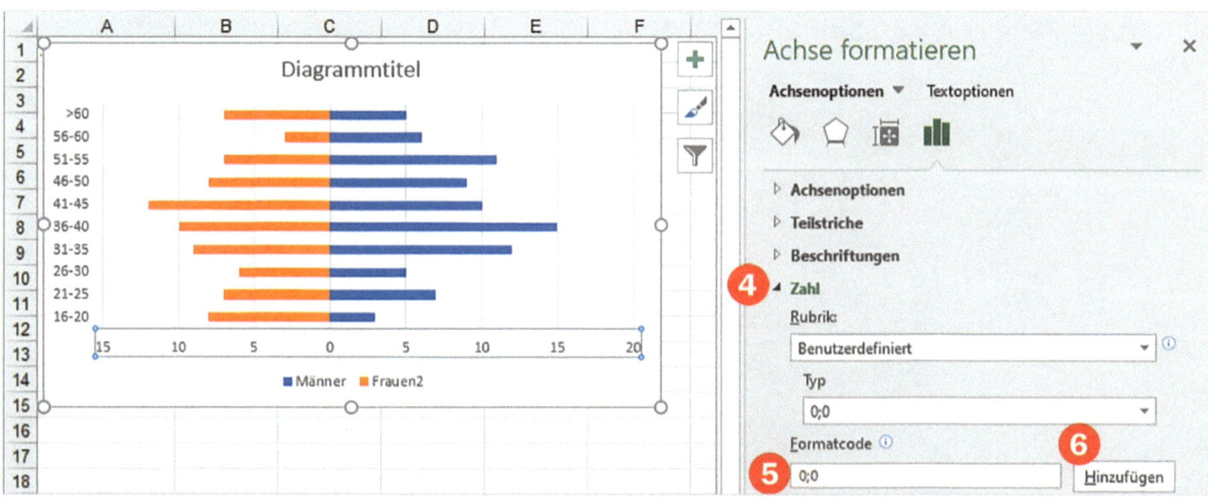

5 Zuletzt sollen noch die Abstände zwischen den Balken beseitigt werden. Klicken Sie dazu mit der linken Maustaste auf einen beliebigen Balken. Dadurch wird die gesamte Datenreihe markiert ❼ und der Aufgabenbereich erhält nun die Beschriftung *Datenreihen formatieren* ❽. Unter *Reihenoptionen* können Sie die Abstände zwischen den Balken bearbeiten: Setzen Sie die *Abstandsbreite* ❾ auf 0% (siehe Bild unten).

Bild 7.14 Balkenabstände verringern

6 Farben, Titel und sonstige Formate des Diagramms können Sie nach Belieben ändern.

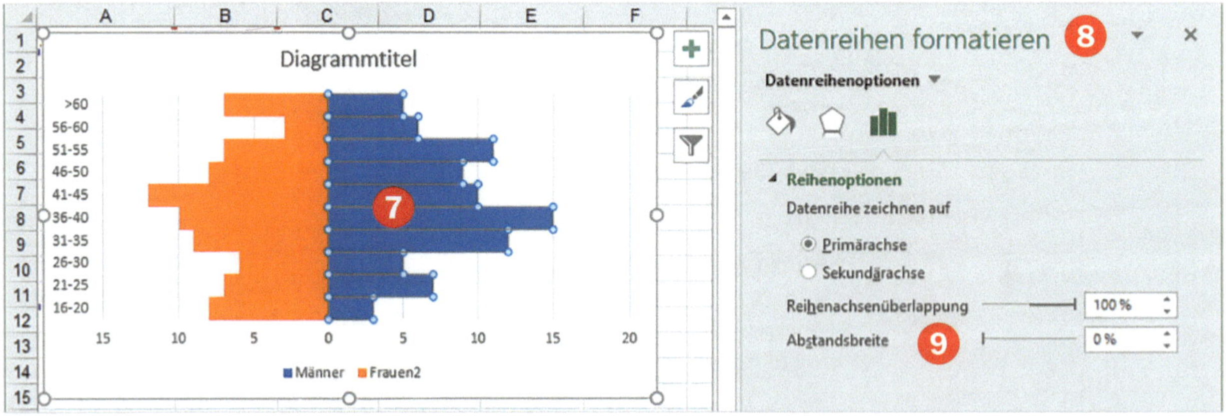

Wasserfalldiagramm

Relativ neu ist seit der Version Excel 2016 das Wasserfalldiagramm. Es verdeutlicht im Gegensatz zum Säulendiagramm nicht den Wert, sondern die jeweilige Zu- oder Abnahme. Damit lassen sich beispielsweise die Zu- und Abgänge eines Bankkontos oder die Berechnung des Deckungsbeitrags darstellen. Als einfaches Beispiel die monatlichen Gehaltsabzüge, wie im Bild unten.

Bild 7.15 Beispiel Gehaltsabzüge

Wasserfalldiagramm.xlsx

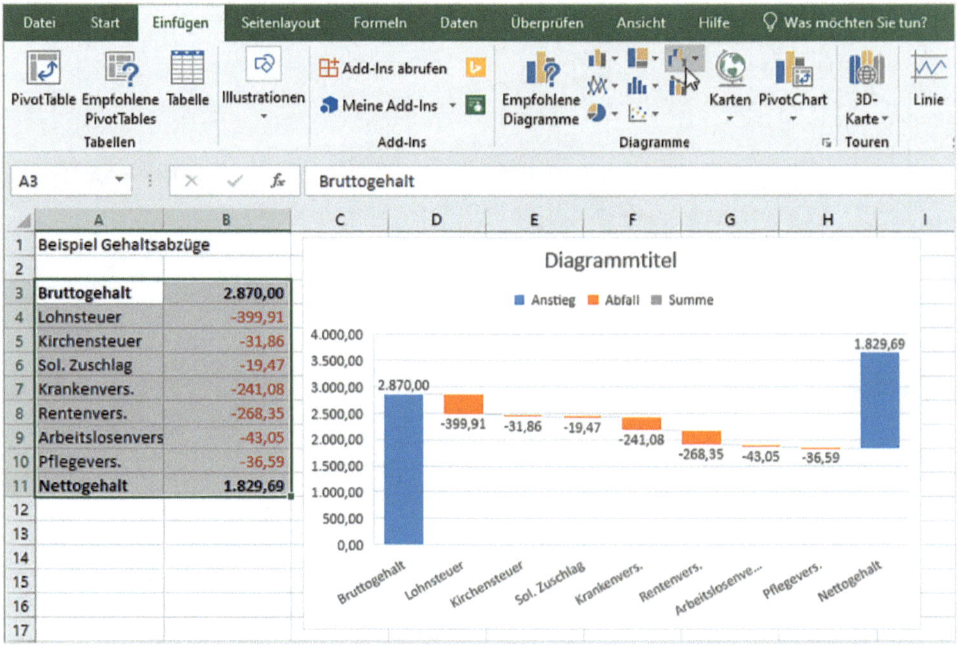

Zum Einfügen markieren Sie die benötigten Werte samt Beschriftung, klicken im Register *Einfügen* auf *Wasserfall-, Trichter-, Kurs, Oberflächen- oder Netzdiagramm einfügen* und wählen den Typ *Wasserfall*.

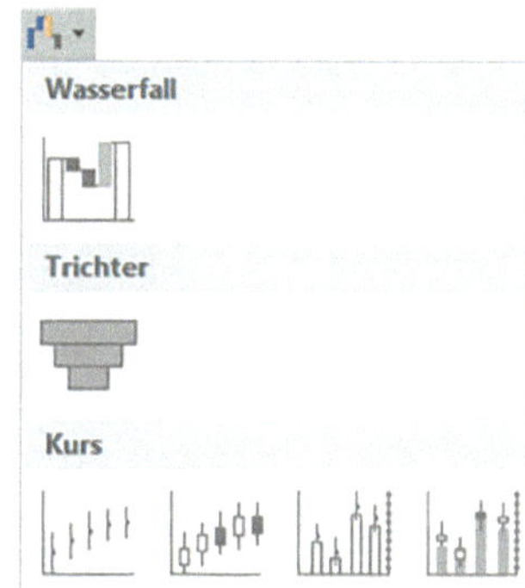

Positive und negative Veränderungen werden automatisch in unterschiedlichen Farben dargestellt und eine entsprechende Legende unterhalb des Diagrammtitels eingefügt.

Summen darstellen

Allerdings erscheint zunächst das Nettogehalt als Zunahme bzw. Anstieg, obwohl es eigentlich das Ergebnis bildet. Neben Anstieg und Abfall kann ein Datenpunkt auch als Ergebnis bzw. Summe dargestellt werden.

1 Dazu klicken Sie im Diagramm auf die Datenreihe, damit sind alle Datenpunkte markiert. Klicken Sie anschließend gezielt auf den Datenpunkt, der die Summe darstellt, in diesem Fall Nettogehalt, in der Folge wird nur dieser hervorgehoben.

2 Klicken Sie mit der rechten Maustaste auf diesen Datenpunkt und auf *Als Summe festlegen* (Bild 7.16). Alternativ klicken Sie im Kontextmenü auf *Datenpunkt formatieren* und aktivieren anschließend im Aufgabenbereich das Kontrollkästchen *Als Summe festlegen* (Bild 7.17).

Auf demselben Weg lässt sich die Darstellung als Summe auch wieder entfernen.

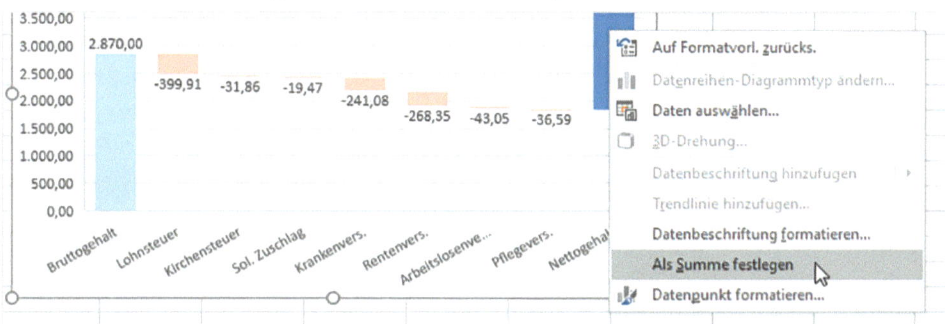

Bild 7.16 Datenpunkt als Summe festlegen

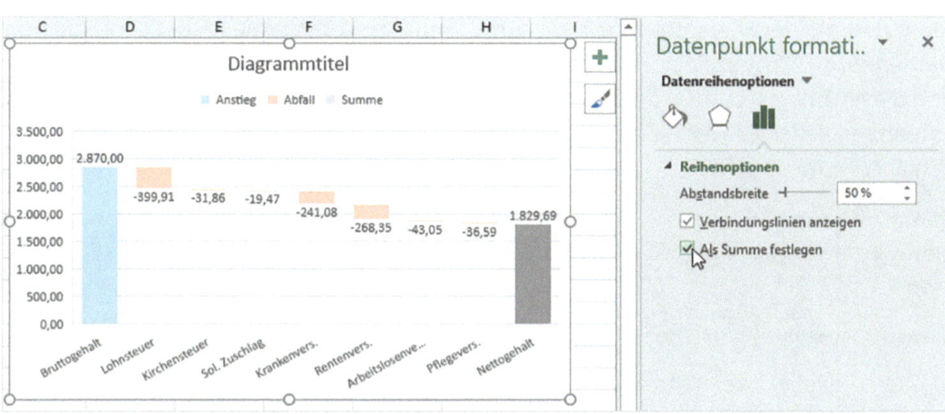

Bild 7.17 ... oder im Aufgabenbereich als Summe festlegen

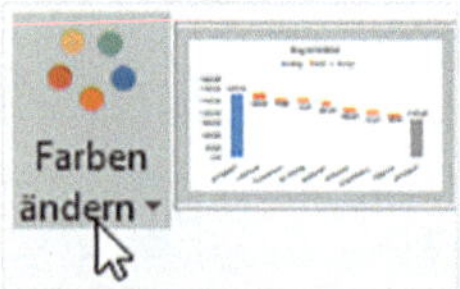

Bild 7.18 Designfarben ändern

Farben ändern

Falls Sie die Farben des Diagramms ändern möchten, ist dies auf zwei Wegen möglich: Klicken Sie entweder im Register *Entwurf* auf *Farben ändern* und wählen Sie hier eine Farbzusammenstellung. Oder ändern Sie die Designfarben im Register *Seitenlayout*. Klicken Sie hier auf *Farben* und auf *Farben anpassen* und wählen Sie dann, wie im Bild unten die gewünschten Akzentfarben. Allerdings wirkt sich hier eine Änderung auf die Farben der gesamten Arbeitsmappe aus.

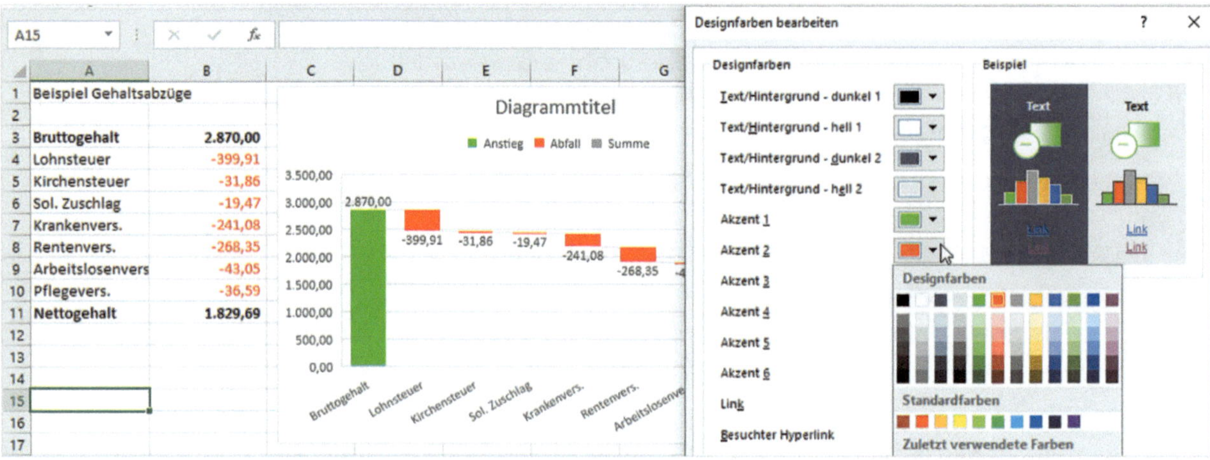

Achtung: Eine Änderung der Farbe über *Datenreihe bearbeiten* (Rechtsklick oder Markieren der gesamten Datenreihe und Symbol *Fülleffekt*, Register *Format*) wirkt sich auf die gesamte Datenreihe aus und einzelnes Bearbeiten der Datenpunkte bezieht die Legende nicht mit ein. Beides führt also hier nicht zum gewünschten Ergebnis.

Hierarchische Darstellung und Größenvergleich mit Treemap und Sunburst

Ein weiterer Diagrammtyp, als Treemap-oder Hierarchie-Diagramm bezeichnet, gliedert die Daten hierarchisch und eignet sich für den Vergleich von Größenverhältnissen innerhalb der Hierarchie. Im Bild unten als Beispiel ein Vergleich der Umsätze von Damen- und Herrenbekleidung. Die beiden Kategorien werden farbig unterschieden und die einzelnen Werte in Form von Rechtecken nach Nähe angeordnet. So ist schnell erkennbar, welche Arten von Bekleidung jeweils für Herren und Damen am meisten verkauft wurde.

Zum Einfügen markieren Sie die Tabelle, im Bild unten den Bereich A4:C21 und klicken im Register *Einfügen* auf *Hierarchiediagramm einfügen*. Wählen Sie dann den Typ *Treemap*.

Hinweis: Der zweite hier angebotene Typ, Sunburst, ordnet die Werte kreisförmig an.

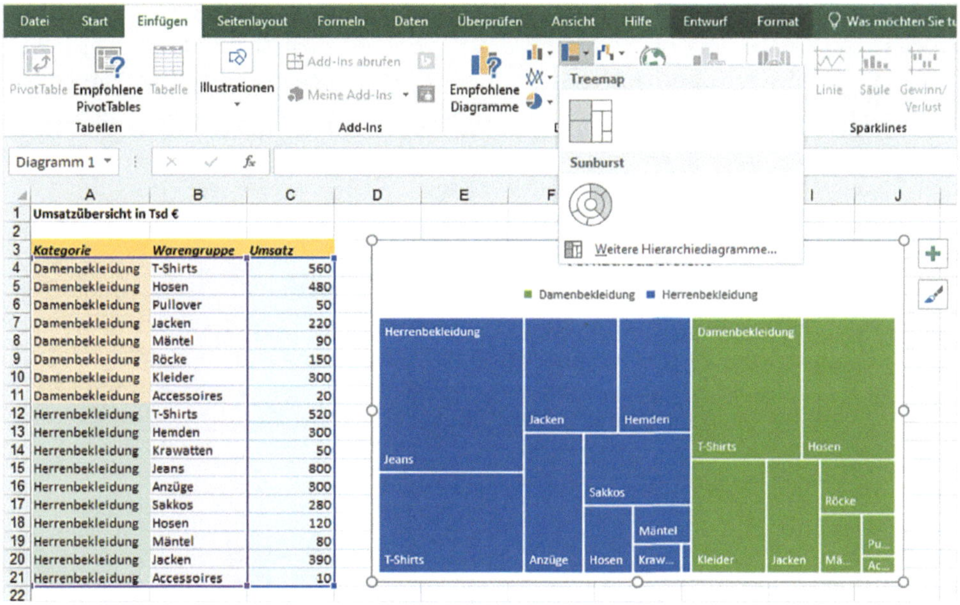

Bild 7.19 Beispiel Treemap-Diagramm

Treemap.xlsx

7.2 Diagrammelemente hinzufügen und bearbeiten

Elemente hinzufügen/entfernen

Zum Hinzufügen oder Entfernen von Diagrammelementen, z. B. Diagrammtitel, Legende oder Achsentitel benutzen Sie im *Diagrammtools*-Register *Entwurf* die Schaltfläche *Diagrammelement hinzufügen*. Beim Zeigen auf eine Auswahl erhalten Sie für die meisten Elemente gleichzeitig verschiedene Optionen zur Platzierung.

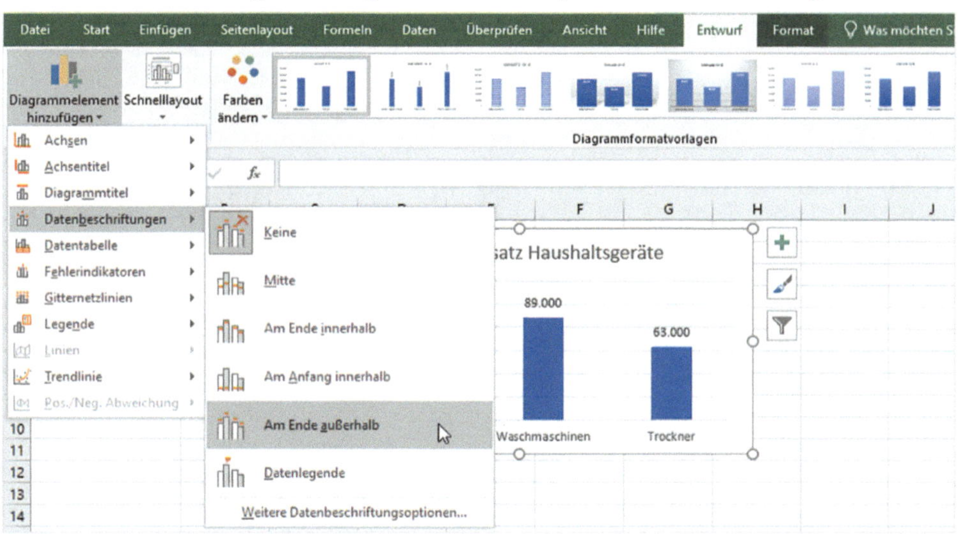

Bild 7.20 Beispiel Datenbeschriftungen hinzufügen

Als Alternative klicken Sie im Arbeitsblatt in der rechten oberen Ecke des markierten Diagramms auf das Symbol *Diagrammelemente*. Hier erscheinen die Optionen zur Platzierung, wenn Sie auf den, nach rechts weisenden Pfeil klicken. Die meisten dieser Diagrammelemente dürften bekannt sein und werden daher nicht mehr näher erläutert.

Bild 7.21 Symbol Diagrammelemente

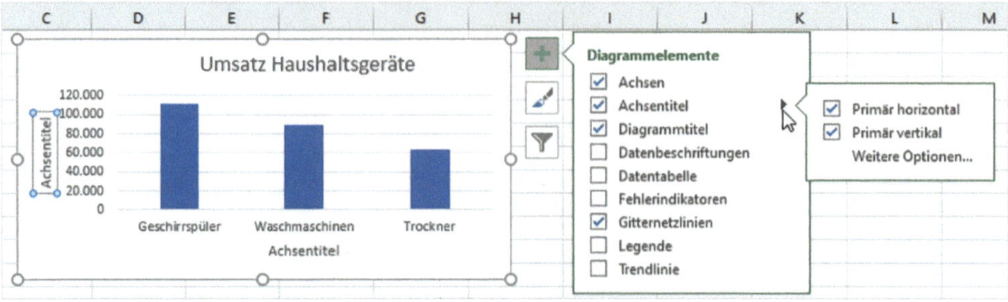

Elemente im Aufgabenbereich bearbeiten

Die genauere Bearbeitung von Diagrammelementen erfolgt in einem gesonderten Aufgabenbereich. Dieser erscheint am rechten Rand des Excel-Fensters, und zeigt umfangreiche Bearbeitungsoptionen zum markierten Element an. Praktischerweise bleibt der Aufgabenbereich dauerhaft geöffnet, so dass Sie im Diagramm nur ein anderes Element markieren brauchen, um dessen Eigenschaften anschließend hier zu bearbeiten.

Aufgabenbereich öffnen

Zum Anzeigen des Aufgabenbereichs klicken Sie im Diagramm mit der rechten Maustaste auf ein Element, z. B. Diagrammtitel oder eine Datenreihe und auf den Befehl *xxx formatieren...* wobei *xxx* für das angeklickte Element steht, oder doppelklicken Sie auf das Diagrammelement. Als Beispiel im Bild unten *Achse formatieren*.

Bild 7.22 Aufgabenbereich anzeigen, Beispiel Achse formatieren

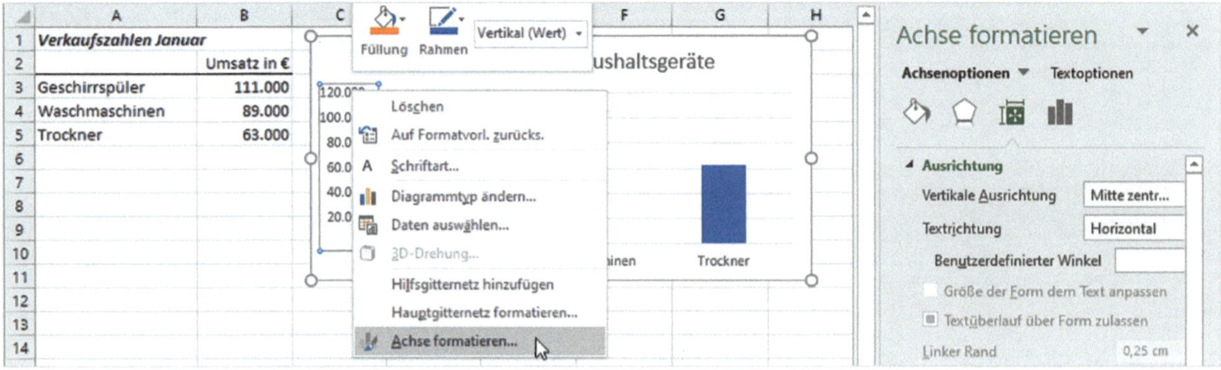

So finden Sie sich im Aufgabenbereich zurecht

Am Titel des Aufgabenbereichs erkennen Sie sofort, welches Diagrammelement gerade bearbeitet wird, im Bild unten der Diagrammbereich.

- Unterhalb des Titels finden Sie einen Dropdown-Pfeil ❶, über den Sie schnell ein anderes Diagrammelement zur Bearbeitung auswählen können. Je nach markiertem Element können daneben auch noch *Textoptionen* ❷ verfügbar sein. Klicken Sie auf *Textoptionen*, so erhalten Sie unterhalb textspezifische Bearbeitungsmöglichkeiten, die aktive Option ist fett hervorgehoben.

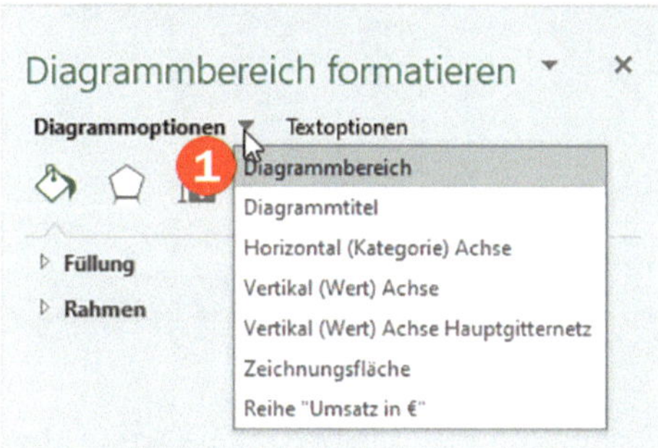

Bild 7.23 Diagrammelement auswählen

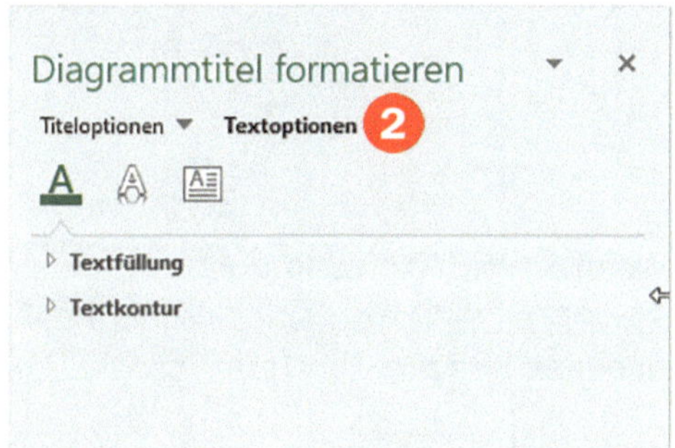

Bild 7.24 Textoptionen

- Genau wie das Menüband enthält auch der Aufgabenbereich verschiedene Register, die Auswahl eines Registers erfolgt über Symbole. Abhängig vom ausgewählten Element finden Sie hier die Symbole *Füllung und Linie*, *Effekte*, *Größe und Eigenschaften* sowie *Datenreihenoptionen*.

  Bild 7.25 links zeigt als Beispiel das Register *Füllung und Linie* ❸, die eigentlichen Optionen befinden unterhalb in den Abschnitten *Füllung* und *Rahmen* ❹, die Sie mit Klick auf die kleinen Pfeile ein- und ausklappen. Im Bild rechts das Register *Datenreihenoptionen* ❺ mit den Inhalten des Abschnitts *Reihenoptionen* ❻.

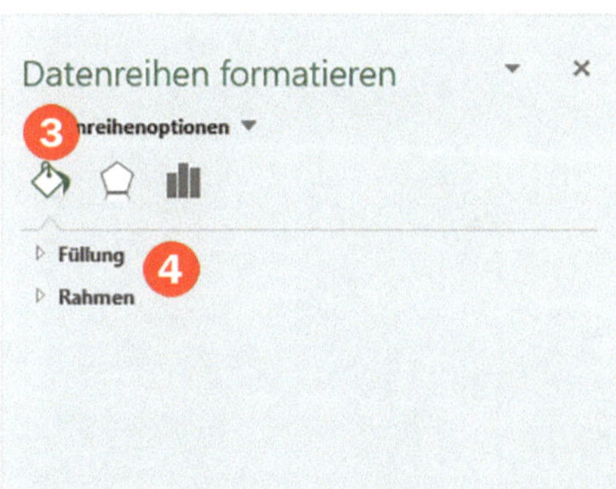

Bild 7.25 Das Register Füllung und Linie

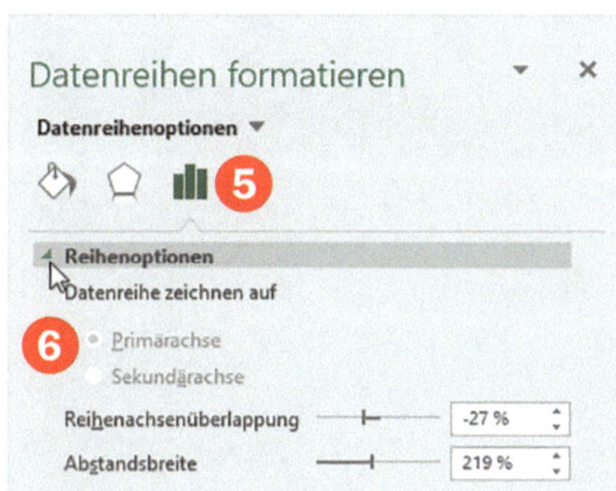

Bild 7.26 Register Größe und Eigenschaften - Details einblenden

Trendlinien hinzufügen

Trendlinien.xlsx

Säulen-, Balken-, Punkt und Liniendiagramme können mit zusätzlichen Trendlinien versehen werden. Dazu markieren Sie im Diagramm die Datenreihe, für die eine Trendlinie berechnet werden soll. Klicken Sie dann auf *Diagrammelement hinzufügen*, zeigen auf *Trendlinie* und wählen Sie den gewünschten Regressionstyp, im Bild unten *Linear*.

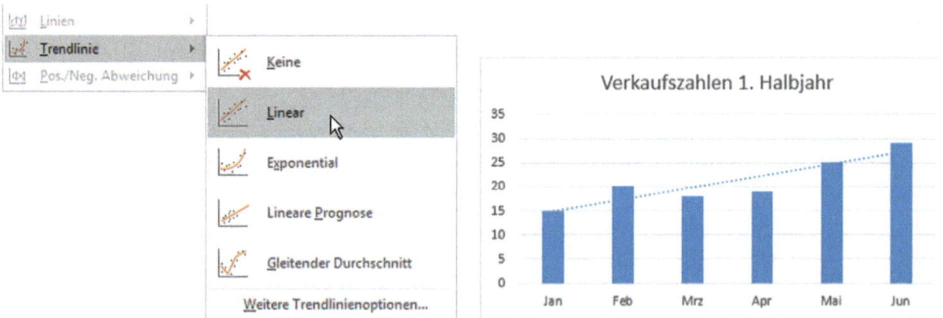

Bild 7.27 Trendlinie hinzufügen

Wenn Sie die Regression genauer definieren möchten, dann klicken Sie auf *Weitere Trendlinienoptionen....* Oder klicken Sie mit der rechten Maustaste auf eine bereits vorhandene Trendlinie und auf *Trendlinie formatieren....*

Im Aufgabenbereich *Trendlinie formatieren* können Sie nun die Trendlinie weiter bearbeiten: Klicken Sie auf das Symbol *Trendlinienoptionen* und legen Sie die Parameter fest. Mit dem Kontrollkästchen *Formel im Diagramm anzeigen* fügen Sie bei Bedarf die, zur Berechnung verwendete Formel, in das Diagramm ein.

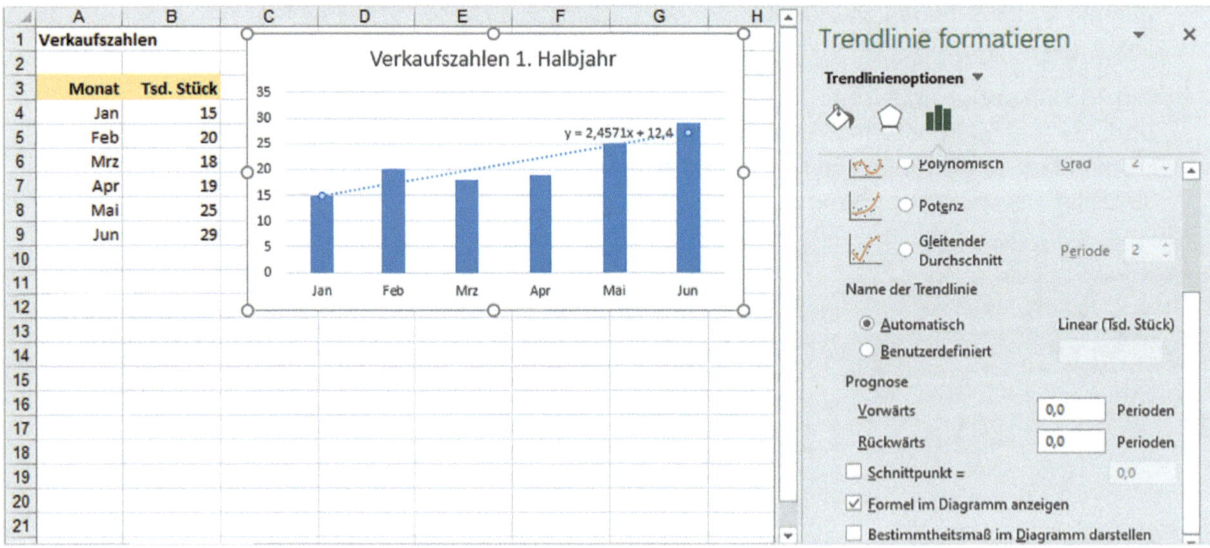

Bild 7.28 Trendlinienoptionen

Fehlerindikatoren anzeigen

Um die Datenpunkte eines Diagramms mit Fehlerindikatoren zu versehen, markieren Sie die Datenreihe, klicken auf *Diagrammelemente hinzufügen* und zeigen auf *Fehlerindikatoren*. Wählen Sie die gewünschte Anzeige aus, z. B. *Standardfehler*, wie im Bild unten.

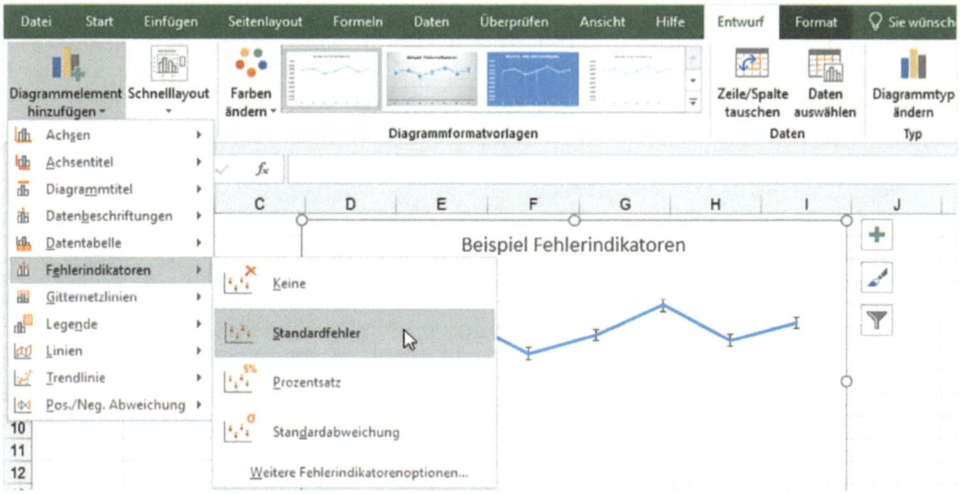

Bild 7.29 Fehlerindikatoren

Achtung: Für die weitere Bearbeitung der Fehlerindikatoren oder nachträgliche Änderungen müssen statt der Datenreihe die Fehlerindikatoren ausgewählt bzw. markiert werden!

Optionen für Fehlerindikatoren erhalten Sie im Aufgabenbereich, den Sie über den Befehl *Diagrammelement einfügen* ▶ *Fehlerindikatoren* ▶ *Weitere Fehlerindikatoroptionen...* öffnen. Oder wählen Sie im bereits geöffneten Aufgabenbereich zur Datenreihe die Fehlerindikatoren aus (Bild 7.30). Anschließend können Sie Richtung, Art der Endlinie und den Fehlerbetrag bearbeiten (Bild 7.31). Um den Fehlerbetrag manuell vorzugeben, aktivieren Sie die Option *Benutzerdefiniert* und geben im Feld daneben den Wert ein.

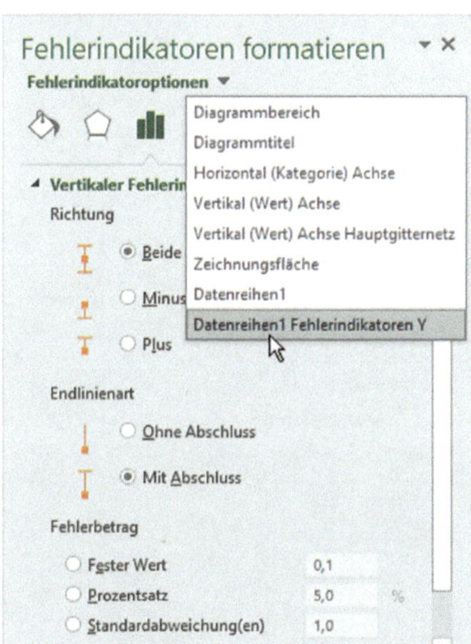

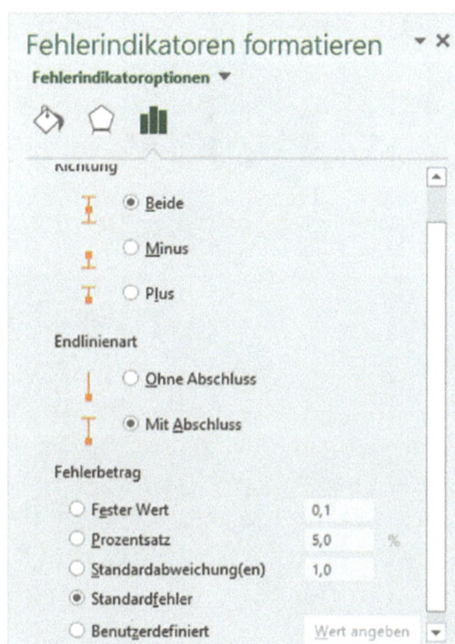

Bild 7.30 Fehlerindikatoren auswählen

Bild 7.31 Fehlerindikatoren formatieren

Prozentanteile in Kreisdiagrammen anzeigen

Um in einem Kreisdiagramm die Prozentanteile als Datenbeschriftung anzuzeigen, ist es nicht erforderlich, diese zuvor in der Tabelle zu berechnen. Folgende Möglichkeiten stehen zur Wahl:

- **Beschriftung als Datenlegende einfügen**
  Erstellen Sie das Kreisdiagramm und klicken Sie im nächsten Schritt auf *Diagrammelement hinzufügen*. Zeigen Sie auf *Datenbeschriftungen* und wählen Sie *Datenlegende* aus. Diese beinhaltet neben der Beschriftung auch die Prozentanteile. Falls die Gestaltung als Sprechblase den professionellen Gesamteindruck stört, so markieren Sie mit einem Mausklick alle Beschriftungselemente und formatieren diese ohne Rahmen, indem Sie im Register *Format* auf *Formkontur* klicken und *Keine Kontur* auswählen.
- **Beschriftung im Aufgabenbereich auswählen**
  Die flexiblere Möglichkeit bietet der Aufgabenbereich: Markieren Sie dazu, falls bereits vorhanden, die Datenbeschriftungen oder klicken Sie beim Einfügen auf *Weitere Datenbeschriftungsoptionen*. Klicken Sie dann im Aufgabenbereich *Datenbeschriftungen formatieren* auf das Register *Beschriftungsoptionen* ❶ und aktivieren Sie unter *Beschriftung enthält* die gewünschten Kontrollkästchen. *Prozentsatz* ❷ statt *Wert* sorgt dafür, dass der Prozentanteil erscheint und *Rubrikenname* ❸ fügt zusätzlich die Beschriftung hinzu.
- Unterhalb, im Abschnitt *Beschriftungsposition*, legen Sie auch gleich die Platzierung im Diagramm fest, hier *Am Ende außerhalb* ❹.

Bild 7.32 Prozentanteile als Beschriftung im Kreisdiagramm

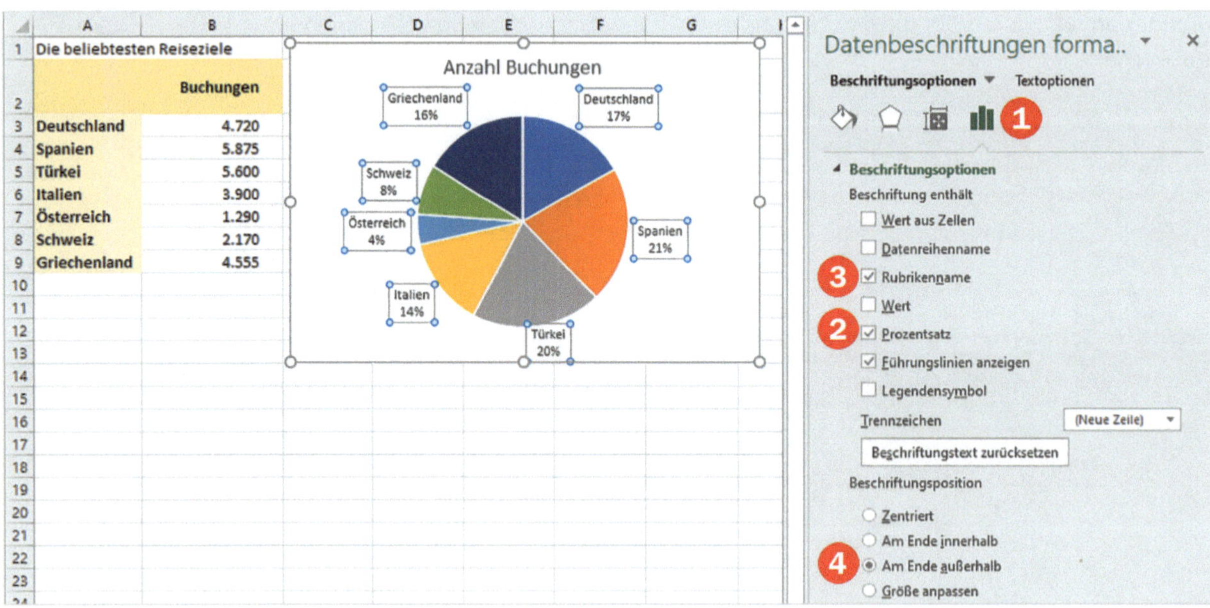

7.3 Tipps zur Anzeige der Datenreihen

Abstände von Säulen und Balken

Um in Säulen- und Balkendiagrammen die Abstände zwischen den Säulen bzw. Balken zu ändern, markieren Sie die Datenreihe und klicken im Aufgabenbereich *Datenreihen formatieren* auf das Register *Datenreihenoptionen* . Benutzen Sie dann beim Feld *Abstandsbreite* den Schieberegler oder im Feld daneben die kleinen Pfeile zum Vergrößern oder Verkleinern. Die Abstandsbreite gibt das Verhältnis des Abstands zur Säulenbreite an, bei 100 % entspricht der Abstand exakt der Säulenbreite, 0 % fügt dagegen die Säulen oder Balken ohne Abstand aneinander.

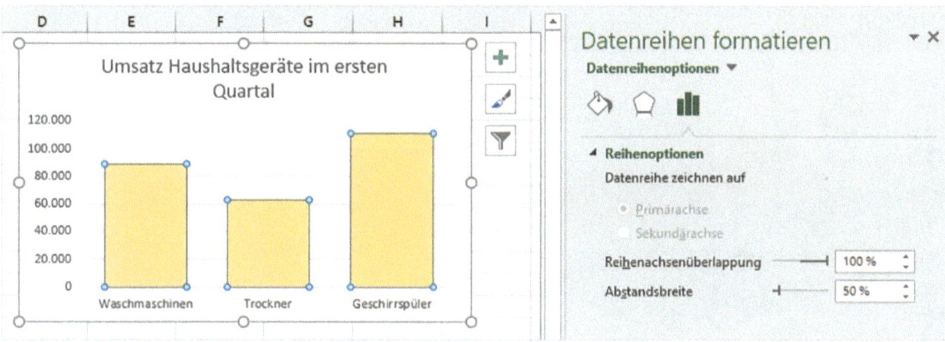

Bild 7.33 Säulenabstände ändern

Diagramme drehen

2D-Kreisdiagramm drehen

Die Datenpunkte eines Kreisdiagramms werden automatisch entsprechend ihrer Reihenfolge in der Tabelle im Uhrzeigersinn angeordnet. Sie können die Anordnung im Diagramm entweder ändern, indem Sie die Werte in der Ausgangstabelle entsprechend sortieren oder durch Drehen des Diagramms. Dadurch können beispielsweise kleinere Segmente in den Vordergrund gerückt werden.

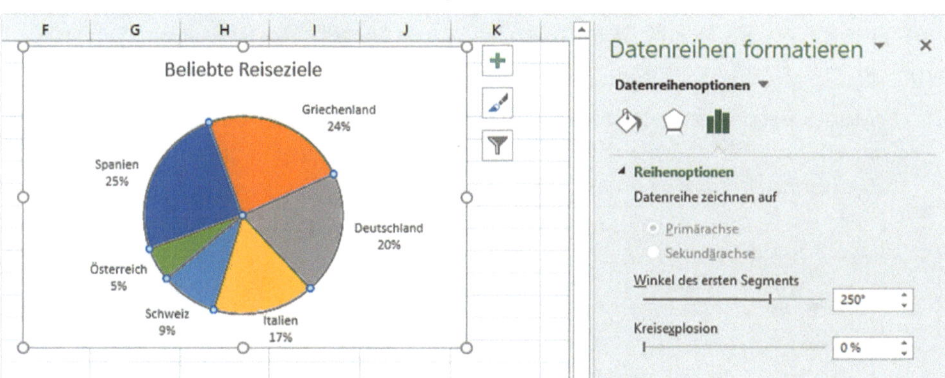

Bild 7.34 Kreisdiagramm drehen

Dazu klicken Sie mit der rechten Maustaste in den Kreis und auf *Datenreihen formatieren*. Klicken Sie dann im Aufgabenbereich *Datenreihen formatieren* auf das Register *Datenreihenoptionen*. Hier können Sie nun den Winkel des ersten Segments beliebig ändern, siehe Bild oben.

3D-Diagramme drehen

3D-Diagramme können dagegen nicht nur in X-Richtung (siehe oben), sondern auch in Y-Richtung gedreht werden. Klicken Sie dazu mit der rechten Maustaste in die Diagrammfläche und auf *3D-Drehung...*. Im Aufgabenbereich, Register *Effekte* lassen sich nun im Abschnitt *3D-Drehung* X-Drehung, Y-Drehung sowie bei Bedarf die Perspektive beliebig ändern.

Bild 7.35 3D-Drehung

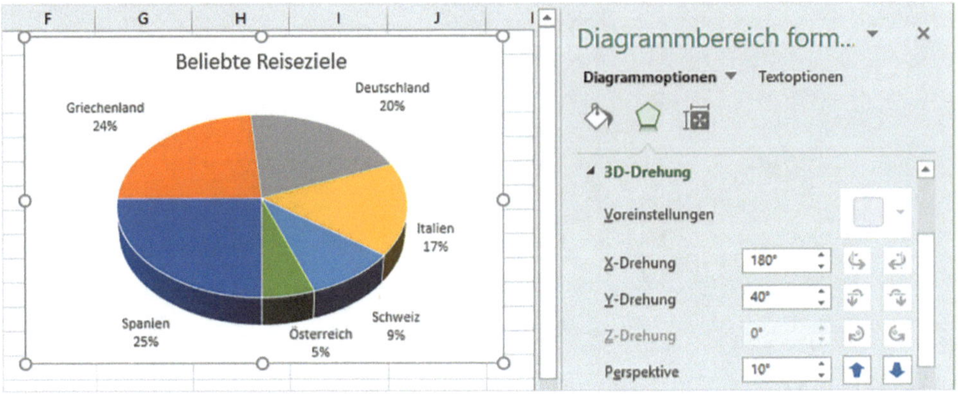

Fehlende Werte in Liniendiagrammen überbrücken

Ein häufiges Problem bei der Darstellung von Messreihen mit Liniendiagrammen sind fehlende Werte. Ein Beispiel: Sie möchten zwei Reihen, z. B. die durchschnittlichen Temperaturen von zwei Städten, in einem Liniendiagramm miteinander vergleichen, allerdings liegen für einige Tage keine Werte vor. Im Diagramm unterbricht Excel an diesen Punkten einfach die Linie, wie im Bild unten ❶. Zur Vermeidung der Lücken in die leeren Zellen der Tabelle 0 eintragen, würde das Ergebnis verfälschen, da an diesen Tagen ja nicht 0 Grad gemessen wurden.

3 Wenn Sie in einem solchen Fall die vorhandenen Datenpunkte einfach mit einer Linie verbinden möchten, dann klicken Sie in das Diagramm und öffnen im Menüband, Register *Entwurf*, über die Schaltfläche *Daten auswählen* das Fenster *Datenquelle auswählen*. Klicken Sie hier auf die Schaltfläche *Ausgeblendete und leere Zellen* ❷ (Bild 7.36).

3 Wählen Sie unter *Leere Zellen anzeigen als* die gewünschte Option, in unserem Beispiel *Datenpunkte mit einer Linie verbinden* (Bild 7.37)

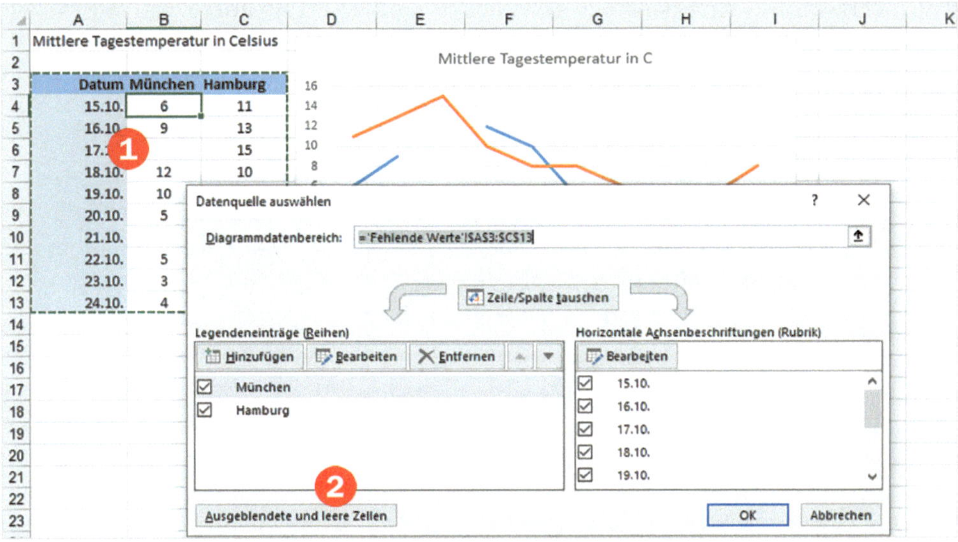

Bild 7.36 Datenquelle auswählen bzw. bearbeiten

Fehlende_Werte. xlsx

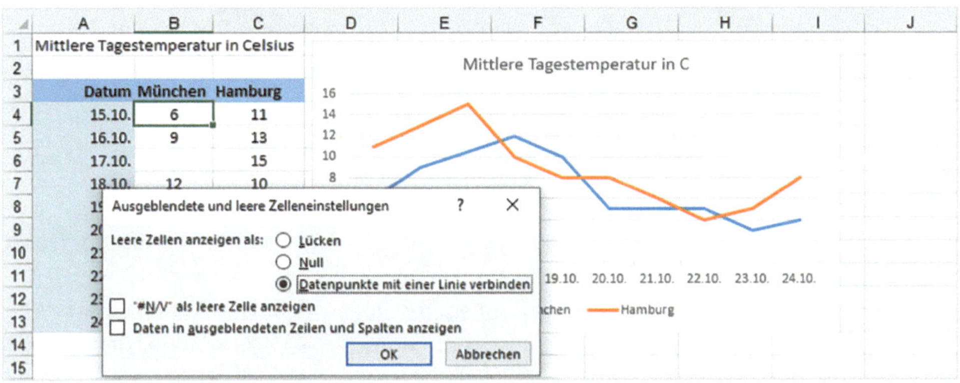

Bild 7.37 Ausgeblendete und leere Zelleneinstellungen

Tipp: Wenn die Werte ausgeblendeter Zeilen und/oder Spalten im Diagramm trotzdem angezeigt werden sollen, dann können Sie dies hier ebenfalls festlegen.

7.4 Darstellung der Diagrammachsen

Zahlen als Achsenbeschriftung

Wenn beim Einfügen eines Diagramms ein Zellbereich markiert ist, dann bildet Excel automatisch aus allen Zahlen Datenreihen, allerdings ist dies nicht immer auch erwünscht oder sinnvoll.

Als Beispiel die Tabelle im Bild unten, sie enthält die Verkaufszahlen aus Kalenderwochen. Wenn Sie aus diesem Zellbereich ein Diagramm erstellen, so bildet Excel aus beiden Spalten, also auch aus der Kalenderwoche je eine Datenreihe. Dieses Problem lässt sich am einfachsten lösen, indem Sie mit einem leeren Diagramm beginnen und anschließend Datenreihe und Achsenbeschriftung getrennt festlegen.

1 Klicken Sie in eine beliebige Zelle außerhalb der Tabellenbereichs und klicken Sie im Register *Einfügen*, *Diagramme* auf den gewünschten Diagrammtyp, z. B. Säulen. Ein leeres Diagramm wird im Arbeitsblatt eingefügt.

2 Klicken Sie in das leere Diagramm und im Register *Entwurf* auf *Daten auswählen*.

3 Um die Werte für die Reihe auszuwählen, klicken Sie im Fenster *Datenquelle auswählen* unter *Legendeneinträge (Reihen)* auf *Hinzufügen*. Geben Sie im Feld *Reihenname* einen Namen für die Reihe ein bzw. klicken Sie in das Feld und in der Tabelle auf die Spaltenüberschrift in B2 ❶. Klicken Sie dann in das Feld *Reihenwerte*: Markieren Sie dann im Tabellenblatt den Zellbereich, aus dem die Reihe gebildet werden soll, im Beispiel B3:B12 ❷ und klicken Sie auf *OK*.

Bild 7.38 Datenreihe festlegen

Achsenbeschriftung_Zahlen.xlsx

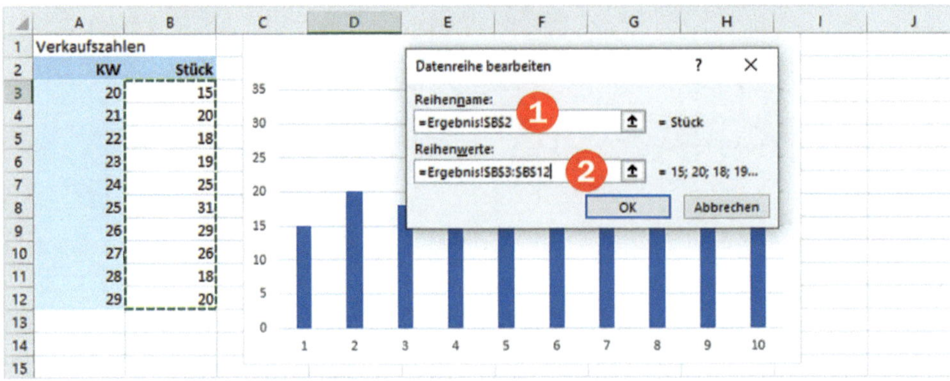

4 Im nächsten Schritt geben Sie an, aus welchen Zellen die Achsenbeschriftung gebildet werden soll, diese wurde zunächst mit einer fortlaufenden Nummerierung versehen. Dazu klicken Sie im Fenster *Datenquelle auswählen* unter *Horizontale Achsenbeschriftungen (Rubrik)* auf *Bearbeiten* ❸ und markieren im Tabellenblatt den Zellbereich, der als Achsenbeschriftung verwendet werden soll, die Kalenderwochen ❹.

5 Schließen Sie dann das Fenster *Datenquelle auswählen* mit Klick auf *OK* ❺.

Bild 7.39 Achsenbeschriftung bearbeiten

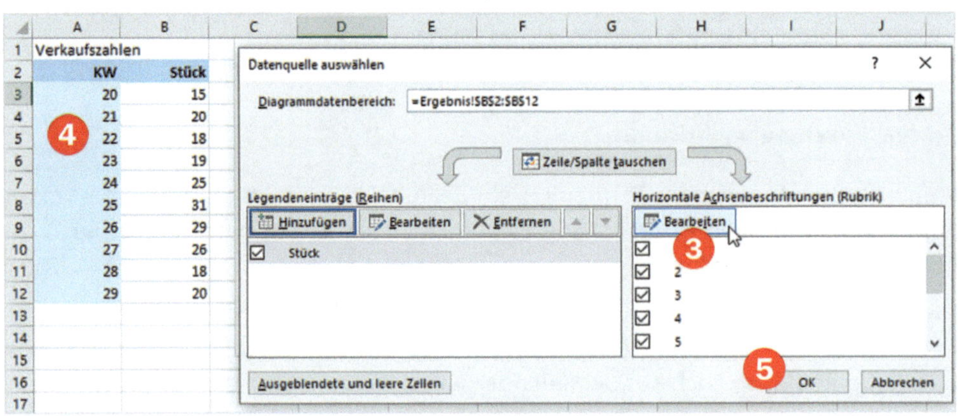

Wertebereich und Einteilung

Standardmäßig wählt Excel für Diagramme mit einer Größenachse, z. B. Säulen-, Balken- oder Liniendiagramme, Wertebereich und die Einteilung dieser Achse automatisch. Bei nachträglichen Änderungen der Ausgangsdaten passt sich die Größenachse ebenfalls automatisch an. Wenn Sie aber mehrere Diagramme miteinander vergleichen möchten, kann es sinnvoll sein, in allen Diagrammen eine einheitliche Achsenskalierung zu verwenden. Dies nehmen Sie ebenfalls im Aufgabenbereich vor:

Markieren Sie die Größenachse und klicken Sie im Aufgabenbereich *Achse formatieren* auf das Register *Achsenoptionen*. Im Abschnitt *Achsenoptionen* finden Sie unter *Grenzen* Felder, in die Sie Werte für Minimum, Maximum ❶ sowie unter *Hauptstriche* die Einheiten, hier 5 ❷, eingeben können. Die Teilstriche erscheinen dagegen nur im Diagramm, wenn deren Anzeige unter *Achsenoptionen* ▶ *Teilstriche* und *Hilfstyp* explizit festgelegt wurde, siehe Seite 321.

Auto rechts von einem Wert ❸, wie im Bild unten bedeutet, dieser Wert wird automatisch gewählt. Haben Sie dagegen manuell einen Wert eingegeben, so erscheint stattdessen die Schaltfläche *Zurücksetzen* ❹, mit der Sie bei Bedarf den geänderten Wert wieder auf automatische Einteilung zurücksetzen können.

Bild 7.40 Minimum, Maximum und Hauptintervalle vorgeben

Bild 7.41 Zurücksetzen

Achtung: Bei Vorgabe eines festen Minimums und/oder Maximums erfolgt bei späteren Änderungen der Daten keine automatische Anpassung der Achsen. Es können also Säulen oder Linien abgeschnitten werden.

Tipp: Logarithmische Skalierung

Um eine genauere Darstellung für sehr kleine Werte zu erzielen, können Sie für die Größenachse eines XY-Diagramms auch für eine oder beide Achsen eine logarithmische Skalierung wählen. Markieren Sie dazu die betreffende Achse, im Bild unten die Größenachse, und klicken Sie im Aufgabenbereich *Achse formatieren* auf das Register *Achsenoptionen*. Öffnen Sie hier den Abschnitt *Achsenoptionen* und aktivieren Sie das Kontrollkästchen *Logarithmische Skalierung*.

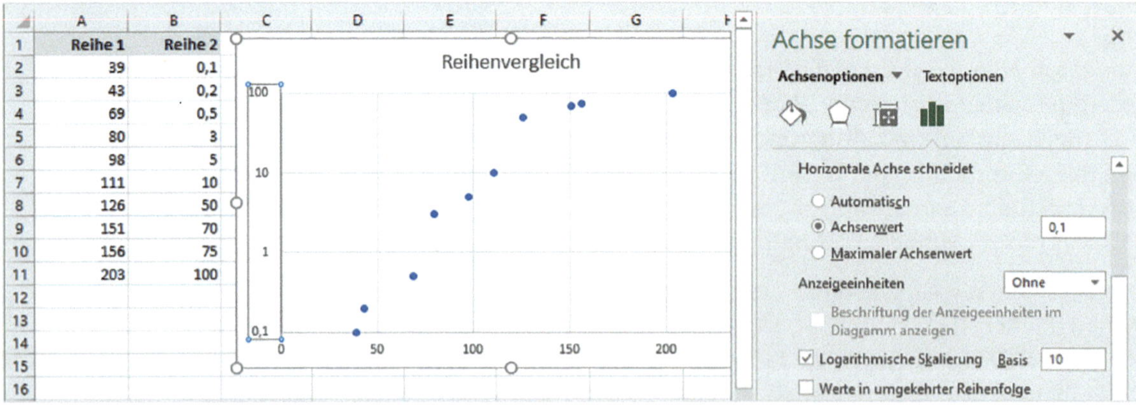

Bild 7.42 Logarithmische Skalierung

Zahlen formatieren

Das Zahlenformat übernimmt die Größenachse aus der Tabelle. Wenn Sie im Diagramm ein abweichendes Format verwenden möchten, dann markieren Sie die Größenachse und klicken im Aufgabenbereich *Achse formatieren* auf das Register *Achsenoptionen* ❶. Wählen Sie im Abschnitt *Zahl* mit Klick in das Feld *Rubrik* ❷ ein Zahlenformat aus und legen Sie ggf. unterhalb die Anzahl der Dezimalstellen fest ❸. Die Verwendung benutzerdefinierter Zahlenformate ist ebenfalls möglich: Klicken Sie dazu in das Feld *Formatcode* ❹ und geben Sie hier Ihr Zahlenformat ein, anschließend klicken Sie auf *Hinzufügen* ❺.

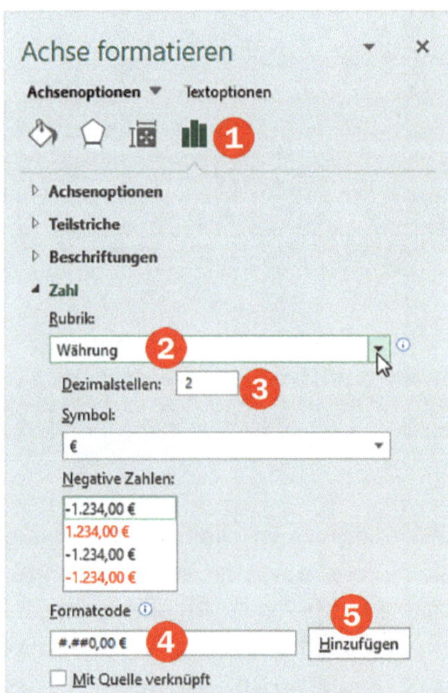

Bild 7.43 Zahlenformat

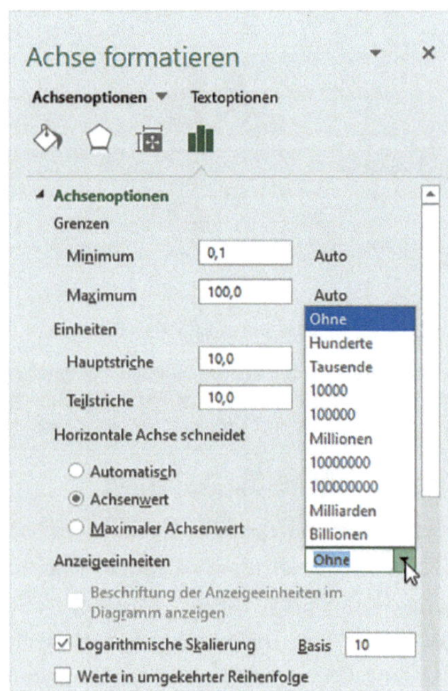

Bild 7.44 Anzeigeeinheiten

Anzeigeeinheiten wählen

Basiert ein Diagramm auf sehr großen Zahlen, dann können Sie zur besseren Lesbarkeit die Zahlen der Achsenbeschriftung in Tausenden oder Millionen anzeigen lassen. Dazu klicken Sie im Aufgabenbereich *Achsen formatieren*, Register *Achsenoptionen* auf den Abschnitt *Achsenoptionen*. Hier können Sie im Feld *Anzeigeeinheiten* die gewünschte Einheit auswählen (Bild 7.44).

Schnittpunkt der X-Achse festlegen

Achsenschnittpunkt_Teilstriche.xlsx

Enthält ein Diagramm, z. B. Säulen- oder Liniendiagramm negative Werte, so schneidet die X-Achse trotzdem bei 0. Sie befindet sich damit innerhalb der Diagrammfläche und die Achsenbeschriftung überschneidet sich meist mit den Säulen oder Linien. Um dies zu verhindern, können Sie die X-Achse entweder oben im Diagramm anzeigen oder für den Schnittpunkt mit der Größenachse einen bestimmten Wert vorgeben.

Dazu markieren Sie die Größenachse ❶ und klicken im Aufgabenbereich *Achse formatieren* auf das Register *Achsenoptionen* ❷. Wählen Sie im Abschnitt *Achsenoptionen* unter *horizontale Achse schneidet* ❸ entweder die Option *Achsenwert* und geben im Feld daneben einen festen Achsenwert ein, im Bild unten -5 oder wählen Sie *Maximaler Achsenwert*, dann erscheint die X-Achse oberhalb des Diagramms.

Bild 7.45 Schnittpunkt der X-Achse ändern

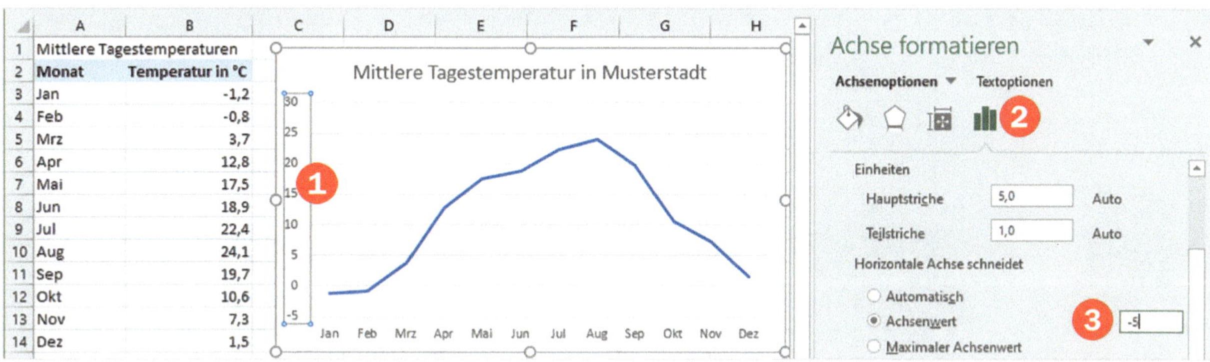

Teilstriche auf Achse anzeigen

Standardmäßig erscheinen weder auf der Größen- noch auf der Beschriftungsachse Teilstriche zur Achsenbeschriftung. Falls Sie trotzdem, z. B. in einem Liniendiagramm Teilstriche auf einer Achse benötigen, dann gehen Sie so vor:

Markieren Sie die entsprechende Achse, in diesem Beispiel die waagrechte X-Achse, und klicken Sie im Aufgabenbereich *Achse formatieren* auf das Register *Achsenoptionen*. Wählen Sie im Abschnitt *Teilstriche* im Feld *Haupttyp* die gewünschte Position.

Bild 7.46 Teilstriche auf X-Achse anzeigen

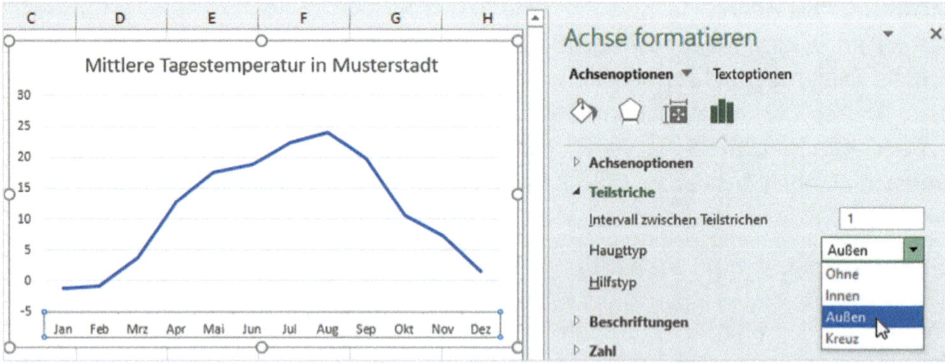

Allerdings werden Sie anschließend feststellen, dass sich im Diagramm die Datenpunkte zwischen den Teilstrichen befinden. Der Grund: auch die Beschriftung der Achse befindet sich zwischen den Teilstrichen, so dass die Datenpunkte genau über dem Text erscheinen, wie in Bild 7.47. Aus diesem Grund beginnt auch die Diagrammlinie nicht exakt an der Größenachse sondern am ersten Datenpunkt.

Bild 7.47 Standardeinstellung: Datenpunkte zwischen Teilstrichen

Bild 7.48 Datenpunkt befindet sich genau über Teilstrichen

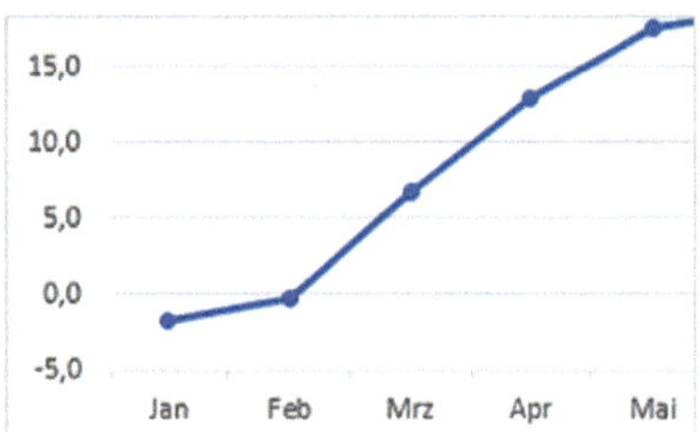

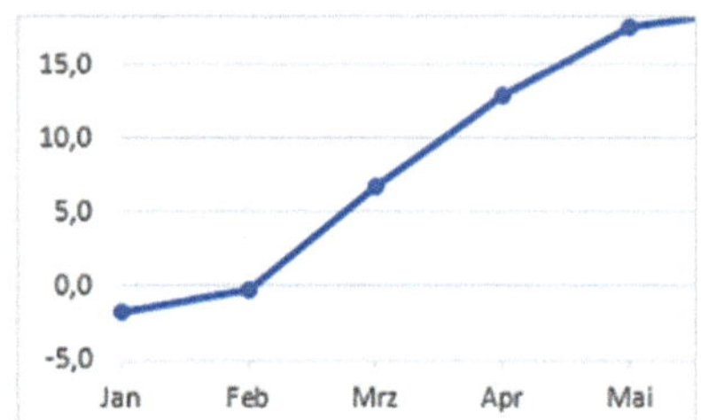

Linie zur Achse verlängern/Datenpunkte über Teilstrichen anzeigen

Für die Achsenposition spielt es keine Rolle, ob die Teilstriche sichtbar sind oder nicht. Diese wurden hier nur zu Verdeutlichung zusätzlich eingeblendet.

Wenn die Linie bis zur Größenachse verlängert und die Datenpunkte über den Teilstrichen angezeigt werden sollen, wie in Bild 7.48, dann gehen Sie so vor:

Markieren Sie die X-Achse und klicken Sie im Aufgabenbereich *Achse formatieren* auf das Register *Achsenoptionen*. Wählen Sie dann unter *Achsenoptionen* ▶ *Achsenposition* anstatt *Zwischen Teilstrichen* die Option *Auf Teilstrichen*.

Bild 7.49 Achsenposition auf Teilstrichen

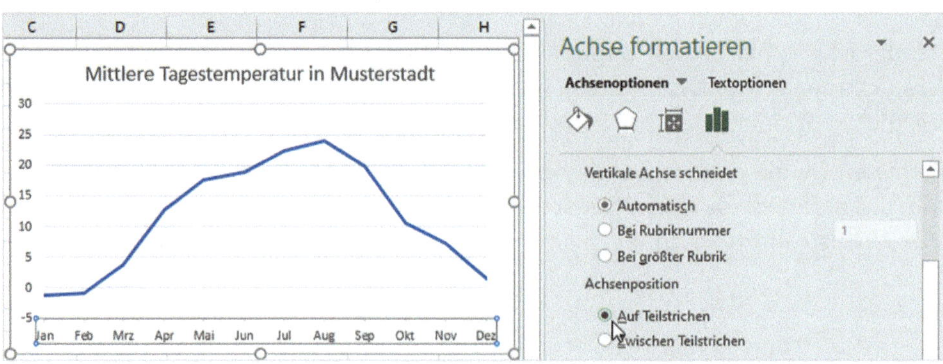

7.5 Unterschiedliche Diagrammtypen miteinander kombinieren

Mittelwert als Linie hinzufügen

Häufig wird in Diagrammen der Mittelwert in Form einer zusätzlichen Linie benötigt, im Bild unten als Beispiel Umsätze von Außendienstmitarbeitern.

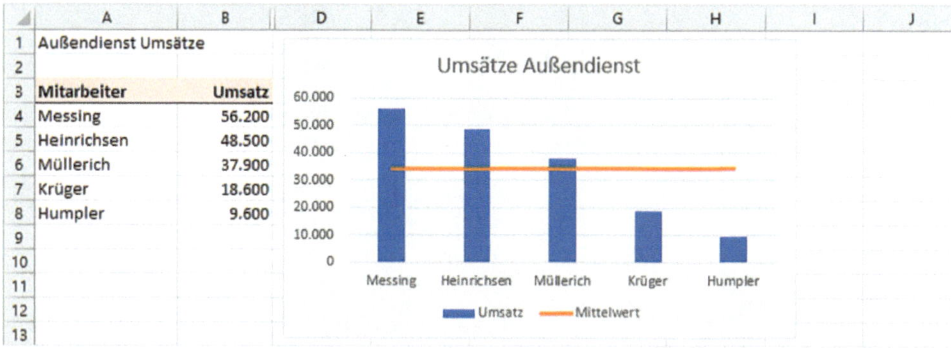

Bild 7.50 Säulendiagramm mit Mittelwert als Linie

Mittelwert_darstellen.xlsx

Am einfachsten fügen Sie den Mittelwert als weitere Datenreihe hinzu und wandeln diese anschließend in eine Diagrammlinie um. So gehen Sie vor:

1. Berechnen Sie in der Ausgangstabelle in einer weiteren Spalte den Mittelwert mit der Funktion MITTELWERT. Verwenden Sie feste Zellbezüge, damit Sie anschließend die Formel kopieren können.
2. Klicken Sie dann mit der rechten Maustaste in das Diagramm und auf *Daten auswählen...* oder verwenden Sie die gleichnamige Schaltfläche im Menüband, Register *Entwurf*.
3. Klicken Sie im Fenster *Datenquelle auswählen* im Bereich *Legendeneinträge (Reihen)* auf *Hinzufügen* und wählen Sie die Mittelwerte aus, wie im Bild unten.

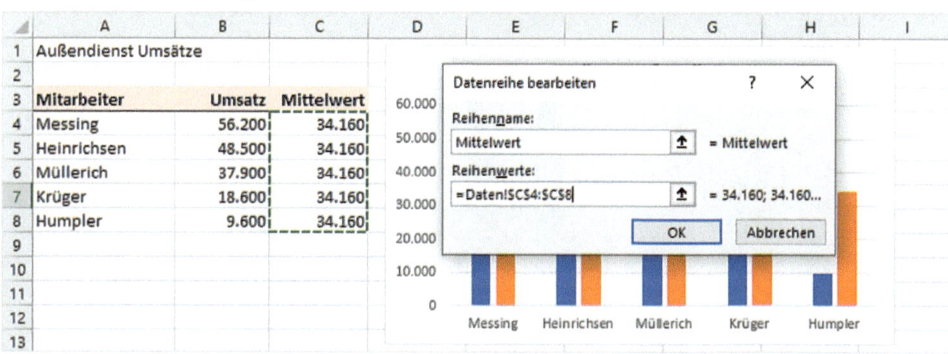

Bild 7.51 Mittelwerte in einer weiteren Spalte berechnen und als Datenreihe hinzufügen

4. Die Datenreihe wird im Diagramm zunächst als weitere Säulenreihe eingefügt. Klicken Sie mit der rechten Maustaste auf eine beliebige Säule der Datenreihe *Mittelwert* und auf *Datenreihen-Diagrammtyp ändern*. Oder markieren Sie die Datenreihe und klicken im Menüband, Register *Entwurf* auf *Diagrammtyp ändern*.

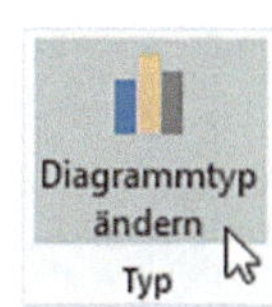

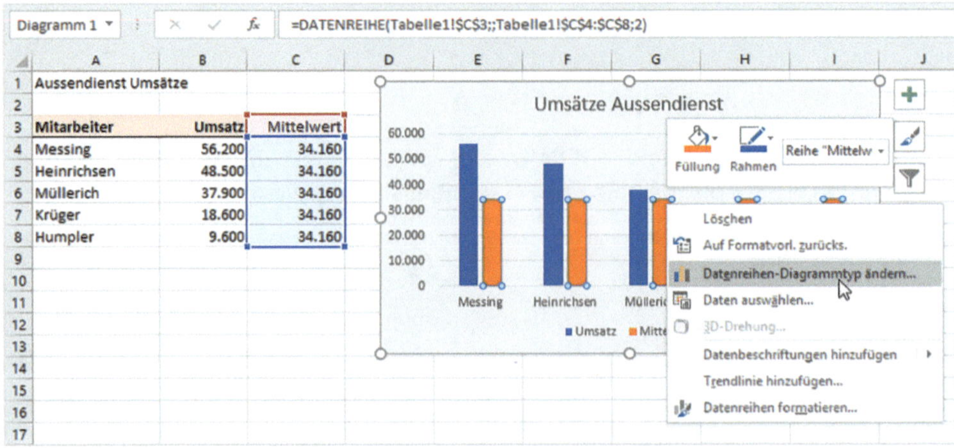

Bild 7.52 Datenreihe Mittelwert markieren und Datenreihen-Diagrammtyp ändern

Tipp: Wenn Sie in der Tabelle die Spalte mit dem Mittelwert ausblenden, dann wird die dazugehörige Datenreihe standardmäßig auch im Diagramm ausgeblendet. Dies können Sie jedoch im Fenster *Datenquelle ändern* über die Schaltfläche *Ausgeblendete und leere Zellen* ändern.

5 Das gleichnamige Fenster öffnet sich und der Diagrammtyp *Verbund*, d. h. eine Kombination zweier unterschiedlicher Diagrammtypen, ist meist bereits ausgewählt ❶. Sie können nun entweder einen der Vorschläge ❷ wählen oder jeder Datenreihe gesondert einen Diagrammtyp zuweisen. Diesen wählen Sie im unteren Bereich neben der jeweiligen Datenreihe ❸ mit Klick in das Feld *Diagrammtyp* aus, hier *Gruppierte Säulen* und *Linie*.

Achtung: Wenn die Datenreihen unmittelbar miteinander vergleichbar sein sollen, wie in diesem Beispiel, müssen sich beide auf dieselbe Achse beziehen. Das Kontrollkästchen *Sekundärachse* ❹ darf nicht aktiviert sein.

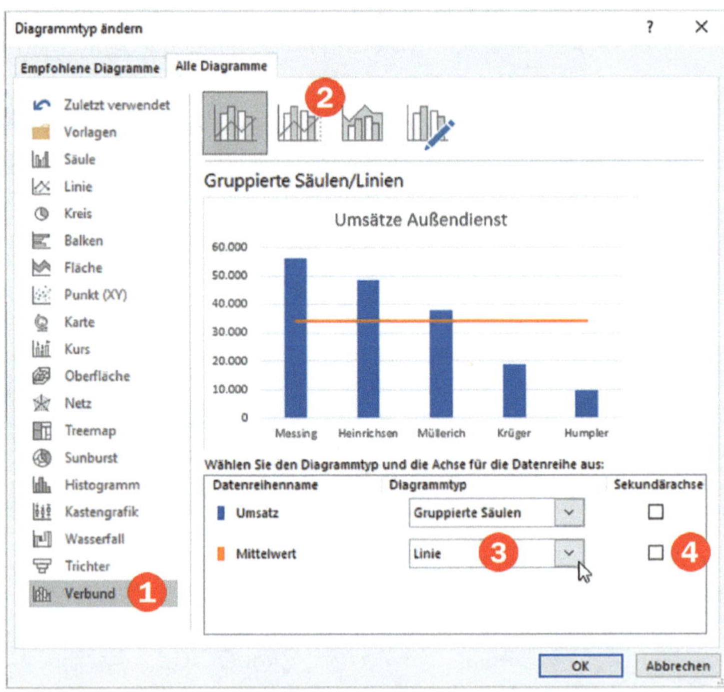

Bild 7.53 Datenreihen-Diagrammtyp ändern

Ein Beispiel für den Einsatz einer Sekundärachse finden Sie im nächsten Punkt.

Achtung: Kombinierte Diagrammtypen (Verbund) und Sekundärachsen sind ausschließlich für 2D-Diagramme verfügbar!

Datenreihe auf einer Sekundärachse darstellen

Problematisch wird es, wenn ein Diagramm zwei oder mehr Datenreihen in völlig unterschiedlichen Größenordnungen enthält. Beispielsweise wenn eine Datenreihe auf Zahlen basiert und die zweite Datenreihe auf Prozentwerten, wie im Bild unten. Die Datenreihe *Umsatzanteil* ist zwar im Diagramm enthalten, allerdings aufgrund der sehr kleinen Werte im Vergleich zu den Stückzahlen kaum sichtbar. Abhilfe schafft in solchen Fällen für die zweite Datenreihe eine zweite, so genannte Sekundärachse mit anderer Achseneinteilung.

Monat	Tsd. Stück	Umsatz Anteil in %
Jan	250	9%
Feb	220	10%
Mrz	300	12%
Apr	240	9%
Mai	350	13%
Jun	380	9%
Jul	290	4%
Aug	200	5%
Sep	180	7%
Okt	250	5%
Nov	400	6%
Dez	450	10%

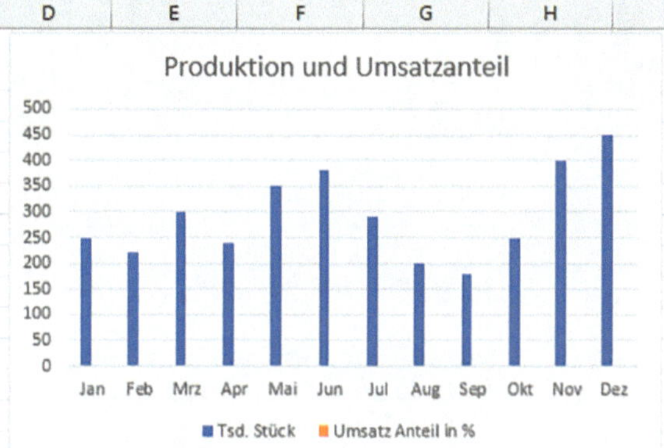

Bild 7.54 Beispiel für unterschiedliche Wertebereiche und das dazugehörige Diagramm

Sekundärachse.xlsx

1 Zur besseren Unterscheidung der Datenreihen, sollten Sie bei Verwendung einer Sekundärachse den Datenreihen auch unterschiedliche Diagrammtypen zuweisen, z. B. Säulen und Linien.

Da sich in diesem Fall die zweite, kaum sichtbare Datenreihe nur schwer markieren lässt, klicken Sie einfach in das Diagramm und im Menüband, Register *Entwurf* auf *Diagrammtyp ändern*. Klicken Sie dann im Fenster *Diagrammtyp ändern* auf das Register *Alle Diagramme* und links auf den Typ *Verbund* ❶, Bild 7.55 auf Seite 326.

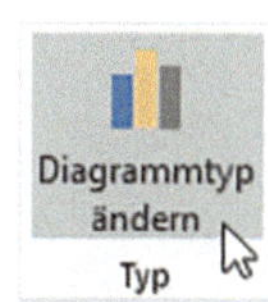

2 Wählen Sie für jede Datenreihe den gewünschten Diagrammtyp, hier *Gruppierte Säulen* und *Linie* ❷ und aktivieren Sie für die Datenreihe *Umsatzanteil in %* das Kontrollkästchen *Sekundärachse* ❸. Diese erscheint im Diagramm bzw. in der Vorschau auf der rechten Seite, wie im Bild unten.

Tipp: Die Kombination aus Säulen und Liniendiagramm erhalten Sie auch als Vorschlag, wenn Sie zum Einfügen des Diagramms auf *Empfohlene Diagramme* klicken. Oder klicken Sie beim nachträglichen Ändern im Fenster *Diagrammtyp ändern* auf das Register *Empfohlene Diagramme*.

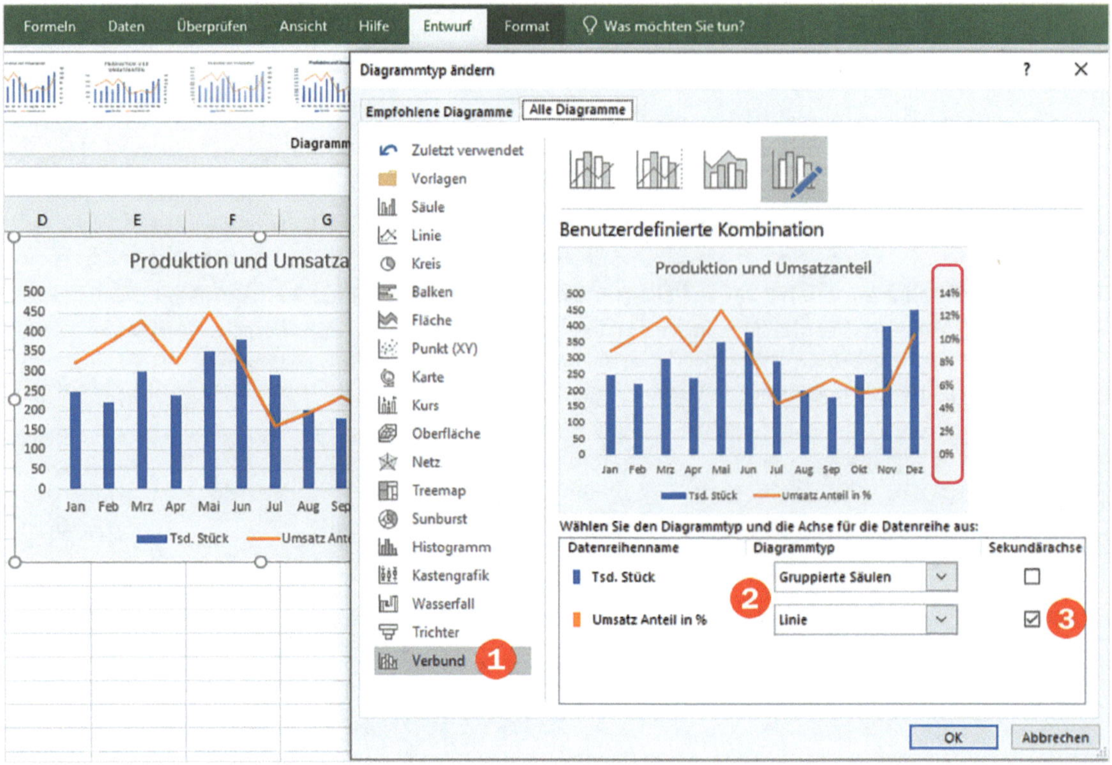

Bild 7.55 Sekundärachse aktivieren

7.6 Geodaten visualisieren

Geografische Daten, die als Tabelle vorliegen, lassen sich in Excel auch mit Landkarten verknüpfen und so mit Ortsbezug darstellen. Hierzu stellt Excel die beiden folgenden Karten- bzw. Diagrammtypen zur Verfügung. In beiden Fällen bezieht Excel die Karten über Bing, zur Erstellung ist also eine Internetverbindung erforderlich und es dauert einige Sekunden, bis die Karten geladen sind.

- Karten zur Darstellung flächenbezogener Daten (2D)
- 3D-Karten

Flächenbezogene Werte als Flächenkarte darstellen

Beispiel: Sie möchten die Bevölkerung je km² nach Bundesländern in einer Karte darstellen, die Zahlen befinden sich in der unten abgebildeten Tabelle.

Achtung: Die darzustellende Karte wird von Bing automatisch ermittelt. Damit die Flächeneinheit korrekt zugeordnet werden kann, benötigt die Tabelle eindeutige Überschriften, z. B. Bundesland oder Land.

	A	B
1	Bevölkerungsdichte Deutschland nach Bundesländern	
2		
3	**Bundesland**	**Bevölkerung je km²**
4	Baden-Württemberg	308
5	Bayern	184
6	Berlin	4055
7	Brandenburg	84
8	Bremen	1624
9	Hamburg	2424
10	Hessen	296
11	Mecklenburg-Vorpommern	69
12	Niedersachsen	167
13	Nordrhein-Westfalen	525
14	Rheinland-Pfalz	205
15	Saarland	387
16	Sachsen	221
17	Sachsen-Anhalt	109
18	Schleswig-Holstein	183
19	Thüringen	133
20		
21	Quelle: www.destatis.de, Stand 2017	

Bild 7.56 Die Ausgangstabelle

Quelle: Statistisches Bundesamt, www.destatis.de

Karten_Bevölkerungsdichte.xlsx

1 Markieren Sie den Zellbereich, hier A3:B19, und klicken Sie im Menüband, Register *Einfügen* auf *Karten* ▶ *Flächenkartogramm*.

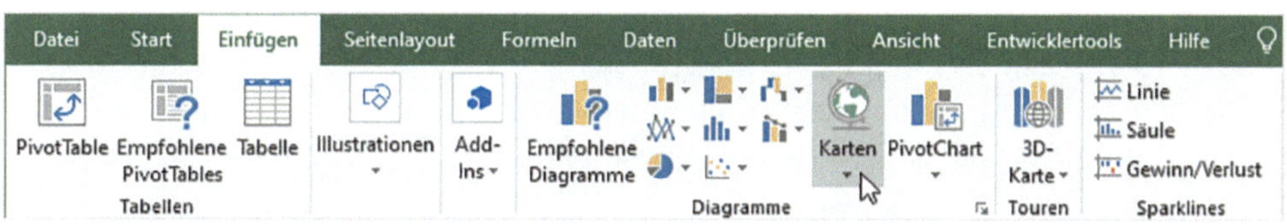

2 Geben Sie anschließend dem Diagramm einen Titel, bei Bedarf können Sie auch eine andere Diagrammformatvorlage auswählen, wie im Bild unten.

	A	B
1	Bevölkerungsdichte Deutschland nach Bundesländern	
2		
3	**Bundesland**	**Bevölkerung je km²**
4	Baden-Württemberg	308
5	Bayern	184
6	Berlin	4055
7	Brandenburg	84
8	Bremen	1624
9	Hamburg	2424
10	Hessen	296
11	Mecklenburg-Vorpommern	69
12	Niedersachsen	167
13	Nordrhein-Westfalen	525
14	Rheinland-Pfalz	205
15	Saarland	387
16	Sachsen	221
17	Sachsen-Anhalt	109
18	Schleswig-Holstein	183
19	Thüringen	133
20		
21	Quelle: www.destatis.de, Stand 2017	

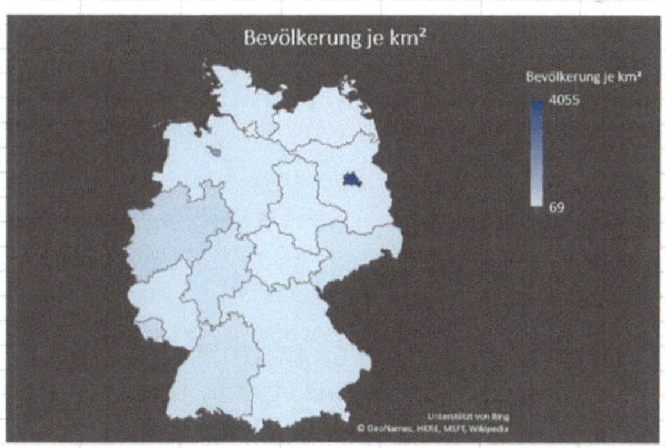

Bild 7.57 Das Ergebnis

Weitere Formatierungsmöglichkeiten

Weitere Formatierungsmöglichkeiten erhalten Sie im Aufgabenbereich: Klicken Sie mit der rechten Maustaste in die Karte und auf *Datenreihen formatieren....*

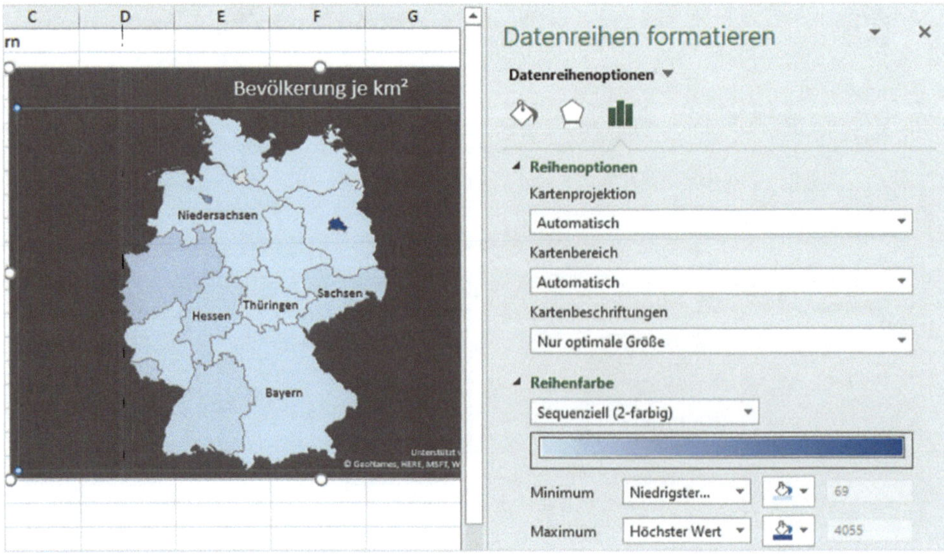

Bild 7.58 Karten: Datenreihen formatieren

Kartenprojektion und Kartenbereich

Die *Kartenprojektion* wird in der Standardeinstellung automatisch gewählt, Sie können jedoch auch einen anderen Projektionsstil wählen. Auch der automatisch gewählte *Kartenbereich* kann in den meisten Fällen beibehalten werden. **Tipp**: Wenn Sie Regionen, für die keine Daten vorhanden sind, ausblenden möchten, dann wählen Sie stattdessen *Nur Regionen mit Daten*.

Kartenbeschriftungen

Wenn Sie zusätzlich Kartenbeschriftungen einfügen möchten, dann wählen Sie zwischen *Alle anzeigen* und *Nur optimale Größe*. Mit letzterer Auswahl werden Beschriftungen nur bei ausreichend verfügbarem Platz angezeigt.

Farben

Unter *Reihenfarbe* können Sie zwischen 2-farbigem und 3-farbigem Farbverlauf wählen, über die Schaltflächen legen Sie die Farben für *Minimum* und *Maximum* fest. Statt des automatisch verwendeten niedrigsten bzw. höchsten Wertes können Sie auch eine Zahl oder einen Prozentsatz wählen und im Feld daneben eingeben.

Mögliche Darstellungsprobleme

In manchen Fällen werden Flächen nicht korrekt erkannt, dies liegt meist daran, dass mehrere Orte mit demselben Namen existieren. In solchen Fällen benötigen Sie in der Tabelle eine weitere Spalte mit einer übergeordneten Einheit, z. B. Land.

Beachten Sie auch, dass nur exakte Bezeichnungen erkannt werden, allerdings nicht immer konsequent. Beispielsweise zeigt die Karte für Hamburg nur Daten an, wenn Sie in der Tabelle die Bezeichnung in Hansestadt Hamburg ändern, allerdings gilt dies merkwürdigerweise nicht für Bremen.

3D-Karten erstellen und nutzen

Wenn Sie statt einfacher Flächenkarten eine 3D-Darstellung benötigen, dann verwenden Sie 3D-Karten, in früheren Versionen auch bekannt unter der Bezeichnung Power Map. 3D-Karten erkennt sowohl geografische Koordinaten als auch Städte- und Ländernamen. Mit wenig Aufwand lassen sich zusätzlich zeitliche Abläufe darstellen sowie Videos für Präsentationen erstellen. Jedes Detail zu beschreiben, würde allerdings den Rahmen dieses Buches sprengen.

Die Ausgangsdaten müssen eindeutige Überschriften sowie mindestens eine der folgenden Informationen als geografische Ortsangabe enthalten: Längen- und Breitengrad (Koordinaten), Ort, Postleitzahl, Straße, Verwaltungsbezirk, Bundesland, Land. Falls zeitliche Abläufe dargestellt werden sollen, ist außerdem eine Spalte mit Datums- und/oder Uhrzeitangaben erforderlich.

Achtung: 3D-Karten ist ein Add-In, das Sie erst aktivieren müssen.

Beim ersten Aufruf erscheint eine entsprechende Aufforderung; klicken Sie auf *Aktivieren*.

Hinweis: Da es manche Ortsnamen gleich mehrmals, aber in verschiedenen Regionen gibt, sollte bei Orten immer auch mindestens eine zweite Angabe, z. B. Postleitzahl oder Land/Bundesland vorhanden sein.

Karte erstellen

Als Beispiel sollen die monatlichen Umsätze von Filialen in mehreren Städten in einer Karte dargestellt werden. Die unten abgebildete Tabelle liefert die Ausgangsdaten.

3D_Karten_Daten.xlsx

Markieren Sie die gesamte Tabelle einschließlich der Überschriften. Wenn es sich um einen zusammenhängenden Zellbereich oder einen Tabellenbereich handelt, dann reicht es, wenn eine beliebige Zelle innerhalb der Tabelle markiert ist. Klicken Sie dann im Register *Einfügen* auf *3D-Karte* und auf *3D-Karten öffnen*.

Bild 7.59 3D-Karten öffnen

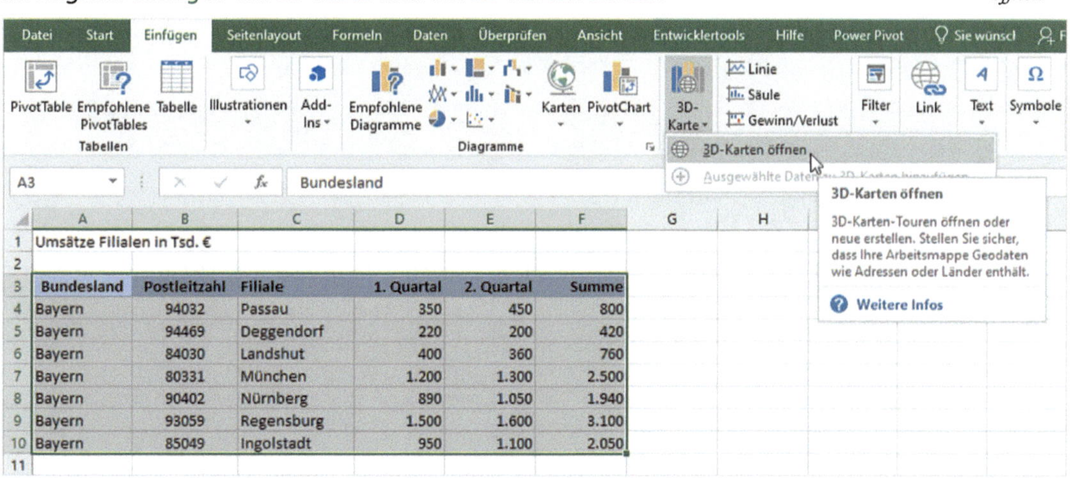

Achtung: beim Öffnen müssen erst die entsprechenden Karten ermittelt und geladen werden, dies dauert einige Sekunden!

Tour erstellen/öffnen

Eine Arbeitsmappe kann mehrere verschiedene Karten und Kartendarstellungen enthalten, z. B. zur Betrachtung unterschiedlicher Aspekte oder geografischer Einheiten. Diese werden als Touren bezeichnet und zusammen mit der Arbeitsmappe gespeichert.

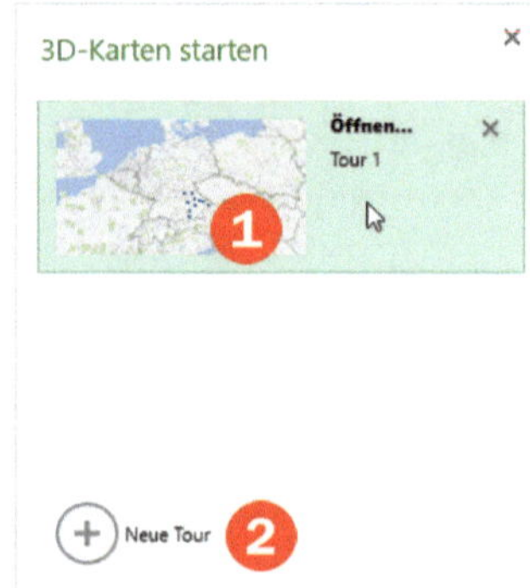

- Enthält eine Arbeitsmappe bereits eine oder mehrere Touren, dann werden beim Klick auf *3D-Karten öffnen* alle vorhandenen Touren aufgelistet. Klicken Sie entweder auf eine Tour ❶, um diese anzuzeigen oder klicken Sie auf *Neue Tour* ❷.
- Wenn in der Arbeitsmappe noch keine Tour vorhanden ist, dann wird eine Tour automatisch erstellt, sobald Sie im Tabellenblatt einen Datenbereich markieren und auf *3D-Karte* und auf *3D-Karten öffnen* klicken.

Das Fenster 3D-Karten

Microsoft 3D-Karten wird in einem gesonderten Fenster geöffnet (Bild unten). Wenn beim Erstellen einer neuen Tour die geografischen Angaben in der Tabelle erkannt wurden, wird die Karte entsprechend der Daten geladen und die Orte eingetragen.

Bild 7.60 Das Fenster Microsoft 3D-Karten

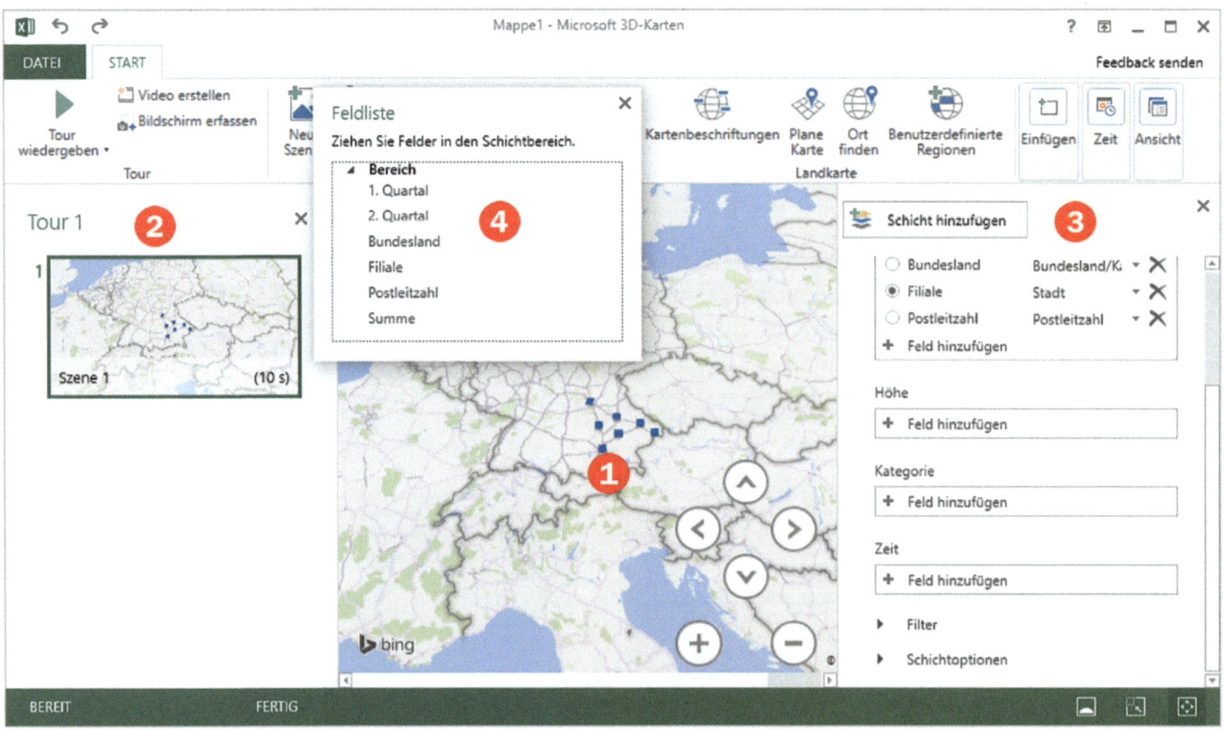

Zur weiteren Bearbeitung finden Sie im Menüband die Register *Start* und *Datei* vor. Außerdem sollten neben der Karte ❶ noch folgende Bereiche sichtbar sein:

- Der Tourbereich ❷ zeigt die aktuell ausgewählte Tour an, im Bild oben *Tour 1*. Eine Tour umfasst mindestens eine Szene, die zusammen mit einer neuen Tour automatisch erstellt wurde. Zur Darstellung und Wiedergabe zeitlicher Abläufe können noch weitere Szenen hinzugefügt werden.
- Im Schichtbereich ❸ rechts legen Sie die darzustellenden Datenreihen fest.
- Die Feldliste ❹ enthält die Spaltenüberschriften des ausgewählten Datenbereichs, auch als Felder bezeichnet.

Jeder dieser Bereiche kann im Menüband über die Schaltflächen der Gruppe *Ansicht* aus- und eingeblendet werden.

Karte und Kartenausschnitt

Den Kartenausschnitt können Sie mit gedrückter Maustaste verschieben, zum Vergrößern oder Verkleinern benutzen Sie die Schaltflächen + und - ❶ und mit den Pfeilen ❷ können Sie die Karte drehen bzw. den Neigungswinkel verändern.

Weitere Möglichkeiten zur Steuerung des Aussehens der Karte erhalten Sie im Menüband, Register *Start*, Gruppe *Landkarte*: Wenn hier das Symbol *Plane Karte* ❸ aktiviert ist, dann wird die Karte flach (plan) dargestellt, ansonsten als Globusdarstellung. Mit *Kartenbeschriftungen* ❹ werden Städte- und Ländernamen eingeblendet.

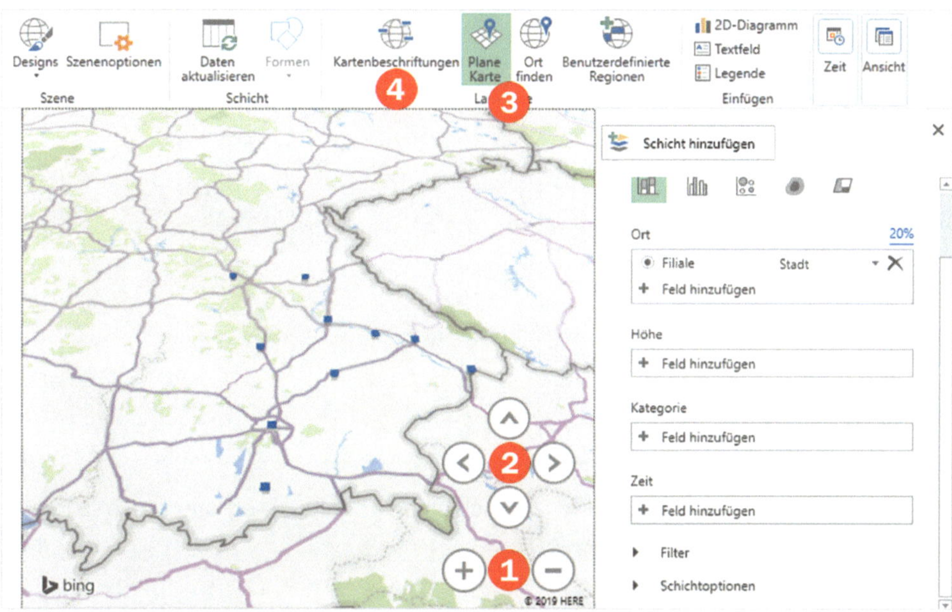

Bild 7.61 Kartenbereich, Darstellung

Hinweis: Über das Symbol in der Statusleiste am unteren Rand des Fensters können die Navigationsschaltflächen aus- und eingeblendet werden (Bild).

Bild 7.62 Navigationsschaltflächen aus- oder einblenden

Datenreihen im Schichtbereich anordnen

In der rechten Spalte, dem Schichtbereich, ordnen Sie die Daten der Tabelle den Rubriken *Ort*, *Höhe*, *Kategorie* und eventuell auch noch *Zeit* zu.

Ortstyp kontrollieren und ändern

Auf jeden Fall ist zur Darstellung auf einer Karte im Feld *Ort* die Angabe erforderlich, welche Spalte der Ausgangstabelle die geografischen Angaben enthält.

Wenn die Tabelle entsprechende Spaltenüberschriften enthält, werden diese meist automatisch erkannt. Trotzdem sollten Sie das Feld *Ort* kontrollieren. In abgebildeten Beispiel wurden die Spalten *Bundesland*, *Filiale* und *Postleitzahl* korrekt als geografische Ortsangaben erkannt ❶ und daneben der Typ ❷ jeweils richtig zugeordnet. Wählen Sie die Spalte *Filiale* als geografische Ebene aus, falls dies nicht bereits automatisch erfolgt ist. 100%, wie im Bild unten ❸ bedeutet, alle Orte konnten eindeutig zugeordnet werden. In der Karte sind die Orte mit kleinen Rechtecken gekennzeichnet.

Hinweis: Falls hier nur z. B. 80 % stehen sollte, können Sie mit Klick auf diese Zahl einen Bericht öffnen, der die problematischen Angaben auflistet. In solchen Fällen sollten Sie die Angaben in der Tabelle überprüfen und ggf. ergänzen. Klicken Sie dann im Menüband auf *Daten aktualisieren*.

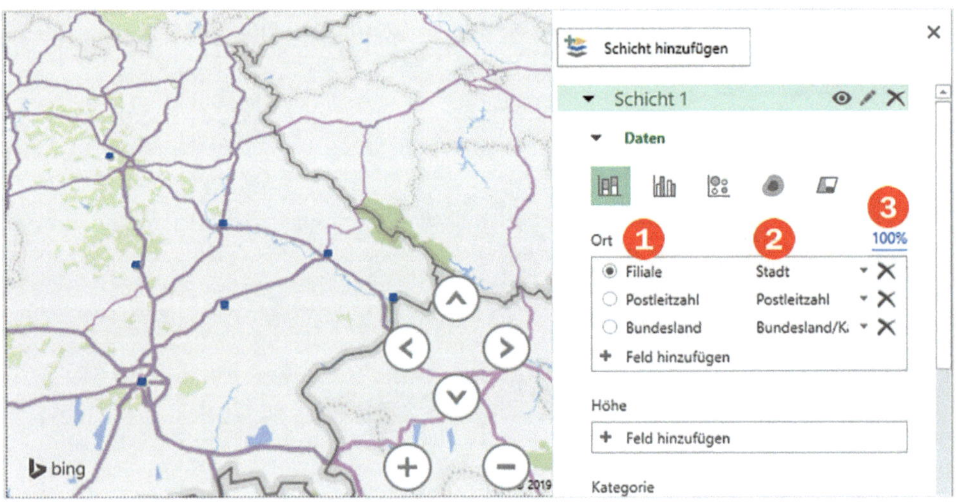

Bild 7.63 Geografische Ortsangaben kontrollieren

Falls gewünscht, können Sie im Feld *Ort* auch einen anderen geografischen Bezug auswählen, z. B. Postleitzahl oder Bundesland.

Werte hinzufügen

Standardmäßig werden die Daten als gestapelte Säulendiagramme dargestellt und im Bereich *Höhe* geben Sie an, welche Spalte/n der Tabelle hierzu verwendet werden sollen. Klicken Sie auf *Feld hinzufügen* und auf das Feld *1. Quartal* oder ziehen Sie mit der Maus dieses Feld hierhin.

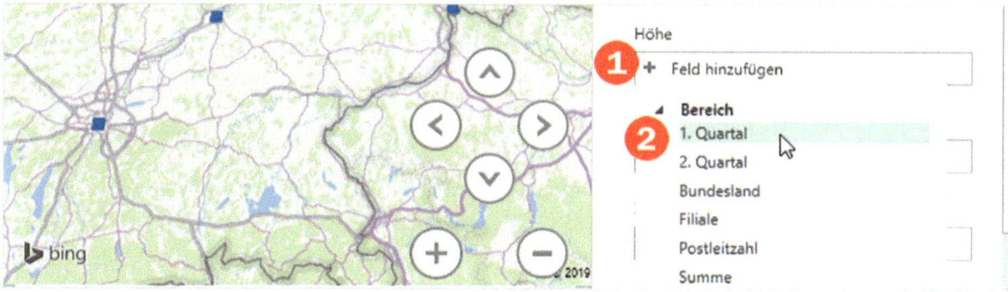

Bild 7.64 Wert im Feld Höhe auswählen

Standardmäßig berechnet Excel für Zahlen die Summe; falls das Feld Text enthält, wird automatisch die Anzahl ermittelt. Wenn Sie eine andere Zusammenfassung benötigen, dann klicken Sie im auf den Dropdown-Pfeil des ausgewählten Feldes und wählen z. B. *Maximum* oder *Minimum*.

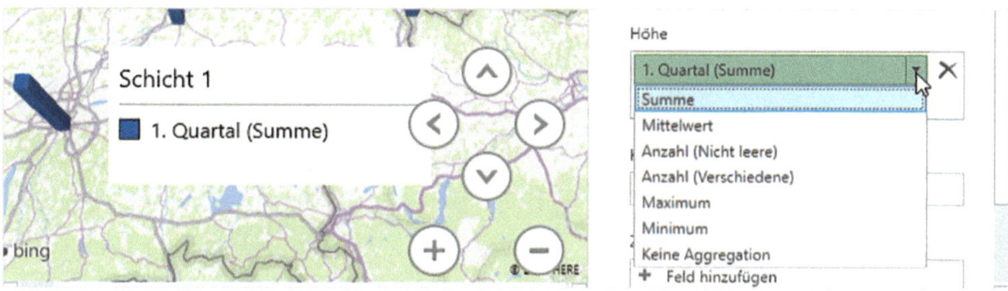

Bild 7.65 Berechnung auswählen

Falls Sie noch weitere Datenreihen hinzufügen möchten, klicken Sie im Feld *Höhe* erneut auf *Feld hinzufügen* ❶ und wählen z. B. *2. Quartal* aus. Ein nicht mehr benötigtes Feld löschen Sie mit Klick auf das Symbol *Entfernen* ❷.

Außerdem wird automatisch eine Legende ❸ erzeugt und in die Karte eingefügt. Diese können Sie mit der Maus beliebig verschieben, über die Eckpunkte rechts unten bzw. links oben vergrößern/verkleinern oder mit der Entf-Taste löschen.

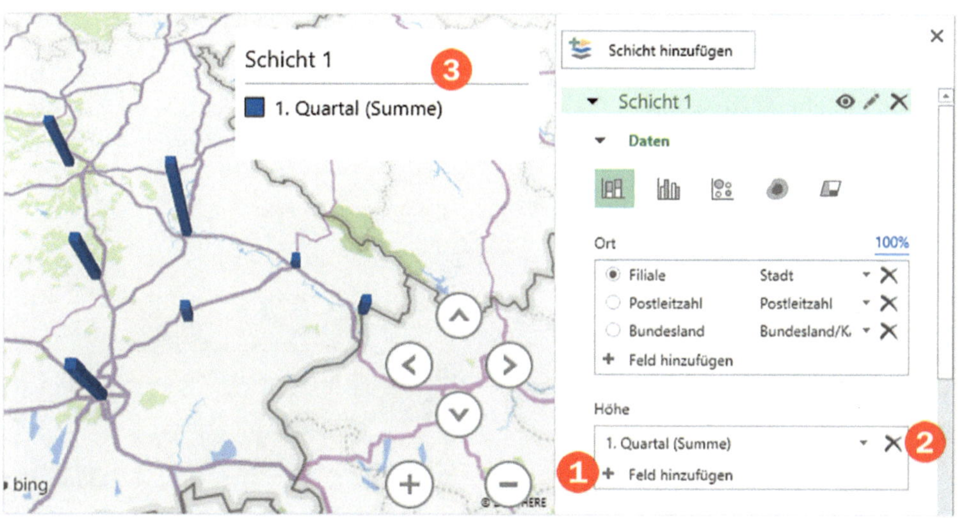

Bild 7.66 Die Karte mit Legende und Summen für das 1. Quartal

Falls die Datentabelle eine Spalte mit Datums- oder Uhrzeitwerten enthält, können Sie dieses Feld der Rubrik *Zeit* hinzufügen. In diesem Fall erscheint zusätzlich unterhalb der Karte eine Zeitleiste und Sie erhalten mit Klick auf den Pfeil (Start) eine Animation mit dem zeitlichen Ablauf.

Tipp: Datenpunkte in unterschiedlichen Farben darstellen

Enthält die Darstellung nur eine einzige Datenreihe, dann können Sie die Filialen als *Kategorie* verwenden, um die einzelnen Orte in unterschiedlichen Farben darstellen ❶. Ziehen Sie dazu das Feld *Filiale* auf *Kategorie* ❷ oder wählen Sie dieses Feld über *Feld hinzufügen* aus. Die Legende passt sich automatisch an.

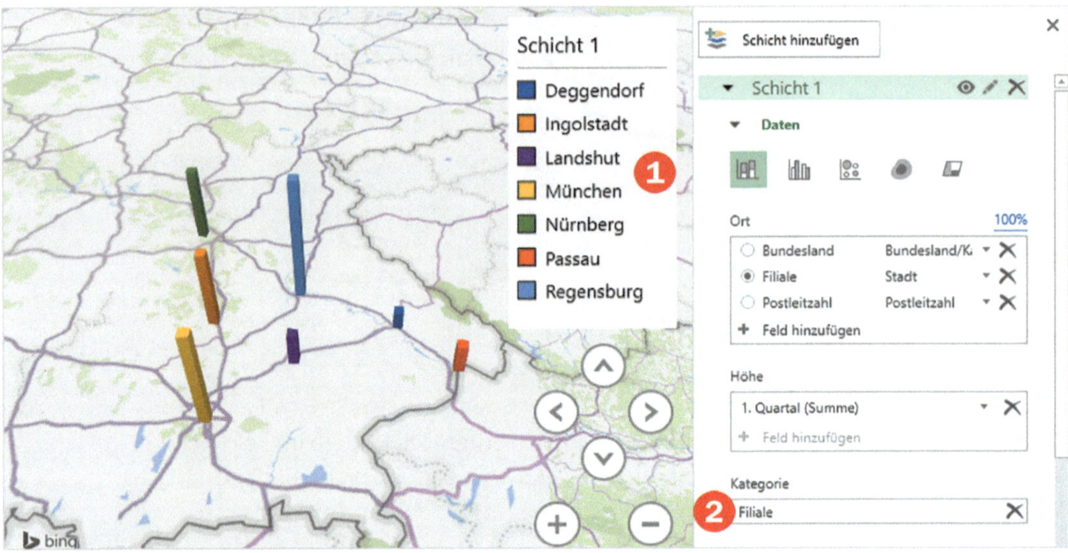

Bild 7.67 Über die Kategorie unterschiedliche Farben zuweisen

Diagrammdarstellung bearbeiten

Diagrammtyp ändern

Den Diagrammtyp legen Sie über die Symbole ❶ fest. Statt gestapelter Säulen können Sie zwischen *Gruppierten Säulen*, *Blasendiagramm*, *Wärmebild* und *Region* wählen. Um der Schicht und damit der Legende einen aussagefähigen Namen zu geben, klicken Sie auf dieses Symbol ❷.

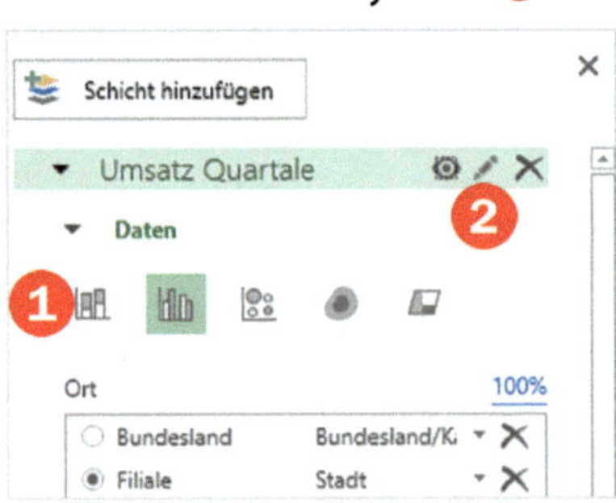

Bild 7.68 Diagrammtyp ändern

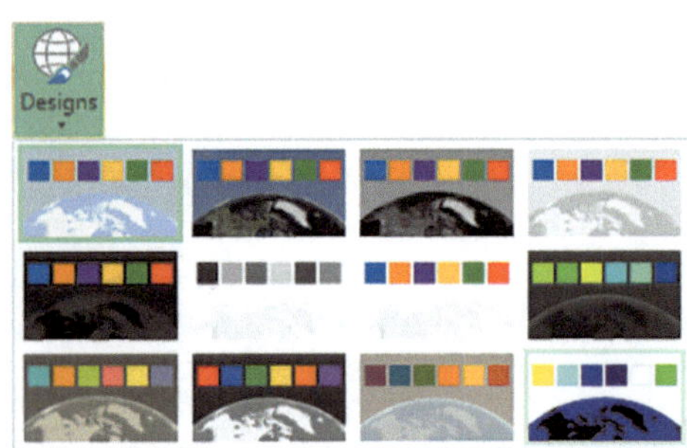

Bild 7.69 Design wählen

Farben ändern

Im Menüband, Gruppe *Szene* können Sie über die Schaltfläche *Designs* zwischen verschiedenen Designvorlagen wählen. Weitere Möglichkeiten der Farbgestaltung finden Sie ganz unten im Schichtbereich in den *Schichtoptionen*.

Karte verwenden

Zur Verwendung der fertigen Karte stehen im Menüband, Gruppe *Tour*, drei Möglichkeiten zur Verfügung:

- *Tour wiedergeben* zeigt die Karte im Vollbildmodus an, mit der Esc-Taste kehren Sie wieder zurück zur ursprünglichen Ansicht. Mit Klick auf den Dropdown-Pfeil können Sie wählen zwischen *Tour von Anfang an* und *Tour ab aktueller Szene abspielen*.
- Mit *Video erstellen* exportieren Sie die Karte in ein separates Video, das sich anschließend z. B. in eine Webseite oder PowerPoint-Präsentation einfügen lässt.
- *Bildschirm erfassen* kopiert die Karte als Bild in die Zwischenablage. Anschließend lässt sich die Karte in das Tabellenblatt oder ein beliebiges anderes Dokument einfügen.

Zum Arbeitsblatt zurückkehren

Sie können jederzeit zwischen *3D-Karten* und dem Excel-Arbeitsblatt wechseln. Zum Beenden von *3D-Karten* schließen Sie einfach das Fenster *Microsoft 3D-Karten* oder verwenden im Menü *Datei* den Befehl *Schließen*. Beim Schließen erscheint keine Aufforderung zum Speichern, da die Karte bzw. Tour zusammen mit der Arbeitsmappe gespeichert wird.

In der Arbeitsmappe macht Sie ein Textfeld auf das Vorhandensein von 3D-Karten-Touren aufmerksam. Dieses Textfeld kann, wie jedes Objekt in einem Arbeitsblatt, an eine andere Stelle verschoben, beliebig vergrößert und verkleinert oder mit der Entf-Taste entfernt werden.

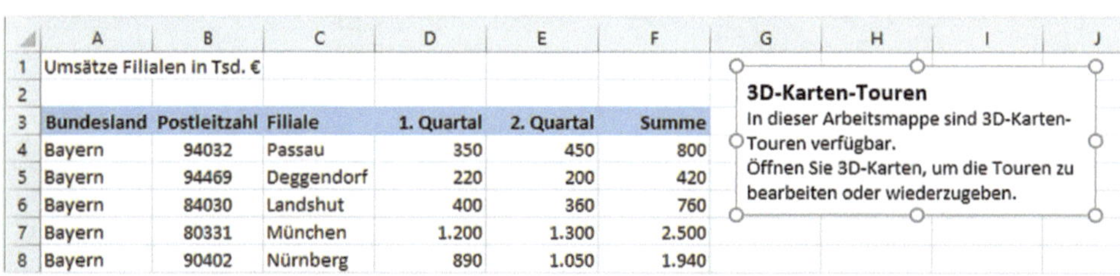

	A	B	C	D	E	F
1	Umsätze Filialen in Tsd. €					
2						
3	Bundesland	Postleitzahl	Filiale	1. Quartal	2. Quartal	Summe
4	Bayern	94032	Passau	350	450	800
5	Bayern	94469	Deggendorf	220	200	420
6	Bayern	84030	Landshut	400	360	760
7	Bayern	80331	München	1.200	1.300	2.500
8	Bayern	90402	Nürnberg	890	1.050	1.940

Bild 7.70 Textfeld verschieben oder löschen

Tour mit mehreren animierten Szenen

Statt mehrere Datenreihen gleichzeitig im Diagramm darzustellen, können Sie die Diagramme auch auf mehrere Szenen verteilen und bei Bedarf animiert nacheinander anzuzeigen. Sie könnten beispielsweise in Szene 1 die Umsätze des ersten Quartals, in Szene 2 die des zweiten Quartals und in einer weiteren Szene die Gesamtumsätze nacheinander darstellen. Oder die Zu- und Abnahme als Wärmebild? Probieren Sie einfach die verschiedenen Möglichkeiten aus. Denkbar wäre auch, eine erste Szene ohne Diagrammdarstellung, aber mit Kartenbeschriftungen voranzustellen.

Szene hinzufügen

Um einer Tour weitere Szenen hinzuzufügen, klicken Sie im Fenster *Microsoft 3D-Karten* im Menüband auf *Neue Szene* ❶ (Bild unten). Die aktuelle Szene wird automatisch kopiert und Sie brauchen für diese nur noch die benötigten Werte auswählen. Falls Sie stattdessen mit einer völlig neuen Karte beginnen möchten, so klicken Sie auf den Dropdown-Pfeil *Neue Szene*.

Szene umbenennen und animieren

Zum Auswählen und anschließendem Bearbeiten klicken Sie im Tourbereich auf die betreffende Szene. Wenn Sie eine nicht benötigte Szene löschen möchten, dann klicken Sie auf das Symbol *Löschen* ❷ dieser Szene. Ein Klick auf das Symbol *Szeneoptionen* ❸ öffnet die Szeneoptionen. Hier können Sie der Szene einen Namen geben ❹ und die Anzeigedauer (*Szenedauer*) ändern.

Wenn Sie die Szene animieren möchten, z. B. mit Überflugeffekt oder Karte drehen, dann wählen Sie dies über *Effekt* aus.

Bild 7.71 Szenen verwalten

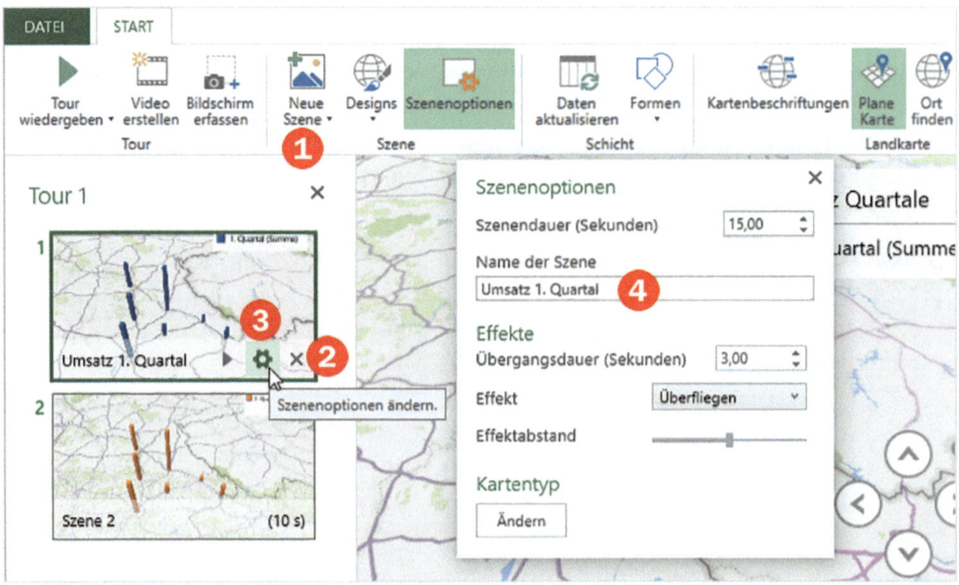

Tour wiedergeben

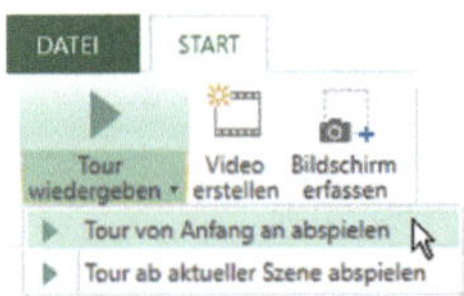

Zum Testen der Wiedergabe klicken Sie im Menüband auf *Tour wiedergeben*, der Wechsel zur nächsten Szene erfolgt automatisch, dabei werden die angegebene Anzeigedauer und Übergangsdauer berücksichtigt.

Mehrere Touren erstellen

Eine Arbeitsmappe kann auch mehrere, voneinander unabhängige, Touren enthalten. Wenn Sie zu einer bestehenden Tour eine weitere erstellen möchten, dann markieren Sie im Arbeitsblatt den betreffenden Tabellenbereich und klicken im Register *Einfügen* auf *3D-Karte*. Klicken Sie dann auf *Neue Tour*.

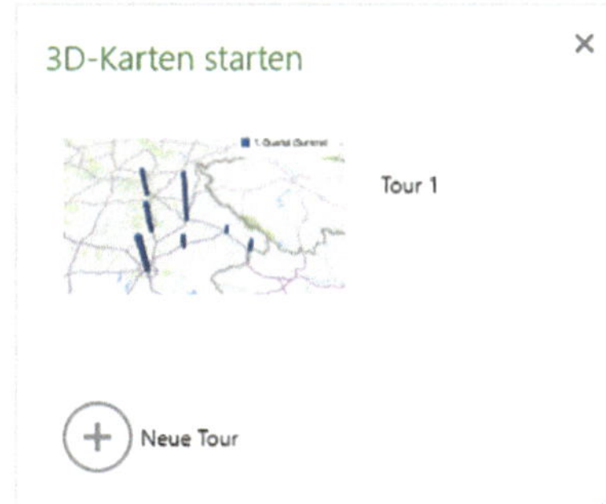

7.7 Das Add-In People Graph

Im Register *Einfügen* finden Sie unter *Add-Ins* kleine zusätzliche Anwendungen, die Office-Ad-Ins. Mit People Graph erstellen Sie kleine anschauliche Informationsgrafiken, dieses Add-In ist fester Bestandteil von Excel 2019. Weitere Add-Ins können Sie mit Klick auf *Add-Ins abrufen* aus dem Microsoft Store beziehen.

Bebildertes Diagramm mit People Graph erstellen

Ausgangspunkt für ein kleines Beispiel ist die unten abgebildete Tabelle. Diese kann, muss aber nicht als Tabellenbereich formatiert sein. Damit daraus ein bebildertes Diagramm erstellt werden kann, sind Spaltenüberschriften erforderlich, außerdem kann nur eine einzige Datenreihe, hier die Anzahl der Teilnehmer, dargestellt werden.

1 Klicken Sie im Register *Einfügen* auf das Symbol *People Graph*.

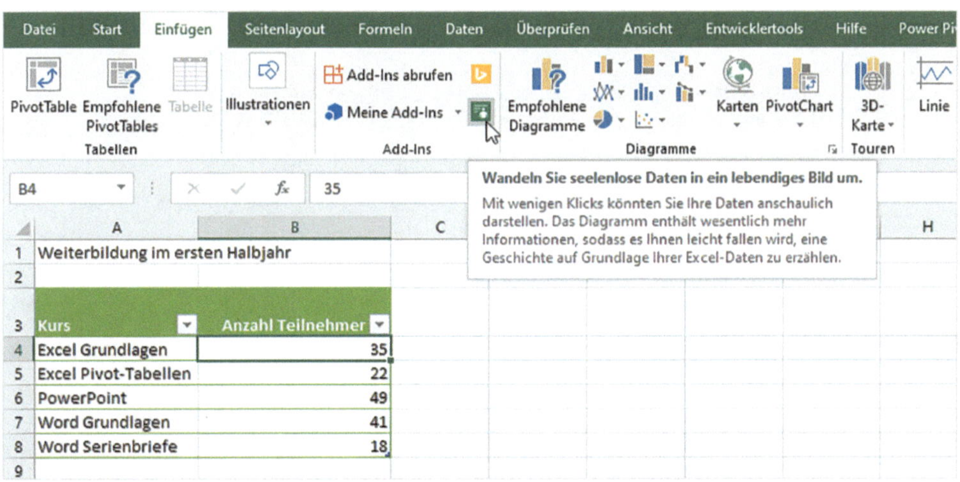

Bild 7.72 People Graph einfügen

People_Graph.xlsx

2 Das Diagramm wird im Tabellenblatt eingefügt (siehe Bild 7.73) und kann mit der Maus über die Markierungspunkte in den Ecken und in der Mitte jeder Seite beliebig vergrößert, verkleinert sowie über den Rahmen verschoben werden. Allerdings enthält es zunächst nur einige Beispielzahlen. Die Werte Ihrer Tabelle müssen Sie im nächsten Schritt hinzufügen.

Bild 7.73 Das Diagramm wird mit einigen Beispielzahlen eingefügt

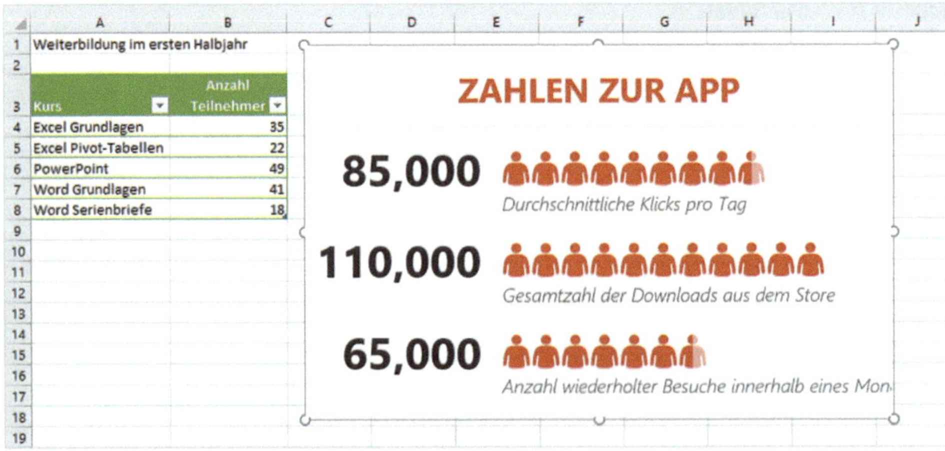

3 Klicken Sie in das Diagramm: In der rechten oberen Ecke werden die Symbole *Daten* und *Einstellungen* sichtbar. Um die Werte aus der Tabelle hinzuzufügen, klicken Sie auf *Daten* ❶.

Bild 7.74 Daten zuweisen

Bild 7.75 Diagrammtitel eingeben

4 Geben Sie im Feld *Titel* einen Diagrammtitel ein ❷, hier Teilnehmer Weiterbildung, und klicken Sie dann auf *Daten auswählen* ❸.

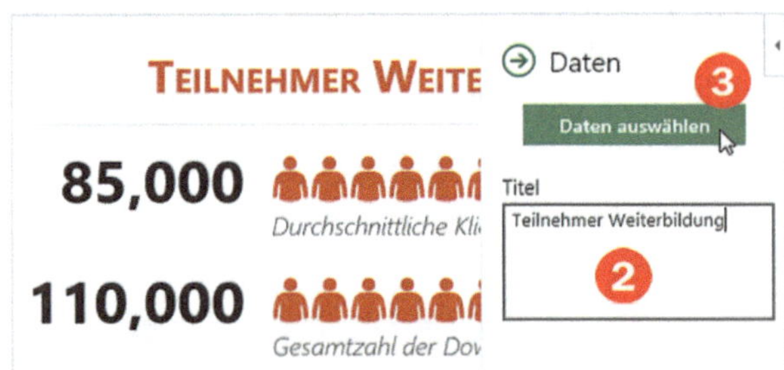

5 Markieren Sie im nächsten Schritt in Ihrer Tabelle die benötigten Zahlen samt Beschriftung und klicken Sie auf *Erstellen* ❹. **Achtung**: Die Zellen müssen einen zusammenhängenden Bereich bilden, Mehrfachmarkierung mit gedrückter Strg-Taste funktioniert nicht!

Bild 7.76 Markieren Sie in der Tabelle die benötigten Daten

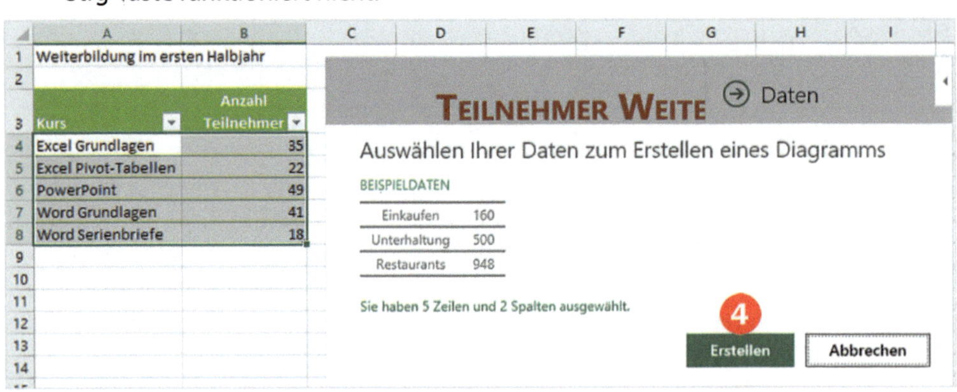

Farben und Darstellung ändern

Klicken Sie auf das Symbol *Einstellungen* ❶, um das Diagramm weiter zu bearbeiten. Unter *Typ* ❷ finden Sie verschiedene Darstellungsvarianten.

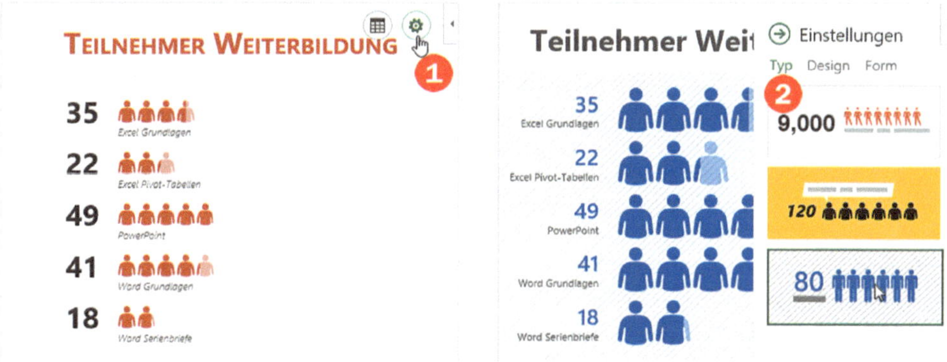

Bild 7.77 Einstellungen - Typ ändern

Mit Klick auf *Design* ❸ können Sie unter verschiedenen Farben wählen und unter *Form* ❹ stehen weitere Symbole zur Auswahl. Um die Einstellungen wieder zu schließen, klicken Sie auf den Pfeil ❺.

Bild 7.78 Design auswählen

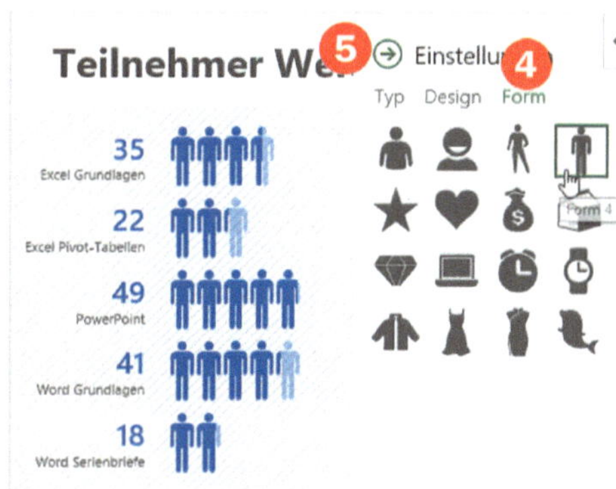

Bild 7.79 Form ändern

Tipp: Diagramm in Bild umwandeln

Wie jedes Diagramm, ist auch People Graph mit den Werten der Tabelle verknüpft, d. h. Änderungen an der Tabelle werden automatisch auch in das Diagramm übernommen.

Wenn das Diagramm in andere Anwendungen als Bild eingefügt werden soll, dann klicken Sie auf das kleine Dreieck und auf *Als gespeichertes Bild anzeigen* (Bild 7.80 auf Seite 340). Damit verschwinden die Symbole *Daten* (-auswahl) und *Einstellungen* und inhaltliche Änderungen sind nicht mehr möglich. Dafür können Sie nun die markierte Grafik in die Zwischenablage kopieren und von dort beispielsweise in ein Word-Dokument oder eine PowerPoint-Präsentation einfügen.

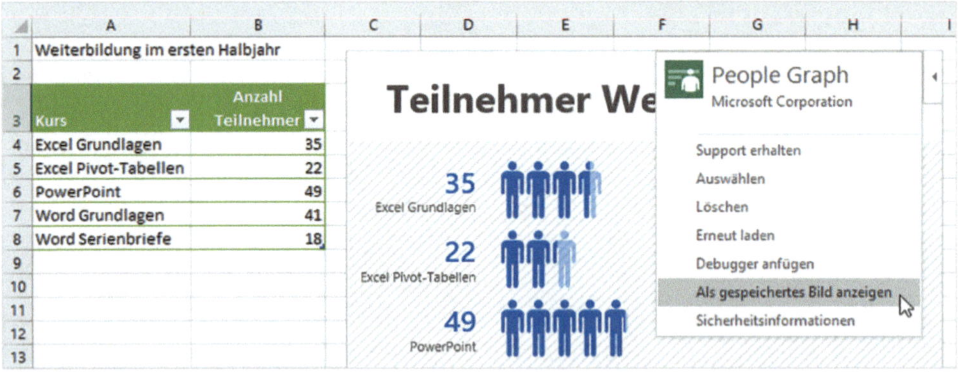

Bild 7.80 Infografik als gespeichertes Bild anzeigen

Falls Sie statt des Bildes wieder ein verknüpftes Diagramm erhalten möchten, dann klicken Sie auf das Dreieck und erneut auf *Als gespeichertes Bild anzeigen*. Damit verschwindet das Häkchen vor diesem Befehl und das Diagramm kann wieder bearbeitet werden.

8 Makros und Steuerelemente einsetzen

In diesem Kapitel lernen Sie...

- Einfache Makros aufzeichnen und ausführen
- Arbeitsmappen mit Makros speichern und öffnen
- Sicherheitseinstellungen
- Zellbezüge in Makros
- Makros starten
- Formularsteuerelemente verwenden

Das sollten Sie bereits wissen

- Umgang mit Excel-Arbeitsmappen und Tabellenblättern
- Zellbezüge und Formeln

8.1 Makros: Grundbegriffe und Vorbereitungen

Wozu Makros?

Obwohl Microsoft Excel ein sehr leistungsfähiges Programm mit umfangreichen Funktionen ist, werden manchmal für spezielle Probleme Lösungen benötigt, die sich mit den Standardfunktionen von Excel nur mit einigem Aufwand oder überhaupt nicht realisieren lassen. Zu diesem Zweck entstand bereits in frühen Versionen von Excel mit den Makros eine Möglichkeit, Befehlsabläufe aufzuzeichnen und später mit einem einzigen Befehl abzuspielen. Zu den wichtigsten Einsatzmöglichkeiten von Makros gehört die Ausführung von Routinetätigkeiten, beispielsweise Aufbereitung und Auswertung von Tabellen mit gleichbleibendem Aufbau, aber wechselnden Daten.

Die Bezeichnung Makro stammt eigentlich aus der Programmierung und bezeichnet eine kurze Folge von Befehlen, formuliert in einer Programmiersprache. Diese Befehlsfolge wird unter einem Namen gespeichert und jedes Mal ausgeführt, wenn Sie das Programm aufrufen. In Excel lassen sich Makros mit Hilfe eines Makrorecorders auch ganz ohne Programmierkenntnisse aufzeichnen. Während der Aufzeichnung werden alle Ihre Aktionen und Eingaben in Anweisungen der Programmiersprache VBA umgesetzt und gespeichert. Ein Makro kann jederzeit nachträglich bearbeitet und beispielsweise um weitere Anweisungen ergänzt werden. Dazu sind allerdings VBA-Grundkenntnisse erforderlich.

> Mit dem Makrorecorder aufgezeichnete Makros besitzen Vor- und Nachteile: Sie erfordern keinerlei Programmierkenntnisse, sind allerdings wenig flexibel und reagieren nicht auf Bedingungen.

Was ist VBA?

VBA = Visual Basic for Applications

Microsoft Office verfügt unter der Bezeichnung VBA (Visual Basic for Applications) über eine integrierte Programmiersprache mit beträchtlichem Sprachumfang. Diese ist in allen Office-Anwendungen, also z. B. auch in Word, Access oder PowerPoint verfügbar, wird aber hauptsächlich mit Access und Excel genutzt. Zudem basieren die einzelnen Anwendungen auf unterschiedlichen Objekten, sodass sich mit Ausnahme grundlegender Sprachelemente Word-VBA durchaus von Excel-VBA unterscheidet.

VBA mit Excel, der leichte Einstieg: Vom ersten Makros zur eigenen Eingabemaske

BILDNER Verlag
ISBN 978-3-8328-0303-2

Anstelle der Aufzeichnung mit dem Makrorecorder kann ein Makro auch komplett als Folge von Anweisungen in der Programmiersprache VBA geschrieben werden. Allerdings ist VBA eine sehr komplexe Sprache und wie bei allen Programmiersprachen, gelten auch für die Programmierung mit VBA feste Regeln für den Aufbau der Befehle, die sogenannte Sprachsyntax. Eine vollständige Einführung in VBA würde den Rahmen dieses Buches sprengen, daher haben wir diesem Thema ein eigenes Buch gewidmet.

Das Register Entwicklertools anzeigen

Die wichtigsten Befehle zum Aufzeichnen und Ausführen von Makros finden Sie im Menüband, Register *Ansicht*, in der Gruppe *Makros*.

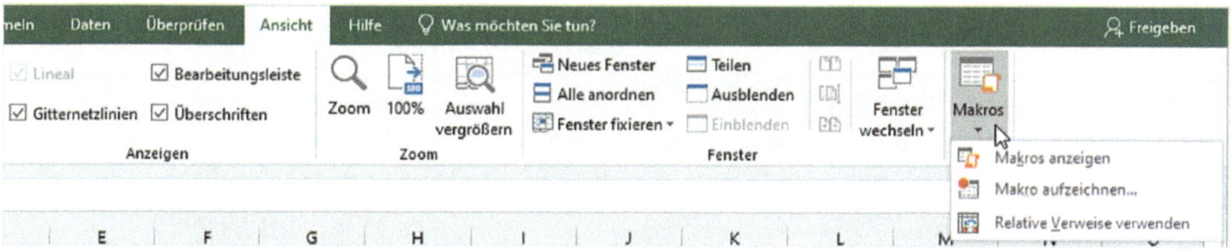

Bild 8.1 Register Ansicht - Makros

Dieselben Befehle sind zusammen mit weiteren wichtigen Schaltflächen auch im Register *Entwicklertools* verfügbar, das allerdings standardmäßig ausgeblendet ist. Dieses Register erlaubt ein wesentlich übersichtlicheres Arbeiten mit Makros und sollte daher eingeblendet werden. Dazu klicken Sie mit der rechten Maustaste an eine beliebige Stelle im Menüband und auf *Menüband anpassen*.

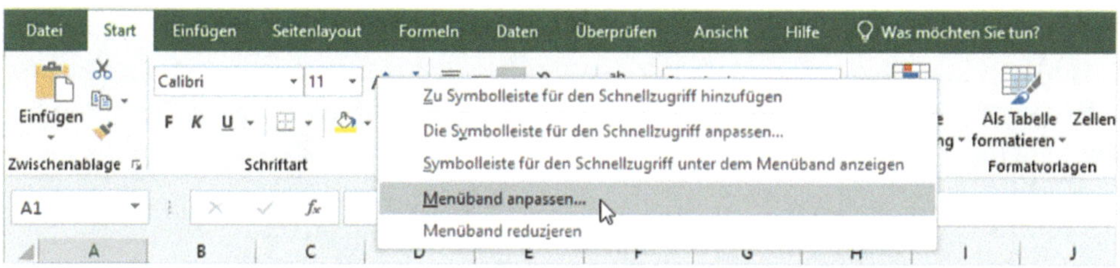

Bild 8.2 Menüband anpassen

Das Dialogfenster *Excel-Optionen* mit der Auswahl *Menüband anpassen* öffnet sich. Aktivieren Sie hier in der rechten Spalte, *Hauptregisterkarten*, das Kontrollkästchen der Registerkarte *Entwicklertools* und übernehmen Sie die Einstellung mit *OK*.

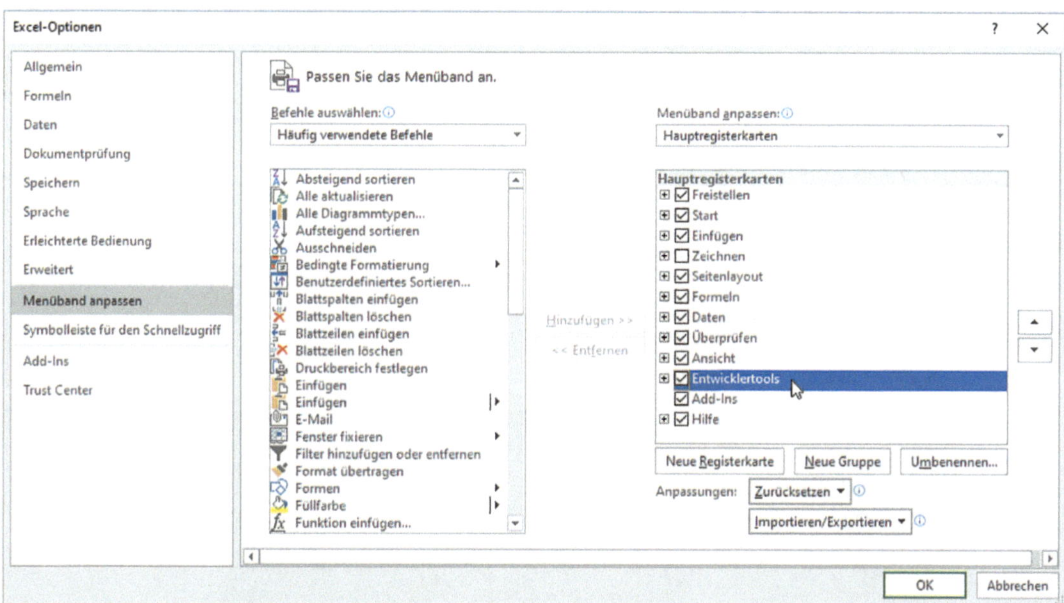

Bild 8.3 Entwicklertools einblenden

Ein anderer, etwas umständlicherer Weg führt über das Register *Datei*, den Befehl *Optionen* und die Auswahl *Menüband anpassen*.

Das Register *Entwicklertools* erscheint im Menüband rechts vom letzten Standardregister. **Achtung**: Es enthält auch Schaltflächen, die nur in Verbindung mit VBA sinnvoll sind und für Makros keinerlei Bedeutung haben.

Bild 8.4 Register Entwicklertools

Arbeitsmappen mit Makros speichern

Im Gegensatz zu früheren Versionen verwendet Excel seit der Version 2007 einen eigenen Dateityp zum Speichern von Arbeitsmappen, die Makros enthalten. Achten Sie daher beim Speichern darauf, den korrekten Dateityp, *Excel Arbeitsmappe mit Makros* (.xlsm), auszuwählen, andernfalls können Ihre Makros nicht gespeichert werden und Sie erhalten beim Speichern eine entsprechende Warnung. Den Dateityp wählen Sie auf folgenden Wegen aus:

Dies gilt nicht, wenn die Arbeitsmappe im älteren Dateiformat Excel-97-2003-Arbeitsmappe (.xls) gespeichert wird.

- Klicken Sie entweder im Speichern-Fenster im Feld *Dateityp* auf den Dropdown-Pfeil und wählen *Excel-Arbeitsmappe mit Makros*.
- Oder klicken Sie im Register *Datei* auf *Exportieren* und hier auf *Dateityp ändern*. Klicken Sie dann auf *Arbeitsmappe mit Makros*.

Bild 8.5 Speichern - Dateityp auswählen

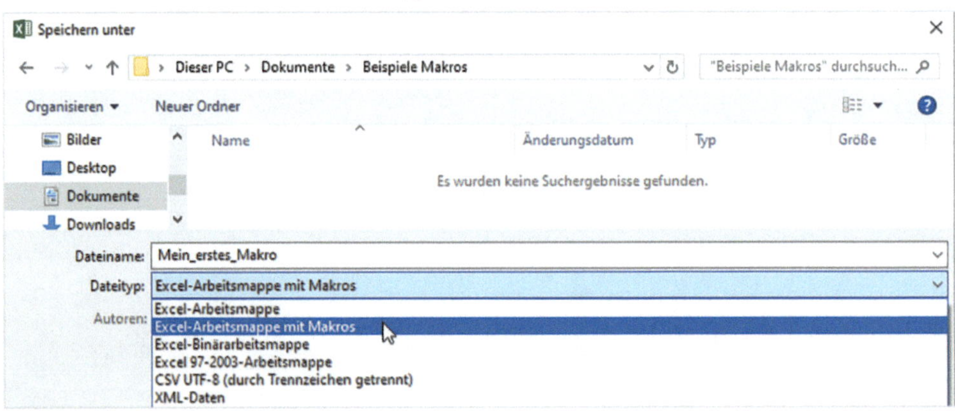

Hinweis: Sollten Sie für eine Arbeitsmappe mit bereits vorhandenen Makros versehentlich den Dateityp *Excel-Arbeitsmappe (.xlsx)* gewählt haben, so erhalten Sie beim Speichern eine Warnung, dass Ihre Makros nicht gespeichert werden. Klicken Sie auf *Nein* und wählen Sie den passenden Dateityp aus. **Achtung**: Wenn Sie dagegen auf *Ja* klicken, werden alle vorhandenen Makros aus der Mappe entfernt.

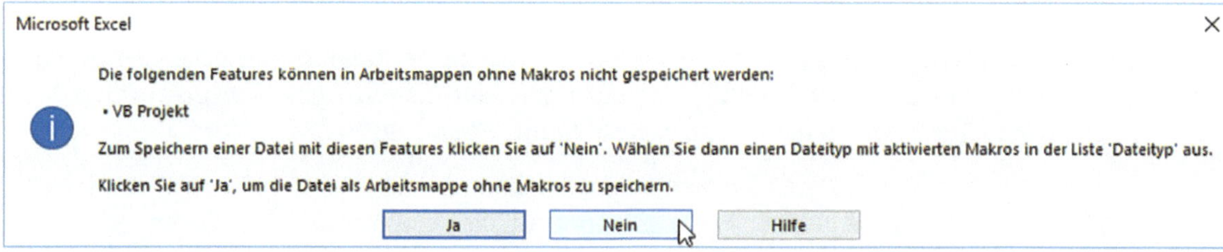

Bild 8.6 Klicken Sie auf Nein und wählen Sie den passenden Dateityp

Die persönliche Makroarbeitsmappe

In der Regel werden Makros zusammen mit derjenigen Arbeitsmappe gespeichert, in der sie erstellt wurden und stehen somit nur hier zur Verfügung.

Falls in Ausnahmefällen ein Makro in allen Excel-Arbeitsmappen verfügbar sein soll, kann es in einer gesonderten Datei, der Persönlichen Makroarbeitsmappe gespeichert werden. Diese befindet sich unter dem Namen *PERSONAL.xlsb* zusammen mit den übrigen Benutzereinstellungen im Ordner C:\Users\Benutzername\AppData\Roaming\Microsoft\Excel\XLStart (Windows 10), der genaue Speicherort ist abhängig vom Betriebssystem. Allerdings ist der Ordner *AppData* standardmäßig ausgeblendet,

Beachten Sie außerdem: Wenn Sie als Speicherort die persönliche Makroarbeitsmappe gewählt haben, dann müssen Sie auch alle Änderungen an dieser Mappe speichern. Beim Beenden von Excel erscheint ein entsprechender Hinweis, siehe Bild unten. Enthält in einem solchen Fall die Arbeitsmappe selbst keine weiteren Makros, dann muss sie auch nicht mit dem Dateityp *Excel-Arbeitsmappe mit Makros* gespeichert werden.

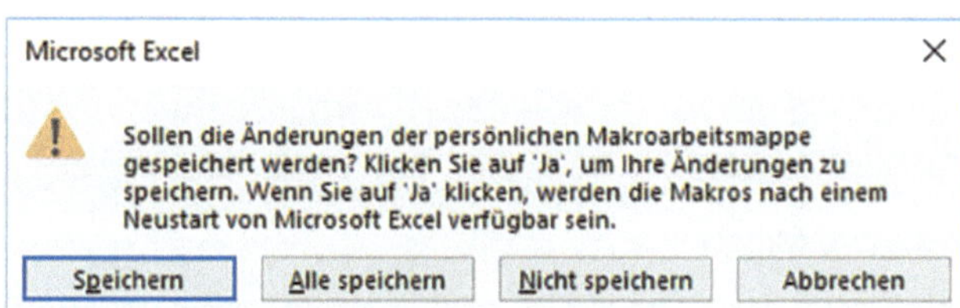

Bild 8.7 Änderungen der persönlichen Makroarbeitsmappe speichern

Sicherheitseinstellungen

Ein Office-Dokument kann Schadsoftware in Form von Makros enthalten

Die Programmiersprache VBA ist in alle Microsoft Office-Anwendungen, also auch Word, PowerPoint oder Access integriert und stellt eine äußerst leistungsfähige Sprache dar, die auch auf wichtige Funktionen Ihres Systems, beispielsweise die Dateiverwaltung zugreifen kann. Makros können daher durchaus eine Bedrohung für die Sicherheit Ihres Computers darstellen und manches, vermeintlich harmloses, Office-Dokument als Dateianhang kann Schadsoftware auf Ihren PC einschleusen. Beim Öffnen eines infizierten Dokuments wird auch das Makrovirus aktiviert. Makroviren werden von gängigen Antivirenprogrammen nicht immer erkannt, daher verfügt Excel über zusätzliche Sicherheitseinstellungen zum Umgang mit Makros.

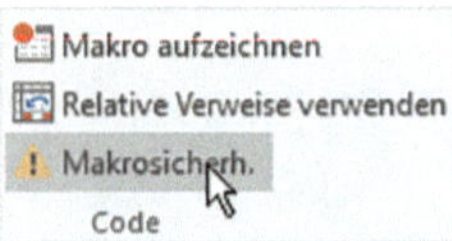

Sicherheitseinstellungen kontrollieren

Zur Kontrolle und ggf. zum Ändern der Sicherheitseinstellungen klicken Sie im Register *Entwicklertools*, Gruppe *Code*, auf die Schaltfläche *Makrosicherh.* und öffnen damit das *Trust Center* mit den Makroeinstellungen (Bild 8.8).

Als Alternative öffnen Sie das *Trust Center* über das Register *Datei* und die Excel *Optionen*. Klicken Sie hier auf *Trust Center* und auf die Schaltfläche *Einstellungen für das Trust Center....*

Damit Ihre aufgezeichneten Makros später ausgeführt werden können, dürfen sie nicht komplett und ohne Hinweis deaktiviert werden, wählen Sie daher unter *Makroeinstellungen* die Option *Alle Makros mit Benachrichtigung deaktivieren*. Dies ist auch die empfohlene Standardeinstellung.

Bild 8.8 Trust Center - Makroeinstellungen

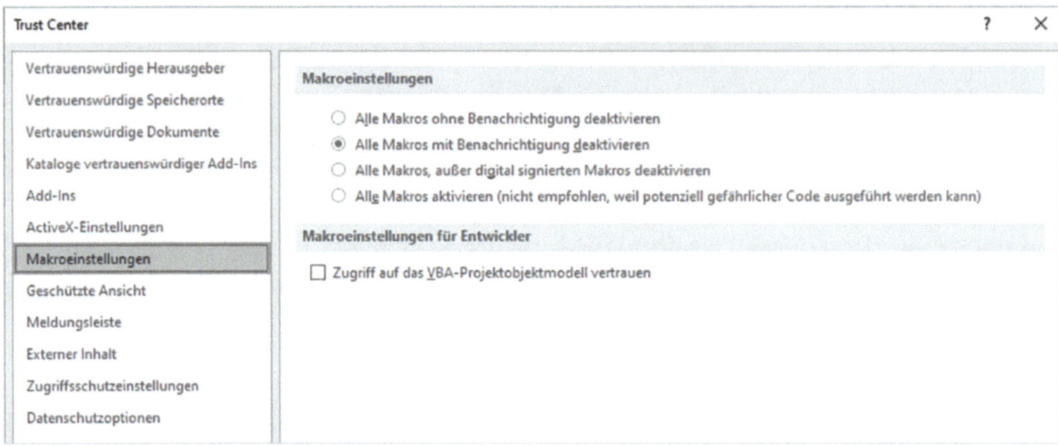

Arbeitsmappe mit Makros öffnen

Mit der Option *Alle Makros mit Benachrichtigung deaktivieren*, siehe oben, erhalten Sie beim Öffnen einer Arbeitsmappe, die Makros enthält, eine Sicherheitswarnung und können entscheiden, ob Sie die Makros aktivieren möchten. Wenn Sie der Mappe vertrauen, dann klicken Sie auf die Schaltfläche *Inhalt aktivieren*. Haben Sie beim ersten Öffnen die Inhalte bzw. Makros einer Arbeitsmappe aktiviert, wird diese Mappe von Excel als vertrauenswürdiges Dokument eingestuft und die Inhalte werden künftig beim Öffnen automatisch aktiviert.

Bild 8.9 Makros beim Öffnen aktivieren

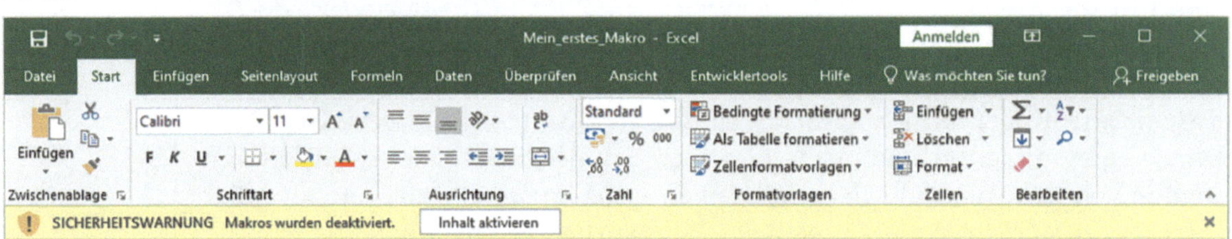

8.2 Einfache Makros

Makro aufzeichnen

Um ohne Programmierkenntnisse ein Makro zu erzeugen, verwenden Sie den Makrorecorder. Er zeichnet alle Anweisungen und Eingaben in Form von VBA-Befehlen auf, die Sie später bei Bedarf im VBA-Editor ansehen und auch bearbeiten können. Da dazu allerdings VBA-Kenntnisse erforderlich sind, wird auf diese Möglichkeit hier nicht näher eingegangen.

Leider zeichnet der Makrorecorder alle Arbeitsschritte und Eingaben, also auch misslungene Versuche auf. Überlegen Sie daher vor der Aufzeichnung, welche Arbeitsschritte in welcher Reihenfolge erforderlich sind und testen Sie die Schritte eventuell vorher. Auch ein kurzes Notieren der richtigen Reihenfolge kann hilfreich sein.

Beispiel: Ein einfaches Makro aufzeichnen

Als einfaches Beispiel für die Funktionsweise von Makros und des Makrorecorders wollen wir ein Makro aufzeichnen, das später den Text „Hallo" in die aktuell markierte Zelle schreibt. So gehen Sie vor:

1 Markieren Sie im Tabellenblatt eine Zelle, beispielsweise A1 und klicken Sie im Register *Entwicklertools*, Gruppe *Code*, auf *Makro aufzeichnen*.

Bild 8.10 Makroaufzeichnung starten

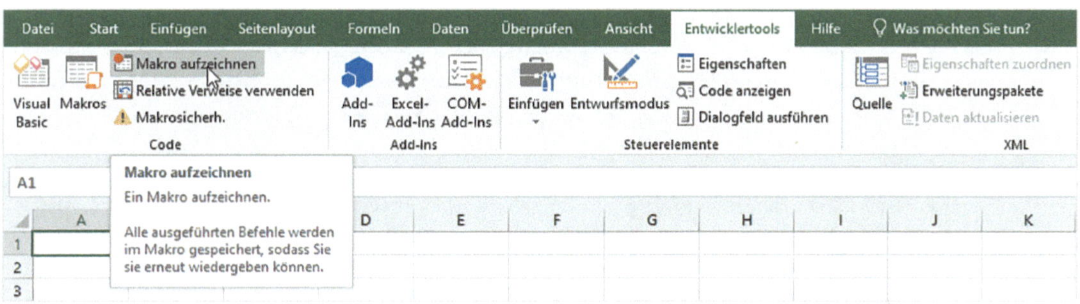

2 Das Dialogfenster *Makro aufzeichnen* wird geöffnet: Geben Sie im Feld *Makroname* einen Namen ein, unter dem das Makro gespeichert und später aufgerufen werden soll.

Beachten Sie die Regeln für Makronamen: Der Name eines Makros darf maximal 255 Zeichen lang sein, keine Leerzeichen und mit Ausnahme des Unterstrichs (_) keine Sonderzeichen enthalten, also weder Bindestrich noch Leerzeichen.

Außerdem muss der Name eindeutig sein, darf also nicht bereits in der Mappe vorhanden sein.

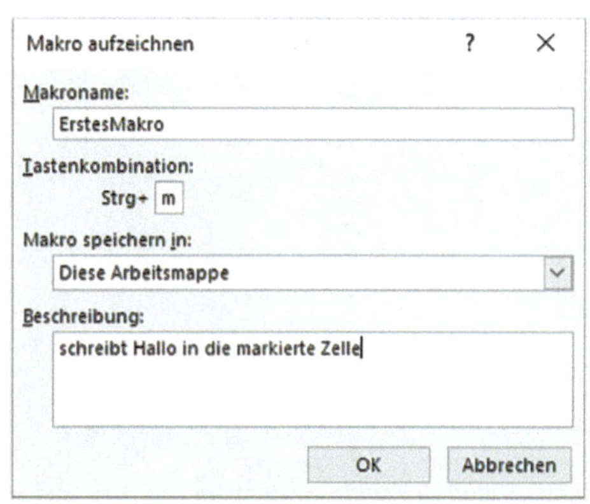

3 Tastenkombination zum Starten des Makros
Falls Sie später das Makro über eine Tastenkombination starten möchten, so geben Sie die gewünschte Taste in Verbindung mit der Strg (Ctrl)-Taste an. Sie können ein Makro aber auch auf andere Weise starten oder dem Makro nachträglich eine Tastenkombination zuweisen, siehe Seite 353.

Achtung: Die Tastenkombination unterscheidet zwischen Groß- und Kleinbuchstaben. Zudem sollten Sie eine Tastenkombination wählen, die nicht bereits anderweitig belegt ist, z. B. m, M, j, J. Für dieses Beispiel wurde Strg+m gewählt.

4 Speicherort festlegen
Unter *Makro speichern in* wählen Sie den Speicherort des Makros. Hier haben Sie die Wahl zwischen der Persönlichen Makroarbeitsmappe und der aktuellen Arbeitsmappe. *Diese Arbeitsmappe* ist die Standardeinstellung und sollte im Normalfall beibehalten werden.

5 Im Feld *Beschreibung* können Sie optional eine kurze Beschreibung der Funktionsweise des Makros eingeben. Dies ist im Hinblick auf die spätere Nachvollziehbarkeit unbedingt zu empfehlen.

6 Mit Klick auf die Schaltfläche *OK* starten Sie die Makroaufzeichnung.

7 Ab jetzt werden alle Ihre Befehle und Eingaben aufgezeichnet. Da in unserem Beispiel die Zelle A1 bereits vor der Makroaufzeichnung markiert wurde, tippen Sie das Wort „Hallo" in diese Zelle ein und betätigen anschließend die Eingabe-Taste. Dadurch wird die Zelle A2 unterhalb markiert.

8 Zum Schluss müssen Sie die Makroaufzeichnung beenden: Klicken Sie dazu im Register *Entwicklertools*, Gruppe *Code*, auf *Aufzeichnung beenden* ❶. Als Alternative können Sie auch die Schaltfläche ❷ in der Statuszeile verwenden (siehe Bild unten).

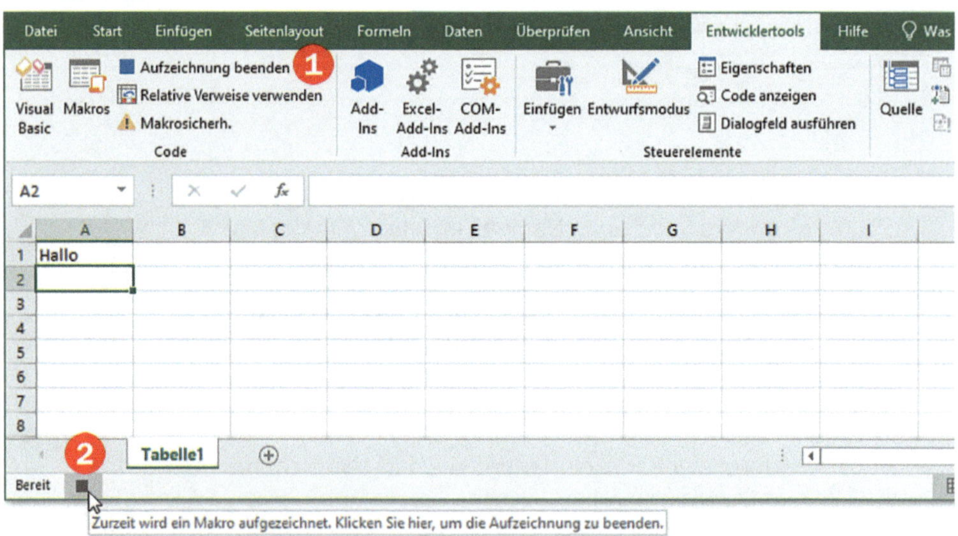

Bild 8.11 Aufzeichnung beenden

Makro ausführen

Um das soeben aufgezeichnete Makro zu testen, löschen Sie zuvor das Wort „Hallo" aus A1 und markieren dann eine beliebige andere Zelle des Tabellenblatts ❶.

- Haben Sie dem Makro eine Tastenkombination zugewiesen, so verwenden Sie zum Starten des Makros diese Tastenkombination.
- Andernfalls klicken Sie im Register *Entwicklertools,* Gruppe *Code*, auf die Schaltfläche *Makros* ❷. Markieren Sie das Makro, das Sie ausführen möchten ❸ und klicken Sie auf die Schaltfläche *Ausführen* ❹. Als Alternative öffnen Sie das Fenster *Makro* mit den Tasten Alt+F8.
- Das zuvor aufgezeichnete Makro schreibt nun das Wort „Hallo" in die markierte Zelle und markiert anschließend die Zelle A2.

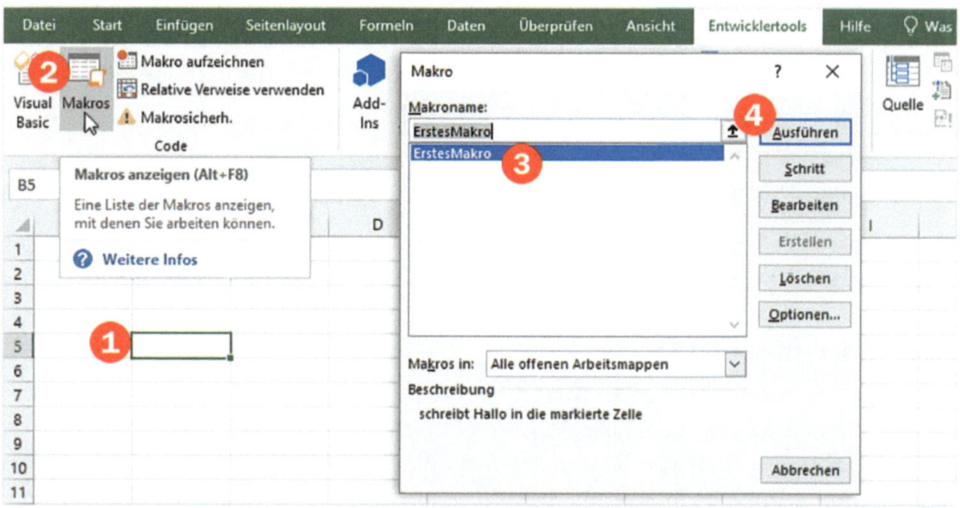

Bild 8.12 Ausführung starten

Markieren Sie nun eine andere, beliebige Zelle und führen Sie das Makro nochmals aus. Haben Sie bemerkt, dass beim Ausführen des oben beschriebenen Makros zwar der Text in die aktuell markierte Zelle geschrieben, anschließend aber immer dieselbe Zelle, nämlich A2 markiert wird? Die Ursache liegt darin, dass bei der Makroaufzeichnung standardmäßig feste (absolute) Zellbezüge verwendet werden. Weiter unten erfahren Sie, wie Sie ein Makro mit relativen Zellbezügen aufzeichnen.

Das Makro verwendet absolute Zellbezüge!

Mögliche Probleme bei der Makro-Ausführung

Makros wurden deaktiviert

Möglicherweise erscheint beim Starten des Makros eine Meldung, die Sie darauf aufmerksam macht, dass Makros aufgrund der Sicherheitseinstellungen deaktiviert wurden, gleichzeitig ist der Entwurfsmodus aktiviert. In diesem Fall müssen Sie die Mappe schließen und erneut öffnen und dann die Inhalte aktivieren (siehe Seite 346).

Laufzeitfehler - Aufzeichnung wurde nicht beendet

Als weitere mögliche Fehlerquelle haben Sie vielleicht vergessen, die Aufzeichnung zu beenden, bevor Sie das Makro zum ersten Mal ausführen. Dann erscheint entweder sofort oder beim nächsten Aufruf die Fehlermeldung *Laufzeitfehler*.

Bild 8.13 Laufzeitfehler

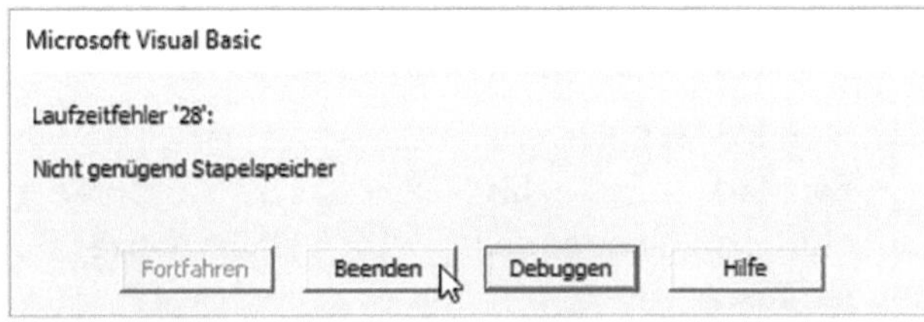

Sie haben bei Laufzeitfehlern folgende Möglichkeiten:

- *Debuggen* bedeutet, die Makroausführung wird unterbrochen und der VBA-Programmcode im VBA-Editor angezeigt, wobei die fehlerhafte Anweisung gelb hervorgehoben ist. Diese Möglichkeit ist nur mit entsprechenden VBA-Kenntnissen hilfreich.
- Klicken Sie auf die Schaltfläche *Beenden*, so wird die Makroausführung abgebrochen und Sie können anschließend das Makro neu aufzeichnen.

Kontrollieren Sie anschließend in jedem Fall, ob die Makroaufzeichnung noch läuft und beenden Sie diese, falls ja.

Makro löschen oder ersetzen

Zum Löschen eines fehlerhaften oder nicht mehr benötigten Makros, öffnen Sie über die Schaltfläche *Makros* das Dialogfenster *Makro*. Markieren Sie das Makro, das Sie löschen möchten und klicken Sie auf die Schaltfläche *Löschen*. Sie können aber auch ein fehlerhaftes Makro einfach neu aufzeichnen. Dazu geben Sie bei der Neuaufzeichnung als Namen einfach den Namen des zu ersetzenden Makros ein. Bestätigen Sie die nachfolgende Meldung, ob Sie das Makro ersetzen möchten, mit *OK*.

8.3 Zellbezüge in Makros

Wie Sie bei Ihrem ersten Makro gesehen haben, unterscheidet Excel nicht nur in Formeln, sondern auch bei der Makroaufzeichnung zwischen relativen und absoluten (festen) Zellbezügen. Im ersten Beispiel haben Sie ein Makro mit festen Zellbezügen aufgezeichnet. Feste bzw. absolute Zellbezüge sind immer dann erforderlich, wenn eine Eingabe immer an derselben Position erfolgen soll. Soll dagegen die Eingabe beispielsweise am Ende einer Liste erfolgen, unabhängig davon, wie viele Zeilen die Liste umfasst, dann benötigen Sie bei der Aufzeichnung relative Zellbezüge.

Über die Schaltfläche *Relative Verweise verwenden* im Register *Entwicklertools* können Sie vor und während der Aufzeichnung zwischen festen und relativen Zellbezügen wechseln: Bei deaktivierter Schaltfläche wie in Bild 8.14 werden alle Aktionen wie Markieren und Eingeben mit festen Zellbezügen aufgezeichnet. Ist hingegen die Schaltfläche aktiviert (Bild 8.15), erfolgt die Aufzeichnung mit relativen Zellbezügen.

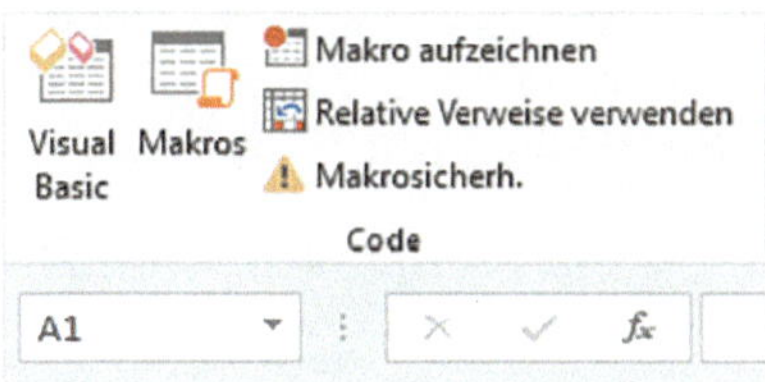

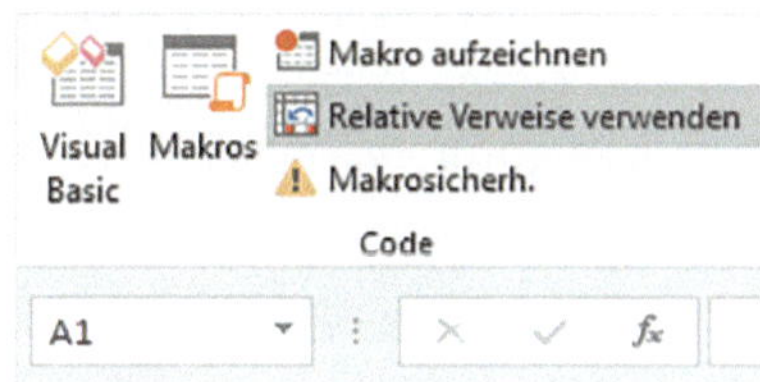

Bild 8.14 Absolute Zellbezüge

Bild 8.15 Relative Zellbezüge

Beispiel: Makro mit unterschiedlichen Verweisen aufzeichnen

Als zweites Beispiel soll ein Makro erstellt werden, das für jeden neuen Rechnungsposten in der Tabelle *Neuer Rechnungsposten* (Bild 8.16) den Gesamtpreis in E3 berechnet, anschließend die Werte der Zellen A3 bis E3 ausschneidet und am Ende der unteren Liste *Vorhandene Rechnungsposten* anfügt.

m ersten Schritt legen Sie die beiden Tabellen an, wie unten abgebildet. Nehmen Sie auch gleich alle gewünschten Formatierungen vor, insbesondere für die Zahlen.

	A	B	C	D	E	F	G
1	**Neuer Rechnungsposten**						
2	**Artikel-Nr.**	**Bezeichnung**	**Kilopreis**	**Menge**	**Gesamtpreis**		
3	1009	Bananen	5,00	2,00			
4							
5	**Vorhandene Rechnungsposten**						
6	**Artikel-Nr.**	**Bezeichnung**	**Kilopreis**	**Menge**	**Gesamtpreis**		
7	1008	Kartoffeln	3,50	10,00	35,00		
8	1006	Orangen	2,80	6,00	16,80		
9	1123	Äpfel	3,20	20,00	64,00		
10							
11							
12							
13							

Bild 8.16 Beispiel Zellbezüge

Makro_Ausgangstabelle.xlsm

So zeichnen Sie das Makro auf:

1 Markieren Sie im Tabellenblatt eine beliebige Zelle, nicht aber E3, da sonst das Markieren dieser Zelle nicht mit aufgezeichnet wird. Starten Sie dann die Makroaufzeichnung und speichern Sie das Makro unter dem Namen *ListeAnfügen* in der aktuellen Arbeitsmappe.

2 Im ersten Schritt, nämlich Berechnung der Formel, benötigen Sie feste Zellbezüge. Achten Sie also darauf, dass die Schaltfläche *Relative Verweise verwenden* **nicht** aktiviert ist, markieren Sie die Zelle E3 und geben Sie die Formel =D3*C3 ein.

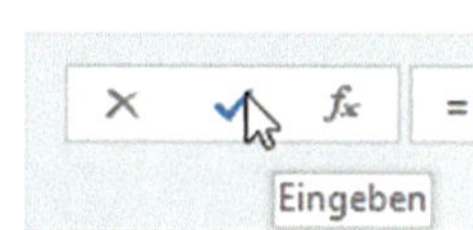

Schließen Sie die Formeleingabe mit der Enter-Taste oder Klick auf das Symbol *Eingeben* in der Bearbeitungsleiste ab.

3 Markieren Sie anschließend den Bereich A3 bis E3 und schneiden Sie ihn mit den Tasten Strg+X in die Zwischenablage aus.

4 **Achtung beim Einfügen**: Wenn die Zeile am Ende der Liste eingefügt werden soll, dann müssen Sie zunächst die letzte verwendete Zeile ermitteln.

Dazu benötigen Sie einen festen Bezugspunkt, in der Regel die erste Zeile der Tabelle. In unserem Beispiel ist dies Zeile 6, markieren Sie daher die Zelle A6 und achten Sie darauf, dass ein fester Zellbezug verwendet wird.

Ab hier müssen relative Verweise aufgezeichnet werden!

5 Für die nächsten Schritte benötigen Sie relative Bezüge, aktivieren Sie also die Schaltfläche *Relative Verweise verwenden*.

6 Um in Spalte A in die letzte Zeile der Tabelle zu gelangen, verwenden Sie die Tastenkombination Strg+Pfeiltaste nach unten. Dann markieren Sie mit der Pfeiltaste die Zelle in der darunterliegenden Zeile und betätigen zum Einfügen aus der Zwischenablage die Tasten Strg+V.

7 Im letzten Schritt der Makroaufzeichnung deaktivieren Sie die relative Aufzeichnung wieder und markieren diejenige Zelle, in der Sie mit der nächsten Eingabe fortfahren möchten, in diesem Fall A3. Beenden Sie die Makroaufzeichnung!

Bild 8.17 Nach dem Ende der Aufzeichnung

	A	B	C	D	E	F	G
1	**Neuer Rechnungsposten**						
2	**Artikel-Nr.**	**Bezeichnung**	**Kilopreis**	**Menge**	**Gesamtpreis**		
3							
4							
5	**Vorhandene Rechnungsposten**						
6	**Artikel-Nr.**	**Bezeichnung**	**Kilopreis**	**Menge**	**Gesamtpreis**		
7	1008	Kartoffeln	3,50	10,00	35,00		
8	1006	Orangen	2,80	6,00	16,80		
9	1123	Äpfel	3,20	20,00	64,00		
10	1009	Bananen	5,00	2,00	10,00		
11							
12							

Testen Sie dann das Makro, indem Sie die Ausführung starten. Falls nicht alles auf Anhieb klappt, zeichnen Sie das Makro unter demselben Namen erneut auf.

Hinweis: Dieses Makro funktioniert auch, wenn sich Eingabezeile und Tabelle in verschiedenen Arbeitsblättern der Mappe befinden, dann wählen Sie als kleinen Zwischenschritt einfach während der Aufzeichnung das benötigte Tabellenblatt aus. In diesem Fall könnten Sie z. B. das Tabellenblatt, in dem die Eingabe erfolgt, als Eingabemaske gestalten.

Alternative: Neue Zeile am Beginn der Liste einfügen

Die oben beschriebene Vorgehensweise wurde gewählt, um die Wirkungsweise unterschiedlicher Zellbezüge bei der Makroaufzeichnung zu zeigen. Es gibt aber noch eine andere Möglichkeit:

Sie können auch vor dem Einfügen der ausgeschnittenen Werte in der Tabelle Vorhandene Rechnungsposten eine neue Zeile am Beginn der Liste bzw. unterhalb der

Überschriftzeile einfügen und hier die Werte einfügen. In diesem Fall verwenden Sie bei der Aufzeichnung ausschließlich feste Verweise.

Klicken Sie auf eine Zelle der Zeile 7, klicken Sie im Register *Start* auf *Einfügen* ▶ *Blattzeilen einfügen* und wählen Sie die Einfügeoption *Gleiches Format wie Zelle unten* (Bild unten). Markieren Sie dann die erste Zelle der neu eingefügten Zeile (A7) und fügen Sie hier die Werte mit Strg+V ein.

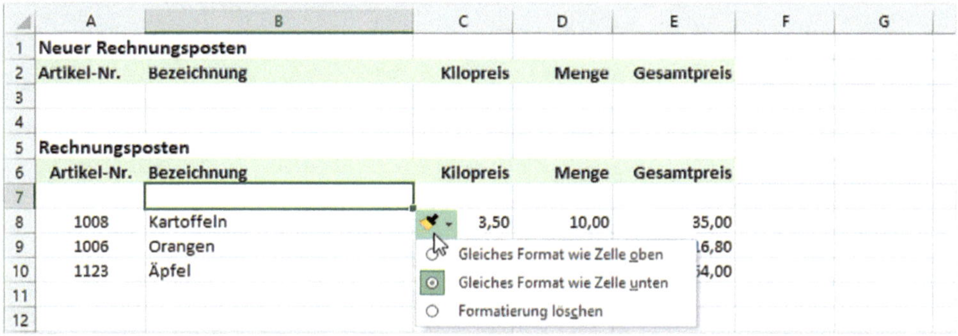

Bild 8.18 Alternative: in neue Zeile am Beginn der Liste einfügen

Tipp: Bei umfangreichen Makros mit mehreren Arbeitsschritten kann es für Ungeübte nützlich sein, vor der Aufzeichnung die einzelnen Schritte testweise durchzugehen und eventuell auf einem Blatt Papier zu notieren.

8.4 Makroausführung starten

Wie Sie ein Makro über das Dialogfenster *Makro* starten, haben Sie bereits kennengelernt. Es gibt aber noch eine Reihe weiterer Möglichkeiten mit denen Sie ein Makro schneller starten und den Start für ungeübte Excel-Nutzern vereinfachen.

Tastenkombination zuweisen

Wenn Sie ein Makro mit einer Tastenkombination starten möchten, können Sie diese dem Makro bereits vor der Aufzeichnung zuweisen. Über eine Tastenkombination kann ein Makro zwar sehr schnell aufgerufen werden, allerdings bringt diese Methode auch Nachteile mit sich.

- Benutzer, die das Makro verwenden möchten, müssen sich die entsprechenden Tasten merken, dies dürfte für ungeübte Benutzer problematisch sein.
- Bei der Wahl der Tasten müssen Sie darauf achten, dass die Tastenkombination nicht bereits anderweitig belegt ist. Wichtige Tastenkombinationen wie beispielsweise Strg+C (Kopieren) werden sonst überschrieben.

Falls Sie einem Makro nachträglich eine Tastenkombination zuweisen möchten, dann gehen Sie so vor:

1 Öffnen Sie das Dialogfenster *Makro*, markieren Sie das Makro, dem Sie eine Tastenkombination zuweisen wollen und klicken Sie auf die Schaltfläche *Optionen*.

2 Geben Sie die gewünschte Tastenkombination an, ggf. können Sie hier auch die Beschreibung ändern, und bestätigen Sie mit der Schaltfläche *OK*.

Achtung: Excel unterscheidet hier zwischen Groß- und Kleinbuchstaben!

Bild 8.19 Tastenkombination zuweisen

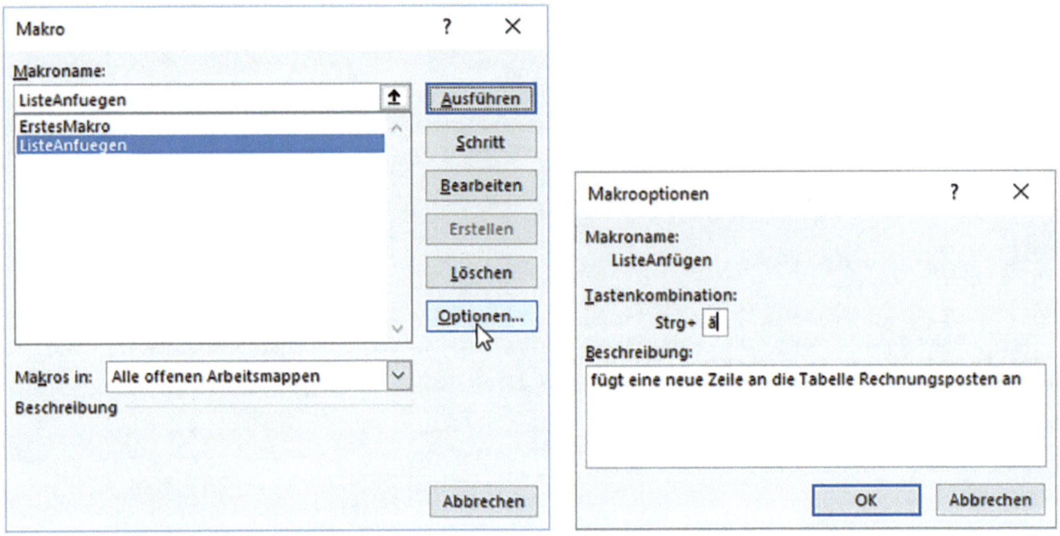

Makro über die Symbolleiste für den Schnellzugriff starten

Als zweite Möglichkeit können Sie das Makro der *Symbolleiste für den Schnellzugriff* hinzufügen und später per Mausklick starten. Klicken Sie dazu am Ende der Schnellzugriffsleiste auf das Symbol *Symbolleiste für den Schnellzugriff anpassen* und hier auf *Weitere Befehle....*

1 Das Fenster *Excel-Optionen* mit Anpassungsmöglichkeiten für die Symbolleiste öffnet sich. Klicken Sie unter *Befehle auswählen* auf den Dropdown-Pfeil und auf *Makros* ❶.

2 Unterhalb erscheint eine Liste Ihrer aufgezeichneten Makros und in der rechten Liste sehen Sie die vorhandenen Symbole der Schnellzugriffsleiste: Mit einem Doppelklick fügen Sie das markierte Makro ❷ der Liste hinzu oder benutzen Sie die Schaltfläche *Hinzufügen* ❸. Mit der Schaltfläche *Entfernen* können nicht mehr benötigte Makros wieder aus der Schnellzugriffsleiste entfernt werden.

3 Legen Sie außerdem fest, ob das Makro bzw. das dazugehörige Symbol in allen Dokumenten sichtbar sein soll (Standardeinstellung *Für alle Dokumente*) oder nur in der aktuellen Arbeitsmappe. Da unser Makro zusammen mit der Arbeitsmap-

pe gespeichert wird, ist es auch sinnvoll, dass das Symbol nur in dieser erscheint. Klicken Sie also auf den Dropdown-Pfeil *Symbolleiste für den Schnellzugriff anpassen* und wählen Sie die aktuelle Arbeitsmappe aus ❹.

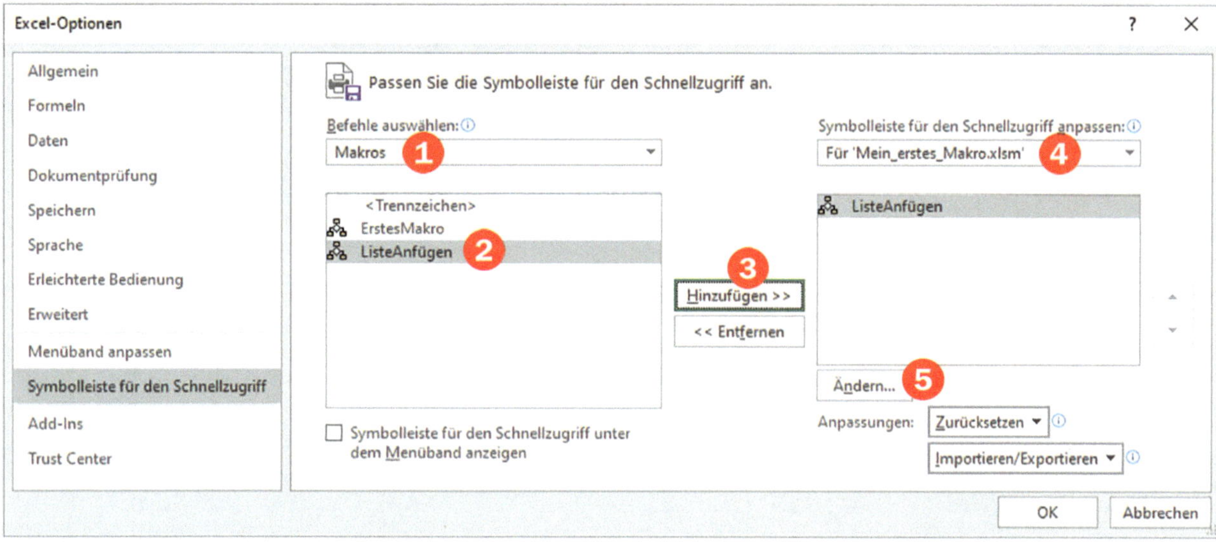

Bild 8.20 Schnellstartleiste anpassen

Anderes Symbol zuweisen

Makros erscheinen in der Symbolleiste für den Schnellzugriff mit ihrem Standardsymbol. Wenn Sie ein anderes Symbol verwenden möchten, dann markieren Sie das soeben hinzugefügte Makro und klicken auf die Schaltfläche *Ändern...* ❺. Wählen Sie dann eines der Symbole, im Feld *Anzeigename* können Sie außerdem einen kurzen Infotext eingeben, der beim Zeigen auf das Symbol erscheint.

Schließen Sie zuletzt das Fenster *Excel-Optionen* mit Klick auf die Schaltfläche *OK*.

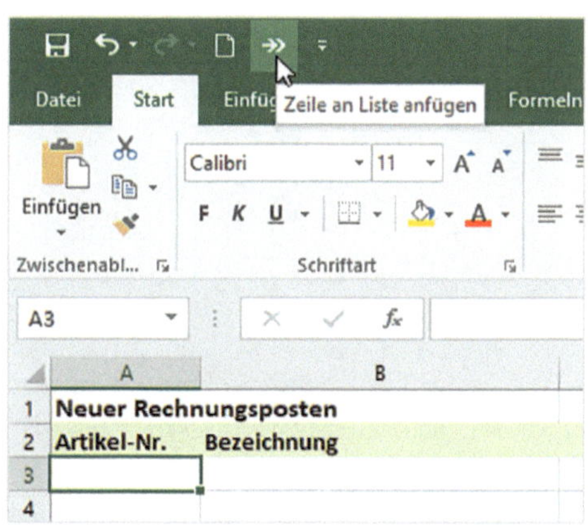

Bild 8.21 Anderes Symbol wählen

Bild 8.22 Anzeige mit Infotext

Makros im Menüband einfügen

Eine andere Möglichkeit zum Starten eines Makros stellt das Menüband dar. Allerdings eignet sich dies nur für Makros, die in allen Excel-Arbeitsmappen verfügbar sind, da Sie sonst beim Aufruf eine Fehlermeldung erhalten, sollte das Makro nicht verfügbar sein. Klicken Sie dazu mit der rechten Maustaste an eine beliebige Stelle des Menübandes und auf *Menüband anpassen...*, um die *Excel-Optionen* mit Einstellungen für das Menüband zu öffnen.

Hinweis: Beachten Sie, dass Sie zuvor entweder ein neues Register erstellen oder einem der Standardregister eine neue Gruppe hinzufügen müssen, da die Standardgruppen nicht verändert werden können.

Registerkarte erstellen

1 Im ersten Schritt sollten Sie eine zusätzliche Registerkarte erstellen, dazu klicken Sie auf *Neue Registerkarte* ❶. Die neue Registerkarte erscheint in der Liste der Hauptregisterkarten ❷ und ist mit dem Zusatz *(Benutzerdefiniert)* versehen. Markieren Sie die neue Registerkarte und klicken Sie auf *Umbenennen* ❸.

Bild 8.23 Neue Registerkarte

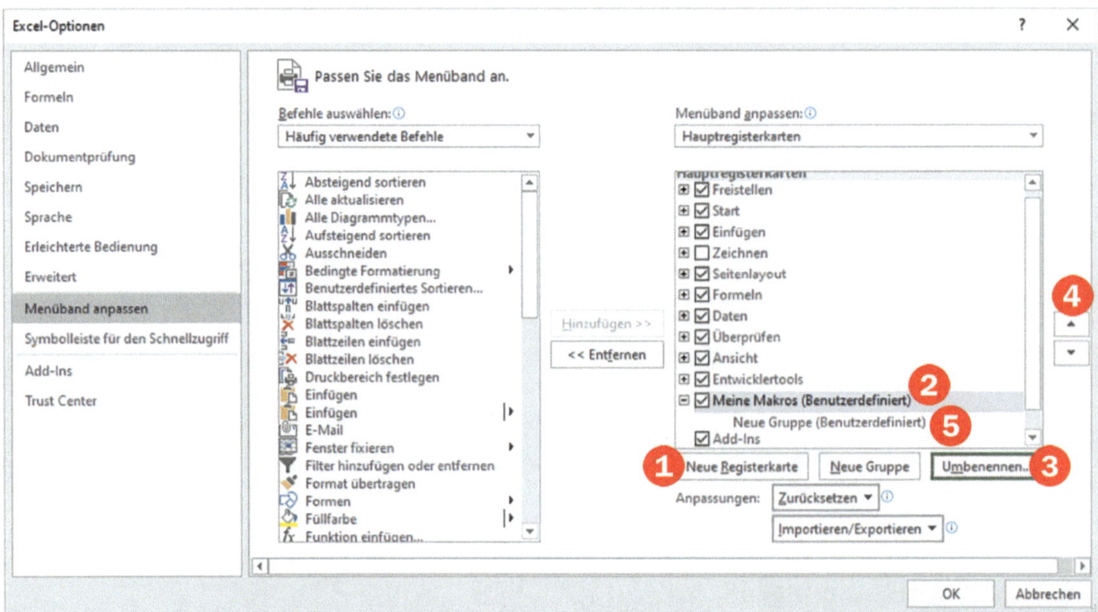

2 Geben Sie an, mit welchem Namen das Register im Menüband angezeigt werden soll (der Zusatz *Benutzerdefiniert* ist nur hier sichtbar) und klicken Sie auf *OK*. Um die Position der neuen Registerkarte im Menüband zu ändern, benutzen Sie die Pfeilschaltflächen nach oben bzw. nach unten ❹.

3 Da Registerkarten alle Schaltflächen in Gruppen zusammenfassen, wurde zusammen mit der neuen Registerkarte automatisch auch eine Gruppe ❺ erstellt. Markieren Sie diese Gruppe, klicken Sie auf *Umbenennen* und geben Sie einen

Namen für die Gruppe ein. Hier können Sie bei Bedarf auch ein Gruppensymbol wählen, das anstelle der einzelnen Symbole angezeigt wird, falls die Breite des Excel-Fensters zur Anzeige nicht ausreicht.

4 Benötigen Sie noch weitere Gruppen, so markieren Sie die betreffende Registerkarte und klicken auf die Schaltfläche *Neue Gruppe*. Auf diese Weise können Sie auch einer der Standardregisterkarten eine neue Gruppe hinzufügen.

5 Nun können Sie Ihre Makros der Gruppe hinzufügen. Dazu klicken Sie links oben auf den Dropdown-Pfeil *Befehle auswählen* und wählen *Makros*. Ziehen Sie dann mit der Maus Ihre Makros nacheinander in die gewünschte Gruppe oder markieren Sie die Gruppe und das Makro und klicken auf die Schaltfläche *Hinzufügen*.

Bild 8.24 Makro der neuen Gruppe hinzufügen

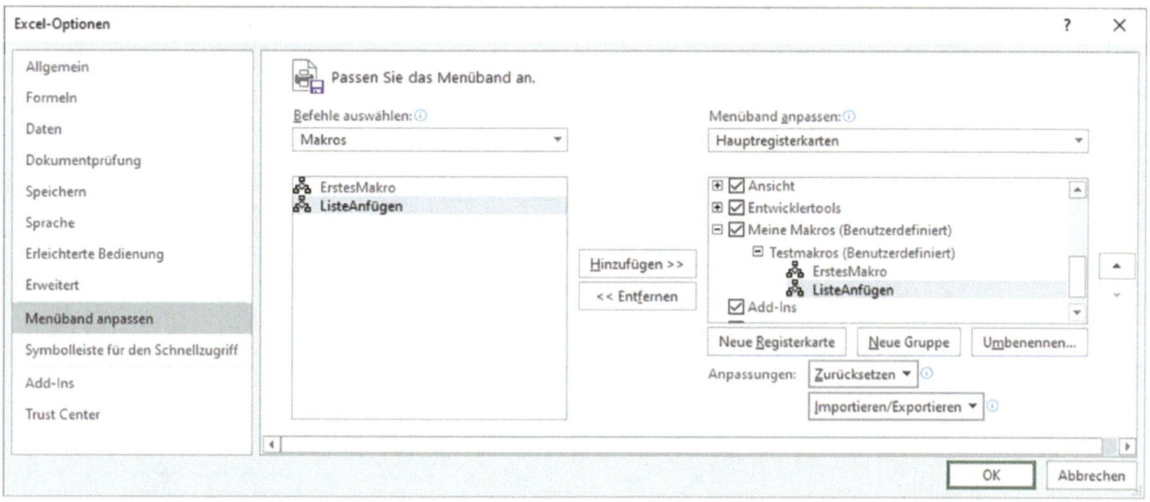

Makro über eine Schaltfläche im Tabellenblatt starten

Eine beliebige Form oder Grafik als Schaltfläche verwenden

Sie können die Makroausführung auch per Mausklick auf ein beliebiges Objekt im Tabellenblatt, beispielsweise ein Rechteck oder auch eine Grafik, starten. Dies ist vor allem dann eine gute Idee, wenn das Makro zusammen mit der Arbeitsmappe gespeichert wurde und sich ausschließlich auf ein bestimmtes Tabellenblatt bezieht.

1 Klicken Sie dazu im Register *Einfügen*, Gruppe *Illustrationen* auf die Schaltfläche *Formen* und fügen Sie per Mausklick die gewünschte Form in das Tabellenblatt ein. Zum Formatieren können Sie alle Befehle des Registers *Format* verwenden, zudem sollten Sie die Form noch mit einer passenden Beschriftung versehen.

2 Im nächsten Schritt weisen Sie der Form das Makro zu: Klicken Sie mit der rechten Maustaste auf die Form und wählen Sie *Makro zuweisen...*. Markieren Sie das gewünschte Makro und klicken Sie auf *OK*.

Dies funktioniert genauso mit einem Bild.

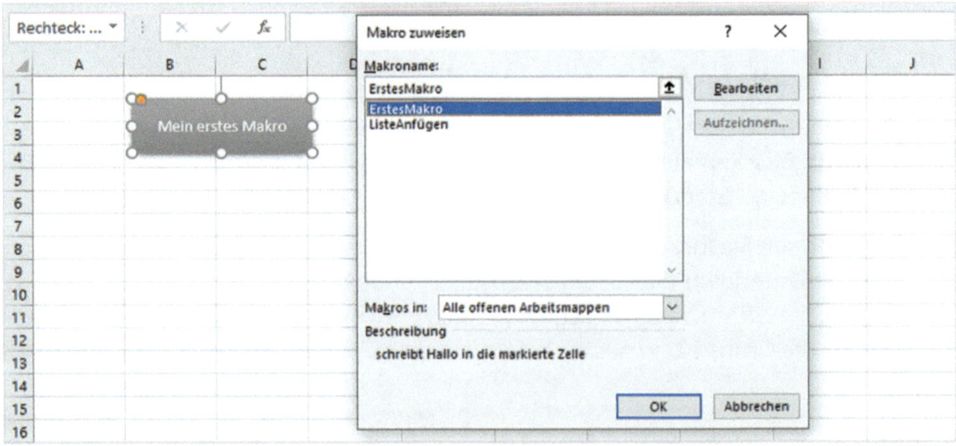

Bild 8.25 Makro zuweisen

Beachten Sie, dass ab jetzt das Makro ausgeführt wird, wenn Sie auf die Form klicken. Dies erkennen Sie auch am Mauszeiger: Er erscheint als Hand, wenn Sie auf die Form zeigen. Wenn Sie die Schaltfläche nachträglich formatieren oder beschriften möchten, dann müssen Sie sie zum Markieren mit der rechten Maustaste anklicken. Dies gilt auch, wenn Sie die Schaltfläche verschieben, vergrößern/verkleinern oder nachträglich formatieren möchten.

Das Formularsteuerelement Schaltfläche einfügen

Als Alternative fügen Sie im Tabellenblatt das Formularsteuerelement *Schaltfläche* ein. Klicken Sie dazu im Register *Entwicklertools*, Gruppe *Steuerelemente*, auf die Schaltfläche *Einfügen* und unter *Formularsteuerelemente* auf das Symbol *Schaltfläche*.

Klicken Sie dann an der gewünschten Stelle in das Tabellenblatt oder zeichnen Sie ein Rechteck. Anschließend öffnet sich automatisch das Dialogfenster *Makro zuweisen* und Sie können nun ein Makro auswählen. Nachträgliche Änderungen nehmen Sie wieder über die rechte Maustaste vor, mit dem Befehl *Makro zuweisen* können Sie nachträglich auch ein anderes Makro auswählen.

Bild 8.26 Formularsteuerelement Schaltfläche

Füllfarben und Effekte sind für Schaltflächen im Gegensatz zu Formen nicht verfügbar!

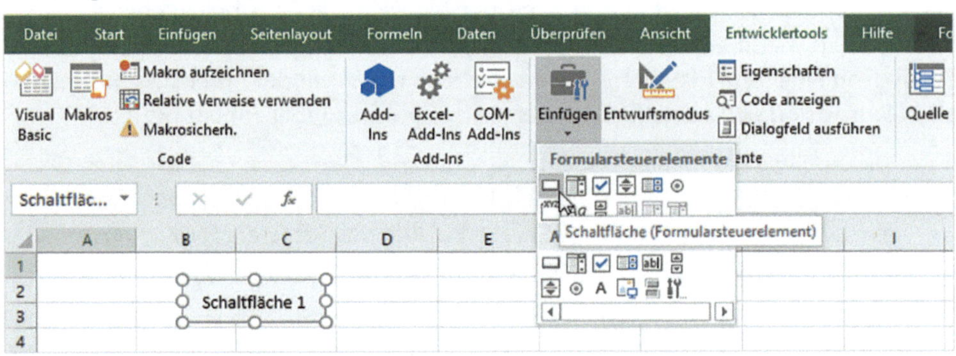

Mehr zum Thema Steuerelemente lesen Sie ab Seite 365.

8.5 Einfache Änderungen an Makros vornehmen

Wie eingangs erwähnt, werden bei der Aufzeichnung eines Makros alle Befehle und Eingaben in VBA-Anweisungen umgesetzt, im Normalfall entspricht jeder Befehl einer Anweisungszeile. Sie können sich Ihre Anweisungen als VBA-Programm in einem gesonderten Fenster, dem VBA-Editor ansehen und hier auch ändern.

Einige Anweisungen sind auch ohne VBA-Kenntnisse leicht zu verstehen und können schnell geändert werden.

Beispiel Zahlen mittels Makro formatieren

Ein weiteres Beispiel, wie Makros die tägliche Arbeit erleichtern können, ist die Formatierung von Zellen oder Zellbereichen. Zwar könnten Sie zu diesem Zweck auch benutzerdefinierte Formatvorlagen erstellen und speichern, solche Aufgaben lassen sich aber auch mit Makros problemlos erledigen.

Als Beispiel das Zahlenformat mit Tausenderpunkt und ohne Dezimalstellen, z. B. 125.000. Es wird zwar häufig benötigt, ist aber leider im Menüband nicht verfügbar. Hier finden Sie nur die Formate *Buchhaltung* und *Währung*. Beide bringen einen Tausenderpunkt mit, aber gleichzeitig auch zwei Dezimalstellen. Zudem erhalten Sie mit dem Format *Währung* auch noch das Währungssymbol €, während *Buchhaltung* die Zahlen von rechts einrückt, siehe Bild unten. Außerdem müssten Sie trotzdem noch die Dezimalstellen entfernen. So bleibt also jedes Mal nur der Weg über das Dialogfenster *Zellen formatieren...*. Abhilfe schafft hier ein Makro.

Bild 8.27 Die Spalte Bestand im Standardformat, im Währungsformat und im Format Buchhaltung

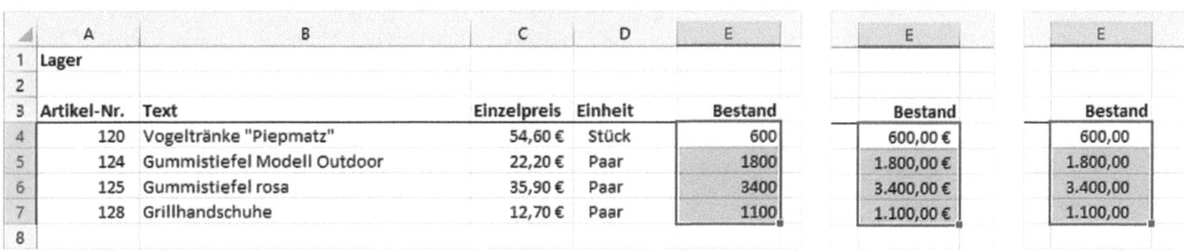

Makro_Ausgangstabelle.xlsm

Makro aufzeichnen

1 Damit das Makro später auf die aktuell markierten Zellen angewendet werden kann, ist es notwendig, dass Sie **vor** der Aufzeichnung die zu formatierende Zelle markieren, in diesem Beispiel etwa E7.

2 Starten Sie dann die Aufzeichnung. Wenn dieses Makro auch in anderen Arbeitsmappen verfügbar sein, soll, dann müssen Sie als Speicherort diesmal die *Persönliche Makroarbeitsmappe* wählen. Falls Sie die Formatierung noch schneller vornehmen möchten, weisen Sie dem Makro außerdem eine Tastenkombination zu, z. B. Strg+j.

3 Öffnen Sie während der Aufzeichnung das Fenster *Zellen formatieren*, z. B. per Rechtsklick, und wählen Sie im Register *Zahlen* die Kategorie *Zahl*. Aktivieren Sie das Kontrollkästchen *1000er-Trennzeichen verwenden* und ändern Sie die Anzahl *Dezimalstellen* auf 0. Anschließend schließen Sie das Fenster wieder mit *OK*.

4 Formatieren Sie außerdem noch die Zahl fett und mit etwas größerer Schrift. Dann beenden Sie die Aufzeichnung.

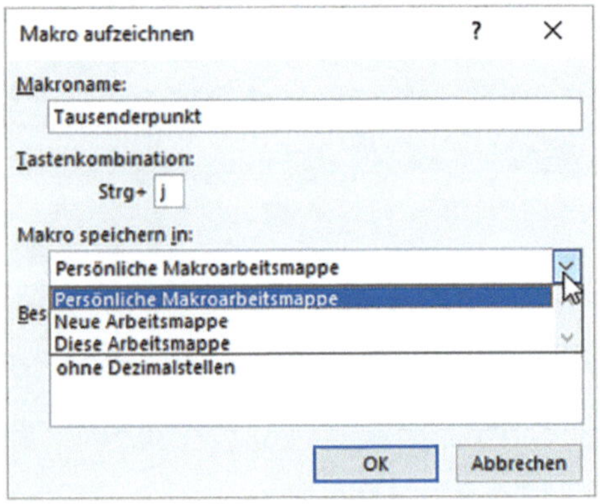

Bild 8.28 Makro in der persönlichen Makroarbeitsmappe speichern

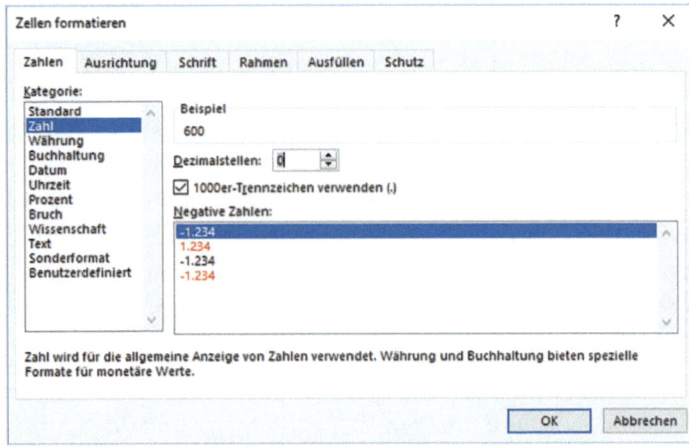

Bild 8.29 Legen Sie das gewünschte Zahlenformat fest.

So oder so ähnlich wie im Bild unten sieht die Zahl in E7 nach Aufzeichnung aus. Testen Sie nun das Makro indem Sie es auf die übrigen Zellen dieser Spalte anwenden.

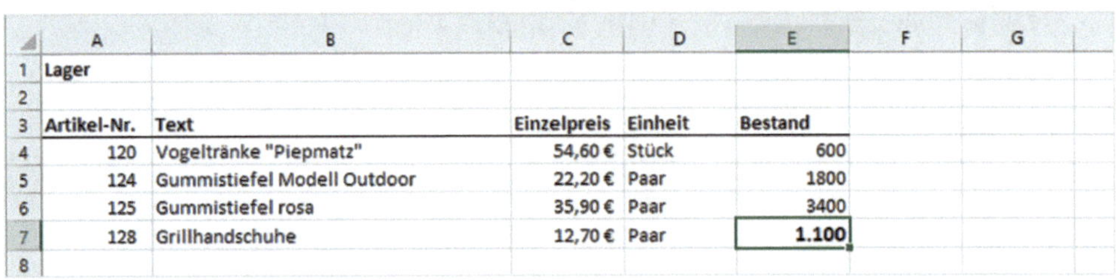

	A	B	C	D	E	F	G
1	Lager						
2							
3	Artikel-Nr.	Text	Einzelpreis	Einheit	Bestand		
4	120	Vogeltränke "Piepmatz"	54,60 €	Stück	600		
5	124	Gummistiefel Modell Outdoor	22,20 €	Paar	1800		
6	125	Gummistiefel rosa	35,90 €	Paar	3400		
7	128	Grillhandschuhe	12,70 €	Paar	**1.100**		
8							

Bild 8.30 Die formatierte Zahl

Makro anzeigen

Vielleicht fällt Ihnen nachträglich ein, dass die Schrift zu groß ist oder Sie möchten die Zahl nun doch nicht fett haben. Solche Änderungen lassen sich auch ohne VBA-Vorkenntnisse durchführen.

Öffnen Sie das Dialogfenster *Makros* (*Entwicklertools* ▶ *Makros*), markieren Sie das zuvor aufgezeichnete Makro und klicken Sie auf *Bearbeiten*.

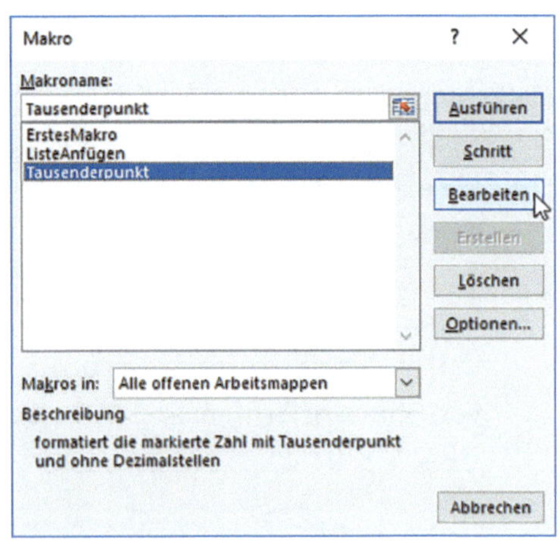

Bild 8.31 Makro bearbeiten

- Der erzeugte Programmcode wird in einem gesonderten Fenster, dem VBA-Editor, angezeigt (Bild 8.32). Den größten Bereich des Fensters nehmen die Zeilen mit den einzelnen Anweisungen ❶ ein.
- Links davon ist normalerweise ein zweiter Bereich sichtbar, der Projektbereich ❷. Neben den Tabellenblättern der Arbeitsmappe sehen Sie hier auch ein oder mehrere Module, hier werden die aufgezeichneten Makros gespeichert. Allerdings ist dieser, sowie ein weiterer, eventuell sichtbarer Bereich *Eigenschaften* ❸ vorerst nicht von Bedeutung.
- Mit Klick auf das Symbol *Schließen* ❹ in der rechten oberen Ecke schließen Sie das Fenster wieder und kehren zur Arbeitsmappe zurück.

Bild 8.32 Die Befehle des Makros werden in einem gesonderten Fenster angezeigt

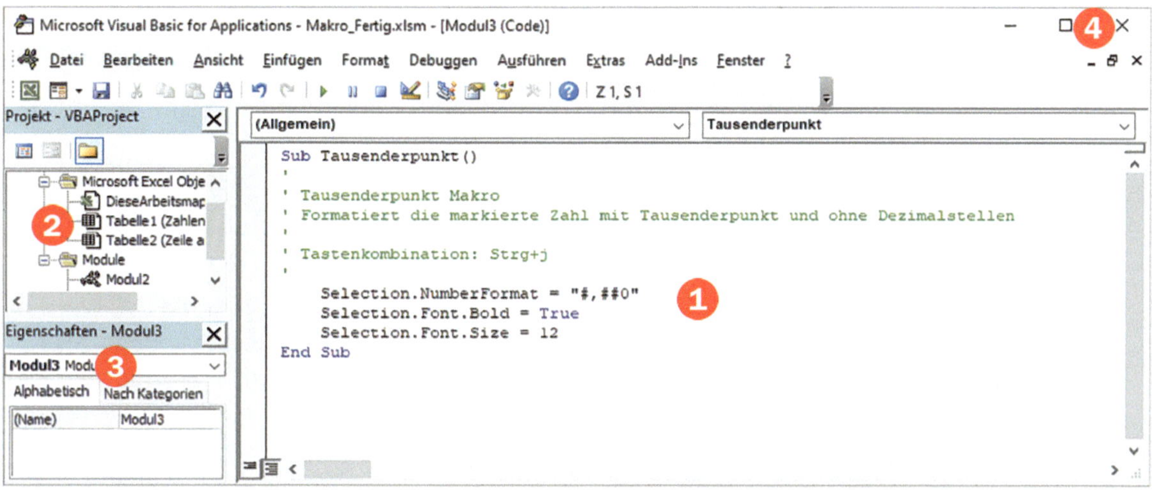

Befassen wir uns nun mit den Anweisungen des Makros. **Hinweis**: Eigentlich sollte jeder Befehl während der Aufzeichnung einer Anweisungszeile entsprechen, aber der Makrorecorder zeichnet gelegentlich auch völlig überflüssige Anweisungen auf.

- Jedes Makro beginnt mit der Anweisung `sub`, gefolgt vom Namen des Makros und den Klammern () und endet mit `End sub`.
- Unterhalb davon sehen Sie Ihren Beschreibungstext. Das Hochkomma ' zu Beginn jeder Zeile und die grüne Schriftfarbe bedeuten, dass es sich hier um keine Programmanweisungen sondern einfachen Kommentar handelt, den Sie beliebig ändern können.
- Die erste Anweisungszeile lautet also `Selection.NumberFormat = "#,##0"`. `Selection` bezeichnet die markierte Zelle und mit `NumberFormat` ist eindeutig Zahlenformat gemeint; nach dem Gleichheitszeichen folgt in Anführungszeichen das eigentliche Zahlenformat #.##0, das Ihnen bekannt vorkommen dürfte.

  Falls Sie nun beispielsweise doch eine Dezimalstelle benötigen, ergänzen Sie einfach das Format durch Tastatureingabe wie folgt: #.##0,0. Die Anführungszeichen müssen unbedingt beibehalten werden.

- Auch die nächste Anweisung ist einfach zu verstehen. `Selection.Font.Bold = True` formatiert die Schrift (Font) fett (Bold). Das Attribut fett kennt nur zwei Zustände, nämlich Ja oder Nein bzw. Wahr (`True`) oder Falsch (`False`), daher folgt hier nach dem Gleichheitszeichen `True`.

  Sollten Sie es sich anders überlegt haben und die Zelle nun doch nicht fett formatieren möchten, dann könnten Sie statt `True` auch `False` eintippen, noch einfacher ist es natürlich, wenn Sie diese Anweisungszeile markieren und mit der Entf-Taste löschen.

- Auch die Schriftgröße können Sie ganz einfach nachträglich ändern: Tippen Sie in der Zeile `Selection.Font.Size = 13` eine andere Zahl, z. B. 11 ein.

Schließen Sie dann das Fenster bzw. den VBA-Editor und testen Sie das geänderte Makro, indem Sie es ausführen.

8.6 Beispiel: Diagramm mit Makros steuern

Zuletzt noch ein kleines Beispiel, wie Sie Diagramme, genauer gesagt die Anzeige unterschiedlicher Datenreihen in einem Diagramm, mit Makros steuern können. Als Ausgangsbasis dient die unten abgebildete Tabelle. Die Einnahmen und Ausgaben sollen in einem Diagramm dargestellt werden und zwar so, dass ein Mausklick genügt, um zwischen Einnahmen und Ausgaben umzuschalten.

Register Einfügen - Diagramme

1 Im ersten Schritt markieren Sie den Zellbereich A3:C15 und erstellen ein einfaches Säulendiagramm mit gruppierten Säulen. Positionieren Sie dann das Diagramm an der gewünschten Stelle und ziehen Sie es auf die richtige Größe. Da später jeweils nur die Einnahmen oder Ausgaben angezeigt werden sollen, können Sie die Legende entfernen. Der Diagrammtitel sollte dagegen vorhanden sein, der Text richtet sich später automatisch nach der ausgewählten Datenreihe. Das Ausgangsdiagramm sollte also ähnlich aussehen wie im Bild unten.

Diagramm_Tabelle.xlsm

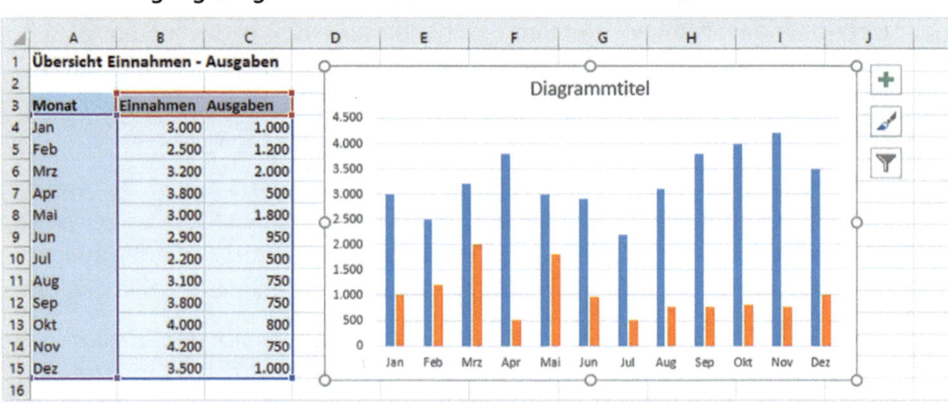

Übersicht Einnahmen - Ausgaben

Monat	Einnahmen	Ausgaben
Jan	3.000	1.000
Feb	2.500	1.200
Mrz	3.200	2.000
Apr	3.800	500
Mai	3.000	1.800
Jun	2.900	950
Jul	2.200	500
Aug	3.100	750
Sep	3.800	750
Okt	4.000	800
Nov	4.200	750
Dez	3.500	1.000

Bild 8.33 Tabelle und Diagramm

Hinweis: Die Einnahmen sollen außerdem mit grüner Farbe und die Ausgaben rot dargestellt werden, die Formatierung der Datenreihen nehmen Sie aber erst während der Makroaufzeichnung vor.

2 Im nächsten Schritt zeichnen Sie das erste Makro auf: markieren Sie eine beliebige Zelle im Tabellenblatt (das Diagramm darf nicht markiert sein) und klicken Sie im Register *Entwicklertools* auf *Makro aufzeichnen*.

3 Das Makro erhält den Namen *Einnahmen*, eine Tastenkombination ist nicht erforderlich, da wir später das Makro über eine Schaltfläche starten möchten.

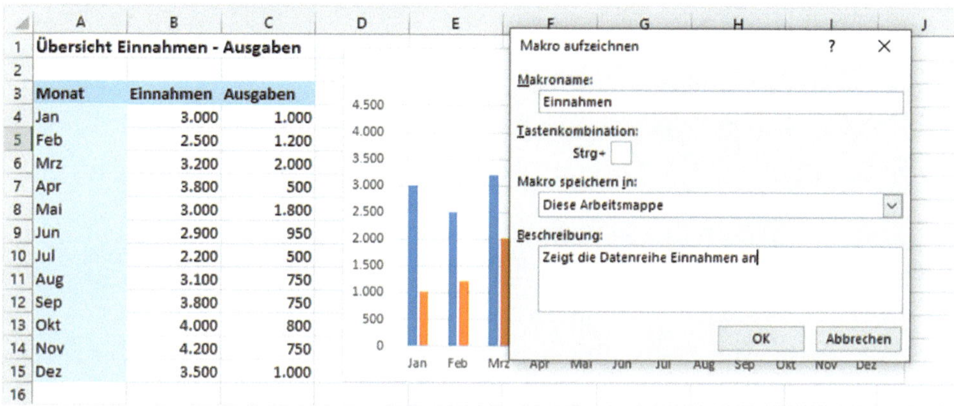

Bild 8.34 Makro Einnahmen aufzeichnen

4 Klicken Sie als ersten Schritt der Makroaufzeichnung in das Diagramm: In der Tabelle sind jetzt die verwendeten Datenreihen bzw. Spalten markiert. Verkleinern Sie nun durch Ziehen mit der Maus den Datenbereich auf die Spalte Einnahmen (Bild 8.35). Der Diagrammtitel wird sich automatisch angepasst, sofern Sie auch die Spaltenüberschrift berücksichtigen.

5 Außerdem sollen die Säulen diese Datenreihe grüne Füllfarbe erhalten, klicken Sie also auf die Datenreihe und im Register *Diagrammtools - Format* auf die Schaltfläche *Fülleffekt* und wählen Sie einen entsprechenden Farbton.

6 Abschließend klicken Sie an eine beliebige Stelle im Tabellenblatt, z. B. A1 und beenden Sie die Makroaufzeichnung.

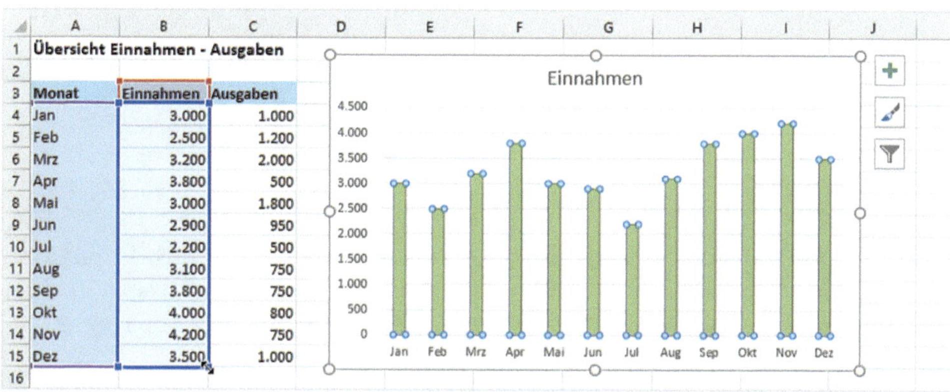

Bild 8.35 Datenbereich verkleinern

7 Starten Sie nun die Aufzeichnung des nächsten Makros. Dieses erhält den Namen *Ausgaben*.

8 Klicken Sie in das Diagramm und verschieben Sie nun den Datenbereich von der Spalte Einnahmen auf die Spalte Ausgaben (Bild unten). Außerdem erhält die Datenreihe noch rote Füllfarbe. Dann klicken Sie wieder auf die Zelle A1 und beenden die Makroaufzeichnung.

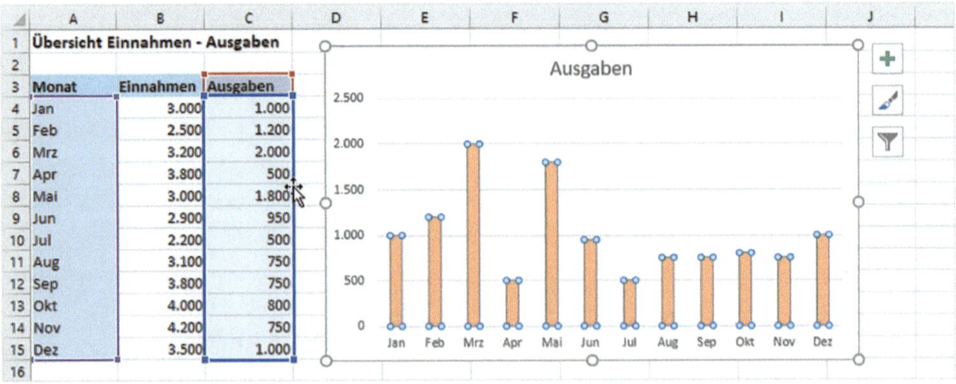

Bild 8.36 Die Aufzeichnung des zweiten Makros: verschieben Sie mit der Maus den Datenbereich

9 Zuletzt fehlen noch Schaltflächen zum Starten der Makros. Fügen Sie dazu abgerundete Rechteckformen (*Einfügen* ▶ *Formen*) ein und formatieren und beschriften Sie diese nach Ihren Wünschen.

10 Zuletzt weisen Sie jeder Form das entsprechende Makro zu: Klicken Sie mit der rechten Maustaste auf das erste Rechteck, klicken Sie auf *Makro zuweisen...* und wählen Sie das erste Makro, *Einnahmen* aus. Anschließend weisen Sie der zweiten Form auf dieselbe Weise das Makro *Ausgaben* zu.

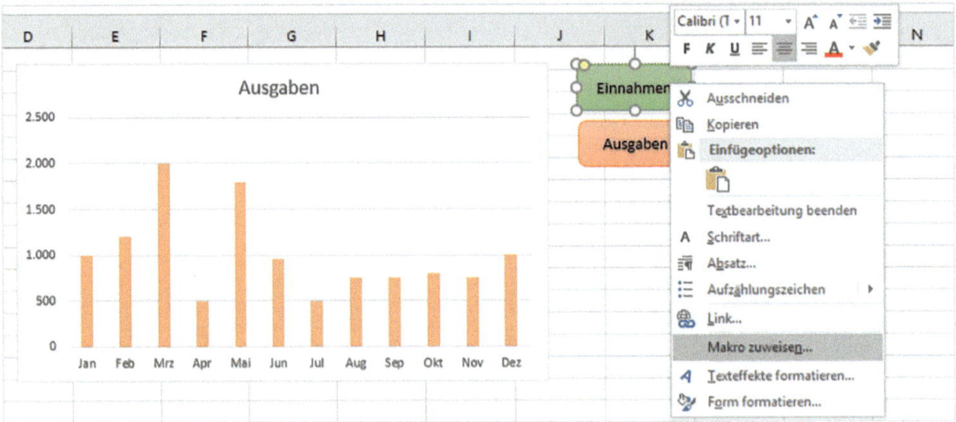

Bild 8.37 Makro zuweisen

Testen Sie nun die Makros nacheinander. Sollte nicht alles auf Anhieb klappen, so zeichnen Sie das jeweilige Makro unter dem bisherigen Namen am besten neu auf und bestätigen den Hinweis, ob das bestehende Makro ersetzt werden soll mit *Ja*.

8.7 Steuerelemente in Tabellenblättern

Wozu Steuerelemente?

Mit Hilfe von Steuerelementen lassen sich in Excel Formulare, d. h. vorgefertigte Arbeitsblätter zur automatisierten Eingabe und Bearbeitung optisch und funktional aufwerten. Steuerelemente sind Objekte, die Daten anzeigen, die Dateneingabe und -bearbeitung vereinfachen oder eine Auswahl zur Verfügung stellen. Steuerelemente können auch Makros ausführen oder auf bestimmte Ereignisse reagieren. Excel stellt zu diesem Zweck zwei Kategorien von Steuerelementen bereit (siehe Bild 8.38 unten):

- Formularsteuerelemente sind die älteren Steuerelemente und bereits seit langem in Excel verfügbar. Mit ihnen können Sie z. B. auf Zellinhalte verweisen oder Makros ausführen. VBA-Kenntnisse sind zu ihrer Verwendung nicht zwingend erforderlich.
- ActiveX-Steuerelemente sind im Vergleich zu Formularsteuerelementen wesentlich flexibler, erfordern aber aufgrund ihrer umfangreichen Eigenschaften VBA-Kenntnisse, sowie einen höheren Aufwand bei ihrer Gestaltung. Aus diesem Grund werden wir uns hier ausschließlich mit Formularsteuerelementen befassen.

Wo finden Sie die Formularsteuerelemente?

Die Formularsteuerelemente finden Sie im Register *Entwicklertools* zusammen mit den ActiveX-Steuerelementen über die Schaltfläche *Einfügen*. Wie Sie das Register *Entwicklertools* anzeigen, wurde bereits auf Seite 343 bereits ausführlich erklärt.

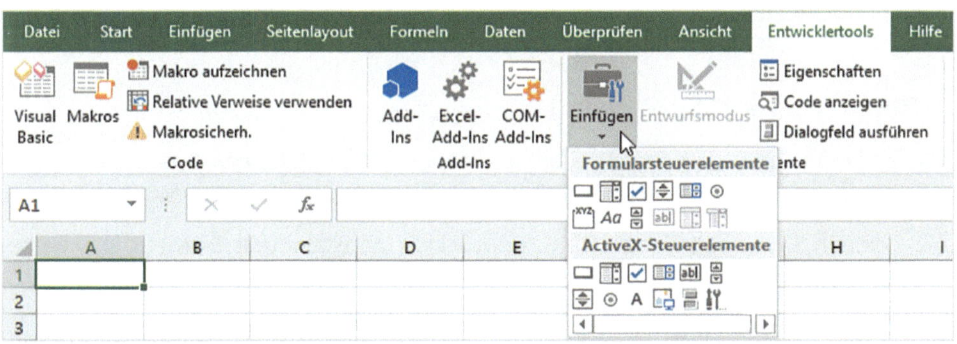

Bild 8.38 Formularsteuerelemente und ActiveX-Steuerelemente

Die nachfolgende Tabelle liefert einen Überblick über die wichtigsten Formularsteuerelemente, Aussehen und Verwendung dürften Ihnen bereits aus den Windows-Dialogfenstern bekannt sein.

Steuerelement	Beschreibung	Beispiel
Schaltfläche	Führt eine Aktion, bzw. ein Makro aus, wenn darauf geklickt wird	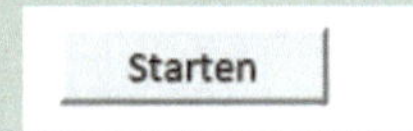
Kombinationsfeld	Öffnet beim Klick auf den Dropdown-Pfeil eine Liste mit mehreren Auswahlmöglichkeiten.	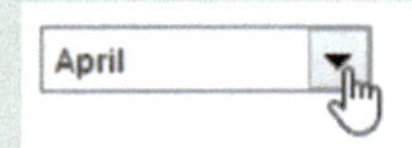
Listenfeld	Funktioniert wie ein Kombinationsfeld, mit dem Unterschied, dass ein Listenfeld immer geöffnet ist und daher mehr Platz benötigt. Der ausgewählte Wert ist markiert.	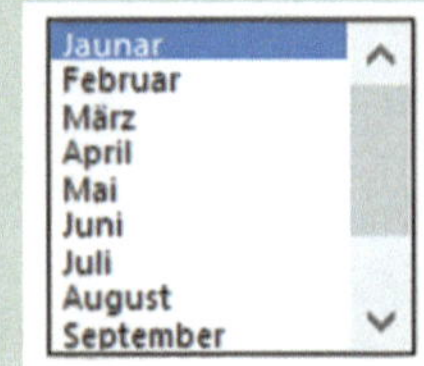
Drehfeld	Erhöht oder verringert einen Wert per Mausklick auf die kleinen Pfeile nach oben bzw. unten. Der Wert kann auch direkt eingegeben werden.	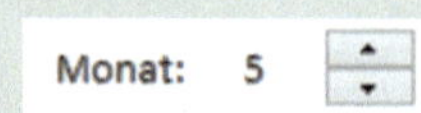
Scrollleiste	Führt einen Bildlauf durch einen festgelegten Wertebereich durch (Bildlaufleiste).	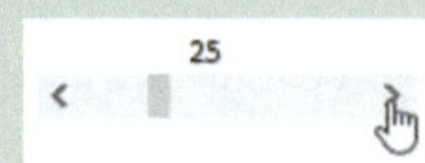
Kontrollkästchen	Liefert nur zwei Werte: WAHR (aktiviert) oder FALSCH (deaktiviert).	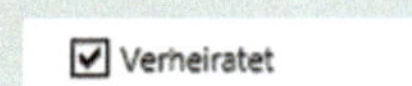
Gruppenfeld	Erlaubt unter mehreren Möglichkeiten nur die Auswahl einer einzigen Option	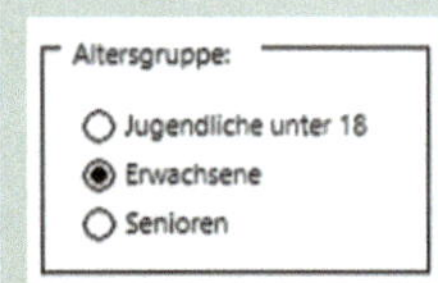

Formularsteuerelement einfügen

Achtung: Aus dem Menüband in das Tabellenblatt ziehen, funktioniert nicht!

Klicken Sie im Register *Entwicklertools* auf *Einfügen* und auf das gewünschte Formularsteuerelement. Zum Platzieren im Tabellenblatt gibt es verschiedene Möglichkeiten:

- Ziehen Sie im Tabellenblatt mit gedrückter Maustaste das Element auf die gewünschte Größe.
- Wenn Sie während des Ziehens gleichzeitig die Alt-Taste gedrückt halten, so passt sich das Steuerelement der Größe der Zelle bzw. des Zellbereichs an. Um dies beizubehalten, müssen Sie auch bei nachträglichen Größenänderungen mit der Maus die Alt-Taste verwenden (siehe Bild 8.39).
- Wenn Sie zum Einfügen nicht ziehen, sondern nur an die gewünschte Stelle klicken, so erhalten Sie das Steuerelement in der Standardform. Um diese Form beizubehalten, müssen Sie dann auch bei nachträglichen Größenänderungen mit der Maus die Umschalt-Taste gedrückt halten.

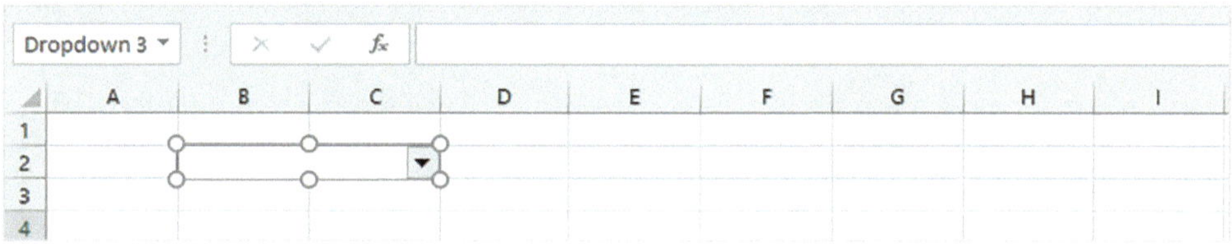

Bild 8.39 Beispiel: Das Kombinationsfeld wurde mit gedrückter Alt-Taste exakt in den Zellbereich B2:C2 eingefügt

Formularsteuerelement markieren

Die Bearbeitung ist für alle Steuerelemente gleich: Um es zu bearbeiten, müssen Sie es markieren und dies ist gar nicht so einfach: Wenn Sie einfach mit der Maus darauf klicken, wird eine Aktion ausgeführt. Verwenden Sie daher zum Markieren eine der folgenden Möglichkeiten:

- Klicken Sie mit der rechten Maustaste, dann erscheint auch gleichzeitig das Kontextmenü.
- Oder klicken Sie es mit gleichzeitig gedrückter Strg-Taste an.

Ein zuvor markiertes Steuerelement können Sie mit der Entf-Taste jederzeit wieder aus dem Arbeitsblatt entfernen.

Eigenschaften von Steuerelementen bearbeiten

Beschriftung ändern

Bei Schaltflächen, Kontrollkästchen und Optionsfeldern (Gruppen) können Sie die Beschriftung ändern: Klicken Sie mit der rechten Maustaste auf das Steuerelement und auf *Text bearbeiten* (Bild 8.40).

Weitere Eigenschaften eines Steuerelements ändern Sie im Fenster *Steuerelement formatieren*, das Sie per Rechtsklick auf das Steuerelement und den Befehl *Steuerelement formatieren...* öffnen.

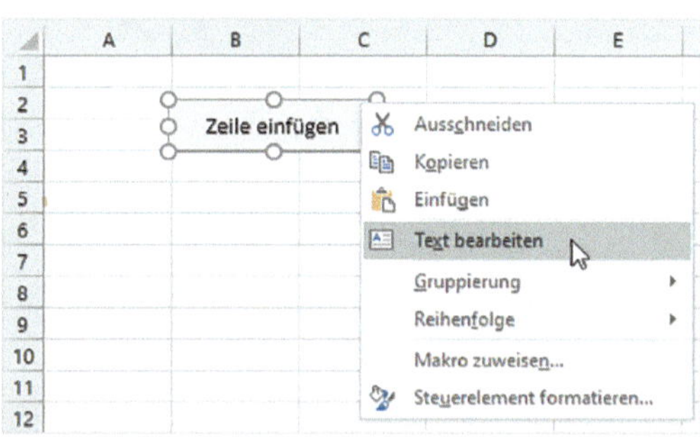

Bild 8.40 Text bearbeiten

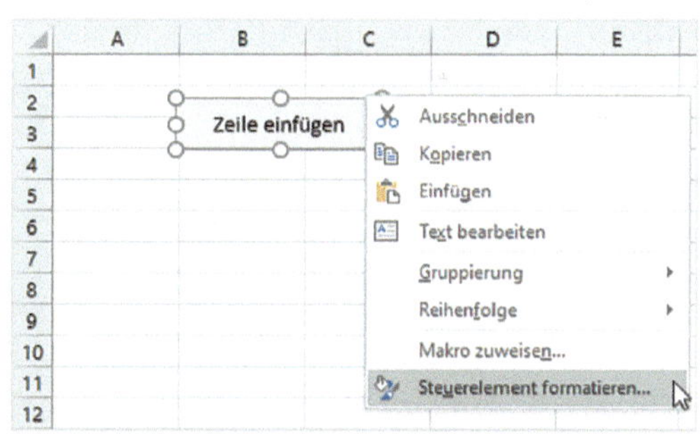

Bild 8.41 Steuerelement formatieren

Schrift und Textausrichtung

Im Register *Schrift* finden Sie alle bekannten Schriftattribute, darunter fett, kursiv, Schriftfarbe und Unterstreichung. Die Ausrichtung der Beschriftung, z. B. von Schaltflächen steuern Sie im Register *Ausrichtung*.

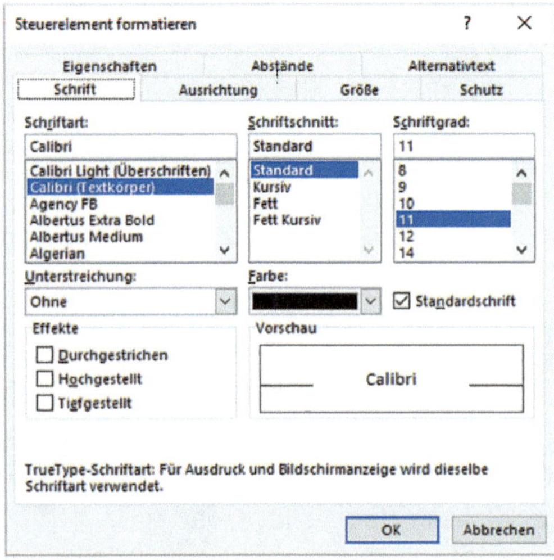

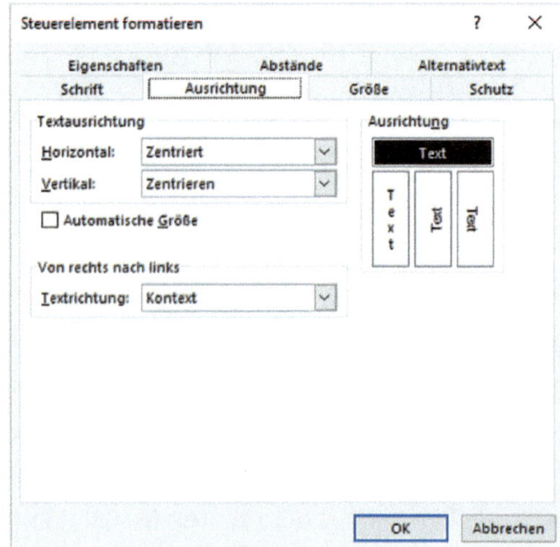

Bild 8.42 Schriftattribute

Bild 8.43 Textausrichtung

Blattschutz

Falls Sie später das Arbeitsblatt schützen und nur noch eine Eingabe über die Formularfelder zulassen möchten, dürfen Sie nicht vergessen, für die Steuerelemente und eventuell verknüpfte Felder die Sperrung aufzuheben. Klicken Sie dazu mit der rechten Maustaste auf das betreffende Steuerelement und auf *Steuerelement formatieren.* Klicken Sie auf das Register *Schutz* und deaktivieren Sie das Kontrollkästchen *Gesperrt*.

Position des Steuerelements

Je nachdem, wie das Steuerelement eingefügt wurde, ist es von Zellposition und -größe (Einfügen mit gedrückter Alt-Taste) oder nur von der Zellposition abhängig. Das bedeutet, bei Änderungen von Spaltenbreite und/oder Zeilenhöhe ändern sich auch Position und Größe des Steuerelements. Wenn Sie dies verhindern möchten, dann klicken Sie im Fenster *Steuerelement formatieren* auf das Register *Eigenschaften* und wählen die Option *Von Zellposition und -größe unabhängig*.

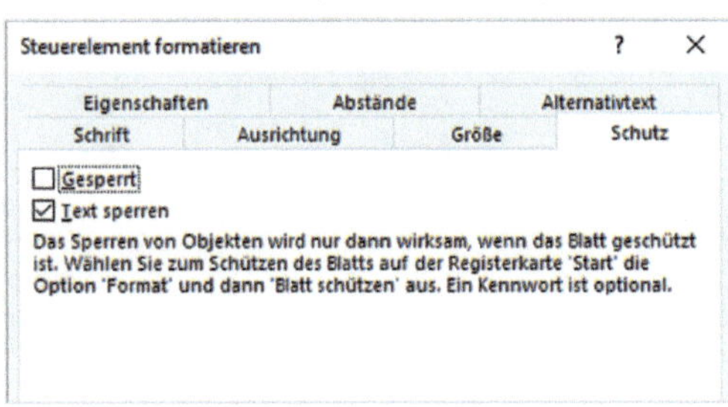

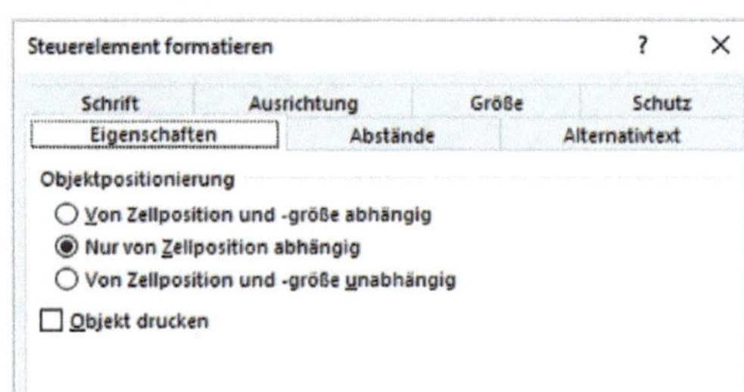

Bild 8.44 Sperrung aufheben

Bild 8.45 Position in Relation zur Zelle

Steuerelement nicht drucken

Standardmäßig werden beim Drucken auch die Steuerelemente gedruckt. Wenn die Tabelle ohne Steuerelemente gedruckt werden soll, klicken Sie im Fenster *Steuerelement formatieren* auf das Register *Eigenschaften* und deaktivieren das Kontrollkästchen *Objekt drucken*.

Namen zuweisen

Jedes Steuerelement erhält beim Einfügen einen eindeutigen Namen, z. B. *Schaltfläche1*. Wenn Sie bei einer Vielzahl von Steuerelementen den Überblick behalten möchten, können Sie auch aussagekräftigere Namen vergeben: Markieren Sie das Steuerelement, klicken in das Namenfeld der Bearbeitungsleiste und geben hier den Namen ein. Schließen Sie durch Drücken der Eingabe-Taste ab.

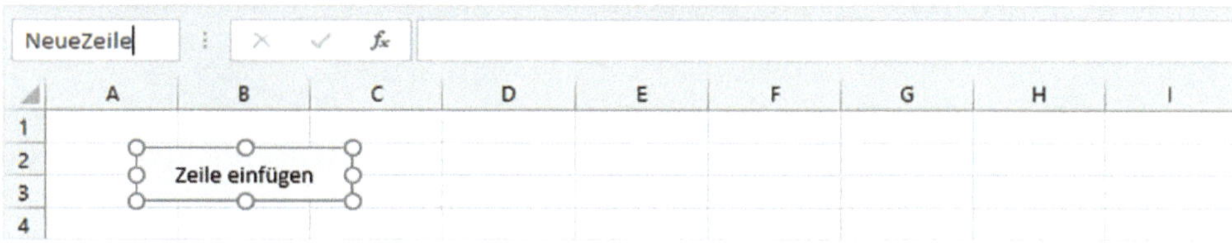

Bild 8.46 Steuerelement umbenennen

Makros zuweisen

Nicht nur Schaltflächen, sondern auch allen anderen Formularsteuerelementen kann über den Befehl *Makro zuweisen...* der rechten Maustaste ein Makro zugewiesen werden.

Achtung: Bei Schaltflächen startet das Makro beim Klicken, bei allen übrigen Formularsteuerelementen, wenn eine Änderung über das Steuerelement vorgenommen, z. B. ein Wert ausgewählt wurde.

Beispiele und Besonderheiten einzelner Formularsteuerelemente

Schaltfläche

- Unmittelbar nach dem Einfügen des Formularsteuerelements *Schaltfläche* öffnet sich automatisch das Fenster *Makro zuweisen*. Markieren Sie das gewünschte Makro und klicken Sie zum Übernehmen auf *OK*.
- Falls das Makro noch nicht vorhanden ist, können Sie mit Klick auf die Schaltfläche *Aufzeichnen...* die Aufzeichnung starten (siehe Bild unten). In diesem Fall sollten Sie dem Makro einen aussagekräftigeren Namen geben, da das Makro sonst den Namen *Schaltfläche_Klicken* erhält.

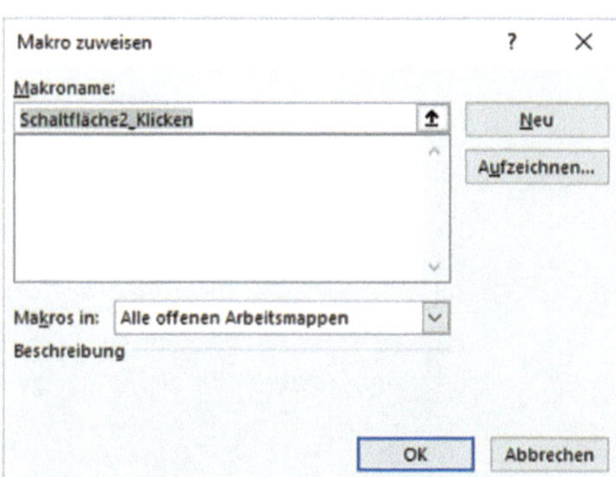

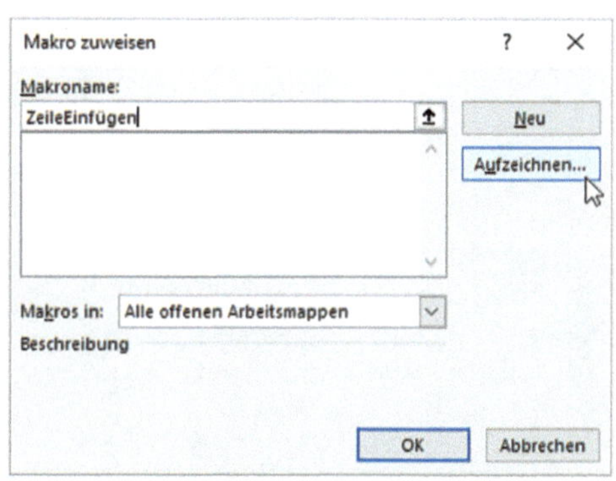

Bild 8.47 Makro beim Einfügen der Schaltfläche aufzeichnen

Kombinationsfeld und Listenfeld

Kombinations- und Listenfelder zeigen eine Auswahlliste an und geben den markierten Wert in eine zuvor festgelegte Zelle aus. Allerdings liefern beide Felder nur den Zeilenindex, d. h. der wievielte Wert der Liste wurde ausgewählt, Sie benötigen daher in den meisten Fällen zusätzlich die Funktion INDEX (siehe Kapitel 2.5).

Beispiel: Sie möchten über ein Kombinationsfeld einen Artikel auswählen und der Preis dieses Artikels soll anschließend im Arbeitsblatt angezeigt werden.

1 Im ersten Schritt fügen Sie in das Tabellenblatt ein Kombinationsfeld zusammen mit den erforderlichen Beschriftungen ein (Bild unten).

2 Dann benötigen Sie noch eine Liste mit Werten, die im Kombinationsfeld angezeigt werden sollen, in unserem Beispiel die Preisliste. Diese kann sich entweder im selben oder einem anderen Arbeitsblatt befinden, in diesem Beispiel im Blatt Preisliste.

Bild 8.48 Kombinationsfeld und Datenherkunft

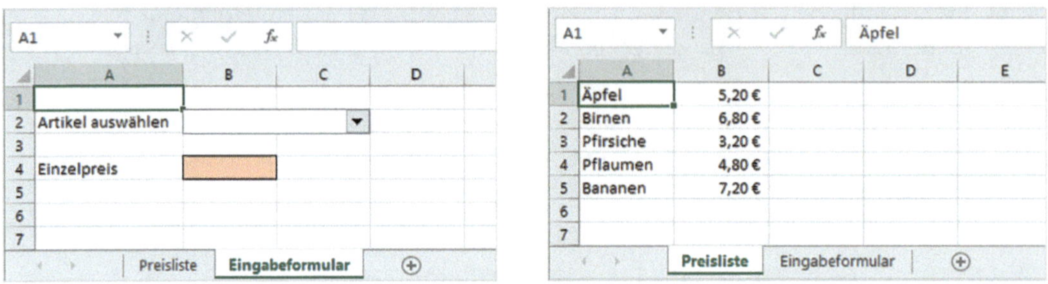

3 Im nächsten Schritt klicken Sie mit der rechten Maustaste auf das Kombinationsfeld und auf *Steuerelement formatieren...*. Im Register *Steuerung* legen Sie nun Eingabebereich und Zellverknüpfung fest.

Bild 8.49 Eingabebereich und Zellverknüpfung festlegen

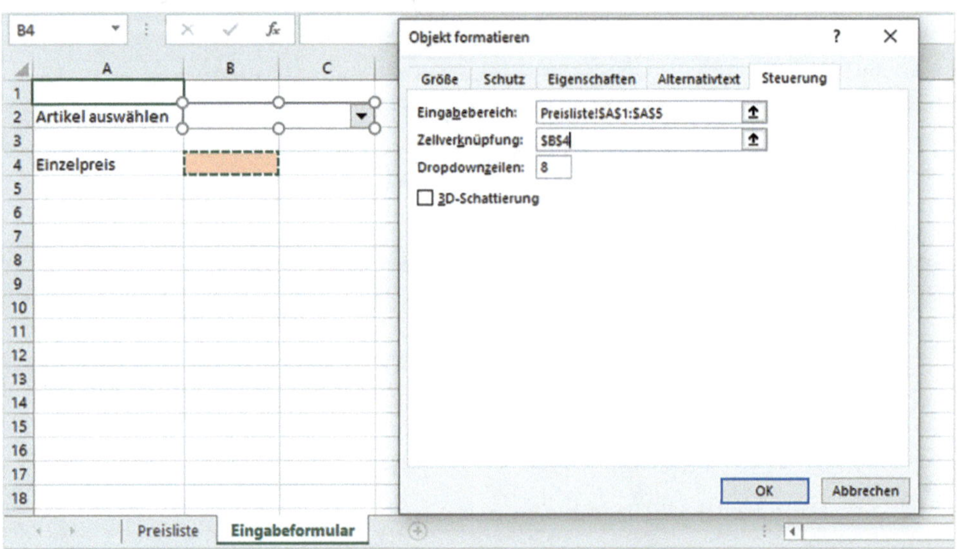

- **Eingabebereich**
  Woher stammen die Werte des Kombinationsfeldes? Klicken Sie in das Feld *Eingabebereich* und markieren Sie anschließend den benötigten Bereich, hier im Blatt Preisliste die Zellen A1:A5. Beachten Sie, dass das Formularsteuerelement Kombinationsfeld immer nur eine einzige Spalte anzeigen kann. Unter *Dropdownzeilen* können Sie außerdem angeben, wie viele Zeilen das geöffnete Kombinationsfeld gleichzeitig anzeigen soll.

Tipp: Formatieren Sie den Eingabebereich als Tabellenbereich, dann werden nachträglich Zeilen automatisch auch im Kombinationsfeld berücksichtigt.

- **Zellverknüpfung**
  Im Feld *Zellverknüpfung* geben Sie an, welche Zelle den ausgewählten Wert anzeigen soll, hier B4.

Vor dem Testen müssen Sie die Markierung mit einem Klick an eine beliebige Stelle des Arbeitsblattes aufheben. Klicken Sie dann auf den Dropdown-Pfeil des Kombinationsfeldes und auf eine Bezeichnung, sofort erscheint in der verknüpften Zelle der Zeilenindex des ausgewählten Wertes.

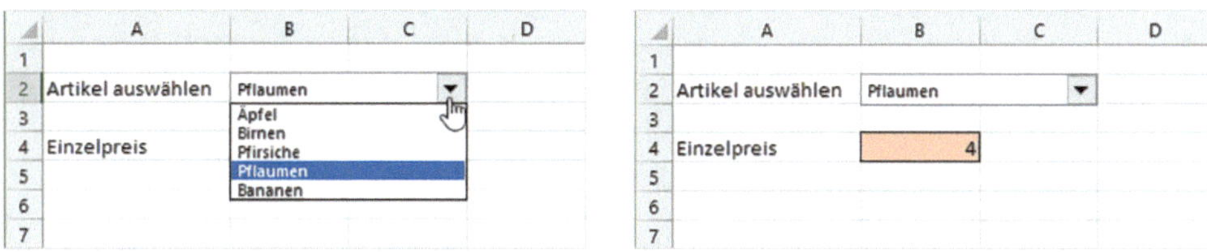

Bild 8.50 Das fertige Kombinationsfeld

Jetzt benötigen Sie noch in einer anderen Zelle die Funktion INDEX, um hier den Einzelpreis zu ermitteln, diese muss lauten:

```
=INDEX(Preisliste!A1:B5;Eingabeformular!B4;2)
```

Der Zeilenindex in B4 dient eigentlich nur als Zwischenergebnis und kann durch Formatieren mit entsprechender Schriftfarbe unsichtbar gemacht werden.

> Bei einem Listenfeld unterscheidet sich die Vorgehensweise nicht, so dass Sie dieses Beispiel auch mit einem Listenfeld testen können.

Kontrollkästchen

Fügen Sie das Formularsteuerelement Kontrollkästchen in ein Arbeitsblatt ein und ändern Sie die Beschriftung. Öffnen Sie dann das Fenster *Steuerelement formatieren* und legen Sie die folgenden Steuerungsparameter fest:

- **Zellverknüpfung:** In welche Zelle soll der Wert WAHR oder FALSCH ausgegeben werden? Im Bild unten in Zelle A2.
- **Wert:** Hier legen Sie die Standardeinstellung des Kontrollkästchens fest.

Die Werte WAHR/FALSCH können anschließend in weiteren Formeln ausgewertet werden, z. B. in Verbindung mit der Funktion WENN.

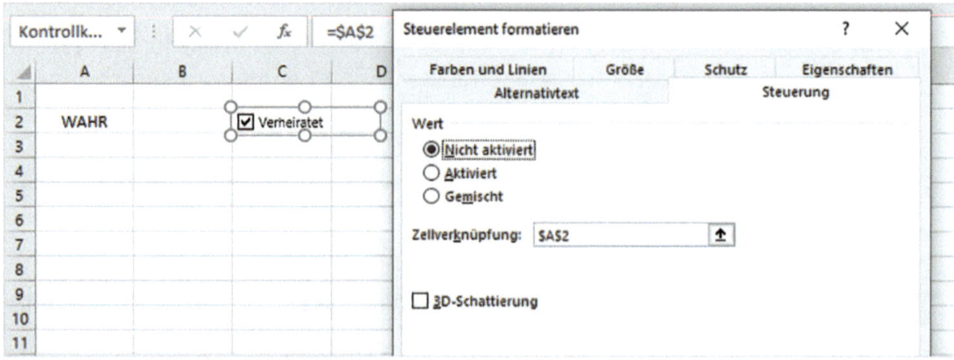

Bild 8.51 Steuerungsparameter Kontrollkästchen

Drehfeld und Scrollleiste (Bildlaufleiste)

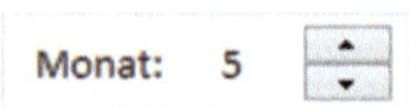

Die Steuerelemente Drehfeld und Scrollleiste eignen sich zur Eingabe bzw. Auswahl von Zahlen. Fügen Sie ein Drehfeld in das Arbeitsblatt ein und öffnen Sie das Fenster *Steuerelement formatieren*. Als Steuerungsparameter werden benötigt: Minimal- und Maximalwert, sowie die Schrittweite um die mit jedem Mausklick hochgezählt wird. Unter *Aktueller Wert* geben Sie den Ausgangswert des Steuerelements an. Im Feld *Zellverknüpfung* geben Sie wieder an, welche Zelle den ausgewählten Wert erhalten soll.

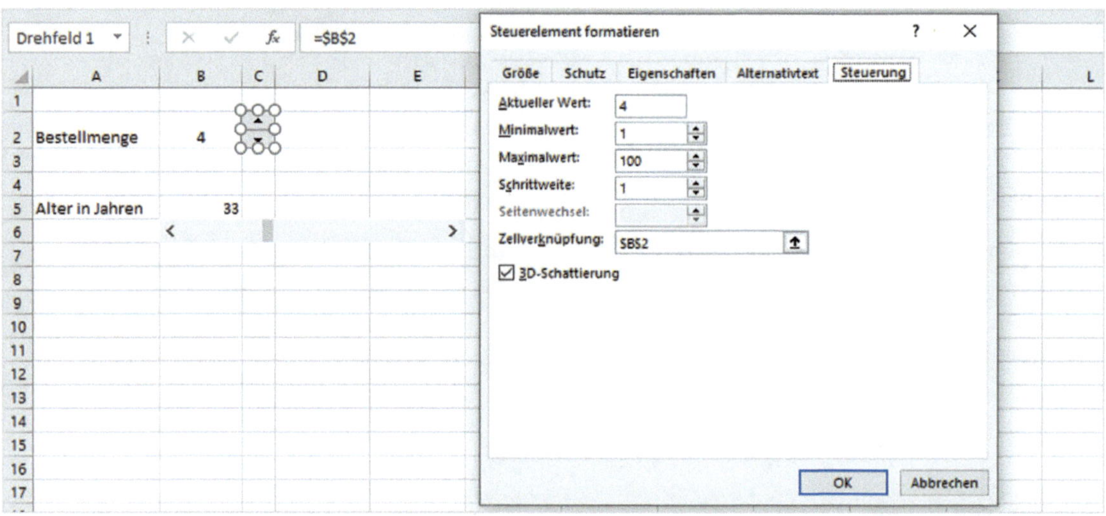

Bild 8.52 Steuerelement formatieren - Drehfeld

Ähnlich verhält sich auch eine Scrollleiste bzw. Bildlaufleiste, diese kann waagrecht oder senkrecht eingefügt werden. Sie benötigt dieselben Steuerungsparameter und unterscheidet sich vom Drehfeld nur dadurch, dass hier die Auswahl eines Wertes durch Verschieben mit gedrückter Maustaste erfolgt. Oder klicken Sie auf die kleinen Pfeile rechts und links bzw. oben und unten. In beiden Fällen kann in die verknüpfte Zelle auch einfach eine Zahl eingetippt werden.

Tastenkombinationen

Dokumente verwalten

Neues Dokument	Strg+N
Dokument öffnen	Strg+O
Dokument speichern	Strg+S
Dokument schließen	Strg+W oder Strg+F4
Dokument drucken (Dialogfenster Drucken)	Strg+P
Seitenansicht, bzw.Druckvorschau (2003)	Strg+F2
Anwendung beenden / Fenster schließen	Alt+F4
Fenster maximieren, bzw. Wiederherstellen der vorherigen Größe	Strg+F10
Wechseln zwischen deutschem und US-Tastaturlayout	Alt+Umschalt

Allgemein

Kopieren des markierten Textes oder Objekts	Strg+C
Ausschneiden des markierten Textes oder Objekts	Strg+X
Einfügen aus Zwischenablage (Text oder Objekt)	Strg+V
Markiertes Objekt duplizieren (wird anschließend sofort eingefügt, ohne Zwischenablage)	Strg+D
Rückgängigmachen der letzten Aktion	Strg+Z
Wiederholen der letzten Aktion	Strg+Y oder F4
Markierte Auswahl fett formatieren	Strg+Umschalt+F
Markierte Auswahl kursiv formatieren	Strg+Umschalt+K
Markierte Auswahl unterstreichen	Strg+Umschalt+U
Menü des aktuellen Kombinationsfeldes öffnen (statt Dropdown-Pfeil)	Alt+Nach-unten
Auswahl aus Menü	Nach-unten / Nach-oben
Auswahl übernehmen	Eingabe

Arbeiten im Tabellenblatt

Eingabe in Zelle abschließen (Zelle darunter wird markiert)	Eingabe
Eingabe in Zelle abschließen (Nächste Zelle rechts wird markiert)	Tab (Tabulator-Taste)
Eingabe in Zelle abbrechen	Esc
Neue Zeile in Zelle beginnen	Alt+Eingabe
Eingabe in den gesamten markierten Zellbereich übernehmen	Strg+Umschalt+Eingabe
Nächste Zelle rechts / links markieren	Nach rechts / Nach links
Nächste Zelle oben / unten markieren	Nach-oben / Nach -unten
Markierung nach rechts / links erweitern	Umschalt+Nach rechts / Umschalt+Nach links
Markierung nach oben / unten erweitern	Umschalt+Nach-oben / Umschalt+Nach -unten
Erste Zelle in Zeile markieren	Pos1
Erste Zelle im Arbeitsblatt (A1) markieren	Strg+Pos1
Gesamtes Arbeitsblatt markieren Wenn eine Zelle innerhalb einer Tabelle markiert ist, dann zweimal Strg+A drücken	Strg+A
Aktuelle Spalte markieren	Strg+Leertaste
Aktuelle Zeile markieren	Umschalt+Leertaste
Auswahl nächstes / vorheriges Arbeitsblatt	Strg+Bild-oben Strg+Bild-unten
Zellen einfügen (Dialogfenster) anzeigen	Strg+Pluszeichen(+)
Zellen löschen (Dialogfenster) anzeigen	Strg+Minuszeichen(-)
Neues Arbeitsblatt einfügen	Umschalt+F11

Eingabe

Aktuelles Datum einfügen	Strg+. (Punkt)
Aktuelle Uhrzeit einfügen	Strg+Umschalt+: (Doppelp.)
Markierte Zelle bearbeiten (Bearbeiten-Modus) Einfügemarke erscheint in der Zelle	F2
Bearbeiten-Modus: Cursor an den Anfang	Pos1
Bearbeiten-Modus: Cursor an das Ende	Ende

Kopiert den Inhalt aus der darüberliegenden Zelle in die aktuelle Zelle	Strg+Umschalt+, (Komma)
Unten ausfüllen (Format und Inhalt der ersten Zelle des markierten Bereichs in die darunterliegenden Zellen kopieren)	Strg+U
Rechts ausfüllen (Format und Inhalt der ersten Zelle des markierten Bereichs in die angrenzenden Zellen rechts kopieren)	Strg+R
Suchen Dialogfenster öffnen	Strg+F
Ersetzen Dialogfenster öffnen	Strg+H

Formeln und Formeleingabe

Dialogfenster Funktion einfügen öffnen	Umschalt+F3
Zwischen relativen, festen (absoluten) und gemischten Zellbezügen wechseln (Cursor befindet sich in der Formel unmittelbar in oder nach einem Zellbezug)	F4
Öffnet das Fenster Funktionsargumente (Cursor befindet sich in der Formel unmittelbar hinter dem Funktionsnamen)	Strg+A
Nach Eingabe des Funktionsnamens Klammern und Funktionsargumente einfügen (Cursor befindet sich in der Formel unmittelbar hinter dem Funktionsnamen)	Strg+Umschalt+A
Eingabe einer Matrixfunktion oder -Formel abschließen	Strg+Umschalt+Eingabe
Neuberechnung einer Formel/Funktion	F9

Zusammenhängende Tabellenbereiche
(Markierung befindet sich innerhalb des Tabellenbereichs!)

Tabelle (Liste) erstellen	Strg+L
Erste / letzte Zelle in Zeile	Strg+Nach-links / rechts
Erste / letzte Zelle in Spalte	Strg+Nach-oben / unten
Erste / letzte Zelle in Tabelle	Strg+Pos1 / Strg+Ende
Zeile markieren (ab Markierung bis zur ersten / letzten nicht leeren Zelle)	Strg+Umschalt+Links / Strg+Umschalt+Rechts
Spalte markieren (ab Markierung bis zur ersten / letzten nicht leeren Zelle)	Strg+Umschalt+Oben / Strg+Umschalt+Unten
Gesamte Tabelle markieren	Strg+Umschalt+* (nicht im Ziffernblock)
Ende-Modus aktivieren / deaktivieren	Ende
Ende-Modus: Erste / letzte nicht leere Zelle in Spalte auswählen	Nach-oben /Nach-unten
Ende-Modus: Erste / letzte nicht leere Zelle in Zeile auswählen	Nach-links / Nach-rechts

Ende-Modus: Spalte ab Markierung bis zur ersten / letzten nicht leeren Zelle markieren	Umschalt+Nach-oben / unten
Ende-Modus: Zeile ab Markierung bis zur ersten / letzten nicht leeren Zelle markieren	Umschalt+Nach links / Umschalt+Nach rechts

Formatieren

Dialogfenster Zellen formatieren öffnen	Strg+1 (nicht im Ziffernblock)
Mit zwei Dezimalstellen formatieren (einschl. Tausenderzeichen)	Strg+Umschalt+!
Währungsformat zuweisen	Strg+Umschalt+$
Prozentformat (ohne Dezimalstellen)	Strg+Umschalt+%
Exponentialschreibweise	Strg+Umschalt+"
Standardzahlenformat	Strg+Umschalt+&
Zahl als Datum formatieren (TT. MMM JJ)	Strg+#
Zahl mit Datum und Uhrzeit formatieren	Strg+°

Sonstiges

Pivot-Tabelle/Verknüpfung aktualisieren	Alt + F5
VBA-Editor öffnen	Alt + F11
Schrittweise Ausführung (VBA)	F8
Makros anzeigen (Fenster)	Alt + F8

Glossar

.csv	Comma separated values, diese Dateinamenserweiterung wird für Textdateien verwendet, in denen die Werte anstelle von Spalten mit Semikolon (;) getrennt sind.
.xlsb	Diese Datennamenerweiterung erhält die persönliche Makroarbeitsmappe. Diese wird im Ordner XLSTART gespeichert und enthält Makros, die in allen Excel-Mappen verfügbar sein sollen.
.xlsm	Enthalten Excel-Arbeitsmappen Makros oder VBA Prozeduren, so müssen sie als gesonderter Dateityp mit der Erweiterung .xlsm gespeichert werden.
Add-In	Als Add-In bezeichnet Excel Programmerweiterungen, die nachträglich geladen werden können. Dazu zählen die Excel-Add-Ins Solver und Analyse-Funktionen. Mit dem COM-Add-Ins sind weitere Tools verfügbar, wie 3D-Karten und People Graph. Im Gegensatz zu den Excel-Add-Ins werden die COM-Add-Ins beim ersten Aufruf automatisch geladen.
Browser	Als Browser (engl. to browse = durchsuchen) bezeichnet man Apps, mit denen Sie im Internet surfen. Neben dem, in Windows 10 integrierten Browser Microsoft Edge, gehören unter anderem Mozilla Firefox, Chrome und Safari dazu.
Copy & Paste	Englisch für Kopieren & Einfügen. Ein Element wird dabei in die Zwischenablage kopiert (beispielsweise mit der Tastenkombination Strg+C) und andernorts eingefügt (beispielsweise mit der Tastenkombination Strg+V).
Dateinamenerweiterung	Jeder Dateiname erhält beim Speichern automatisch einen Zusatz, die Dateinamenerweiterung (extension), bestehend aus einem Punkt, gefolgt von drei oder vier Buchstaben. Sie kennzeichnet den Dateityp, d.h. legt fest, welche Anwendung zum Öffnen der Datei verwendet wird. Standardmäßig ist die Dateinamenerweiterung nicht sichtbar, kann aber im Menüband des Datei-Explorers eingeblendet werden.
Datensatz	In einer Datenbank bezeichnet man eine Zeile der Tabelle auch als Datensatz. Speichert die Tabelle beispielsweise Adressen, so entspricht jede Adresse einer Zeile der Tabelle und bildet einen Datensatz.
Debugger	Ein Debugger ist ein Werkzeug zum Auffinden und Beheben von Fehlern in einem Computerprogramm. Auch VBA verfügt über einen Debugger.

Drilldown	Als Drilldown bezeichnet man ganz allgemein die Navigation in hierarchischen Systemen. Eine Excel Pivot-Tabelle kopiert beim Drilldown per Doppelklick auf einen Wert alle entsprechenden Einzeldatensätze in ein gesondertes Tabellenblatt.
Dropdown-Pfeil / Kombinationsfeld	Viele Eingabefelder erfordern keine Eingabe, sondern bieten Werte zur Auswahl an. In diesen Feldern befindet sich rechts ein kleines, nach unten weisendes Dreieck bzw. ein Pfeil und ein Klick darauf öffnet die Liste. Alternativ können Sie die Liste auch mit der Tastenkombination Alt+Pfeil nach unten öffnen, die Auswahl erfolgt dann mit den Pfeiltasten und durch Drücken der Eingabe-Taste wird die markierte Auswahl übernommen. Eine weitere Möglichkeit: tippen Sie die ersten Zeichen ein, so wird Ihre Eingabe automatisch ergänzt.
Duplikate	Als Duplikate bezeichnet man mehrfach vorkommende (doppelte) Werte in Datenbanken.
Editieren	Das nachträgliche Bearbeiten von Inhalten bezeichnet man auch als Editieren.
Fehlerindikatoren	Fehlerindikatoren oder Fehlerbalken visualisieren in Diagrammen die, auf systematischen oder statistischen Fehlern beruhenden, Abweichungen von Messwerten gegenüber dem tatsächlichen Wert.
Konsolidieren	Als Konsolidieren bezeichnet Excel das Zusammenfassen und Auswerten von Daten aus mehreren Arbeitsblättern oder Arbeitsmappen.
Makro	Als Makro bezeichnet man eine kurze Folge von Befehlen, formuliert in einer Programmiersprache. In der einfachsten Form zeichnen Sie Befehlsabläufe auf und diese werden später mit einem einzigen Befehl abgespielt. Programmierkenntnisse sind zur Aufzeichnung nicht erforderlich. Zu den wichtigsten Einsatzmöglichkeiten von Makros gehört die Ausführung von Routinetätigkeiten.
Matrix	Als Matrix bezeichnet man eine Tabelle oder einen rechteckigen Zellbereich, der sich über mehrere Zeilen und Spalten erstreckt.
Microsoft Access	Access ist eine Anwendung zur Erstellung und Verwaltung von Datenbanken und gehört neben Excel und Word zu den Microsoft-Office Anwendungen.
Objekte	In der VBA-Programmierung stellen alle Excel-Elemente, z.B. Arbeitsblätter oder Arbeitsmappen, Objekte dar. Objekte werden über Eigenschaften näher beschrieben, die meisten Objekte verfügen auch noch über genau festgelegte Methoden und Ereignisse.

PivotTable / PivotChart	Die Bezeichnung Pivot-Tabelle (PivotTable) beruht auf dem englischen Begriff „pivot" für Dreh- oder Angelpunkt und bedeutet, dass Sie mit Pivot-Tabellen Daten nach verschiedenen Gesichtspunkten anordnen, zusammenfassen und auswerten können. Eine Pivot-Tabelle ist interaktiv, d.h. sie kann vom Benutzer jederzeit verändert werden, beispielsweise um nach bestimmten Kriterien zu filtern oder um Daten auszublenden. Vorteil: Die Ausgangsdaten werden nicht verändert. Dies gilt auch die Diagrammdarstellung mit PivotChart.
PDF	PDF ist die Abkürzung für Portable Document Format, ein Dateiformat für Dokumente in dem alle Bilder und Formatierungen beibehalten werden. Die Inhalte können unabhängig vom Betriebssystem auf jedem Computer gelesen werden, dazu wird nur ein kostenlos erhältliches Leseprogramm, z. B. Adobe Reader benötigt, auch im Browser Microsoft Edge können PDF-Dateien angezeigt werden. Nachträgliche Änderungen am Inhalt sind dagegen nur mit spezieller Software möglich.
Regression	Als Regression bezeichnet man ein statistisches Analyseverfahren, mit dem sich Abhängigkeiten zwischen zwei oder mehreren Variablen ermitteln lassen.
SQL	engl. Structured query language, eine weit verbreitete und äußerst leistungsfähige Standardsprache zur Abfrage von Datenbanken.
Syntax	Als Syntax bezeichnet man die „Rechtschreib- und Grammatikregeln" von Befehlen, z. B. einer Programmiersprache.
VBA	Abkürzung für Visual Basic for Application. VBA ist die integrierte Programmiersprache aller Microsoft Office-Anwendungen und stellt eine äußerst leistungsfähige Sprache dar, nahe verwandt mit Visual Basic. Sie verfügt über alle Elemente und Möglichkeiten einer objektorientierten Programmiersprache. Die Eingabe der Programmanweisungen erfolgt in einem gesonderten Anwendungsfenster, dem VBA-Editor.
XML	Extensible Markup Language, eine Auszeichnungssprache zur Darstellung hierarchisch strukturierter Daten in Textdateien. XML eignet sich in erster Linie zum Datenaustausch.
Zwischenablage	Ausgeschnittene oder kopierte Elemente werden in der Zwischenablage abgelegt und können von dort beliebig oft solange wieder eingefügt werden, bis das nächste Element ausgeschnitten oder kopiert wird. Die Zwischenablage wird auch von Anwendungen genutzt, mit ihrer Hilfe lassen sich z. B. Daten aus einer Anwendung in eine andere einfügen.

Stichwortverzeichnis

Symbole

A

B

C

D

R

S

T